·品读传统国学 汲取人生智慧·

中华典故大全

①

云 瑾 主编

团结出版社
UNITY PRESS

图书在版编目（CIP）数据

中华典故大全 / 云瑾主编. -- 北京：团结出版社，
2017.4（2021.1重印）

ISBN 978-7-5126-5133-3

Ⅰ.①中… Ⅱ.①云… Ⅲ.①汉语—典故—通俗读物
Ⅳ.①H136.3-49

中国版本图书馆CIP数据核字（2017）第091279号

出　　版：团结出版社
　　　　　（北京市东城区东皇城根南街 84 号　邮编：100006）
电　　话：（010）65228880　　65244790（传真）
网　　址：www.tjpress.com
E - mail：zb65244790@vip.163.com
经　　销：全国新华书店
印　　刷：三河市南阳印刷有限公司

开　　本：155mm×220mm　　16 开
印　　张：56 印张
字　　数：520 千字
版　　次：2017 年 7 月　第 1 版
印　　次：2021 年 1 月　第 2 次印刷

书　　号：978-7-5126-5133-3
定　　价：298.00 元（全四册）
　　　　　（版权所有，盗版必究）

前　言

　　"典故"一说，由来已久，最早可追溯到汉朝。据《后汉书·东平宪王苍传》载："亲屈至尊，降礼下臣，每赐宴见，辄兴席改容，中宫亲拜，事过典故。""典故"依据《辞海》解释有两种含义，一是指典制和掌故；二是指诗文中引用的古代故事和有来历的词语。这样看来，典故的释义要比掌故宽泛得多。一般来说，掌故要比典故更民间化、俚俗化、口语化；典故则更书面化、正规化，是正统文学的一个分支。

　　典故有很多种，具体地说，包括历史记载的神话传说、历史故事、民俗掌故、宗教故事或人物、寓言逸闻、成语故事以及流传下来的古书成句等。大到治国安邦，小到处事为人，中华五千年的历史文化，在一个个简短的典故中得到了充分体现。"鸿门宴"让我们了解到楚汉争霸时的一段历史；"吕蒙正赶斋"让我们品味到了世态的炎凉；"卧榻之侧，岂容他人鼾睡"让我们知道了李后主被杀的真正原因；"苛政猛于虎"揭露了反动统治者暴政的可怕；"死诸葛吓走生仲达"让我们见识了诸葛亮的智慧；"牛角挂书"堪称历代读书人的榜样；"欲速则不达"留给我们的则是意味深长的哲理……

　　典故是中国文化中的一朵奇葩，是浓缩的历史，是语言的精华。人们在日常交往中，如果能恰当地运用典故，就会使语言变得精辟、凝练，谈话更富于感染力。和用"一石二鸟"相比，如果一个人笨嘴拙舌地说"用一块石头打下了两只鸟"，这就会是截然不同的境界。过去的文人提起某人有学问，常常说他"满嘴出典"，就是这个意思。如果在行文写作时适当运用典故，则可以增大文章表现力，用有限的词语展现更为丰富的内涵，收到言简意赅、画龙点睛之功效。

典故在我们的日常生活中也是常见的，但若要深究一下某个典故的出处、背后的历史故事以及准确含义，则是很多人不能回答的。为了让人们更加深入地了解典故的含义，掌握典故的用法，我们编写了本书。

全书精选了近600则典故，分为言志、情感、形貌、经济、世态、闲趣、言语、为政、国家、司法、品行、学问、谋略、景物、时令、人伦、哲理、功业、技艺、军事、境遇、罪戾、交往、失策等篇。编者不仅对典故进行了解释，还点明了它的出处，并以通俗易懂的语言将每一个典故背后的人物和故事娓娓道来。阅读典故原始的故事，了解它们的来龙去脉，不仅可以培养、提高阅读能力，更有助于加深对历史知识的理解，增强学习的趣味。此外，书中还收录了一部分不常用的成语或典故，以拓宽读者的知识面。

需要说明的是，有些典故在演变过程中，其原有含义已发生了变化，因此我们在分类时难免有不妥之处。对我们来说，如若读者阅读后了解了一个个典故，进行了一次语言和历史旅行，那我们的目的也就达到了。

往事越千年，如能追溯、穷究其出处，可得探源寻根之趣，还可增加文史知识，丰富活跃我们的语言。让我们翻开书，一起走进中华典故的世界，一起去品味中华语言文化的博大精深。

目 录

·形貌篇·

·经济篇·

·闲趣篇·

·言语篇·

·为政篇·

·国家篇·

·司法篇·

·品行篇·

·学问篇·

·谋略篇·

·人伦篇·

·哲理篇·

·功业篇·

·技艺篇·

·军事篇·

·境遇篇·

·交往篇·

·失策篇·

言志篇

·版筑饭牛·

典出西汉司马迁《史记·殷本纪》。

版筑：造土墙。饭牛：喂牛。造土墙和喂牛的人后来做了大官。指出身贫贱、胸怀大志、有奇才的人物。

殷代盘庚中兴之后，小辛、小乙继位，殷朝重又中落。武丁即位之后，想复兴殷国大业，可就是找不到好臣子来辅佐朝政。

有一天，武丁做了个好梦，梦见自己遇到一个身高肤黑、两目炯炯有神、名叫"说"的圣人。第二天，武丁遍视群臣百官，其中没有一个像梦中圣人的。武丁跑遍全国寻找圣人，来到了傅岩。傅岩下有一条重要道路，常被大水冲垮，官员们调来一批囚徒，修筑大墙，堵截山洪，保护道路。在修路工中，武丁发现一个身材很高、皮肤黝黑、目光如电的，就是自己梦中见到的圣人。他是个隐士，混杂在囚徒中一

宁戚饭牛图

起筑墙护路。武丁跟他交谈后，大喜说："你就是我梦中见到的圣人。"立即任他为国相，殷国从此大治。隐士没有名姓，就以傅岩为姓，称为"傅说"。"版筑"就是用版作范，中间实土石筑墙的意思。

而"饭牛"讲的则是春秋时的故事。齐桓公要迎接周天子派来的使臣，天未亮就带领仪仗队开门出城，等候贵宾。城河边，有一队商旅驾着牛车，点着火把，等候天亮开关入城做买卖。桓公驱车上前，私察民情，他见到有个人弯着身子，手捧青草喂牛，边喂边以手拍打牛角，用悠长的声调唱着歌：

从昏饭牛至夜半，

长夜漫漫何时旦？

黄犊上坂且休息，

吾将舍汝相齐国！

桓公想："好大口气，一个穷喂牛的，竟想当齐国的宰相……不过嘛，奇人好发奇论，说不定他真的有本事。"

迎宾结束，桓公带着歌者回宫，发现对方果真是个怀大志、有奇才的人物，就毫不犹豫地将国政交给他管理。这个人名叫宁戚。

由以上两则故事形成了"版筑饭牛"的成语。

·背水一战·

典出西汉司马迁《史记·淮阴侯列传》。

汉将韩信卒兵攻赵，出井陉口，令万人背水列阵，大败赵军。诸将问背水之故，韩信曰："兵法不曰：'陷之死口而后生，置之亡地而后存？'"

韩信像

背向河流，表示已绝退路，比喻做事有进无退，成败在此一举。

楚汉相争时，韩信率军数万攻打赵国。他探得对方在井陉布置了20万重兵，便连夜精选2000名轻骑，每人持一面小红旗，火速赶到赵军营地。

次日天明，韩信亲率一万人背对大河列阵。赵军见此大笑不止，认为背水列阵是犯了兵家之大忌，不啻是自断退路，一旦败退就无处可走。于是，人人摩拳擦掌，想讨个便宜仗打。谁知韩信用的是诱兵之计，且战且退，一直退到大河边上。先前派去的2000名轻骑，则趁赵兵出营追赶之机依计占领了赵营，竖起了汉军小红旗。赵兵还在追击。汉军因退到河边，无路可走，便奋勇反击。赵军抵挡不住，准备掉头逃跑时，才发觉自己的营地早已落入汉军之手。

原来，韩信早想好了背水布阵使士兵置之死地而后生的战略方案，派2000名轻骑偷袭敌军，只是为了使这一方案实施得更完满而已。赵兵不知有时犯兵家之忌反而可以险中求胜的道理，产生轻敌思想，终于一败涂地。

·不因人热·

典出《东观汉记·梁鸿传》。

梁鸿省孤，以童幼诣太学受世，治《礼》、《诗》、《春秋》。常独坐止，不与人同食，比舍先炊已，呼鸿及热釜炊。鸿曰："童子鸿，不因人热者也。"灭灶更燃火，鸿家贫而尚节，博览无不通。

东汉时，文学家梁鸿为人孤傲，清贫自守。他同妻子孟光一起隐居在吴地，替别人当佣工。由于生活困难，常常寄居在别人家里。

有一次，梁鸿夫妇寄住在一户当地人家里，这家人做完饭后，见梁鸿还没有生火做饭，就关心地说："我的饭已经好了，灶里的火还燃着，你何不趁着余火，接着做饭呢？"

梁鸿听后，就像受到了羞辱一样，正色说："你的好意，我们心里是知道的，但一个人处世，怎么能利用别人的余火来为自己加热呢？"梁鸿说完，舀来水灭掉灶中的火，重新升起火做饭。

后人用"不因人热"比喻性情孤傲、不依赖别人。

·乘风破浪·

典出《宋书·宗悫传》。

悫年少时，炳问其志，悫曰："愿乘长风破万里浪！"

宗悫，字元干，南北朝宋时人。他在年纪小的时候，就已抱有远大的志愿，并且学得一身好武艺，又非常勇敢。他哥哥宗泌结婚的那天，来的客人很多。有十几个强盗趁他家忙着办喜事，夜里去抢劫。这时，宗悫挺身而出，奋力抗拒，最终把强盗赶跑了。他的叔叔宗少文问他的志向，他仰起头来激昂地说："愿乘长风破万里浪！"意思是要利用和创造一切有利的条件，冲破面前有如万里波浪的困难，干一番伟大的事业。后来宗悫果然替国家打了不少胜仗，立下了许多汗马功劳。皇帝让他做了左卫将军，封他为洮阳侯。

后来的人就将宗悫所说的那句话，简化为"乘风破浪"这个成语，来说明人有远大而崇高的理想；也用以形容人刻苦勤劳，努力向上，冲破重重困难，去创立伟大事业的精神。

·初生之犊不畏虎·

典出《三国演义》。

东汉末年，刘备占领汉中，自称汉中王，准备进攻中原。这时，曹操与孙权之间发生了冲突，于是刘备命令镇守荆州的关羽率兵北上，进攻襄阳与樊城。曹操部将曹仁领兵抵抗，被关羽部将廖化、关平打败。曹操接到战报，立即派大将于禁和先锋庞德统领七支人马，前去增援。

庞德率领先锋部队来到樊城，为了表示与关羽决一死战的决心，他让士兵抬着一口棺材，走在队伍前面。两军对阵，庞德耀武扬威，指名道姓要关羽出战。关羽欣然出阵，与庞德大战百余回合，不分胜负。

关羽回到营寨，对众将说："初生之犊不畏虎，我看庞德年轻气盛，只可以用计赚他，不可凭恃武力取胜啊！"

这时正是秋季，樊城地区秋雨连绵，汉水漫上堤岸，樊城被围于大水中。关羽派人堵在水口，等到江水暴涨，扒开水口，洪水漫天遍地，汹涌而下，淹没了于禁率领的 7 支人马。关羽命令将士登上预先造好的船筏，向敌军发起猛攻。庞德率领部

关羽擒将图

下奋勇抵抗，从早晨一直战斗到中午，最后落水被俘，因不肯投降被关羽所杀。

犊：小牛。刚生下的小牛不害怕老虎。原比喻年轻人大胆勇敢，缺少经验。现比喻青年大胆勇敢，敢于创新。

·气壮山河·

典出《老学庵笔记》。

身骑箕尾归天上，气作山河壮本朝。

南宋大臣赵鼎21岁考中进士，受到宰相吴敏赏识，被调到都城开封任职。

1125年冬，金国出兵南侵。次年秋攻陷太原，宋钦宗惊慌失措，赶紧召集文武大臣商议对策。一些贪生怕死的大臣，主张割让土地向金国求和。赵鼎却说："祖先留下来的国土，怎能拱手送给别人？望陛下千万不要考虑这种意见！"

可是，钦宗非常惧怕金兵。金军要求把黄河以北的土地全部割让给金国，钦宗竟答应了。但是，金军继续南下。这年底，抵达开封城下。钦宗不等金军攻破就亲自到金军营中乞求投降。不久，金兵统帅扣留了钦宗，让部下进城掠夺，钦宗和他的父亲徽宗沦为俘虏，连同搜刮到的大量金银财宝，一起被押至金国。北宋王朝就此灭亡。

钦宗的弟弟康王赵构在南京（今河南省商丘市）建立了南宋王朝，史称宋高祖。即位初期，起用了一批主战派大臣，赵鼎也在其中，后来还当了宰相。在金兵不断的南侵下，高宗被迫撤退到会稽（今浙江绍兴市）。后来，宰相秦桧知道高宗只想偏安江南，而不真心抗金，便竭力唆使他与金国讲和。赵鼎对他自然反对。于是，秦桧经常在高宗面前说赵鼎的坏话。后来，高宗终于将赵鼎贬到外地去当官。

赵鼎在朱崖住了3年，生活非常困苦。秦桧知道他的处境后，认为他活得不可能长久，便叮嘱地方官每月向自己呈报他是否还活着。

赵鼎62岁那年，终于患了重病。临死前，对儿子悲愤地说道："秦桧非要置我于死地不可。我不死，他可能会对你们下毒手；我死了，才可不再连累你们。"说罢，他叫儿子取来一面铭旌（竖在灵柩前标志死者官衔和姓名的旗幡），在上面书写了一行字："身骑箕尾归天上，气作山河壮本朝。"意思是说："我身骑箕、尾两座星宿回归上天，我的气概像高山大河那样雄壮豪迈地存在于本朝。"几天后，赵鼎不食而死。

"气壮山河"比喻人的豪迈之气好像高山大河那样雄伟壮观。

·人鼠之叹·

典出《史记·李斯列传》。

秦朝的大臣李斯年轻时，做过郡里的小官吏。一天，李斯去厕所里解便。当他跨进厕所时，不禁大吃一惊。原来，一群老鼠正在厕所里抓蛆吃，见有人来，就四下里惊惶逃窜。过后，李斯想，这老鼠抓蛆吃又何必这样诚惶诚恐呢？

又一天，李斯去郡里的仓库里，发现粮食堆里有几只大老鼠正在细嚼慢吞，安安稳稳地吃着粮食。李斯去赶它们，老鼠毫不理会。原来仓库里很少有人进来，所以老鼠没有半点儿恐惧感。看到仓里的老鼠养尊处优，长得又肥又大，李斯联想到厕所里的老鼠，不由得感慨万分：同是老鼠，由于所处的环境不同，其生活竟有天壤之别！人不也是一样的吗？同样的人，爬上去了就是贤者、君子，沦落下层就是愚民、小人！

从这以后，李斯发誓要做人上人。经过多年的努力，他获得了成功，受到秦始皇的重用，对秦国统一六国起了很大作用。

"人鼠之叹"多用来感叹世道之不公平，人与人之间的地位悬殊。

·听人穿鼻·

典出《南史·张宏策传》。

徐孝嗣才非柱石，听人穿鼻。

南朝齐武帝当政时，有个贵族叫徐孝嗣，他做事没有什么主见，完全听命于齐武帝，武帝把他当作忠臣来对待。

公元493年，齐武帝去世，由皇太孙萧昭业继位。武帝临终时，相信徐孝嗣的忠心，嘱托他辅佐嗣主。第二年，皇族西昌侯萧鸾企图谋夺帝位，他得知徐孝嗣受了托孤之命，而且了解到徐孝嗣为人没有主见，胆小怕事，便想依靠徐孝嗣来实现他的野心。为了试探他，萧鸾便派心腹暗地里告知徐孝嗣自己的阴谋。徐孝嗣得知西昌侯生性残暴，不敢得罪，便不加反对。

徐孝嗣的好友乐豫知道了这件事，对他说："当年齐武帝待你不薄，将托孤之重任交于你，你怎么可以默许萧鸾谋反，这不是有负于当年武帝对你的信任吗？"

徐孝嗣不言，他明知乐豫讲得有理，却又害怕萧鸾。乐豫走后，他一个人在屋里徘徊。

这时，正好萧鸾驾到，徐孝嗣不敢怠慢，忙起身迎接。萧鸾把篡夺帝位的具体步骤告知了徐孝嗣，并要他一起协助完成篡位之事，徐孝嗣思考再三，还是答应了。在他的帮助下，萧鸾派人杀死了皇帝。

皇帝死后，国不可一日无君，萧鸾怕自己现在篡位会引起公愤，便想借用太后名义立十五岁的新安王萧昭文为帝，自己可在暗地里操纵新帝。徐孝嗣便取出早就拟好的太后诏令，满足了萧鸾的心愿。

同年，萧鸾又相继诛杀了齐高帝、齐武帝的子孙，借皇太后的名义再次废去萧昭文的帝位，自己称帝，史称齐明帝。

4年后，齐明帝去世，他的二儿子萧宝卷继承皇位。萧宝卷比其父萧鸾更加残暴专横，整天吃喝玩乐，不理朝政，一不称心就要杀人。朝廷大臣谁也不敢多言。徐孝嗣本性怕事，他虽已担任尚书令，但仍不敢进谏，听任暴君胡作非为。

后人把徐孝嗣的软弱无能的行为，称之为"听人穿鼻"，指听候别人的摆弄。

·行百里者半九十·

典出《战国策·秦策》。

秦王依靠秦国强大的实力、有利的地形,成功地实行了"远交近攻"的"连横"政策。几年来,六国或被攻破,或被削弱,眼看着大局已定,为此秦王逐渐放松了志气,把政事交给相国,自己在宫中饮酒作乐,恣意享受起来。

一天,侍卫向秦王报告说,有一个年近九十岁的老人,刚从百里路外赶到京城,一定要进宫求见秦王。秦王亲自接见了他。

秦王说:"老人家,你刚从远地赶来,路上一定很辛苦吧!"

老人说:"是啊!老臣从家乡出发,赶了十天,行了九十里;又走了十天,行了十里,好不容易赶到京城。"

秦王笑道:"老人家,你算错了吧?开头十天走了九十里,后来的十天怎么只走了十里呢?"

老人回答说:"开始的十天,我一心赶路,全力以赴。待走了九十里以后,实在觉得很累,那剩下的十里,似乎越走越长,每走一步都要花出许多力气,所以走了十天才到了咸阳。回头一想,前面的九十里,只能算是路程的一半。"

秦王点点头,说:"老人家赶了那么多的路来见我,可有什么话要对我说呢?"

老人回答说:"我就是要把这走路的道理禀告大王。我们秦国统一的大业眼看就要完成,就像老臣百里路已经走了九十里一样。不过我希望大王把以往的成功只看作是事业的一半,还有一半更需要去努力完成。如果现在懈怠起来,那以后的路就会特别难走,甚至会半途而废,走不到终点呢!"

秦王谢过老人的忠告,再也不敢懈怠,而是把全部精力都放到统一六国的大业上去了。

一百里路走了九十里,只能算是走完了一半路程。比喻越接近成功,越不能松懈,要坚持到底,去争取最后的胜利。

·一日千里·

典出《荀子·修身》。

夫骥一日而千里,驽马十驾,则亦及之矣。

在一个晴朗的日子,周穆王把朝政交给几个亲信大臣,只带了几个贴身侍卫,坐上由造父驾驶的马车,向西方进发。造父驾着马车行了一程后,猛一松缰绳,口中一声轻呼,那八匹骏马便撒开四蹄欢快地跑了起来。穆王见此情景,不由得露出了满意的笑容。

他们一直跑啊跑,最后来到了昆仑山下的西王母国。西王母国建立在一片绿洲之中,仿佛世外桃源一般。

美貌的西王母热情接待了穆王,亲自为他接风洗尘,穆王也送给她许多珍贵礼物,以表示答谢。穆王沉浸在欢乐之中。

穆王骏骑图轴

转眼一个月过去了，穆王几乎已经忘了他远在东方的国家。造父见此情景，焦虑万分，多次劝穆王回国，穆王却始终不肯。一天傍晚，穆王与西王母正在纳凉闲坐，突然，造父带着一个满头大汗的武士送来密封文书。原来，东方的徐堰王知道天子久离镐京，便乘机起兵造反。穆王恍如从睡梦中惊醒，立即命造父备车，启程东归。

造父知道时间刻不容缓，就举起鞭子猛力一抽，八匹骏马顿时撒蹄飞奔。造父施展全身的本领，一日千里地向东飞奔，只用三天三夜便赶回了镐京。

回京后，穆王调兵遣将，亲率精锐部队与徐堰王决战。徐堰王被打得落花流水，自己也死于乱军之中。徐国从此灭亡。

后人由此而逐步演化为成语"一日千里"，原指速度快，现用以形容进步神速。

· 义无反顾 ·

典出《史记·司马相如列传》。

夫边郡之士，闻烽举燧燔，皆摄弓而驰，荷兵而走，流汗相属，唯恐居后；触白刃，冒流矢，义不反顾，计不旋踵，人怀怒心，如报私仇。

汉武帝很赏识司马相如的才学，让他在自己身边做官。这时正赶上唐蒙在修治通往夜郎、僰中的西南夷道。由于他征集民工过多，又是采取高压手段，引起了巴蜀人民的不安，发生了骚乱。汉武帝便派司马相如去责备唐蒙，并让他写一篇文告，向巴蜀人民作一番解释。

这段文告的大意是：有人不晓得国家的法令制度，惊恐逃亡或自相残杀是不对的。士兵作战的时候，应该迎着刀刃和箭镝而上，绝不容许回头看，宁可战死也不能转过脚跟逃跑。你们应该从长计议，急国家之难，尽人臣之道。

"义无反顾"就是从司马相如的文告中"义不反顾"一句中引申出来的，指为正义的事业而勇往直前。

情感篇

·哀妇不忘故·

典出《韩诗外传》。

孔子出游少源之野，有妇人中泽而哭，其音甚哀。

孔子怪之，使弟子问焉，曰："夫人何哭之哀？"

妇人曰："乡者刈蓍薪亡吾蓍簪，吾是以哀也。"

弟子曰："刈蓍薪而亡蓍簪，有何悲焉？"

妇人曰："非伤亡簪也，吾所以悲者，盖不忘故也。"

孔子出外旅行，走到少源的田野里，看见有一个妇女站在沼泽的洼地中啼哭，声音十分哀伤。

孔子觉得奇怪，便派他的弟子去询问。弟子说道："夫人为什么事哭得这样伤心呀？"

妇人说："刚才我在这里割蓍草，把我捆插蓍草的竹签子

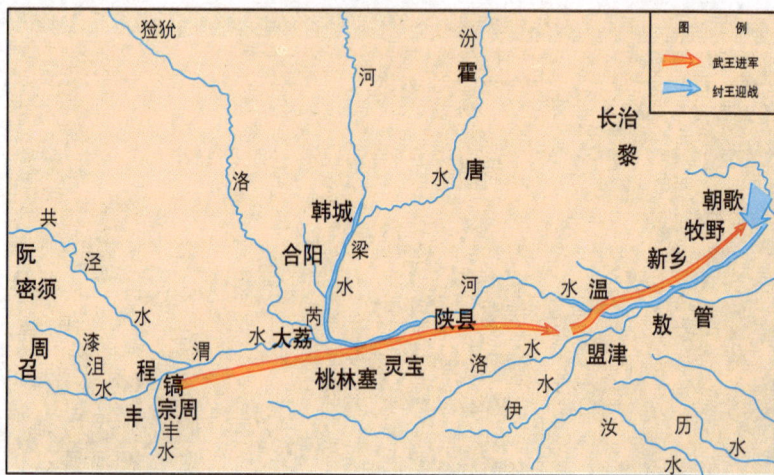

牧野之战示意图

丢掉了，所以我感到悲伤啊！"

弟子说："割蓍草丢掉了捆插蓍草的竹签子，这有什么值得悲伤的呢？"

妇人说："并不是心痛丢掉了竹签子呀，我之所以悲伤，是由于不忘旧呀！"

后人用"哀妇不忘故"比喻不忘旧、不忘本的真情实感。

·爱屋及乌·

典出《说苑·贵德》。

"臣闻爱其人者，兼爱屋及上之乌；憎其人者，恶其余胥。"

周武王在姜太公、周公、召公的辅助下，宣布出兵讨伐商纣王。因为纣王早已失去人心，周武王的军队势如破竹，很快便攻克了京城朝歌，商纣王自焚而死。商纣王死后，武王认为天下尚未安定，心里很是不安。如何对待商朝遗留下的人员，也是一个很难处理的问题。为此，武王向姜太公讨教。

姜太公说："我听说，如果喜欢一个人，就会连他屋上的乌鸦也会爱惜；如果憎恶一个人，就会对他的仆从家人也感到讨厌，照这样来对待商朝的臣民，怎么样？"

周武王善待商朝的官吏与百姓，国家很快便安定下来。

"爱屋及乌"是说喜爱那座房屋，连房屋上的乌鸦也一并喜爱。比喻由于深爱一个人，从而连带喜欢他的亲属朋友或其他东西。

· 班姬团扇 ·

典出《汉书·外戚传》。

昔汉成帝班婕妤失宠，供养于长信宫，乃作赋自伤，并为怨诗一首："新制齐纨素，鲜洁如霜雪，裁成合欢扇。团圆似明月，出入君怀袖，动摇微风发。常恐秋节至，凉风夺炎热。弃捐箧笥中，恩情中道绝。"

西汉时期，有一个姓班的女子，容貌美丽、多才多艺，擅长写诗作文。汉成帝刘骜即位时，她被选入宫中，备受皇帝宠爱，封为婕妤（汉代宫中女官名）。

后来，汉成帝宠爱美人赵飞燕，班婕妤被冷落一旁，连许皇后也失了宠。赵飞燕为了巩固自己的专宠地位，就在皇帝面前进谗言，诬告许皇后和班婕妤在后宫暗行巫术，诅咒皇帝。皇帝一怒之下，将许皇后废掉。班婕妤再三申辩自己无罪，皇帝便没有处罚她。

班婕妤想到赵飞燕飞扬跋扈，日子长了肯定会遭到她暗算，恐怕连性命也难保。于是她请求去长信宫侍奉太后，离开了皇帝。

班婕妤去了长信宫后，回想当日在皇帝身边时的繁华热闹，对比眼前的寂寞凄清，心中愤愤不平。她写了一首《怨歌行》，抒发胸中的怨恨。诗中写道："裁开白如霜雪的丝绸，做成圆如明月的团扇。出入于君王的怀中袖里，摇动时微风轻轻袭来。然而常常担忧秋节到来，清凉的秋风将炎夏驱赶。

团扇便被弃于箱笼之中，从此与主人恩断情绝。"

后人用"班姬团扇"的典故形容失宠遭受冷遇；也用以表现孤寂冷落、凄婉哀怨的情感；也可用"团扇"或"班女扇"代指明月。

·悲心更微·

典出《列子·周穆王》。

燕人生于燕，长于楚，及老而还本国。过晋国，同行者诳之，指城曰："此燕国之城。"其人愀然变容。指社曰："此若里之社。"乃喟然而叹。指舍曰："此若先人之庐。"乃涓然而泣。指垄曰："此若先人之冢。"其人哭不自禁。同行者哑然大笑，曰："予昔绐若，此晋国耳！"其人大惭。

及至燕，真见燕国之城社，真见先人之庐冢，悲心更微。

有一个燕国人出生在燕地，生长在楚地，到老才回故国去。

路过晋国，同行的人骗他，指着城说："这就是燕国的城。"他顿时脸色凄然。同行的人指着土地庙说："这就是你村里的土地庙。"他不禁叹息。同行的人又指着一幢房子说："这是你先人的房屋。"他于是流泪啜泣。同行的人指着一个坟墓说："这是你先人的坟墓。"他再也无法抑制自己的情绪，放声大哭起来。同行的人哈哈大笑，说："我刚才是骗你的，这里是晋国！"那人感到差惭万分。

当他回到了燕国，真正见了燕国的城郭社庙，见了先人的房舍坟墓，他的悲痛感情反而淡薄了。

后人用"悲心更微"比喻引起人们感情强烈反应的事物，第一次出现给人的刺激是最深的，若重复出现，感情反而会淡薄下来。

·不堪回首·

典出《虞美人》。

春花秋月何时了，往事知多少！小楼昨夜又东风，故国不堪回首月明中。

李煜是五代南唐的国君。南唐覆灭后，他便成了俘虏。李煜既好书画，又长音乐，能诗善文，尤其擅长填词。他前期的作品大都为描写宫廷的享乐生活之作，风格柔靡；后期的词，表达了他怀古伤今、感叹身世和亡国隐痛的复杂情绪。《虞美人》就是他亡国后身为宋俘时的佳作。他身怀亡国的隐痛，面对冬去春来，感慨不禁油然而生，于是写下了《虞美人》以抒情怀。词的开头就说："春花秋月何时了，往事知多少！小楼昨夜又东风，故国不堪回首月明中。"意思是说，春天的花、秋天的月是没完没了的啊，美好的往事，又涌上了心头。一年一度的春天，又来到了人间；那和暖的春风，昨夜又一阵阵地吹拂着我的小楼；见到那皎洁的月光，不禁想起了我南唐故国。唉，我精神上的痛苦啊，哪里忍受得住。

后人用"不堪回首"（堪：可以忍受。回首：回顾，回忆）

南唐文会图
此图描绘了南唐后主李煜和文士在庭院聚会的场景。

来表示回忆过去的情况叫人难以忍受，泛指不忍回忆过去的惨痛经历或情景。

·不求同日生，但求同日死·

典出《单刀会》。

　　俺弟兄三人在桃园中结义，宰白马祭天，宰乌牛祭地，不求同日生，但愿同日死。

　　汉末，天下大乱，刘备是汉王室的远房子孙，这年他28岁，恰逢幽州太守刘焉招募义兵。他遇到志同道合的关羽、张飞两人，大家决心集合乡里勇猛的人共同应征，为国家出力。张飞说："我庄上有一个桃园，花开正盛。明日就在园中祭告天地，我三人结为兄弟，协力同心，然后才可以图谋大事。"刘备、关羽齐声回答说："这样非常好。"次日，于桃园中备下乌牛白马祭品等项，三人焚香再拜而发誓："念刘备、关羽、张飞，虽然异姓，既结为兄弟，则同心协力，救困扶危；上报国家，下安黎庶；不求同年同月同日生，只愿同年同月同日死。皇天后土，实鉴此心。背义忘恩，天人共戮。"誓毕，拜刘备为兄，关羽次之，张飞为弟。这就是有名的"桃园三结义"的故事。从此，三人忠实于誓言，忠实于兄弟之情，确实做到了同甘苦、共患难。成为历代结义兄弟的榜样。

誓词中"不求同年同月同日生，但愿同年同月同日死"在关汉卿《单刀会》中，简化为"不求同日生，但愿同日死"，也成为结拜兄弟誓词中的必有之言。

后人用"不求同日生，但求同日死"的这个典故表达同生共死的意愿和深情。

·长歌当哭·

典出《亡儿阿寿圹志》。

儿卒于乙未之除夕，长歌当哭，遂以哭儿者为之铭。又见《红楼梦》。"妹生辰不偶，家运多艰，姊妹伶仃，萱亲衰迈。……感怀触绪，聊赋四章，匪日无故呻吟，亦长歌当哭之意耳……"

宝玉与黛玉论琴。黛玉说："高山流水，得遇知音……古人说，'知音难遇'。若无知音，宁可独对着那清风明月，苍松怪石，野猿老鹤，抚弄一番，以寄兴趣，方为不负这琴……"当他们边谈边往外走时，只见秋纹带着小丫头捧着一小盆兰花来。她说："太太那边有人送了盆兰花来，因里头有事，没有空儿玩他，叫给二爷一盆，林姑娘一盆。"黛玉看时，却有几枝双朵儿的，心中忽然一动，不知是喜是悲，便呆呆地傻看。宝玉走后，黛玉回到房中，看着花，心想："草木当春，花鲜叶茂，想我年纪尚小，便像三秋蒲柳。……只恐似那花柳残春，怎禁得风催雨送！"想到此，不禁又滴下泪来。

黛玉正愁得没法解时，只见宝钗那边打发人送封信来。黛玉打开看时，只见上面写道："妹生辰不偶，家运多艰，姊妹伶仃，萱亲衰迈。……感怀触绪，聊赋四章，匪曰无故呻吟，亦长歌当哭之意耳……"黛玉看毕，不胜伤感。

后人用"长歌当哭"表示以歌代哭，多指用诗文抒发胸中悲愤之情。

·乘兴而来，败兴而归·

典出《晋书·王徽之传》。

尝居山阴，夜雪初霁……忽忆戴逵，逵时在剡，便夜乘小舟诣之，经宿方至。造门不前而返。人问其故，徽之曰："本乘兴而来，兴尽而归，何必见安道邪？"

大书法家王羲之的儿子王徽之，聪明伶俐，喜好交游，性情豪放，生活十分浪漫。有一回，在一个大雪初霁的夜晚，他

雪夜访戴图

见月色清朗，长空无云，不禁想起了一个会弹琴的朋友戴逵。

他想：如果戴逵在身边，琴声伴月影，友人话衷肠，岂不美哉！他兴致勃发，不能自已，于是立刻乘小舟前往剡溪拜访朋友。由于路程较远，直至天亮才到。可是，到了戴逵的家门口，他却不进去，反而转桨而归。

事后有人为此事问他道："你深夜急急忙忙赶到戴逵家去，为什么到了门口又马上转身回来了呢？"王徽之极为潇洒地说："我本是'乘兴而来，兴尽而返'，何必一定要见戴逵呢？"

后人用"乘兴而来，兴尽而返"或"乘兴而来，败兴而归"，表示凭着一时的兴趣或怀着某种希望兴冲冲地赶来，兴趣完了或感到失望就回去了。

· 楚囚南冠 ·

典出《左传·成公九年》。

晋侯观于军府，见钟仪，问之曰："南冠而絷者谁也？"有司曰："郑人所献楚囚也。"

春秋时，郑国在晋的帮助下打败了楚国，俘获楚大夫钟仪。郑国将这个俘虏献给了晋国，但后来郑又附楚疏晋，晋楚之间发生了战争。

有一次，晋侯到军府视察，看见了钟仪。他问："那个戴着南方人帽子的囚徒是什么人？"一个官吏回答说，此人叫钟仪，是郑国人献给晋国的楚国俘虏。想到郑国以往对晋亲近，如今又反目为仇，晋侯十分感叹，于是下令将钟仪释放，并召见了他。

钟仪对晋侯的宽宏大量十分感激，两次向晋侯下拜行礼。晋侯问钟仪的身世，他说世代都是乐官。又问他是否会奏乐，钟仪说："这是我家祖传的职业，我不敢做其他事，只会奏乐。"晋侯命人拿来了琴，让钟仪演奏。钟仪弹起了楚国的民间乐曲，其声伤感。晋侯问起他楚王的情况，钟仪不作正面回答，只推辞说："君王的事，我怎么会知道呢？"

后来，晋侯将见到钟仪的事告诉了范文子，文子很感动地对晋侯说："这个楚国人说起祖业来如此恭敬，不敢违背。让他奏乐，他奏的是本国音乐，不忘故国。君侯何不放了他，让他回去为晋楚友好出力呢？"

晋侯于是放了钟仪，并备了厚礼让他带回国，谋求两国的和平。

后人用"楚囚南冠"的典故形容困居他乡，怀恋故土，或指被囚禁的人。

·洞房花烛·

典出民间传说。

现在人们都称结婚的新房为洞房，在洞房中还要点燃红烛，称花烛。

相传秦始皇建造了阿房宫之后，在全国挑选美女，送到阿房宫，习歌学舞，供秦始皇一人享受。当时山西有一位民间绝色美女，已不知道她叫什么名字，因在家排行第三，所以大家都叫她三姑娘。三姑娘不仅长得美丽，而且性情刚烈。她被选中入宫后，不甘心被蹂躏，更不愿成为贵族的玩物。于是，她在一个月黑风高的夜晚，冒着生命危险，从阿房宫后墙逃了出来，翻过骊山，向家乡奔去。

在华山险峻的道路上，三姑娘与书生沈博相遇。由于秦始皇焚书坑儒的暴政，沈博十分痛恨秦始皇，他听了三姑娘的经历，十分同情她，也很钦佩她，两人一见钟情，就在华山的一座山洞里对天盟誓，结为夫妻。山洞里很黑，沈博捡了许多树枝，点起火来，在火光上，沈博才看清自己的妻子是个多么美丽的姑娘。拜天地时，没有香，他们就摘折了许多艳丽的花枝插在火堆前，先拜了天地，又拜了祖宗，成了一对恩爱的伴侣。

后来，人们为了表达对三姑娘勇敢抗争、追求爱情精神的崇敬，在通往华山顶峰的路上修建起一座座庙宇。每座庙宇中都供奉着三姑娘的塑像，人们都称她为三圣母。唐代以后，一些文人根据这个民间传说，又创造出三圣母与书生刘颜昌的爱情故事，进一步歌颂三姑娘。

正是由于这个传说，人们就把结婚的新房叫作洞房，把喜庆的红烛叫作花烛。

·范进中举·

典出《儒林外史》。

范进，原是比较老实、勤学苦读、受人欺侮的穷书生。自12岁应考，连续考了20余次，还是一个童生。最后一次应考，他实际年龄已经54岁，名册上写的却是30岁。考试那天，范进第一个交卷。主考官周进也是苦读出身，见范进面黄肌瘦，胡须花白，寒冬天气还穿件麻布大褂，冻得瑟瑟发抖，不由动了恻隐之心，便用意看他的试卷。可是连看两遍，还不解其意，直到看了3遍，才知是"天地间最好的文章，真是一字一珠"。不等各卷汇齐，便取范进第一名。

范进中了秀才，还要去参加乡试，找丈人胡屠户借钱，却被骂得狗血喷头。胡屠户骂他："你中了相公，就癞蛤蟆想吃天鹅肉，趁早收了这份心！"范进只好向乡邻同案借了盘费，瞒着人去城里应试。回来时，家里已断粮3天。胡屠户知道后，又将他骂了一顿。

发榜那天，范进家里没米下锅，抱着母亲那只生蛋条鸡上集去卖。刚走不久，报喜的人来了。邻居飞奔到集上去找范进，只见他抱着母鸡，一步一踱地四下张望，在寻人买。邻居赶忙上前说："范相公，你中了举人，赶快回去！"范进以为是哄他，只装没听见，低着头直往前走。邻居见他不理，追上去要夺他的鸡。范进挣脱说："高邻，不要开玩笑，我要卖它买米救命啊！"邻居见范进不信，劈手把鸡夺了，扔在地上，拖着范进就往回跑。

范进回到家门口，见到报喜的和邻居们挤了一屋，他三步并作两步往屋里走。屋里已挂起报帖："捷报贵府老爷范讳进高中广东乡试第七名亚元京报连登黄甲"。范进每念一遍，就拍手笑道："噫！好了！我中了！"范进念着，笑着，突然一跤跌倒在地，牙关紧咬，不省人事。他母亲慌忙拿开水来灌救。灌弄了一阵，范进一骨碌爬起来，又拍手大笑道："噫！好了！我中了！"不由分说，往门外飞跑，边拍边笑。大伙都说这位新贵人喜疯了！

范进的母亲和妻子急得大哭。有人出主意说："范老爷因欢喜过度，痰迷心窍，只要他平日最惧怕的人打他一下，说'你不曾中'，他一吓，把痰吐出来，就明白了！"众人要胡屠户打他女婿。胡屠户为难地说："如今中了老爷便是天上的星宿，打不得啊！"邻居见他如此，便挖苦他，催促他。胡屠户违拗不过，喝了酒，壮壮胆，拿出平日的凶恶样子，对着正在发疯的范进，大骂一声："该死的畜生！你中了什么！"一巴掌过去，把范进打倒在地。众人一齐上前，替范进抹胸口，捶背心，忙了半晌，范进才渐渐喘过气来，睁开眼，不疯了。胡屠户连忙向女婿赔礼道歉，扶他回家。

范进中举之后，结交官绅，变成一个虚伪庸俗的官吏。

后用"范进中举"比喻喜出望外，欢喜若狂。

·故剑之思·

典出《汉书·外戚传》。

汉武帝时，发生了一次因迷信而引起的"巫蛊之祸"，很多人也因此而被牵连致死了。皇后、皇太子、皇太孙都因而致死，只剩下一个襁褓中的皇曾孙。

汉昭帝（武帝幼子）死后，大将军霍光便立皇曾孙为帝，即汉宣帝，又封宣帝做平民时所娶的妻子许平君为婕妤（女官名）。

这时公卿大夫们商讨要替宣帝立皇后，都认为霍光的幼女最为适合。霍光也自以为权高一切，将自己女儿立为皇后乃是意料中之事。不料宣帝却在这时亲自下了一道命令，要寻求微时（即过去做平民时）的旧剑（故剑之思），大臣们知道他所指的是旧时的妻子，于是便立许婕妤为皇后。

霍光的妻子眼见女儿做不成皇后，心中很是怀恨，趁第二年许皇后生产后得了小病，买通御医将许皇后毒死，霍光的女儿才立为皇后。

故：旧。对旧时用过的剑的思念之情。比喻丈夫对结发妻子的思念之情。

·何颜见江东父老·

典出《史记·项羽本纪》。

秦末楚汉相争之时，楚霸王项羽被汉王刘邦的大军围困在垓下。夜里，他听到四面楚歌，知道大势已去，他心爱的美人虞姬也自杀了。天亮后，项羽带领着残部突围到了乌江。

乌江亭长撑了一条船等在江边，他对项王说："江东虽小，方圆也有千里，民众也有十万，还是足够在此称王，干

霸王别姬图

一番事业。请大王赶紧上船渡江吧，江上只有我这一条船，即使汉军追到江边，也对您无可奈何了。"

项王不愿上船逃跑，他笑着对乌江亭长说："老天要让我灭亡，我又何必渡江呢？况且我曾与江东子弟8000人一同渡江西进，如今他们无一人生还。即使江东的父老兄弟可怜我，尊我为王，我又有何面目去见他们呢？"他对亭长说："我知道你是好人，我骑的这匹马今年5岁，神骏非凡，所向无敌，曾经日行千里。我不忍让它落入敌手，又不忍杀死它，就把它送给你吧。"

于是，项王命令部下全部下马步行，与追上来的汉军短兵相接，展开了激烈的肉搏战。仅仅项王一人就杀死汉军数百人，他身上也有多处负伤。混战中，项王被汉军中一个过去的熟人认出，告诉了周围的人。项王说："我知道刘邦用千金和土地悬赏拿到我头颅的人，我就让你得这个便宜吧。"说完，他便拔出剑来自刎而死。

后人用"何颜见江东父老"的典故形容深感惭愧，没脸见人。

·黄雀衔环·

典出《续齐谐记》。

汉人杨宝年九岁，至华阴山，见一黄雀为鸱所搏坠地。宝取归，置巾箱中，饲以黄花。百余日，毛羽成，乃飞去。其夜有黄衣童子向宝曰："吾西王母使者，蒙君拯救，实感仁恩。

今赠白环四枚，今君子孙洁白，位登三公，一如此环。"

汉代有一个人叫杨宝。传说他9岁那年，一次从华阴山北面经过，看见一只猫头鹰追赶一只黄雀，黄雀被猫头鹰抓伤，掉在树下。杨宝过去一看，可怜的黄雀伤痕累累，而且有大群的蚂蚁将它团团围住。黄雀动弹不得，十分痛苦。看见杨宝，它的眼睛里满是乞怜的神色。杨宝很同情黄雀，小心地用手将它捧起，带回了家中。

回到家后，杨宝将黄雀安置在一只小箱子里，每天精心地照料它，用洁净的清水和新鲜的黄花喂养它。慢慢地，黄雀身上的伤口痊愈了，吃的东西也一天天多了起来。

大约100天以后，黄雀的伤完全好了，羽毛长得丰满光滑，它终于又能在天上高高地飞翔了。但黄雀舍不得离开杨宝，它每日白天飞到外面玩耍觅食，晚上又飞回杨宝身边。几天之后，黄雀终于飞走了，再也没有回来。

一天夜里，杨宝读书到了三更时分。忽然，从门外走进一个穿黄衣服的童子，向他跪拜行礼。杨宝很惊奇地问他是谁，来干什么。童子再次下拜，毕恭毕敬地对他说："我就是你救出的那只黄雀，本是西王母的使者。那天我奉王母之命出使蓬莱，途中不慎被猫头鹰伤害。若不是你以仁爱之心将我拯救，我早已死于非命。即使千言万语，也难以表达我对你的感激之情。"说完，他取出四个白色的玉环赠给杨宝，并对他说："祝你的子孙如这玉环般洁白，位居三公。"说罢倏然不见。果然，后来杨宝的后代都做了大官。

后人用"黄雀衔环"或"白环报恩"等典故表示知恩图报。

·举案齐眉·

典出《后汉书·梁鸿传》。

东汉时，有个名叫梁鸿的穷书生，依靠勤奋进入当时的最高学府——太学。

梁鸿完成学业后，回到了家乡。他一点儿也没有太学生的架子，还是像农民一样下地干农活。

县里有个孟大爷非常有钱，他什么都满意，就是女儿不肯出嫁。有一次，孟大爷生气地问道："你已经30岁了，难道一辈子不嫁人？"

女儿回答说："除非像梁鸿那样的人，我才会嫁给他！"

孟大爷听了，赶紧托人去向梁鸿传达女儿的心意。梁鸿觉得孟小姐很合适，就央人去求婚，孟家自然马上答应。

不久，梁鸿便和孟小姐成了亲，可是一连七天，梁鸿却不与新娘子说一句话。孟小姐十分奇怪，猜不透他为什么这样，便跪着问他这是为什么。

梁鸿不能不开口了，开诚布公地说："我想娶的是生活俭朴的妻子，这样才能跟我一块儿种庄稼，过隐居生活。现在你穿的是绫罗绸缎，戴的是金银珠宝，这哪里是我所希望的呢？"

孟小姐说："我身上穿的是婚礼服。但我知道你的心思，所以，早就准备了粗布衣服麻布鞋，何必为此操心呢？"说完，她退到内室，摘去首饰，换上粗布衣服，挎一只筐子出来。

梁鸿见了，高兴地说："这才是我的好妻子！"说罢，他高兴地给妻子起了个名字：孟光。

后来，他们搬到了吴中，故意投奔到富翁皋伯通那里，向他借了一间房子住了下来。梁鸿天天出去给人家舂米或者种地，孟光在家里纺纱织布。

每天当梁鸿回家的时候，孟光就托着放有饭菜的盘子，恭恭敬敬地送到梁鸿的面前。为了表示对丈夫的尊敬，她不仰视他，并且每次总是把盘子托得跟眉头平齐。梁鸿也总是很有礼貌地双手接过盘子。

一次，皋伯通看到了他俩互敬互爱的情景，知道梁鸿不是平常的庄稼人，就把他一家接到自己家院里，并且供给他们吃的和穿的，让梁鸿安心读书做文章。不久，梁鸿病死了，孟光才带着儿子回到老家去。

"举案齐眉"是说把端饭的盘子举得高高的与眉毛齐平。形容夫妻互敬互爱。

·令人发指·

典出《史记·刺客列传》。

又前而为歌曰："风萧萧兮易水寒，壮士一去兮不复还！"复羽声慷慨，士皆目，发尽上指冠。

战国末期，秦国要统一中国，采取了远交近攻的策略，一步一步地消灭其余六国。当秦国大兵开到燕国的西部边境易水河边的时候，燕太子丹非常紧张。于是，他找了一个叫荆轲的勇士，让他到秦国去刺杀秦王嬴政（后来的秦始皇）。

太子丹假装把燕国督亢这个地方献给秦国，让荆轲去送地图，并把一把匕首藏在图卷里，好让荆轲见机行事，刺杀秦王。这一切都准备好以后，荆轲带着一个随员前往秦国。太子丹和荆轲都明白，这次去秦国可能凶多吉少，说不定会送命。于是太子丹带了一批官员穿上白衣服，戴着白帽子，把荆轲送到易水河边。临别时，荆轲悲切地唱到："风萧萧兮易水寒，壮士一去兮不复还。"送行的人们见荆轲唱得如此激昂、悲切，一个个都睁大眼睛，连头发都直竖了起来。

"令人发指"这句成语中的"令"是使的意思，"发指"就是头发直竖起来。后人用这个典故比喻愤怒到了极点。

荆轲刺秦王石像图

·六神不安·

典出清《官场现形记》。

这一天更不曾睡觉，替他弄这样弄那样，忙了个六神不安。

《官场现形记》是清末李宝嘉著的一部长篇小说，共60回。小说以谴责晚清官场的黑暗为主题，描写了当时官僚贪污勒索、迫害人民和投靠帝国主义的种种罪行，客观地反映了当时的一些社会矛盾，在思想上表现出改良主义倾向。在这部小说的第二回"钱典史同行说官趣，赵孝廉下第受奴欺"中讲道：有一个叫赵温的人中了举人，赵家设宴庆贺，一连忙了几天。派到县里的教官传下话来，让赵温即日赴省，填写亲供（秀才中举后，要在一定的期限里到学台官署去填写新供，写明年龄、籍贯、三代和身貌，并由所属的教官出具保证，证明属实）。赵温的爷爷看过皇历，选择了黄道吉日准备送孙子前往。临行的前一天，赵温的爷爷、爸爸，忙活了一天一夜，替赵温弄这弄那，忙了个六神不安。

六神，按道教的说法，人的心、肺、肝、肾、脾、胆各有神灵主宰，称为六神，后泛指精神。"六神不安"这句成语常用来形容心神不定。

·目光如炬·

典出《南史·檀道济传》。

道济见收，愤怒气盛，目光如炬，俄尔间引饮一斛。

南北朝时，宋国有位大将叫檀道济，金乡（今山东济宁）人，是一位很有谋略的军事家，做到太尉（相当于宰相）。他随宋武帝伐秦国，随宋文帝伐魏国，屡建奇功，威名极重；不仅国内的老百姓尊崇他，敌国也对他十分敬畏。皇帝见他威信日高，便对他怀疑起来，后来借故将他杀了。

当檀道济见到差官持了皇帝的命令来逮捕他时，愤怒气极，睁大了眼睛，两道目光像火炬般射出来，一时气得说不出话来。半晌，命人拿出酒器，一下子喝了一斛（古量器，十斗为一斛，此处形容其多也），饮毕，便将头上束发的布带解下，掷在地上，大声道："嘿，这是你自己毁灭你的万里长城！"

后人根据这个故事演绎出成语"目光如炬"，形容非常愤怒，也用以比喻见识深远。

·怒发冲冠·

典出《史记·廉颇蔺相如列传》。

相如视秦王无意偿赵城，乃前曰："璧有瑕，请指示王。"王授璧，相如因持璧却立倚柱，怒发上冲冠。

一天，赵惠文王问蔺相如说："秦王想用十五城交换我和氏璧，可以给他吗？"蔺相如说："秦国强而赵国弱，不得不同意。"赵王说："我给和氏璧，万一他不给我城，怎么办？"

蔺相如说："现在很难说，如他不给城，他就失礼；如果我们不给和氏璧，我们就失礼。比较这两种选择，倒不如同意而使秦国失礼。"

赵王听了蔺相如的建议，仍感到为难。他说："这样，使者的任务就重了！谁可以担任呢？"蔺相如立即回答说："如果的确没有人，我愿替大王前往。秦国的城池划入赵国，我就把和氏璧留在秦国；城未划入，我就把它完整地带回来。"

于是，蔺相如带着和氏璧出使秦国。到了秦国，秦王高坐章台，蔺相如奉璧献上。秦王非常高兴，自己把玩一阵之后，又递给身边的宫娥彩女观看，然后再递给臣下。众人都高兴地呼喊万岁。

这种极为傲慢的态度激怒了蔺相如，他知道秦王无意按约划城给越国，就向前说："大王，璧上有一点儿黑斑，我想指给大王看看。"秦王把璧递给蔺相如，蔺相如紧握着璧退后，倚着柱子，愤怒得连头发都向上冲动了帽子，然后，举璧准备击碎。秦王怕击碎了玉，连忙缓和下来。后来蔺相如终于机智地用计把和氏璧带回了赵国。

后人用"怒发冲冠"形容人愤怒到了极点。

·千里送鹅毛·

典出《梅圣俞寄银杏》。

鹅毛赠千里，所重以其人。

唐朝时候，有个地方官得到一只天鹅，他派了手下一个叫缅伯高的人赶赴京城，将天鹅进贡给皇帝。

缅伯高在去京城的路途上，精心照料着那只天鹅。一日，他来到沔阳湖。经过连日赶路，人和天鹅都很困乏。见到碧波荡漾的湖水，缅伯高精神为之一振，天鹅更是扑着翅膀想冲入水中。缅伯高心想，何不在此休息一下，让天鹅在湖里洗洗澡，让它快活快活。

于是，他将天鹅放进湖水里，用手紧紧捉住，让它在水里洗澡。谁知天鹅见了水，高兴极了，使劲儿地扇着双翅。缅伯高一不小心松了手，让天鹅挣脱开去，他急急地去追赶，天鹅却展开美丽的翅膀飞到了空中。缅伯高追了一阵，什么也没捞到，只拾到了天鹅身上掉下来的一根雪白的羽毛。失掉了天鹅，吓坏了缅伯高。他不敢回去见他的上司，只好硬着头皮来到京城，向皇帝献上一根鹅毛。皇帝和满朝文武见他送上一根鹅毛，都感到很奇怪。缅伯高讲述了这事的经过，还顺口念了几句诗道："上复唐天子，可饶缅伯高？礼轻人意重，千里送鹅毛。"

皇帝听后，觉得其情可恕，其诚可嘉，就没有责备缅伯高。

后人用"千里送鹅毛"的典故形容礼物也许很轻微，送礼的人却怀着一片真诚，其中的情意是很值得珍重的。

·人琴俱亡·

典出《晋书·王羲之列传》。

未几，献之卒，徽之奔丧不哭，直上灵床坐，取献之琴弹之，久而不调，叹曰："呜乎子敬，人琴俱亡！"因顿绝。

王羲之和王献之是东晋时期著名的大书法家。王献之是王羲之的第七个儿子，王献之有个哥哥名叫王徽之，两人性情相投，感情很好。

王徽之生性傲慢，自恃有才，非常任性，做事喜欢我行我素，对做官毫无兴趣。开始他在大司马桓温手下当参军。他整天蓬头垢面，不梳不理，官袍穿在身上连带子也不系，别人看见他这副模样，常常笑他。后来他给车骑将军桓冲当骑兵参军，仍旧是不闻不问，只管自己读书吟诗，寻找乐趣。一天，桓冲问他：

"你是管哪个差事的呀？"

"好像是管骑兵战马吧？"王徽之答道。

"那么你管多少马呀？"

"连马我还不知道呢，哪里知道马数？"

"马死了几匹？"

鸣凤琴（正面）　北宋

"未知生，焉知死？"

桓冲面对他这种如呆如痴的派头，只好叹口气走开。

有一次，王徽之听说有一户人家院里，种有好多竹子，便坐着车子去观竹。主人把院子打扫干净，摆上椅子请他坐，可他只顾看竹子，对院主人理也不理。别人对他的这种行为很不理解。

王徽之与弟弟王献之很要好，两人常在一块读书、作诗。王献之从小喜欢写字、画画，后来到朝廷做了中书令。王徽之晚年弃官回到故乡，正赶上弟弟献之重病卧床。他很伤感，便求巫师说："听说人的寿命是有定数的，活人可以把寿命借给死人，我的才能不如弟弟，我愿意把自己的寿命给他，我替他去死，让弟弟再活几年吧！"

巫师说："不得啊，你的寿命也到了限数啦，没有给别人的了。"

没过几天，王献之病故。家人悲痛欲绝，可王徽之却不哭。他坐在灵床上，取下王献之的琴弹起来，但怎么也弹不上个调子。他长叹一口气，哀伤地说："呜呼，献之啊，人死了，琴也死啦……"说完，便昏厥过去。

由于过分悲痛，王徽之背上的疮痛溃裂不愈，一个月之后也病死了。

成语"人琴俱亡"就是由此而来的，后人用它形容见物思人、悼念死者。

·如丧考妣·

典出《尚书·舜曲》。

帝乃殂落，百姓如丧考妣。

又见《孟子·万章上》。

二十有八载，帝乃殂落，百姓如丧考妣。

鲁国有个蒙丘，是孟子的学生。有一次，他去拜见孟子，问孟子道："俗话说：'道德最高的人，君主不能以他为臣，父亲不能以他为子。'舜便是这样的人。舜做了天子之后，尧率领诸侯向北面去朝见他，舜的父亲瞽瞍也向北去朝见他。舜看见瞽瞍来朝见，局促不安。孔子说：'在这个时候，天下就危险得很啊！'不知道事实是否这样。"

孟子回答说："不是这样。尧活着的时候，舜不曾做天子，只是尧老年时叫舜代他执行过天子的职务。《尧典》上说：'28年之后，尧死了，老百姓像死了父母一样，服丧3年，各地都停止了娱乐活动。'孔子对此说过：'天上没有两个太阳，人间没有两个天子。'如果说舜在尧死之前就做了天子，这岂不是同时有两个天子吗！"

后人用"如丧考妣"表示好像死了父母一样的难过和伤心。

·如坐针毡·

典出《晋书·杜锡传》。

舍人杜锡……性亮直忠烈，屡谏愍怀太子，言辞恳切，太子患之。后置针着锡常所坐处毡中，刺之流血。

晋朝时，有一个叫杜锡的人，他是杜预的儿子，从小受到良好的熏陶，年轻时就以学识渊博著称。先被长沙王请去做文学侍从，经过几次升迁，最后被调去做太子舍人（官名，掌管太子宫中一切事务的官），为愍怀太子服务。

愍怀太子是个不肯长进的人，行为乖张，做事不合情理。杜锡对太子这种作风很不同意，便常常向太子劝告，希望他能改进。杜锡的言辞非常忠实恳切，但愍怀太子却觉得他多事，很不高兴，便派人悄悄地在杜锡平日坐的毯（毛织成的毯，可用来做地毯或坐褥）中插了许多针，杜锡不知此事，坐下时被刺得流出血来。过了几天，愍怀太子问杜锡说："前几天你做些什么呢？"

杜锡说："我喝醉了酒，什么事都不知道。"太子一定要问到底，还说："你喜欢责备人，为什么自己也做错事呢？"杜锡被问得狼狈不堪，哭笑不得。

后人便将这个故事引申为"如坐针毡"一句成语，用来形容穷苦到了极点，处处受人压迫，时时被人播弄，弄得坐卧不宁、啼笑皆非的这种情况。也形容坐卧不安的样子。

·生子当如孙仲谋·

典出《三国志·吴书·吴主传》。

东汉建安十八年（公元213年）春天，曹操带领大军，进攻东吴。因为曹军来势凶猛，孙权亲自带领7万军队迎战，第一仗就打胜了。曹操吃了亏，便坚守不出。孙权一再挑战，曹军始终不应战。

孙权见曹军老是不出战，决定亲自前去观察曹军的动静。他带领一部分吴军，乘着快艇，驶入曹军水面。曹军众将以为孙权的军队前来挑战，准备还击。曹操对众将说："这一定是孙权亲自观察我军阵营，你们要严阵以待，箭不能胡乱发射。"

孙权的船只行驶了五六里，然后奏着军乐返回。曹操看到孙权的战船旗帜鲜明，队伍严整，进退有条不紊，想起以

南京古石头城遗址
这里古为长江故道，江涛逼城，形势险峻。东汉末，孙权依山傍江筑石头城，作为军事堡垒。所谓"石城虎踞"指的就是这里。

前镇守荆州的刘表的儿子，简直不能跟孙权相比，很有感慨，因为孙权字仲谋，他就叹了一口气，说："生子当如孙仲谋，刘表的儿子不过像猪狗罢了！"

双方相持了一个多月。当时，春雨连绵，下个不停，孙权便写信给曹操说："春天江水正在上涨，你应该迅速回去。"又在另一张纸上写道："你一天不死，我一天不安。"

曹操看了信，对众将说："孙权没有欺瞒我，他说的是实情。"便下令退兵，回北方去了。

"生子当如孙仲谋"原为曹操对孙权的赞语，后用以形容智勇双全的英雄人物。

·食肉寝皮·

典出《左传·襄公二十一年》。

然二子者，譬于禽兽，臣食其肉，而寝处其皮矣。

鲁襄公十八年（公元前555年），晋国征伐齐国，晋国的州绰用箭射中了齐将殖绰，并俘获了殖绰和郭最。

过了3年，州绰因躲避祸难逃奔到齐国。齐庄公对他说，殖绰、郭最如何勇猛。州绰说："他们等于是野兽，早被射死，肉已被吃，皮已做成卧具，怎么能算勇猛？"

后人用"食肉寝皮"这个典故比喻仇恨极深。

·拭目以待·

典出《三国演义》。

先生今为刘备出谋划策，朝廷旧臣，山林隐士，无不拭目以待。

三国时代，曹操的军队占领襄阳后，又星夜兼程直逼江陵，这极大地威胁着江东的孙权和荆州的刘备。江东的孙权派鲁肃为使，前去说服刘备，同心一意，共破曹操。刘备见曹操势大，难以抵敌，也希望联合孙权，共同御敌。为此，刘备派诸葛亮随鲁肃到东吴共商对策。

一日，孙权召集张昭、顾雍等一班文武20余人升堂议事，并请孔明出席。张昭一班人，因惧曹兵势大，力主投降，今见孔明前来出使，料定是来游说，鼓动孙权以抗曹操，因而首先出来诘难孔明。张昭说："先生自比管仲、乐毅，而管仲为桓公之相，治国有方，一匡天下，称霸于诸侯；乐毅扶持微弱的燕国，使之逐渐强大，一下使齐国的70座城池降服，这两个人才真正是济世之才！先生今为刘备出谋划策，朝廷旧臣，山林隐士，无不拭目以待，希望复兴汉室，除灭曹操，然而今天曹兵一出，乃弃甲抛戈，望风而蹿，上不能报刘备，下不能安庶民，管仲、乐毅难道是这样的？"孔明听了，哑然失笑，说道："复兴汉室，绝非一日之功！一个患了重病的人，先要给他吃稀粥、服平和之药，等到腑脏调和，形体渐安，然后才能以肉食加以补养，以猛药加以治疗。我主刘备向日军败，兵不满千；新野小县，人少粮薄，这正如人染沉疴一样，得慢慢调治。就是在这样的情况下，仍然能博望烧屯，白河用水，使夏侯、曹仁等心惊胆战，就是管仲、乐毅用兵，也不过如此吧！何况胜败乃兵家常事，过去高皇数败于项羽，而垓下一战成功，这不是韩信的良谋吗？"这一番言语，说得张昭无言回答。

后人用"拭目以待"形容期望十分殷切，也表示确信某件事的出现。

·司马遇文君·

典出《史记·司马相如列传》。

相如与俱之临邛，尽卖其车骑，买一酒舍酤酒，而令文君当垆。相如身自著犊鼻，与保佣杂作，涤器于市中。

司马，指西汉著名的辞赋家司马相如，字长卿，蜀郡成都人。司马相如家境贫寒，读书勤奋，好击剑，善操琴，很有才学。他同临邛（今四川邛崃）县令王吉相熟，王吉让他住在临邛城外的大驿站中，每天特意去访问他。当地富翁卓王孙听说县令有这样一个贵客，想结识他，便设宴相邀。司马相如先是称病推托，后经王吉劝说才应邀赴宴。

卓王孙有个女儿，名叫卓文君，年轻丧夫，在家守寡。她很有才学，又爱好音乐，久慕司马相如的才学。这次司马来到她家赴宴奏琴，她在暗中偷看，深深被司马相如的翩翩风采和精绝的琴艺所倾倒。司马相如也早闻文君的才貌，这时发觉门

文君听琴图

首屏风后有个绝色佳人，便弹了一曲《凤求凰》，用琴声拨动对方的心弦。

文君听了，立刻明白了司马相如的情意。为了追求幸福的婚姻，她不顾父亲的竭力反对，毅然于当夜离家奔归司马相如，一同返回成都。她毫不计较司马相如家徒四壁，决心和他苦熬岁月。卓王孙痛恨女儿不成器，分文不愿接济。司马和文君婚后便双双来到临邛，以卖酒为生。司马相如系着围裙，亲自洗碗洗碟，卓文君在炉子旁边为顾客温酒送菜，这就是历史上有名的"文君当垆"的故事。

卓王孙听说自己女儿在临邛当垆卖酒，觉得丢脸，出于无奈，只得分给文君一笔家产，打发他们离开临邛。

"司马遇文君"，比喻男女相爱，感情专注。

·碎尸万段·

典出《三国演义》。

汝乃山野村夫，侵吾大国境界，如何敢发此言！吾若捉着汝时，碎尸万段！

蜀汉建兴七年（公元 229 年）的夏天，孔明与司马懿在祁山作战。司马懿令郭淮、孙礼引兵五千去救武都、阳平，并抄在蜀兵之后，让其自乱。在行军路上，郭淮问孙礼："司马懿与孔明谁强？"孙礼回答说："孔明大大胜过司马懿！"

郭淮接着说："孔明虽高明，但司马懿这一计却有过人之智。蜀兵如果正在打武都、阳平，我们抄到他们后边，岂不是不打自乱了吗？"二人正在谈论，忽然哨马来报：武都、阳平已被蜀兵占领。郭、孙得知，刚要退兵，蜀军已到，喊杀连天。两军交锋，魏兵大败，郭、孙二人弃马爬山逃脱。

郭、孙失败后，司马懿又唤张郃、戴陵各引精兵一万，趁孔明去安抚武都、阳平百姓不在营中之时夺蜀寨。司马懿的打算早已在孔明预料之中，因而张郃、戴未战即被蜀兵包围。孔明在祁山上大喊："戴陵、张郃，你们二人乃无名小将，我不杀你们，赶快下马投降！"张郃闻言大怒，指着孔明骂道："汝乃山野村夫，侵吾大国境界，如何敢发此言！吾若捉着汝时，碎尸万段！"说罢，纵马挺枪来战蜀兵。由于孔明早有准备，张郃、戴陵战败而去。

司马懿连战皆败，半月不敢再战。孔明见司马懿不出战，思得一计，传令教各处都拔寨而回。魏军得知，张郃便要去追，司马懿却不同意。以后魏军多次出探，都说诸葛亮接连后撤，司马懿不相信，他亲自去看，果见蜀兵后撤。司马懿回营后对张郃说："此是孔明的计策，不可追赶。"张郃说："孔明用缓兵之计，渐退汉中，都督何故怀疑，不早退之？张郃愿往决一战！"经张郃的一再请求，司马懿乃驱兵追赶，结果又中了孔明的计策，魏军大败。

后人用"碎尸万段"形容对仇敌最解恨的惩处。

·人面桃花·

典出民间故事。

唐代诗人崔护曾作诗《题都城南庄》：

去年今日此门中，人面桃花相映红。

人面不知何处去，桃花依旧笑春风。

这首脍炙人口的唐诗，是唐朝诗人崔护有一年清明踏青时写的。它叙述了一个令人惆怅而又美好动人的爱情故事。

在桃吐丹霞、柳垂金线的清明时节，古代的青年男女们都要到郊外踏青，也就是春游。这种风气在唐朝最为盛行。男女青年踏青时，常常会发生一些爱情故事。崔护的故事便是其中一例。一年清明节，风流潇洒的青年侍郎崔护独自到长安郊外踏青赏春。面对花红柳绿的春景，崔护一路赞赏一路吟诗作赋，兴致勃勃。后来，走到一小村庄时，他觉得口渴异常，便来到一家小院，讨碗水喝。院子里种了株桃树，正开得花枝烂漫。小院门打开后，走出来一个年方十七八岁的姑娘。

姑娘长得眉清目秀，身材窈窕，那张漂亮的脸在粉红的桃花的映衬下更加娇媚动人。崔护立时被她迷住了。姑娘把崔护请进院中，给他倒了一碗水，崔护一边喝水一边打量姑娘，姑娘也偷偷地看崔护。两人目光相遇，似有无限的情意。但是，古代的封建礼法很严，男女授受不亲，单独待在一起被人看见了，要遭非议。崔护喝完水后，仍不愿离开，那姑娘也有恋恋不舍之意。后来，崔护觉得机会难得，便忍不住大胆地向姑娘表白了自己的爱慕之情，姑娘含羞地接受了。两人约定，第二年清明时再相见。

第二年清明，崔护忆起旧情，十分难忘，便匆匆赶到那户农家小院。当他到的时候，姑娘已经不在了，小院门上上了一把锁。但那株桃花依旧开得花枝烂漫，四周的美景也一如往昔，只是人已去，院已空。崔护惆怅万分，闷闷不乐地回来了。回来后，他便写下了前面那首优美动人的诗篇。这首诗很快流传开来，"人面桃花"还成了一个文学典故。这个爱情故事，给多姿多彩的清明节，平添了一分异彩。

· 天壤王郎 ·

典出刘义庆《世说新语·贤媛》。

东晋才女谢道韫，父亲是安西将军谢奕，叔父是宰相谢安。

谢安的子侄将近20个，其中谢韶、谢朗、谢琰最有才华。谢安喜欢和子侄们一起高谈阔论，不讲究繁文缛节，大家在他面前无拘无束。女孩子中，他最喜欢谢道韫。在平辈兄弟姊妹中，她的诗写得最好，一有新作，总是请叔叔过目指点。

谢道韫后来嫁给了王凝之。王家也是名门望族，王凝之的父亲是赫赫有名的大书法家王羲之。王凝之每天除了写写字外，就是研究玄学，毫无生活情趣。谢道韫从小生活在宽松、和睦的大家庭中，性格开朗，富有情趣，特别喜欢辩论。活泼的她与迂腐的丈夫很难沟通，她对这桩婚事很不满意。

有一次，谢道韫回到娘家，闷闷不乐。谢安关心地问："王郎长得一表人才，你为什么不开心呢？"

谢道韫叹息道："我们这一家里，叔伯辈中、兄弟辈中是何等风流潇洒啊。想不到，天地之间，还有王郎这种人！"

谢道韫与丈夫不能心心相印，很不幸福。

后来，王凝之在孙恩之乱中被杀害，谢道韫一直寡居在会稽。

"天壤王郎"意为天地间竟有这种人。本是谢道韫看不起丈夫王凝之的话，后指妇女对所嫁的丈夫不称心满意。

·同仇敌忾·

"同仇"典出《诗·秦风·无衣》。

岂曰无衣？与子同袍。王于兴师，修我戈矛，与子同仇。

意思是：谁说没有衣裳？和你同穿战袍。国家出兵打仗，快把武器修好，共同对付仇敌。

"敌忾"典出《左传·文公四年》。

诸侯敌王所忾，而献其功。

意思是：诸侯决心起来讨伐大王（指鲁文公）所痛恨的敌人，上下齐心，打败了敌人后，回来向大王献功。

后人用"同仇"和"敌忾"组合成"同仇敌忾"这个成语，形容怀着无比仇恨和愤怒共同对敌。

·伍子胥过昭关·

典出《东周列国志》。

春秋时代，楚国武将伍奢与太子建守城父（今河南宝丰县）。国君楚平王不明是非，宠用小人，听信谗言，要废掉太子建。楚平王先把伍奢、伍尚父子杀掉，然后派人到城父杀太子建。伍奢次子伍子胥得到凶信，连忙逃亡，想到吴国去借兵报仇。一天，他到了陈国的昭关（今安徽含山县西北）。陈国是楚国的属国，与吴国相毗邻，只有出了昭关，才能够到吴国去。昭关坐落在两座大山当中，有官兵把守着，并且早已挂了通缉伍子胥的画像公告。凡有出关的人，都得经过官兵仔细盘查。

伍子胥躲在隐士东皋公家里。东皋公说要找一位友人帮他过关。伍子胥担心不能逃出昭关，狐疑不决，夜间寝不能寐，卧而复起，绕室而走，直至东方发白。这时，东皋公叩门而入，

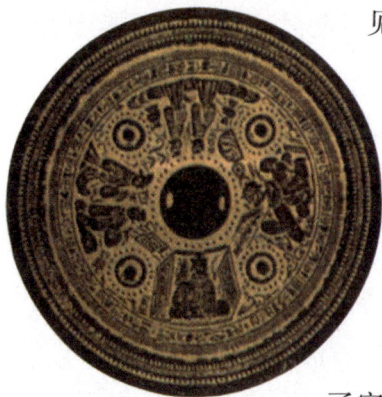
伍子胥画像镜

见了伍子胥，大吃一惊，说："足下须鬓为什么会变白？"伍子胥取过镜子一看，便抱头痛哭，说："天啊！我的大仇未报，怎么双鬓斑白了！"东皋公劝慰他说："足下不要过于忧虑。你须鬓变白，改了容貌，一时难于辨认，可以混过俗眼。"

过后，东皋公的友人皇甫讷打扮成伍子胥的模样，假装逃犯，慌里慌张地要过昭关，把守关官兵的注意力吸引过来。伍子胥乘机蒙混，逃出昭关。后来，伍子胥做了吴国的宰相，领兵打败了楚国。这时候，楚平王早已死了，伍子胥掘坟鞭尸，替父、兄报了仇。

"伍子胥过昭关"，比喻人忧虑过度，使人显得苍老。

·新亭对泣·

典出《世说新语·言语》。

过江诸人，每至美日，辄相邀新亭，籍卉饮宴。周侯中坐而叹曰："风景不殊，正自有山河之异。"皆相视流泪。唯王丞相愀然变色曰："当共戮力王室，克复神州，何至作楚囚相对。"

东晋大臣王导，字茂弘，琅临沂（今属山东）人。西晋末年，他向琅王司马睿献计把朝廷移往南方。司马睿称晋元帝后，王导任丞相。王导是个很有才干的人，深得元帝信任，他与堂兄王敦共掌兵权，镇守长江上游。当时人们说："王家与司马，共同管天下。"

当时一位名士叫桓彝，刚从北方过江，他见东晋王朝势单力薄，心中担忧。他对另一位颇受王导赏识的名士周顗说："我就是看到中原一带战乱纷纷，难以自保，自以渡江南来。不料朝廷势力如此微弱，如何能保护我们呢？"后来，他去见了王导，畅谈了一番。

回来后，他欣慰地对周顗说："王导是个管仲那样的贤相，晋朝振兴有望，我不再忧愁了。"

建康城南有个新亭，一批跟随晋元帝渡江南下的士大夫们，每周闲暇之时，喜欢邀约在新亭聚会。有一次正在饮酒时，周顗怀念起北方，心中难受，就重重地叹息一声，然后说："到处的风光都是如此美好，可是国家的江山却与过去不一样了。"在座的人听周顗一说，都生发出对故土的思念，大家无可奈何地默默对视，不觉流下泪来。

大伙儿正在伤感，丞相王导一下子变了脸色，生气地说："大家应当努力同心，辅佐朝廷，收复神州失地，为什么要学楚国囚徒那样哭哭啼啼呢？"众人听了很惭愧，连忙擦干眼泪，感激丞相的开导。

后人用"新亭对泣"的典故比喻处境困难，含悲忍辱，束手无策；或形容怀念故国故土的哀伤情状。

·想当然·

典出《后汉书·孔融传》。

公元 203 年，曹操为了彻底消灭袁氏割据势力，又出兵北方，进攻袁绍的儿子袁尚等人。他的第二个儿子曹丕也随从出征。破城后，曹丕率兵进驻袁氏府第，袁氏的妻子儿女，多数遭到了侵犯掠夺。曹丕遇见了来不及逃走的袁绍夫人和袁绍的儿子袁熙的妻子甄氏。他一眼便发现甄氏长得非常漂亮，便把比他大五岁的甄氏纳为夫人。

此后，曹丕就在邺城留住了十多年。他本人富有文学才能，因此邺城聚集了不少文人，其中孔融、王粲、陈琳等 7 人经常在一起游乐，赋诗唱和，形成一个文学集团。曹丕就称他们为"建安七子"。在"建安七子"中，孔融的年岁较大。此时，正在邺城的孔融知道曹丕私自娶了袁熙的妻子甄氏后，便写了一封信给曹操，说是从前周武王伐商纣王的时候，把纣王的宠妃妲己赏给了周公。曹操读了这封信，没有领悟到其中的意思，后来遇到孔融就问信中写的那件事出自什么经典。

孔融笑着回答说："这是我用现在的情况推想过去，应当是这样的吧。"

原来，孔融是对曹丕的做法不满，所以编造了这个典故来加以讽刺。后来人们根据这个故事，把凭主观想象认为如此，

与事实并不相合的情况称为"想当然"。

·一日夫妻，百日恩义·

典出《聊斋志异·张鸿渐》。

张鸿渐是永平府的名士。知府赵某贪暴，有一次用刑打死了姓范的秀才。该府所有秀才都大怒，由张鸿渐执笔向巡抚告状。

谁知赵某用重金贿赂上级，结果赵某被判无罪，反而把告状的秀才都抓了起来。张鸿渐于是夜逃，到凤翔府时路费用光了，又迷了路，幸亏遇见一个名叫施舜华的狐仙庇护了他。二人做了情人，非常恩爱。一天，鸿渐对舜华说："我离家三年了，非常想念妻子，你是狐仙，千里路一刻可飞到，能不能带我回去看看她呢？"舜华不高兴地说："我和你这么要好，你却守着我心里想妻子，那么你对我的恩爱都是假的了！"鸿渐说："你怎么这样说呢？'一夜夫妻，百日恩义'嘛，以后我想念你，就和今日想念她一样，假如我得新忘旧，岂不是忘恩负义的人？"舜华笑道："那么我送你回去吧！"于是拿个竹枕头，两人跨着，叫张鸿渐闭上眼睛，只听耳边风声飕飕，不久落地。睁开眼睛，舜华已不见了，人已到家，翻墙进去，其妻惊起，问清是丈夫回来了，便挑灯挽手呜咽。恰有恶少年平时见张妻很美，心里想她。这次见张鸿渐翻墙进去，以为是张妻的野男人，于是也跳墙进来"捉奸"。等到看清是张鸿渐，就要挟道："张鸿渐是逃犯，竟敢回家？除非你和我好，不然我就去报案。"张鸿渐怒火中烧，拔刀直出，砍杀了恶少，第二天向官厅自首。官厅因张是在逃犯，现在又杀了人，立刻派两个差人押他上京城去，脚镣手铐，戒备森严。途中遇一女子骑马而来，原来是舜华。张鸿渐大声呼救，舜华以手指械，则手脚镣铐立落，引之上马，马行若飞，片刻已至山西太原。施舜华让张下马，说道："我们从此永别了。"掉头而去，从此再未相见。张鸿渐在太原一躲 10 年，他儿子长大了，考上了进士，做官了，他才敢回家。

后人用"一日夫妻，百日恩义"的典故比喻应珍视夫妻深情。

·昭君出塞·

典出《汉书》。

和亲是中国封建统治者与周围少数民族缓和矛盾、促进民族经济文化交流的重要手段之一。最早的和亲是汉高祖刘邦以宗室女嫁给匈奴单于。和亲次数多的是汉朝与唐朝。

汉朝最著名的和亲是汉元帝把王嫱按公主的礼节嫁给匈奴呼韩邪单于。王昭君知书达理，在后宫，她只是个宫女，但却很识大体，听说要在宫女中选人去匈奴和亲，她主动要求去，得到了元帝的同意。元帝特别命人请了匈奴妇女来给王昭君讲匈奴的风俗习惯、妇女的礼节，还教她匈奴话；还找来许多乐工，教她琵琶、胡琴等。昭君天生聪颖，很快就学会了。

一切都准备就绪之后，呼韩邪单于亲自到长安迎娶。新郎新娘以父礼拜见汉元帝，得到许多赏赐。新婚之后，夫妻离开长安，文武百官代替皇帝送出十里长亭。

呼韩邪单于很仰慕汉文化，很尊重昭君，夫妻两人感情很融洽。呼韩

昭君出塞图

邪单于死后，根据匈奴习俗，昭君又嫁给了新立的单于。昭君连续做了两代单于之妻，在匈奴极富人望。她死后，匈奴人根据她的遗嘱，在归化（今呼和浩特）一块向阳的风水宝地为她修了座坟。沙漠地区干旱寒冷，大多数地方只在夏季很短的一段时间才长青草。但昭君墓一年中大部分时间都翠草葱茏，因此人们称昭君墓为"青冢"。

·中流击楫·

典出《晋书·祖逖传》。

仍将本流徙部曲百余家渡江，中流击楫而誓曰："祖逖不能清中原而复济者，有如大江！"辞色壮烈，众皆慨叹。

东晋时候的祖逖，是一位仗义豪侠、忧国忧民的志士。他看到国家失去了北部大面积的地盘，非常痛心。他决心为国家收复失地，重振国威。

晋元帝司马睿在建康定都的时候，祖逖在京口召集了一些勇士，准备北上抗击侵略。他上书晋元帝说："晋朝之所以遭到侵略，是由于藩王争权，自相诛灭，才给敌人创造了机会。现今百姓在外族的欺压之下，都有奋击之志、报国之心。您如果能够发威命将，让我做统主，则各方豪杰都会投奔而来，敌兵去除，国耻可雪……"

皇帝答应了祖逖的请求，命他为奋威将军、豫州刺史，拨给他一千人的给养、三千匹布，让他自己去招募兵卒、制造兵器。祖逖准备停当，带领部民一百多家，渡江北上。船离开南岸，划到大江中流，大家回望南土，心中都很激动。祖逖望着江心的浪花，手敲着船桨，向众人发誓说："我祖逖如果不能肃清中原的贼寇，收复失地，就如江水一样，一去不回！"

"对，我们都跟着你，不打败敌人决不回家！"船上的勇士们都鼓足了勇气，发誓报效国家。

祖逖过江之后，先造兵器，后招兵马，成千上万的人闻讯而来，很快就组成了一支强大的军队。祖逖勇敢善战，很会用兵，加上他对部下和士卒体贴入微、关怀备至，士卒都愿意为他出生入死、舍命战斗。他接连打了几个胜仗，收复了不少城池，不久黄河以南又成为晋朝疆土。祖逖对待有功的军士当天就奖赏；对待投降的敌军将士以礼相待；鼓励百姓植桑种地，自己也叫家人、子弟种地务农，上山砍柴；对战死的士卒收尸埋骨，亲自祭奠。他的这些做法深得老百姓拥护。老百姓自发地为祖逖举行庆功大会，称他为"重生父母"。

有人编出民谣赞颂他：

幸战遗黎免俘虏，三辰既朗遇慈父。

玄酒忘劳甘瓠脯，何以咏恩歌且舞。

晋元帝听说祖逖屡建功绩，也很高兴，封他为镇西将军。

成语"中流击楫"就是由此而来，后人用它形容忧国忧民的慷慨之情。

·种花一年，看花十日·

典出《醒世恒言·灌园叟晚逢仙女》。

宋朝仁宗年间，平江府长乐村有个种花老头名叫秋先，他爱花入了魔，遇见好花，将衣服典当了也要买回。日积月累，家里成了个花园，那花园遇花开时，烂如锦屏，一花未谢一花又开。他早晚灌水、施肥，晚上坐于花下饮酒歌啸，自半含至盛开，未尝暂离。花谢则葬花，花被泥污则浴花。他平生最恨的是攀枝摘朵，以为离枝去干，如人遭横祸，因此，轻易不让闲人进园。

城中有个官家子弟叫张委，是仗势欺压良善、奸狡刻薄的人。这日，张委带了如狼奴仆、助恶无赖从秋先门口过，恰值牡丹盛开时节，园中黄魏紫，光华夺目，张委等强闯入园，又攀又摘，把秋先急得叫苦连天，舍命阻拦。被秋先一头撞倒后，张委心中转恼，率众把牡丹践踏得凌乱一地，扬长去了。只气得秋先抢地呼天，满地乱滚。众邻居扶起秋先，劝慰一番，议论道："自古道'种花一年，看花十日'，这些花不知费了多少辛苦，难怪他爱惜。"

那秋先饭也不吃，哭了又哭，竟感动得花仙下凡，令落花上枝。起初每本一色，如今一本五色俱全，比先前更觉鲜艳。消息传开去，满村男女皆至，都道神仙下降。张委听了不信，率众前来一看，原来真有此事，心下艳羡，便生了独占此园的念头。于是设下毒计，径到平江府衙首告秋先妖术惑众，图谋不轨。大尹听信，把秋先拘来，投入狱中。

那张委不胜欢喜，到秋先园中饮宴，却见园中牡丹又一朵不存。正奇怪间，忽一阵大风，把地上花朵吹得都直竖起来，眨眼间俱变成尺许女子举袖扑来，将张委吹入粪窖淹死了。

平江府大尹访知秋先冤屈，遂放了秋先。秋先自此日饲百花，谢绝烟火食物，数年之后，被天帝封为护花使者，拔宅飞升，成仙而去。

后人用"种花一年，看花十日"的这个典故比喻劳动成果得来不易，劝人爱惜。亦有青春短暂，宜珍惜之意。

·惴惴不安·

典出《诗经·秦风·黄鸟》。

临其穴，惴惴其栗。

公元前 621 年，春秋五霸之一秦穆公死时，决定让 100 多个活人殉葬，其中包括秦国大臣子车氏家族的奄息、仲行、针虎。这 3 个人都对国家做出过贡献，是受百姓尊敬的良臣。对他们的不幸遭遇，秦国人民深表同情和痛惜，对他们 3 个人中的每一个，人们都愿意用 100 个人的生命去赎取。为了表示对这 3 个良臣的惋惜，对暴君的憎恨，秦人作了《黄鸟》这首挽歌。这首歌的大意如下：

黄雀叫叽叽，在酸枣树上歇息。

谁跟穆公去了？子车家的奄息。

说起这位奄息，一人能与百人匹敌。

走近了墓穴，忍不住浑身战栗。

苍天啊苍天！为什么让好人统统死去？

如果允许赎他的命，我们愿意以百换一。

黄雀叫叽叽，飞来桑树上歇息。

谁跟穆公去了？子车家的仲行。

说起这位仲行，百人莫敌。

走近了墓穴，忍不住浑身战栗。

苍天啊苍天！为什么让好人统统死去？

如果允许赎他的命，我们愿意以百换一。

黄雀叫叽叽，飞到牡荆树上歇息。

谁跟穆公去了？子车家的针虎。

说起这位针虎，以一当百不含糊。

走近了墓穴，忍不住浑身战栗。

苍天啊苍天！为什么让好人统统死去？

如果允许赎他的命，我们愿意以百换一。

成语"惴惴不安"即由此变化而来，形容因为害怕或担心而不安定的样子。惴惴：恐惧、担忧的样子。

形貌篇

·抱头鼠窜·

典出《汉书·蒯通传》。

始常山王、成安君故相与为刎颈之交，及争张、陈释之事，"常山王奉头鼠窜，以归汉王"。

楚汉相争时，曾跟随项羽的韩信看到项羽有勇无谋，又不善于用人，便投归了刘邦。在萧何的极力推荐下，刘邦重用了韩信。在刘邦和项羽于荥阳、成皋间对峙时，韩信率军抄了项羽的后路，破赵取齐，占据了黄河下游之地。后被刘邦封为齐王。

这时，有一个叫蒯通（蒯通本名叫蒯彻，因避汉武帝刘彻的讳，改名为蒯通）的人来见韩信。他对韩信说："楚汉相争已经几年了，可仍然这么僵持着，他们之间究竟谁胜谁败，大王有举足轻重的作用。你不如谁也不帮，谁也不靠，以齐地为根据地，和他们三分天下，然后再图谋统一全国。"韩信听罢，说："汉王待我这么好，我怎么能忍心背叛他呢？"蒯通说："当初常山王张耳和陈馀是割了脑袋都不变心的好朋友，可是张耳在被迫无奈的情况下，抱头鼠窜，归了汉王，并借汉王之兵消灭了陈馀。现在大王和汉王的交情不见得比张耳和陈馀的交情深。古人说得好：'飞鸟尽，良弓藏；狡兔死，走狗烹。'大王的功劳太大，汉王没法赏您；大王的威名只能叫汉王害怕。我真替大王担心啊！"虽经蒯通反复劝说，韩信始终不肯背叛汉王。

后来，刘邦消灭了项羽，平定了天下。但韩信却以谋反罪被吕后诛杀。临死前，韩信感叹地说："我悔不该当初不听蒯通的劝告，以致死在妇人小子之手。"

"抱头鼠窜"这句成语原来是形容常山王张耳窘迫逃亡，如老鼠逃窜的情形。后人用这个典故比喻敌人逃跑时的狼狈相。

·暴跳如雷·

典出《孔雀东南飞》。

我有亲父兄，性情暴如雷，恐不任我意，逆以煎我怀。

刘兰芝 17 岁那年嫁给焦仲卿为妻。她到焦家上侍公婆，下抚弟妹，殷勤周到。可恨她婆婆性情古怪，苛刻凶狠。她规定刘兰芝每天除做家务事外，还要织绢五匹。刘兰芝起早贪黑、累死累活地做完了这一切，她婆婆还不满意，硬要把她赶回娘家去。刘兰芝与焦仲卿感情深厚，不忍分离。焦仲卿向他母亲跪拜求情，要求留下兰芝，但焦母十分专横，非

《孔雀东南飞》诗意图

要焦仲卿休弃刘兰芝另娶不可。

在焦母的威逼下，焦仲卿不得已，只好对刘兰芝说："我本来舍不得你，但母亲威逼太甚，我实在无法，只得望你回家暂避一下，过些日子我再来接你。"

两人含泪相叙，难舍难分。临别之时，夫妻俩都坚决表示：男不再婚，女不再嫁，彼此从一而终。可兰芝想：回家之后，母亲面前倒还好说，哥哥那关就难过了，因此她对焦仲卿说："我有亲父兄，性情暴如雷，恐不任我意，逆以煎我怀。"（我哥哥性情暴躁蛮横，回家之后，恐怕由不得我，很可能不能使我如愿。）

事情果如刘兰芝所料：回家之后，她哥哥立即逼她改嫁；兰芝不从，就在一个晚上投水自尽了。焦仲卿得到兰芝自尽的噩耗之后，悲恸欲绝，也于当天晚上在花园中自缢而死了。

后来"性情暴如雷"中的"暴如雷"被说成"暴跳如雷"。后人用"暴跳如雷"表示急怒得蹦跳呼喊，好像打雷一般猛烈，用来形容人又急又怒的样子。一般含贬义。

·不卑不亢·

典出《红楼梦》。

他这远愁近虑，不亢不卑，他们奶奶就不是和咱们好，听他这一番话，也必要自愧的变好了。

一天吃过早饭，平儿到探春处聊天。平儿、探春和宝钗三人取笑了一回，便谈起正经事来。

探春认为她们住的园子应该改变一下管理办法，应从园子里的老妈妈中拣出几个老成本分、懂得园圃的人收拾料理。这样，一则有专人培养花木，园子会一年好似一年；二则不致白白糟蹋东西；三则老妈妈也可得点儿额外收益，不枉成年在园中辛苦；四则可以节省勤杂人员的开支。用这个办法可把园子管理得更好。宝钗点头笑道："善哉……"李纨也说："好主意……"平儿说："这件事须得姑娘说出来。我们奶奶虽有此心，未必好出口。"宝钗听了，忙走过来，摸摸平儿的脸笑道："你张开嘴，我瞧瞧你的牙齿舌头是什么做的？从早起来到这会子，你说了这些话，一套一个样子：也不奉承三姑娘，也不说你们奶奶才短想不到；三姑娘说一套话出来，你就有一套话回奉，总是三姑娘想得到的，你们奶奶也想到了，只是必有个不可办的原故——这会子又是因姑娘们住的园子，不好因省钱令人去监管……他这远愁近虑，不亢不卑，他们奶奶就不是和咱们好，听他这一番话，也必要自愧的变好了。"

后人用"不亢不卑"来表示既不高傲，也不自卑。"不亢不卑"也作"不卑不亢"。

·步步金莲·

典出民间故事。

南唐最后一个皇帝李煜对治理国家一窍不通，但却是个风流才子，琴棋书画、诗词歌赋无所不通。他尤其擅长的是填词和音乐。他的词在中国诗歌史上独树一帜，自成一派，有很高的研究价值。

有一天，李煜来到秦淮河上游玩，小船在轻风明月下荡漾，两旁是灯红酒绿的歌舞场。忽然，一阵歌声随风飘来，清脆婉转，娓娓动听。仔细一听，他才听出唱的正是自己写的《望江南》，于是便命随从驾船循声寻找那歌女。找到一家歌舞伎院，一看，唱歌的是一个妙龄少女，亭亭玉立，长得花容月貌，名字叫窅娘。李煜一见窅娘，非常喜欢，又看她能歌善舞，就把她带回宫去。此后，常常是李煜填词作曲，窅娘依照词曲载歌载舞，两人相得甚欢。

这年秋天，风和日丽，李煜带着窅娘在一片盛开的荷花池赏景。只见池内莲花朵朵，绿叶婆娑，美丽极了。李煜看得出了神，随口说："如是有人脚如红菱，能在这摇摆的荷花上歌舞，真有如仙女一样了！"窅娘听了，心中一动。回到宫中，她就用长长的绸带把自己的脚缠成红菱形状，然后命人用金箔打造了8朵荷花。一切都准备好了，窅娘就请李煜前来饮酒。酒席宴上，窅娘命人推上8朵金荷花，自己脱去鞋子，露出缠得尖尖的脚，在荷花上轻歌曼舞起来。她时而长舒广袖，时而轻盈跳跃，细腰袅袅，舞姿翩翩。李煜在一旁看得心旷神怡，不觉叹道："真是步步金莲啊！"

从此，人们常把女人的脚叫"金莲"。据说也是从那个时候起，中国的女人以缠足为美，而且缠得越小越尖越好。

·不翼而飞·

典出《管子·戒》。

无翼而飞者声也。

又见《国策·秦策三》。

众口所移，毋翼而飞。

战国时，秦国派大将王稽去攻打赵国的都城邯郸，一连17个月都没攻下。这时，有个叫佚庄的人向王稽献计说："你为什么不赏赐赏赐部下呢？这样可以鼓舞他们的斗志。"

王稽回答说："我执行的是秦王的命令，不用你多嘴多舌的。"佚庄见王稽这样骄横，非常生气地说："你独断专行，轻视士兵已经很久了，这是不对的。我听说，假如有3个人谎报街市上有老虎，听的人就会信以为真；如果有10个人弯一个木槌，就会把木槌弄弯；如果大家都口头传播一个消息，消息没有翅膀也会到处飞行。可见，民众的力量是很大的，你还是赏赐你的部下吧。"王稽始终不听佚庄的劝告。

后来，王稽的部下作起乱来，对战事更加不利，秦王非常恼火，就把他杀了。

后人用"不翼而飞"这个典故比喻言论和消息不待宣传就迅速地传播，但沿用下来，除了这层意思以外，有时也比喻东西突然丢失。

·曹操下宛城·

典出《三国演义》。

曹操,字孟德,小名阿瞒,谯郡(今安徽亳县)人。东汉末年,他在镇压黄巾起义中,逐步扩充军事力量。公元192年(初平三年),他占据兖州,分化、诱降青州黄巾军的一部分,编为"青州兵"。公元196年(建安元年),曹操迎献帝进都许昌(今河南许昌东),以其名义发号施令,先后削平吕布等割据势力。官渡之战,他大破世族军阀袁绍以后,逐渐统一了中国北部。公元208年(建安十三年),曹操进位为丞相,率军南下,被孙权和刘备的联军击败于赤壁。他曾封魏王,其子曹丕称帝后,追尊他为魏武帝。

公元197年(建安二年),曹操正欲起兵征吕布。忽然,流星快马报说,张济自关中引兵攻南阳,为流矢所中而死,他的侄儿张绣统其众,屯兵宛城,欲攻曹操。曹操起兵15万,攻打宛城。张绣率军抵抗,因寡不敌众,只好投降曹操。

曹操得胜,引兵进驻宛城,霸占张济的老婆邹氏,每日取乐,不想归期。张

魏武帝曹操像

绣知道后，破口大骂："曹操这个老贼，欺我太甚！"决心要报仇雪恨。他事先分兵四寨，准备好弓箭、兵器，并用酒灌醉曹操的卫士，然后在夜间偷袭曹营。结果曹兵大败，曹操在慌乱中上马逃奔，右臂中了一箭，马也被射死。他连爬带滚地逃出宛城，差点儿被张绣捉住。

"曹操下宛城"形容吃了败仗的狼狈相。

·侧目而视·

典出《战国策·秦策一》。

妻侧目而视，倾耳而听。

战国时代，苏秦到秦国游说，劝秦惠王实行连横的策略。苏秦的意见没被秦王采纳，做不了官，只好垂头丧气地回到洛阳老家。当他走进家门的时候，家里的人都瞧不起他。妻子坐在织布机上不理睬他。嫂嫂不给他做饭，就连他的父母也不愿同他讲话。

过了一年，苏秦又到赵国去见赵王，献合纵之策。苏秦主张赵国联合齐、楚、燕、韩、魏等国共同对付日益强大的秦国。赵王认为他这个策略很好，便封他为武安君，拜为相国。

苏秦做了大官之后，路过洛阳，他父母得到消息，到城外三十里的地方去迎接他。他的妻子吓得恭恭敬敬地站在一边，斜着眼看苏秦，侧着耳朵听苏秦讲话，不敢正视苏秦。他的嫂嫂则跪拜在地，十分谦恭地迎接苏秦。苏秦见嫂嫂这样谦恭，就笑着说："嫂嫂为什么以前那样怠慢我，今天却对我如此恭敬呢？"

后人用"侧目而视"来形容不敢正视，以表示敬畏的情态。也用来表示斜着眼睛看，形容愤怒的样子。

·察言观色·

典出《论语·颜渊》。

质直而好义，察言而观色，虑以下人。在邦必达，在家必达。

孔子有个学生名叫子张，有一次他去问孔子："读书人要怎样才能做到'达'？"

孔子觉得子张的询问很不明确，就反问道："你所谓的'达'是什么意思？"

子张说："做官的时候要有名望，居家的也一定要有名望。"

孔子听了，摇摇头说："这个叫'闻'，不叫'达'。什么叫'达'呢？'质直而好义，察言而观色，虑以下人。在邦必达，在家必达'。"

意思是说，品质好，遇事讲道理，又善于辨别人的言语，观察别人的脸色；在思想上愿意对别人让步。这种人，做官的时候就事事行得通，居家的时候也一定事事行得通。

后人用"察言观色"表示仔细观察别人的言语表情，见机行事。

·沉鱼落雁·

典出《庄子·齐物论》。

毛嫱、丽姬，人之所美也；鱼见之深入，鸟见之高飞，麋鹿见之决骤，四者孰知天下之正色哉？

春秋时，越国被吴国所灭后，越王勾践一心想洗雪耻辱，一方面卧薪尝胆，激励自己；一方面物色美女，贡献给吴王，想用美人计来消磨吴王的志气，以达复仇的目的。诸暨的宋萝村，有一个美女名叫西施，每日在溪边浣纱，溪中的鱼，见到西施的美丽，也觉得羞愧，不敢浮上水面，都沉到水底去。后来范蠡找到了她，把她献给吴王。由于西施貌美，迷惑了吴王，不理国政，勾践终于复国。

汉元帝时，挑选天下的美女，入宫当宫女。当时有一美女王昭君被选，奸臣毛延寿因得不到贿赂，故意把昭君的画像弄得丑陋，把真的一幅送给番王。番王见昭君美丽，向汉朝索取，如果不给，就要派兵攻打作为要挟。汉朝为了避免战争，不得已献出昭君来求和，王昭君在出塞时，空中飞过的雁，惊讶她的美丽，竟坠入到树林里面。

西施像

庄子的本意是鸟鱼不辨美色，只知道见人躲避。后来意义转变，人们用"沉鱼落雁"称赞女人的容貌美丽无比。

·出水芙蓉·

典出《诗品》。

谢诗如芙蓉出水。

南朝宋时，有一位著名的诗人叫谢灵运，原籍陈郡阳夏（今河南太康），后移籍会稽。他幼时寄养于外，族人都称他为客儿，世称谢客。晋末，谢灵运袭封康乐公，入宋以后，曾任永嘉太守、侍中、临川内史等职。

谢灵运诗才出众，其诗大都描写会稽、永嘉、庐山等地的山水名胜，善于刻画自然景物，开创了中国文学史上的山水诗一派。谢灵运的诗善于铺陈雕琢，某些篇章真实地反映了山川景物的自然美，给人以清新可爱之感。文学批评家钟嵘的《诗品》中说：谢灵运的诗像芙蓉出水一般清新可爱。

"出水芙蓉"即刚长出水面的荷花。这句成语原比喻诗写得清新，后常用来比喻女性的美丽。

·车水马龙·

典出《后汉书·明德马皇后纪》。

前过濯龙门上，见外家问起居者，车如流水，马如游龙。

意思是说：日前经过濯龙园门外时，见到马皇后的娘家问安的人极多，门前的车像流水般络绎不绝，马儿连着马儿，像游龙那么长。

到了南唐时，李煜在他的作品中也有过这样的句子。李煜在金陵（今南京）接皇位后，外有强敌（宋朝）压境，内则国库空竭，已是十分危殆。宋朝两度派人强迫李煜赴宋，李煜均加拒绝。后来宋便用武力攻陷金陵，李煜终成了宋太祖的阶下之囚。在拘禁之中，李煜感到孤独、寂寞、悔恨和凄凉，在这种悲惨的囚徒生活中，他只有晚上在梦中才能忘记白天的处境，在往事的眷恋中陶醉一下。他写了一首词《望江南》：

多少恨，昨夜梦魂中。还似只时游上苑，车如流水马如龙，花月正春风。

李煜尝够了亡国之苦，心中有着"多少恨"！过去的生活多么热闹："车如流水马如龙"，又多么美丽——"花月正春风"，但这一切都只能重温在"梦魂中"！

后来人们便把这句话简化为"车水马龙"，用来形容车马众多、络绎不绝的热闹情况。

·垂头丧气·

典出《昌黎先生集·送穷文》。

主人于是垂头丧气，上手称谢。烧车上船，延之上座。

又见《新唐书·宦者列传》。

自见势去，计无所用，垂头丧气。

唐朝末年，由于藩镇割据，中央的政治统治既软弱又腐败。唐昭宗李晔名为皇帝，实际上是个傀儡。当时，割据京城长安周围地区的是军阀李茂贞，割据黄河中下游地区的是军阀朱全忠（朱温）。由于这两股军阀势力比较强大，影响着朝政，所以朝中臣僚也分成了两派：一派以宦官韩金海为首，站在李茂贞一边；一派以宰相崔胤为首，站在朱全忠一边。

元复元年（公元 901 年），朱全忠为了代唐自立，兵逼长安。李茂贞、韩金海等挟持唐昭宗逃到凤翔（今陕西宝鸡至周至一带）。朱全忠率军继续西进凤翔，李茂贞抵挡不住，连吃败仗，最后粮尽弹绝，只好和朱全忠讲和。这时，韩金海难堪极了，他是依附李茂贞的，又是朝中的宦官，现在，皇帝和李茂贞都要讲和了，他自己见大势已去，又无计可施，只好垂头丧气地等候朱全忠发落。后来，在朱全忠的威逼下，李茂贞交出了唐昭宗，并杀了韩金海等人。

"垂头丧气"即低着脑袋，无精打采。人们常用这句成语形容失意懊丧、萎靡不振的样子。

·春风得意·

典出《登科后》诗。

昔日龌龊不足夸，今朝旷荡恩无涯。春风得意马蹄疾，一日看尽长安花。

唐朝时候，有一位著名的诗人，名叫孟郊，是河南洛阳人。最初在高山隐居，称为"处士"，性情十分耿直，因此很少有人与他合得来，只有大诗人韩愈和他一见如故。他们两人在诗的风格上也有相近的地方，常常唱和于诗酒之间。

孟郊的遭遇很不如意，这从他的诗里怨、伤、愁、病、饥、恨之类的字句可以看出来。他曾两次考进士不第，直至唐德宗贞元十二年（公元796年）才考中了进士，那时他已经50多岁了。穷困的生活消磨了旷达的气度，考中进士以后才开朗起来，他高兴地作了一首《登科后》的绝句，表达他当时愉快的心情。他在诗中说：

"从前那窘迫的日子是不值得夸耀的，今天我的心情忽然开朗了，才觉得皇恩没有边际。我愉快地骑着马儿奔驰在春风里，一天的时间就将长安的花儿看完了。"

后人用"春风得意"形容考上进士后的得意心情，也用来形容官场腾达或事业顺心而扬扬得意的样子。

·从容不迫·

典出《庄子·秋水》。

鱼出游从容，是鱼之乐也。

庄周是宋国蒙（今河南商丘）人。他做过蒙地方的漆园吏，因家境贫困，曾借粟于监河侯（官名），但拒绝了楚威王的厚币礼聘。庄周继承和发展了老子"道法自然"的观点，认为"道是无限的"，强调事物的自生自灭，否认有神的主宰。他的思想包含着朴素辩证法因素。

在《庄子·秋水》中，记载着这样一段有趣的对话：有一天，庄周和他的好友惠施在濠梁之上观鱼。庄周说："鱼在水里从容不迫地游，这是鱼的快乐啊！"惠施说："你又不是鱼，怎么知道鱼的快乐呢？"庄周说："你也不是我，怎么知道我不知道鱼的快乐呢？"惠施说："我不是你，固然不知道你，但你总不是鱼，不知道鱼的快乐是无疑的。"

后人用"从容不迫"形容不慌不忙，非常镇静。

·大发雷霆·

典出《三国志·吴志·陆逊传》。

今不忍小忿而发雷霆之怒。

公元229年，孙权称帝，国号吴，建都建业（今江苏南京）。当时，曹魏的当权者是魏明帝曹睿。曹睿是个荒淫无度又无真才实学的家伙，曹氏政权已失去了武帝曹操、文帝曹丕时的生气。魏国的辽东太守公孙渊见此情形，便偷偷地跟孙权结成同盟，孙权封他为燕王。但是，辽东和建业相距遥远，公孙渊担心一旦被魏国攻打，远水解不了近渴，和孙吴结盟并非上策，于是又背弃盟约，杀了吴国的使臣。

消息传到东吴，孙权大怒，准备马上派大军渡海远征，讨伐公孙渊。名将陆逊见此情形，上书劝阻。陆逊指出："公孙渊凭借着险要的地势，背弃盟约，杀我使臣，实在令人气愤。但现在天下风云变幻，群雄争斗，如果不忍小忿而发雷霆之怒，恐难实现夺取天下的愿望。我听说，要干大事业统一天下的人是不会因小失大的。"孙权觉得陆逊的意见很对，便取消了讨伐公孙渊的计划。

后人用"大发雷霆"比喻大发脾气，高声斥责。

·大腹便便·

典出《后汉书·文苑列传·边韶》。

边孝先，腹便便。

东汉汉桓帝时，有一位教书先生，名叫边韶，字孝先，曾做过临颍侯相、太中大夫，后来迁为北地太守、尚书令。

边韶勤奋好学，年轻的时候就已经以文章而知名于世了。他招收几百名学生，尽心尽力地给学生们讲书、批文。不过边韶有一个小毛病，喜欢打瞌睡，因为他身子胖，肚皮有些大，行动不那么敏捷，平时总是懒洋洋的样子，学生们看了常常偷着笑他。

有一天，边韶讲了一阵子书，累了，便朝学生摆摆手："去吧，背书去吧！"他自己把肥胖的身子往后一仰，和衣躺在木床上，一会儿工夫就鼾声大作，呼呼地睡过去了。学生们看到他腆着肚皮睡熟了，几个人凑在一块，给老师编了一段顺口溜儿：

边孝先，腹便便，

懒读书，但欲眠。

学生们一边念，一边哄笑，把先生吵醒了。他听了学生为自己编的顺口溜儿，觉得挺有趣，在地上踱了两圈儿，忽然灵机一动，提笔也写了一首顺口溜，自己摇头晃脑地念起来：

边为姓，孝为字。

腹便便，五经笥。

但欲眠，思经事。

寐与周公通梦，

静与孔子同意。

师而可嘲，

出何典记？

他的这首顺口溜儿大意是说：

"我的肚子是大了点儿，不过里边装的尽是经书。我是爱睡觉，可是我在梦中会见周公。即使有片刻安静的时候，我也念记孔子的教诲！你们嘲笑先生，这规矩见于哪家的经典啊？"

学生们听他这一说，都惊得目瞪口呆，想不到先生有这样的才华，出口成章，做顺口溜儿也会教训人！那几位恶作剧的学生，也窘得满面透红，偷偷溜出门外，老实地背书去了。

后人从中概括出"大腹便便"这个成语，用来形容人的肚子大。

· 鹅行鸭步 ·

典出《水浒》。

军卒见轿夫走得快，便说道："你两个闲常在镇上抬轿时，只是鹅行鸭步，如今却怎的这等走得快？"那两个轿夫说："本是走不动，背后好像有人在打我们一样，所以就跑得快了。"

腊月初，山东清风寨知寨刘高的夫人坐着一乘大轿，身边带着七八名军卒，前去化纸上坟。一行人路过清风山时，被占山的王矮虎赶散军卒，将知寨夫人捉上山去。此时，宋江正在清风山上，得知此事便来说情，要王矮虎放走刘高夫人。清风山头领燕顺、郑天寿碍于宋江的情面，不管王矮虎愿意不愿意，喝令轿夫抬下山去。那妇人听了这话，拜谢宋江，口口声声叫道："谢大王！"两轿夫心内害怕，抬着那妇人飞也似的奔下山去。

当那妇人被捉后，几个被赶散的军卒没命地跑回去报告知寨刘高。刘高听了大发雷霆，怒骂那些军卒，并用大棍狠打那些军卒，还声嘶力竭地吼道："如果不把夫人夺回来，统统下牢问

三打祝家庄

罪。"那几个军卒无可奈何,只得央求本寨军兵七八十人,各执枪棒,尽力去夺。不想来到半路,正撞着两个轿夫抬着知寨夫人飞快地来了。众军卒接着了夫人,问道:"你们怎的能够下山?"那妇人撒谎道:"他们见我说出是刘知寨夫人,吓得慌忙下拜,赶快叫轿夫送我下山。"众军卒簇拥着轿子便回。军卒见轿夫走得快,便说道:"你两个闲常在镇上抬轿时,只是鹅行鸭步,如今却怎的走得这等快?"那两个轿夫说:"本是走不动,背后好像有人在打我们一样,所以就跑得快了。"

后人用"鹅行鸭步"来形容行走迟缓,摇摇摆摆。

·返老还童·

典出《神仙传》。

汉朝时候,有一位淮南王刘安,他虽然居高官,封王爵,但是还有一种非分的妄想,常常希望自己永远不死。听说有一种仙人,是永远长生的,刘安便千方百计去研究和祈求变成神仙的方法。一天,有8个老人去访刘安,自称是神仙。刘安的门人,一向是趾高气扬,见这8位老人都是须眉皆白,老态龙钟,门人便拒绝通报,并说道:"人家说神仙是不会老、不会死、永远是青春的。你们却老得这样可怜,可见不是神仙,我看是骗子也说不定呢!"8位老人听说,都哈哈地笑起来,说:"你不高兴我们老吗?这容易得很,我们是可以马上返老还童,变成小孩子的。"说罢,8个老人皆转过脸来,不消一刻,都变作 8 个小孩子了，门人大惊，认为真是神仙，便给他们去通报。这便是"返老还童"一语的来历。

后人常用"返老还童"形容由衰老恢复青春。

·汗流浃背·

典出《后汉书》。

> 操出顾左右，汗流浃背。

东汉末年，由于汉献帝软弱无能，曹操掌握了军政大权。建安元年（公元 196 年），曹操把汉献帝迎往许昌，自己当了大将军及丞相，常常"挟天子以令诸侯"。当时，有个叫赵彦的议郎，是汉献帝亲信的谋臣，常给献帝出谋划策，因而遭到了曹操的忌恨，后来竟把赵彦杀了。献帝对曹操的这一暴行很气愤。有一次，曹操去朝见献帝，献帝警告他说："你如果愿意辅助我，就忠厚一点，如果不愿意，就离开我。"曹操听了以后心里十分惊疑，从献帝那里走出来，汗水都湿透了脊背，此后很久没有上朝。

"汗流浃背"原来形容万分恐惧或惭愧。现在常用来形容满身大汗。

·河东狮吼·

典出《容斋随笔·卷三》。

苏轼字东坡，因不满于宰相王安石的某些变法措施，被贬到黄州（今湖北黄冈）。在黄州，他认识了一位名叫陈的人，两人很谈得来。陈很好客，朋友来了，必定热忱招待，有时还要喊几个歌女作陪。

可是陈的妻子柳氏却很凶悍，嫉妒心很强。她丈夫喊来歌女和客人一起听歌吟诗的时候，她就在隔壁房间用棍杖使劲敲打墙壁，并大声叫嚷，闹得大家不欢而散。陈很怕她，处处赔小心，就怕惹得她发火，使自己下不了台。苏轼就写了一首诗笑话他：

龙丘居士亦可怜，谈空说有夜不眠。

忽闻河东狮子吼，拄杖落手心茫然。

龙丘居士是喜爱佛学的陈为自己取的号。"谈空说有"中的"空"、"有"都是佛家经常谈论的话题，这句是形容陈常讲佛论经，谈到深夜。"河东"是隐喻陈的妻子柳氏。因为柳氏出自河东郡。"狮子吼"本是佛家用来比喻正义和威严的，在这儿，苏轼一方面用来形容柳氏像狮子似的怒吼，另一方面，又描写陈这位"居士"正在谈佛时，恰巧"狮子吼"了，可谓语带双关。"拄杖落手心茫然"则是描写陈被夫人闹得丧魂落魄的样子。

河东：地名，传说那里的妇女很凶悍。后人用"河东狮吼"

比喻妻子妒悍，用来嘲笑丈夫怕老婆。

·轰轰烈烈·

典出《沁园春·至元间留燕山作》。

人生翁云亡，好烈烈轰轰做一场。

"轰轰烈烈"原来是由"轰轰"和"烈烈"两个词组成的。"轰轰"形容车马众多之声，也形容各种爆发的巨响，有声势浩大的意思。

晋朝大学问家左思在他著名的《三都赋》之一的《蜀都赋》中，曾有"车马雷骇，轰轰阗阗"的句子，这正是"轰轰"这个词的本义，意思是车马众多，声震如雷。"烈烈"一般用以形容猛火燃炽、火焰旺盛、火光灿烂的样子。早在《诗经》《商颂·长发》篇中便有"如火烈烈"

文天祥《沁园春》诗意图

"人生翁忽云亡，好轰轰烈烈做一场。"有人评价此首作品：此等作品，不可以寻常词观之也！

的句子。

"轰轰"、"烈烈"两个词之所以能连用在一起，不是偶然的，因为"轰轰"和"烈烈"都带有盛大、壮丽和威武的意思。宋朝文天祥在为唐代忠臣张巡的庙所题的《沁园春》词中，有"骂贼张巡，同心许远，皆得声名万古香。后来者，无二公之节，百炼之钢。人生翕云亡，好烈烈轰轰做一场。使当时卖国，甘心降虏，受人唾骂，安得留芳？……"在这首词中，"烈烈轰轰"是文天祥对于张巡（以及许远）的威武不屈的正气的歌颂，也是文天祥自己的刚正光明、烈火似的民族情操的流露。后人用"轰轰烈烈"形容声势浩大，气象雄伟。

·挥汗如雨·

典出《战国策·齐策》。

临淄之途，车毂击，人肩摩，连衽成帷，举袂成幕，挥汗成雨。

又见《晏子春秋·杂下》。

张袂成荫，挥汗成雨，比肩继踵。

春秋时代有个人名叫晏子，是齐国的相国。他很有才干，能言善辩，聪敏过人。

有一次，齐王派晏子出使楚国。因他是一个矮个儿，楚人想戏弄他，便在大门旁边另开了一个小门，让晏子从小门里进出。晏子见状偏不进去。他说："出使狗国的人，才从狗洞进出；今天，我是到你们楚国来，不应该从这道门进出。"楚国人无话可说，只好让他从大门进去。

晏子见到了楚王，楚王又想戏弄他，便问："齐国没有人吗？"晏子回答说："临淄三百闾那里的人们'张袂成荫，挥汗成雨，比肩继踵'（意思是他们挥一下衣袖，就会使大地成荫；他们挥一下额上的汗，就像天下雨一样；一到街上，人们就肩碰着肩，脚跟着脚），为什么没有人呢？"楚王说："既然如此，为什么要派你来当使者呢？"晏子严肃地回答说："我们齐国派使者的原则是：按其好坏，各有所用。好的使者就派往好的国家，不好的使者就派往不好的国家。我是最不好的使者，就派到你们楚国来了。"楚王又自讨没趣。

尽管如此，他还是想再戏弄晏子一次。有一天，楚王大办筵席，招待晏子。等他喝酒喝得快醉了的时候，有两个差役绑着一个人从楚王面前走过。楚王故意问道："绑着的人是干什么的？"那差役故意大声说："齐国人，做贼的。"楚王斜着眼睛看了晏子一眼说："齐国人原来惯于偷东西吗？"晏子严肃而郑重地说："我曾经听说：'橘子生在淮南是橘子，生在淮北就变为枳了。叶子虽很相似，但味道却很不相同。其所以如此，那是因为水土不同的缘故。'这个人生在齐国不偷东西，到了楚国就偷东西，这正是楚国的水土使他偷东西的嘛。"楚王听了晏子的话，不知如何回答，只得苦笑着自言自语地低声说："圣人是不能同他开玩笑的，我算自讨没趣了。"

后人用"挥汗如雨"来形容天气太热，流汗甚多。

·魂飞魄散·

典出《元曲选·百花亭》。

可正是船到江心补漏迟，只看我魄散魂飞。我则索向前来陪着笑颜卖查梨。

北宋时河南洛阳有个贺妈妈，她生了个女儿名叫贺怜怜。怜怜成人之后，人品俊秀，聪敏过人。

一年清明时节，母女俩出外踏青，贺怜怜在百花亭与汴梁才子王涣邂逅相逢。两人相遇，一见倾心，就订为婚姻。

不久，王涣来到贺家与贺怜怜结为亲眷。常言道：久住令人贱，贫来亲也疏。贺妈妈见王涣久住家中，又是一个穷秀才，便把王涣驱逐出门，并将其女怜怜另嫁给种师道手下一个军需官高常彬。从此，贺怜怜被高常彬关在承天寺内，不得与王涣相见。王涣与怜怜情意缠绵，怎忍分离！王涣为了见到怜怜，只得扮作卖查梨的混进承天寺。两人相见，倾诉衷肠，谈得格外亲热。正在这时，高常彬回来了，丫鬟连忙报知怜怜。王涣听说高常彬回来了，不觉大吃一惊道："是得手忙脚乱紧收拾，意急心慌没整理。"高常彬闻声则问："谁人在此，好无礼呀！"王涣心想："可正是船到江心补漏迟，只看我魄散魂飞。我则索向前来赔着笑颜卖查梨。"他打定主意，连忙高声叫道："卖查梨啊！"高常彬醉意朦胧地吆喝道："滚出去！老子不买查梨。"

高常彬因喝醉了酒，没有注意到王涣便休息去了。怜怜趁机给了王涣盘缠，叫他往延安府投托经略麾下，建立功勋，以遂平生之志。王涣连忙向怜怜道谢，并说："决不辜负所望。"

王涣到了延安，受到了马步禁军都元帅种师道的赏识，并立了战功。他依照怜怜的临别之言，上告高常彬盗用官钱，强取民妻。种师道立即把高常彬捉拿归案，把怜怜判归了王涣，使其夫妇团圆。

后人将"魄散魂飞"说成"魂飞魄散"，用来形容惊恐万状，不知如何是好。

·酒醉起舞似牡丹·

典出《燕子楼》小序。

著名舞伎关盼盼是唐朝张尚书的家伎，因她容貌俏丽，能歌善舞，因而成为张尚书的爱姬。

关盼盼对歌舞非常精通，唐代著名诗人白居易曾看到过关盼盼的歌舞表演，留下了深刻的印象。白居易曾游历徐州、泗水一带，那里山清水秀，景色宜人，白居易玩得痛快，竟流连忘返。有一天，他接到在徐州任职的张尚书的请帖。白居易欣然赴约。张尚书摆下了丰盛的酒宴招待诗人。二人边饮酒，边高谈阔论。喝到高兴处，张尚书略带几分酒意，兴奋地对白居易说："本府内有一舞伎，颇不俗，何不唤她出来，陪酒助兴。"语音未落，只见虚掩着的两扇厅门被轻轻推开，环响处，轻盈地走进来一位妩媚俊俏的少女。少女上前施礼，风度优雅，举

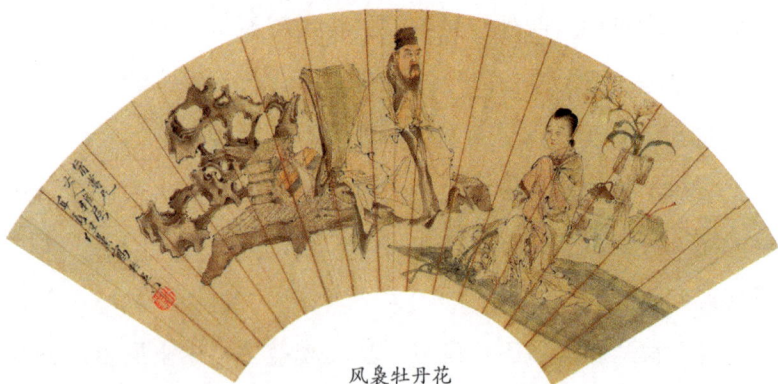

风袅牡丹花

止洒脱，她就是关盼盼。

盼盼入席后，陪客人喝了几盅酒，然后欠身离席，翩翩起舞。只见她身穿红色纱裙，体态轻盈，跳舞时，忽而如轻风吹拂，在人眼前飘来飘去，忽而似红玉雕像，动中有静、令人心旷神怡，又加上刚饮罢酒，舞起来，乘着飘飘然的醉意，更添了几分娇妍。白居易看得入神，诗兴大发，立刻向张尚书要来纸墨，即兴题诗相赠，诗中有一句："醉娇胜不得，风袅牡丹花。"把关盼盼酒醉起舞的姿态比喻为在微风中摆动着的雍容华贵的牡丹，惟妙惟肖。

关盼盼的晚年是在孤独和凄凉中度过的。张尚书死后，盼盼不愿出嫁，守在尚书的徐州旧宅中。宅中有一小楼，名曰"燕子楼"，关盼盼就死在这楼中。

·乐不可支·

典出《后汉书·张堪列传》。

捕击奸滑，赏罚必信，吏民皆乐用。匈奴皆乐为用。匈奴尝以万骑入渔阳，堪率数千骑奔击，大破之，郡界以静。乃于狐奴开稻田八千余顷，劝民耕种，以致殷富。百姓歌曰："桑无附枝，麦穗两岐。张君为政，乐不可支。"视事八年，匈奴不敢犯塞。

刘秀称帝，建立了东汉，当时公孙述也在西蜀自称皇帝，刘秀派大司马吴汉率军前去讨伐，张堪被任命为蜀郡太守，跟吴汉一同出征。吴汉的军队走了许多天，军粮补充不够及时，赶到蜀郡时，军粮只够吃7天了。吴汉担心断粮，不能打败公孙述，便想逃跑。于是派军士暗中准备船只，想从江上逃走。张堪听到风声，急忙去见吴汉，对他说："将军万万不可以走，胜利就在眼前。公孙述目前已是瓮中之鳖，只要我们坚持住，一定能打败他！"吴汉被他说服了，听从了他的计谋，使用少数兵马向公孙述挑战。公孙述亲自出城应战，战不到几个回合，就被汉军刺死在城下。吴汉和张堪顺利地攻入成都。

张堪是一个品行高尚、办事公正的人，自幼熟读经史，德行出众，曾有"圣童"的美称。他进入成都后，查点府库，封存珍宝，一件件地登记造册。然后报告给光武皇帝刘秀。他自己和部下对官府和百姓的财产秋毫无犯，成都的百姓对他的清廉十分称赞。

张堪后被任命为骑都尉，领兵击退匈奴的进犯。不久他又做了渔阳太守。他认真管理郡内的官吏，打击贪官污吏，奖赏有功官兵，又在狐奴地区开垦稻田八千顷，鼓励百姓耕种。所治之内，百姓富足，郡内安定，军民都很快活。他在渔阳做了8年太守，郡内没有发生一次动乱，匈奴也不敢再来侵扰。渔阳的百姓对太守非常敬仰，编了一首民谣颂扬他。

桑无附枝，麦穗两岐。

张君为政，乐不可支。

后来人们用"乐不可支"形容快乐到极点。

·慷慨激昂·

典出《史记·刺客列传》。

太子及宾客知其事者，皆白衣冠以送之。至易水之上，既祖，取道，高渐离击筑，荆轲和而歌，为变徵之声，士皆垂泪涕泣。又前而歌曰："风萧萧兮易水寒，壮士一去兮不复还！"复为羽声慷慨。士皆目，发尽上指冠。于是荆轲就车而去，终已不顾。

战国时燕国的太子丹，曾被扣在秦国为人质，后来逃回来，见秦国有并吞六国的野心，当秦军靠近易水，逼临燕国边境时，他很忧愁，设法请了一位勇士去刺杀秦王。那个勇士名叫荆轲，太子丹待他非常恭敬，天天去问候他的衣食起居，只要荆轲欢喜的，他总设法供给。

荆轲受到燕太子丹的优待，但很久都没有要到秦国去的意思，太子心里非常着急。荆轲因为要等一个人，所以没有出发。后来燕太子实在急了，荆轲才带了一把很锋利的匕首出发了。荆轲出发的时候，燕太子和他的臣子都穿了白衣服去送行。到了易水边上，将要渡河时，高渐离敲着筑，

易水送别图

荆轲唱着歌，声音非常悲哀；一般勇士都流着眼泪，歌唱着"风萧萧兮易水寒，壮士一去兮不复还"。歌声慷慨而激昂，壮士们的眼睛都瞪得很大，头发也都竖起来。

东汉末年曹操作短歌，也有"慨当以慷"的话。"慷慨激昂"是说一个人的言语举止，都是抱着英雄豪杰的气概，不可一世的样子，使人见到或听到了，都很相信他，敬服他。

·慢条斯理·

典出《儒林外史》。

老爷亲自在这里传你家儿子说话，怎的慢条斯理。

《儒林外史》是清代吴敬梓写的一部长篇讽刺小说。它通过生动的艺术形象，反映了封建社会末期腐朽黑暗的社会现象，批判了八股科举制度，揭露和批判了程朱理学和孔孟之道。

在这部小说的第一回"说楔子敷陈大义，借名流隐括全文"中有这样一段故事：有一个叫王冕的放牛娃，天性聪明，天文、地理无不通晓，特别是画得一手好画。他画的荷花，就像才从湖里摘下来贴在纸上的一样。因此，王冕的名字全县无人不知，无人不晓。但是，王冕既不求官爵，又不结交朋友，终日在家闭门读书。

有一天，官府的一个差役奉了县太爷之命来找王冕画20幅花卉册页（装裱成册的单页小件字画）送给上司，王冕推辞不过，答应了。画好以后，知县时仁发送给王冕一些银子并约见王冕。王冕不肯赴约，时知县只好亲自来请。时知县带着一班人马来到王冕家门口，见大门关着，敲了半天，出来一位老太太，不慌不忙地说："我儿子不在家。"官府的差役见老太太竟敢怠慢知县，说："县大老爷亲自来传你儿子说话，你怎么这么慢条斯理的！快说，你儿子到哪里去了，我好去传。"

后人用"慢条斯理"的这个典故比喻说话做事慢慢腾腾。

·门庭若市·

典出《战国策·齐策》。

令初下，群臣进谏，门庭若市。

齐国大夫邹忌长得很英俊。有一天早晨，他穿戴完毕，对着镜子照了一会，问他的妻子道："我跟城北徐公比哪一个好看？"他妻子道："你好看极了，徐公怎能比得上你呀！"徐公是齐国著名的美男子。邹忌可有点不相信自己，又去问他的爱妾，他的爱妾也是这么说："徐公怎么比得上你呀！"第二天，来了一位客人，邹忌请他坐了，在谈话间，邹忌又提出这问题，那位客人说："徐公哪像你这样俊美啊！"过了一天正好徐公到邹忌家来。邹忌仔细打量比较，知道自己的确不及徐公俊美。那天晚上，他躺在床上想："我的妻子说我俊美，是因为她偏爱我，我的妾说我俊美，因为她惧怕我；我的朋友说我俊美，是因为他有求于我。"

第二天，邹忌上朝见齐威王，将自己的想法和齐威王说了一遍，并从这件事情上联系到国家的政事，请齐威王要多听君臣的意见。齐威王连声说对。于是下令："无论朝廷大臣，地方官吏以及全国百姓，如果能够当面举出我的过失的，赐给上赏；能够上奏章规劝我的，赐给中赏；能够在朝廷里和街市上说我的过错，传到我耳中的，赐给下赏。"

命令一下，群臣们都向齐威王提出各种规谏，一时川流不息，门庭若市。

这本来是记述邹忌用巧妙比喻规谏齐威王虚心接受别人意见的故事，后来人们根据进出规谏的人川流不息，引申出"门庭若市"这个词，用以形容某地热闹拥挤，来往的人很多。

·眉飞色舞·

典出《官场现形记》。

王乡绅一听这话，不禁眉飞色舞。

陕西同州府朝邑县城南三十里有个赵老头儿，他的孙子赵温参加了乡试，中了举人，得意非凡。为了庆贺，当下便筹办酒席大宴宾客，拜祭宗祠。赵老头除请邻居、姻亲、族谊外，还特别请了见过一面的王乡绅。到了十月初三那一天，新中举人赵温及其父兄亲邻等来到祠堂拜祭。祭罢祠堂，众人坐等王乡绅到来好吃喜酒。可是左等右等不见人影，直到太阳偏西，王乡绅才姗姗而来。王乡绅一到，立即开席。出席作陪的有一位王举人，王乡绅与王举人在酒席上叙谈起来，方知是本家。王举人比王乡绅小一辈，因此二人以叔侄相称。王乡绅酒到半酣，文思泉涌，议论风生，大谈学八股文章的苦处和妙用。他说："我17岁那年开笔作文章，老师要我读熟《制艺引全》。老师一天教我读半篇，因我记性不好，老是念不熟，为此，不知挨了多少打，罚了多少跪，到如今才挣得这两榜进士。唉！吃了多少苦，也还不算冤枉。"王举人听了，马上接口说："这才合了俗话说的'吃得苦中苦，方为人上人'。

你老人家有此阅历，所以讲得如此亲切。"王乡绅一听这话，不禁眉飞色舞，拍着王举人的肩头说："老侄，你能够说出这样的话来，你的文章也就着实有功夫。……小子勉乎哉，小子勉乎哉！"说到这里，不觉闭着眼睛、摇头晃脑起来。

后人用"眉飞色舞"形容人非常高兴、得意的神情。

·美轮美奂·

典出《礼记·檀弓下》。

晋献文子成室，晋大夫发焉。张老曰："美哉轮焉，美哉奂焉。"

春秋时，晋国大夫赵武是一个很精明能干的人。晋平公时被任为正卿，由于他选用有道德有学问的人为国家做事，所以晋国的人都称赞他善于用人。他对外提倡礼义，各国都停止用兵，而和晋国友善起来。

有一次，他的新屋落成了，晋国的大夫都送礼祝贺。有个叫张老的人对赵武说："好极了，建筑多么高大宏伟啊！好极了，装饰多么美丽众多啊！"

赵武在晋国的地位和威望都很高，做大官的住高楼大厦本来也很平常，但由于他一向提倡礼义，崇尚朴素，一旦建造这么宏大的新居，又装饰得这么精致，这与他的言行不相称，所以老张对他的贺词，实际上是含有讽刺的意思。

后人将张老所说的话简化成"美轮美奂"，用来形容高大宏伟的建筑物。

·犬牙交错·

典出《汉书·中山靖王刘胜传》。

广封连城，犬牙相错者，为盘石宗也。

汉高帝刘邦为了巩固刘氏的天下，把分封到各地的一些外族王侯全部消灭，而把自己的儿子、侄子、兄弟等封到各地为王，各霸一方。

传到汉景帝的时候，这些同姓王的势力已十分强大了，一个个野心勃勃地想篡夺帝位。当时以南方吴王刘濞为首，7个王侯联合起来一起叛乱。幸亏汉景帝的大将周亚夫英勇多智，才把这次叛乱镇压下去，但是汉景帝并没有接受教训，他又封自己的许多儿子为王。

到了汉武帝继位的时候，这些王侯势力又强大起来。大臣们担心他们会和以前一样搞叛乱，就向汉武帝揭发这些王侯的罪状，并建议武帝削弱他们的势力。王侯们知道后，感

周亚夫像

到十分恼火，扬言道："诸侯王自以骨肉至亲……广封连城，犬牙相错者，为盘石宗也。"

意思是说诸侯王自然是刘家的骨肉至亲，高帝之所以普遍分给他们很宽的地方，让他们的疆土像狗牙那样交错不齐地连在一起，是为了使刘家的天下安如盘石。

后人把"犬牙相错"说成"犬牙交错"，用来形容交界线很曲折，就像狗牙那样参差不齐。也用来比喻错综复杂的情况或双方力量对比互有长短。

·山鸡舞镜·

典出《异苑》卷三。

山鸡爱其毛羽，映水则舞。魏武时，南方献之，帝欲其鸣舞而无由。公子苍舒令置大镜其前，鸡鉴形而舞不知止，遂之死。

山鸡有一身漂亮的羽毛，每当它在河边看到自己的倒影时，就会忍不住翩翩起舞。有一次，南方有个人捕到一只美丽的山鸡，将它献给了曹操。曹操听说山鸡有善舞的本领，便让手下的人逗山鸡跳舞。在场的人都是初次见到山鸡，不熟悉它的习性，不知怎么办才好。任凭大家怎么哄，山鸡一直呆头呆脑地缩在角落里，一动也不动。那个献鸟的人急得冷汗直冒。

正在难堪的时候，曹操的小儿子曹冲进来了，他让人去抬一面大镜子来，并把山鸡抱到镜子前，山鸡顿时变了样：它站立起来，抖落一下羽毛，对着亮晃晃的大镜子忘情地跳起舞来。

它转呀、跳呀，五彩的羽毛绚丽夺目，大家都看得眼花缭乱，曹操也很满意，赏给献鸟人很多钱。

后人根据此事，概括出"山鸡舞镜"这一成语，比喻顾影自怜。

·失魂落魄·

典出《官场现形记》。

尹子崇虽然也同他周旋，毕竟是贼人胆虚，终不免失魂落魄，张皇无措。

尹子崇因为偷卖矿产被人告发，官府要捉拿，他逃回家中躲藏。一天，本乡知县老爷突然来到尹家，尹子崇吃惊不小，硬着头皮出来相见。那知县是个老滑头，本是来抓尹子崇到县衙的，他却笑嘻嘻地一面作揖、一面寒暄："哈哈，兄弟直到今日才听说你回府，没有及时来请安，抱歉之至！"尹子崇虽然也同他周旋，毕竟是贼人胆虚，终不免失魂落魄，慌张无措，一时连礼节都忘记了。自己坐到客人的位置上，知县暗暗发笑，从靴筒中抽出一件公文，递给尹子崇。尹子崇顿时吓得面色苍白。

知县见天色已经不早，便吩咐差役说："轿子准备好了吗？我同尹大人此刻就回衙门去！"尹子崇听见这话，明知逃脱不得，只好跟在知县身后，登上轿子。尹家的家眷看见他被县衙拉了去，早已哭成一片。可是知县毫不容情，摆摆手，抬轿人抬起轿子便奔往县衙去了。

后来用"失魂落魄"形容心神不宁、极度惊惶。

·手舞足蹈·

典出《文选·卜商〈毛诗序〉》。

咏歌之不足不知手之舞之，足之蹈之也。

又见《红楼梦》第四十一回。

当下刘姥姥听见这般音乐，且又有了酒，越发喜的手舞足蹈起来。

刘姥姥进大观园后，吃酒、游玩一切都很满意。一次喝酒，刘姥姥不慎打烂了瓷酒杯子，便说道，如果有个木头的酒杯，我失了手掉在地上也没得关系。凤姐听刘姥姥这么说，便对刘姥姥道："木头酒杯我们这里有，但那是一套一套的，取来了你一定要吃遍一套才算！"鸳鸯听说，忙去屋里取来十个黄杨根子做的大套杯。刘姥姥看见木杯，又惊又喜。那大的杯子像个小盆子，那小的也比手里的杯子大两倍，杯上一色的山水树木人物，雕镂奇绝。刘姥姥拿着这奇特的杯子，兴高采烈地开怀畅饮。正在畅饮之际，又听得府内箫管悠扬，笙笛并发，那乐声穿林渡水而来，使人心旷神怡。当下刘姥姥听见这般音乐，且又有了酒，越发喜得手舞足蹈起来。后人用"手舞足蹈"形容高兴到极点的样子。

·萎靡不振·

典出《送高闲上人序》。

颓堕委靡，溃败不可收拾。

又见《宋史·杨时传》。

若示以怯懦之形，委靡不振，则事去矣。

北宋时，徽宗皇帝是一个昏庸的家伙。在金兵已经占领了大片北方土地的时候，他还征调大批老百姓从南方搬运奇花异石，运到国都汴京（今河南开封）修建宫殿，装点花园。对于抗金这件大事，他根本不放在心上，随便派了一个无能的童贯去当领兵元帅。童贯连吃败仗，结果金兵很快就打到了京城附近。一天，宋徽宗正在饮酒作乐，听说金兵快打到汴京了，吓得不知所措，大臣们也慌作一团。这时，有一个叫杨时的大臣，从容地对大家说：现在的形势已经像干柴堆着了火一样危急了，朝廷应当赶快清醒振作起来，拿出抗金

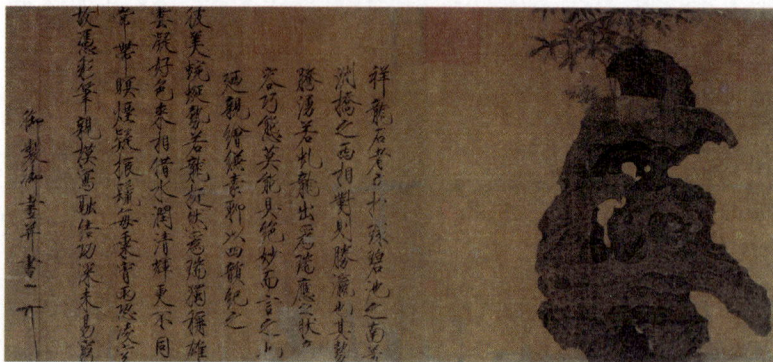

祥龙石图　北宋　赵佶

的决心和勇气，这样才能鼓舞人心，振作士气。如果还和过去一样委靡不振，胆小软弱，那么大宋王朝就没有什么指望了。

后人用"萎靡不振"比喻情绪低落，精神不振。

·我见犹怜·

典出《世说新语·贤媛》。

晋朝的时候，桓温攻占四川，将李势的女儿掳掠过来为妾。桓温的妻子南康长公主生性好妒忌。因此桓温一直瞒着她，将李姑娘藏在书房的后面，常常悄悄地去看望她，对她很怜爱。李姑娘一直幽居不出，如笼中的小鸟，任人玩弄于股掌之上，虽有家仇国恨，却无法报复，心中很是郁闷。后来，南康长公主听到这个消息，很是气愤，回想这段日子，桓温对自己的态度确实变了，心中陡生怒意，决定杀掉李姑娘。

趁着桓温不在府中的时候，南康长公主气势汹汹地带着几十名丫鬟去兴师问罪，个个手上都拿着寒光四射的刀子，直奔李姑娘住处。她们破门而入，正在镜子前梳头的李姑娘听到身后有响动，平静地转过身来，她秀长的头发乌黑晶亮，如瀑布般奔泻，似柳丝般飘垂，洁白的肌肤像玉一样，发出晶莹的光泽。南康长公主不由得看呆了，利刀"当啷"落地。她走上前去，抱住李姑娘动情地说："啊呀，你是这般漂亮，连我见了也生了怜爱之心，何况桓温呢？"

李姑娘不卑不亢地说："国破家亡，本不该来这里享受荣华富贵，只是事出无奈。今天如果被您杀掉，正好了却我以死报国的心愿。"

南康长公主心中更是感动，带人默默地退去。

怜：爱。"我见犹怜"形容女子美貌动人，惹人喜爱。

·小鸟依人·

典出《旧唐书·长孙无忌传》。

唐朝初年，唐太宗任命褚遂良为谏议大夫。一天，唐太宗故意问他："你每天都要记载我的言行起居，我可不可以阅读啊？"

褚遂良答道："自古以来，帝王的言行善恶都要如实地记载下来，但没听说过皇帝自己可以过目的。"

"那如果我有什么不好的地方，你也照记不误吗？"

褚遂良又答道："凡是皇上有过的言行，我都得写上。"

唐太宗一次对司徒长孙无忌说："我听说君主贤明，大臣们就刚直不阿，人就怕缺少自知之

唐太宗像

明。你们常当面与我争论不休，评论我的功过得失，今天我也要评一评你们的长处与短处。"

唐太宗先评价了长孙无忌，说他注意避嫌，才思敏捷，但带兵打仗不行。又评价了高士廉，说他遇到危难不变节，平日做官不结党营私，但不敢直谏。最后谈到褚遂良，说："遂良的学问大有长进，性格也很刚正，对朝廷坚贞不渝，对我很有感情，平日里一副飞鸟依人的模样，不由我不怜爱他呀。"

唐太宗临终前，指着褚遂良和长孙无忌对太子说："这两人都是忠臣，只要他们在，你就可以放心。"

后人把"飞鸟依人"一语演化为成语"小鸟依人"。意义也发生改变，现多比喻少女或小孩娇小可爱。

·笑容可掬·

典出《三国演义》。

果见孔明坐于城楼之上，笑容可掬，焚香操琴。

三国时，蜀国于建兴六年（公元 228 年）倾全国重兵出军祁山，向曹魏进攻。由于蜀将马谡言过其实，刚愎自用，而致街亭（在今甘肃庄浪东南）失守。魏司马懿率领的大军直逼西城。

当时，退守在西城的诸葛亮已无兵将可调遣。他登上城楼一看，只见东北方向上尘土漫天，魏兵已向西城杀来。诸葛亮逃跑已来不及，守城又无兵无将。正在为难之际，他忽然想起可用"空城计"的办法吓退司马懿。于是，他立刻传令下去：城头旗子一律藏起来；军中不准敲鼓；士兵们不准出来张望。一切布置好了以后，诸葛亮命令大开城门，城门口派几个老弱残兵洒扫街道，自己端坐在城门楼上，焚香抚琴，装得若无其事的样子。

司马懿的大军来到城下，见诸葛亮在城楼上笑容可掬，焚香操琴，怀疑城中有重兵埋伏，果然迅速退走。

"笑容可掬"即满面的笑容仿佛可以用两手捧取。后人用"笑容可掬"的这个典故比喻内心的喜悦自然地流露于外。

·兴高采烈·

典出《文心雕龙·体性》。

> 叔夜俊侠，故兴高而采烈。

三国时的魏国，有一位文学家、思想家、音乐家叫嵇康，字叔夜，谯郡（今安徽宿县西南）人。他是曹魏宗室的女婿，官至中散大夫，世人称其为嵇中散。嵇康崇尚老子和庄子的学说，讲求举生服食之道，为魏晋时"竹林七贤"之一。嵇康因声言"非汤武而薄周孔"，且不满当时掌权的司马氏集团，遭钟会构陷，为司马昭所杀。

嵇康的文章写得很好，主要成就是散文，被鲁迅称为"思想新颖，往往与古时旧说反对"。他提出"越名教而任自然"之说，主张回到自然，厌恶儒家各种人为的烦琐礼教。他的诗歌也很出名，尤其长于四言诗，风格清俊。南朝梁代的文学理论家刘勰所写的《文心雕龙》在论及嵇康的性格和他的作品的风格时，称"嵇叔夜性高豪爽，他的志趣很高，文辞犀利"。

"兴高采烈"这几个字，原来是说嵇康的文章志趣很高，文辞犀利。后人常用来形容人的兴致高，情绪饱满。也形容呈现出的欢乐气氛。

·欣欣向荣·

典出《归去来辞》。

木欣欣以向荣，泉涓涓而始流。

《归去来辞》诗意图

陶潜，字渊明，他是晋代浔阳柴桑（江西九江县西南）人。曾祖陶侃是晋朝名将，陶渊明性情高尚文雅，学问非常渊博，诗文都很好。他不喜欢荣华富贵，饮酒赋诗。游山玩水是他的嗜好。后来因亲老家贫，勉强当了祭酒的官，因不惯于官场上的应酬，不久即辞职，后来又当了彭泽令。

他上任 80 多天时，朝廷差了一名督邮到县里来，他的部下教他戴着帽，束了腰带去迎接。陶渊明叹了口气说："我不愿为了五斗米的俸禄，弯着腰去迎接权贵。"当天即交回印章，辞官回家去了。

陶潜回到家里，作了一首词，记述这件事。词的题目叫《归去来辞》，其中有一句"欣欣向荣"。这首词成为一篇有名的文章，一直流传到现在。

"欣欣向荣"形容植物茂盛；也比喻精神奋发昂扬或事业兴旺发达。

·虚张声势·

典出《论淮西事宜状》。

然则暗弱，自保无暇，虚张声势，则必有之。至于分兵出界，公然为恶，亦必不敢。

又见《红楼梦》第四回。

老爷明日上堂，只管虚张声势，动文书，发签拿人。

贾雨村授了应天府，一到任就遇到一个人命案子。这件案子的凶手是薛家的公子薛蟠，而薛家又是金陵一霸，因而就给贾雨村断案带来了麻烦。

贾雨村正要发签差公人将凶犯家属捉来拷问的时候，只见案旁一个门子给他使了一个眼色，叫他不要发签。雨村心中狐疑，退至密室与门子交谈。谈话中雨村方知这个门子是他的故人——葫芦庙里的葫芦僧，雨村笑嘻嘻地拉着葫芦僧的手要葫芦僧为他了结此案出谋划策。葫芦僧把这个案子各方面的联系告诉了贾雨村，并为他想了一个两全其美的断案办法。葫芦僧说："老爷明日上堂，只管虚张声势，动文书，发签拿人——凶犯自然是拿不来的，原告因是不依，只用将薛家用人及奴仆拿几个来拷问，小的暗中调停，令他们报个'暴病身亡'……"贾雨村理解其中奥妙，便照此办理，第二天就把此案断了。贾雨村把案子了结之后，便急忙写信给贾政和京营节度使王子滕，说："令甥之事已完，不必过虑。"贾雨村也因此得到上司的赏识。

后人用"虚张声势"来表示本无实力，故意假造声势来吓唬人。

·扬眉吐气·

典出《与韩荆州书》。

而今君侯何惜阶前盈尺之地，不使白扬眉吐气，激昂青云耶？

这是唐代诗人李白为了让韩朝宗举荐他而给韩朝宗写的一封信中的一段话。大意是劝韩朝宗不要舍不得台阶前面一尺宽的地方，给李白一个官职，好让他扬眉吐气，振奋得意地步步高升。

后人用"扬眉吐气"的这个典故比喻摆脱了长期受压抑的境况，心情得到舒展，感到畅快高兴。

·怡然自得·

典出《列子·黄帝》。

黄帝既悟，怡然自得。

又见晋代陶潜《桃花源记》。

黄发垂髫，并怡然自乐。

晋朝孝武太元年间，武陵地方，有个打鱼的人。有一天，他顺着小溪捕鱼，忘了路程的远近，一直往前走，走进了一片桃花林。此处风景十分优美，为世上所罕见。渔人觉得奇怪，总想看看这座桃林到底有多远多宽。当他把桃林走完时，便发现山旁有一个洞，里面似乎还有光亮。他便走进洞去，初时道路狭窄，再走几十步，豁然开朗，简直是一片平原。平原上桃红柳绿，房舍俨然，男耕女织，怡然自得，人人过着自由幸福的生活。他们看见渔人进来，家家都设酒杀鸡，招待渔人。在言谈中，渔人才知道里面的人是他们的祖先为避秦代的祸乱，才逃进这个洞里来的。他们与世外隔绝多年，也不想再出去了。外面是个什么世道，他们也不知道。渔人在这洞中的平原里待了几天，受到各家各户的热情招待。当他辞别这些好客的主人们时，大家都告诉他："洞中情况，不要给外边的人说。"

渔人出来后沿着原来的路往回去，还处处做了标记。到武陵后，渔人就把这事告诉了太守。太守马上派人去找那个世外的桃源，找来找去，毫无结果。

后人用"怡然自得"形容高兴而满足的样子。

·于思于思·

典出《左传·宣公二年》。

宋城，华元为植，巡功。城者讴曰：其目，皤其腹，弃甲而复。于思于思，弃甲复来。

春秋时期，有一年郑国派军队攻打宋国，郑国统率军队的是公子归生。宋国派华元和乐吕率兵抵抗。出发之前，华元杀羊犒赏士卒，却单单忘记了替华元驾驭战车的羊斟。羊斟没吃着羊肉，非常恼怒，暗暗骂道："华元你等着吧，战场上见！"

郑军与宋军在大棘这个地方交战了。华元指挥军队向前攻击。为华元驾车的羊斟，狠劲儿地抽打马背，朝华元喊："统帅大人，前天吃羊肉是你做主，今天的战车可由我做主了！"他把战车赶到郑军阵中，结果华元被俘虏，郑军获得大胜。宋军的副统帅乐吕阵亡，尸首被郑军抢去，宋军损失了460辆战车，有250名士卒当了俘虏，战死的军士被郑军割去100只耳朵。宋国君主听说自己的军队统帅被郑国囚禁，便派使臣带着100辆兵车、400匹良马，与郑国谈判，要求赎回华元。礼物刚送去一半，华元自己逃了回来。羊斟看见华元回到宋国，吓得逃亡到鲁国去了。

不久，宋国修筑城墙，华元负责巡视工程。一天他来到工地，民工们看见华元，便唱起歌来：

"腆着大肚皮，你还瞪着眼，损兵折将、丢掉皮甲往回转，满腮胡子，胡子满腮，丢了皮甲逃回来！"

华元听了也不生气，他让侍从唱着回答：

"只要有牛就有皮，犀兕咱们多得是，丢了皮甲算什么！"

民工们哄笑起来，又有人唱道：

"就算你的牛皮多，没有红漆可奈何？"

华元说不过民工们，便吩咐侍从："我们走吧，他们人多嘴巴多，我只有一张嘴！"华元赶忙转到别处去。

成语"于思于思"就是由此而来，意思是胡子又多又长，后人用这句成语形容人的鬓须茂盛。思，这里同腮的意思。于思：鬓须盛貌。

成语"各自为政"也是由这里来的，原文载道："畴昔之羊，子为政；今日之事，我为政"。"各自为政"原意是各人按照自己的主张办事，谁也管不了谁，也比喻各行其是，谁也管不了谁。现在则用这个成语比喻各行其是，不顾全局。

·源源而来·

典出《孟子·万章上》。

虽然，欲常常而见之，故源源而来。

有一天，孟子的学生万章去问孟子道："象每天都想谋杀舜，舜做了天子却没有杀他，只是把他流放了，这是为什么？"孟子说："其实是封他于有庳，不过有人说是流放罢了。"万章听了并不满意，又问道："为什么有人说是流放呢？"孟子说："舜虽以有庳之地封他，但不让象在他的国土上为所欲为，所以另自派官吏去治理这个国家，因此有人说是流放。"万章继续问道："舜为什么要这样做呢？"孟子想了一想说："他们到底是弟兄，这是仁人的做法啊！舜想常常见到自己的弟弟，象自然也想见到舜，舜给他一块封地，象便可借朝贡而来，舜也可常常借故有政事而接待象。"万章听到这里，觉得没有什么可问的了，就辞别孟子而去。

后人用"源源而来"表示连续不断地到来。

·正襟危坐·

典出《史记·日者列传》。

宋忠、贾谊瞿然而悟，猎缨正襟危坐。

西汉时，有一个叫司马季子的人，通天文地理，见识极高。他游学长安，以卖卜为生。有一天，大夫宋忠和博士贾谊在一起谈论先王圣人之道术。贾谊说："我常听说，古之圣人，不在朝廷为官，必然在卜医者的行列中。现在朝廷中的三公九卿我们都见过了，不知卜者中是否还有能人。于是，他们二人便来到市井的卜肆中。当时，刚下过雨，肆上人很少，司马季子正由三四个弟子侍候着在那里谈天说地。宋忠和贾谊很恭敬地拜见了司马季子。司马季子请他们坐下之后，便滔滔不绝地讲了起来，语数千言，无不顺应天理。

宋忠和贾谊深为司马季子的博闻强记和表达才能所折服，二人揽其冠缨正其衣襟，恭敬严肃地说："看先生之状貌，听先生之言辞，实在是位了不起的人物，我们接触了许多知名人物，没有一个比得上先生的，你为何要身居卜肆干此卑贱之事呢？"司马季子听罢捧腹大笑，说："贤明的人是不和不肖之辈同流合污的。"

"正襟危坐"即正其衣襟端端正正地坐着。形容恭敬严肃的样子。

经济篇

·抱鸡养竹·

典出《古今潭概》。

唐新昌县令夏侯彪之，初下车，问里正曰："鸡卵一钱几颗？"曰："三颗。"彪之乃遗取十千钱，令买三万颗，谓里正曰："未便要，且寄鸡母抱之。遂成三万头鸡，经数月长成，令县吏与我卖，一鸡三十钱，半年之间，成三十万。"又问："竹笋一钱几茎？"曰："五茎。"又取十千钱付之，买到五万茎。谓里正曰："吾未须笋，且林中养之，至秋成竹，一茎十文，积成五十万。"

唐朝新昌县令夏侯彪之，刚到任，就向里正打问道："鸡蛋一钱几颗？"里正回答说："三颗。"县令便叫人取出一万钱，买三万颗鸡蛋，并对里正说："我现在不要这些鸡蛋，你可让孵卵的母鸡给孵化出来，就得三万只鸡，过几个月，等它们长大后，让县吏给我卖掉，一只鸡三十个钱，半年之内就是三十万钱。"

过了一会儿，县令又问里正："竹笋一钱几根？"里正回答说："五根。"于日又取出一万钱交给里正，让买五万根竹笋，并吩咐里正说："我现在不要笋，你就在林园里给我培育起来，到秋天长成竹，一根卖十钱，便可得五十万钱。"

"抱鸡养竹"的这个典故鞭挞那些贪官剥削劳动人民。

·不见可欲，使心不乱·

典出《老子》。

不见可欲，使心不乱。是以圣人之治也，虚其心腹，弱其志，强其胃，恒使民无知无欲也。

唐朝天宝年间，长安有一个士人名房德，生得伟岸身躯，家贫落魄，全仗着妻子贝氏纺织度日。贝氏小家子出身，器量窄，嘴像刀子一般锋利，因此房德怕她。这一日房德出门，忽地遇一阵风雨，房德衣衫破旧，长了一身寒栗子，只得奔到一座古寺中避雨。进去后见墙上画了一只禽鸟，翎毛、翅膀、足儿、尾儿件件都有，单单不画鸟头。房德心想："常闻人说：'画鸟先画头'，画法怎的不同？"乃向和尚借笔，把鸟头画出。刚画完，一个汉子便来邀他出门，直到乐游原旁一座房里，里面走出十四五个汉子，一起向房德拜伏在地，欢喜曰："我等乃江湖上豪杰，俱是一勇之夫，故此对天祷告，遣个足智多谋的人，画足鸟头，便让他做大哥。今天幸遇秀才这般魁伟，正是真命寨主了。"便奉上锦衣、新靴，宰猪杀羊，祭神摆席，不由房德推辞。古语云："不见可欲，使心不乱"，房德本是贫士，便想："如今贿赂公行，不知埋没多少高才，便依他们胡作一场，也落得半世快活。"酒后已是初更天气，便率众人去延平门外王家打劫。王家有抵国之富，防卫健儿有三十来人，加以庄子前后住庄客甚多，这伙人晦气撞在网里，终被打翻数人，房德亦在数内。是时县尉乃李勉，他见房德系初犯，且又系落魄秀才，怜其才貌，便嘱狱吏王太私下将其放脱。房德一径逃往范阳，投奔安禄山。安禄山久蓄叛志，见房德有才，竟放他做了柏乡县令。

李勉因放走房德，被参"渎职"，罢官为民。他原是个清官，居家二年贫困益甚，乃离家往河北访友，途经柏乡县恰遇房德。房德大喜，乃邀入县衙，并与贝氏商量怎样厚赠报恩。那贝氏道："今若报得薄了，他翻过脸来将旧事和盘托出，你性命难保。报得厚了，做下例子，时时来取索，稍不满欲，必然又揭旧案。自古有言：大恩不报。况且他口如不严，被人知你强盗出身，祸患无穷，不如差人将他刺死，永绝后患。"那房德原来就怕老婆，见她说得有理，便派人去刺杀李勉。

谁知这刺客竟是一个大侠士，访知李勉是个清官，又访知李勉义释房德的经过，今见房德反而恩将仇报，如何肯为他去刺杀李勉？于是反戈一击，杀了房德夫妻，飘然而去。

后人用"不见可欲，使心不乱"这个典故比喻看不见能够引起欲念的东西，心就不会乱。

·澄子亡缁衣·

典出《吕氏春秋·淫辞》。

宋有澄子者，亡缁衣，求之涂。见妇人衣缁衣，援而弗舍，欲取其衣，曰："今者我亡缁衣！"

妇人曰："公虽亡缁衣，此实吾所自为也。"

澄子曰："子不如速与我衣！昔吾所亡者纺缁也，今子之衣禅缁也。以禅缁当纺缁，子岂不得哉！"

宋国有个人名叫澄子，丢了一件黑衣服，到路上去找。看见一个妇人穿着一件黑衣服，便扯住不放，想扒下她的那件衣服来，说："刚才我丢了一件黑衣服！"

妇人说："先生虽然丢了黑衣服，可这件衣服是我自己做的呀。"

澄子说："你不如赶快把衣服给了我！原先我丢的是件夹衣，如今你这件是单衣，拿单衣当夹衣，你还不便宜吗？"

这则寓言是对淫辞诡辩之徒的讽刺。澄子横路认妇缁衣，计其禅与纺以为辩，理歪嘴硬，以非为是，正是所谓辩士的形象。

·醇酒妇人·

典出《史记·魏公子列传》。

公子自知再以毁废，乃谢病不朝，与宾客为长夜饮，饮醇酒，多近妇女。日夜为乐饮者四岁，竟病酒而卒。

战国时，魏国有一个叫魏无忌的人，他是魏安釐王的弟弟，因封于信陵（今河南宁陵），号信陵君。公元前260年，秦军在长平将赵国的40万士兵消灭以后，包围了赵国的都城邯郸。赵国向魏国求救，魏安釐王不愿派兵救援。魏无忌为了救赵，请魏王的宠姬窃得发兵的虎符，击杀了魏将晋鄙，夺得了兵权，挑选了8万精兵，帮助赵国打败了秦国。

魏公子虽然窃兵符救了赵国，但却因此得罪了魏安釐王。打败秦国以后，他把军队和兵符交给魏国的将军带回去，自己留在赵国，一待就是10年。秦国见此情形，便连连出兵伐魏。魏王害怕秦国的威势，使人请魏无忌回国。起初，魏无忌

醇酒妇人相伴

不肯，后经人劝说，才回到魏国。魏王把上将军印授给了魏无忌。各国诸侯听说魏无忌又回到魏国带兵了，纷纷发兵援助魏国，共同对付强秦。魏无忌联合五国击退了秦将蒙骜的进攻。从此，魏无忌更加名扬诸侯，威震天下。

秦国见此情景，很害怕，便使用了反间计，用重金收买了晋鄙的一些旧友，造了魏无忌不少谣，使魏王罢了魏无忌的兵权。魏无忌心灰意冷，从此便消沉起来，称病不上朝，与一些宾客日夜饮酒作乐，沉溺于酒色之中，4年以后，因酒色过度而死。

"醇酒妇人"这个成语原指沉溺于酒色，后常用于形容颓废腐化的生活。

·措大吃饭·

典出《东坡志林》

有二措大相与言志。一云："我平生不足，惟饭与睡耳。他日得志，当饱吃饭了便睡，睡了又吃饭。"一云："我则异于是。当吃了又吃，何暇复睡耶！"

有两个穷酸秀才，相互谈论着自己的雄心大志。

一个说："我这一辈子都不富足，只想吃饱了饭、睡足了觉就罢了。将来，有朝一日得志，我定要吃饱了饭便睡觉，睡足了觉又吃饭。"

另一个说："我却和你不一样。我必定要吃饱了再吃，哪里有闲工夫去睡觉呀！"

后人用这则寓言说明人各有志，但有崇高远大和目光短浅之分。这两个穷酸秀才的"雄才大志"，不过是吃饱了便睡，或者吃饱了再吃——满脑子自私享乐，全没有一点儿济世救民的意愿，反映了当时一些寄生腐儒的丑恶本性。

·盗玉大夫·

典出《尹文子·大道上》

魏田父有耕于野者，得宝玉径尺，弗知其玉也，以告邻人，邻人阴欲图之，谓之曰："此怪石也，畜之弗利其家，弗如复之。"田父虽疑，犹录以归，置于庑下，其夜玉明，光照一室。

田父称家大怖，复以告邻人。曰："此怪之征，遄弃殃可销。"于是遽而弃于远野。邻人无何盗之，以献魏王。魏王召玉工相之，玉工望之再拜而立："敢贺王得此天下之宝，臣未尝见。"王问其价，玉工曰："此无价以当之，五城之都，仅可一观。"魏王立赐献玉者千金，长食上大夫禄。

魏国有个老农在郊外耕田，无意间掘得一块一尺见方的玉石。他不知是玉，就去问邻居。邻居一见，心起歹意，想弄到手。于是，对他说："这是一块怪石，保存它对全家不利，不如扔回去。"

老农听了，心中虽有疑虑，但还是把它抱回家里，放在廊下。当天夜晚，宝石大放光明，满屋生辉。农夫一家，非常害怕，又去告诉邻居。

奸诈的邻居故意恐吓说："这就是怪异的征兆啊！赶快把它扔掉，还可以消灾免祸。"于是，老农立即把宝玉扔到很远的野外去了。

那个邻人一会儿就把宝玉偷了回来，献给了魏王。魏王召来玉工检验。玉工一见，急忙向魏王叩头，表示祝贺，说："恭喜大王获得天下稀有的珍宝！这样名贵的玉石，我还从未见过

精美玉饰　西周

呢！”

魏王忙问宝玉的价值，玉工回答道："这是无价之宝，不能用金钱估量。即使以 5 个城为代价，也只能看一眼而已。"魏王听了大喜，立即赏赐献玉的那个人一千金子，永远享受上大夫的俸禄。

后人用"盗玉大夫"这个典故讽刺那些不择手段地把别人的财宝据为己有、并转手牟取暴利的人。

·得人遗契·

典出《列子·说符》。

宋人有游于道，得人遗契者。归而藏之，密数其齿。告邻人曰："吾富可待矣！"

宋国有个人，外出路上，拾到一张别人遗弃的废契据，十分高兴。他急急忙忙跑回家去，把它藏了起来，并悄悄屈指数算契据的期限，很得意地告诉邻居说："我发财的日子快到了。"

后人用"得人遗契"的这个典故讽刺那些把赌注全下在不切实际的主观幻想上，企图不劳而获、坐享其成的人。

·钓鳏鱼·

典出《孔丛子·抗志》。

子思居卫，卫人钓于河，得鳏鱼焉，其大盈车。子思问之曰："鳏鱼，鱼之难得者也。子果何得之？"对曰："吾始下钓，垂一鲂之饵，过而弗视也；更以豚之半体，则吞之矣。"子思喟然叹曰："鳏虽难得，贪以死饵；士虽怀道，贪以死禄矣。"

子思居住在卫国。卫国人在黄河钓鱼，得了一条大鱼，大得可以装满一辆车。子思问钓鱼的人说："鳏鱼是很难得的鱼。您到底是怎么钓到的呢？"钓鱼人回答说："我开始下钓，只垂下一只鳊鱼的诱饵，那鱼经过那里连看都不看一眼；我换上猪肉做的钓饵，那鱼就来吞钓了。"

子思听了，长叹了一声说："鳏鱼虽然难钓，却因为贪吃钓饵而死亡；有些读书人虽然胸怀大志，却因为贪图俸禄而身败名裂。"

这个故事告诫人们不能贪图享受。

·东壁余辉·

典出《列女传》。

传说齐国东海地方有一个女子，名叫徐吾，她的家境非常贫寒。每天夜里，她与邻女们聚在一间大屋子里纺线绩麻，而照明的蜡烛则由每个女子由家里带来。

徐吾因为穷，所以她带来的蜡烛最少。有一个姓李的女子很不高兴，便对其他人说："徐吾带的蜡烛不够，以后不要她来和我们一起干活了。"

徐吾听了此话，颇感不平，她分辩道："你怎么能这样说呢？大家都看得到，我每天来得最早，休息得最迟。天天打扫好房间铺好席子等你们来。坐的时候也自觉地坐在下面。这都是因为我穷，自知带的蜡烛太少。何况，同一间屋子内，多我一个人，烛光不会暗淡一点儿；少我一个人，烛光也不会明亮一些，而我只需借着照在东墙上的余光，就可以每天干自己的活。请你们不要吝惜那一点儿余光，让我蒙受大家的同情与恩惠吧。"

见徐吾说得很有道理，而且她也的确让人同情，其他女子都不再有异议，李女也无话可说了。从此，徐吾仍天天与邻女们在一起纺线绩麻，也不再有人因为她带的蜡烛少而说三道四了。

后人用"东壁余辉"的典故形容希望沾点儿别人的光，使自己得到帮助和照应。

·东海黄公·

典出《郁离子》。

安期生得道于之罘山。持赤刀以役虎，左右指使进退如役小儿。东海黄公见而慕之。谓其神灵之在刀焉，窃而佩之。行遇虎于路，出刀以格之。弗胜，为虎所食。

安期生在之罘山得道成仙了。他拿着一把红色的刀能够驱使老虎。他用刀左右指挥，要老虎进就进，退就退，好像使唤小孩子一般。东海有个黄公，看到这种情况很羡慕。他以为安期生的神妙本领就在刀上，于是将刀偷来佩带在身上。不久，在路上碰到老虎，黄公拿出刀来与虎搏斗。那刀一点儿也不灵。斗不过老虎，黄公就被老虎吃掉了。

这则寓言是改造汉代杂戏"东海黄公"而写成的，原义是讽刺妄求非分的人。

·囤积居奇·

典出《史记·吕不韦列传》。

战国时候，卫国濮阳（今属河南）有个商人叫吕不韦，来往于各国。当他到了赵国都城邯郸时，得知秦国昭襄王的孙子异人正在赵国做人质，被羁留在丛台，而且穷困潦倒。吕不韦便根据他平时做生意赚钱的思想，想把异人当作一件奇特的货物积囤起来，好借机发个大财。于是，他回家后问他父亲："耕田的利益有几倍？"他父亲回答说："10倍。"他又问："如果扶助一个人当上国君，掌握天下的土地山河，这种利益有几倍呢？"他父亲笑道："怎能得一个人把他扶助做国君呢？若能这样，利益便有千千万万倍，无法估计。"于是，吕不韦便拿出钱来结交了监守异人的赵国大夫公孙干，由公孙干介绍认识了异人，并且私下对异人说，他准备拿出一千金子到秦国劝说秦太子和太子最宠爱的妃子华阳夫人，想法把异人弄回秦国去。异人听了当然求之不得。

不久，吕不韦的计谋果然成功，异人逃回秦国，华阳夫人认他做嗣子，太子安国君叫他改名为子楚。后来，秦昭襄王和太子安国君相继死去，子楚便继位，称庄襄王，拜吕不韦为相，封为文信侯。

后人用"囤积居奇"或"奇货可居"比喻把某种货物或所擅长的学识、技能暂时隐藏起来，等待好的价钱或机会。

·夫妻争度金·

典出《迁仙别记》。

里中有富家行聘，盛筐筐而过公门者。公夫妇并观之，相谓曰："吾与尔试度其币金几何？"妇曰："可二百金。"公曰："有五百。"妇谓必无，公谓必有。争执至久，遂相詈殴。

妇曰："吾不耐尔，竟作三百金何如？"公犹诟谇不已，邻人共来劝解。公曰："尚有二百金未明白，可是细事？"

乡里有一富户举行订婚礼，竹筐里盛满礼金走过迁公的大门。迁公夫妇一同看见了，互相说道："猜一猜这筐里的钱币有多少。"

妻子说："大约有二百金。"迁公说："我看有五百。"妻子说绝对没有那么多，迁公说必定有。争执很久不下，就互相打骂起来。

妻子说："算啦，算啦！我也没有耐心了，最终做三百金怎么样？"

迁公还是责骂不止，邻人们都来劝解。迁公说："还有二百金没弄明白呢，这是小事吗？"

后人用这则寓言说明人和人相处时，在一些非原则的小事上就应该糊涂一点儿，这样才能求同存异、和睦相处。如果事无巨细都要辩个是非，那就像迁公一样，日子是一天也过不下去的。

·和璧隋珠·

典出《韩非子·和氏》和《淮南子·览冥训》。

春秋时期，楚国有个叫卞和的人，他在山里偶然发现一块璞玉，心中十分欢喜，马上去奉献给楚厉王。楚厉王见到送来的璞玉很高兴，便找来玉匠，让他们辨认一下是什么样的玉。玉匠看过了，摇摇头说："大王，这不是什么玉，而是一块普普通通的石头！"楚厉王听说卞和送来的是一块石头，心中十分恼火，气急败坏地说："你竟敢诓骗我，真是好大的胆子！"于是他命令将卞和的左脚用刀砍去。

事隔不久，楚厉王死了，楚武王即了位。卞和捧着那块璞玉来见武王。楚武王接过璞玉，又请玉匠来看，玉匠还说是石头。于是楚武王命令将卞和的右脚砍下。

后来，楚武王又死了，楚文王即了位。卞和听到了这个消息，就抱着那块璞玉，在荆山脚下号啕大哭，一直哭了三天三夜。他哭得非常悲切，眼泪哭干了，眼睛里淌出了血。这件事很快便传到楚文王的耳朵里，文王觉得很奇怪，

玉璧　春秋

就派人去问个究竟。派去的官员找到了卞和，问他："你为啥哭呀？天底下像你这样被砍去双脚的人不是很多吗，为什么偏偏你这样悲痛呢？"卞和止住哭声，悲伤地说："我并不是因为失去了双脚而悲痛，我悲痛的是，奉献给大王的璞玉，明明是一块宝玉，却被人当成石头；我对大王是一片真心实意，却被人家说成是骗子。这是让我悲痛的事呵！"

官员把这件事情告诉了楚文王，文王就将卞和请进宫中，又找来玉匠把那块璞玉进行加工，果然得到了世间罕见的美玉，就给它起了个名字，称作"和氏璧"。从此以后，和氏璧便成了极其名贵的珍宝。

"隋珠"也是一件宝物。传说古时候有个"汉东之国"，国内有个姓姬的诸侯，叫"隋侯"。有一天，隋侯在路上遇见一条大蛇，这条大蛇受了重伤，半截身子都快要折断了。隋侯很同情它，就回家取来药，给蛇敷在伤处，又用布带为它包扎好，蛇便钻进树丛离去了。

　　过了好些天以后，有一次隋侯在江边搭船，忽然一条大蛇从江中浮起，昂着头向他游过来。隋侯吓得惊慌失措，魂不附体。可是那条蛇却没有伤害他，反倒从嘴里吐出一颗硕大的珍珠。这时隋侯定神一看，才看清楚这条蛇正是从前他救过的那条受伤的大蛇。他心里顿时明白了："啊，原来这是蛇从江中衔了一颗珍珠送给我，报答我的救命之恩呀！"于是他高兴地接过那颗珍珠。后来，人们便把这颗神奇的珍珠，称作"隋珠"。

　　由于"和氏璧"与"隋珠"都是世上稀有的宝贝，所以后来人们便用成语"和璧隋珠"比喻那些极其贵重的珍宝。

·患得患失·

典出《论语·阳货》。

　　其未得之也，患得之。既得之，患失之。苟患失之，无所不至矣。

　　有一次，孔子在批评一些品德恶劣的人时说："难道可以和这些品德恶劣的人一起侍奉君主吗？这些人在没有得到（官位）时，总担心得不到。既得到了（官位），又担心失掉。一个人假如担心失掉（官位），那就会无论什么事情都做得出来。"后人用"患得患失"形容老是考虑个人得失。

·济阴贾人·

典出《郁离子》。

济阴之贾人渡河而亡其舟，栖于浮苴之上号焉。有渔者以舟往救之，未至，贾人急号曰："我济上之巨室也，能救我，予尔百金。"渔者载而升诸陆，则予十金。渔者曰："向许百金，而今予十金，无乃不可乎？"贾人勃然作色，曰："若渔者也，一日之获几何？而骤得十金，犹为不足乎？"渔者默然而退。他日，贾人浮吕梁而下舟，薄于石，又覆，而渔者在焉。人曰："盍救诸？"渔者曰："是许金而不酬者也。"舣而观之，遂没。

济阴有个商人，渡黄河时翻了船，爬在漂浮的柴草上呼喊救命。有个渔夫划船去救他，还没有到跟前，商人着急地喊道："我是济水一带的大富豪，如能救我，就给你一百金。"渔夫用船把商人运到陆地上，商人却只给十金。渔夫说："刚才你答应给百金，现在只给十金，恐怕不合适吧？"商人勃然发怒，说："你是个打鱼的，一天的收获能有多少呢？而今一下子得到十金，还不满足吗？"渔夫默默地走了。

又有一天，这个商人乘船从吕梁而下，碰到礁石，又翻了船，当时渔夫也在那里。有人对渔夫说："为什么不救他呢？"渔夫说："这是那个答应了金子而不如数酬报的人。"渔夫把船靠在岸边观看，于是商人就沉下去了。这篇寓言鞭挞那些出尔反尔、言而无信、奸诈狡猾的人。

·俭啬老人·

典出《笑林广记》。

汉世有人，年老无子；家富，性俭啬，恶衣蔬食。侵晨而起，侵夜而息，营理产业，聚敛无厌，而不敢自用。或人从这求丐者，不得已而入内取钱十，自堂而出，随步辄减；比至于外，才余半在，闭目以授乞者。寻复嘱云："我倾家赡君，慎勿他说，复相效而来。"

老人俄死，田宅没官，货财充于内帑矣。

汉代有一个老头儿，没有子女，家里很富裕。他性格吝啬。穿粗衣，吃小菜；清早就起床，深夜才休息，忙忙碌碌地经营家业，多方积累钱财，不知满足。他自己从不花费一文。有时，别人向他借点儿钱，他不得已才走进房中取上 10 枚钱，从堂室中慢慢出来，走几步就减掉 1 枚钱。等走到门外才剩了一半。他心疼得紧闭双眼，把钱交给别人。过了一会儿，又再叮嘱说："我把全部家业拿来帮助你了，切莫告诉别人，免得他们又像你一样到这里来啊。"

老头儿不久便死了。因为没有继承人，他的田土、住宅都被官府没收了，他积累的钱财也进了国库。

这个故事说明：爱财如命，不肯周济别人，是可笑可悲的；但如以"得行乐时且行乐"的观点讥笑别人的勤俭，那也不对。

·竭池求珠·

典出《吕氏春秋·孝行览·必己》。

宋桓司马有宝珠，抵罪出亡，王使人问珠之所在。曰："投之池中。"于是竭池而求之，无得，鱼死焉。

宋国的司马桓有一颗宝珠，他犯了罪而逃亡在外，宋王派人去询问宝珠藏在什么地方。他说："扔到池子里去了。"

宋王于是把池水淘干了去找宝珠，宝珠没有找见，却把池子里的鱼全给弄死了。

后人用"竭池求珠"比喻贪得无厌、财迷心窍的人，往往干出愚不可及的蠢事，给自己招来损失。

竭池求珠

·近水楼台·

典出《清夜录》。

范文正公镇钱塘，兵官皆被荐，独巡检苏麟不见录，乃献诗云："近水楼台先得月，向阳花木易为春。"公即荐之。

范仲淹，字希文。他的性情很刚直，而态度却非常温和。在他还是秀才时，就把为国为民当成自己的责任。为官之后，范仲淹曾经说过"先天下之忧而忧，后天下之乐而乐"这两句话，自宋迄今，广被流传。他后来考取进士，在宋仁宗赵祯朝担任过吏部员外郎，又做过杭州知州。当他在杭州做知州的时候，城里面有许多官兵僚属都得到了他的推荐信，调到了自己理想的职务。当时有一个叫苏麟的人，正在杭州所属的外县做巡察，没有被他注意。苏麟有一天跑到他办公的地方，送给他一首诗。其中有两句是："近水楼台先得月，向阳花木易为春。"范仲淹看到这诗句后，不禁笑了一阵，也就按照他的愿望，替他写了一封介绍信。

原来苏麟那句诗的意思是：靠近水边的楼台，因映出月亮的反影。即使抬头望不到月亮，也可从水面见到月的倒影；春天的花木必是欣欣向荣，而那些对着阳光的花木，更是能先茁壮成长开花。换句话说，便是因接近而能先得到东西或利益。

以后的人，就引用"近水楼台"或"近水楼台先得月"来比喻由于人事、环境与职务上的便利，而先得到别人所得不到的东西或其他利益。

·静坐有益·

典出《笑禅录》。

举：《楞严经》云："纵灭一切见闻觉知，内守幽闲，犹为法尘分别影事。"说：一禅师教一斋公屏息万缘，闭目静坐。偶一夜，坐至五更，陡然想起某日某人借了一斗大麦未还，遂唤醒斋婆曰："果然禅师教我静坐有益，几乎被某人骗了一斗大麦！"

颂曰："兀坐静思陈麦帐，何曾讨得自如如；若知诸相原非相。应物如同井辘轳。"

一位禅师教一位吃斋的人屏住呼吸、闭眼静坐的要诀。有一天晚上，斋人坐到五更天，突然想起某天某人借了一斗大麦还没有还，就叫醒他老婆说："禅师教我静坐的法子真是有好处，差一点儿让人骗走了一斗大麦！"

·九头鸟·

典出《郁离子·省敌篇》。

孽摇之虚有鸟焉，一身而九头。得食，则八头皆争，呀然而相衔，洒血飞毛，食不得入咽，而九头皆伤。海凫观而笑之，曰："而胡不思九口之食同归于一腹乎？而奚其争也？"

孽摇山有一种鸟，一个身躯有九个脑袋。得到食物，九个头都争着啄食。呀呀地互相争吵，互相抗拒，甚至啄得身体出血，羽毛乱飞。饮食吃不进咽喉，反而九个脑袋都受了伤。海中的水鸟看到这种情形，笑它们说："你们为什么不想想九张口吃进去的食物都到一个肚子里去了呢？为什么要争夺啊？"

这个故事告诉人们看问题要全面、深入分析，不能只看表面现象或一时之利。

·开源节流·

典出《荀子·富国》。

故明主必谨养其和，节其流，开其源，而时斟酌焉。

《富国》是阐述荀况经济思想的一篇重要著作。文章以富国之道为中心，提出了许多重要的经济思想和经济政策。荀况指出：若要国家富强，朝廷就要爱护百姓，使老百姓安居乐业，并积极参加生产。只有这样，才能增加积累，充实国库，使国家富强起来。荀况说田野与农村是财的本，官府的货仓和粮仓是财的末。百姓得到好的天时，耕作又适时，这是财货的源，按照等级征收的赋税纳入国库这是财的流。所以，贤明的君主必须谨慎地顺应时节的变化，开源节流，时时慎重地考虑这些问题。

根据荀况的这些论述，人们引申出了"开源节流"这个成语，比喻经济上增加收入，节省开支。

·李鬼劫路·

典出《水浒传》。

黑旋风李逵回沂水县接母亲上梁山泊。

因沿途官府有榜文缉捉，他只得起早赶路，正走之间，来到一座大树林里。只见林中转过一条大汉，喝喊："知趣的留下买路钱！"李逵看那人黑墨搽脸，手拿两把板斧，便问："你是什么人，敢在这里拦路抢劫？"那大汉说："若问我名字，吓碎你心胆，老爷叫作黑旋风！你留下买路钱，便饶了你性命，让你过去。"

李逵一听，大笑说："你这家伙是哪里来的，也学老爷名字，在这里胡行！"说着，挺起朴刀直奔那汉子，只一朴刀就把那汉搠翻在地，一脚踏住胸脯，说出自己正是梁山上的好汉黑旋风李逵。那大汉听了，连忙求饶说："小人叫李鬼，不是真的黑旋风。因为爷爷在江湖上有名声，提起好汉大名，神鬼也怕，因此盗学爷爷大名，在此抢劫。"李逵大怒道："你在这里夺人的包裹行李，坏我的

水浒人物之黑旋风
李逵像 清

名声，岂能饶你！"说着，夺过板斧，要砍死他。李鬼欺骗说家中有个九十岁的老母亲，无人赡养，乞求饶命。李逵听了，饶了他性命，给了十两银子做本钱，劝他改业养娘。

后来，李逵在一家酒店里，发现李鬼撒谎，还同妍妇合谋要害他，感到情理难容，捉住李鬼，结果了他的性命。

"李鬼劫路"，比喻用欺骗手段，盗取别人名誉，去干坏事。

·麻雀请宴·

典出《笑得好》。

麻雀一日请翠鸟、大鹰饮宴。雀对翠鸟曰："你穿这样好鲜明衣服的，自然要请在上席坐。"对鹰曰："你虽然大些，却穿这样坏衣服，只好屈你在下席坐。"鹰怒曰："你这小人奴才，如何这样势利？"雀曰："世上哪一个不知道我是心眼小、眼眶浅的么！"

一天，麻雀请翠鸟、大鹰吃饭。麻雀对翠鸟说："你穿得这么艳丽，当然要坐在上席。"又对大鹰说："你虽然个头很大，但穿得这么破旧，只好屈居下席了。"大鹰气愤地说："你这个小人，竟然如此势利？"麻雀说："世界上谁不知道我心眼小，眼眶浅啊！"

后人用这则寓言说明作者篇末评说："敬衣不敬人，遍地皆是，可见都是麻雀变来的。"

寓言除揭露了这种敬衣不敬人的势利眼，还特别指出这些小人的奴才的本质特征——心眼小、眼眶浅。

·梦布染色·

典出《笑禅录》。

《圆觉径》云："此无明者非实有体，如梦中人梦时非无，及至于醒，了无所得。"说：一痴人梦拾得白布一匹，紧紧持定，天明，即蓬头走往染匠家，呼云："我有匹布做颜色！"匠曰："拿布来看。"痴人惊曰："啐！错了，是我昨夜梦见在。"颂曰：这个人痴不当痴，有人梦布便缝衣，更嗔布恶思罗绮，问是梦么答曰非。

把梦中的事当成现实，极深刻地揭露了痴人的贪心。梦是人们心理活动的一种反映，人们对某一事物朝思暮想，就在梦中相见。痴人梦见捡到白布，醒来还想抱布去染店染色，在贪心这一点上，痴人不痴也。

·莫砍虎皮·

典出《笑得好》。

一人被虎衔去，其子要救父，因拿刀赶去杀虎。这人在虎口里高喊说："我的儿，我的儿！你要砍，只砍虎脚，不可砍坏了虎皮，才卖得银子多！"

一个人被老虎叼走，他的儿子要去救他，就拿起刀赶去杀虎。那个人在老虎嘴里大声喊道："我的孩子，你要砍，只能砍脚，不要砍坏了虎皮，那可以卖很多银子呢！"

后人用这则寓言说明作者在篇末"评列"中点明的道理："死在顷刻，尚顾银子，世人每多如此，但不自知耳！""不自知"的原因，在于私有欲蒙蔽了眼睛。世界上一切事物，只要到了其人眼下，就被确认是他的私有财产了，哪怕是正在吞食他的老虎也不例外。

·牧竖拾金·

典出《贤弈编》。

有牧竖子，敝衣蓬跣，日驱牛羊牧冈间，时时扼嗌而歌，意自适也，而牧职亦举。一日，拾遗金一铢，纳衣领中。自是歌声渐歇，牛羊亦时散逸不扰矣。

有一个牧童，破衣烂衫，蓬头赤足，每天赶着牛羊群到山冈郊野中去放牧，常常放开喉咙唱歌，他的思想自由自在，放牧的任务也完成得不错。

有一天，牧童拾到了一铢钱，装在衣领中。从此以后，他的歌声逐渐消失了，牛羊也时常四面逃散，不顺从他的驯养了。

后人用这则寓言说明心中无私，便能"意自适"、"职亦举"。当牧童放牧放声高歌时，是由于他无忧无虑、心情坦然，而能享尽人生旷达的乐趣。而一旦私心内生，偶然拾钱一铢，即整天患得患失，六神无主，这不仅使他欢乐尽消，连牛羊也不再听他的话了。可见私有欲是坑害人性的本原。

·牛联宗·

典出《笑林广记》。

牛郎以金钱万缗，载牛背，送到斗牛官交纳。牛忽逃逸下界，自顾形秽，不堪露俗；因思背上物颇多，不难连宗华族，夸耀乡里。遂往东海谒麒麟，告以意。麟曰："予之角，予之趾，公子公族，岂汝触墙蠢物能混我公类乎？"叱之去。又诣西域青狮子，未及通谒，狮见其状丑劣不堪，大声一吼，遗臭满地，逃之荒野，无所适从。忽忆芦上长耳公，有同车之谊，往求之。长耳公曰："南山有金钱豹者，虽托名雾隐，却广交游，仆愿为介。"

遂同诣南山。长耳公见金钱豹，道牛之诚，称牛之可。豹初拒之，继见其背上物，笑曰："相君之背，尚可联宗。且我家所以称豹变者，亦因在背上有金钱文耳，若虽无文，尚可以人力为之。"取其金钱，分皮上毛，编成文芒，

五牛图（局部）

异色斑斓，金光闪烁，迥异常牛；与资郎纳官捐职，顿换头衔者无异焉。长耳公熟视笑曰："一破悭囊，便成俊物，即介葛卢来，亦闻声莫辩矣！"遂别去。豹自此引为同谱，而牛亦掉尾自雄。未匝旬，金钱尽脱，皮毛如旧。豹怒曰："如此丑态，玷我华宗！"喧逐之。牛狂窜无措，仍投斗牛宫来，牛郎以鞭捶其背，诘其金钱何在？牛具以告。牛郎曰："蠢哉畜类！若辈所愿与汝联宗者，缘汝有金钱耳！一旦钱尽，岂肯引泥涂中物为祖若父子之异子孙哉？"索其鼻，系诸牢后，人遂以"牢"名之。

牛郎用一万缗金钱，驮在牛背上，送斗牛宫去交纳。牛突然逃跑到下界，看着自己的相貌很污秽，对庸俗秉性颇感难堪，想到背上驮着的金钱多，跟豪门贵族之家联宗是不困难的，也可借此夸耀乡里。就去东海求见麒麟，把自己的想法告诉它。麒麟说："我的角，我的足，都和诸侯同族，难道能让你这样一头碰墙的笨蛋和我这公族相混同吗？"就把牛呵斥跑了。

牛又到西域去见青狮子。还没等通报进见，狮子见它奇形怪状，难以容忍，就大吼一声，吓得牛拉了满地臭屎，逃到荒野里去，不知道怎么办才好。

牛忽然想起住在芦上的长耳公，过去曾有共同拉车的交情，就去求它。长耳公说："南山有一头金钱豹，虽然名义上托作隐士，但交游甚广，我愿替你作介绍。"就一同去南山。长耳公看见了金钱豹，拼命说牛的诚意，夸牛的好处。豹子开始拒绝，后来看见牛背上驮的金钱，就笑着说："看见你的背，还可联宗。而且我家之所以称为豹变的，也是因为背上有金钱花纹呀！你虽没有花纹，还可用人力去创造嘛！"取下牛背上的金钱，分开皮上的毛，用钱编成光彩的花纹，五色灿烂，金光闪耀，简直是异乎寻常的牛了；这与富有人出钱捐官、顿时换了头衔并没有什么两样。长耳公注目细看，笑着说："一破钱口袋，就成了俊美的动物，即使请介葛卢来，也辨认不清了！"说罢就辞别而去。

从此以后，豹子便把牛引作同宗同谱，而牛也摇摆着尾巴自鸣得意。但是，没过几天，牛身上的金钱全都脱落了，皮毛仍旧像从前一样。豹子大怒道："像这种丑恶的形态，玷污了我家的华宗！"立即把牛叱逐出去了。

牛极度困惑而束手无策，仍然回到斗牛宫来。牛郎用鞭子抽打它的背，质询那些金钱弄到哪里去了。牛就原原本本地禀告了一遍。牛郎骂道："你这畜生多蠢呀！豹子之所以愿意和你联宗，是因为你有金钱罢了！一旦钱用尽了，它岂肯引你这生长在泥涂中的动物做它祖宗的不肖子呢？"

牛郎用绳子穿了牛的鼻子，把它拴在牢后头，于是人们就用"牢"称呼牛了。

后人用这则寓言说明金钱能"联宗华族"，也能害牛"金钱尽脱，皮毛如旧"。有钱则生，无钱则死，这原是旧社会的家常便饭。但是，金钱也并不是万能的，如牛遇到的麒麟、狮子这类有骨气的动物，它们坚守节操、理直气壮，根本没把牛背上的万缕金钱看在眼里，令人尊敬。而如伪装隐居的金钱豹，却见钱眼长，数典忘祖，甘愿与牛联宗同谱，灵魂何等卑鄙！至于牛之"金钱尽脱"、"仍投斗牛宫来"，并甘愿被牛郎"以鞭捶其背"、"索其鼻，系诸牢后"，这是它应受的惩罚。

寓言尖刻地嘲讽了那些被铜臭染污了灵魂的人。另外，名门世家瞧不起富商巨贾的暴发户，不屑与之联宗，是封建社会后期常有的现象，这故事似乎曲折地反映了这样一种意识。

·牛尾狸·

典出《燕书》。

赵山之中……牛尾狸亦产焉。狸与肉间错，味旨甚。当林实秋肥，狸里饫之，其毛泽泽。狸自料为人所忌，穴山为宫，树石为棚，聚箨为墉，昼伏夜动，无隙可寻。老猎师嗾犬踪迹之，毁棚坏墉，而烟其宫。狸不能烟也，闭目冒火出，犬随毙之。

在赵山里，有一种牛尾狸。狸子的脂肪和肉交错相间，味甚甘美。当群树的果实在秋天成熟得肥美了，狸子吃得饱饱的，它的羽毛光滑润泽，非常好看。狸子自己料想会被人们所忌妒，便寻找一个山洞为屋，竖起石头搭成棚子，聚敛一些竹叶堵在洞口做垣墙，白天埋伏在窝里，黑夜出来寻找食物，让人们无隙可寻。

有一个经验丰富的老猎师，他让猎狗按照狸子的脚印追踪跟来，捣毁了它的棚子，踏坏了它的垣墙，点起火来用烟熏它的窝。狸抵不住烟呛，闭起眼睛冒着火苗冲了出去，猎狗便跟在后面把它咬死了。

后人用这则寓言说明这样一个道理：狸子无罪而见祸，是由于它的"与肉间错，味旨甚"；还由于它的羽毛泽泽，并且"为人所忌"。作者说："匹夫无罪，怀璧其罪"；"人以为无辜，殊不知从己召也"。

·狙公养狙·

典出《列子·黄帝》。

宋有狙公者，爱狙，养之成群。能解狙之意，狙亦得公之心。损其家口，充狙之欲。俄而匮焉，将限其食。恐众狙之不驯于己也，先诳之曰："与若芋，朝三而暮四，足乎？"众狙皆起而怒。

俄而曰："与若芋，朝四而暮三，足乎？"众狙皆伏而喜。

宋国有个养猴子的老人，喜爱猴子，养了一大群。他能理解猴子的意思，

众狙皆悦

猴子也很顺狙公的心意。狙公设法减省家人的口粮，以满足猴子的要求。

没多久，家里的口粮短缺了，准备限制猴子的食粮。他害怕猴子不顺从自己，便先欺骗它们说："给你们橡子吃，早上三颗，晚上四颗，够吗？"猴子们听了嫌少，纷纷跳起来，非常恼怒。

过了一会儿，狙公又改口说："以后给你们橡子，早上四颗，晚上三颗，这够吃了吗？"猴子们听了，都俯伏在地上，十分高兴。

"狙公养狙"一方面说明猴子的愚蠢，心目中有偏见，往往使自己受骗，另一方面也反映了狙公的诡计多端。

·取之不尽，用之不竭·

典出《前赤壁赋》。

惟江上之清风与山间之明月，耳得之而为声，目遇之而成色，取之无禁，用之不竭。

《前赤壁赋》是宋代文学家苏轼被贬到黄州以后写的一篇文辞华美的赋。苏轼在这篇赋的第四自然段中写道："流逝的一切如同这江水一样，然而它又没有因流去而消失，始终还是一江的水；圆缺的东西好像月亮一样，然而它并没有减少或增长，始终还是一轮月亮。如果从变的一面来看，天地不到一转眼的工夫就完了；如果从不变的一面来看，万物和我都没有穷尽。然而这又有什么值得羡慕的呢？况且天地中间，万物各有各的主人，如果不是我所有的，就是一根毫毛也不拿取。

赤壁图

只有江上的清风和山间的明月，耳听风成为声音，眼看明月成为景色，拿取这个没有止境，使用这个不会枯竭。这虽然是造物者的无穷无尽的宝藏，但也是我和您所共有的。"

后人将"取之无禁，用之不竭"的这个典故引申为"取之不尽，用之不竭"，比喻非常丰富，取不完，用不尽。

·三虱相讼·

典出《韩非子》。

三虱相与讼。一虱过之，曰："讼者奚说？"三虱曰："争肥饶之地。"一虱曰："若亦不患腊之至而茅之躁耳，若又奚患？"于是乃相与聚嘬其身而食之。

一天，三只虱子在一头肥猪身上，相互争吵起来。这时，另外一只虱子经过这里，见它们争吵不休，便问道："你们为什么争吵呢？"

三虱回答说："为了争夺猪身上最肥美的地方。"

那只虱子听了，说："你们难道不忧虑腊祭的时日即将来临吗？到时候，茅草一烧，这头猪便要被杀掉煮熟成为祭品，你们不趁机吮吸它的鲜血，还争吵什么呢？"

虱子们一听，恍然大悟。于是，停止争吵，挤在一起拼命吮吸着猪血。

寓意是告诫人们不要因为争夺眼前的小利，而忘掉了维护共同的根本利益。

·虱处中，以为吉宅·

典出《晋书·阮籍传》。

汝君子之处寰区之内，亦何异夫，虱之处中！

有一群虱子，寄居在人的裤子里，它们藏身在棉絮中，躲在裤子的线缝里，饿了爬出来，吃人的血，自认这是个安全的住宅。它们行动不离衣缝，更不敢离开这条裤子，自以为行为很合规矩。它们一生一世，不知道有更广阔的天地，更不知道，外界和这条裤子是有关联的。有一天，发了大火灾，整个城市烧毁了，虱子处在裤中，即不知道火灾的征兆，当然也逃不掉灭亡的命运。

阮籍认为：人处在一个城市里，大而言之，处在一个国家中，见识的浅陋，是和处在裤中的虱子一样的。

后人用"虱处中，以为吉宅"这个谚语比喻人们见识的狭隘，不知祸患。

·豕虱濡需·

典出《庄子·徐无思》。

濡需者，豕虱是也。择疏鬣自以为广宫大囿，奎蹄曲隈，乳间股脚，自以为安室利处，不知屠者之一旦鼓臂布草操烟火，而己与豕俱焦也。

有种苟且偷安的东西，就是寄生在猪身上的那些虱子。

它们选择在粗疏的毛鬣之间回旋，自以为占据的是帝王宽广的宫廷和园林，扬扬自得；拥挤在股胯蹄脚和乳房之间曲深隐蔽的地方，还以为得天独厚地生活在宁静富饶的乐园。

却不知，一旦屠夫到来，动手屠宰，点火燎毛，自己将和猪一起同归于尽。

"豕虱濡需"这个典故告诉人们，那些在个人小天地里苟且偷生、自我陶醉的人，就像猪身上的虱子一样，不会有什么好命运。

·蜀贾三人·

典出《郁离子》。

蜀贾三人，皆卖药于市。其一人专取良，计入以为出，不虚价，亦不过赢。一人良、不良皆取焉，其价之贱贵，惟买者之欲，而随以其良、不良应之。一人不取良，惟其多，卖则贱其价，请益则益之，不较。于是争趋之其门之限，月一易，岁余而大富。其兼取者，趋稍缓，再期亦富。其专取良者，肆日中如宵，旦食而昏不足。

有3个四川商人，都在市场上卖药。其中一个商人专门选质地优良的药卖，计算买入的成本而卖出，并不漫天要价，也不过分赚取利润。另一个商人，则把质地优良和低劣的药材放在一起卖，至于价钱的贵贱，只看买药者的愿望而定，而且还顺应买药人说"这是好药那是次药"的说法应答着。还有一个商人，不选取质地优良的药材，只是贪多，卖时贱价处理，买药人要求多拿点儿，他就增添一点儿，并不计较。于时，买药人争赴他的家门，把门槛都踏破了，每月一换，过了一年就发了大财。那个兼卖好药和次药的商人，买他药的人略微少一些，但过了两年也富裕起来了。只有那个专门选取良药的商人，把地摊摆在大太阳底下，也像夜间一样冷清，有时早晨吃过饭，晚上就没有吃的了。

后人用这则寓言揭示了旧时商人的投机取巧、牟取暴利的卑鄙手段。作为一个商人，他越是"不取良"，并"贱其价"，再装出一副"请益则益之"的假慈悲面孔，他就能够赚大钱，甚至会被买者挤破了大门；相反，做一个忠实商人，他售货"专取良"，又"计入以为出，不虚价，亦不过取"，虽"肆日中"，也将落个吃了早饭顾不上晚饭的可悲下场。欺诈者为贤能，忠廉者为痴呆。封建社会中官场生活的黑暗现状，极其类似此种商人行径。

·束氏狸狌·

典出《龙门子凝道记》。

卫人束氏，举世之物，咸无所好，唯好畜狸。狸，捕鼠兽也，畜至百余，家东西之鼠捕且尽。狸无所食，饥而嗥，束氏日市肉啖之。狸生子若孙，以啖肉故，竟不知世之有鼠，但饥辄嗥，嗥辄得肉食。食已，与与如也，熙熙如也。南郭有士病鼠，鼠群行有堕瓮者，急从束氏假狸以去。狸见鼠双耳耸，眼突露如漆，赤鬣，又磔磔然，意为异物也，沿鼠行不敢下。士怒，推入之。狸怖甚，对之大嗥。久之，鼠度其无他技，啮其足，狸奋掷而出。

卫国有个姓束的人，他对世间的东西都不喜好，唯独爱养猫。猫，是捕老鼠的动物，他养了一百多只，家里周围所有的老鼠都被捕完了。猫没吃的了，饿得整天号叫，束氏只好每天到市上买肉给它们吃。猫生了儿子又生了孙子，因为经常吃肉的缘故，竟然不知道世界上还有老鼠，只知道饿了就叫，一叫就得到肉吃，吃完了肉就安闲舒适地走走，非常欢欣愉快。

城南有个读书人，家中正遭鼠患，老鼠成群结队地出来乱窜，甚至跌落到水瓮里去，他急忙到束氏家借了猫回去。猫看见老鼠有两只耳朵高高竖着，眼睛突露像黑漆一样贼亮，有红色的胡子，唧唧吱吱地乱叫，便以为是什么怪物呢，所以只是沿着老鼠走过的路慢慢地爬，不敢下去捕捉。这读书人生气极了，就把猫推到老鼠堆里去。猫害怕极了，只对着老鼠号叫。

过了一会儿，老鼠估计它没有什么本领，就去咬它的脚，猫吓得奋力一跳，返身逃跑了。

作者的本意，原在讽刺宋末"冗官冗兵"的腐败现象，说"武士世享重禄，遇盗辄窜者，其亦狸哉"！军队过分地享乐腐化，是打不了仗的，所以一旦遇到民族危难，就束手无策，丧权辱国。

后人用这则寓言说明凡是过分享乐、久处舒适环境，就会消磨和改变人们的战斗意志，应该引起人们的警惕。

·贪贿无艺·

典出《国语·晋语八》。

骄泰奢侈，贪欲无艺。

春秋时，有一个叫叔向的人去见韩宣子。韩宣子对他说："我名义是卿（古代国君之下的一种官衔，分为卿、大夫、士三级），位在国君之下，可财富却不多。"叔向听了，马上向韩宣子表示祝贺。韩宣子感到奇怪，问道："我现在已经不能同卿大夫们平起平坐了，正在为此事发愁，你为什么反而向我祝贺呢？"

叔向说："从前，栾武子做上卿的时候，才有一百个人，二百顷地，家里没有什么祭祖用的器皿，他只是按照先王的法令和德行办事。这种行为被远方诸侯听说了，都来同他交朋友，连住在西方和北方的部族也来归顺他。可是到他儿子桓子继位以后，十分横暴又大肆挥霍。他用不正当的手段，抢夺了大量的财富。这种行为本来应该受到惩罚，只是因为他父亲的德行，才没有受到灾祸。现在，你就像当年的栾武子那样，没有很多财富，我认为这样你就可以实行德政，不致遭到灾祸，所以向你祝贺。"

后人将"贪欲无节"转为"贪贿无艺"，用以比喻贪污受贿没有止境。贿：财物；艺：限度，尽头。

·贪狼食肉·

典出《聊斋志异·狼》。

有屠人货肉归，日已暮，一狼来，瞰担中肉，似甚垂涎，步亦步，尾行数里。屠惧以刀，则稍却，即走，又从之。屠无计，默念狼欲者肉，不如姑悬诸树而蚤取之。遂钩肉躘足挂树间，示以空空，狼乃止。屠即径归，昧爽往取众，遥望树上悬巨物似人缢死状，大骇。逡巡近之，则死狼也，仰首审视，见口中含肉，肉钩刺狼腭，如鱼吞饵。

有个屠户卖肉归来，天色已晚。忽然，一只恶狼走来，窥视着他担中的剩肉，显出一副垂涎欲滴的样子。这只狼，人走它也走，紧跟不舍，一直尾随了好几里地。

屠户用刀吓唬，狼稍稍退却；等他转身一走，就又跟上来。屠户没办法，心想，狼要得到的是肉，不如暂且把肉悬挂在树上，明天一早再来取走。于是就用肉钩勾住肉，踮起脚尖挂在树枝中间，并向狼示意担子已空，恶狼这才停止跟踪。

第二天黎明时，屠户返回来取肉，远远望见树上悬挂着一个很大的东西，像人吊死一样，心里十分害怕。他提心吊胆地走近，才发现是只死狼。抬头细细一看，只见恶狼嘴里含着肉，肉钩刺穿了它的上腭，好像鱼吞食了钓饵一样。

"贪狼食肉"这个典故告诉人们，贪婪注定不会有好下场。

·桃符与艾人·

典出《东坡志林》。

桃符仰视艾而骂曰："汝何等草芥，辄居我上？"艾人俯而应曰："汝已半截入土，犹争高下乎？"桃符怒，往复纷然不已。门神解之曰："吾辈不肖，方傍人门户，何暇争闲气耶？"

端午悬艾草

桃符抬起头望着艾人骂道："你是多么下贱的东西，却敢于这么狂妄地住在我的上面？"艾人低着头回答道："你已经半截身子埋进土里去了，还跟我争什么呢？"桃符大怒，双方反复争吵不休。门神从旁解劝道："我们都算是没有出息的人，正在依傍别人的门户过日子，还有什么闲工夫来闹这种无谓的意气呢？"

这个故事说明了有的人本来是靠着寄人篱下、仰人鼻息过日子的，而相互之间，却又热心于个人名位之争，可怜亦可笑。

·剜股藏珠·

典出《龙门子凝道记·秋风枢》。

海中有宝山焉，众宝错落其间，白光煜如也。海夫有得径寸珠者，舟载以还，行未百里，风涛汹簸，蛟龙出没可怖。舟子告曰："龙欲得珠也，急沈之，否则连我矣。"海夫欲弃不可，不弃又势迫，剜股藏之，海波遂平。至家出珠，股肉溃而卒。

海里有座宝山，有许许多多奇珍异宝，交错杂陈，藏在里边，光芒四射，耀人眼目。

有个航海的人得到一颗直径一寸的明珠，乘船把它运回家。航行不到百里，突然风起浪涌，船身颠簸，只见一条蛟龙在海涛中出没，样子十分可怕。船工劝他说："蛟龙是想得到那颗明珠啊！请您赶快把它沉入水中，否则就会连累我了。"航海的人心中左右为难：丢掉吧，实在舍不得；不丢吧，情势所迫，又怕大难临头。于是，剜开大腿上的肉，把珠子藏了进去。风浪也随即平息下来。

这个航海人回到家里后，取出了明珠，但不久，便由于大腿上的肉溃烂而死去了。

"剜股藏珠"这个典故告诫人们，做事情切不可轻重倒置。

·卫人嫁子·

典出《韩非子·说林上》。

卫人嫁其子而教之曰："必私积聚。为人妇而出，常也。其成居，幸也。"其子因私积聚，其姑以为多私而出之。其子所以反者倍其所以嫁。其父不自罪于教子非也，而自知其益高。今人臣之处官者皆是类也。

卫国有个人，在他女儿出嫁时嘱咐说："到婆家必须自己多攒些私房钱。给人家做媳妇被休是常见的事。那些能够白头到老的人，只是侥幸而已。"他的女儿因此就多积私房钱，她婆婆认为私房钱积累太多了，因而休弃了她。卫人的女儿带回娘家的私房钱，比她出嫁时的嫁妆多几倍。她的父亲不责备自己教育儿女的错误，反而却自以为这种增加财富的办法很聪明。

今天，一些做官的人都是这类人呀！

后人用"卫人嫁子"的这个典故讽刺那种昏聩、自恃聪明、自欺欺人的人。

·瓮算·

典出《施注苏诗》。

有一贫士，家惟一瓮，夜则守之以寝。一夕，心自惟念：苟得富贵，当以钱若干，营田宅、蓄声妓，而高车大盖，无不备置。往来于怀，不觉欢适起舞，遂踏破瓮。

有一个贫穷的士人，家产仅有一只瓮，夜里常守着它睡觉。

一天晚上，他心里思念着：如果求得富贵，我当用许多钱财，营造田宅，蓄养女乐，添置高大的马车，加置巨型的车盖，总之，一凡需用，没有不具备的。他反复在胸中思念着，竟不知不觉、欢乐畅快地跳起舞来，于是一脚踏破了瓮。

这则寓言告诉人们，应珍惜眼前，切忌得陇望蜀。

·梧树不善·

典出《吕氏春秋·遇合》。

邻父有与人邻者，有枯梧树。其邻之父言梧树之不善也。邻人遽伐之。邻父因请而以为薪，其人不说。曰："邻者若此其险也，岂可为这邻哉！"此有所宥也。夫请以为薪与弗请，此不可以疑枯梧树之善与不善也。

邻父有一位邻居，院中有棵枯死的梧桐树。邻父告诉他说："这棵梧桐树预兆不详。"邻居便马上把它砍倒。邻父于是登门讨取烧火柴。邻居听了，很不高兴，说："邻居居心这样险恶，怎么好做邻居呢？"

邻父的这种卑劣伎俩，完全是利欲熏心所致，要不要讨取烧火柴，不应该编造枯梧树吉祥不吉祥的谎言。

"梧树不善"这个典故告诉我们：用谎言欺骗别人，靠诈骗谋取私利，一定会很快暴露自己，被人们识破。

世态篇

·阿堵物·

典出《晋书·王衍传》。

举却阿堵物。

"阿堵",是六朝和唐朝时的常用语,相当于现代汉语的"这个"。东晋时著名画家顾恺之,字长康,擅长画人物。他画人像,有时画了几年都不点眼睛。别人问他为什么。他指着眼睛回答道:"四体妍蚩,本无关于妙处,传神为照,正在阿堵中(四肢的美丑,是无关紧要的,画像要能传神,关键就在这个里头)!"

晋人王衍,标榜清高,从来不说"钱"字。他的妻子郭氏,曾多次设法逗他说"钱",都没有成功。有一天晚上,郭氏趁王衍睡熟时,叫婢女悄悄把一串串的铜钱,围绕着床,堆放在地下,让王衍醒来,无法下床行走。她以为这样一定能逼得他说出来"钱"字来了。不料第二天早晨,王衍见此情景,就把婢女唤来,指着床前的钱,说:"举却阿堵物(拿走这个东西)。"

"阿堵物"本意即"这个东西"。但由于上述王衍的故事,"阿堵物"从此成了"钱"的别名,并且带有轻蔑的意味。

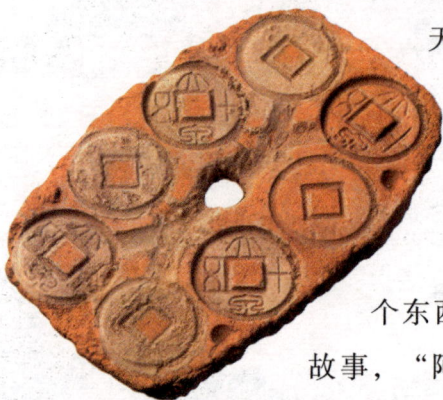

新莽"大泉五十"陶范

·巴豆孝子·

典出《颜氏家训·名实篇》。

近有大贵，以孝著声，前后居丧，哀毁逾制；亦足以高于人矣。尝以苦块之中，以巴豆涂脸，遂使成疮，表哭泣之过。

一位显贵，很有孝顺的盛名。他的父母先后亡故，在居丧期间，这位显贵哀痛毁坏了面容，丧礼超过了定制，用以表现他比一般人更为孝敬。

殊不知这位先生在居丧时，枕着土块，睡着草席，悄悄地将巴豆油涂在脸上，弄出满脸疮痕，以表示自己悲痛欲绝，哭泣得非常厉害。

"巴豆孝子"这个典故告诉我们，统治阶级所表彰的那些忠臣孝子，实际上就是这一类不择手段、沽名钓誉的货色。

·半面识人·

典出《后汉书·应奉列传》。

奉年二十时，尝诣彭城相袁贺。贺时出行闭门，造车匠于内开扇出半面视奉，奉即委去。后数十年于路见车匠，识而呼之。

东汉时的应奉非常聪明，记忆力更是惊人。他20岁那年，去彭城拜访袁贺。但那天袁贺不在家。他敲了许久的门，有个造车的匠人将门打开了一点点，露出半张脸看了应奉一眼，告诉他主人不在。应奉便离去了。

几十年过去了，有一天他在路上碰见那个车匠，马上认了出来，并招呼他。对方表示不认识他。应奉说："你不就是在袁家门口露出半张脸的那个人吗？"

后人用"半面之识"或"半面曾记"形容人记忆力好，也指相交不深。

·白云苍狗·

典出《可叹》。

唐代伟大的诗人杜甫曾经为另一位诗人王季友写过一首诗《可叹》。这王季友，好学，家贫，人穷志不穷，作风很正派。可是他妻子却嫌弃他，终于和他离了婚。有些人不了解内情，纷纷议论，把王季友丑化了。杜甫在诗中针对那些不公正的议论而发出感叹。诗中不叹王季友好夫没好妻，也不叹他好人没好运，叹的是：这样一个作风正派的人物，被说得那样的卑劣，可叹！作者在诗中就这样表示感慨：

天上浮云似白衣，斯须变幻为苍狗；

古往今来共一时，人生万事无不有！

诗用比兴起句，说：天上的浮云分明像件清白干净的衣服，一会儿却变成一只灰毛狗的样子了；从古到今都是这样，人生道路上形形色色的事儿哪样没有呢！

由于杜甫的这首诗，后人就借"白衣苍狗"来感叹人事和世态的变迁迅速、出人意料。但一般都说成"白云苍狗"。

·不痴不聋，不做家翁·

典出《北史·长孙平传》。

平进谏曰："谚云：不痴不聋，不做大家翁。此言虽小，可以喻大。邴绍之言，不应闻奏。"

又见《资治通鉴·卷二二四·唐代宗大历二年》。

子仪闻之，囚暖入待罪，上曰："鄙谚有之'不痴不聋，不为家翁'，儿女子闺房之言，何足听也？"

唐玄宗末期，唐王朝爆发了"安史之乱"，以后又接连发生了回纥、突厥等少数民族入侵，唐皇被逼得几次逃难，国势危殆。幸有良将郭子仪，多次打败乱军，使唐王朝转危为安。唐代宗李豫为了酬劳郭子仪，除了给他高官厚禄外，还把自己女儿升平公主嫁给他的儿子郭暖为妻。有一天小两口吵架，升平公主摆起了公主架子。郭暖气愤地说："你是公主又有什么了不起！皇帝不是全靠我爸爸出力才能坐稳皇位吗？我爸爸还不稀罕做皇帝呢，要不然早就做了！"升平公主气得立刻跑回皇宫去

骑兵铜像　唐

向皇帝哭诉。郭子仪吓得要命，郭暖的话如果被追究起来，是要满门抄斩的啊！于是立刻把郭暖捆绑起来，去向皇帝李豫请罪。李豫却不以为然地笑道："俗谚说：'不痴不聋，不做家翁。'儿子、媳妇吵嘴说的话，大人何必计较呢？"一场天大风波，就这样平息了。

后人用"不痴不聋，不做家翁"这个典故比喻作为一家之主，对子侄辈的一些小过失，要装痴假聋，不必追究，否则不能把大家庭维系好。

·不可胜数·

典出《墨子·非攻中》。

百姓之道疾病而死者，不可胜数。

又见《汉书·伍被传》。

死者不可胜数，僵尸遍野。

淮南王刘安手下有个郎中名叫伍被，此人很有学问。刘安喜欢学者，而伍被则是刘安所喜欢的几个学者中最受赏识的。为此，遇到一些重大政治问题，刘安常常征求伍被的意见。

刘安想起兵造反，多次与伍被商量，伍被皆认为凶多吉少，不宜行动。后来刘安认为可以起兵了，又去找伍被商量。他对伍被说："现在时机已经成熟，可以起兵，因为天下的百姓对皇上不满，诸侯行为失检的也多，而且他们对皇上也怀有疑惧。我想，我们在西乡起兵，必然会有人响应。"伍被还是不同意刘安的看法。他告诉刘安说："汉高祖之所以得天下，是因为秦王残害百姓，杀术士，任刑法。当时男的辛勤耕种还不得一饱，女的勤于纺织还衣不蔽体。秦始皇修筑长城，军队没有住处，都在露天宿营，'死者不可胜数，僵尸遍野'。当时百姓想造反的，10家当中就有5家，而今不是这种情况。"刘安虽然觉得伍被的话有道理，但他造反之心未变。后来伍被另给刘安想了一条起兵之计，但消息很快被朝廷知道，于是伍被便被杀掉了。

后人用"不可胜数"形容为数极多，数也数不清。

·不识时务·

典出《后汉书·张霸传》。

霸名行，欲与为交，霸逡巡不答，众人笑其不识时务。

东汉献帝时，因政权完全操纵在大臣们手里，汉室已面临覆亡的危险，刘备是皇室的子孙，很想找机会挽救汉朝的危机，但是东奔西走，总是没有好的根据地。有一天，他特地去拜访隐士司马徽。司马徽是当时很有才学的人，他对刘备说："我很久就听说你的大名了，你为什么总是东奔西走的没有一个好的根据地呢？"刘备说："这也许是我的运气不好，八字生得不巧呀！"司马徽道："不是的，是没有好的人才扶助你的缘故。"刘备说："我自己虽然没有才能，但是我的左右都是能干的人，文有糜竺和简雍，武有关羽和张飞，不能说没有人才。"

司马徽说："糜、简二人只能算是普通的文人，没有多大帮助。关羽和张飞虽然有万夫不当之勇，毕竟是武将之流，不是通权达变的人才。至于糜竺、简雍二人，他们对你没有多大帮助，因为他们都是白面书生，是不识时务的人。识时务的人，才可以称得起是俊杰，你要找到识时务的人来辅助你，才能成大功立大业。"

后人把"不识时务"引申出来，比喻人眼光狭窄，认识不了时势。

·差强人意·

典出《后汉书·吴汉传》。

汉性强力，每从征伐，帝未安，恒侧足而立。诸将见战阵不利，或多惶惧，失其常度。

汉意气自若，方整厉器械，激扬士吏。帝时遣人观大司马何为，还言方修战攻之具，乃叹曰："吴公差强人意，隐若一敌国矣！"

东汉光武帝刘秀的时候，外乱为患，汉兵讨伐，节节失利。当时许多将官，见到这种情形，都惊慌失措，个个慌了手脚；光武帝看见他们这样都着了慌，心里也有点动摇了。沉思良久，忽然想起了名将吴汉，觉得他颇有胆略，于是派人去看看吴汉的情况是怎样的。不久，派去的人回来向光武帝回报道："大司马吴汉现在正督率部下修理战具武器呢！"光武帝细细一想，毕竟这个人，跟那般酒囊饭袋不同，所以赞叹着说："吴公还是可以振奋人心的。"

"差强人意"一直沿用，本指尚可振奋人心，后用以表示还比较使人满意。

·嗔拳不打笑面·

典出《金瓶梅》。

你只顾打他怎的？自古嗔拳不打笑脸，他又不曾伤犯着你。

恶霸西门庆的仆人李铭得罪了西门庆，被赶了出来。李铭买了烧鸭两只，老酒两瓶，送给西门庆的朋友应伯爵，请他在西门庆面前美言几句。

应伯爵"开导"李铭道："他有钱的性儿，随他说几句罢了。常言'嗔拳不打笑面'。如今年时，尚个奉承的。拿着大本钱做买卖，还带三分和气。你若撑硬船儿谁理你？全要随机应变，似水儿活，才得转出钱来。你若撞东墙，别人吃饭饱了，你还忍饥。你答应他几年，还不知他性儿？与他赔个礼儿来，一天事都了了。"——在应伯爵这套"奴才哲学"教导下，李铭果然变得更圆滑世故，又被西门庆收了回去了。

"嗔拳不打笑面"，嗔：发怒。意思是发怒人的拳头决不会打笑脸人。

后人用"嗔拳不打笑面"这个谚语劝人制怒、忍辱。

·大巧若拙·

典出《老子》。

大直若屈，大巧若拙，大辩若讷。

老子，姓李名耳（也有人认为姓老名聃），是和孔丘生于同一时代即春秋末期的一位思想家。著有《老子》一书。此书用"道"来说明宇宙万物的演变，包括一些朴素的辩证法，内容涉及政治、军事及日常生活。

《老子》第四十五章是老子人生论的一部分。在这一章里，老子运用朴素的辩证观点指出：有道德修养的人其言行的实质和表现出的现象并不是一致的。他说：大的成就好像亏缺，但它的用处是不会失败的。大的充实好像空虚，但它的用

老子像

处是不会穷尽的。大的正直好像弯曲。大的灵巧好像笨拙。大的辩才好像语言迟钝。大的得利好像亏本。在生活方面，活动可以战胜寒冷，静止可战胜炎热。在政治方面，清而无欲，静而无为，可以做天下的君长。

后人用"大巧若拙"比喻正直灵巧的人不自炫耀，表面上好像很笨拙。

·得过且过·

典出《辍耕录》。

五台山有鸟名寒号虫……比至深冬严寒之际，毛羽脱落，索然如雏，遂自鸣曰："得过且过。"

从前在五台山有一种奇特的小鸟，名叫寒号虫。寒号虫有四只脚，两只肉翅，不会飞行。盛夏季节是寒号虫最快乐的日子，它全身长着绚丽丰满的羽毛，鲜艳夺目，使百鸟十分惊羡。这时，寒号虫得意扬扬，整天走来走去，到处找别的鸟比美。它一边走一边唱道："凤凰不如我！凤凰不如我！"夏去秋来，有些鸟飞向遥远的南方，到那里去过冬；留下的鸟整天辛勤劳碌，积粮造窝，准备过冬。只有寒号虫仍然游游逛逛，到处炫耀它那身五光十色的羽毛。

秋去冬来，寒风呼啸，雪花飘舞。别的鸟在秋季都换上了一身又厚又密的羽毛，迎接寒冬的到来。寒号虫却与众不同，到了冬天，它那身漂亮的羽毛脱得光光的，一根毛也没剩下，就好像还没有长毛的鸟崽。夜晚，全身光秃秃的寒号虫，躲藏在石缝里，凛冽的寒风不断袭来，冻得它浑身直打哆嗦。它不断地咕噜道："好冷啊，好冷啊，明天就做窝，明天就做窝。"可是，当寒夜过去，太阳从东方升起，温暖的阳光照耀大地，寒号虫却忘记了前夜的寒冷，忘记了要做窝的决心，它又说道："得过且过！得过且过！"

寒号虫始终也没有做窝，就这样一天天地混日子，最后冻死在五台山的岩石缝里。

成语"得过且过"即由此而来,意思是过一天算一天,不作长远打算。现在也指工作、学习中只求过得去即可。

·斗鸡走狗·

典出《史记·袁盎晁错列传》。

袁盎病免居家,与闾里浮沈,相随行,斗鸡走狗。

西汉时,有一个大臣叫袁盎。吕后专权时,他曾为吕后的侄子吕禄的舍人。袁盎与御史大夫晁错历来不和。汉景帝即位后,晁错告发袁盎"多受吴王(刘濞)金钱",袁盎被降为庶人。

汉景帝三年(公元前154年),吴王刘濞串通楚、赵、胶东、胶西、济南、淄川等六国,发动了叛乱,史称"吴楚七国之乱"。袁盎入见景帝,离间景帝与晁错的关系,以"请诛晁错以清君侧"为名,向景帝建议诛杀晁错。在袁盎的蛊惑下,景帝错杀了晁错。但是,诛杀了晁错,并没有制止刘濞等的叛乱,七国叛军反而更加猖狂地向中央进攻。在事实面前,景帝才清醒过来,重新下了平叛的决心,派周亚夫为太尉率军迎击,最后平息了这次叛乱。

叛乱平息以后,袁盎在楚王刘礼手下为相,但所献计策不被采纳,袁盎遂病免居家。病归以后,袁盎昔日的威风和斗志逐渐消失,竟在乡间随波逐流,斗鸡走狗,以度余生。后来,因事为梁孝王所怨,被刺杀。

人们常用这个典故形容一些游手好闲的人的无聊游戏。

·发蒙振落·

典出《史记·汲郑列传》。

淮南王谋反，惮黯，曰："好直谏，守节死义，难惑以非。至如说丞相弘，如发蒙振落耳。"

西汉武帝时，有一个叫汲黯的人，字长儒。他先任东海太守，继为主爵都尉。汲黯推崇道表法里的黄老学说，对汉武帝常常直言切谏。武帝既尊敬他，又有点儿怕他。汉武帝可以和大将军卫青蹲在床边上聊天，可以不戴帽子和丞相公孙弘说话，但不戴帽子就不敢和汲黯相见。有一次，汲黯有事来见汉武帝，汉武帝刚巧没戴帽子，于是连忙躲在帐幕后面，叫别人传话去接受汲黯的意见。由于汲黯为人耿直，对皇帝也敢直言进谏，所以好多大臣甚至一些诸侯王都惧怕他。

当时的丞相公孙弘的为人和汲黯不一样，他对人宽厚，与人无争，所以虽身居相位，一些大臣和诸侯王都不把他放在眼里。

淮南王刘安阴谋反叛，但惧怕汲黯。他说："汲黯这个人，好直言进谏，对朝廷忠贞不贰，恐怕难以迷惑他。至于丞相公孙弘，要迷惑他是十分容易的，就像揭掉一件蒙罩物，振动将要掉落的叶子一样。"

后人用"发蒙振落"形容十分容易。

·侯门似海·

典出《赠去婢》。

侯门一入深如海，从此萧郎是路人。

唐代时，有一位叫崔郊的秀才，他的姑母家里有一位端庄美丽、天赋歌喉的使唤丫头。崔郊很爱她，她也很敬慕崔郊。崔郊的姑母不知这一情况。由于家境贫困，姑母后来将这位婢女卖到了大官的府第中。

崔郊非常想念她。但高官的府第门禁森严，普通人怎么进得去？从此，崔郊一直没见着这位心上人。有一年的清明节，崔郊偶然遇见了她。她已是官家的人了，不敢和崔郊打招呼，崔郊也不敢向前问询。两人四目相对，竟如咫尺天涯。崔郊心里很难过，但又无法向人诉说，便写了一首诗《送去婢》：

公子王孙逐后尘，

绿珠垂泪滴罗巾，

侯门一入深如海，

从此萧郎是路人。

侯门似海

后人用"侯门似海"（也作侯门如海）形容显贵之家门禁森严，普通人无法进入。

·哭母不哀·

典出《淮南子·说山训》。

东家母死，其子哭之不哀。

西家子见之，归谓其母曰："社何爱速死？吾必悲哭社！"

夫欲其母之死者，虽死亦不能悲哭矣。

东邻家的母亲死去了，她的儿子哭得一点儿也不悲痛。

西邻家的儿子看见了，回家告诉他的母亲说："妈，你为什么不早点儿死呢？我一定非常悲痛地哭您！"

凡是盼望母亲早点儿死的人，母亲虽然死了也不会悲恸的。

这篇寓言揭穿了一切伪善者的假面具。盼望母亲早死，好大哭一场，以图惊动四邻，这种"孝子"只是表演给别人看的。

·口蜜腹剑·

典出《资治通鉴·唐纪·玄宗天宝元年》。

唐玄宗时，宰相李林甫善于谄媚逢迎，看皇帝眼色行事，并对玄宗喜爱的心腹宦官和宠妃，也想方设法讨好卖乖，取得他们的欢心。他就是依靠这种本领，高居宰相之位达19年之久。

李林甫像

平时李林甫和同僚们接触，总是装出一副态度恭谦、平易近人的模样，实际上却非常阴险狡猾，手段毒辣。他专门同有权有势的人结交，结成帮派，壮大自己的势力。凡是有才学有见识的人，他都非常妒忌，如果哪位官员功业超过他，被皇帝重用，地位威胁到他，他一定要想方设法把这个人除掉。

为了掌握唐玄宗的一言一行，李林甫用金钱玉帛买通了宦官和皇帝的嫔妃，因此唐玄宗那儿有什么消息，他马上就能知道。有一次他听说唐玄宗要重用兵部侍郎卢绚，便立即把卢绚调到外地，不久又把卢绚降职，却对唐玄宗说卢绚有病，不能重用。又有一次，他打听到唐玄宗想重用严挺之，就把严挺之请到京城来看病，然后告诉唐玄宗，说严挺之年老体衰，正在治病。他就这样玩弄两面三刀的手腕，妒贤忌能，陷害了很多比他才能高的人。因此，大家都说他口蜜腹剑，对他十分痛恨。

口蜜：说话甜蜜好听。腹剑：肚里藏着利剑。"口蜜腹剑"比喻口头说话好听，肚里却满是暗害人的主意。

·乐不思蜀·

典出《三国志·蜀书·后主传》。

魏兵攻破蜀国后，后主刘禅投降，司马昭把他带回魏都洛阳。一天，司马昭邀请刘禅参加宴会，有意安排艺人为刘禅表演过去蜀国的杂耍技艺。旁边观看的人都为他难过，可是刘禅却嬉笑自如，拍手欢呼，看得津津有味。看到这个情景，司马昭问亲信贾充："这个人怎么会无情无义到如此地步？"

贾充笑笑，说："要不是这样，殿下怎么能轻而易举吞并他的国家呢？"

过几天，司马昭问刘禅说："你很想念蜀国吗？"

刘禅脱口而出说："这里快乐，不想蜀国。"

这话立即被当作笑料内外传开了。随后主同来的原蜀国掌管图书的大臣听到后，求见刘禅说："假如有人再问你，你应该流利地回答：'先人的坟墓，远在陇蜀，我的心朝西悲伤，没有一天不思念。'然后就闭着眼睛流泪。"

后来司马昭又问这个问题，刘禅就照那位大臣教的回答了，说完闭上眼睛，但他挤不出眼泪来。

司马昭宴请刘禅

司马昭感到很可笑，就说："你的话怎么和那个大臣说的一样啊？"

刘禅慌忙睁开眼睛，说："的确是这样。"此话一出，立刻惹来哄堂大笑。

"乐不思蜀"形容快乐得不再思念故国，有忘本之意。

·梁上君子·

典出《后汉书·陈传》。

汉桓帝时，陈曾任太丘长。他出身低微，很能体谅劳动人民的疾苦。他为人正直，无论做什么事都严格要求自己，成为乡里人的表率和榜样。

当时年成不好，人民的生活十分困难，乡里有些人由于日子实在过不下去了，就铤而走险干起了偷鸡摸狗的勾当。

有一天晚上，一个小偷钻进了陈的家，躲在房梁上，以便相机行事。陈偶然间发现了梁上的小偷，但他不动声色，起床把儿子、孙子都叫了进来，严肃地教训他们说："作为一个人，一定要时时刻刻地勉励自己，才能有出息。有一些做坏事的人，他们的本质并不坏，只因为染上了坏习惯，而自己又不知道克制自己，只一味地任其发展，养成了做坏事的习惯，最终成为坏人。你们抬起头来，看看这位梁上君子吧，他就是这样的人。"

梁上的小偷听后，感到非常惭愧，连忙爬下来，向陈叩头认罪。陈说道："我看你模样并不像一个坏人。你要记住我刚才所说的话，从此学好，别再当小偷了。"

他又送给小偷两匹绢，并派家人把他送回家。这件事传出后，乡里人非常敬佩他。一些做坏事的人，在陈的教诲下，也纷纷改过自新。

窃贼行窃时，往往躲在屋梁上，故名"梁上君子"。亦可比喻上不着天、下不沾地、脱离实际的人。

·临江之麋·

典出《柳河东集·三戒》。

临江之人，畋得麋鹿，畜之。入门，群犬垂涎，扬尾皆来。其人怒，怛之。自是日抱就犬，习示之，使勿动，稍使与之戏。积久，犬皆如人意。麋鹿稍大，忘己之麋也，以为犬良我友，抵触偃仆，益狎。犬畏主人，与之俯仰甚善，然时啖其舌。

三年，麋出门，见外犬在道甚众，走欲与为戏。外犬见而喜，且怒，共杀食之，狼藉道上。麋至死不悟。

住在临江的一个人，在打猎时捉到了一只小鹿，便把它饲养起来。带进门时，家里养的一群狗看见小鹿就馋得直流口水，都摇着尾巴跑了过来。主人很生气，把狗吓唬跑了。

自此以后，主人便天天抱着小鹿凑到狗的跟前，经常让狗看，叫狗不可乱动，逐渐地又让狗和小鹿一起玩耍游戏。

天长日久了，狗都能顺从主人的心愿。小鹿渐渐长大，忘记了自己是一只鹿了，反而认为狗的确是自己的好朋友，就和狗们相互碰撞翻滚着玩耍，而且愈来愈亲热起来。那些狗由于害怕主人，也就跟小鹿玩得很好，但是经常贪馋地舔着自己的舌头。

3年以后，小鹿走出了大门，看见别家的狗在路上有很多，就跑过去想和它们玩耍。那些狗看见小鹿心中大喜，就狂怒地冲上去，一起把小鹿咬死吃掉了，路上弄得一片血肉狼藉。可是，小鹿至死也没有觉悟到狗为什么要吃它。

这则寓言讽刺了认猛狗为良友的麋鹿；猛狗的本性总是要吃肉的，麋鹿被众犬"共杀食之"尚"至死不悟"，则尤为可悲。

·匹夫匹妇·

典出《孟子·万章》。

战国时，一天万章问老师孟子说："有人讲商汤的贤臣伊尹先是做别人的陪嫁奴隶，后当汤的厨子，取得了汤的信任，才做到宰相的。不知是否真的？"

孟子说："不完全是这样。伊尹曾在莘国的郊外种地，商朝的开国之君曾派人去聘请他，他却悠闲自得地说：'我干吗要接受别人的聘请呢？这样不是很好吗？我终日无拘无束，在田野之中获得了许多乐趣！'汤再三派人去请他。最后，伊尹全然改变态度说：'既然上天生了我，赋予我智慧，我就有责任启发那些缺少智慧的人。唉，像这样的事情，我不应该放弃啊！'"

万章说："伊尹真是一位贤臣！"孟子说："不错，在他看来，天下如果有一夫一妇不蒙受尧舜的恩泽，那就如同自己把他们推进深沟中一样。后来他到了汤的身边，说服了汤讨伐残暴的夏，拯救了广大民众。伊尹是真正的圣人啊！圣人的行为不完全相同，有的远离君主，洁身自好；有的在君主身边，帮助他做好事。所以，我认为伊尹不是以当君主厨子的身份去阿谀奉承，而是宣传尧舜之道。"

后人用"匹夫匹妇"泛指普通的老百姓。

·扑朔迷离·

典出《木兰诗》。

雄兔脚扑朔，雌兔眼迷离；双兔傍地走，安能辨我是雄雌？

古时候，流传着一个木兰替父从军的故事。木兰是一个善良勤劳的农家姑娘，整天忙着纺线织布。有一年北方边境上发生战事，皇帝下诏书在百姓之中征兵参战。征兵的名册上卷卷都有木兰父亲的名字。可是父亲年老体弱，怎么能上战场去打仗呢？弟弟年纪还小，也不能替父亲去从军。这可怎么办呀？

木兰忧愁得吃不下饭，睡不好觉，整天长吁短叹。一天，她忽然想到：我替父亲去应征，女扮男装，不就解决了难题吗？木兰是个坚强果断的姑娘，说到做到。她跑到市场上买来骏马，又购置了鞍鞯、辔头、马鞭，跟着同村的男子们一块儿出征了。

木兰这一去就是 10 年，风餐露宿，爬山过河，出生入死，转战千里。将士和同伴们许多死在疆场，木兰侥幸地活着回来了。军队打了胜仗，天子犒赏凯旋的功臣。天子问木兰："你立了功劳，你想要什么，只管说吧！"木兰回答说："我多大的官也不想做，多么值钱的宝贝也不想要，我唯一的请求是骑上千里马，让我早点儿回到家乡去！"

皇帝答应了木兰的请求，木兰很快就回到了自己的家乡。

《木兰诗》诗意图

家里人看到久别重逢的木兰，心情非常激动。年迈的父母互相搀扶着出城外迎接她；姐姐梳洗打扮像迎接贵宾一样；小弟弟磨刀杀猪宰羊给姐姐吃。

木兰终于回来了。她重新走进十年前自己居住的旧房，打开窗户，坐在木床上，心情真是畅快呀！她脱下战袍，找来旧衣服换上。倚在窗台上梳理自己的头发，把头发理成女人的样式。又对着镜子在额头上贴一块花黄，变得和乡里的姊妹一样漂亮。这时候，一同在疆场上拼杀的伙伴们来探望木兰。木兰穿着女人的衣裳，梳着女人的云髻，带着女人的饰品，款款走出房门。同伴们一看，全惊呆了："我们在一块行军、打仗 12 年，竟然不知道你是个女的！"

是呵，雄兔四腿跳跃、眼睛动；雌兔眼睛动、四腿跳跃。两只兔子在地上一块儿跑，你怎么能辨别哪个是雄兔，哪个是雌兔呢？

后来人们将"扑朔迷离"比喻事物错综复杂，不易辨认。

·庆父不死，鲁难未已·

典出《左传·庄公三十二年》。

庆父是春秋时鲁庄公之兄。鲁庄公共有兄弟四人，除庆父外，还有两个兄弟：叔牙和季友。庄公和季友是同一个母亲生的亲兄弟，庆父和叔牙是另一个母亲所生的。兄弟四人，就此分成两派。

庄公病得快要死的时候，考虑了谁继任国君的问题，他先征求叔牙的意见，叔牙说："庆父有才，让庆父继任的好。"庄公又问季友，季友表示：誓死扶持公子般为国君。

公子般是庄公的大儿子。庄公共有 4 个妻子，其中一个没有生儿子，其余 3 个各生一子：般、申和开。

等到庄公一死，季友怕叔牙支持庆父，便假传国君的命令，派人把叔牙扣押，并且送药酒给他，叫他自杀，叔牙就这样死了。季友随即立了般为国君。

鲁庄公死后不到 2 个月，庆父就派马夫荦把般暗杀了。季友听说般被害，知道是庆父干的，但是自己没有力量对付庆父，只得躲避到陈国去。庆父为了掩人耳目，暂不登上君位，却让年龄最小的开当个傀儡。于是开继任国君，后称鲁闵公。

鲁闵公的舅舅是齐国的国君齐桓公。齐桓公当然支持鲁闵公，而且帮助季友回鲁国做了国相。闵公元年冬天，齐桓公派大夫仲孙到鲁国访问，探探情况。仲孙在鲁国了解到：庆父的野心还没有死，鲁国的祸害还没完。所以他回国向齐桓公报告道："不去庆父，鲁难未已。"第二年，鲁闵公果然又被庆父杀害了。季友就带着申暂往邾国躲祸。

鲁国人一向信服季友，憎恨庆父，这时便一致起来反对庆父。庆父见形势不妙，逃到莒国去了。

庆父一走，季友就带着申回国，请齐桓公来定君位，立了申为鲁国国君，即鲁僖公。鲁僖公按照季友出的主意，派人送礼物到莒国去，请莒国国君代为惩办庆父。庆父走投无路，终于自杀。鲁国的内乱才算平定。

中华典故大全

②

云　瑾　主编

团结出版社

·穷涸自负·

典出《韩昌黎文集·应科目时与人书》。

天池之滨，大江之畔，曰有怪物焉，盖非常鳞凡介之品汇匹俦也。其得水，变化风雨上下于天不难也；其不及水，盖寻常尺寸之间耳。无高山大陵旷途绝险为之关隔也，然其穷涸不能自致乎水，为獭之笑者，盖十八九矣。如有力者哀其穷而运转之，盖一举手、一投足之劳也。然是物也，负其异于众也，且曰："烂死于泥沙，吾宁乐之；若俯首帖耳摇尾而乞怜者，非我之志也。"是以有力者遇之，熟视之若无睹也。其死其生，固不可知也。

传说在大海之滨，江河岸畔有个怪物。这个怪物绝非普通的水族之类可比。它置身水中，兴风作浪，飞腾天际，不费吹灰之力；如果一旦离开了水，活动也不过寸尺之间而已。

即使没有高山、丘陵、远路、绝壁、关隘阻挡，它窘于干涸，无法自己到达水中，十有八九被那些小小的水獭所嘲笑。如果有力气的人怜悯它的困窘，把它送到水中，只需抬一下手、动一下腿就行了。然而这个怪物自负与众不同，说什么："烂死在泥沙，我心甘情愿。如果去俯首帖耳，摇尾乞怜，我坚决不干。"所以，有力气的人遇到它，熟视无睹，不加理睬。这个怪物是死是活，就很难预料了。

后人用"穷涸自负"这个典故讽刺那些自命不凡、孤芳自赏、脱离实际、脱离群众的人。

·时无英雄，使竖子成名·

典出《晋书·阮籍传》。

时无英雄，使竖子成名。

魏晋之际有个著名文学家、哲学家叫阮籍，字嗣宗，陈留尉氏（今属河南）人。他与当时的名士嵇康等七人并称"竹林七贤"。

阮籍容貌英俊，性格狂傲，志气宏大，学识渊博。他读了许多书，最喜欢的是《老子》、《庄子》，在生活中也按老庄的哲学思想处世，顺其自然，不拘小节。他有时在家关起门来看书，可以一连几个月不出来；有时出外游山玩水，又可以多日不归。他不仅诗歌文章写得好，还善于弹琴唱歌，又酷爱饮酒。有时他读书或弹琴到兴致浓时，高兴到了极点，连自身的存在也忘记了（不其得意，忽忘形骸）。

阮籍对当时朝政的腐败黑暗深为不满，常与嵇康等人在竹

高逸图

林下一边饮酒，一边批评朝政。他看不起专权的司马氏集团，也看不起曹氏傀儡皇帝。朝廷曾召他去当参军。他推辞不去。有一次，阮籍登上广武城，观看当年楚霸王项羽与汉高祖刘邦交战的遗址。他很蔑视刘邦的人品和才能，感慨地叹息说："当年是世上没有真正的英雄人物，而让刘邦这种小人成名（时无英雄，使竖子成名）。"

后人用"时无英雄，使竖子成名"的典故形容由于时势的关系，使某人成了名，但并非这个人才能出众。

·仕数不遇·

典出《论衡·逢遇篇》。

昔周人有仕数不遇，年老白首，泣滋于涂者。

人或问之："何为泣乎？"

对曰："吾仕数不遇，自伤年老失时，是以泣也。"

人曰："仕奈何不一遇也？"

对曰："吾年少之时学为文。文德成就，始欲仕宦，人君好用老。用老主亡，后主又用武，吾更为武。武节始就，武主又亡。少主始立，好用少年，吾年又老。是以未尝一遇。"

仕宦有时，不可求也。

从前，周朝有一个人几次想当官都没有碰到机会，后来年纪大了，头发也白了，在路上痛哭流涕。

有人问他说："你为什么哭呀？"

回答说："我数次想当官都没有得到机会，自己哀伤年岁老了，失掉年华了，所以才在这里哭啊。"

又问他："做官为什么碰不到一次机会呢？"

回答说："我年轻的时候学习礼乐制度。等到礼乐教化获得成就，开始想担任官职了，可是君上却喜欢任用老成人。好用老成人的君王死去了，后主又偏爱武勇兵法，我便改习武勇兵法。等到武术兵法学习成功了，偏爱兵法武勇的君主又死去了。少主刚刚登基，又喜好任用少年，但我年岁却老了。所以一生不曾遇到一次当官的机会。"担任官职是要碰机会的，不是可以强求的呀。

这则寓言说的是"人主好恶无常，人臣所进无豫，偶合为是，适可为上。进者未必贤，退者未必愚，合幸得进，不幸失之"。在封建社会，只凭皇帝个人好恶来选用人才，往往会埋没人才。"合则遇，不合则不遇"，这表现出王充对现实黑暗不公的愤慨之情。看这位周人，学文学武，总跟着人君的好恶打转转，可以说是十足的"风派"了。可是年少之时，人君好用老；及至年老，人君又好用少年。这真是"仕宦有时，不可求也"。正因为如此，所以必须站得高一些，突破一般世俗的看法，因为"今俗人既不能定遇不遇之论，又就遇而誉之，因不遇而毁之"。有真才实学的，尚且如此遭遇，"况节高志好，不为利动，性定质成，不为主顾者乎"？遇不遇与贤不贤，是两码事。只要才高行洁，不要管他什么逢遇与否。

·鼠窃狗盗·

典出《史记·刘敬叔孙通列传》。

此群盗鼠窃狗盗耳，何足置之齿牙间。

秦朝末年，人民大众不堪忍受秦王朝的残暴统治，爆发了以陈胜、吴广领导的农民大起义。以这一起义为先导，各地农民和六国的一些旧贵族纷纷掀起了反暴抗秦的斗争。

秦朝当时的统治者二世胡亥是一个昏庸无能的家伙。从东方回来的使者纷纷向他报告各地郡县农民起义的情况，可是丞相赵高谎称这些使者造谣，二世便把他们投进监狱。

后来，农民起义的消息不断传进宫中，二世才召集了一帮子人询问情况。有些人照实说了，惹得二世勃然大怒。有一个叫叔孙通的人见此情景，便对二世说："现在天下一家，上有英明的天子，下有严厉的法律，各郡县都有称职的长官，百姓安居乐业，天下太平，谁还敢造反？各地有一些小偷小盗的，免不了，叫郡守、县尉把他们拿了办罪就是了，皇上何必担心？"二世一听高兴了，把说实话的关进了监狱，叔孙通反而得了重赏。

从此以后，各地的起义风起云涌，秦王朝终于走上了灭亡的道路。

后人常用"鼠窃狗盗"指小偷小盗。

·昙花一现·

典出《法华经·方便品》。

佛告舍利弗，如是妙法，诸佛如来，时乃说之，如优昙体花，时一现耳。

昙花（印度梵语"优昙体花"的简称）是属于仙人掌科的一种植物，其老枝为圆柱形，新枝扁平，绿色，呈叶状。昙花都是夜间开，翌晨即萎，仅开数小时。

后人常将一出现很快就消失的现象称为"昙花一现"。

·天翻地覆·

典出《胡笳十八拍》。

天翻地覆谁得知，如今正南看北斗。

这是描写蔡文姬嫁到匈奴后的遭遇和心情的两句诗。

蔡文姬，姓蔡名琰，字文姬，东汉末年人，左中郎将蔡邕的女儿。据《后汉书》记载：文姬博学多才，妙于音律。

胡笳十八拍图

东汉末年，天下大乱，匈奴入侵。公元 196 年，文姬被匈奴人掳获，做了南匈奴左贤王的王后，生了两个孩子，直到公元 208 年才被曹操派人接回。蔡文姬在匈奴 12 年，饱尝各种辛酸。她怀念祖国，思念亲人并怀着这种沉痛的心情作了《胡笳十八拍》来抒发自己的感情。刘商拟作的《胡笳十八拍》中这两句诗的意思是说，蔡文姬到了匈奴以后感到起了很大的变化，天地都倒了个个儿，连北斗星都转到南方去了。

后人用"天翻地覆"比喻变化很大。

·投其所好·

典出《太平广记》。

有甲欲谒见邑宰，问左右曰："令何所好？"或语曰："好《公羊传》。"后入见。令问："君读何书？"答曰："惟业《公羊传》。"

试问谁杀陈佗者。甲良久对曰："平生实不杀陈佗。"令察谬误，因复戏之曰："君不杀陈佗，请是谁杀？"于是大怖，徒跣走出。人问其故，乃大语曰："见明府，便以死事见访，后直不敢复来，遇赦当出耳。"

有一个人想去拜见县官，问县官身边的人："县太爷最喜欢什么？"有人告诉他说："喜欢《公羊传》。"后来这个人进去拜见。县官问他："你读过什么书？"这个人回答说："专门研究《公羊传》。"县官问他杀陈佗的人是谁。这个人想了好一阵才回答说："我这一辈子实在没有杀过陈佗。"县官看出他回答得很荒谬，就又戏弄他说："你没有杀陈佗，请问是谁杀的？"于是这个人非常恐惧，光着脚跑了出来。别人问他光脚跑出来的原因，他还吹大话说："我去拜见英明的县太爷，他就拿杀人的事情查问我，以后我简直不敢再来了，只是碰上他赦免了我的罪，我才出来的。"

这篇寓言对那些在当官的面前吹牛拍马、讨好卖乖的人进行了尖锐的讽刺。

·五十步笑百步·

典出《孟子·梁惠王上》。

孟子对曰："王好战，请以战喻。填然鼓之，兵刀既接，弃甲曳兵而走。或百步而后止，或五十步而后止。以五十步笑百步则何如？"曰："不可。直不百步耳，是亦走也。"

一次，梁惠王对孟子说："我对国家真是尽心尽力了，如果河内地方遇到饥荒，我把那儿的居民迁到河东去，又把河东的粮食调到河内；河东出现同样的灾情，我也照样这样做。你说有哪个国家的君主能像我这样替百姓办事呀？可我们魏国的百姓还是不能增多，邻国百姓也不见减少，这是什么道理呀！"

孟子说："我先说个故事你听听，一次两国交战，一方的将士刚听到鼓点一响，就抛下盔甲、拖着兵器向后逃跑。有的士卒跑得快，一口气跑了一百步远；有的士卒跑了五十步就停住了。这时候那些只跑了五十步的士卒嘲笑跑了一百步的人说：
'你们真是胆小鬼，跑得那么快！'您说他们骂得有理吗？"

梁惠王说："跑五十步也是逃跑，干吗耻笑跑一百步的！"

孟子说："你明白这个道理，就知道魏国也不比别国强
多少了。如果您在农忙季节，春种、秋收时不去征兵、征工，
那魏国的粮食就多得吃不完；如果禁止用网眼过小的渔网去
湖里捕鱼，那鱼就总会生生不绝；树木砍伐假若加以限制，
木材也会使用不尽。有了这些条件，老百姓能不拥护您吗？
您再下令多植桑树，多养猪狗鸡，让大家能穿上丝绵吃上鸡
肉，那天下的百姓能不归附于您吗？然而现在却不是这样。
大王如果认真改革朝政，那魏国是会强盛起来的……"梁惠
王点头称是。

"五十步笑百步"义为逃跑五十步的士兵讥笑逃跑一百步
的，其本质其实一样。后用来比喻自己跟别人有同样性质的问
题，却自以为优越而嘲笑或反对别人。

·蜗角虚名·

典出《庄子·则阳》。

有国于蜗之左角者，曰"触氏"，有国于蜗之右角者，曰"蛮
氏"，时相争地而战，伏尸数万；遂北旬五日，而后反。

战国时，魏惠王与齐国田侯牟结成联盟。后来田侯牟背
叛了盟约，魏惠王非常气愤，打算派人去刺杀田侯牟，以发

泄心头的愤怒。公孙衍听说后对魏惠王说："大王身为一国之君，却采取一般百姓的报复手段，我真替大王感到惭愧。不如给我20万兵甲，攻打齐国，活捉他的老百姓，抢走他们的牛羊，使田侯牟一想到此事就浑身冒汗。在此之后再攻占他的国家，捉住他，鞭打他的背，折断他的骨头。"

季子在一旁听了，耻笑说："修筑一道十丈高的城墙，已经筑了七丈，又把它毁坏，岂不是有意劳累百姓吗？魏国有7年不打仗了，这是一件好事，是大王立国之本。公孙衍这个捣蛋的人，无端挑动战争，大王不要听他的。"

魏国朝廷的这场争论，被一个叫惠子的人听见了，他弄不清究竟取哪一种方法才对，就请教一个叫戴晋人的读书人。戴晋人先未直接回答他，而是说："蜗牛的左角有一个国家叫触氏，右角上有一个国家叫蛮氏。有一次两国为了争夺地盘而发生战争，双方大战了半个月，死亡好几万，一时间弄得遍地都是尸体。后来触氏国打胜，乘胜追击，占领了蛮氏国不少的地方。"

惠子听后，笑着说："哎，你也太夸张了，世界上哪有这样的事！"戴晋人解释说："事情虽然有些夸张，但道理是一样的。蜗角两国所争夺的地盘，一个真正完美的人看来，也不过针尖大。他们完全是为了虚名在进行战争！"

惠子佩服地说："你的见解太新鲜了！"

蜗牛的角是很小的，后世以"蜗角"比喻极小的地方；"蜗角虚名"比喻微不足道毫无作用的名声。

· 西施至姣 ·

典出《慎子·外篇逸文》。

西施，天下之至姣也，衣之以皮，则见者皆走；易之以玄，则行者皆止。由是观之，则元色之助也，姣者辞之，则色厌矣。

西施是天下最漂亮的女人，给她戴上鬼怪的假面具，看见她的人也都吓跑了；给她换上美丽的细布衣裳，那么，行路的人都会停步凝望

西施像

的。由此看来，美丽的细布衣裳是帮助了她的美色，如果漂亮的人不穿它，那么，她的美貌也就会减色了。

俗话说，人凭衣裳马凭鞍。这个寓言的主旨，在于宣扬"处势"的重要意义。

· 晏子的车夫 ·

典出《晏子春秋·内篇杂上》。

晏子为齐相，出，其御之妻从门间而窥：其夫为相御，拥大盖，策驷马，意气洋洋，甚自得也。

既而归，其妻请去。夫问其故。妻曰："晏子长不满六尺，身相齐国，名显诸侯。今者妾观其出，志念深矣，常有以自下者。今子长八尺，乃为人仆御，然子之意，自以为足，妾是以求去也。"

其后，夫自抑损。晏子怪而问之，御以实对。晏子荐以为大夫。

晏子做了齐国的相国，有一天坐着车子出门。他车夫的妻子从门缝里偷看：只见自己的丈夫替相国驾车，坐在车上的大伞盖下，挥鞭赶着高头大马，神气活现，十分得意。

后来，车夫回到家里，他的妻子就要跟他离婚。车夫连忙问是什么原因。他的妻子说："晏子身高不满六尺，当了齐国的相国，在各诸侯国中很有名望。刚才，我看他外出，他的思想显得多么深沉，而他的态度却又总是那样谦逊。而你呢，身高八尺，不过是个替人赶车的车夫罢了，却是那样踌躇满志，自以为了不起，像你这样的人还会有什么出息呢？这就是我要跟你离婚的原因。"

从此以后，车夫常常自己抑制自己，显得谦逊起来。晏子感到奇怪，问车夫为什么变得这样快。车夫就把真实情况告诉了晏子。

晏子对车夫很满意，便推荐车夫做了大夫。

这个故事说明满招损，谦受益。

·一夜十起·

典出《后汉书·第五伦列传》。

吾兄子病，一夜十往，退而安寝；吾子有疾，虽不省视而竟夕不眠。

东汉时候，京兆长陵地方有一个名叫第五伦的人，第五是他的姓氏，伦是他的名字。因为他的先祖原本姓田，分支太多，便以次序定为姓氏。

第五伦年轻时勇武侠义，曾率领本族人防御盗贼、修筑营壁。他拒敌在前，豪爽果敢，得到乡亲们的信任。地方官吏看他很有本事，便任命他为小吏，以后他又担任京兆尹的主簿。因为他办事公平，为官清廉无私，很得光武皇帝的赏识，派他去做会稽太守。

第五伦生活非常简朴，他虽然有优厚的俸禄，但只留一个月的粮食吃用，余下的粮食都降价卖给贫困人家。平常自己割草喂马，让妻子做饭食，不雇用仆人。当时会稽地方人们迷信，相信占卜算卦那一套，并且每年要杀耕牛祭神。巫祝说谁要是自己吃了牛肉而不祭神，就会闹病，像牛那样吼叫，然后暴死。因此百姓被弄得很苦。第五伦到任后，决心治理恶习邪俗。他下命令惩罚那些借鬼诈骗百姓的巫祝，又贴出告示，谁无故杀死牛就办他的罪。这样一来，会稽的百姓都安居乐业了。

第五伦后来到朝廷做代理司空的官。他看到肃宗皇帝对太后的亲属都委以重任，觉得很不合于法度，将来必会给国家带来灾难，就上书皇帝，直言不讳地批评圣上。他处处奉公守节，说话办事毫无顾虑，家人和孩子常劝他别太任性，以免得罪权贵自讨苦吃，可他却训斥儿子不忠不贞。

第五伦的铁面无私，在朝廷内外一时传为美谈，人们很敬仰他。一天，一位同僚赞扬他说："像你这样的人真可以说是毫无私情了！"

第五伦却认真地反驳说："你说的不全面呀！以前曾有一位熟人送给我一匹马，想叫我帮他谋个官做。马我当然没收下，可是当我举荐别人做官时，常常想起他。这不是证明我还是有私情吗？再比如说，我的侄儿生病，一宿我起来十回去看他，但回到床上我很快就睡着了，睡得很安稳。我自己的儿子生病就不一样了，虽然夜里我不去瞧他，但我整夜睡不着觉，担心孩子的病情。你看我哪里够得上是毫无私情呢？"

成语"一夜十起"就是由此而来，后人用它形容待人体贴周到。

·因棋失"兰亭"·

典出民间故事。

《兰亭集序》是东晋大书法家王羲之的得意之作，王家视为珍宝，代代相传。到了唐代，太宗李世民能写一手好字，最喜爱王羲之的书法。他从民间搜罗了很多王羲之的字帖，可就是找不到真本《兰亭集序》，平常与人提起便感到十分遗憾。

后来听说真本为永欣寺的大和尚辨才所藏，就把辨才邀请到宫中，询问此事，辨才矢口否认，说这是"谣传"，太宗也无可奈何。监察御史萧翼为人狡猾多谋，为了博得皇帝的欢心，便自告奋勇，愿去寻找。

经过调查，他确信《兰亭集序》就在辨才手中。一天傍晚，他乔装服为棋客，到永欣寺求宿。辨才闲来无事正在禅堂中打谱，听说有棋客来访，就邀请萧翼纹枰对座，切磋棋艺。两人棋逢对手，杀得难解难分。第二天，辨才余兴未尽，就让萧翼留下来多住几日，两人通宵达旦地弈棋。一边下棋，两人一边闲谈，很是投机。

十几天过去了，萧翼见时机已经成熟，便把话题扯到书法上来，说："我自幼喜爱王羲之的书法，对羲之父子的书法真迹十分珍视，百看不厌，经常临摹，现在还有几幅带在身边。"辨才一听更加高兴，便说："明天可以拿来给我看看。"第二天萧翼带着事先准备好的几本字帖让辨才鉴赏，辨才仔细地看过之后，对萧翼说："这几本字帖倒是真迹，不过这并不是最好的。贫僧这里也有一幅真迹，是非同寻常的珍品。"萧翼问："什么字帖？"辨才说："《兰亭集序》。"萧翼听完，故意笑着说："这么多年，兵荒马乱的，哪里还能有什么真迹流传在世上。那一定是假的。"辨才见萧翼不信，就接着说："我的老师智永禅师，是王羲之的第七代孙。我跟他学习书法 30 年。怎么会是假的呢？明天你来，我让你看一看。"过了一天，萧翼又来找辨才下棋。辨才亲自从屋梁上把《兰亭集序》拿了下来。萧翼看过之后，还故意说是假的，并和辨才进行了长时间的探讨和研究，辨才眼看不能说服萧翼，又有事要到别人家里去做客，就把《兰亭集序》放在桌子上和萧翼一起出了门。

萧翼等辨才走后，以手帕丢在屋里为由，骗过看门的小和尚，拿走了《兰亭集序》返回京城，交给了李世民。

·庄周梦蝶·

典出《庄子·齐物论》。

昔者庄周梦为胡蝶，栩栩然胡蝶也。自喻适志与！不知周也。俄然觉，则蘧蘧然周也。

战国时，著名哲学家庄周在大白天做了一个梦：梦见自己变成一只色彩斑斓的大蝴蝶，翩翩飞舞在开满鲜花的草地上，一会儿停在黄色的花朵上，一会儿停在白色的花朵上，一会儿又停在紫色的花朵上，多么轻松，多么愉快啊！此时此刻，根本不知道自己就是庄周，完全深深沉浸在一片欢乐之中。庄周一觉醒来，睁开眼睛，不禁大吃一惊：咦，我怎么是庄周呢？刚才还是一只蝴蝶！他摇了摇头，认真地思索着这样一个问题：就我个人来讲，不知道是做梦化为蝴蝶，还是蝴蝶做梦化为庄周？不管怎样变化，万物的一生始终处在梦境之中。

这时，一个叫长梧子的人走来，庄周就将自己的想法告

北海真人知為誰坐
骑靈龜食珍瑚充
君郵氣候真誤風
雨雷電相追繞踵
急一閃九千歲凌空
進行稍帶醉有
騰光景照庭寰皆
得仲聘清萬罪
長洲沈周贊

仙人图

诉了长梧子，长梧子说："你思考的这个问题很有意思，就连黄帝那样的人听了，也会疑惑不明的。我听说过这样一件事情：艾地有一个小官吏，他有一个女儿，名叫骊姬，长得十分漂亮。晋献公知道后，找人去把她接到宫里。离开艾地时，骊姬哭得很伤心，眼泪把衣服都湿透了。等她到了晋献公的宫里，看到富丽堂皇的宫殿，吃着山珍海味的佳肴，感到当初离开家乡时的哭泣是错误的。骊姬现在后悔当初的行为，又怎么知道今后不后悔现在的行为呢？"

庄周听了，哈哈大笑起来，拍着长梧子的肩膀说："看来我们都处在似梦非梦之中！"

后人用"庄周梦蝶"比喻人生如梦，变化莫测。

闲趣篇

·白衣送酒·

典出《续晋阳秋》。

陶潜尝九月九日无酒，宅边菊丛中，摘菊盈把，坐其侧久，望见白衣至，乃王弘送酒也。即便就酌，醉而后归。

我国古代许多著名的大诗人都喜欢喝酒，东晋大诗人陶渊明也不例外。他曾在自传体散文《五柳先生传》里说自己生性最爱好饮酒。但隐居山乡，家境贫困，不是常常都有酒喝的。亲朋故旧知道他的嗜好，有时便备办了酒菜请他去享用。他呢，只要一去，便要一醉方休。尽兴之后，便立即向主人告辞。他性格中的洒脱豪放，也可略见一斑。

有一年的九九重阳节，菊花盛开，南山清晰可辨，秋风吹拂，飞鸟翩然。这么美好的佳节，本是喝酒的好日子，但这天陶渊明家中一滴酒也没有。他只好无聊地坐在房屋外的菊花丛中，有意无意地一把把摘取菊花，以此来消磨时光。正在百无聊赖之时，陶渊明远远望见一个穿白衣服的人向他走来。走近一看，此人手里还抱了一大坛

陶渊明收好酒

酒。原来，这个白衣人是刺史王弘家的仆役。他受主人的差遣，给陶渊明送来一坛酒。陶渊明真是喜出望外，他连忙向白衣人表示对朋友王弘的谢意，收下了这坛酒。

白衣使者刚走，陶渊明便迫不及待地打开坛盖，阵阵酒香向他袭来，他立即开始喝了起来，一杯又一杯，直到喝得酩酊大醉，方才心满意足地回到屋里。

后人用"白衣送酒"形容赠酒、饮酒，或比喻自己渴望的东西朋友正好送来。

·车辙马迹·

典出《左传·昭公十二年》。

楚王冬猎，驻扎在乾。一天傍晚，楚国的右尹子革来拜见楚王。楚王和他谈论国事。

楚王说："当年我先王熊绎，和齐、卫、晋、鲁四国的国君一起侍奉周康王，他们四人都得到了宝鼎，只有我国没有。假如我派人到周去要求分鼎，周天子大概会给我的吧？"

子革回答："对！肯定会的！"

楚王又问："许是我伯祖父居住的地方，现在郑国人霸着不给我，如果我去要这块土地，郑人大概会给我的吧？"

子革又顺着楚王说："周天子都不敢吝惜宝鼎，郑国哪敢吝惜土地？"

楚王接着问："当年诸侯各国都怕晋，现在我修筑陈、蔡和两个不羹城的城墙，把这些城墙当成楚国的城池，诸侯大概会怕我了吧？"

子革又赶快附和："楚国如此强大，谁不怕大王您啊！"

侍坐在旁的楚大夫仆析父，趁楚王暂时离开的空隙对子革说："您是楚国有声望的人，您对大王说话都像回声一样，那楚国将怎么办呢？"

子革胸有成竹地说："我这是做准备呵，把刀磨快，等大王回来，我就要斩杀他的暴虐凶恶。"

楚王回来，继续和子革交谈。子革说："昔年周穆王想随心所欲地周游天下，打算在全国各地留下车辙马迹。祭公谋父作了一首《祈招》诗，劝阻了穆王周游，穆王因此没有被篡位、谋杀。"

楚王极想知道《祈招》诗的内容，子革告诉他："这首诗说：'祈招啊，安静祥和，明告善言。国之用民，就如金玉，随器制形，随力使用。去掉醉满过饱之心吧！'"

楚王心中震动，连着几天不吃不睡地思索，他是被子革的话打动了。

·长沮桀溺·

典出《论语·微子》。

长沮、桀溺耦而耕，孔子过之，使子路问津焉。

春秋时代，孔子周游列国，宣传他的政治主张。一天，

在路上看见有两个人在
田中耕作。孔子叫子路
去问他们渡口在什么地
方。原来，这两个耕田
人一个叫长沮，一个叫
桀溺，是两位隐士。长
沮问子路："那个坐在
车上手握缰绳的人是谁
呀？"子路说是孔丘。
长沮一听是远近闻名的
孔子，便说："他是最
熟悉道路的人，何必来

子路问津

问我们呢？"子路又去问桀溺。桀溺又问他："你是鲁国孔
丘的徒弟吗？"子路说是的。二位隐士对孔子周游列国的举
动很不满意，就借此说道："如今天下纷乱，如洪水滔滔，
谁又能将它改变呢？你与其跟从那个逃避恶人的人，还不如
追随那些逃避整个尘世的隐士呢。"然后继续埋头耕作，不
再理睬孔子与他的弟子们。孔子听了两位隐士的话，感慨万
端。他叹了一口气，说道："让我隐居山林，与飞鸟走兽同群，
我做不到；让我追随那些隐士离开社会和人群，是不行的。
如果天下有道，政治清明，我又哪里用得着出来四处奔走谋
求改变呢？"

后人用"长沮桀溺"的典故指避世隐居的高人；或形容退

隐田间，逃避世事。

·莼羹鲈脍·

典出《世说新语·说鉴》。

翰因见秋风起，乃思吴中菰菜、莼羹、鲈鱼脍，说："人生贵在适志，何能羁宦数千里以要名爵乎！"遂命驾而归。

晋代有一个人叫张翰，字季鹰。他曾多年在洛阳任齐王司马囧的属官，官职不高，难以施展抱负。又因官府诸事繁杂，颇多不顺心之处。加之他预见到司马囧将要垮台，恐累及自己，便想避祸退隐。

他曾对同郡人顾荣说："现在天下战乱纷纷，祸难不断。凡有名气的人都想退隐。我本是山林中人，对官场难以适应，对时局又很绝望。看来，也该防患于未然，考虑一下以后的事了。"然而要断然放弃眼前的功名利禄也不是很容易的事，他迟迟未做最后的决定。

有一年秋天，季鹰在洛阳感受秋风阵阵，似乎带来了泥土的芬芳，他突然产生了强烈的思乡之情。接着，他又回忆起家乡吴地的莼菜羹和鲈鱼脍等佳肴美味，更觉得乡情无法排遣。

于是，他自言自语地说："人生一世应当纵情适意。既然故乡如此值得留恋，我又何必定要跑到几千里之外，做这一个受拘束的官儿，去博取什么名位呢？"接着他毫不犹豫地到齐王那里辞了官，千里驱车，回到了自己的故乡。

就在季鹰辞官回乡不久，齐王司马炯因谋反被杀，他手下的人纷纷受到牵连，有好些人还丢掉了性命。只有张季鹰幸免于难，人们都称赞他有先见之明。

后人用"莼羹鲈脍"、"季鹰思归"等典故形容人不追求名利，凡事顺乎自然。或用以形容人对家乡的思念之情。

·重阳登高·

典出民间传说。

农历九月九日是重阳节。重阳节这天，人们要在胸前佩戴茱萸，饮菊花美酒。茱萸，是一种中草药，又叫"艾子"，味道苦而香，有驱虫去湿、延年益寿的作用。菊花酒是菊花加小米酿制而成，芬芳可口，舒筋活血，对身体很有益处。

除此之外，重阳节还有登高的习俗。兄弟姐妹，亲朋好友，相邀登高，望远抒怀，其乐无穷。登高的习俗起源于汉代。围绕登高有一个妙趣横生的传说故事。

东汉时，河南有个叫桓景的人，对道术很感兴趣，便到外地拜了个道士为师，悉心钻研。多年以后，他的学业大有长进。有一年秋天，他师傅告诉他，九月九日那天，他的家将有瘟神降临，让他务必回家一趟，并告诉了他消灾的办法。九月九日那天，桓景日夜兼程地赶回家里。他依照道士的吩咐，给家人每人发了个装有茱萸的绛色小袋挂在胸前，并让他们都喝了菊花酒。之后，他领着家人登上附近的一座山头，痛痛快快地游玩了一整天，直到夕阳落下时才回家。回到家里一看，养的猪、狗、猫、鸡、鸭等统统死掉了，他想，只要家人都平安无事，死些鸡鸭又何妨。九月九日这天过后，他又辞别家人，回道士那里继续学习。见了师傅后，桓景把结果给师傅说了。道士捋着胡须，笑笑说："那些猪狗鸡鸭都是替死鬼，代你家消灾避祸。"

这个故事传开后，登高的风俗便渐渐为人们所继承。登高望远具有了消灾避祸的意义。

·二酉藏书·

典出民间传说。

我们赞扬某人读书多、学问大，往往用"学富五车、书通二酉"来形容。这"二酉"是什么意思呢？

在湖南省沅陵县西北有座二酉山，山上有个二酉洞。洞外附近四块石头上刻着"古藏书处"四个大字。洞内钟乳石鳞次栉比，姿态万千。传说在秦始皇焚书坑儒时，京城咸阳有两个儒生携带着一批书籍逃难，他们遇路乘车，逢水坐船，千辛万苦逃到此山，把书深藏在这隐秘的山洞里。刘邦建立汉朝以后，这两位书生便把所有一千多卷简册带到京城，使这些宝贵书籍重见天日。人们无不称赞"二酉藏书，功德无量"。"书通二酉"，是赞扬某人对二酉洞那么多藏书都精通了的意思。

· 金针度人 ·

典出《论诗》。

鸳鸯绣出从教看，莫把金针度与人。

在七夕节乞巧活动中，历史上广泛流传着一个"金针度人"的故事。

唐朝时，有位姓郑的人家生了个女儿名叫郑采娘。这女儿自小就聪明伶俐，心灵手巧。长大后，更是贤淑端庄，十分可人。采娘从小就喜欢做针线活，挑花、刺绣都很精通。她做出来的东西，手工精巧，质量上乘，深得四邻妇女的称赞。然而，采娘总觉得自己的功夫还欠佳，缺少某种技巧。有一年七夕夜晚，她和母亲在香案上摆了供品，恭恭敬敬地跪在地上，对着天边的织女星祈祷，祈求织女赐给她做针线的绝技。

晚上，采娘入睡后，做了个梦。梦见下了场瓢泼大雨，雨中走来一位身穿七彩衣的仙女。仙女走到采娘的床前，对她说："采娘，我是天上的织女。我见你做针线很用心，特地把这枚金针送给你。三天后，你就会得到做针线活的绝技了，不久，还可以变成男子。但三天内，不准对任何人提及此事，否则，

▼乞巧图卷

便前功尽弃。"织女说完后，便隐身不见了。

采娘醒来后，见床头果然有一根一寸长的金针，插在一张白纸上。她激动万分，把金针藏了起来。可是，采娘天生心直口快，心里装不下秘密。她憋了两天后，忍不住把这事告诉了母亲。她母亲也十分好奇，便让她把金针拿出来看看，采娘把金针拿出来后，发现只剩下一张白纸，纸上仍有针痕，但金针已不翼而飞。

采娘还是没有得到针法绝招，但她死后，依仙女的话又托生变成了个男孩儿。

此后，"金针度人"便成为一个典故流传下来，比喻对人传授某种秘法绝招。

·孔群好饮·

典出《世说新语·任诞》。

鸿胪卿孔群好饮酒。王丞相语云："卿何为恒饮酒？不见酒家覆瓿布，日月糜烂！"群曰："不，尔不见糟肉乃更堪久。"

鸿胪卿孔群很爱喝酒。丞相王导劝告他说："你为什么经常喝酒呢？你看，酒店里那些覆盖酒罐的布，一天天地霉烂了！"孔君回答说："不，你没看见浸在酒糟里的肉，不是能够保存更长的时间吗？"

这个故事说明：喜欢给自己护短的人，总是要强词夺理，想方设法为自己辩解的。

·羚羊挂角，无迹可求·

典出《埤雅·释兽》。

传说中，有一种野生的羊，名叫羚羊。它比绵羊要大一些，长着一对向前弯曲的角，这对角不但是它的武器，还有另一种奇妙的功用，夜晚，它跑到大树底下，找到一根横枝，就高高一跃，把角挂在枝上，就这么吊着睡觉了。凶猛的虎豹沿着它的足迹，嗅着它的气味追踪而来，追到树下，突然足迹没有了，气味也消失了——它们怎么会猜想到：羚羊高高挂在树上呢？山上的人们，有时在黎明时刻，看到了羚羊，还以为是有人在树上上吊死了。及至走近，它一跃而下，跑得飞快，一会儿就瞧不见了。

后人用"羚羊挂角，无迹可求"这个典故比喻诗的意境超脱玄妙。宋代诗评家严羽说："盛唐诸人惟在兴趣，羚羊挂角，无迹可求，故其妙处，透彻玲珑，不可凑泊。"清代翁方纲也说："神韵……却如羚羊挂角，无迹可求。"

·平原督邮·

典出《世说新语·术解》。

桓公有主簿善别酒，有酒辄令先尝，好者谓"青州从事"，恶者谓"平原督邮"。

桓公（桓温）手下有个主簿，善于辨别酒的好坏。每有酒

215

时，桓公都要叫他先尝。他把好酒叫作"青州从事"，不好的酒叫作"平原督邮"。因为青州有个齐郡，"齐"与"脐"同音，好酒的酒力一直达到小腹的脐部，所以称好酒为"青州从事"。平原郡有个鬲县，"鬲"与"膈"同音，不好的酒，酒力只能达到胸腹之间，所以称不好的酒为"平原督邮"。

后人把好酒叫作"青州从事"，不好的酒叫作"平原督邮"。

·齐人有好猎者·

典出《吕氏春秋·贵当》。

齐人好猎者，旷日持久，而不得兽。入则愧其家室，出则愧其知友州里。惟其所以不得之故，则狗恶也。欲得良狗，则家贫无以。于是还疾耕，疾耕则家富，家富有以求良狗，良狗则数得兽矣。田猎之获，常过人矣。非独猎也，百事也尽然。

齐国有个人，喜欢打猎，但空费时日，持续很久，什么野兽也没打到。一到家里，就感到对不起妻室儿女；走出家门，就感到对不起朋友乡邻。仔细想来，打不到野兽的原因，就是喂的猎狗太不中用。于是想买一只好狗，但因为家里十分贫困，买不起。于是，他立即拼命种田。拼命种田，家里就富裕起来；家里富裕起来，也就有钱挑选好狗；猎狗的本领高强，于是每次都能捕获到野兽。从此，他那打猎的收获，经常超过了别人。

不只打猎是这样，其他事情也都是这样啊！

后人用这个故事说明为了解决某一个问题，在找到问题的症结以后，要不畏走曲折的道路，不怕艰苦，才能从根本上解决问题。

·清谈误国·

典出《晋书·阮籍传》。

魏晋南北朝时期，一批有学问、有地位、向往"纯任自然"的老庄哲学的人，常常聚在一块儿海阔天空地聊，或是在一起分析哲理，这就是历史上的清谈。

魏晋时代，许多仁人志士都沉溺于清谈之中，"竹林七贤"就是最突出的例子。竹林七贤包括嵇康、阮籍、山涛、向秀、阮咸、王戎、刘伶七人，他们常结伴在竹林中谈天，因而被人称为"竹林七贤"。他们在竹林中痛快饮酒，大声谈话，讨论周易、老子和庄子（叫作三玄），他们表扬道家的玄学，攻击儒家的礼教。

竹林七贤不但在理论上崇尚玄学，在行为上也狂飙放浪。比如，刘伶常带一坛酒坐在车上，叫仆人拿着锄头跟在他身后，说如果他醉死了便把他就地埋掉。他有时还赤裸着全身在室内饮酒。

酿酒画像砖 东汉

稽康在学术界居于领导的地位，他被人害死时，他的学生已达 3000 多人。玄学越谈越有趣，人才也越来越多，"竹林七贤"之后又有做吏部尚书的王衍和尚书令乐广等人加入，清谈的队伍同时加入的还有不少名人。在朝的人不断加入清谈，其他的官吏也就乐得寄情酒色，不管国事了。西晋朝野从此呈现一片颓唐、消沉的气氛。八王之乱发生，政局动荡了 16 年，匈奴人刘曜杀了晋愍帝，西晋亡了国。后人因而说西晋亡国是受了清谈的影响。

实际上，清谈对西晋的存亡，确有相当的影响，谈玄学的王衍被石勒捉住，被墙头压死的一刹那，他忏悔地说：我们虽不如古人，但我们如不崇拜浮虚，努力治理天下，哪里会走到今天这样的地步？桓温在北征的时候，同他的僚友登楼眺望中原，也很感慨地说：神州陆沉了，王衍他们不能不负责任呵！清谈误国这句话就这样传下来的。

·撕衣成书·

典出民间故事。

裴休，字公美，唐代书法家。能文章，尤工楷书，宗法欧阳询和柳公权。

裴休年轻时家境清贫，发愤读书，后来考中进士，登上仕途，离开家乡时自己把故乡的几间老屋加以扩建，捐为僧舍，取名"成化寺"。

有一年，裴休外出巡察，途经故乡，就特地到成化寺拜望寺僧方丈。方丈见裴休荣归故里，连忙盛情款待。裴休在寺内小住两日，心里十分高兴。这天，裴休正欲告辞，方丈突然拉住他的衣袖，硬要他题词。裴休觉得情面难却，只得允诺。他见寺内墙壁粉刷不久，洁白干净，就叫寺僧端来砚台和墨，轻轻研磨起来。他边磨边想：写字难道非用毛笔不可吗？东晋书法名家王献之小的时候，有一次出门玩赏，见泥水匠正在粉刷墙壁，就快步走上前去，借来刷帚，沾上泥浆，写了一个一丈见方的大字。大家都赶来观看，王羲之闻讯后，也跑去观看，深为儿子的大胆创新而骄傲。我这次何不仿效王献之也来个独具一格呢？想到此，他眼睛一亮，于是解开衣襟，撕下一段下摆搓成一团，饱蘸浓墨，不假思索，神态自若地涂抹起来。不一会儿，写下了一首字势奇绝的即兴诗章，寺僧方丈见了墨宝连称是诗字双奇，拱手感谢。裴休回到家里，妻子见他衣襟散破，忙问何故。裴休乐呵呵地告诉她："我刚才用衣襟布当笔替成化寺书题诗了！"

·坦腹东床·

典出《晋书·王羲之传》。

时太尉郗鉴使门生求女婿于导，导令就东厢遍观子弟。门生归，谓鉴曰："王氏诸少并佳，然闻信至，咸自矜持。惟一人在东床坦腹食，独若不闻。"鉴曰："正此佳婿邪！"访之，乃羲之也，遂以女妻之。

晋王羲之，字逸少，山阴人，他很聪明，不但文章好，字也很好，13岁时，已有名气。在拜谒周凯以后，他的名气更大了，因为当时周凯的声誉很高，士人们只要得到他称誉一句，身价就会很高。

当时太尉郗鉴有一个女儿，不但美丽而且很有才学，一时找不到足以与之匹配的世家子弟。后来，想起了王家，郗太尉就派一个门人先到王府去观察，看看是否有适当的人。那位门人到了王府，向家长王导说明来意，王导叫他自己到东厢去观察。

王氏子弟，个个生得眉清目秀，都是一表人才，他们听说郗家遣人前来相亲，不禁都紧张起来，大家装模作样，态度都不很自然。只有一个青年，袒露着肚子，盘坐在东边的床上吃东西，意态自如，旁若无人。

那位相亲的门生把这情形告诉了郗太尉，郗太尉说："那位毫无矫揉造作，意态自如，坦腹东床的青年，正是我心目中的佳婿。"于是就把女儿许配给那个人，他就是王羲之。由于郗鉴择婿的故事，后来人们凡是称谓女婿就叫坦腹东床，也有人称"东床快婿"，这句话含赞美的意思。

·天马行空·

典出《汉书·西域传》。

新疆境内的伊犁河一带，是古代的乌孙。那里出产一种名贵的马匹，称为"伊犁马"。此马体型长得很标致，毛色也很美观。它的四条腿结实有力，行动灵活、敏捷，特别擅长跳跃。它是优良的轻型乘用马，自古以来就受到人们的喜爱，古人称它是"天马"。

汉朝时，西域的大宛国也出产一种名马，被称为"西极天马"。传说大宛国峤山上有匹神马，可以"日行千里"。因为"西极天马"跑得神速，故称之为"天马行空"。

羽人骑马玉雕　西汉

最早将大宛国出产天马的消息告诉汉武帝的是张骞。汉武帝获悉后，立即派人带着金银珠宝和马匹，去大宛国换天马。可是大宛国王不肯把天马献出，并且扣留下财物，杀了使臣，把宝马藏匿在贰师城。汉武帝大怒，派李广利为贰师将军，领兵讨伐大宛国。大宛国的大臣们，惧怕汉朝的兵威，只得杀了国王毋寡，献出宝马3000匹。汉武帝万分欢喜，便作了一首《天马歌》：

　　天马徕兮从西极，经万里兮归有德。

　　承灵威兮障外国，涉流沙兮四夷服。

"天马行空"原指神马奔驰于太空，像是腾空飞行一样神速。比喻才思纵横，气势豪放，不受拘束。

·同乡棋圣·

典出《清稗类钞》。

范西屏和施定庵是清代两位著名的围棋大师。又都是钱塘江畔的海宁县人，两人年龄仅差一岁，被誉为"同乡棋圣"。

范西屏天资聪颖，七八岁时就能与当地名手抗衡，他的父亲为把他培养成才，遍访浙江各地，为儿子择师学艺。听说山阴县高手俞长候棋品很高，虽不及国手徐星友等，但在省里也是首屈一指的大师，就重金请来教范西屏下棋。几年过后，到范西屏12岁时，已经和自己的老师旗鼓相当，不相上下了。

施定庵出身书香门第，自幼体弱多病，施父希望定庵能承继家业，就把他送到学馆去念书，后来发现施定庵的学习成绩不好。就在家教他琴、棋，以启迪他的智慧。施定庵对围棋产生了浓厚的兴趣，棋艺水平与日俱增，进步飞快。后来听说同乡范西屏有名师俞长候指导，非常羡慕，就在父亲的陪同之下，也拜在俞长候的门下，和范西屏成为同窗学友。

俞长候曾带领范西屏和施定庵到杭州去拜访过那时已是7岁高龄的棋坛名宿徐星友。徐老高兴地授两人三子对弈，并帮助复盘讲解。他那精辟的见解，深深地吸引住了两位小将。弈后徐老又将自己精心著作的《兼山堂弈谱》赠给他们。范、施得此书如获至宝，潜心研究了多年。

"当湖十局"是古代围棋最高水平的代表，也是范西屏和施定庵两位棋圣的代表作。当湖又叫拓湖，是浙江平湖的别称。"当湖十局"是两位棋圣在平湖所下的十局对抗赛的真实记录。今天我们拿来欣赏，仍然可以从其中洞察到古代围棋艺术的精髓。

范、施同窗多年，彼此十分了解。一次范西屏在扬州与一位盐商胡启麟对弈。棋至中盘，胡启麟的一条大龙被范西屏攻杀，一时找不到好的方法，就称病要求改日接着下。然后带着对局的棋谱找到施定庵，请求指点。施定庵经过推敲，告诉了胡启麟一步摆脱困境的妙招。后来，胡、范接着比赛时，胡启麟按施定庵教给的着数下了一子。范西屏一看这着棋，立即就明白了，笑着说："定庵人没到这里，棋倒是先到了。"胡启麟一听，觉得很不好意思，马上推盘认输了。

·一日同观三绝·

典出《唐朝名画录》。

盛唐时代，人才辈出，令人目不暇接。那时出现了"诗仙"李白、"诗圣"杜甫；在绘画当中则出现"画圣"吴道子。

吴道子从小父母双亡，家境贫寒，但他天资聪敏，喜欢作画，不到20岁就画得很出色了，远近闻名。唐玄宗知道后，便把他召入内廷作供奉。开元年间，他随驾到洛阳，这时，他又遇见了当时最善舞剑的裴将军和草书大家张旭长史。他们三人一见如故，顿成莫逆之交。

这时将军裴旻的母亲刚死去不久，他早想请一位丹青高手

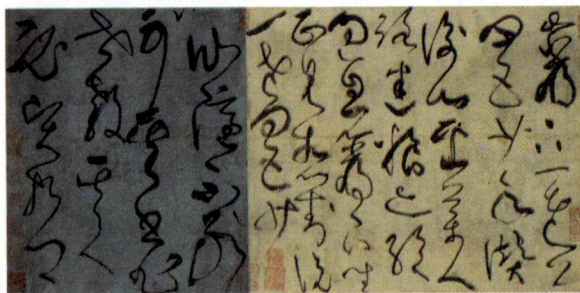

草书古诗帖

在洛阳天宫寺给母亲画一幅壁画，因老人家生前笃信佛教，多次给天宫寺布施。这次碰到吴道子，真是机会难得。于是他备了厚礼，请吴道子前往天宫寺作画。吴道子当然不能收他的礼，但却说："裴将军，久闻你的大名，如果你能为我舞一场剑，一饱我的眼福，比什么礼物都强。"裴旻一口答应。

这天，裴旻和张旭陪着画圣吴道子来到天宫寺。吴道子备好颜料和画笔，恭手而立。只见裴旻脱去战袍，里面是锦衣箭袖，早已扎束好了，他提剑在手，掐一个剑诀，舞动起来。吴道子屏气静观，从他那刚柔相济、动静结合、一张一弛的剑术中领悟着造化万物的规律。裴旻舞完，吴道子马上乘兴挥毫，回味着剑术给自己的启发，一口气就把壁画画完了。在一旁的张旭受了他们的感染，也笔走龙蛇，在壁画边上书了几行狂草。

唐朝人称吴道子的画、裴旻的剑术、张旭的草书为"三绝"。看一绝都是难得的幸事，何况是一天之内同看三绝。这一天逛天宫寺的人可真是眼福不浅啊！

言语篇

·大放厥词·

典出《昌黎先生集·祭柳子厚文》。

玉佩琼琚，大放厥词。

柳宗元（公元 773～819 年），字子厚，河东解（今山西运城解州）人，世称柳河东。他自幼学习刻苦，20 岁中进士，被授为校书郎，调蓝田尉，升监察御史里行。柳宗元与刘禹锡等参加了主张革新的王叔文集团，任礼部员外郎。革新失败后，他被贬为永州司马，后迁柳州刺史。

柳宗元文学成就很高，是"唐宋八大家"之一。他的散文峭拔矫健，说理透彻；山水游记，写景状物，多所寄托。公元819 年，柳宗元病逝在柳州，时年 46 岁。

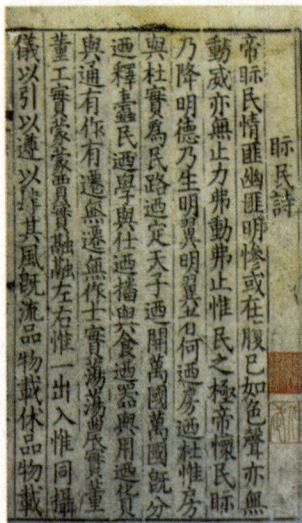

《柳子厚文集》书影

在柳宗元死后的第二年，著名文学家、柳宗元的好友韩愈写了《祭柳子厚文》，寄托对柳宗元的哀思。祭文中对柳宗元的文采和才华大加称赞，说他"玉佩琼琚，大放厥词"。意思是说，柳宗元的文章文笔秀美，尽力铺陈辞藻，美如晶莹净洁的玉石。

"大放厥词"原来是赞扬柳宗元写出了大量的有文采的文章，含褒义。后来，人们在运用这个典故时，语义有了变化，常用来讽刺人大发议论。多用于贬意。

·大声疾呼·

典出《昌黎先生集·后十九日复上宰相书》。

行且不息，以蹈于穷饿之水火，其既危且亟矣，大其声而疾呼矣！

韩愈，字退之，邓州南阳（今河南南阳）人。他 25 岁时中进士，到了 28 岁时尚未被任用，便写信给宰相赵憬，希望得到朝廷的任用。信发出以后，等了 19 日尚未见复信，韩愈又写了第二封，即《后十九日复上宰相书》。信中，韩愈大声疾呼朝廷应像救水火之灾那样，来援救和任用那些有才学而面临困境的人。他说："当一个人遭受水火之灾而向人们求救时，不仅亲属为他奔走呼号，就是旁观者也会大声疾呼，希望人们快来救救这个遭受灾害的人。这是因为这个人所面临的情况实在危急，处境实在可悲。现在我的境遇也是这样既危险又急迫，因此我也大声疾呼，希望人们伸出救援之手……"

后人用"大声疾呼"指向人迫切地大声呼吁，使人警觉。

·道听途说·

典出《论语·阳货》。

道听而途说，德之弃也。

艾子是春秋战国时的人，有一次他刚从楚国回到齐国，毛空告诉他说："有一个人家的鸭子一次生了一百个蛋。"艾子不相信问道："哪有这样的事呢？"毛空改口说道："那么是两只鸭生蛋。"艾子说："也不会有这样的事。"毛空又改口说："那么是三只鸭生的蛋。"后来毛空见艾子总是不相信，就一次又一次地把鸭子一直增加到十只。艾子问他道："你为什么不减少蛋的数目呢？"毛空说："我宁愿增加鸭子的只数，也不减少蛋的数目。"

艾子只好不说话了。毛空却接着说："上个月天上掉下一块肉来，有三十丈长，十丈宽。"艾子说："没有这个道理。"毛空改口说："那么就是二十丈长。"艾子说也没有道理。毛空又改口是十丈。艾子忍不住了，问他："你看见这个世界上有十丈长、十丈宽的大块肉吗？"接着又问："你刚才说的鸭子是哪一家的？那块肉又掉在什么地方？"毛空老老实实回答道："我是听别人说的。"艾子马上转过脸对他的学生们说："你们可不要像他这样'道听途说'啊！"

从此以后，大家便把随便听来的、没有事实根据的传闻说成"道听途说"。

·方寸之地·

典出《列子·仲尼》。

传说春秋时期，有一位道家学者，名叫龙叔。他有一天去请教宋国名医文挚。

龙叔说："我的病情是这样的。我的家乡有了好名声，我也不以此感到荣幸；我的国家遭到恶名，我也不以此感到羞耻；我得到宝贝不觉得喜悦，我丢失东西也不以为值得忧愁；我虽活着却觉得与死了一样；虽然很富裕却与贫穷没有区别；我看人与禽兽相差无几；我看自己的家也和旅店一样，我觉得故乡也好像遥远的蛮夷之国一般……我患的这些病症，用官位和俸禄不能引诱我，用刑罚也不能逼迫我，利害得失不能改变我，哀伤和欢乐也不能移动我。正因为我患有这些严重的疾病，所以我不能去做臣子而侍奉国君；也不能与朋友亲密地交往；甚至对于自己的妻子、家人、奴仆也不能正常地相处……我这些奇怪的疾病，您能医治吗？"

文挚细心地观察龙叔的面颊，琢磨着他的心理。过了一会儿，说："请您面向我，背朝窗子亮处站着，我来看看您的心就知道病在哪里了。"

龙叔按他的吩咐站在窗前，文挚察看龙叔的前胸，看了许

久，忽然惊喜地叫道："哈，我看到你的心啦，方寸之地已经空虚啦！你已经差不多是圣人了，你是把圣人智慧当成疾病，这可不是我这样的医生所能治疗的呀！你已经懂得了长生之道，将来即使你寿终，灵魂也不会死了……"

原来，文挚听了龙叔的自述，知道他讲的全是道家的养生、修身之法，所以和他开了一个玩笑，假称见到了他的心，然后说些道家信奉的死而不亡的话来安慰龙叔。

"方寸之地"原义为心脏所在位置，现在一般用来比喻地方很小的意思。

·鼓闻百里·

典出《笑府》。

甲曰："家下有鼓一面，每击之，声闻百里。"乙曰："家下有牛一只，江南吃水，头直靠江北。"甲摇头曰："那有此牛？"乙曰："不是这一只牛，怎谩得这一面鼓？"

甲说："我家里有一面鼓，只要敲击，百里之外都能听见。"乙说："我家里有一头牛，如果在江南喝水的话，它的头就靠在江北。"甲摇摇头说："哪会有这样一头牛？"乙说："如果没有这样的牛，怎么会有你那一面鼓？"

后人用这则寓言讽刺吹牛、说大话的人。

·蛤蟆蛙蝇与晨鸡·

典出《墨子间诂·附录》。

子禽问曰："多言有益乎？"墨子曰："蛤蟆蛙蝇，日夜恒鸣，口干舌擗，然而不听。今观晨鸡，时夜而鸣，天下振动。多言何益？唯其言之时也。"

子禽问道："多说话有好处吗？"

墨子回答说："蛤蟆、青蛙、苍蝇，白天黑夜叫个不停，叫得口干舌疲，都没有人去听它。雄鸡在黎明按时啼叫，鸣声一起，天下振动。多说话有什么好处呢？重要的在于话要说得切合时机。"

后人用"蛤蟆蛙蝇与晨鸡"比喻话要说到点子上。夸夸其谈，废话连篇，不但毫无益处，还会惹人厌烦。

·击鼓骂曹·

典出《三国演义》。

祢衡，字正平。他有才干，善辩论，擅长于笔墨文章，刚强傲物。

有一次，曹操召见祢衡，不叫他坐。祢衡仰天长叹说："天地虽阔，怎么没有一个人呢？"曹操问："我手下有数十人，都是当世英雄，怎么说没有人？"祢衡说："你手下这些人，我都认识，不是要命将军，就是要钱太守，都像衣架、饭囊、酒桶、肉袋之辈！"

曹操听了大怒，叫他当个打鼓手，早晚朝贺和宴会，都叫他打鼓助乐。曹操想用这个办法侮辱祢衡。

一天，曹操在大厅上宴请宾客，叫祢衡出来打鼓。按规矩，打鼓手要更换新衣服，可是祢衡仍然穿着破旧衣服出来打鼓。曹操左右的人问："为什么不换新衣服？"祢衡并不搭腔，当场脱下衣服，裸体而立，浑身尽露，在众宾客面前，大出曹操的丑！曹操气得大骂："大庭广众下这样做，真是太无礼！"祢衡回答："欺君罔上，才是无礼。我露父母之形，以显出清白的身体！"曹操问："你清白，谁污浊？"祢衡慢条斯理地告诉他："你不识贤愚，是眼浊；不读诗书，是口浊；不纳忠言，是耳浊；不通古今，是身浊；不容诸侯，是腹浊；常怀篡逆，是心浊！"祢衡袒露着身体，当着众人面前，一边击鼓，一边历数曹操的罪恶行径。曹操被骂得火冒三丈，立即令人将他遣送给荆州刘表。曹操借刀杀人，被刘表所识破，遂转送给江夏太守黄祖。后来，祢衡被黄祖杀死。

·街谈巷议·

典出《文选·张衡〈西京赋〉》。

街谈巷议，弹射臧否。

东汉时，封建统治阶级依仗他们手中的权力，残酷压榨人民，过着穷奢极欲的生活。封建皇帝自不待说，就是一些达官显贵、皇亲国戚也是肆意勒索，虎狼般地残害人民。据《后汉书》记载，中常侍侯览夺人宅屋 381 所、田地 1 万多亩。侯览的哥哥侯参任益州刺史，肆意勒索。他搜刮的金银锦帛珍玩用 300 多辆车子都没装完。还有一些中、下层官吏，也是贪赃枉法，横行霸道。

封建统治者的穷奢极欲，引起了一些志士仁人的愤慨和谴责。有一个叫张衡的文学家，用 10 年时间写成了两篇名赋：《西京赋》和《东京赋》来讽谏统治者。在《西京赋》中，张衡描写了西汉统治者的奢侈生活，讽刺他们只图享乐而无远虑，借此讽谏东汉统治阶级。赋中讲了这样一个故事：西汉时，丞相公孙贺的儿子当太仆时，擅自动用了北军一千九百万的军费，并因此下狱。公孙贺到处活动为儿子开脱。当时，正在追捕一个叫朱安世的人，公孙贺便串通捕吏捕获了朱安世来顶替自己的儿子伏法。对此，人们街谈巷议，纷纷提出批评和指责。

"街谈巷议"即大街上谈，小巷里议。后人用"街谈巷议"这个典故比喻大街小巷里的人们对某件事情议论纷纷。

·空穴来风·

典出《风赋》。

臣闻于师，积句来巢，空穴来风。

楚国人宋玉是屈原的学生，也是当时著名的文学家。有一次他陪着楚顷襄王到兰台去游玩，到了台上，刚好有一阵风飒飒地吹来，顷襄王披着衣襟，迎着凉风，觉得很凉快，口里说道："这阵风真凉快呀！这是我和老百姓们共有的呀！"宋玉因为顷襄王淫乐无道，又把老师屈原放逐到湘北去，所以借了"风"的题目去讽刺他。说道："这风是你大王独有的，老百姓哪里能和你共有呢？"顷襄王觉得风的吹拂，不分贵贱，现在听宋玉说是他独有的，倒觉得奇怪起来，就叫宋玉把道理讲出来。宋玉说："听我老师屈原说过：枳树弯曲了，就有鸟在上面做巢；空的洞穴中，会生出风来，因为它各有凭借，那么风气就自然不同了……"宋玉用讽刺的口吻，把风划分开来。他说："在高台上，皇宫里那些清静的地方风是清凉的，所以属于贵族的；老百姓居住低洼的陋巷里，即使有风吹来，都是夹杂着许多泥沙和秽臭，所以是属于老百姓的……"

"空穴来风"，本来是宋玉借题来讽刺顷襄王的，但后人把它引申流言乘虚而入。

高台迎风

·口若悬河·

典出《世说新语·赏誉》。

王太尉云："郭子玄语议如悬河泻水，注而不竭。"

晋国有一个大学问家，名叫郭象，字子玄。他在年纪还小的时候，就很有才学，特别对于日常生活中发生的一切现象，肯下功夫思索。他爱好老子和庄子的学说，并且具有深湛的研究。当时有许多人请他去做官，他一概辞掉了，只是把研究学问和谈论哲理当成最快乐的事情。

因为他的知识很丰富，能够把一切事情的道理讲得清清楚楚，又喜欢尽量发挥自己的见解，于是太尉王衍常常称赞他说："听郭象说话，好比悬在山上的河流泻水，直往下灌，从来没有枯竭的时候。"

后来的人就根据王衍的话，引申出"口若悬河"这句成语。比喻人健谈，言辞如河水倾泻，滔滔不绝。

·立木南门·

典出《史记·商君列传》。

令既具，未布。恐民之不信己，乃立三丈之木于国都市南门，募民有能徙之北门者，予十金。民怪之，莫敢徙。复曰："能徙者，予五十金。"有一人徙之，辄予五十金，以明不欺。卒下令。

商鞅制定新法完毕，尚未颁布。他恐怕百姓们不信赖自己，于是在秦国都城的南门口竖立了一根三丈长的木杆，召集百姓，告示说："如果有人能将木杆移至北门，赏赐十金。"

众百姓听了很奇怪，不知他是什么意思，都不敢贸然去移。商鞅又说："能移木杆人，赏五十金。"这时，人群中走出一个人来，将立木搬至北门，商鞅当众赏赐了五十金，以表示自己言而有信，不欺骗百姓。事后，他便颁布了新法。

"立木南门"这个典故告诉我们办事情应该言而有信，绝不能朝令夕改，失信于人。

·连篇累牍·

典出《隋书·李谔传》。

连篇累牍，不出月露之形，积案盈箱，唯是风云之状。

李谔是隋朝初年管理文书的官员，他看不惯当时只追求词句的华丽，内容上却空洞无物的文章。因此，他向隋文帝上书，请求明令禁止这种浮华的文风。他在上书中说："写文章互相比赛词句华丽，已经成了恶劣的风气。文章不讲什么正当道理，只写一些虚幻的枝节，只讲究一个韵或一个字的奇特、巧妙；即使一篇又一篇地写了一大堆，甚至堆满桌子、塞满箱子，写的也不外乎什么月、露、云，这有什么意思呢（连篇累牍，不出月露之形；积案盈箱，唯是风云之状）？"隋文帝杨坚看了李谔的上书后，很是赞赏，但他弄不清对这种事具体该如何处理。李谔说："开皇四年（公元 584 年），皇上不是向天下颁布命令吗？要求各种文章，都要照实记录下来。当年九月，泗州刺史司马幼之所写的文章过于华艳，皇上就把他抓进狱中，交付给司法部门治罪。从那以后，公卿大臣再不敢写那种华而不实的文章了。"

隋文帝点头称是，于是，决定将李谔的建议颁行各地，好让地方官参照执行。可是不久，隋文帝便死去，继承帝位的隋炀帝是个荒淫无道的暴君，他喜欢那种"风花雪月"的文章，所以，李谔的建议很快就落空了。

后人用"连篇累牍"形容数量很多而内容空洞重复的文章。

·鲁鱼亥豕·

典出《吕氏春秋·察传》。

有读史记者曰："晋师三豕涉河。"子夏曰："非也，是己亥也。夫己与三相似，豕与亥相似。"至于晋而问之，则曰："晋师己亥涉河也。"

有一次，孔子的学生子夏到晋国去，经过卫国，听见有人朗朗念道："晋国伐秦，三豕涉河。"子夏听了，感到有些莫名其妙，为什么晋国的军队征伐秦国，有三只猪渡过黄河呢？恐怕不是什么"三豕涉河"，

简册文牍　西汉
古代文书在传抄过程中容易出错。

而是"己亥涉河"吧？他到了晋国，一问，果然是"己亥涉河"。

原来，汉字中有许多字形相同的字，像"鲁"和"鱼"，"亥"和"豕"等，一不小心就要弄错。

后人用"鲁鱼亥豕"表示书籍在传抄、刊印过程中的文字错误。

·马谡用兵·

典出《三国演义》。

马谡，字幼常，三国时代襄阳宜城（今湖北宜城南）人。他好读兵书，在蜀汉军中任参军之职，常夸夸言兵。刘备临死时，嘱咐丞相孔明说："马谡言过其实，不可大用。"

一次，魏国将军司马懿率军攻打军事要地街亭（今甘肃秦安县东北）。马谡要求前往把守街亭。孔明说："曹魏欲取街亭，乃断我咽喉之路。街亭虽小，关系重大。你虽然深通谋略，但街亭没有城郭，又无险阻，防守很不容易啊！"马谡说："我自幼熟读兵书，颇知兵法，难道还守不住一个街亭？"表示愿以性命担保，并立下军令状。孔明只好答应，并派一向谨慎的大将王平相助。

马谡领兵来到街亭，看了地势，冷笑说："丞相太多心了。街亭这样偏僻，魏兵如何敢来？"他要屯兵于一座小山上。王平担心屯兵山上会遭敌围困。马谡说道："你的见识太浅。兵法说：'凭高视下，势如劈竹'。如魏兵来，叫它片甲不回！"

王平劝他："这小山是一处绝地，如魏兵切断汲水的道路，就无法坚守。"马谡生气地说："兵书说，'置之死地而后生'。如山上断水，便只有死战，一人能当百人用！"他越说越得意忘形，"连丞相都经常向我请教，你却不信任我！"王平只好请求分兵在山下扎一小寨。

司马懿领兵来到，得知蜀军已经先扎下营寨，认为自己很难取胜。探得蜀兵屯驻山上，街亭大道路口并无寨棚，觉得自己有得胜的把握，感叹地说："马谡徒有虚名，才能平庸，孔明重用此人，如何不误事！"于是令部将张引军挡住王平的来路，又派兵切断汲水的道路。司马懿亲率大军，将马谡围困在山上。蜀兵被围困了一天，饥渴难忍，人心惶惶。半夜，山南面的蜀兵大开寨门，下山降魏。魏军又在山的周围放火，制造更大的混乱。马谡料想死守不住，便带残部突围下山，逃回祁山，向丞相孔明请罪去了。后来，孔明深悔自己用人失误，挥泪斩了马谡。

"马谡用兵"，比喻说话夸张失实，超过实际所能办到的；也指办事违背了客观规律。

·巧发奇中·

典出《史记·孝武本纪》。

少君资好方，善为巧发奇中。

西汉武帝时，迷信之风盛行。上至天子，下至百姓，都以为求神祭神可以使子孙尊显，民可以益寿延年。有些以祠灶为业的人深得皇帝的尊崇。

当时，有一个叫李少君的人，被汉武帝召至宫中。李少君无妻无子，他隐匿自己的年龄，装神弄鬼，自言能用药物使人长生不老。少君也确实有点儿小能耐，常常能说出上百年以前的事实而且准确无误。有一次，他和武安侯田蚡在一起饮酒，座中有一位90余岁的老人。李少君对这位老人说自己曾经和老人的祖父共游过某地。这位老人在孩子时曾随祖父到过此地，举座都为李少君的话而惊奇不已。还有一次，汉武帝召见李少君，说有一件旧铜器，问他认识否。李少君说："这是齐桓公十年（公元前673年）时放在柏寝的那件铜器。"后来证实就是此物，宫中诸人大为惊骇，都以为李少君是个神人，可能已是数百岁的人了。司马迁把李少君这种时时发言有所中的才能称之为"巧发奇中"。

后人用"巧发奇中"来形容善于发言而能适合人意。

·巧言令色·

典出《尚书·皋陶谟》。

何畏乎巧言令色孔壬。

传说皋陶和禹在舜帝面前讨论过治理国家的事情。在讨论的时候，皋陶说："相信并按照先王之道处理政务，就能使谋略实现，大臣之间也就能团结一致，同心同德。"禹说："对呀，但如何才能做到这样呢？"皋陶说："唉，这就应该严格要求自己，以身作则，努力提高品德修养，以宽厚的态度对待同族的人，同时也要使他们贤明起来，努力辅助你治理国家。"禹非常佩服地对皋陶说："你说得好啊！"

接着皋陶又说："还有，怎样用人也非常重要，一定要做到知人善任。"禹说："对！知人善任的人，才是有智慧的人；有智慧的人，才能用人得当。如果能做到这点，何必怕那些花言巧语善于谄媚的人呢？"

后人用"巧言令色"来形容花言巧语，伪装和善的样子。

·鸲鹆效声·

典出《叔苴子·内篇》。

鸲鹆之鸟生于南方，南人罗而调其舌，久之能效人言，但能效数声而止，终日所唱惟数声也。蝉鸣于庭，鸟闻而笑之。蝉谓之曰："子能人言甚善，然子所言者未尝言也。曷若我自鸣其意哉？"鸟俯首而惭，终身不复效人言。

八哥是生长在南方的一种鸟。人们用网捕到后，便训练它学说话，日久天长，八哥就能跟着人学舌了，但只能模仿几句而已，从早到晚所唱的也就是这么几声。

有只蝉在院里叫，一只八哥听到后便嘲笑它。蝉于是对八哥说："你能学人说话，这很好。然而你所说的都不是自己的话，实际等于没有说，哪里比得上我叫的都是自己的意思呢？"

八哥听后，羞愧地低下头，一生再也不跟人学舌了。

后人用"鸲鹆效声"这个典故讽刺那些自己毫无主见、人云亦云、拾人牙慧还要到处吹嘘的人。

·鹊集噪虎·

典出《郁离子》。

女几之山乾，鹊所巢。有虎出于朴薮，鹊集而噪之。鸲鹆闻之，亦集而噪。鸲鹆见而问之曰："虎，行地者也，其如子何哉而噪之也？"鹊曰："是啸而生风，吾畏其颠吾巢，故噪而去之。"问于鸲鹆，鸲鹆无以对。鸲鹆笑曰："鹊之巢木末也，畏风，故忌虎；尔穴居者也，何以噪为？"

在女罍南边，是喜鹊做窝的地方。有一只老虎从朴薮树后跳了出来，喜鹊一见便群集在树上对着老虎高声乱叫。八哥鸟听见了，也群集在树上高声乱叫。

寒鸦看见了便问喜鹊说："老虎是在地上行走的动物，它跟你有什么相干？对它乱叫是为什么？"

喜鹊回答说："它的长声吼叫可以生风，我害怕它把我的巢颠覆

鹊集噪虎

了，所以才叫。"

寒鸦又询问八哥，八哥听了则无言以对。

寒鸦笑着说："喜鹊把自己的巢搭在树枝上，怕风吹，所以畏惧老虎；而你住在山洞里，又何必跟着乱叫呢？"

后人用这则寓言讽喻毫无意义的多嘴多舌者。多嘴多舌的人，往往闻风便是雨，它们既缺乏是非感，也没有现实感。浑浑噩噩，随波逐流，却往往给生活增添许多不必要的麻烦。

·人言可畏·

典出《诗经·郑风·将仲子》。

人之多言亦可畏也。

《将仲子》是《诗经·郑风》中的第二篇，诗中描写了一位热情坦率的姑娘，热切地希望与自己相爱的人幽会，但又恐怕别人觉察，所以让他莫露形迹，以免遭到父母、兄弟和社会的非难。这个姑娘的心情是矛盾的，因而"言似拒之，实乃招之"。

《将仲子》全诗共3段，其中第三段的原文是："将仲子兮，无窬我园，无折我树檀。岂敢爱之？畏人之多言。仲可怀也，人之多言亦可畏也。"大意是说：仲子（古歌者情人的名字），仲子，求求你呀，莫将我家墙跨，可别踩断檀树杈。我不是心疼这檀树，是怕人多嘴又杂。仲子，仲子，我想你呀，可人多嘴杂也可怕。

后人用常"人言可畏"来形容舆论对人的压力。

·三寸不烂之舌·

典出《史记·张仪列传》。

张仪尝从楚相饮，已而楚相亡璧，门下意仪盗璧，共执仪，掠笞数百，不服，释之，其妻曰：子无读书游说，安得此辱乎，仪张口曰：视吾舌尚在否，妻曰：在也，仪曰：足矣。

张仪有一次被邀参加楚国宰相的宴会，宴会散了后，楚相发现自己最贵重的玉璧不见了。侍从说："一定是张仪偷的，他又穷又行为不端，除了他还能有谁呢？"于是，楚相派人把张仪抓来，百般殴打追逼，并把他家抄了个遍，却始终找不出来，只好把张仪放了。张仪的妻子因为张仪受了冤屈，又被打得体无完肤，因此守着张仪哀哀地哭。张仪说："不要哭，不要哭，现在要紧的是，你看我舌头还在不在，被打烂了没有？"妻子被逗笑了，说："舌头还在你口里。"张仪说："只要舌头完好，那就不要紧。"后来，张仪西入秦国，凭着他的政治才能和无敌的口才，为秦国统一天下的大业，做出了卓越的贡献。

后人用"三寸不烂之舌"这个谚语比喻只要舌头不烂，就能凭借语言说服人。引申为巧舌如簧地说服别人。

·生公说法·

典出《莲社高贤传·道生法师》。

入虎丘山，聚石为徒，讲涅槃经，至阐提处，则说有佛性，且曰："如我所说，契佛心否？"群石皆为点头。

晋朝时，有个和尚俗名魏道生。他从小出家，苦读经书，钻研佛学，精通佛典，才华出众，大家叫他道生法师，尊称为生公。生公在京城里传经布道，深受皇帝的器重。当时佛教盛行，佛教中又有许多不同的派别，朝廷里有的大臣见皇帝器重生公，产生嫉妒，奏本诬告生公是邪教。皇帝听信了谗言，便把生公赶出了京城。

生公到处云游，四海为家。有一次，他来到苏州城，看到虎丘山风景特别好，便在这里居住下来，传经布道。苏州人听说虎丘山上来了名僧，大家都来听他讲经。一传十、十传百、百传千……来听经的人群把虎丘山上的一块大磐石都坐满了。

说起虎丘山上的这块大磐石，还有它的一段故事。早年吴王阖闾在虎丘造墓，为了不泄露机密，坟墓造好了，便下令将造墓的一千名工匠全部杀掉。工匠们拼死抵抗，在大磐石上和官兵肉搏厮杀，终因手无兵器，统统被杀害了。千人的鲜血染红了这块大磐石，后人取名"千人石"。千人的鲜血流到磐石边的水池里，殷红殷红，便取名"血河池"，后来池中白莲盛开，改名叫"白莲池"。

生公在虎丘山上讲经的消息，在苏州城内外很快传开了，听他讲经的人越来越多。苏州知府知道后，害怕冒犯朝廷，得罪朝中

如来立像 南北朝

大官，便下令不准生公讲经，并派出大批官兵将前来听讲的人全部赶走。那"千人石"上只留下一块块垫座的石头。

生公并不灰心，依然坚持不懈，天天讲经。没有人，向谁讲？他面对一块块的顽石，像往常对着听讲的人群一样，一丝不苟地讲解佛经。说来也奇怪，每当生公讲经的时候，虎丘山上的百鸟停止了歌唱，都静静地听着；白莲池里的水也会盈满起来，所以说"生来池水满，生去池水空"；那池里的千叶白莲听到生公讲经，也都一起开放吐香；连一块块垫座石，听了也会频频点头。这是什么道理呢？有人说生公讲经讲得好。更多的人说，生公的意志坚韧不拔，精神十分感人，感动得花鸟也知情、顽石都点头！

"生公说法"，比喻道理讲得透彻，使人心服口服。

·声色俱厉·

典出《世说新语·汰侈》。

晋代有两个豪绅，一个叫石崇，一个叫王恺。王恺是晋武帝司马炎的舅父。晋武帝常常支持王恺与石崇争富。有一次，晋武帝送了一只高二尺多、枝条繁茂、世所罕见的珊瑚树与王恺。王恺十分得意，便拿去给石崇看，借以显示自己的富豪。石崇看了一看，便用铁如意将珊瑚打碎了。王恺既感到痛惜，又觉得是石崇嫉妒他有这样稀奇的宝贝，因而便声色甚厉地责备石崇。石崇却无所谓地对王恺说："这有什么稀奇，还你一只得了。"当即便叫人把自己的珊瑚拿出来让王恺挑选。石崇的珊瑚树高三四尺不等，枝条主干姿态绝世，光彩夺目；六七只珊瑚，每只都比王恺的高大而瑰丽。王恺一看，不禁大吃一惊，顿觉愕然。

后人把"声色甚厉"说成"声色俱厉"，用来表示说话的声音和脸色都很严厉。

·拾人牙慧·

典出《世说新语·文学》。

殷中军云："康伯未得我牙后慧。"

晋朝时有一个叫殷浩的人，很有学问，又善于说话。曾被封为建下将军，统帅扬、豫、徐、兖、青五州兵马。后因作战失败，被罢官流放到信安（在今浙江省衢江区）。殷浩有一个外甥叫韩康伯，人非常聪敏，又有学问，殷浩也很喜欢他。殷浩在被流放时，韩康伯也随在一起。有一天，殷浩见他对人发表议论，显示出十分得意的神情。事后殷浩就说："康伯连我的牙后慧还没有得到！"

牙慧，是指牙上的污秽。殷浩这句话

"文帝行玺"金印
出土于广州南越王墓。

的意思是：韩康伯连殷浩牙齿后面的污秽还没有得到，谈的道理实在和我所知道的差得很远！后人把这个故事引申成"拾人牙慧"这个成语，来比喻沿袭别人说过的话，自己没有真知灼见。

·闻所未闻·

典出《史记·郦生陆贾列传》。

大说陆生，留与饮数月。曰："越中无足与语，至生来，令我日闻所未闻。"

秦朝末年，原南海郡龙川令赵佗乘农民起义和楚汉相争之机，自立为南越王，占据南海、桂林等郡。刘邦建立西汉王朝以后，派陆贾出使南越，说服赵佗归顺汉朝。

赵佗虽是真定（今河北正定县）人，但因久居南方，对汉朝不甚了解。陆贾来到南越以后，赵佗问他："我和萧何、曹参、韩信比起来，谁的才能高？"陆贾说："你似乎比他们的才能更高。"赵佗又问："那么我与汉皇帝比呢？"陆贾说："汉皇从丰沛起兵讨伐暴秦，诛灭了强大的楚国，为天下兴利除害，继承了三皇五帝的事业。中国人多地大，土地肥沃，物产丰富，政令统一。你们南越，人不过数十万，地域狭窄，像汉朝的一个郡，怎么能和汉朝相比呢？"赵佗听了陆贾的介绍，顿开茅塞。他对陆贾说："陆先生来到南越，使我听到了以前没有听到过的事情。"后来，赵佗归顺了汉朝，刘邦封他为南越王。

后人用"闻所未闻"来指听到了从没听到过的事。

为政篇

·曹参饮酒，不改萧制·

典出《史记·曹相国世家》。

萧何是汉代有名的开国丞相，汉朝的规章制度都是他一手订立的，他死后曹参继任。曹参接任以后，凡事都按萧何制定的政策行事，曹参只管每天坐在丞相府中饮酒，百事不理。卿大夫们见曹参不理朝务，甚是不满，要求拜见丞相，诘问他为何只顾饮酒不理朝纲。然而曹参一见来拜见他的人就先请人喝酒，直至喝醉了才准离开，前去拜见的人没有一个能说出要说的话。

曹参像

曹参丞相府后面住的都是朝廷的官吏，曹参狂饮的消息传入他们耳中，他们也跟着大饮美酒，吵闹不堪。一天，曹参游后花园，周围一些喝醉酒的人一面喝酒一面高歌。曹参听见了不制止，反而叫人去取酒，干脆坐在后花园饮了起来，并跟在园外喝酒的官吏唱歌附和。其实，曹参只顾饮酒是因为他认为萧何所定制度已经很完备，自己的才能也不如萧何，一切事情应完全按萧何的规定办。他的这种"萧制曹随"政策反而使他成为一代名相。

· 关节不到，有阎罗包老 ·

典出《宋史·包拯传》。

　　人以包拯笑比黄河清，童稚妇女，亦知其名，呼曰"包待制"。进京师为之语曰："关节不到，有阎罗包老。"

　　包拯，北宋合肥人，进士出身。仁宗皇帝时，担任过监察御史、开封府尹、龙图阁直学士、枢密副使。他以廉洁著称，执法严峻，不畏权贵，深得人民爱戴，简直把他神化了，说他白天处理人间的不平事，晚上处理阴间的案件，叫他"包青天"、"包阎罗"。民间流传着许多有关他的故事。封建社会政治黑暗，所谓"衙门八字开，有理无钱莫进来"。有罪的，只要有钱、有后台就可以逃避法律制裁；无罪的，却可能被冤枉判刑。行贿受贿司空见惯，叫作"打通关节"。老百姓认为只要有包拯在，哪怕没钱、没关系网也不要紧，谚语说："关节不到，有阎罗包老。"

　　后人用"关节不到，有阎罗包老"这个谚语赞美正直无私的官员。

· 海不扬波 ·

典出《韩诗外传》。

　　成王之时，越尝氏、重译而至，献白雉于周公。周公曰："吾何以见赐也？"译曰："吾受命国之黄发，曰：'久矣，天之不迅风疾雨也，海不波溢也，三年于兹矣，意者，中国殆有圣人，盍往朝之。'于是来也。"

周成王时候，周公摄行相事，处理国政，天下太平，人民安乐，国家治理得非常好，邻国都非常敬仰，纷纷来朝贡。

此时交趾国越裳氏也派了使臣重译来中国朝贡，向周公赠献珍禽白雉。周公很谦虚地说："我国并没有恩德加给贵国，况且有道德的人，是不过分享受物质的，我们又没有好的政令设施，哪里敢把你们当臣属看待呢？"重译说道："我来的时候，我们的国王黄考对我说：'现在天下已没有猛烈的风暴，连绵不断的淫雨；灾难也已好久没有看到了，海不扬波也已经有3年了，我想中国一定出了圣人啦！我们应该去朝贺。'"使臣朝贡完毕，当他回去的时候，归途中迷失了方向，周公特地赐了他一辆指南车，并派人当向导。

后人把"海不扬波"比喻天下太平，好像大海一样，风平浪静，一点没有波涛，也比喻人民的生活非常安定，社会秩序非常良好。

·解狐举贤·

典出《韩非子·外储说左下》。

解狐举刑伯柳为上党守，柳往谢之曰："子释罪，敢不再拜。"曰："举子，公也；怨子，私也。子往矣，怨子如初也。"

解狐推荐刑伯柳做上党的郡守，刑伯柳去向他道谢说："你原谅我的过错，我怎么敢不再次拜谢你呢！"解狐说："我推荐你，这是公事；怨恨你，这是私事。你去上任吧，我对你的怨恨，还像当初一样。"

后人用"解狐举贤"的这个典故比喻人要任人唯贤，以国事为重。

·君瘦天下肥·

典出《资治通鉴》。

唐朝是我国封建社会的全盛时期。唐朝那些有作为的皇帝都很重视用人之道，重用那些刚正不阿、敢于直言进谏的良臣。太宗时重用魏徵，政治清明，出现了"贞观之治"的盛世局面。

到了玄宗时期，任用一个叫韩休的大臣做宰相。韩休为人正直，办事认真，他那一丝不苟的工作态度使得很多大臣都惧他三分，连玄宗也不敢任意妄为。

有一次，玄宗在宫中举行游宴，吃喝弹唱，和众妃嫔尽情地享乐。忽然，玄宗想起了韩休，赶紧问手下的人说："韩休知道我在这里玩乐吗？"

玄宗的话音刚落，部下立即汇报，韩休的谏议书送来了。玄宗打开一看，韩休在谏议书中对玄宗这种纵情声色的行为作了一番指责。玄宗看完后，情绪没了。他命令众人撤去宴席，自己也闷闷不乐地回到了后宫。到了宫中后，玄宗举起镜子，看着自己的脸默默不语。他左右的侍臣说："自从韩休当上了宰相之后，皇上您瘦多了。韩宰相也太严厉了，您为什么不把他撤掉呢？"

玄宗放下镜子答道："我虽然瘦去许多，但天下却肥了不少。韩休是位良相，自从他当宰相以来，我的日子是不太顺心。他从来不顺从我的旨意，任何过失也逃不过他的眼睛。我虽然不能为所欲为，但天下的百姓却能更加遂心如愿。我总不能为了自己的肥，而让天下人瘦呀。"

有如此开明的皇帝和认真负责的宰相，使玄宗时出现了"开元盛世"的局面。百姓安居乐业，家家的粮仓都是满满的，国力强盛，国库也很充实。唐代大诗人杜甫曾在《忆昔》一诗中，这样写道："忆昔开元全盛日，小邑犹藏万家宝。稻米流脂粟米白，公私仓廪俱丰实。"

·励精图治·

典出《汉书·魏相传》。

宣帝始亲万机，励精为治，练群臣，核名实。

公元前73年，汉宣帝刘询继位。大将军霍光凭借着迎立之功专擅朝政，朋党亲友充塞朝廷，宣帝见了他都惧怕三分。有时，连宣帝都不允许的事，霍光竟然任意发号施令。为了使自己能长期把持朝政，霍光伙同他的老婆买通女医毒死了许皇后，把自己的小女儿纳入宫中。

公元前68年，霍光病死。汉宣帝摆脱了羁绊，开始亲自执政。他决心改变霍光在世时的弊政，振奋精神，把国家治理好。后来，霍光夫妇杀害许皇后的阴谋被揭发，宣帝下令诛灭了霍氏三族。

由于除掉了前进路上的绊脚石，宣帝又勤勤恳恳地亲理朝政，制定了一些有利于发展生产、减轻人民负担的措施，汉朝出现了国家富强、民安其业的中兴局面。

后人用"励精图治"这个典故比喻振奋精神，想办法把国家治理好。

·千金买骨·

典出《战国策·燕策》。

战国时代，燕国发生内乱，齐国乘机攻燕并将其打败，新登皇位的燕昭王为复仇决意要大力招揽贤才良将以励精图治。

昭王向大臣郭隗请教，郭隗给他讲了一个千金买骨的故事：古代，有位君王颁发告示，要以千金买匹千里名驹。可经过3年，仍见不到良驹踪迹。这时，有位近侍带着千两黄金前去寻找。终于在3个月后找到那匹良驹，可惜已经死了。那位近侍便以五百两黄金买回马的尸骨。君王愤怒地说："我所需要的是一匹活的良马，你竟然白花了五百两黄金买了一堆无用的骨头回来！"近侍说："如果连千里马的尸骨都能卖得五百两黄金，那么活马的价值不就更值一千两黄金了？这个消息一旦传开后，天下众人必认为君王是位酷爱良马的人，必然会争先恐后带着千里名马前来让君王您鉴赏的。"果然，不到一年的时间，

255

就有人从各地纷纷将千里马送来请国王评鉴。

郭隗讲完故事后说："大王如果真想招揽贤才，可以先起用我，那么有才德的人会这么想：连郭隗这样平庸的人都能受到重用，那么他们自己必然能受到更高礼遇。"燕昭王便建造华丽府宅给郭隗，并尊他为师。消息传开，四方贤才智者奔走相告前往燕国。燕昭王就凭借这些贤才良将，奋发图强，终于联合秦、楚打败敌国齐国，收复了失去的国土。

"千金买骨"是说用重金去买良马之骨。谓求贤若渴。

·荣州梧桐·

典出《夷坚志》。

显谟阁待制董正封，知荣州。使宅一楼极高，可以远眺，而为大梧桐所蔽，举目殊有妨。命伐去。吏辈罗拜乞留，曰："此木为吾州镇，盖逾二百年，有神物居之，颇著灵效。寻常事以香火，不敢怠。若除之，定起大祸，兼亦未必可致力。"董赋性刚烈，叱众退，自率工匠，运斤斧，自朝至暮，木已倒仆芟削。忽暴风驾云起根中，屋瓦飘扬，雷电晦冥，骤雨倾泻。董与家人共聚一室。其上如奔马腾踏，兽蹄鸟爪，穿透椽箔，如欲攫人之势。老幼咸怖，泣叫相闻。董怡然不为动。未三刻许，风雷皆息，内外晏如，略无所挠。郡人如叹诵其明决。董寿过八十，乃终。

显谟阁待制董正封，主持荣州军政事务的时候，荣州官府有一座很高的楼，可以极目远望。可惜高楼却被一棵高大的梧桐树遮挡，视野很受妨碍。于是董正封下令把梧桐树砍去。

官吏们一听，围着他下拜，请求留下这棵梧桐，说："这棵树是我们荣州镇风水的宝物。已经历时二百年之久，有神物住在上面，很灵验。平时烧香磕头，不敢怠慢。如果砍掉它，一定会引起大祸，而且也未必能够砍掉。"

董正封性情刚强暴烈，斥退众人，亲自率领工匠，挥动斧头，从早干到晚，梧桐树终于被砍倒了。

这时，忽然一阵狂风迷雾从树根而起，把屋顶上的瓦席卷而去，四下飞扬。霎时间，雷电交加，天昏地暗，暴雨倾盆。董正封和家里人聚集在一间屋里，只听得房上好似奔驰的烈马在拼力腾踏，又仿佛猛兽恶鸟伸出蹄爪，就要穿透屋顶椽箔，大有把人攫去之势。

全家老小都很恐惧，哭叫声响成一片。董正封却安然不动。未时三刻左右，终于风平雷息，内外平安无事，没有什么扰乱。荣州百姓这才赞叹董正封决断英明。后来，董正封年过八十才去世。

后人用"荣州梧桐"这个典故告诉人们，董正封不信邪，敢于触动荣州梧桐这个庞然大物，把偶像打翻，在恶势力所掀起的报复凶焰面前，又能镇定自若，坚持斗争，这种大无畏精神是很值得学习的。

·三过家门而不入·

典出《孟子·离娄下》。

禹，稷当平世，三过其门而不入，孔子贤之。

传说上古尧的时候，天下洪水滔滔，淹没了山川大地，老百姓流离失所。尧非常焦急，便选择了一个叫鲧的人来负责治理洪水。可是9年过去了，鲧并没有治服洪水，整个大地依然是水患成灾，哀鸿遍野。尧感到这是自己的失职，就把帝位让给了舜。

舜行使天子权力后，就去鲧治水的地方视察，在确认治水毫无进展后，就将鲧杀死在羽山。然后舜推举鲧的儿子禹接替治水的工作。舜对禹说："相信你能够完成这件任务，你努力去办吧。"舜又对大臣们说："我这样做，是因为禹为人慧敏而勤俭，贤德而又不违使命，可亲可近，言行举行符合纲纪法律，他的父亲治水虽然失败了，但我相信他却可以获得成功。"

禹和伯益、后稷一起，率领诸侯、百姓把堵塞的江河大川疏通。原来，鲧治水是采用"堵"的方法，把河流都堵起来，结果

禹王治水

水愈积愈多，造成的灾害也更大。禹改变了父亲的方法，采用"疏通"和"引导"，使洪水流入大海。过了一年又一年，肆虐的洪水终于被征服。

当禹开始治水时，他为父亲治水失败被杀感到十分悲伤，所以，他不敢有半点儿松懈，终日忧心忡忡。为了治好水，他在外居住了13年，曾三次经过家门都没有进入。由于他治水的方法正确，又处处以身作则，最后终于获得了成功。

后人用"三过家门而不入"形容热心工作，公而忘私。

·食少事繁·

典出《晋书·宣帝纪》。

亮使至，帝问曰："诸葛公起居何如？食可几米？"对曰："三四升。"次问政事。曰："二十罚已上皆自省览。"帝既而告人曰："诸葛孔明其能久乎！"竟如其言。

三国时，魏、蜀、吴各据一方，刘备死后，诸葛亮辅助幼主继承刘备遗志，欲一统天下，便率了10万大军向魏进攻。在渡渭水之前，曾派使者去魏国，魏国大将司马懿很敬重诸葛亮，向使者询问诸葛亮的日常生活情形。"诸葛孔明先生生活得很好吗？他的饮食如何？能吃多少饭？"使者说："只有三四升。"接着又问诸葛亮处理政事的情形，使者说："凡是处二十（指挨打）罚以上的公文，诸葛丞相都要亲自审查。"事后，司马懿对他左右的人说："诸葛孔明的食量这样少，而工作又这样繁重，他能长命吗？"后来真的被他说中了。

后人便将司马懿所说的话概括为"食少事繁"，比喻吃的饭很少，事务却很繁多。这成语多用来劝告别人要注意身体的健康，切不要只顾工作，大量支出精力，而对饮食、健康弃之不顾。

·邹忌论琴·

典出《史记·扁鹊仓公列传》。

姜姓的齐康公死在海岛上，恰巧他没有儿子，田太公的孙子，齐桓公午的儿子齐威王算是继承齐康公的君位。从此以后，齐国姜氏的君位绝了根。以后的齐国，虽然还叫齐国，可是已经是田家的了。

齐威王有点儿像当初楚庄王一开始时候的派头，一个劲儿地吃、喝、玩、乐，国家大事他从来不闻不问。人家楚庄王"三年不飞，一飞冲天；三年不鸣，一鸣惊人"，可是齐威王呢，一连九年不飞、不鸣。在这九年当中，韩、赵、魏各国时常来打齐国，齐威王从没放在心上，打了败仗他也不管。

一天，有个琴师求见齐威王。他说他是本国人，叫邹忌。听说齐威王爱听音乐，他特地来拜见。齐威王一听是个琴师，就叫他进来。邹忌拜见之后，调着弦好像要弹的样子，可是他两只手放在琴上不动。齐威王纳闷地问他，说："你调了弦，怎么不弹呢？"

邹忌说："我不光会弹琴,还知道弹琴的道理!"齐威王虽说也能弹琴,可是不懂得弹琴还有什么道理,就叫他仔细说来听听。邹忌海阔天空地说了一阵,齐威王有听得懂的,也有听不懂的。可是说了这些空空洞洞的闲话有什么用呢?齐威王听得有点儿不耐烦了,就说:"你说得挺好,挺对,可是你为什么不弹给我听听呢?"邹忌说:"大王瞧我拿着琴不弹,有点儿不乐意吧?怪不得齐国人瞧见大王拿着齐国的大琴,九年来没弹过一回,都有点儿不乐意啊!"齐威王站起来,说:"原来先生拿着琴来劝我。我明白了。"他叫人把琴拿下去,就和邹忌谈论起国家大事来了。邹忌劝他重用有能耐的人,增加生产,节俭财物,训练兵马,好建立霸业。齐威王听得非常高兴,就拜邹忌为相国,加紧整顿朝政。

这个故事是用来劝喻君王在其位要谋其政。

·哀鸿遍野·

典出《诗经·小雅·鸿雁》。

鸿雁于飞,肃肃其羽。之子于征,够劳于野。爰及矜人,哀此鳏寡。鸿雁于飞,集于中泽。之子于垣,百堵皆作。虽则够劳,其究安宅?鸿雁于飞,哀鸣嗷嗷。维此哲人,谓我够劳。维彼愚人,谓我宣骄。

春秋战国时代,诸侯互攻,战争不息,老百姓经常被派遣在外服役,诗人们便借用"鸿雁"为题,写了一首替人民诉说辛劳的诗，以道出人民的苦难。

全诗的意思是：一对对的雁儿在空中飞行，它们的翅膀发出沙沙声。那个人的儿子出门，到郊外去做牛马卖命。我们都是受苦难的人，可怜的是既老又无亲。鸿雁儿对对飞去，一同聚集在湖沼里。那个人去筑墙，百丈墙身都已筑起；他吃尽了辛苦，何处是他安身的地方呢？雁儿们已经飞去，它们在空中发出声声叫啼，明白我们的人，说我们是劳苦的；只有那些糊涂虫，还觉得我们不安分！

"哀鸿遍野"便是从这首诗引申出来，比喻到处可以看到呻吟呼号、流离失所的灾民。

·不知天寒·

典出《晏子春秋·内篇谏上》。

景公之时，雨雪三日而不霁。公被狐白之裘，坐于堂侧阶。晏子入见，立有间，公曰："怪哉！雨雪三日而天不寒。"

晏子对曰："天不寒乎？"公笑。

晏子曰："婴闻古之贤君，饱而知人之饥，温而知人之寒，逸而知人之劳。今君不知也。"

齐景公时，大雪连下三日而不停。景公穿着狐皮大衣，坐在大厅一侧的台阶上。晏子进来拜见，侍立了一会儿，景公说："奇怪呀！下雪三天而天气一点儿也不冷。"

晏子反问道："天不冷吗？"景公笑了笑。

晏子说："我听说古代贤明的君主，自己吃饱而能知道老百姓受饥饿，自身穿暖而能知道老百姓受寒冻，自己安乐而能知道老百姓劳苦。现在您却是一点儿不知道。"

后人用"不知天寒"来讽喻养尊处优、脱离人民的人，是不会懂得人民的疾苦的。

朱门高楼中不知严寒

·城狐社鼠·

典出《晋书·谢鲲传》。

晋朝退守江南建都建康（今南京）后，王敦家跟着南迁，在朝中势力极大，所以当时人们说："王与马，共天下"。但是，司马氏和王氏之间的内部矛盾却相当尖锐。起初，晋元帝在建康刚即位的时候，王氏与司马氏彼此还互相支持，互相利用，矛盾并不突出。后来，王敦被任命为军事统帅，镇守武昌，掌握了长江中上游地区，声威很盛，对处于长江下游的都城有很大的威胁。晋元帝觉察到了这一危险的形势，便分别任命刘隗和戴渊为镇北将军和征西将军，名义上是防范北方各国的南侵，实际上是牵制王敦。

王敦也明白晋元帝的企图，便要叛乱，借口说："刘隗奸邪，危害国家，必须清除他这个'君侧之奸'！"王敦的这个造反借口是从汉初的吴王刘濞那里学来的。

在王敦部下担任"长史"的谢鲲对王敦说："刘隗固然奸邪，可是，他是'城狐社鼠'呀！"

所谓"城狐社鼠"，就是藏在城墙里的狐狸，躲在神庙里的老鼠。人们要想捕杀城狐社鼠，都不能不有所顾忌。因为捉城狐，恐怕要毁坏城墙，得罪君王；烧社鼠，恐怕要烧坏神庙，对神不敬。由于这样，狐鼠之辈就仗着皇城和神庙作威作福了。

指以城墙为依托的狐狸，以土地庙为依托的老鼠。比喻旧社会仗着衙门势力欺压人民的官吏。

·帝不果觞·

典出《龚定安全集》。

群神朝于天。帝曰："觞之！"帝之司觞，执简记而簿之，三千秋而簿不成。帝问焉。曰："皆有异之与者。"帝曰："异者亦簿之。"七千秋而簿不成。帝又问焉。乃反于帝曰："异之与者，又皆有其异之者！"帝默然而息，不果觞。

天上各方神仙都来朝拜天帝。天帝命令说："赐给他们酒喝！"

天帝司觞的大臣，便拿了简记去登记每个神仙的姓名，但是登记了3000年也没登记完。

天帝问是什么缘故。司觥大臣报告说："各位神仙都带着抬轿的轿夫。"天帝说："轿夫也登记赐酒。"但是用了7000年也没登记完。天帝又问缘故。司觥大臣报告说："抬轿的轿夫也带了抬他们的轿夫。"

天帝默默地叹了一口气，没有赐成酒。

后人用这则寓言辛辣、尖刻地讽刺了官僚机构的臃肿重叠。连杯酒都赐不成，可想而知，办件正事更是难上加难了。如此腐败政体，不"更法"、"改图"如何得了？

·烽火戏诸侯·

典出《史记·周本纪》。

褒姒不好笑，幽王欲其笑万方，故不笑。幽王为烽燧大鼓，有寇至则举烽火。诸侯悉至，至而无寇，褒姒乃大笑幽王说之。数举烽火其后不信诸侯益不至。

周宣王死后，他的儿子继承了王位，即周幽王。这位天子怠忽朝政，一心只想吃喝玩乐，除了酒肉，就是女人。他打发左右的人到各地去找寻美女，根本置国家大事于不顾。

他喜欢谄媚的人，对于劝告他的人却怀恨在心。最令他嫌恶的是赵叔带大夫，因为他竟胆大包天，写了一份奏章，说："国家正面临许多灾难，一些地方发生了地震、山崩、饥荒。天子应当想法子访求能干的人来辅佐朝政才对，怎么能在这节骨眼上找美女寻欢取乐呢？"

周幽王恼羞成怒，革去赵叔带的官职，把他赶出宫去。周幽王这么做为的是"杀鸡儆猴"，免得别人再到他跟前说些不中听的话。没想到另一位大臣褒还是怀着忠义之心去见天子，并对他说："天子不把天灾看在眼里，不关心国家大事，

烽火戏诸侯

反而亲信小人，赶走大臣。你再这样下去，咱们的国家恐怕要保不住了！"周幽王大怒，不想与他争辩，仅吆喝了一声，就下令把他囚禁到监狱里，从此以后，再也没有人敢劝谏他了。

褒在监狱里待了三年，一直没有获得释放。他的家人非常着急，四处奔走。他们想："天子既然贪爱美色，我们就在这上面动脑筋吧。"于是，他们到处寻觅，终于找到了一个花容月貌的美女，她就是在中国历史上鼎鼎有名的美女褒姒。

周幽王一看见褒姒，心花怒放，褒姒的美色，他梦也没有梦见过，宫里的美女跟她一比，一个个都黯然失色。他立刻赦免了褒的罪，放他出狱。从此以后，天子日日夜夜迷恋这位美女，把她当成心肝宝贝。但褒姒老是心事重重、愁眉不展，周

幽王想尽办法要逗她一笑，都没有用。于是，天子就诏告天下："有谁能叫娘娘笑一下，就赏他一千两黄金。"

这个消息一经传出，就来了许多想发财的人。可是他们徒然令褒姒生气，有的甚至被她撵了出去。有个专会奉承天子的小人，叫虢石父，颇有点儿小聪明，想出了一个"好"法子。他对周幽王说："从前的君王为了防备西戎侵犯京城，就在骊山那一带造了 30 多座烽火台。万一敌人攻过来，就燃起一连串的烽火，示意附近的诸侯出兵相救，现在天下太平，烽火台就没有用了。我想请天子跟娘娘到骊山去玩几天，到晚上，咱们把烽火点着，戏弄诸侯，叫他们上个大当。娘娘见到一大批的兵马一会儿奔过来，一会儿跑过去，肯定会笑弯了腰。你说我这个办法好不好？"周幽王眯着眼睛，拍手叫道："太好了，就这么办吧！"

他们立即动身，带着褒姒到了骊山。周幽王随即下令点燃烽火，诸侯一个个领兵点将，连夜赶到骊山。没想到，到了那儿，一个敌人的影子也没看见，只传来饮酒作乐的声音，大伙儿你看我、我看你，都不知道是怎么回事。周幽王派人对他们说："辛苦了，各位！没有敌人，放烽烟只是为了博得娘娘的欢笑，你们回去吧！"诸侯们这才发觉上了天子的大当，一个个愤然离去。

褒姒见大批人马在那儿忙来忙去地瞎撞，果然笑了。周幽王立刻就把一千两黄金赏给了虢石父。

褒姒生了一个儿子，名叫伯服。公元前 771 年周幽王废了原来的王后和太子宜臼，改立褒姒为王后，伯服为太子。宜臼的母亲是申侯的女儿，于是宜臼就逃往申国去。申侯得知周幽王要攻伐他，还要杀害宜臼，就联合西戎兴兵进攻周室。周幽王赶忙叫虢石父把烽火点起来。但由于先前被戏耍了，诸侯以为天子又在开他们玩笑，全都按兵不动。

烽火兀自燃烧着，却没有一个救兵前来。镐京城里的兵马本来就不算多，很快被敌人团团围住。周幽王和虢石父以及伯服仓皇逃往骊山，半路上都给西戎军杀了。

·蛤蟆夜哭·

典出《艾子杂说》。

艾子浮于海，夜泊岛峙。中夜闻水下有人哭声，复若人言，遂听之。其言曰："昨日龙王有令，应水族有尾者斩。吾鼍也，故惧诛而哭。汝蛤蟆无尾，何哭？"复闻有言曰："吾今幸无尾，但恐更理会蝌蚪时事也。

艾子在海上航行，晚上停泊在一个岛屿的附近。半夜时分，听到水底下有人发出哭泣的声音，又像是有人在说话，他就认真地听了下去，一个声音说："昨天龙王下了命令，水中的动物，凡是有尾巴的都必须斩首。我是鼍，有尾，所以害怕遭到杀戮，便哭了起来，你是蛤蟆，没有尾巴，为什么也在哭？"又听到有声音说："我现在幸而没有尾巴，但是我害怕会追究到我蝌蚪时代的事上去，因为那时我是有尾巴的。"

这个故事告诉我们：横加罪名，株连无辜，这正是封建专制政治的一个重要侧面。

·官官相护·

典出《老残游记》。

我去是很可以，只是于正事无济，反叫站笼里多添一个屈死鬼。你想，抚台一定要发回原官审问；纵然派个委员前来会审，官官相护……他是官，我们是民……这官司打得赢打不赢呢？

曹州于家屯那个地方，有个财主名叫于朝栋，他有两个儿子。有一年秋天，他家被强盗抢了一次，于家即到官府报案，结果有两个小强盗被捉去杀了，因而强盗与于家结了仇。强盗为了报复，在一次抢劫之后，把一部分赃物悄悄地放进于家一间放杂物的屋子里。

曹州长官玉贤带领人马追捕强盗，途中在于朝栋家搜出了强盗所藏的赃物，于是不由分说，将于朝栋父子三人抓去。此事明明是冤枉，但曹州府玉贤既不调查核实，又不听从下人的意见，硬把于朝栋父子三人放在站笼里活活折磨死了。

于朝栋等死后，众人愤

《老残游记》书影

愤不平。不久，众人议论开了，有的人建议：此事应往上告，要上面重审。有人却不同意这样做。理由是：民家被官家害了，除了忍受，没有别的办法。倘若上告，照例仍旧发回来审问，这样又落在他手里，岂不是又要倒霉吗？

当时又有人建议，请于朝栋的女婿去上告，因他是秀才，知书识理，一定有办法。于朝栋的女婿对众人说："我去是很可以，只是于正事无济，反叫站笼里多添一个屈死鬼。你想，抚台一定要发回原官审问；纵然派个委员前来会审，官官相护……他是官，我们是民……这官司打得赢打不赢呢？"众人听了，觉得很有道理，没有办法，只好罢了。

后人用"官官相护"或作"官官相为"表示官吏们互相包庇。

·画影图形·

典出《史记·楚世家》。

平王二年，使费无忌如秦为太子建取妇，妇好，来，未至，无忌先归，说平王曰："秦女好，可自娶，为太子更求。"平王听之，卒自娶秦女，生熊珍。更为太子娶。是时伍奢为太子太傅，无忌为少傅。无忌无宠于太子，常谗恶太子建。……无忌曰："伍奢有二子，不杀者，为楚国患。"……伍胥弯弓属矢，出见使者，曰："父有罪，何以召其子为？"将射，使者还走。遂出奔吴。伍奢闻之，曰："胥亡，楚国危哉！"楚人遂杀伍奢及尚。

　　楚平王一见本国的人安居乐业，属国的诸侯都信服他，到处是太平盛世的样子，就渐渐疏懒荒唐起来。历来荒唐的君王最喜欢人家阿谀奉承他，因为这种人会讨他欢心，给他出新鲜的花样，叫他称心如意。这时候，楚平王的朝廷里就有一个专会逢迎拍马的人叫费无忌。他虽然赢得了楚平王的宠信，太子建却相当厌恶他，常常在他父亲面前数落他。而费无忌当然也在楚平王跟前编造太子建的不是。两个人就这样成了冤家对头。

　　有一天，楚平王派遣费无忌带着金珠彩币到秦国去替太子建迎娶新娘子孟嬴。费无忌将孟嬴迎至半途，发觉她有绝世之色，就起了坏念头。他先跑回来向楚平王报告，君臣俩窃窃商议了一番，楚平王就叫费无忌设法把孟嬴送到宫里去。费无忌眯缝着眼，下巴抬得高高地，很自得地说："我早就替大王设想好了。新娘子的丫头里有一个长得仪容端整，我已经跟她谈好，叫她冒充孟嬴，嫁给太子，把真的孟嬴留给大王，您说好不好？"楚平王听了，眉开眼笑地对费无忌说："你真行！好好地去办吧！"

　　楚平王娶了太子建的妻子，自以为神不知鬼不觉，但外头却流言四起，议论纷纷。费无忌生怕太子发现了事实，会对他不利，就请楚平王派太子建到城父去镇守边疆。楚平王觉得让他离得远些也好，就真的叫太子建去城父，又叫伍奢和奋扬去帮助他。他们离去之后，楚平王就改立孟嬴为夫人，把原来的夫人，太子建的亲娘蔡姬送回蔡国。

　　过了一年，孟嬴生了个儿子，就是公子珍。楚平王觉得自己年事渐高，而孟嬴每天又闷闷不乐，就想讨好她，答应立公子珍为太子。如此一来，太子建的命就难保了。费无忌是楚平王肚里的蛔虫，楚平王的心思他揣测得一清二楚。他耸耸肩膀，对楚平王说："听说太子跟伍奢在城父操练兵马，还暗中结交齐国跟晋国。他们这么做，不仅对公子珍不利，恐怕也会威胁到大王啊！"楚平王说："不至于吧！"费无忌说："大王说不至于，想必是不至于吧！不过我可不愿意在这儿等着我的脑袋搬家，请您开恩，让我躲到其他的国家去吧！"楚平王说："办法总是有的。我先把太子废了，好不好？"费无忌说："太子有的是兵马，又有他师傅帮助他。大王如果废了他，他一定会发兵攻打过来。我想不如先把伍奢叫回来，再派刺客去杀死太子，这是最方便省事的了。"楚平王就依照费无忌的话，把伍奢叫回来。伍奢见了楚平王，正要开口，楚平王已抢先问他："太子建打算造反，你知道吗？"伍奢一听这话，不由得生起气来。他义正词严地说："大王您夺了他的妻子，已经不对了，怎么又听信小人的谗言，胡乱猜疑自己的骨肉呢？您这么做于心何忍哪！"

费无忌一脸不悦地插嘴说："伍奢骂大王娶了儿媳妇，这不明摆着他跟太子是心怀怨恨吗？如果大王不把他杀了，他们迟早会来谋害大王。"伍奢正想破口大骂费无忌，一旁的武士们已把他推向监狱里去了。

楚平王说："该叫谁去处治太子呢？"费无忌说："奋扬还在城父。这件事就交给他办吧！"楚平王派人去嘱咐奋扬，说："你杀了太子就有重赏，要是你走漏消息，把他放了，就有死罪！"另外又强迫拘押在监牢里的伍奢，写信给他的两个儿子伍尚和伍员。伍奢没有办法，只好照着费无忌的意思写着："我得罪了大王，押在牢里。现在大王看在咱们上辈祖宗过去的功劳上，有意免我一死。你们兄弟俩见了这封信，尽快回来给大王谢恩。否则，大王就要治我的罪。"

楚平王处理了这两件事，就天天等着回音。几天后，只见奋扬坐着囚车来见楚平王，对他说："太子建和公子胜（太子建的儿子）已经跑到别的国家去了。"楚平王听了，顿时火冒三丈。他说："我叫你秘密杀了他，谁把他们放了就是死罪！"奋扬说："当然知道。不然，我怎么会坐着囚车回来？当初大王嘱咐我好好伺候太子，我就是为了要好好伺候太子，才放走了他，更何况太子并没有造反的行为，连造反的意图都没有。大王怎么能把他杀了呢？现在我救了大王的太子，又救了大王的孙子，我就是死了，也问心无愧。"楚平王听了这番话，就说："算了，算了，难为你有这一份忠心。回去好好镇守着城父吧。"那个替伍奢送信的人带着伍尚回来了。费无忌把伍尚和伍奢关在同一牢房。伍奢见伍尚单独回来，忧喜参半，他说："我就知道员儿不会来。可是从此以后楚国很难有太平的日子了。"伍尚说："我们早就料到那封信是大王逼迫爹写的，可是我宁愿与爹一起死。弟弟说，他要留着一条命给咱们报仇。他已经跑了。"

楚平王叫费无忌押着伍奢和伍尚到达法场。伍尚振振有词地骂费无忌，说："你这个诱惑君王，杀害忠良，祸国殃民的奸贼，看你作威作福，能够享受几天富贵！你这个猪狗不如的小人！"伍奢制止他，说："别这样骂人！忠臣奸臣自有公论，咱们何必计较呢？我担心的是员儿，如果他回来报仇，岂不是要连累楚国的老百姓吗？"说完就伸长脖子，不再开口了。费无忌把他们父子俩斩了首，围观的老百姓都偷偷地拭泪。

费无忌对楚平王说："伍员这小子虽然跑了，不过他还跑不了多远。咱们应当赶紧派人去追，伍奢临死的时候不是说担心他回来报仇吗？这小子迟早会回来报仇，非把他捉住不可。"楚平王一面打发人去追伍员，一面又发出一道命令，说："捉住伍员的，赏粮食五万石，并封为大夫；收容伍员的，全家都有死罪。"楚平王还叫画师画了伍员的图像，悬挂在各关口，叮嘱各地方的官员仔细检查来往的行人。像这样画影图形，捉拿逃犯，伍子胥就是插翅也难飞呀！

·鸡犬不宁·

典出《河东先生集·捕蛇者说》。

虽鸡狗不得宁焉。

永州乡下有一种很特殊的蛇。这种蛇毒很重，接触草木，草木全死；人若被咬，无药可治。但这种毒蛇捉来风干之后，可以做药。捕到这种毒蛇，可以拿去抵纳租税。

有一个姓蒋的人，祖孙三代都靠捕这种毒蛇抵租税。他祖父死在捕蛇上，他父亲又死在捕蛇上，他自己也几次差点儿死在捕蛇上。

有人觉得奇怪，就问他："你为什么一定要冒着生命危险去捕蛇呢？我打算告诉那些当事者们，免去你捕蛇抵纳租税的苦

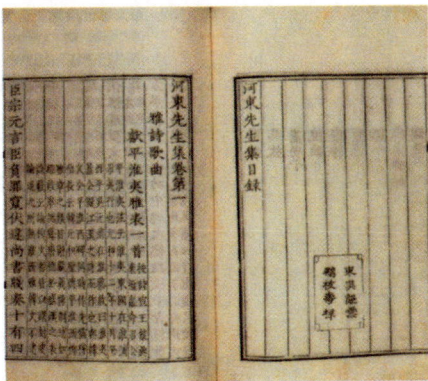

《河东先生集》书影

差事。"那个姓蒋的听了非常悲伤地说："唉！租税重得压死人啊！……每年那些征收赋税的残暴凶横的官吏一到乡下，就到处乱喊乱叫，乱冲乱闯，到处骚扰，不仅人们被吓得提心吊胆，就是鸡狗也得不到安宁。老百姓一年劳动所得的全部东西还不够交租税。人们无法生活，被迫流落他乡，饥冻而死的人不计其数。而我呢，虽然是冒着生命危险去捕蛇抵税，但比起我的同乡来还是好一点儿啊！所以，我宁愿冒死去捕蛇也不愿意免去我捕蛇纳税的苦差事。"

后人把"虽鸡狗不得宁焉"说成"鸡犬不宁"，用来形容骚扰十分厉害。

·景公求雨·

典出《晏子春秋·内篇谏上》。

齐大旱，逾时，景公召群臣问曰："天不雨久矣，民且有

饥色。吾使人卜，云祟在高山广水，寡人欲少赋敛以祠灵山，可乎？"群臣莫对。

晏子进曰："不可，祠此无益也。夫灵山固以石为身，以草木为发，天久不雨，发将焦，身将热，身将热，彼独不欲雨乎？祠之何益！"

公曰："不然，吾欲祠河伯，可乎？"

晏子曰："不可。河伯以水为国，以鱼鳖为民，天久不雨，水泉将下，百川将竭，国将亡，民将灭矣，彼独不欲雨乎？祠之何益！"

景公曰："今为之奈何？"

晏子曰："君诚避宫殿暴露，与灵山河伯共忧，其幸而雨乎。"于是景公出野暴露。三日，天果大雨，民尽得种时。

有一年，齐国发生了大旱灾，错过了播种季节。国王景公召集群臣，问道："天很久没有下雨了，老百姓将要饿得面黄肌瘦。我叫人占卜，说是山神河伯作怪，我想稍微征收一点钱来祭祀山神，可以吗？"臣子们一声不吭。

相国晏子走上前去对国王说："不行，祭祀山神没有用处。山神本来就是用石头做躯体，用草木做毛发。长久不雨，山神的毛发将会晒得枯焦，躯体将要晒得滚烫。它难道不要雨吗？你去祭祀它，有什么用呢？"

景公说："如果不这样，我打算去祭祀河伯，行吗？"

晏子说："不行，水是河伯国土，鱼鳖是河伯的臣民。长久不雨，泉水将要枯竭，地要干涸。它的国土将要沦丧，它的臣民也将干死。它难道不要雨吗？你去祭祀它，又有什么用呢？"

景公说："那么，现在怎么办呢？"

晏子说："国君如果能够离开宫室，在外经受日晒夜露，同山神、河伯一样，为自己的土地和人民担忧，天也许会要下一场雨。"

景公果真走出深宫，来到荒野，日晒夜露，察看民情。过了三天，天果然下了倾盆大雨，全国的老百姓都能栽种了。

后人用这个故事说明：在上位的人，只有走出深宫，了解民情，与老百姓同甘共苦，才能克服困难，渡过难关。

·酒池肉林·

典出《史记·殷本纪》。

商纣王，名辛，由于他极端荒淫残暴，人们都不提他的名字，而称他为"商纣"，"纣"是残忍不义的意思。

纣王生活穷奢极欲，他建造了许多离宫、苑囿，规模都非常宏大。譬如，京城中的鹿台有"三里大，千尺高"，里面有他从各地搜括来的珍宝、名犬、良马、奇禽、异兽，纣王自己就整日沉溺在宴饮淫乐之中。为了供宴乐的人饮用，他在一个叫"沙丘"的宫苑中开挖了酒池，池大得可以划船，里面灌满美酒，酿酒剩下的酒糟堆得像小山一样高，绵延七里；又命人悬挂了许多肉条，远远望去，像树林一样，人称"肉林"。几千个青年男女，通宵达旦侍奉纣王淫乐嬉戏。

为了满足这种糜烂奢侈的生活要求，商纣王无休止地增加赋税，还用残酷的刑罚镇压对他不满的人，"炮烙"就是其中一种。"炮烙"就是用炭火烧热了涂有膏油的铜柱，让人赤脚在铜柱上行走，人忍受不了滚烫的铜柱，结果就会坠入炭火中活活烧死，商纣则以此取乐。

商纣的倒行逆施使他失尽民心。当周武王讨伐商纣时，纣王部下纷纷倒戈，商朝迅速覆灭，纣王自焚而死。

后人用"酒池肉林"形容生活穷奢极侈。

鹿台赴宴，纣王妲己请仙

·君杀唐鞅·

典出《吕氏春秋·淫辞》。

宋王谓其相唐鞅曰："寡人所杀戮者众矣，而群臣愈不畏，其故何也？"唐鞅对曰："王之所罪，尽不善者也；罪不善，善者故为不畏。王欲群臣之畏也，不若无辨其善与不善而时罪之，若此则群臣畏矣。"居无何，宋君杀唐鞅。

一天，宋王问他的相国唐鞅说："我平素杀戮的人够多的了，可是大臣们反而越发不畏惧我，这是什么原因呢？"

唐鞅回答说："这是因为大王杀戮的人，都不是好人；您只杀坏人，好人自然不畏惧您。大王如果想让大臣们敬畏，不如不分好坏，不断地杀戮，这样，他们朝不虑夕，就会敬畏您了。"

唐鞅给宋王出了这个主意后，没有多久，宋王就把他杀了。

后人用"君杀唐鞅"这个典故告诫人们，不要为那些坏人出主意。为坏人出坏主意，往往自食恶果，落个"请君入瓮"的下场。

·考弊司舞弊·

典出《聊斋志异·考弊司》。

闻人生，河南人，抱病经日，见一秀才入，伏谒床下，谦抑尽礼。已而请生少走，把臂长语，刺刺且行，数里外犹水言别。生伫足，拱手致辞。秀才云："更烦移趾，仆有一事相求。"生问之，答云："吾辈悉属考弊司辖，司主名虚肚鬼王。初见之，例应割髀肉，浼君一缓颊耳。"生惊问："何罪而至于此？"曰："不必有罪，此是旧例。若丰于贿者，可赎也。然而我贫。"生曰："我素不稔鬼王，何能效力？"曰："君前世是伊大父行，宜可听从。"

闻人生是河南人。他患病多日，卧床不起。有一天，忽然有一个秀才推门进来，伏在他的床前拜见，毕恭毕敬，礼节周全，然后请他外出走动一会儿。一路上挽着他的臂膀，一边行走，一边说个没完没了，走出数里后还不道别。闻人生只好停住脚，拱手作礼，主动告辞。秀才说："烦劳您再走几步，我有一件事求您帮忙。"闻人生问是什么事，秀才回答："我们这些人死后，全部归属考弊司管辖，司主名叫虚肚鬼王。初次见他照例要被割下大腿上的肉，请您代为求情。"闻人生吃惊地问："犯了什么罪，竟至于这样呢？"秀才说："不必有什么罪过，这是惯例。如果能用大量钱财行贿，就可以赦免，然而我却很穷。"闻人生说："我与鬼王素不相识，怎能替您出力呢？"秀才说："您前世和鬼王的祖父同辈，他会听从的。"

后人用"考弊司舞弊"这个典故讽刺那种依仗职权、纳贿徇情、执法违法、营私舞弊的人和不正之风。

·苛政猛于虎·

典出《礼记·檀弓下》。

孔子过泰山侧，有妇人哭于墓者而哀。夫子式而听之，使子路问之，曰："子之哭也，壹似重有忧者。"而曰："然，昔者吾舅死于虎，吾夫又死焉，今吾子又死焉。"夫子曰："何为不去也？"曰："无苛政。"夫子曰："小子识之，苛政猛于虎也。"

孔子和他的学生在泰山旁边走过，听到一位妇人在坟边哭得很厉害。那悲惨沉痛的哭声，竟使孔子的态度也严肃庄重起来。他叫子路过去问明白。

子路走到妇人身边，问他。那妇人摇头。子路又说："我们听你哭得很凄惨，想必有些使你特别伤心的事情吧？"那妇人才勉强点点头，刚开口，泪水又滚滚出来了："就是呀！这一带老虎很多，时常吃人。早先，我的公公在这儿被老虎吃掉，后来，我的丈夫又被老虎吃掉了。唉，前几天，我的孩子又被老虎咬死啦。"

孔子听了，怪这妇人真不懂事，还带了点儿责备的口气问她："哎呀！那你们这家人为什么不趁早搬走呢？"这话一出口，更引起了对方的伤心，她说："先生，你讲得好容易。可是，我们办不到。你要知道这儿老虎会伤人，但是这儿却没有苛捐杂税呀！"

妇人的这番话给了孔子很大的启发，他像觉悟到什么深奥的道理似的，对子路说："子路，你该记住这话：苛捐杂税，不知真比老虎吃人厉害多少倍呢！"

后人用"苛政猛于虎"比喻残酷压迫、剥削人民的政治。

·民不聊生·

典出《史记·张耳陈馀传》。

财匮力尽，民不聊生。

秦朝末年，陈胜、吴广领导的农民起义军打下陈地（今河南省淮阳）以后，曾派一个名叫武臣的人，带领三千士兵北渡黄河向河北进攻。武臣是一个善于用兵的人，他觉得自己的兵力不足，必须加以壮大和充实。于是，一过黄河，他就把当地一些有影响的人物召集起来并对他们说："秦朝的残酷统治已经很多年了。他们派差出役接连不断，苛捐杂税多如牛毛，弄得老百姓家家无余财，户户没劳力，实在是民不聊生啊。"

武臣的政治宣传得到了当地百姓们的支持，因而很快扩充了部队，并占领了十几座城市，使陈胜的农民起义军在黄河以北一带接二连三地取得了重大胜利。

后人用"民不聊生"比喻老百姓没有赖以生活的东西。现常用来形容在剥削阶级的残酷统治下，劳动人民极端贫困，无法生活下去。

·民生凋敝·

典出《汉书·循吏传》。

孝武之世，外攘四夷，内改法度，民用凋敝，奸宄不禁。

西汉武帝刘彻是西汉皇帝中的一位佼佼者。他在位47年。在位期间，打击富商大贾，同时兴修水利，移民西北屯田，有利于农业的发展。他曾派张骞两次至西域，加强了对西域的统治，并发展了经济文化交流。但是，汉武帝崇尚武力，在位期间，连连进行战争。

汉武帝刘彻像

虽然这些战争打击了匈奴贵族，保障了北方经济文化的发展，但连年战争也消耗了大量的人力和财力，使人民遭到了严重的灾难。

《汉书》作者班固在编写《循吏传》时指出：汉武帝在位期间，连年对外用兵，内政也必须适应战争需要，军费开支浩大，广大农民负担沉重，以致民生凋敝，犯罪行为增多。

后人用"民生凋敝"形容在剥削阶级统治和压迫下，社会经济衰败，人民生活极端困苦。

·宁为太平犬，莫作离乱人·

典出《醒世恒言·白玉娘忍苦成夫》。

忙忙如丧家之犬，急急如漏网之鱼。正是："宁为太平犬，莫作离乱人。"

宋末元初，有一个叫程万里的人，原是官宦的子弟，去江陵投奔亲友，谁知在路上遇到元将兀良哈歹统率精兵杀来。夜里逃难的人奔走不绝，哭哭啼啼耳不忍闻。程万里奔避不及，被元兵一索捆翻，送给大将张万户为奴。张万户把掳到的男女带回家中，强壮的留下几个，其余的都转卖给人。多有妻离子散、家破人亡的。张万户把留下的奴婢召集起来，说："你等或有父母妻子，料必死于乱军之中，你们幸亏遇着我，若逢着别人，死去多时了。今晚分配妻子给你们，今后安心在此，勿生异心。"晚上果然把那掳来的妇女，胡乱一人分配一个，真是"宁为太平犬，莫作离乱人"。

程万里分配到的女子叫白玉娘，是宋朝武将之女，父亲殉国阵亡，她便被掳来做了奴婢。白玉娘是个有志的人，力劝程万里潜逃摆脱奴隶命运，因此被张万户发觉，转卖出去，后来做了尼姑。程万里伺机潜逃，回到南宋领地，逐渐做了大官。为了感念白玉娘而终身不娶。后来时局逐渐安定，程万里千方百计竟然找到了白玉娘，尽管分别了20来年，两人相爱之心不变，终于获得团圆。

后人用"宁为太平犬，莫作离乱人"这个典故比喻乱世人民生活绝无保障，性命比狗还不值钱，因此羡慕起太平时期的狗来。

·岂非同院·

典出《幕府燕闲录》。

国子博士王某知扶风县，有李生以资拜官，每见王辄称"同院"。王不能平，因面质曰："某自朝士，与君名位不同，而见目同院，何邪？"李生徐曰："固知王公未知县事时，自是国子博士，谓之'国博'。某以纳粟授官，亦'谷博'也，岂非同院乎？"王为之大笑。

国子博士王某在扶风当知县，有一位李生以他的官位资格会见他，每次见面就称之为"同院"。王某心中不平，因而当面质询道："我自是朝廷国子博士，和您名位身份不同，而一见面就视为'同院'，是什么道理？"

李生慢条斯理地说："我早就知道王公您未当知县时，自是国子博士，称之为'国博'。而我用交纳粟粮的办法被授予了官职，也可称为'谷博'了，这样，我们俩岂不是'同院'了吗？"王某听后为之大笑。

后人用这则寓言说明李生纳粟授官，不以为耻，反以为荣，以"谷博"与"国博"音近，死乞白赖，勉强与王某称"同院"。故事揭露了封建社会卖官鬻爵者的丑恶面目。

·千里无鸡鸣·

典出《蒿里行》。

白骨露于野，千里无鸡鸣。生民百遗一，念之断人肠。

东汉末年，陇西豪强地主势力董卓篡夺了汉王朝的军政大权。关东各军阀推举北方豪强地方的首脑袁绍为盟主，"联合"起来讨伐董卓。曹操为了统一全国，也参加了当时的讨董联军。联军虽然组织起来了，但各地军阀各怀异心，钩心斗角，争权夺利，根本无心讨董。此后各军阀间的矛盾日益激化，互相残杀，连年混战，使广大人民惨遭浩劫，死尸遍野。曹操见此情景，便写了一首反映这种现实的诗《蒿里行》。诗曰："白骨露于野，千里无鸡鸣。生民百遗一，念之断人肠。"

诗意是：茫茫大地，白骨成堆；千里焦土，荒无人烟；百姓惨死，百不余一；思念起来，令人悲伤。

这首诗较真实地反映了军阀连年混战给人民带来的严重灾难。

后人用"千里无鸡鸣"来描写战争给人民带来的深重灾难。

·强者反己·

典出《雪涛谐史》。

黄郡一孝廉，买民田，收其帝瘠者，遗其中腴者，欲令他日贱售耳。乃其民将腴田他售，孝廉鸣之官，将对簿。其民度不能胜，以口衔秽，唾孝廉面。他孝廉群起，欲共攻之。时乡绅汪某解之曰："若等但知孝廉面是面，不知百姓口也是口！"诸孝廉皆灰心散去。乡绅此语，足令强者反己，殊为可传。

黄郡有位孝廉，买老百姓的田地时，只买旁边那些瘠薄的土地，却留下中间的肥田，为的是想叫老百姓将来贱卖给他。但是老百姓却将肥田卖给别人，那孝廉便告到官府里去。老百姓估计不能胜过对方，就含着满口唾沫，唾在孝廉的脸上。其他一些孝廉都跳将起来，企图群起而攻之。

这时，姓汪的乡里绅士出来解围说："你们只知道孝廉的脸是脸，不知道老百姓的口也是口呀！"众孝廉都灰心丧气地走散了。

乡里绅士的这番话，足可使强者反责自己，是最可传扬的了。

后人用这则寓言说明孝廉倚仗权势欺压百姓，而官吏也是官官相护，百姓自知不能胜，只能含秽唾其面。"孝廉面是面，百姓口也是口"，在豺狼横行、暗无天日的封建社会，能替老百姓说一句这样的公道话，也是难能可贵的。作者认为"乡绅此语，足令强者反己"，是希望强盗发善心，把寄托在恶者的道德自我完善上，这完全是不切实际的幻想。

·三石之弓·

典出《吕氏春秋·贵直论·壅塞》。

齐宣王好射，说人之谓己能用强弓也。其尝所用不过三石，以示左右，左右皆试引之，中关而止，皆曰："此不下九石，非王其孰能用是？"

宣王之情，所用不过三石，而终身自以为用九石，岂不悲哉？

齐宣王喜欢射箭，专爱听别人吹捧自己能使用强弓。他曾使用的不过是拉力三石的弓，故意拿给左右的臣子看，左右的臣子一个个试着拉，只拉开一半就停下来，都异口同声地说："这弓拉力不下九石，要不是大王谁能使用它？"

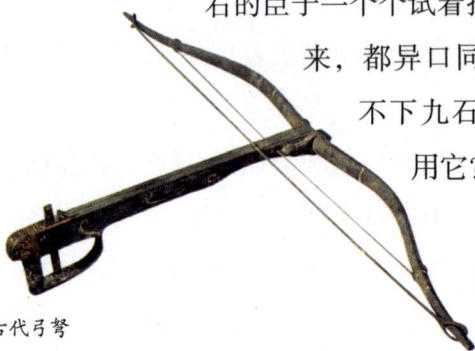

古代弓弩

宣王所使用的不过是三石之弓，而终身自认为用的是九石之弓，这难道不可悲吗？

后人用"三石之弓"抨击了自己本来能力不大，却爱听别人的吹嘘而毫无自知之明的人。

·尸位素餐·

典出《尚书·五子之歌》。

太康尸位，以逸豫灭厥德，黎民咸贰。

又见《汉书·朱云传》。

今朝廷大臣，上不能匡主，下亡以益民，皆尸位素餐。孔子所谓"鄙夫不可以事君，苟患失之，亡所不至"者也。

尸是古代祭礼中的一个代表神像端坐着而不需要做任何动作的人。《书经》有句话："太康尸位。""尸位"就是源出于此，用来比喻一个有职位而没有工作做的人，正如祭礼中的尸，只坐在位子上，不必做任何动作一样。

"素餐"见于《诗经》。"彼君子也是出兮，不素餐兮。"后人于是用"素餐"来比喻无功食禄的人。

后人用"尸位素餐"比喻居位食俸而不理政事。

·时日曷丧，予及汝皆亡·

典出《尚书·汤誓》。

时日曷丧，予及汝皆亡。

传说中，夏朝的末代君主名叫桀，他和一批奴隶主非常残酷地役使奴隶，残暴地杀害他们。所用的刑罚惨绝人寰。大批奴隶被害致死，于是爆发了历史上最大的一次奴隶起义，他们悲愤地发出誓言道："时日曷丧，予及汝皆亡。"意思是："倘若注定我要死，我就和你一起死吧！"后来，他们在汤的领导下，终于杀了桀，推翻了夏朝。

后人用"时日曷丧，予及汝皆亡"这个典故于反抗残暴统治的场合。

·鼠技虎名·

典出《雪涛小说》。

楚人谓虎为老虫，姑苏人谓鼠为老虫。余官长洲，以事至娄东，宿邮馆，灭烛就寝，忽碗碟戛然有声。余问故，阍童答曰："老虫。"余楚人也，不胜惊错，曰："城中安得有此兽？"童曰："非他兽，鼠也。"余曰："鼠何名老虫？"童谓吴俗相传尔耳。

嗟嗟！鼠冒老虫之名，至使余惊错欲走，良足发笑。然今天下冒虚名骗俗耳者不少矣！……夫至于挟鼠技，冒虎名，立民上者皆鼠辈。天下事不可不大忧耶！

楚地人称老虎叫老虫，姑苏人称老鼠为老虫。我在长洲当长官，因公事到娄东去，夜宿驿站旅馆中。刚吹熄了灯想睡觉。忽听见碗碟磕碰的声响。我问什么缘故，看门的仆人回答说："是老虫。"

我是楚地人，听了不禁惊慌失措，问道："在城里怎么会有这种野兽？"

看门的仆人说："不是什么别的野兽，是老鼠呀！"

我说："老鼠为什么叫老虫？"看门的仆人说，这是吴地的习俗，一直传到今天罢了。

唉唉，老鼠冒老虎的名，以致吓得我惊恐地想逃走，实在令人发笑。然而如今天下那些冒虚名恐吓老百姓的人可真不少呀！……至于那些挟持老鼠技能，假冒老虎虚名，高踞在老百姓头上的人，实在都是些鼠辈。天下的事情不可以不令人严重担忧啊！

作者讲述自己亲自经历的生活故事，目的在演绎出"鼠技虎名"的道理，并以之印证当时社会、官场的种种类似黑暗现象，进而加以抨击和讽刺。

·弹冠相庆·

典出《汉书·王吉传》。

吉与贡禹为友，世称'王阳在位，贡公弹冠'，言其取舍同也。

汉朝王吉和贡禹是一对好友，他们二人自幼好学，通晓五经，学识渊博，为人廉洁。由于他们爱好相同，抱负相同，所以关系特别亲密。正因为如此，在当时的

汉明帝刘庄像

人们看来，王阳做了官，贡禹就会弹去帽子上的灰尘，准备去做官。后来，王吉、贡禹都当了官。汉宣帝时，王吉为博士谏议大夫，因他对宣帝的宫室陈设、车服装备太盛，上书劝谏，被宣帝认为是迂阔，因而不得宣帝信任。王吉心中闷郁，就称病辞官归家。与此同时，贡禹也有类似的遭遇，他做河南令也被罢官掉职。由于他们为官比较廉正，汉元帝刚继位就派使臣前往征聘。二人被召之后，做事勤谨，忠心耿耿，因而颇得元帝的信任。

后人把"王阳在位，贡公弹冠。"说成"弹冠相庆"，指一个人当了官或升了官，他的同伙也互相庆贺将有官可做。

·罔上虐下·

典出《元史·耶律楚材传》。

元朝的耶律楚材是个忠君爱民的大臣，深受当时的皇帝器重。有一次皇帝错抓了耶律楚材，让人把他绑了起来。后来又有了悔意，下令给他松绑。可耶律楚材却不肯，他说："我身居辅佐之位，料理国家大事。陛下当初是因为我有罪才绑我的，那就应该向百官公布我的罪行不能原谅赦免。现在释放我，等于说我无罪。事情怎能这样颠来倒去，像哄小孩子似的？如果遇到国家大事又该怎么办呢？"

在朝的官员都为他这番大胆的表白吓得胆战心惊。皇帝只好向他道歉说："我虽说是皇帝，错误也是难免的啊！"这样，耶律楚材才答应松绑。这件事很能说明耶律楚材的性格。

当时，富人刘忽笃马、涉猎发丁、刘廷玉等人，想用一百四十万两银子买得全国的征税之权。这种由官府核计征税数额，招商人抵押承包征税方法始于宋朝，盛行于元朝，征税权往往由出价最高的人获得。对此，耶律楚材一直表示反对。他知道，那些有钱人即使是出了最高价，总还是有利可图。价出得越高，老百姓受的盘剥也越重，同时，国家还会有巨额的税款流失。耶律楚材思考了很久，决定向皇帝建议废除这种不合理的征税制度。于是，他对皇帝说："那些要求买下征税权的人，都是些贪图巨大利润的人，他们罔上虐下，一心只想自己发财，这样的做法，危害极大。"

耶律楚材去世时，他才 55 岁，死后有人诬告他任宰相的时间长，全国进贡给皇上的东西有一半都到他家了。皇后命令人去彻底查看，只见耶律楚材家只有十几把琴瑟和一些字画，他所写下的文章倒有千卷。

罔：蒙蔽。"罔上虐下"义为瞒骗上级，欺压、虐待下属和人民。

·威震主者不畜·

典出《汉书·霍光传》。

威振主者不畜。

汉朝时，大臣霍光专政，汉昭帝年幼接位，全部政事都是霍光说了算。汉昭帝死后，霍光拥立昌邑王刘贺为帝，不久，又把刘贺废了，拥立汉宣帝。霍光掌权20多年，权倾天下。汉宣帝被他拥戴为帝，第一件事是去参拜祖庙。向祖宗的牌位礼拜是一个大典，惯例是由宰相坐在皇帝的车夫身边陪同去行礼。

宣帝心里非常忌惮霍光，觉得他在身边自己就浑身不自在，好像内衣里有芒刺一样不舒服。

大家都知道：权威太大，使皇帝惊恐不安的人，皇帝是不会让他继续在位的。果然，霍光一死，他的家属就受到祸害了。

后人用"威震主者不畜"喻指封建王朝君臣之间相忌恨的矛盾。

·为渊驱鱼·

典出《孟子·离娄上》。

为渊驱鱼者，獭也；为丛驱爵（通雀）者，鹯也；为汤武驱民者，桀与纣也。

据历史记载，我国夏、商时有两个极其残暴无道的国君夏桀和商纣王，后来被商汤和周武王分别推翻。孟轲在总结这段历史教训时说："替深潭把鱼赶来的是水獭（一种以捕鱼为食的兽类）；替树林把鸟雀赶来的是老鹰；替商汤和周武王把人民赶来的是夏桀与商纣。"

后人用"为渊驱鱼"这个典故比喻反动派的凶残使自己失

去了人民。

·文恬武嬉·

典出《昌黎先生集·平淮西碑》。

相臣将臣，文恬武嬉。

唐玄宗李隆基是唐代帝王中在位时间较长的一个，从公元712年到756年，先后统治了45年。李隆基执政期间，先后任用李林甫、杨国忠等奸臣，

明皇幸蜀图

到开元末年，政治日趋腐败。李隆基本人则爱好声色，奢侈荒淫。

同时，由于府兵制遭到破坏，京师和中原地区武备空虚，西北和北方各镇节度使掌握重兵，天宝十四载（公元755年）爆发了安史之乱。第二年，玄宗逃往四川。至德二年末（公元758年）回长安，后郁闷而死。

到了唐宪宗时，淮西节度使吴元济又发动叛乱。公元817年，著名文学家韩愈随宰相裴度前往淮西平叛。叛乱平息以后，宪宗命韩愈撰写《平淮西碑》，以记述此事。韩愈在碑文的开

始，首先指出了淮西叛乱发生的根源：唐玄宗时，自恃国力强盛，享乐腐化。安史之乱虽然平息了，但北方的人民却蒙受了深重的灾难。由于皇上荒淫，朝中的文官只知安逸享乐，武将也一味追求声色犬马。这种风气如果延续下去，国家的前途便不堪设想了。

后人用"文恬武嬉"形容文武官僚荒淫腐化，一点儿也不把国家大事放在心上。

·五马分尸·

典出《战国策·秦策》。

卫鞅亡魏入秦，孝公以为相，封之于商，号曰商君。……孝公行之八年，疾且不起，欲传商君，辞不受。孝公已死，惠王代后，执政有顷，商君告归。……商君归还，惠王车裂之。

秦孝公见卫鞅得了西河，打了个大胜仗，就封他为侯，把商于（在河南省淅川县西）一带十五座城封给他，称他为商君。卫鞅就叫商鞅了。

商鞅谢恩回来，非常得意。他自傲地问门客："我比五羊大夫怎么样？"大伙儿都奉承着他，说："他哪儿比得上你呢？"其中有位门客叫赵良，听了这些话，实在忍不住了，大声地说："你们都在商君门下吃饭，怎么不替他担心，反倒胡说八道，一味地奉承他！"大伙儿听了，不敢出声。商君有点儿不高兴，问赵良："先生有什么话要说？"赵良说："您要知道一千个人瞎称赞，不如一个人说真话。要是您不见怪的话，我就说给您听听。"商鞅于是恭敬地说："俗语说，'良药苦口'，请先生指教。"赵良一想，要说就说个透，要骂就骂个够。他郑重地对商鞅说："您说起五羊大夫，我就把他跟您来比一下吧。百里奚在楚国给人看牛，秦穆公知道了，想尽法子，请他来当相国。您呢？三番两次地托个小人景监给您介绍。百里奚得到了秦穆公的信任，就推荐别人。百里奚当了六七年相国，一连三次平定晋国的内乱，中原诸侯个个佩服，西方的小国都来归附。您呢？冤了朋友，夺了西河，只讲武力，不顾信义，谁还能诚心诚意地相信您？百里奚处处替老百姓着想，减轻兵役，不乱用刑罚，叫老百姓能够安居乐业。您呢？把老百姓当作奴隶，拿最严厉的刑罚管理老百姓。百里奚自己平时生活非常俭朴，出去的时候不用车马，夏天在太阳底下走，也不打伞。您呢？每逢出去的时候，车马几十辆卫兵一大队，前呼后拥，吓得百姓来不及躲。百里奚一死，全国男男女女痛哭流涕，好像死了自己的父亲。您呢？把太子的师傅公子虔割了鼻子，在太师公孙贾脸上刺了字，一天之中杀了七百多人，连渭河的水都变红了。上上下下，哪一个不恨您，说句不中听的话，他们恨不得您早点儿死呢。别人一味地奉承，我可真替您担心哪。"

商鞅听了这番话，叹了口气，说："我这么为秦国尽心竭力地打算，怎么反倒叫人家都怨恨起来？这是什么道理？"赵良说："我知道您替老百姓打算，可是您的办法很不妥当。您有两个最大的毛病：第一，您光是说服了国君，得到他一个人的信任，可是没有别的人来帮助您；第二，只管替百姓打算，不管人家愿意不愿意，就推行新法，可不许老百姓替自己打算。老百姓就算得到了好处，也不感激您，甚至还都怨恨您。您自以为事事都替老百姓着想，其实，您的心目中连一个小民也没有。"商鞅插嘴说："他们知道什么？"赵良说："您以为用不着听从老百姓的意见？自古以来，没有一个国君或是一个大臣单凭着自己的威力，违反老百姓的意志，就能够成功的。俗语说，'顺天者昌，逆天者亡'。这句话一点儿也不错。违反了老百姓的意志，就是违反天意。违反了天意，没有不失败的。天是什么啊？天没有耳朵，他凭着老百姓的耳朵来听；天没有眼睛，他凭着老百姓的眼睛来看。我看着上上下下的人都怨恨您，就知道天也怨恨您。为这个，我非常替您担心。为什么您还不快点推荐别人来代替您呢？要是您现在能够立刻回头，安分守己地去种地，也许能够保全自己的生命。"商鞅听了赵良这些话，心里头闷闷不乐。可是他哪儿舍得把大权交给别人？

公元前 338 年，秦孝公得了重病。秦孝公一死，太子驷即位，即秦惠文王。他做太子的时候，为了反对新法，被商鞅定了罪，割去了公子虔的鼻子，又在公孙贾脸上刺了字。如今太子当上了国君，公子虔和公孙贾他们就得了势。这一帮人都是商鞅的冤家对头。以前的仇恨可得清算一下。秦惠文王就加了个谋叛的罪名，下令逮捕商鞅。

商鞅打扮成一个老百姓，打算跑到别国去。他到了函关（在河南省灵宝市南），天黑下来了，只好到客店去投宿。客店老板要检查凭证，商鞅交不出来。老板说："这位客人真不明白。商君下过命令，不准我们收留没有凭证的人。我要是收留你，我的脑袋可就保不住了。"商鞅一听，这可真是哑巴吃黄连——有苦说不出。

当天晚上，他混出了函关，连夜逃到魏国。魏惠王恨他当初欺骗了公子印，夺去了西河，正想抓他。商鞅这才觉得这么大的天下，容不下他这么一个人。他又跑回自己的封地干脆起兵造反，被秦惠文王派兵镇压。商鞅死于战场上，但秦王不肯放放过他，即使是尸体，也被带回国都，当众处以"五马分尸"的极刑。

五马分尸是一种极其残酷的刑罚，商鞅推行变法，立下不小的功劳，在历史上也有很深的影响，但他自己却没有处理好多方面的关系，因而得到了一个走投无路的结局。

·下马作威·

典出《汉书·序传》。

定襄闻伯素贵，年少自请治剧，畏其下车作威，吏民悚息。

西汉有个叫班伯的少年，家世显贵，常出入宫中，很受皇帝的信任。当时，定襄石、李两家大姓对抗朝廷，捕杀地方官吏，弄得定襄一带人心惶惶。班伯正准备出使北方的匈奴，听到此事，主动向皇上请求去定襄做太守。

定襄的豪绅大姓听说来了一位年少气盛的新太守，料定他走马上任初期，要雷厉风行，大抓大杀，显示一下威风。因此，他们把犯了罪的人藏起来，然后静静地观看。

班伯首先请来了当地的豪绅大姓，对他们客气地说："在座的都是父兄师父，今后有什么事，还需要大家鼎力支持。班伯一人治理不好定襄，也不打算在定襄待得太久。定襄是在座诸位的，要治理好也是诸位的事。我这次来，只同大家交上朋友。"说完，班伯对年长的行了儿孙礼。从这以后，班伯果然不问定襄的事，日日广交朋友。久而久之，他结交了不少的人，逐渐了解到那些犯法的人匿藏在何处。于是，班伯召集民吏，分头捕获，不到10天，郡中震动。定襄很快恢复了秩序。

后人将此典概括为"下马威"，指新官上任，装腔作势地显示威风。

·挟天子以令诸侯·

典出《三国志·蜀书·诸葛亮传》。

东汉末年，汉室日趋衰败，曹操专权，以皇帝的名义号令诸侯。当时，诸葛亮隐居乡间以耕种土地为生。

一天，诸葛亮的好友徐庶拜见刘备，对刘备说："诸葛亮像一条卧龙，将军难道不想见一见他吗？"

刘备求贤心切，便去拜访诸葛亮，前后去了三次，才见到诸葛亮。刘备虚心地向他请教时局和发展趋势。诸葛亮回答道："如今曹操已经拥有百万大军，而且挟天子以令诸侯，实在无法与他一决雌雄。孙权占据了江东地区，已经经历了三代，有天险可依，并且人民又依附他，贤能的人为他出谋划策，他可以做您的盟友，您却不可能吞并他。荆州北有汉水、沔水，南通南海诸郡，东与吴郡和会稽郡相连，西与巴郡、蜀郡相通，这是个便于用兵的地方；益州四面都是险阻的要塞，中间是肥沃的平原，它们的主人却不能很好地治理，简直是上天赐给您的！您是汉朝王室的

三顾茅庐图

后代，以信义名闻天下，统领各路英雄。如果占据了荆州和益州，依靠险要的地形，然后西面与各少数民族媾和，南面安抚好百越各部族，对外与孙权结盟修好，对内治理好政务，一旦天下有变化，可有攻有守，那么就可以完成霸业，复兴汉室了。"从此，刘备对诸葛亮言听计从，诸葛亮也尽心着力扶持刘备建立蜀汉，与魏、吴三分天下。

后人用"挟天子以令诸侯"比喻借着权威者的名义发号施令。

·羊胃羊头·

典出《后汉书·刘玄传》。

所授官爵者，皆群小贾竖，或有膳夫庖人，多著绣面衣锦裤、诸于，骂詈道中。长安为之语曰："灶下养，中郎将；烂羊胃，骑都尉；烂羊头，关内侯。"

东汉刘玄破王莽后，即位为帝。他滥封官爵，用了好多小人，连做厨子的都穿了锦绣的衣服，在长安市上招摇，当时有民谣道。"烂羊胃，骑都尉；烂羊头，关内侯。"骑都尉、关内侯是官爵名。羊胃羊头的解说有三种：一是喻其贱；二是喻其多；三是讽刺厨子做官。

后人引用"羊胃羊头"，是指泛滥的官吏、官职。

·养鸷词·

典出《刘梦得文集》。

途逢少年，志在逐禽兽。方呼鹰隼，以袭飞走，因纵。观之，卒无所获。行人有常从事于斯者曰："夫鸷禽，饥则为用。今哺之过笃，故然也。"予感之，作《养鸷词》。

养鸷非玩形，所资击鲜力。

少年昧其理，日日哺不息，

探雏网黄口，旦暮有余食。

宁知下时，翅重飞不得，

止林表，狡兔自南北。

饮啄既已盈，安能劳羽翼？

唐王朝后期，藩镇割据，不服从中央政令；朝廷派往讨伐藩镇的武将，大都高官厚禄、养尊处优，毫无战斗力。《养鸷词》便是讽刺这种现象的。诗中以不明养鸷办法的少年比喻不知养兵用将之道的朝廷，以鸷（猎鹰）比喻不能战斗的武将，以狡兔比喻横行无忌的藩镇。

·一人飞升，仙及鸡犬·

典出《神仙传》。

临去时，余药器置在中庭，鸡犬啄之尽得升天。

汉朝时，淮南王刘安潜心学道，因此感动了神仙来传授他炼仙丹的技术。他在山上结了个茅屋，排斥了种种物质享受，不顾妖魔鬼怪和猛兽的恐吓，抗御了幻化成美女的妖精的诱惑，终于炼成了仙丹。这天他吞下了仙丹，天上响起了仙乐，许多仙人来把他迎上天去。这时，他炼丹的鼎罐留在地上，家里的鸡狗跑来啄的啄、舔的舔，把仙丹的碎末末吃了，竟也变成了仙鸡、仙狗，也一起飞上天去了。

后人用"一人飞升，仙及鸡犬"这个典故比喻一个人当官得势，他的亲戚朋友也跟着沾光。

·隐身草·

典出《笑赞》。

有遇人与以一草,名隐身草,手持此,旁人即看不见。此人即于市上取人之钱,持之径去。钱主以拳打之。此人曰:"任你打,只是看不见我。"

有一个人,别人送他一根草。对他说:"这就是隐身草。手里拿着他,别人就看不见你了。"这人信以为真,到街上去,拿了别人的钱便走。主人用拳头揍他。他说:"随你打,只是你看不见我。"

这则寓讽刺了这样一种社会现象——有人用隐蔽的方式掠夺别人,有人用强力掠夺别人;只有强硬不够、隐蔽手段不高明的人,才可能受到惩罚。真是"窃钩者诛,窃国者侯"!

·勇略震主者身危,功盖天下者不赏·

典出《史记·淮阴侯列传》。

臣闻勇略震主者身危,功盖天下者不赏。

宋朝时,大臣王沂公奉命出使辽国,辽国派与他地位相当的大臣耶律祥做"客伴使"(接待大臣)。耶律祥是皇亲,又是武将,所以在接待过程中,很有些骄傲和礼节不周的地方,王沂公觉得必须挫一下他的傲气。有一天,在酒宴中,耶律祥又吹嘘起来,他说自己功劳很大,作战如何威猛,皇帝如何信任他。最近皇帝还赐给他"铁券"，铁券上刻着皇帝的誓言，说永远不会加罪于他。王沂公静静地听着，等他说完了，才慢慢地讲道："我们宋朝有谚语说：'勇略震主者身危，功盖天下者不赏。'当君臣双方互相有了疑忌时，为了使对方安心，才赐给'铁券'。现在贵国皇帝对你一定有了猜忌，不然你又是皇亲，又这么贤良，应该毫无隔膜才是，又用得着什么铁券，赌咒发誓、保你平安呢？"王沂公的话，正说中耶律祥的心病，原来他早就在和皇帝钩心斗角，互相提防了。听了王沂公的话，脸色苍白，气焰顿挫，再不敢那么嚣张了。

钱镠铁券　五代
铁券是皇帝赐给功臣免死或其他特权时颁发的凭据。

这谚语后来压缩成四字成语："功高震主"、"功高不赏"。

·羽翼已成·

典出《史记·留侯世家》。

汉十二年，上从击破布军归，疾益甚，愈欲易太子。留侯谏，不听，因疾不视事。叔孙太傅称说引古今，以死争太子。上详许之，犹欲易之。及燕，置酒，太子侍。四人从太子，年皆八十有余，须眉皓白，衣冠甚伟。上怪之，问曰："彼何为者？"四人前对，各言名姓，曰东园公、角里先生、绮里季、夏黄公。上乃大惊，曰："吾求公数岁，公辟逃我，今公何自从吾儿游乎？"四人皆曰："陛下轻士善骂，臣等义不受辱，故恐而亡匿。窃闻太子为人仁孝，恭敬爱士，天下莫不延颈欲为太子死者，故臣等来耳。"上曰："烦公幸卒调护太子。"四人为寿已毕，趋去。上目送之，召戚夫人指示四人者曰："我欲易之，彼四人辅之，羽翼已成，难动矣。吕后真而主矣。"戚夫人泣，上曰："为我楚舞，吾为若楚歌。"歌曰："鸿雁高飞，一举千里，羽翮已就，横绝四海。横绝四海，当可奈何！虽有缴，尚安所施！"歌数阕，戚夫人嘘唏流涕。上起去，罢酒。竟不易太子者，留侯本招此四人之力也。

汉高祖刘邦在未做皇帝前，和一个姓吕的女子结婚，已生有一个儿子，后来做了皇帝，吕氏被封为皇后（吕后），儿子被封为赵王。高祖因爱戚夫人，早想立赵王为太子，因大臣们力争，一时未将太子废除。后来吕后用留侯张良的计策，请出了4位年高德重的人来辅助太子。

有一次，高祖宴大臣，太子在旁伺候，那4位长者也随在太子身旁。4位长者都是80多岁人，发眉洁白，穿戴十分雄伟。高祖问他们的姓名，原来就是他几次请求辅佐他而不得的。四人向高祖敬酒后便走了。高祖目送他们远去，将戚夫人叫出来，指着四人的背影向他说："我本想立你的儿子为太子，但这4个人都已出来辅助原来的太子，太子身旁有了这几个人，就等于鸟类的翅膀已长成，很难再变动，吕后真的是你的主人了。"戚夫人立刻哭了起来。高祖于是叫她跳楚国的舞蹈，自己接唱道："鸿鹄高飞，一举千里。羽翮尚安所施！"终于没能换了太子。

后人将高祖所说的"羽翼已成"引为成语，因为鸟类须借翅膀才能在空中飞翔，而飞翼则是生长在身子的两旁，故这句成语乃是用来比喻左右已有辅佐的人这种情况。

·郑人惜鱼·

典出《燕书》。

郑人有爱惜鱼者，计无从得鱼，或汕或涔，或设饵笱之。列三盆庭中，且实水焉，得鱼即生之。鱼新脱网罟之苦，惫甚，浮白而喁。逾旦，鬐尾始摇。郑人掬而观之，曰："鳞得无伤乎？"未几，糁麦而食，复掬而观之，曰："腹将不厌乎？"人曰："鱼以江为命，今处以一勺水，日玩弄之，而曰'我爱鱼，我爱鱼。'鱼不腐者寡矣！"不听，未三日，鱼皆鳞败以死。郑人始悔不用或人之言。

郑国有一个非常喜爱鱼的人，想了一些办法没有得到鱼，就用捕鱼的工具或者积水成坑诱鱼，或者编制笱笼投饵捕鱼。他在庭院里摆了三只盆子，都盛满了水，捕到鱼就放到水盆里养着。

那些鱼由于刚刚摆脱了渔网的折磨，身子疲乏得很，把白色的肚皮翻浮在水面上，或者把嘴露在水面上争着喘气。过了一天，髻尾才开始摇摆起来。

郑人把鱼捧出水盆来观看，说道："这鱼莫不是受伤了吗？"

过了一会，就拿饭粒和麦子去喂鱼，再把鱼捧出水盆来观看，说道："肚子吃不饱吗？"

旁边有人对他说："鱼儿依凭江河的大水才能活着，如今处在一勺之小的水中，你还天天拿在手里玩弄它们，嘴里嚷着'我爱鱼呀，我爱鱼呀'，鱼要是不死，恐怕是不可能的。"

郑人不听，没过三天，所有的鱼都脱鳞死去了。郑人这才懊悔自己没有听信那劝告人的话。

后人用这则寓言说明郑人企图活鱼，却恰好害死了鱼，这是由于他把鱼当成自己的玩物，并不是真正爱惜鱼。

国家篇

·安居乐业·

典出《老子》。

甘其食，美其服，安其居，乐其俗。

又见《汉书·货殖传》。

各安其居而乐其业，甘其食而美其服。

老子生活在由奴隶社会向封建社会过渡的大动荡、大战乱的时代。当时，阶级斗争非常激烈，人民不满意自己的"食"、"服"、"居"、"俗"，不"重死"，敢于犯上作乱，暴动起义，而且有了频繁的战争。

针对这种现实，老子提出了他的想象：建立一个国小人少的社会。这个社会不要提高物质生活，不要发展文化生活，人民无欲无知，满意于朴素、简单的生活条件和环境，认为他们的饮食香甜，衣服美好，住宅安适，生活满足。

老子的这种想象是复古倒退的，但他的动机是反对奴隶制，反对一个阶级剥削压迫另一个阶级。从这一方面看，尚有它的积极意义。

老子骑牛图

"安居乐业"即居住的地方安定，对自己的职业喜爱。后人用这个典故比喻安定地生活，愉快地劳动。

·地利人和·

典出《孟子·公孙丑下》。

天时不如地利，地利不如人和。

孟轲是战国时的一位思想家，是孔子学说的继承者和发扬者。他认识到民心向背的重要，提出要以"仁政"治国和"民贵君轻"的学说。但他又宣扬"劳心者治人，劳力者治于人"的阶级压迫和阶级剥削的合理性。

孟轲的政治主张、哲学理论等收集在《孟子》一书中。地利人和之说，见于《孟子·公孙丑》的下篇。文中，孟轲论述了战争的胜负决定于人心向背的道理，突出地强调了"人和"在战争中的重要作用。指出，天时有利不如地形有利重要，地形有利不如得人心重要。

根据孟轲的论述，后人引申出了"地利人和"这个词，比喻地理条件和群众基础都好。

·儿妇人口不可用·

典出《史记·陈丞相世家人》。

面质吕于陈平曰："鄙语曰'儿妇人口不可用'，顾君与我何如耳。无畏吕之谗也。"

汉高祖派大将樊哙带兵去平乱，部队已出发了，这时有人向汉高祖说："樊哙见您病重，希望您早点死，以便他掌握大权呢！"汉高祖大怒，召大将周勃和宰相陈平到他的病床边来，命令道："你们两个立即出发追赶樊哙。赶上后，周勃代替樊哙率领军队，陈平立即砍掉樊哙脑袋，带回来见我！"

陈平、周勃接受命令后，一路商量道："樊哙是汉高祖的老朋友、老部下了，功劳又大，他老婆是吕皇后的妹妹，这么亲近，高祖一时愤怒要杀他，万一后悔，我两人就糟了。不如不杀，把他捆回来，由汉高祖自己处理，要杀要放，和你我就无关系了！"于是二人用计把樊哙抓住，陈平押了他回京。谁知走过半路，忽然听说汉高祖死了。陈平立即知道：新皇帝年轻，大权必然操在吕皇后手里，倘若怪他协助高祖，抓了她妹夫樊哙，自己性命难保。于是立即日夜奔波，赶回京城，在高祖棺前痛哭，并借机向吕后说明自己没有按照高祖吩咐，保全了樊哙性命的事。吕后很感动，说："累了你了，你休息吧！"于是任命他做郎中令，请他教诲新皇帝，陈平很聪明，知道吕后忌惮他功劳大、计谋多，时时提防他作乱。所以故意不管政事，日饮醇酒，接近女人、戏子，吕媭于是向吕后进谗言道："陈平一天到晚玩，不管事，喝得醉醺醺的。"吕后听了，不但不怒，反而欢喜，认为陈平决不会和她作对，于是把他找来，当着妹妹的面说道："'儿妇人口不可用'，这谚语是对的，你不必怕我妹妹谗害你，只要你忠于我就行了！"因此，直到吕后去世，陈平始终安然无恙。

后人用"儿妇人（或女子）口不可用"这个典故比喻孩子、家庭妇女的话听不得。

·干戈化玉帛·

典出《左传·僖公十五年》。

春秋时，秦穆公娶了晋献公的女儿为妻，两国非常友好。晋献公死后晋国发生内乱，秦穆公帮助晋献公的儿子晋惠公登上了王位；晋国发生了饥荒，秦国运粮去帮助他们渡过难关。可是，晋惠公对秦国却不很友好。有一年，秦国遭了灾，去向晋国借粮，晋惠公却不给。而且，他原来答应送给秦国的城市和土地，也赖掉不给了，秦穆公很气愤，就派兵攻打晋国。

晋军一触即溃，晋惠公带兵逃到韩地。秦兵追到韩地。结果晋惠公被俘，秦穆公打算把他带到秦国去。

秦穆公的夫人穆姬听说同父异母的哥哥晋惠公被俘，认为晋惠公忘恩负义，现在又成了俘虏，是她的极大耻辱。于是，她领着几个儿女登上一座高台，台下堆满柴草。然后，她命令人们穿上丧服迎接秦公，并且让他们传话说："上天降下了灾难使得秦、晋两国国君不得用玉帛相见，而是大动干戈。我坚决不见晋惠公，如果大王把他带进国都，我立刻就自焚而死。"

秦穆公只好将晋惠公暂时安置在灵台。后来，秦穆公又和晋惠公讲和，把他送回了晋国，秦、晋两国终于干戈化玉帛。

干戈：古代的两种兵器，这里表示战争。玉帛：瑞玉和束帛。帛是丝织品，古代诸侯会盟时的礼物。指变战争为友好相处。

·国人皆曰可杀·

典出《孟子·梁惠王》。

左右皆曰可杀，勿听；诸大夫皆曰可杀，勿听；国人皆曰可杀，然后察之，见可杀焉，然后杀之，故曰国人杀之也。

孟子对齐宣王谈过关于选拔人才的问题。孟子说："国君选拔人才，应当不论其人的地位高低，也不论同你关系的亲疏，必要时，地位低的人可以超过地位高的，关系并不密切的人可以超过亲近的。因为，地位高的，同你亲近的，不一定都是贤能的人才。不过，地位既低、关系又不密切的人，他们的情况就往往很不容易了解，因此在考察某人是否贤能的时候，需要特别慎重。一定不要偏听少数人的意见，而要听取多数人的意见。如果多数人说某人贤能，经过考察，证明他确是贤能，然后才可进用或提升。如果多数人说某人不称职，经过考察，证明他确是不称职，然后才可免职或开除。如果多数人说某人可杀，经过考察，证明他确是可杀，然后杀他，这样，杀他的不是您国君个人，而是全国人民。"

"国人皆曰可杀"这句成语，便是从孟子这段话来的。形容罪大恶极。

·划一制度·

典出《史记·秦始皇本纪》。

分天下以为三十六郡，郡置守、尉、监。更名民曰"黔首"。大。收天下兵，聚之咸阳，销以为钟，金人十二，重各千石，置廷宫中。一法度衡石丈尺。车同轨。书同文字。

在秦始皇统一中原以前，列国诸侯向来就没有一个划一的制度。不说别的，就拿交通来说吧，各国都有车马，主要的地方都有通车马的道路，可是道路有宽有狭，车辆有大有小。各地方的车只能够在自己的地方行驶，但要在三十六郡的道路上都能很快地行驶，可就办不到了。要是秦国的兵车不能立刻开到每个郡县，这么多城怎么管得住呢？秦始皇就规定车轴上两个车轮子的距离，一律改为尺。车的大小规定好了，道路自然就得修一修。这就是说，三十六郡都应当有一定宽窄的"驰道"。这样，一面改造车辆，一面赶修"驰道"。天下三十六郡都修起驰道来，从咸阳出发，北边通到燕国，东边通到齐国，南边通到吴国、楚国，甚至湖边、海岸上都修了驰道。驰道宽五十步（秦以六尺为一步），每隔三丈还种

秦统一文字表

上青松。

天下已经统一，各地方不再打仗，所有的兵器都收集到咸阳来，铸成了十二座很大的铜像（古文叫金人）跟好几个大钟。各地方不打仗，原来士兵的一部分变成了修路的人。改良交通这件事，很快地就办到了。交通一方便，商业跟着就发达起来了。商业一发达，麻烦的事又多了。除了秦国以外，各地方的尺寸、升斗、斤两全不一样，怎么做买卖呢？比方说：东郡的一丈绢到了南郡一量，才合八尺；三川郡的一斗大麦，用钜鹿郡的斗一量，倒多了一升；南阳郡的十斤腌肉，到了九江郡，才够八斤四两。各地方的买卖人必须来回地折合计算，要不然，就得带着好几十种不同的尺、斗、秤，才能做买卖。那时候，中国早已出现了不少工商业者聚会在一起的大城市，像咸阳、洛阳、临淄、定陶、邯郸、大梁、寿春等。在这些大城市差不多什么东西都能买到，比如说北方的马、牛、羊、大狗；南方的羽毛、象牙、犀牛皮、油漆颜料；东方的海鱼、食盐、西方的皮革、毛织品等。又因为手工业的发达，农民自己不打铁，不烧窑；工商业者自己不种地，不养蚕，也随时可以买到粮食和布帛，甚至绣花的丝织品。全中国工商业的发展，为了通商的方便，也要求有个统一的制度。秦始皇就规定全国一律的度、量、衡，禁止使用旧有且杂乱的度、量、衡。这么一来，全国的老百姓可就方便得多了。

交通和商业的发达促进了度、量、衡的统一。可是还有一件多少年来最难办的事情，也必须有个妥当的改革办法，才能叫三十六郡的官长、百姓，彼此都能交往和了解。那就是语言和文字。中国从夏、商、周三代以来，已经不是一个单纯的民族了。比方说，夏朝人还把东部的人当成夷族，就是所说的"东夷之人"；商朝人把周人当成"西夷之人"。这些"东夷之人"和"西夷之人"全都变成了中国人，中国的民族已经够杂的了；还有南方的群蛮、百濮，北方的匈奴，辽东的东胡和西方的西戎等好多个部族。这么多人合成了一个国家，当然各有各的语言。那时候，各地方虽然都有"方言"，可是已经有了一种比较普通的互相可以听得懂的语言，叫作"雅言"，如同书面官话。这种雅言老百姓不怎么听得懂，可是各国的大夫和读过书的人都能够听懂。秦始皇就把这种雅言作为正式的语言。可是口头的雅言写在书面上应当用哪一种文字呢？秦始皇决定采用比较方便的书法，规定为正式的统一文字，其余各地写法不同的文字，也跟那些杂乱的度、量、衡一样，一律废除。

·将相和·

典出《史记·廉颇蔺相如列传》。

既罢归国，以相如功大，拜为上卿，位在廉颇之右。廉颇曰："我为赵将，有攻城野战之大功，而蔺相如徒以口舌为劳，而位居我上。且相如素贱人，吾羞，不忍为之下。"宣言曰："我见相如，必辱之。"相如闻，不肯与会。相如每朝时，常称病，不欲与廉颇争列。已而相如出，望见廉颇，相如引车避匿。于是舍人相与谏曰："臣所以去亲戚而事君者，徒慕君之高义也。今君与廉颇同列，廉君宣恶言而君畏匿之，恐惧殊甚，且庸人尚羞之，况于将相乎！臣等不肖，请辞去。"蔺相如固止之，曰："公之视廉将军孰与秦王？"曰："不若也。"相如曰："夫以秦王之威，而相如廷叱之，辱其群臣，相如虽驽，独畏廉将军哉？顾吾念之，强秦之所以不敢加兵于赵者，徒以吾两人在也。今两虎共斗，其势不俱生。吾所以为此者，以先国家之急而后私仇也。"

廉颇闻之，肉袒负荆，因宾客至蔺相如门谢罪。曰："鄙贱之人，不知将军宽之至此也。"卒相与欢，为刎颈交。

渑池会后，赵惠文王回到本国，从此以后，他更加重用蔺相如，拜他为上卿，地位比大将廉颇还高。这可把廉颇气坏了。他回到家里，满脸通红，气呼呼地对自己的门客说："我是赵国的大将，拼着命替赵国打仗，立了多少功劳！他呢，仗着一张嘴，有什么了不起的，倒爬在我的头上来了！有朝一日，他要碰在我的手里，哼！就给他点儿厉害瞧瞧！"早就有人把这话传到蔺相如的耳朵里，蔺相如装病，不去上朝。就是有公事，也不跟廉颇见面。蔺相如手下的人都说他胆小，三三两两地谈论着，替他鸣不平。

有一天，蔺相如带着一群随从出去。真是冤家路窄，老远就瞧见廉颇的车马迎面过来了。他连忙叫赶车的退到东口，走另一条道儿。等到他们退到东口，就瞧见廉颇的车马正从那边过来。蔺相如只好叫赶车的再退回西口。万没想到廉颇的车马很快地又把西口堵住了。蔺相如耐着性子，劝告赶车的退到小巷里去躲一躲，让廉颇的车马过去了再出来。这一来，可把门客和底下的人都气坏了。他们私下里商量，派几个领头的去见蔺相如，对他说："我们远离家乡，投奔在您的门下，还不是因为敬仰您吗？如今您和廉颇同处一朝，地位又比他高，他骂了您，您反倒怕了他，在朝上不敢跟他见面，半路上碰见他，也这么藏藏躲躲的，叫我们怎么忍受得了！要这么下去，人家还要骑在我们脖子上来呢！我们没有涵养，只好跟您告辞了！"

蔺相如拦住他们，说："诸位看廉将军跟秦王哪个势力大？"他们说："那当然是秦王的势力大啊！"蔺相如说："对呀！天下的诸侯，哪个不怕秦王？哪个敢反对他？可是我蔺相如就敢在秦王的朝堂上当面骂他。怎么我见了廉将军反倒会怕了呢？你们替我抱不平，难道我自己就没有火气吗？可是各位要知道：那样强横的秦国为什么不敢来侵犯咱们赵国呢？还不是因为咱们同心协力地抵御敌人吗？要是两只老虎斗起来，准是'两败俱伤'，秦国听见之后，一定会来侵犯赵国。为了这个缘故，我只好忍气吞声。你们想想：是国家要紧呢，还是私人的面子要紧？"大家听了这番话，一肚子的气全消了。从此以后就更加佩服蔺相如了。

后来蔺相如的门客碰见廉颇的门客的时候，都能够体贴主人的心意，总是让他们几分。可是廉颇反倒越来越自高自大了。

这件事情让赵国的一位名士虞卿知道了。他告诉了赵惠文王。赵惠文王就请他去做和事佬。虞卿见了廉颇，先夸奖他的功劳。廉颇听了，很高兴。虞卿接着说："要论起功劳来，蔺相如比不上将军；要论起气量来，将军可就比不上他了。"廉颇听了，十分不悦："他有什么气量啊？"虞卿就把蔺相如对门客说的话跟他说了一遍。廉颇当时脸就红了。虞卿说："秦王独霸天下，列国诸侯全都怕他，可是蔺相如就敢当面骂他，多么勇敢啊！他为了国家，为了共同对付敌人，却又好像挺胆小似的躲避将军，这才是真正的勇敢哪！将军把他看成胆小鬼，错了！说他气量小，更错了！"

廉颇举起拳头来，连连敲着自己的脑袋，低着头说："我是个粗鲁人。先生要不说，我还被蒙在鼓里呢！这么说来，我……我太对不起相国了！"说完廉颇露着上身，背着荆条，跑到蔺相如家里，跪在地下说："我是个粗人，见识少，气量小。哪知道您竟这么容忍我，我实在没有面目来见您。请您只管责打我，就是把我打死了，我也甘心。"蔺相如连忙跪下说："咱们两个人一心一意地伺候君王，都是重要的大臣。将军能够体谅我，我已经感激万分了，怎么还来给我赔罪呢？"

两个人很亲热地抱着，好久不放，不但和好了，还做了知心朋友。自从渑池会之后，整整10年，秦国和赵国没发生过什么大的冲突。

·君终无适子，其国可破也·

典出《史记·魏世家》。

君终无适子，其国可破也。

魏国武侯死的时候，没有定下继位的人。他的两个儿子子莹和公子缓争为太子，他们各占领了一半魏国国土，争斗不休。国王死了没有定好继位的人，这个国家就可以被外力征服。于是，赵国成侯和韩国懿侯乘机入侵，大败魏军，围住了子莹。赵成侯主张杀掉子莹，立公子缓为魏王，两国各割取魏国部分土地。韩懿侯则主张把魏国一分为二，则两部分都很弱，就可以永远没有魏国的威胁，可以控制两部分魏国。两国争论不休，统一不了意见，韩懿侯一怒带兵回国了，赵国也只好撤围而去了。子莹濒危而没有死，于是统一了魏国，魏国才又强大起来。

后人用"君终无适子，其国可破也"来比喻一个国家（或单位），没有解决好接班人问题，必会大乱。

·流芳百世，遗臭万年·

典出《世说新语·尤悔》。

桓公卧语曰："作层此寂寂，将为文景所笑。"既而屈起坐曰："既不能流芳百世，亦不足复遗臭万载邪。"

东晋名将桓温，字元子，是明帝的女婿。他长年南征北战，屡立战功。朝廷封他为大司马，位在诸侯王之上，手握重兵。

桓温虽已位极人臣，权倾一世，但他仍不满足。他一心收复中原，想以军事上的胜利来建立更高的威望，以便夺取政权，实现做皇帝的梦想。

有一次，桓温在亲信们面前闲谈时，表露了想当皇帝的想法，众人都不敢答话。桓温本来躺在床上，激动之余，从床上坐起来抚枕说道："大丈夫如果不能让好名声长久流传，也应当让恶名声在死后留存于世。"

公元 373 年，桓温已经 61 岁了，而且身患重病，已经不久于人世。但是，他仍念念不忘称帝的梦想。病危之际，他还命令袁宏起草诏书，给自己加九锡（古代帝王赐给有大功或有权势的诸侯大臣的九种物品），好为取代晋帝自当皇帝铺平道路。

后人用"流芳百世"形容有益于人民的人，好名声代代流传；用"遗臭万年"指坏人死了，坏名声却留在世上，永远受人唾骂。

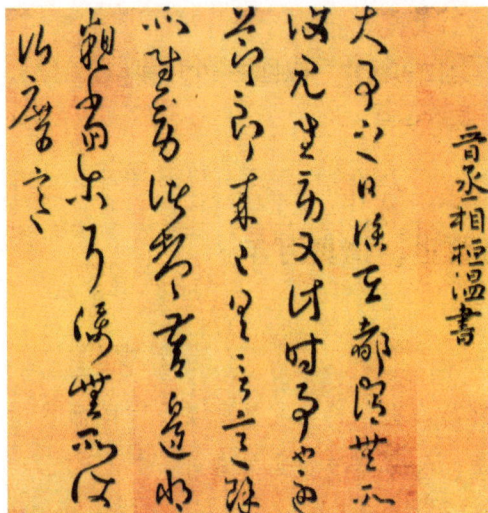

大事帖　东晋　桓温

·三家灭智·

典出《史记·赵世家》。

三国攻晋阳，岁余，引汾水灌其城，城不浸者三版。……乃夜使相张孟同私于韩、魏。

韩、魏与合谋，以三月丙戌，三国反灭知氏，共分其地。

吴王夫差和越王勾践一先一后强大起来的时候，中原诸侯非常衰弱。因此，黄池大会，夫差当上了霸主；徐州大会，勾践当上了霸主。可是中原诸侯越是衰弱下去，大夫的势力越发大了起来。那时候，"三桓"把持着鲁国的大权；田恒（就是陈恒）把持着齐国的大权；"六卿"把持着晋国的大权。这三国的君主全成了挂名的国君。黄池大会之后，田恒杀了齐简公，灭了鲍家、晏家、高家、郭家，齐国的土地从平安以东都成了他的封邑，齐国的大权全把持在他自己手里。晋国的六卿眼见田恒杀了国君，灭了各大家族，还得到了齐国人的拥护，也就效仿。

晋国的"六卿"混战了一阵。末了，范乐和中行氏给人家打败了，晋国的大权可就归了四家，就是：智家、越家、魏家、韩家。这四家暗地里把范乐和中行氏两家土地分了，晋出公（晋定公的儿子）很生气。他以为范氏和中行氏既然被灭了，那两家的土地按理应当归还公家，怎么能让四家大夫分了呢？

他就背地里派人去约齐国和鲁国一起来征伐那四家。那时候各国的大夫占有大量的土地，直接剥削农民的劳动，势力超过国君，而且农民在他们的手底下比在国君的直接统治下日子好过一些，压迫和剥削也轻一些，有不少人因为受不了国君的压迫和虐待，情愿逃到大夫的封地里去做农奴或佃农。各国的大夫为了保持自己的势力，国内对老百姓作了一些让步，让他们的生活能好一些，国外都跟别国的大夫连成一气。因此，齐国的田家和鲁国的"三恒"反倒把晋出公的计划向晋公的智家泄了底。智家得到了这个消息就在公元前458年（周贞定王十一年）跟另外三家一块儿对付晋出公。晋出公自讨苦吃，只好逃到别国去了。不料他死在路上，于是四家就把晋昭公的曾孙拉出来当个挂名的国君，就是晋哀公。

晋国四家（智伯瑶、赵襄子无恤、魏桓子驹、韩康子虎）之中，数智伯瑶的势力最大。他对赵、魏、韩三家说："晋国素来是中原的霸主，没想到在黄池大会上，赵鞅让吴国占了先，在徐州大会上又让越国占了先。这是咱们的耻辱。如今只要能够把越国打败，晋国仍然能够当上霸主。我主张每家大夫拿出一百里的土地和户口来归给公家。这样，公家增加了收入，才能够有实力。"这三家大夫早就知道智伯存心不良，想独吞晋国。他所说的"公家"其实就是"智家"。可是他们三家心不齐，没法跟智伯争斗。智伯派人向韩康子虎要一百里的土地和户口，韩康子虎如数交割了。智伯派人向魏桓子驹要一百里的土地和户口，魏桓子驹也如数交割了。智伯就这么增加了二百里的土地和户口。跟着他又派人去找赵襄子无恤要一百里的土地和户口。赵襄子无恤可不答应。他说："土地是先人的产业，我哪儿能随便送给别人呢？韩家、魏家他们愿意送，不关我的事；我可不行！"

战斧 春秋
铸有动物装饰的战斧。

来人回去把赵襄子的话向智伯说了一遍。智伯气得鼻子呼呼地响。他派韩、魏两家一块儿发兵去打赵家，还应许他们灭了赵家之后，把赵家的土地三家平分。

于是，智伯自己统率着中军，韩家的军队在右边，魏家的军队在左边，三队人马直奔赵家。赵襄子知道寡不敌众，就带着自己的兵马退到晋阳（今山西太原）城里，打算在那儿死守。晋阳城是赵家最严实的一座城。当初由家臣董安于一手经营，里头盖了挺大的宫殿，宫殿的围墙内部全用苇泊、竹子、木板做成，外头再用砖和石头砌上。宫殿里的大小柱子全都是顶好的铜铸成的。所有的建筑又结实又好看。董安于之后又有家臣尹铎治理晋阳城。尹铎安抚百姓，很得民心。这回晋阳人一听到赵襄子来了，全都去迎接。赵襄子一见晋阳城挺严实，粮草又充足，老百姓都乐意跟他在一块儿，他就放心多了。没有多大工夫，三家的兵马把城围上了。

赵襄子吩咐将士们只许守城，不准交战。每逢三家攻打的时候，城上的箭就好像雨点似的落下来，智伯一时打不进去。晋阳城就仗着弓箭守了一年。可是把箭都使完了，怎么办呢？赵襄子为了这个，闷闷不乐。家臣张孟谈对他说："听说当初董安于在宫殿里预备了无数的箭，咱们找找去。"这一下子把赵襄子提醒了，他立刻叫人把围墙拆了一段。果然里头全都是做箭杆的材料。又拆了几根大铜柱子，做成了无数的箭头。赵襄子叹息说："要是没有董安于，如今上哪儿找这么些兵器去呢？要是没有尹铎，老百姓哪儿能这么不怕辛苦、不怕死地守住这座城呢？"

　　三家的兵马将晋阳城围了2年多，没打下来。到了第三年（公元前453年），有一天，智伯正在察看地形的时候，忽然想起晋阳城东北的那条晋水来了。晋水由龙山那边过来，绕过晋阳城往下流去。要是把晋水一直引到西边来，晋阳城不就淹了吗？他就吩咐士兵们在晋水旁边另外挖了一条河，一直通到晋阳城，又在上游那边砌了一个挺大的蓄水池。在晋水上垒起土堆来，让上游的水不再流到晋水里去。这时候正是雨季，一连下了几天大雨，蓄水池里的水都满了。智伯叫士兵们开了一个大口，大水就一直向晋阳城灌进去。不到几天工夫，城里的房子多半都淹了。老百姓跑到房顶上避难。竹排，木头板子都当了小船。烧火、做饭都在城墙上。可是全城的老百姓，宁可淹死，决不投降。

　　赵襄子叹息着说："这全是尹铎爱护百姓的功德啊！"回头又对张孟谈说："民心虽说没变，要是水势再高涨起来，咱们不就

五逨大夫玺　战国
此为晋国国君赐给韩地大夫的玺印。

全完了吗？"张孟谈说："形势当然非常紧急，可是我老觉得韩家跟魏家绝不会把自己的土地平白无故地让给智伯。他们也是出于无奈，才跟着他来打咱们。依我说，主公多预备小船、竹排、木头板子，再跟智伯在水上拼个死活。我先去见见韩、魏这两家去。"赵襄子当天晚上就派张孟谈偷偷地去跟两家相商。

第二天，智伯请韩康子和魏桓子一起去察看水势。他指着晋阳城，得意地对他们说："你们知道吗？水能灭国。早先我以为晋国的大河像城墙一样可以挡住敌人；照晋阳的情形看来，大河反倒是个祸患了。你们瞧：晋水能够淹晋阳，汾水就能淹安邑（魏家的大城），绛水也就能淹平阳（韩家的大城）。"他们两个人连连答应着说："是，是！"智伯见他们答话有点慌里慌张，好像挺害怕的样子，自己才觉得话说错了。他笑着说："我是直心眼，有一句话说一句，你们可别多心！"他们又都连着回答说："哪儿会呢！您是顶天立地的英雄。我们能够跟着您，蒙您抬举，真是非常荣幸了。"他们尽管嘴上这么说，心里可都觉得赵襄子派张孟谈来找他们，对他们是有好处的。

第三天晚上，约莫四更天光景，智伯正在梦里，猛然间听见一片嚷嚷声。他连忙从卧榻上爬起来，衣裳和被窝已经湿了。兵营里全是水。他想大概是堤防决口了，赶紧叫士兵去抢修。不一会儿工夫，水势越来越大。

智伯的家臣智国和豫让带着水兵，扶着智伯上了小船。智伯在月光下回头一瞧，就见兵营里的东西在水里漂荡着。士兵们在水里一起一沉地挣扎着。智伯这才明白是敌人把水放过来的。正在惊慌不定、满眼凄惨的时候，霎时四面八方都响起战鼓来了。一看韩家、赵家、魏家三家的士兵都坐着小船和木排，一齐杀了过来，见了智家这些"落水狗"，就连打带砍，一点儿不肯放松。当中还夹带着喊叫的声音："别放走了智瑶！拿住智瑶的有赏！"智伯对家臣豫让说："原来那两家也反了！"豫让说："别管他们反不反，主公赶紧往那边走，到秦国借兵去吧！我留在这儿豁出命对付他们。"说着，他跳上一只木排，阻拦敌人，叫智国保护着智伯逃跑。

智国保护着智伯，坐着小船一直向龙山那边划去。这一带没有追兵。智伯这才喘了口气。好容易他们把船划到龙山跟前，急急忙忙地上了岸。幸亏东方已经发白，他们顺着山道走去。跑了一阵子，略略宽了宽心。不料刚一拐弯，迎头碰见了赵襄子！赵襄子早就料到智伯会从这条路儿跑，预先带了一队兵马在这儿等着他。当时就逮住智伯，砍下他的脑袋。

三家的兵马会合到一块儿，把沿着河边的堤防拆了，大水仍旧流到晋水里去，晋阳城又露出干地来了。

赵襄子安抚了居民之后，就向韩康子和魏桓子道谢。他说："这回全仗着二位救了我的命，实在出乎意料。可是智伯虽然是死了，他的同族人还多着呢。斩草得除根，不然的话，终究是个祸患。"韩康子和韩桓子一起说："一定得把他的全族灭了，才能解恨！"他们一同回到绛州，宣布智家的罪恶，就照古时候的习惯把全族的男女老少杀得一干二净。韩家和魏家的一百里土地，当然又由各家收了回去。他们把智伯的土地三股平分了。

·小康大同·

典出《礼记·礼运》。

有一次，孔子参加当地的祭典礼，典礼结束后，他信步来到一座高台上，举目望去，只见远处雾茫茫的一片。这样，他想到诸侯各国征战不止，周王室日渐衰弱，禁不住发出长长的感叹来。

他的学生言偃在一旁问道："先生为什么长吁短叹？是不是为鲁国的前途忧虑呢？"孔子语重心长地说："我没有赶上尧、舜、禹的时代。那时，天地间的一切财物是大家拥有，所选拔的官吏也是贤明有道德的人；人与人之间和睦相处，讲求信义和友谊，不像现在这样，人们只关心自己家里的人，而对别人家的老人和孤儿寡母也一样的关怀。那样的社会真好啊！"

言偃说："先生说过：那时的东西丢在路上都没有人要，人们唯恐自己的力量贡献不出来，一切财富归公家所有，需要时，人们去取来就是。"

孔子接着说："是的，这就是所谓的'大同社会'。"

言偃又问道："先生曾说过'小康社会'，那又指的是什么？"

孔子回答道："禹、汤、文王、武王、成王、周公，都是

壁画中宁静的尧舜时代

以礼义治理天下。他们以此来分清是非，考查人诚实不诚实，树立仁爱的榜样，给人民揭示了生活的准则。如果有人公然违反礼义，群众会把他看成是祸害，使他陷于孤立。这样的社会，就叫作'小康'。"

言偃说："看来礼义是最重要的。但小康社会还会出现吗？"孔子说："恐怕不容易了。"

"小康"与"大同"是儒家所追求的两种理想社会。"小康"指天下统一，用封建道德来巩固君臣、父子、夫妇等封建秩序；现指丰衣足食，国家较为强大的一种社会。"大同"是儒家将原始共产社会理想化的一种无法实现的社会。

·畜犬吠贼·

典出《辍耕录》。

国家置臣子，犹人家畜犬。譬有贼至而犬吠，主人初不见贼，乃捶犬，犬遂不吠。岂良犬哉！

国家设置臣子，像人们家里养狗。譬如说，有个盗贼来到，狗便叫了起来。主人因为没看见贼影，便气愤地鞭打狗。于是，狗从此不再叫了。这难道是好狗吗？

以犬喻臣，确实不恭；但譬喻贴切，抓着要点。它说明当臣子的忠君"爱国"，应该是无条件的，绝对的，纵然有时遭误解，受打击，也还要百折不挠，鞠躬尽瘁。如果被打了几棒子，便"犬遂不吠"，那么"岂良犬哉"！

·一国三公·

典出《左传·僖公五年》。

退而赋曰："狐裘尨茸，一国三公，吾谁适从？"

春秋时，晋献公在晚年的时候去伐小国骊戎，骊国送了两个美女给献公，一个是骊姬，一个是少姬。后来两人都生了男孩，骊姬因得献公宠爱，要立自己的儿子为太子，当时晋太子申生屡立战功，献公没理由废掉他，骊姬便做出主张，将太子申生放出去守曲沃（晋国大城），将另两个儿子重耳、夷吾派去守蒲与屈两个小城。当时蒲、屈两地都是一片空地，献公命大臣士䓥去筑城。士䓥到了那里，命人用柴草夹在泥土中，很草率地完成了筑城的工作。有人便说："你筑的城恐怕不坚固吧？"他笑着说："过几年后，这里便是仇人的城了，何必要坚固呢！"夷吾知道了这件事，去告诉献公。献公派人去责备他，士䓥于是作了一首诗，说："狐裘尨茸，一国三公，吾谁适从。"意思是权贵者众多，各说其是，自己不知怎样做好。

后人便将士笃诗中所说的"一国三公"引为一句成语，来形容主持政事的人太多，意见庞杂，号令不统一，让人无所适从。

·殷鉴不远·

典出《诗经·大雅·荡》。

殷鉴不远，在夏后之世。

在我国历史上，第一个朝代叫夏。相传是夏后氏部落领袖禹的儿子启所建立的奴隶制国家。夏建都安邑（今山西夏县北）、阳翟（今河南禹县）等地。夏朝共传了十三代、十六王，最后一个君王叫桀。夏桀是一个荒淫暴虐的君王，终于被汤所灭。

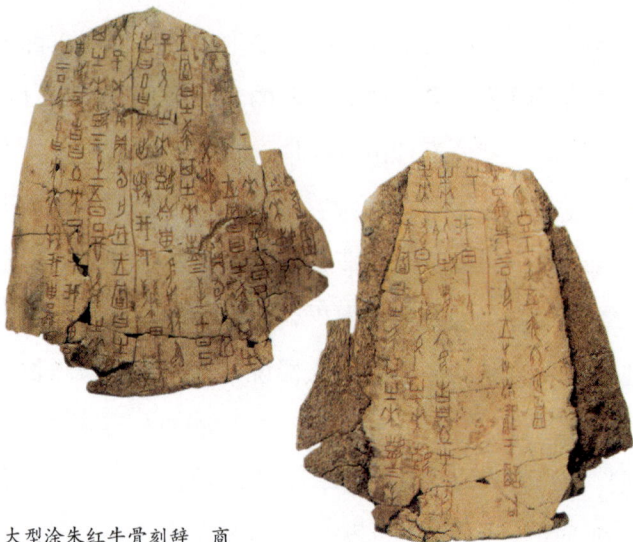

大型涂朱红牛骨刻辞　商

汤灭夏桀后，建立了商朝。这个朝代共传了十七代、三十一王，最后一个君王叫纣，又称商纣。商纣王也是一个荒淫暴虐的君王，执政期间，政治腐败，当时的周族领袖伯昌曾善意地向纣王提出劝告，说："殷商的教训不必向远处去找，就在夏桀那一代。"也就是告诉纣王：夏代的灭亡，应当作为殷商的鉴戒。但是，昏君纣王不听劝告，还囚禁了伯昌。最后商朝终于毁灭在纣王的手里。

后人用"殷鉴不远"指前人失败的教训就在眼前。

·右袒·

典出《汉书·高后纪》。

为吕氏右袒，为刘氏左袒。

淖齿把齐湣王和夷维害死之后，回到莒城，才想起还得去杀齐太子法章。谁知道法章早就跑了。淖齿把大军驻扎在城外，自己住在齐湣王临时的王宫里，喝着酒、搂着美女，眉开眼笑地当上了"齐王"。他正在得意忘形的时候，有个十几岁的小孩子叫王孙贾，带着400多个壮丁，杀到宫里来了。

王孙贾是齐湣王的手下。他12岁的时候，死了父亲。齐湣王见他可怜，又喜欢他的机灵，便把他留在身边，当个"小大夫"。齐湣王逃难的时候，他跟着那几十个文武大臣在一块。后来齐湣王和夷维、法章偷偷地从卫国逃出来，王孙贾就和他们失散了。他只好独自逃跑，吃尽了苦头，才回到家里。

他娘一见他，就问："君王到哪儿去了？"他说："我们在卫国失散了，如今下落不明。"他娘咬着牙骂他，说："你做臣下的半夜里跟着君王一块儿逃出去，如今君王不知下落，你独自回来。天下哪有像你这种做臣下的，亏你还有脸来见我！"王孙贾红着脸，辞别了母亲，又去寻找齐王。

他好不容易打听到了齐王的下落，等他跑到莒城，淖齿已经把齐王弄死了。他得到这个消息大哭起来，就用左手把衣裳的右边撕下了一块，露出右边的肩膀来（文言就叫"右袒"），在莒城街上嚷嚷着说："淖齿当了齐国的相国，把君王杀了，这种不顾忠义、没有廉耻的人就应该治罪！齐王虽然有过错，齐国到底是咱们的国家，哪能让这种狼心狗肺的外人骑在咱们的脖子上呢？难道齐国没有人了吗？怎么全不起来呀？谁愿意跟我一块去杀那乱臣贼子的，请右袒！大家跟我一起去吧！"街上的人全聚拢过来，乱哄哄地嚷嚷着说："这么个小孩子都知道忠义，难道咱们还不如他吗？大伙儿去吧！"一会儿就有四百多个年轻小伙子都露着右肩膀，拿着刀、叉、锄头、棍子什么的，跟着王孙贾拥到宫里去。

楚军虽然有 20 万，可是全都驻扎在城外，宫里只有几十个卫兵。冷不防地见这些人拥了进来，摸不清是怎么回事，大伙儿慌了。这一群老百姓不顾死活地抢过卫兵的家伙，杀到宫里去，七手八脚地就把淖齿逮住。你一下、我一下地把他剁成了肉泥烂酱。群众的队伍越来越大。他们杀散了城里的楚国士兵，马上守着莒城。城外的楚国军队一听说大将被人家杀了，有一部分人投降了燕国，其余全回去了。

"右袒"本义指用手把衣裳的右边撕下一块，露出右边的肩膀来显示救主的决心。后人用"右袒"比喻做事下了很大决心的样子。

·治大者不治细·

典出《列子·杨朱》。

杨朱见梁王，言治天下如运诸掌。

梁王曰："先生有一妻一妾，而不能治；三亩之园，而不能芸。而言治天下如运诸掌，何也？"

对曰："君见其牧羊者乎？百羊而群，使五尺童子荷而随之，欲东而东，欲西而西。使尧牵一羊，舜荷而随之，则不能前矣。且臣闻之：吞舟之鱼，不游枝流；鸿鹄高飞，不集污池。其极远也。黄钟大吕，不可从烦奏之舞。何则？其音疏也。将治大者不治细，成大功者不成小，此之谓矣。"

杨朱去谒见梁王，夸口说治理天下如同反掌那么容易。

梁王说："先生有一个妻子和一个妾，尚且不能把她们管好；三亩地的园子，还不能除草治理好；而你却说治理天下易如反掌，这是为什么呢？"

杨朱回答说："您见过牧羊的人吗？有成百只的羊群，派一个五尺高的孩童，扬起鞭子尾随着它们，说向东就向东，说向西就向西。假使让尧帝牵一只羊，让舜帝扬起鞭子在后面跟着，那羊也不会听话往前走了。况且我还听说，口能吞船的大鱼，从来不到水的支流里去游泳；鸿鹄飞得很高，从来不翔集在脏水池边。这是为什么呢？是由于它们的目标更加远大呀。黄钟大吕这种乐调，不能伴奏繁杂凑合的舞曲，这是为什么呢？是因为它的声调节奏过于稀疏呀！所以说，要管理国家大事的不去顾及琐屑的生活小事，要成就大功业的不去纠缠小的利益。说的就是这个道理呀！"

这则寓言向人们表明：巨细大小，本来是相比较而存在的，在它们之间并没有不可逾越的鸿沟。古人所说的修身、齐家、治国、平天下，除了反映出封建意识外，作为事物发展过程中的各个发展阶段来说，首先彼此是相通的，其次情形又往往互相区别。从前一方面看，矛盾的普遍性是绝对的，成大不成小，这说法是难以成立的；从后一方面看，矛盾的特殊性是相对的，治大不治细，这说法是能站住脚的。具体事物具体分析，无论做什么事情，都必须抓住要害，亦即掌握主要矛盾。

·自矜犝牛·

典出《燕书》。

南海之滨，有昭支垔者，居蛟汭之丘。汭不产牛，有绳犝来者，大如犙，其角茧尔栗尔。

昭支垔怖曰："是何物也？"其友伯昏氏告曰："此谓犝牛，《易》称'童牛之牿'是也。"昭支垔曰："吾见貌牛者，形咫尺耳！其大有若斯乎？"恳其人购以归，骄其比邻，矜其舆皂，自以为无敌也。他日，宁宣子过焉，谓之曰："是未足为大也。高凉之山，有牛曰犣，其有黄其尾，玄其色，类乎犜，其肉重三百余斤，子盍致之？"昭支晜复往购以归，又自以为无敌也。他日，爱子膢过焉，谓之曰："是未足为大也。空宾之林，有牛曰旄，赤鬣蔽髀，体长而多力，其肉重六百斤，子盍致之？"昭支晜复往购以归，又自以为无敌也。他日，倨无膝过焉，谓之曰："是未足为大也，巴峡之中，有牛曰摩，其毛拳然，其睛煜然，其角熠然，其肉重一千斤，子盍致之？"昭支晜复往购以归，又自以为无敌也。他日，梁都之舟过焉，谓之曰："是未足为大也。合浦之间，有牛曰犎，项肉上蔡，龙胡下绥，迅行如飞，其肉重三千斤，子盍致之？"昭支晜复往购以归，且

《五牛图》局部
第一头牛通体赭黄，浑身透出稳重之气。

诧人曰："如此尚有可敌者耶？"岸舞焉悦，嚣嚣然自溢也。他日，公孙伯光过之，昭支晶出牛雠之。公孙伯光曰："是犹未足为大也。岷峨之谷，有牛曰犙，镘荡以为项，鹄象以为眼，雕璧以为背，填脂以为尻，其肉重七千斤，子盍致之？"昭支晶惑曰："有是哉？虽然，且将验之。"迨至，果如伯光言。因叹曰："使人不我告，我终矜犝大于天下牛也！"

在南海边上，有一个叫昭支晶的人，他居住在蛟水湾处的山丘上。水湾地方不产牛，有一个人牵来了一头犝牛，它的体形像四尺长的大狗，而角却像蚕茧、栗子一般小。昭支晶看了以后惊疑地说："这是个什么东西呀！"他的朋友伯昏氏告诉他说："这叫作犝牛。《易经》书上称之为'童牛之牿'的就是它呀。"

昭支晶说："我看见画上的牛，它的形体不过咫尺长罢了，活牛竟有这样大的吗？"便恳求牛的主人，买了那头牛牵回家来，向他的近邻夸耀着，对他的差役们吹嘘着，自以为是天下无可匹敌的。

过了几天，宁宣子路过这里，对昭支晶说："这并不足以称为庞然大物呀。在高凉山上，有一种牛叫作犙牛，它有黄色的尾巴、黑色的身子，体形肥壮像个圆筒子，它的肉重三百多斤，你为什么不去寻求来呢？"昭支晶于是再去把牛购买回来了，又自以为是天下无可匹敌的。

再过几天，爱子澶路过他的家，对他说："这也不足以称为庞然大物呀。在空宾的森林里，有一种牛叫作㸲牛，红色的毛，下垂到大腿，天青色的牛尾毛遮蔽着膝盖。体形很长，力气又大，它的肉重六百斤，你为什么不去寻求来呢？"昭支甚再去把旄牛买回家来，又自以为是天下无可匹敌的。

又过了几天，倨无膝走过他的家，对他说："这不足以称为庞然大物呀。在巴峡里面，有一种牛叫作麈牛，它的毛卷曲着，它的眼睛明亮闪光，它的角非常锐利，它的肉重一千斤，你为什么不去寻求来呢？"昭支甚再去把它购买回来了，又自以为是天下无可匹敌的。

再过几天，梁都之舟走过他的家，对他说："这也不足以称为庞然大物呀。在合浦那里，有一种牛叫作犎牛，脖颈上的肉向上隆起，神髯般的胡子往下垂到大腿，跑起来飞一般快，它的肉重有三千斤，你为什么不去寻求来呢？"昭支甚又去把它购买回来，并且向人们夸耀说："像这样大的牛，世界上还有可以与之相匹敌的吗？"便趾高气扬地蹦跳着，傲慢自得地自吹自夸着。

过了几天，公孙伯光走过他的家门，昭支甚便拉出他的牛来应答着。公孙伯光说："这还不足以称为最大的牛呀。在岷峨的山谷，有一种牛叫作犪牛，像用瓦刀抹平的头顶，像天鹅伫立般的脚后跟，像纹彩碧玉般的脊背，填塞满了油脂的屁股，它的肉重七千斤，你为什么不去寻求来呢？"昭支甚听后疑惑地说："真有这样的牛吗？虽是这么说，明天我也要去验证一下。"及至走到那里，果然有像伯光所说的那样的大牛。因而叹了一口气说："假使别人不来告诉我这些情况，我将始终认为犏牛是天下最大的牛了！”

坐井观天，往往不知天地之大。尤可悲者，反以井天自骄，这就贻笑大方了。故曰："人自狭者，其不可哉！"天地间的大物，岂独一头；凡人有自满自足者，观此寓言，可以深思。

司法篇

·画地为牢·

典出《报任少卿书》。

故士有画地为牢，势不可入……

西汉时，李陵战败投降匈奴，汉武帝十分生气。大臣中原来赞颂过李陵士气旺盛的人，见此情况都反过来责骂李陵。唯独司马迁对李陵持有不同看法，他爽直地向汉武帝陈述了自己的意见。他说："我和李陵素来没有什么交情，各走各的路，但我看他的为人，很讲交情，很讲义气，恭敬俭朴。他常常想'奋不顾身'以殉国家的急难，确有国士的风骨。现在李陵出了问题，大家都全盘否定他，我实在想不通。这次，李陵只带5000步兵，深入敌境，尽心杀敌，不顾个人生死。他与单于打仗十多天，

司马迁祠

杀敌之数超过了自己军队的人数，杀得匈奴个个震惊恐怖。匈奴单于在这种情况下，动员全国军事力量，共同攻击李陵，在敌强我弱的不利处境下，李陵辗转战斗，拼死鏖战，最后因箭射完了，粮食吃光了，归路被切断了，士兵很多伤亡了，才被迫停止战斗。他的投降实在处于迫不得已，他不是真投降，而是想等待有利时机报答国家。"司马迁最后还说，李陵的功劳也可以抵补他战败的罪过。

武帝听了司马迁的话，大发雷霆，立即把司马迁关进了监狱。廷尉杜周为了迎合讨好皇帝，对司马迁施行了当时最残酷、最耻辱的"腐刑"。

司马迁因身体和精神受到如此严重的摧残，内心极为痛苦，很想一死了之。但他冷静一想，如果真的死去，在达官贵人的眼中，不过像"九牛亡一毛，与蝼蚁何以异"？那样死了不但得不到同情，反而惹天下人耻笑。他认为"人固有一死，或重于泰山，或轻于鸿毛"（人本来都有一死，但有的人的死比泰山还重，有的人的死比鸿毛还轻），为什么要轻易了结自己的生命呢？至于人身受到侮辱，是完全在意料之中的事。他想到猛虎在深山里为王时，百兽见了都震惊害怕，一旦被关进槛圈坑阱之中，也只得向人摇尾乞食，所以士子见到地上画了一个算是监牢的圈儿，都不肯跑进去，而今我已被关进了监牢，有什么办法呢？历史上的王侯将相，如文王、李斯、韩信、魏其都受过侮辱，何况我们这些人呢！于是他决心活下去，忍受奇耻大辱，效法文王、屈原、左丘、孙子等人，在自己的残生尚存之日从事著述。凭借顽强的毅力，他终于写成了《史记》这部伟大著作。

后人用"画地为牢"比喻只许在规定的范围内活动。

·居官守法·

典出《史记·商君列传》。

常人安于故俗，学者溺于所闻。以此两者居官守法可也，非所与论于法之外也。

战国时，秦国国君秦孝公准备任用商鞅进行变法。即将实行的新法将大大提高农民和将士的地位，对秦国在当时称霸于其他诸侯国十分必要。但是，新法又威胁到了贵族和大大小小的封建领主的利益，所以变法之前就遭到了一些权贵们的反对，弄得秦孝公左右为难。有一天，秦孝公让大臣们议论变法的事。大夫甘龙和杜挚极力反对变法。他们认为，风俗习惯不能改，古代的制度不能变，否则就会使大家不方便，国家就会灭亡。面对这些人的反对，商鞅据理力争。他说：甘龙的话，是世俗之言。一般的人安于故俗，学者们沉溺于自己的所见所闻。这些人如果让他们谨守成法还可以，若和他们谈论成法以外的事，他们一窍不通。古代的制度也许正适合古人的需要，但后来别的都变了，以前的制度也就没有了。成汤和武王改革了古代制度，却兴了国。因此，古代应用古人的制度，今人应用今人的制度。要想国家强盛，就得改革制度，实行变法。死守古法，就会亡国。

秦孝公很同意商鞅的意见，便拜他为左庶长，于秦孝公三年（公元前359年）进行了变法。

后人用"居官守法"来指为官谨守成法，不知变通。

·李逵断案·

典出《水浒传》。

梁山众好汉，为策应燕青与任原相扑，大闹泰安州。黑旋风李逵手持双斧，直到寿张县衙门，吓得知县开后门逃走了。李逵转入后堂寻找，见到一个幞头衣衫匣子。他扭开锁，取出幞头，插上展角，戴在头上，把绿袍公服穿上，系了角带，换上皂靴，拿着槐简，走到厅前。

李逵打扮成知县模样，大叫县衙门里的吏典人等，都来参见，要排衙升堂。众人无可奈何，只得上去答应，擎着牙杖，打了三通擂鼓，向前声喏，表示升堂。李逵见了，呵呵大笑，说："你们当中也得有两个装着告状，来打官司，我好判案。"公吏们商量了一会儿，推上两个牢子装着打架的，前来告状。李逵高坐公堂，县门外百姓都放进来看他办案。只见两人跪在厅前，这个告状说："相公可怜我，他打了小人。"那个也告状说："他骂了小人，我才打他。"

李逵问："哪个是挨打的？"原告说："小人是被打的。"又问："哪个是打他的？"被告说："他先骂人，小人才打他。"

李逵最后判决："这个打人的是好汉，先放他出去。那个不长进的，怎么挨人家打了，给他戴上枷在衙门前示众。"说着，他把绿袍扎起来，槐简揣在腰里，拿出大斧，一直看着把那个原告枷了，押在县门前，然后也不脱去衣靴，便大踏步走了。看热闹的百姓见他这样判案，都忍不住哈哈大笑。

"李逵断案"，讽刺了只要有权势、力量大，本来没有理也说成有理的丑恶现象。

·明察秋毫·

典出《孟子·梁惠王上》。

明足以察秋毫之末，而不见舆薪，则王许之乎？

战国时，有一次齐宣王请求孟子讲有关齐桓公、晋文公称霸的事，孟子回答说："孔子的学生只学仁、义、道、德，从来没听说过以武力称霸的事，所以我不会讲。当然，如果大王愿意听有关'王道'的事，我会尽力讲好的。"齐宣王说："您讲统一天下的事吧！"孟子回答道："大王只要有同情心，就可以统一天下。"齐宣王笑了，说："哪有这么简单，同情心与统一天下又没有联系。"孟子接着说："我听人说，有一天，大王坐在堂上，有人牵着牛从堂下经过，大王看见了，就问去哪里。那人说，准备杀牛用它的血祭钟。你就叫那人放了，并说：'牛又没有罪，为什么要杀它呢？我不愿看到它被杀时那可怜的样子。'那人说：'那祭钟怎么办呢？'大王就叫他用一只羊代替。由此看出，大王是有同情心的，因为有同情心就会爱护老百姓，爱护老百姓国家就强大。"

齐宣王听了，摸着头说："现在想来，真有些不能理解，齐国即使小，也不至于连一只牛都没有，难怪老百姓说我吝啬呀。"

孟子说："这没有什么奇怪，老百姓不理解大王的深意。表面看，牛和羊都是死，大与小又有什么区别，但实质上却不同了。"齐宣王说："我这种心情与王道有什么相同呢？"孟子回答道："假使有人向大王报告：我的力量能举三千斤，却拿不动一根羽毛；我的目力能看清鸟兽的细毛，却看不清眼前的一车子柴火。大王相信吗？肯定不信。大王只要有同情心，就应该把同情心推广到全国，这是能做到的。"

后人用"明察秋毫"比喻目光敏锐，连极小的事物都看得清楚。

·窃金不止·

典出《韩非子·内储说上·七术》。

荆南之地，丽水之中生金，人多窃采金。

采金之禁，得而辄辜磔于市，甚众，壅离其水也，而人窃金不止。夫罪莫重辜磔于市，犹不止者，不必得也。

楚国南方之地，在丽水这条河流中生有沙金，人们多去偷着采金。朝廷明令禁止采金，捉住采金的人就在市上施以分裂

采矿图 明 《天工开物》

肢体的重刑。受刑的人很多，以致尸体把丽水都堵塞了，但人们窃金的行为还没有停止。

这个寓言说明只有严刑峻法是不够的，必须还要杜绝人们的幸免心理。治罪没有比分裂肢体于市上更重的了，但人们还是窃金不止，这是由于总有幸脱的人。

·缇萦救父·

典出《史记·孝文本纪》。

汉朝第二个皇帝汉文帝是个很开明的君主，他曾下了一道命令，凡是老百姓遇到解决不了的困难，都可以直接给皇帝上书。

公元前 167 年，一位叫淳于意的县令犯了罪，要被押解到长安去问罪。他有 5 个女儿，没有儿子，动身时叹道："唉，生女无用，没有一个能帮我！"小女儿缇萦听了，决定跟父亲一起去长安，沿路照顾他。缇萦到了长安，知道汉文帝的命令，于是写了一封十分诚恳的信，亲自送到皇宫，请侍卫官呈给皇帝。

缇萦在信里写道："我的父亲是个清官，又是个著名的医生。如今他犯了罪，理应治罪。但是现在治罪的肉刑太重了，脸上刺字、割鼻子、砍脚，都会害人一生，以后即使他想要改过自新也没有办法了。希望皇帝能下令改正这种残酷的肉刑，用其他刑罚来代替它们。"汉文帝看了信，觉得这小姑娘的态度恳切，是实话，就召见主管法律的大臣，对他们说："刑法的作用是警诫人们不再犯法，如今这些肉刑，害人一辈子，应该改掉。"

丞相张苍和御史大夫冯敬研究之后，建议以做劳工来代替脸上刺字，以打板子来代替割鼻子和砍脚。汉文帝批准了这一建议，残酷的刑法终于被废止了。缇萦不仅救了父亲，也使天下所有罪犯减轻了痛苦。后来，汉文帝的儿子汉景帝又进一步改革了刑罚，把打板子规定为只许打屁股，板子改得又薄又窄，而且只许由一个人从头打到底。

这样，虽然肉刑没有被完全废除，但减轻了，对人民还是有利的。

·鞅法太子·

典出《史记》。

令行于民期年，秦民之国都言初令之不便者以千数。于是太子犯法。卫鞅曰："法之不行，自上犯之。"将法太子。太子，君嗣也，不可施刑；刑其傅公子虔，黥其师公孙贾。明日，秦人皆趋令。

新法令在秦国施行不到一年，然而来京城咸阳申诉新法不便的人数以千计。太子也犯了法。商鞅说："法令行不通是上面人犯了法的缘故。"于是想要依法处置太子。太子是国君的继承人，不可加以刑罚。于是商鞅便加刑给太子的辅佐公子虔，将太子的老师公孙贾涂面刺字。第二天，秦国人都急忙按新的法令办事了。

"鞅法太子"是说太子犯法与民同罪。

·约法三章·

典出《史记·高祖本纪》。

与父老曰，法三章耳：杀人者死，伤人及盗抵罪。

秦二世荒淫无道，宠信赵高，陷害忠良，以致民不聊生，天下大乱。陈胜、吴广揭竿而起，继之江东项羽、丰沛刘邦也举起义师，拥立楚王孙心为怀王，建都盱眙。这时楚军上将军为宋义，项羽为次将，范增为末将，刘邦则自领丰沛起兵的军队，隶属于楚怀王。不久，刘邦封为沛公。

楚军志在灭秦，必先取得关中之地（函谷关以西，今陕西等地）。楚怀王这日登殿，询殿前诸将，谁愿进取关中？项羽、刘邦，俱应声愿往。楚怀王说："谁先进入关中，谁即为关中王。"项羽、刘邦整军出发，项羽从北路进发，刘邦从西路进军。

刘邦受命之后，率领参谋萧何、曹参、武将夏侯婴、樊哙、周勃等从彭城出发，西征暴秦。

西征军道经昌邑县城，就改道高阳西进。在高阳（今河南杞县境）又获得了一位谋士郦食其，因而取陈留、攻开封。在曲遇、白马等地，大败秦军。夺南阳，下宛城，经舟水，出胡阳，所过之处，有征无战，直入武关。

刘邦兵进关中，接连打了几个胜仗，秦地人民为秦政所苦，楚军进关，反而箪食壶浆，夹道相迎。秦军望风而逃，刘邦直扑咸阳城下，秦二世、赵高等人，惊骇不已。

赵高杀了秦二世，另立秦王婴，想与楚军谋和。但秦王婴杀了赵高，素车白马，出城向刘邦投降。刘邦进入咸阳，就留恋皇宫的舒适，不肯出皇宫。这位泗上亭长出身的刘沛公，布衣时代，就贪酒好色，一旦身入宫廷，尽力享受荣华富贵，忘了自己干什么来的。樊哙进宫，劝他离去，他不听。张良又进宫劝说："秦皇无道，天下大乱，你才能兵进咸阳，为的是替天下扫除残贼。你刚到了咸阳，就安于宫室犬马，醇酒妇人之乐，这岂不成为助纣为虐？"刘邦大悟，遂出宫回至霸上，召集关中豪杰开会，订立约法三章：杀人者死；伤人者要抵罪；盗窃者要判罪。

刘邦对大家说："我这次出关，是为父老们除

刘邦像

害，不是来侵犯父老们的，请你们放心。我不住在咸阳宫中，回到霸上行辕，为的是等待山东六国诸侯会师咸阳，而后再定约束。"

秦国父老们大喜，回家之后，牵着牛羊，抬着酒食，到刘邦军中劳军。刘邦不受，婉转地对父老们说："我们军中有的是军粮，不能接受你们的酒食，但我们非常感谢你们的盛情，如果我们吃了你们的东西，花费了你们的钱食，就失去我们进关拯救你们的初衷了，东西请你们带回，心意我们领了。"

这和秦军搜刮民脂民膏唯恐不尽的作风完全相反。关中百姓争相走告："如果刘沛公不回关东，在我们关中做秦王，我们就有好日子过了。"

刘邦入关，与民约法三章，把关中的人心立刻收买住了。

后人用"约法三章"比喻订立必须遵守的规章条款。

品行篇

·不欺暗室·

典出《列女传》。

一天夜里，卫灵公突然听到一阵车马行驶的声音，由远而近，大约行到宫门口却无声无息了。过了一会又响起车马声，由近而远，慢慢地又无声无息了。卫灵公感到奇怪，就问他的夫人："你知道这是什么人？"

夫人笑了，很自信地回答说："这不会是别人，只能是您的大夫蘧伯玉！"

"你怎么知道一定是他呢？"卫灵公越发奇怪起来，"莫非你会占卜？"

夫人一本正经地说："我听说凡是臣子路过王宫门前，都要下车致敬，这是朝中的礼节。忠臣和孝子既不在大庭广众之下故意做样子给人家看，也不在没人的地方疏忽自己的行为，蘧伯玉是卫国有名的贤人，最为仁智，很遵守礼节。方才一定

卫灵公与夫人

是他经过宫门，停下来表示敬意。虽然在夜间，无人看到，他仍旧那么遵守礼仪，不是他还能有谁呢？如果您不信，可以派人去调查一下……"

卫灵公派人去问明了情况，夜里行车的果然是遽伯玉。但他想与夫人开个玩笑，故意对她说：

"哈哈，夫人猜错了，那人不是遽伯玉！"

夫人不慌不忙地斟了一杯酒，送到卫灵公面前，恭敬地说："我祝贺君王！"

"贺我什么？！"卫灵公莫名其妙。

"原来我只知道卫国就一个大贤人遽伯玉，现在看来还有一位同他一样的贤大夫，您有了两位贤人。贤人越多，卫国越兴旺，我所以才祝贺君王呀！"

"原来是这样呀，你真是明智的女人哪！"卫灵公心里十分高兴，便把真相告诉了她。

从此之后，人们都说卫灵公夫人仁智、贤良、知人、达理。

后人据此说遽伯玉"不欺暗室"，并用它表示即使在无人的情况下，也不做违反规定的事情。

"不欺暗室"有时也写作"暗室不欺"。

·不念旧恶·

典出《三国志·魏书·武帝纪》。

汉末，董卓部将张济死后，他的军队就由侄子张绣统领。

不久，张绣投降了曹操。后来他又背叛了曹操，射伤了曹操的右臂，杀死了曹操的长子曹昂。接着，张绣又投奔了刘表，和曹操打了好几仗。可是3年后，当张绣再次带兵投降时，曹操不仅没有杀他为长子报仇，反而给他封了侯。

魏钟，早年经曹操举荐为"孝廉"，他在兖州叛变时，曹操想，哪怕别人都背叛了，魏钟也不应该叛变。后来，曹操听说魏钟为保命逃跑了，气得骂："魏钟，只要不逃到南粤、北胡，我一定不放过你！"可是当攻下射犬城，活捉魏钟后，曹操又因为爱惜他是个人才，亲自替魏钟松绑，还封他为河内太守，管理黄河以北地区。

还有臧霸、孙观、吴敬等人，早先追随吕布与曹操为敌。吕布兵败身亡后，臧霸等被俘，曹操都对他们很好，把徐州、青州沿海的土地划给他们管理。

曹操为了大业，不计私怨，所以《三国志》中称赞他："不念旧恶。"

·超群绝伦·

典出《三国志·蜀志·关羽传》。

孟起兼资文武，雄烈过人，一世之杰……犹未及髯之绝伦逸群也。

东汉建安十九年（公元214年），刘备领兵进攻益州（今四川），结果出师不利，只好给在荆州的诸葛亮写信，让他再派些兵马来。诸葛亮接信以后，马上召集关羽、张飞、赵云商议，决定留关羽镇守荆州，自己带张飞、赵云前去支援刘备。

关公秉烛夜读图

来到益州不久，诸葛亮用计收降了西凉猛将马超。关羽得到消息以后，写信给诸葛亮，询问马超的才能。诸葛亮知道关羽这个人虚荣心比较强，于是回信说："孟起（马超字孟起）文武兼备勇猛过人，是一代豪杰，可以和张飞并驾齐驱，然而不及你这样超群出众。"关羽见信后十分高兴。

"超群绝伦"指超出众人，同辈中谁也比不上。

·出类拔萃·

典出《孟子·公孙丑上》。

有一次，孟子的弟子公孙丑和他的老师谈论孔子的人格。公孙丑问孟子："孔子与伯夷、伊尹相比怎么样？"

公孙丑提到的伯夷，是商末孤竹君的长子。孤竹君生时以次子叔齐为继承人，他死后叔齐让位，但伯夷不接受，后来，两人都投奔到周。到周后，反对周武王讨伐商王朝。武王灭商后，他们逃避到一座山上，坚持不吃周人生产的粮食而死。

公孙丑提到的伊尹，曾帮助汤攻灭夏桀。汤去世后，他辅佐过两个王。太甲继位后，因破坏商汤法制，不理国政，被伊尹放逐。三年后太甲悔过，伊尹又接他回来复位。

孟子评论伯夷和伊尹说："伯夷的处世态度是，不是他理想的君主他不去侍奉，不是他理想的百姓他不役使；天下太平他就出来做官，天下纷乱他就隐居起来。伊尹的处世态度是，什么样的君主他都可以去侍奉，什么样的老百姓他都可以役使；天下太平做官，天下不太平也做官。而孔子的处世态度是，可以做官就做官，可以隐居就隐居，可以继续干下去就干下去，可以马上离开就马上离开。他们三人都是古代的圣人，我个人就是要学习孔子。"

公孙丑又问："他们三人不是一样的吗？"孟子回答说："不，自从有人类以来，就没有出现过像孔子那样伟大的人物。"

公孙丑又问："那么三位圣人有相同的地方吗？"孟子说："有，假如让他们做君王，他们都能够使诸侯归服，天下统一。但假如要他们去做一件不合道理的事情，或者去杀一个无辜的人，因而得到天下，他们都不会干的。这就是他们相同的地方。"

公孙丑又问："他们的不同又表现在什么地方呢？"

孟子回答说："听听孔子的学生是怎样评论孔子的吧。宰我说：'我的先生比尧舜高明得多。'子贡说：'先生看见一国的礼制就了解它的政治，听到一国的音乐就知道它的德教，一百代以后的君王，也不会背离孔子之道。'有若说：'难道只是人类有高下之分吗？麒麟对于走兽，凤凰对于飞鸟，泰山对于小丘，江海对于小溪流，何尝不是同类？圣人对于百姓也是同类，但孔子却远远超过了他的同类，大大高出了他那一群。自从有人类以来，没有哪一个能像孔子那样伟大的。'"

成语"出类拔萃"就来源于孟子对孔子的评价。出、拔均指超出。萃指丛生的草，比喻在一起的人或事物。用以形容才能超过一般的人。

·出淤泥而不染·

典出《爱莲说》。

出淤泥而不染，濯清涟而不妖。

周敦颐是北宋著名的学者，他很喜欢花，尤其喜爱莲花。他还专门为莲花写了一篇文章，题目叫作《爱莲说》。文章的大意是这样的：

水里边和陆地上的草木，开的花招人喜欢的有很多。晋代的大诗人陶渊明偏偏喜爱菊花。可是从唐朝建立以后，世上的人们又偏爱牡丹花。我却喜欢莲花。

出淤泥而不染的莲花

我喜欢莲花从污泥中生长出来，自己却不被沾染，莲花在清水中洗过，却不显得妖艳。它的梗中间空、外部直挺，不生藤蔓，也不长旁枝。它的气味清香，越远越觉得它香；它端庄、雅静地挺立在水面，人们可以远远地欣赏它，但不能轻慢地赏玩它。我看，菊花是花中的隐士，牡丹花是花中的富贵者，莲花才是花中君子呀！唉，爱菊的人在陶渊明之后不多了。像我一样爱莲花的人还能有谁呢？然而爱牡丹的人世上却是很多很多哩！

"出淤泥而不染"指在污泥中而不受沾染。形容在混浊的世俗社会中不受沾染，永保高尚的品质。

·淳于髡荐贤·

典出《战国策》。

淳于髡一日而见七士于宣王。

王曰："子来，寡人闻之，千里而一士，是比肩而立；百世而一圣，若随踵而至也。今子一朝而见七士，则士不亦众乎？"

淳于髡曰："不然。夫鸟同翼者而聚居，兽同足者而俱行。今求柴胡、桔梗于沮泽，则累世不得一焉；及之黍、梁父之阴，则郄车而载耳。夫物各有畴，今髡，贤者畴也。王求士于髡，譬若挹水于河，而取火于燧也。髡将复见之，岂特七士也。"

淳于髡在一天之内，就向齐宣王推荐了7名贤士。齐宣王大为惊奇地对于髡说："请先生走近一点。我听说，在方圆千里的地方，能够找到一个贤士，就等于贤士肩并肩地站在面前；

在百代之中，能够出现一个圣人，就算是圣人接踵而至了。现在，在短短的一天里。您就向我推荐了7个贤士，那贤士不是太多了吗？"

淳于髡说："事情并不如此。同类的鸟，往往聚在一起；同种的野兽，往往住在一起。如果我们到低湿的地方去寻找柴胡、枯梗，即使寻找几辈子，也将得不到一株；如果到围泰山和梁父山的北面去寻找，那就多得要用车子装运了。世界上都是物以类聚的。今天，我淳于髡在贤者之列啊。大王向我寻求贤士，就好比到河里舀水，用火石取火一样。我将不断地向大王推荐贤能呢，何止这7个人！"

后人用这个故事说明不是没有人才，问题在于没有通过适当的途径去发现。

·大瓠之用·

典出《庄子·逍遥游》。

夫子固拙于用大矣。……今子有五石之瓠，何不虑以为大樽而浮于江湖，而忧其瓠落而无所容，则夫子犹有蓬之心也夫！

战国时，有一次惠子对庄子说："我种了一种瓠（葫芦），容量达到五石。由于大而无用，我就把它打破了。"

庄子听后，嘲笑惠子说："怎么能说大而无用呢？只是你不善于使用大的东西罢了。同样的东西，在不同人的手里，却有不同的用法。你有容量五石的瓠，为什么不把它做成船呢？

那样，可以乘上它遨游在江河湖泊之上。而你却感到忧心忡忡，最后打破了它。看来，是你的思想飘忽不定，没想到罢了。"

后人用"大瓠之用"比喻量才使用。

·井臼亲操·

典出《后汉书·冯衍传》。

冯衍是西汉末年时人。那时，天下大乱，王莽篡汉，农民起义不断。后来，刘玄称帝，冯衍被尚书仆射鲍永征召为立汉将军，与太守田邑等一起镇守上党一带。不久，刘秀做了皇帝，田邑听说刘玄已败，就投降了刘秀，而冯衍坚持不肯投降，并且严词斥责田邑不顾大义，对更始皇帝怀有二心，一直到知道刘玄已死的确实消息，冯衍才不得已收兵投降。

冯衍一共做了 20 多年的官，曾经身居高位，但他不失清廉的品格，不羡高官厚禄，不贪千金的财富，他写给皇帝的"上书"中曾说："家无布帛之积，出无舆马之饰。"后来他被刘秀打发回家之后，即断绝了与官宦、名士的交往，闭门作赋写文。

因为生活清贫，冯衍自己得亲自下地耕耘，以求一家温饱。他娶了一个姓任的北方女子为妻。妻子十分凶悍，家中仅有的一个婢女，也被她折磨得奄奄一息，不能干活，只得由年幼的子女做舂米、打水之类的家务事。

就在这样困顿的生活中，冯衍"井臼亲操"，保持了晚节，直到年老去世。

井：打井水。臼：舂米。"井臼亲操"形容亲自做家务事。

·木人石心·

典出《晋书·夏统传》。

西晋时的某年三月初三，京都洛阳城的王公贵戚、才子佳人，都到洛河两岸宴饮游春。权势显赫的太尉贾充也来游玩。

贾充忽然发现在河边一只小船上，有个人神情庄重，端坐船上，对周围的花花世界无动于衷，便好奇地问他的姓名。原来这人叫夏统，会稽永兴人，因母亲病重，来京都买药。

贾充问他家乡有没有三月初三游乐的风俗，夏统傲然回答："我们那里，性情平和，节操高尚，不慕荣华，有大禹的遗风。"

贾充又问："你家居水乡，会划船吧？"夏统便驾船在河面上往返三次。他高超熟练的驾船本领，惊呆了两岸的游人。

贾充再问："你能唱家乡的歌吗？"夏统唱了三首赞颂大禹、孝女曹娥和义士伍子胥的歌曲，歌声慷慨激越，动人心弦。

贾充觉得夏统是个人才，便要保举他做官，不料夏统便再也不愿答话。贾充调来威武的仪仗队，在夏统面前显示荣耀，调来一大群美女，载歌载舞，引诱夏统。然而，夏统稳坐船中，冷漠而又严肃，贾充等人议论："这个家伙真是木人石心呀！"

后人用"木人石心"比喻意志坚决，不受名利诱惑。

·蓬生麻中·

典出《荀子·劝学》。

蓬生麻中，不扶自直。

汉武帝第五个儿子刘胥，被封为广陵王。他年轻时能把沉重的铜鼎扛起来，甚至可以徒手与棕熊和野猪搏斗。但他生性粗鲁，所以并不讨武帝的喜欢。

公元前87年，武帝去世，传位给他最宠爱的小儿子、年仅8岁的刘弗陵，即汉昭帝，由大司马大将军霍光等辅政。刘胥虽然没有什么才学，但野心倒不小，见昭帝年少无子，就希望他早日死去，好轮到他当皇帝。

刘胥请来一个女巫，叫她诅咒昭帝早死。那女巫装神弄鬼，说是武帝的阴魂附到了她的身上，传话要让广陵王做皇帝。刘胥听了很高兴。

碰巧的是昭帝寿命不长，只活到21岁就死了，刘胥以为是女巫的诅咒起了作用，高兴地等待着由他继位。不料霍光等大臣决定迎立武帝的孙子昌邑王刘贺为帝。刘胥非常恼怒，又命女巫诅咒刘贺早死。

其实不用女巫诅咒，刘贺也很快被废掉了。原来他一听说朝中大臣要迎立他为帝，就滥用权力，强抢民女，

金座足　西汉

甚至不顾国丧期间的规矩礼仪，整天玩乐。于是霍光采取果断措施，将他驱逐出宫。这样，他只当了27天的皇帝就被废去。

刘胥以为，这回总可以轮到他当皇帝了。不料，霍光等又另立武帝的曾孙刘询为帝，史称汉宣帝。于是，刘胥一方面命女巫诅咒宣帝死，一方面与楚王刘延寿暗中勾结，阴谋以武力夺取皇位。后来事败，刘延寿畏罪自杀，刘胥则被免去死罪。

刘胥不甘心，又让女巫诅咒皇帝。这件事后来终于败露，朝廷决定查究。刘胥惊恐万状，将女巫及知情宫女二十余人全部毒死。刘胥杀人灭口的消息传开后，朝廷公卿大臣都要求皇帝诛杀刘胥。宣帝特地派大臣去审理这个案子。

刘胥自知罪行严重，难逃制裁，所以在王府索性摆开宴席，将儿子叫来，并命宠姬来献歌献舞陪饮，直闹到天明，与大儿子诀别后，上吊自杀。

西汉的史学家褚少孙引用了《荀子》中的话并加以评论说："蓬草生在直挺挺的大麻秆当中，不用扶它自然会挺直；白色的沙子掺在黑色的泥中，混合起来都会成黑色的，这是土地的影响才使它们这样的啊！"

后人用"蓬生麻中"比喻人在好的环境中能变好，在坏的环境中则变坏。

·千人所指·

典出《汉书·王嘉传》。

西汉时，汉哀帝的侍臣董贤，因美貌而又善于奉承，很受宠幸。董贤得宠后，他不断得到赏赐，家人也跟着得福，尽管如此，哀帝觉得对他还不够好，想找机会封他为侯。

哀帝没有儿子，又体弱多病，东平王想篡位，就和王后串通起来，暗地里诅咒他早日死去。不料，这件大逆不道的事被两个朝臣知道了。他们联名写了一道奏章，通过太监宋弦向哀帝告发。结果，东平王畏罪自杀，王后亦被处死。

事后要论功行赏，有人迎合哀帝心意，建议把通过太监宋弦送奏章改为通过董贤送，这样，便可封他为侯。哀帝大喜，亲自起草了一道诏书，把董贤和那两个大臣一起封为侯。诏书下达后，丞相王嘉和御史大夫贾延竭力反对，哀帝心虚，只好把这件事搁起来再说。过了几个月，哀帝不顾一切地下诏封董贤为侯。丞相王嘉再次竭力反对，哀帝很扫兴，从此对王嘉疏远起来。

公元前2年，哀帝的祖母傅太后去世。哀帝以傅太后有遗命为由，加封给董贤两千户。王嘉接到诏书后，把它封起来退给哀帝，并又进行劝谏。他在奏章中写道："董贤靠着陛下的宠幸，骄奢放纵，恶名远扬，俗语说，千人所指，无病而死。臣为他今后的下场感到寒心。望陛下考虑到祖宗创业的艰难，别再这样做了！"

哀帝大怒，逼王嘉服毒自杀，王嘉严词拒绝，在狱中绝食身亡。王嘉死后，没有人再敢向哀帝直言进谏了。于是，哀帝任命董贤三大公之一的大司马，这时董贤才 22 岁。

但是，董贤的好景不长。公元前 1 年哀帝病死，董贤失去靠山，皇太后罢了他的官。董贤和妻子恐惧地自杀了。

"千人所指"比喻品行恶劣，被众人所谴责。

·三省吾身·

典出《论语·学而》。

曾子曰："吾日三省吾身——为人谋而不忠乎？与朋友交而不信乎？传不习乎？"

孔子的学生曾参，年纪虽小，却勤奋好学，深得孔子的喜爱。一天，同学们问他："你为什么进步这么快呀？"

曾参说："我不过每天都要多次地这样问问自己：替别人办的事情有没有尽到力啊？与朋友交往有没有不诚实的地方啊？先生教我的学业是不是学习好啦……如果发现哪样做得不合适，我就及时

吾日三省吾身

改正。这样慢慢地也就成了习惯了！"

后人由此引出"三省吾身"的成语，指经常自我检查，反省自己。

·三思而行·

典出《论语·公冶长》。

季文子三思而后行。子闻之，曰："再，斯可矣。"

春秋时，鲁国大夫季孙行父，即季文子，为人谨慎，凡事都要多次考虑以后才决定做不做和怎样做，即主张"三思而行"。

一般说来，在干一件事情之前，多考虑考虑，然后行动，总是利多弊少的。可是孔子却并不赞同季文子的这种态度。孔子出生的时候，季文子已经死去十多年了。后来，孔子听人说到关于季文子的谨慎态度时评论道："没有必要'三思'，只要能'再思'，也就可以了。"

孔子为什么认为只要"再思"就可以了呢？《论语》中没有说明。宋代儒学家程颢、朱熹等的解释是：考虑一两遍，就足以决定；考虑一多，反而要患得患失、疑惑不定了。

"三思而行"的"三思"，就是指多想。"三"不是限于三次的意思，而是"再三"、"反复多次"。劝人好好考虑考虑，有时也可以用到这句成语。

·杀马毁车·

典出《后汉书·周燮传》。

东汉时的冯良，出身低微，30岁的时候，县令调他当县尉的"从佐"，也就是随从。有一次，郡里要派一个督邮官来县里，督邮将代表太守来督察县乡的工作，县令吩咐冯良到驿路口去迎候，必须执礼恭敬，不可怠慢，他迎到县衙，才算完成差事。冯良带着车马，来到路口。谁知从上午等到日落西山，还不见督邮人影。冯良满腹愤慨，便一口气把马车赶到十几里路外的山边无人之处，取出佩刀，杀了那匹马，又把车砍破，脱下"从佐"的公服，撕成了碎片，再狠狠地把帽子踩坏。之后，逃到一个叫犍为的地方，投在名师杜抚门下，学习《诗》、《礼》、《易》，决心大长学问。

当晚，冯妻急了，四处寻找，都不见踪迹。十几天以后，在山边的草丛里，找到了破车、死马和冯良那件破碎的公服，以为冯良必是遇到了野兽或是被强盗所害，性命早已完结了。冯妻哭哭啼啼，替他办了丧事。过了十几年，冯良回到家乡。这时候，冯良已学了更多的礼法，行为品德更加高洁，真是非礼不动，对妻子也客客气气，如同君臣相处。乡里人议论说："冯良这一去十几年，回来像是换了个人了，真可以做大伙的表率了。"后来，冯良多次被公车征召做官，都以有病推辞，可是他的名望却更高了。

"杀马毁车"意思是将马杀了，将车毁了。比喻弃官归隐。

·舍生取义·

典出《孟子·告子上》。

生亦我所欲也，义亦我所欲也，二者不可得兼，舍生而取义者也

春秋时代，晋国的义士豫让，曾受到智伯的重用。智伯后来被三晋打败身亡，因赵襄子是杀智伯的主谋，所以豫让要杀赵襄子替智伯报仇。他扮成一个残废的人，走到襄子的厕所去，假装成粉饰墙壁的人，想伺机刺死襄子。襄子去小便，忽然觉得心里有点儿跳动，知道有人要刺杀他，便叫人捉住粉饰墙壁的人，一问原来就是豫让。襄子知道他是替智伯报仇，感念他是义士，所以把他释放。后来豫让又用漆涂在身上，剃去胡须和眉毛，毁了容貌，扮作一个乞丐，连他的妻子也认不出来，但说话的声音还没有改变，于是他又吞炭改了声音。一天，他预先躲在赵襄子必经的桥下，赵襄子将要走到桥上时，忽然他的坐骑惊叫起来，赵襄子知道一定又是豫让来行刺了，叫人搜查，果然不错。赵襄子叹道："豫让，你替知己报仇，人家都已知道你的义举了，这次我不再释放你，成全你吧，请你自己了断吧！"豫让也被襄子的话所感动，请求襄子把袍子脱下来，他在襄子的袍子上刺了3刀，然后自杀。

孟子说过："生，是我所喜欢的，义，也是我所喜欢的，二者没有办法同时得到时，我宁愿不要生命而去争取义的。"

身：生命。取：求取。"舍生取义"指舍弃生命以求得正义。

·舍儿救孤·

典出《东周列国志》。

春秋时代，晋灵公的武将屠岸贾，恃宠专权，陷害忠良。大臣赵盾家属三百人全部被杀害，只剩下一个刚出生不久的孤儿赵武，被赵盾的门客程婴救出，期望以后为赵家报仇。屠岸贾知道了赵氏有遗孤，下令要将晋国境内半岁以下的婴儿全部杀尽，以绝后患。

程婴为了拯救晋国婴儿，保存赵家孤儿，找晋灵公的退职老臣公许杵臼商量，甘愿以自己才生下来的儿子冒充孤儿献出，把赵武作为自己亲生的儿子隐藏下来。公孙杵臼与赵盾是"刎颈之交"，他愿意假冒隐藏孤儿的人，让程婴出首去告密。

屠岸贾得知孤儿下落，立即派武士跟着程婴去抓来公孙杵臼和婴儿，果真将程婴的儿子误认为是赵氏孤儿，把他活活地摔死了。

公孙杵臼受尽严刑拷打，触阶而死。屠岸贾以程婴告密有功，收为门客，作为心腹，还将孤儿认作义子。

20年后，赵武学成文武技艺，经过程婴点破，领悟自己的身世，乘机砍杀屠岸贾，为赵家报了仇。

"舍儿救孤"比喻为了他人而牺牲自己的利益。

·桃李不言，下自成蹊·

典出《史记·李将军列传》。

太史公曰："……余睹李将军悛悛如鄙人，口不能道辞；及死之日，天下知与不知，皆为尽哀……谚曰：'桃李不言，下自成蹊'。此言虽小，可以喻大也。"

西汉初期，北方的匈奴不断南下骚扰，陇西（今甘肃省东部）的名将李广奋勇抗击，匈奴既怕他，又敬重他，称他为"飞将军"。一次，李广率领4000名骑兵，从右北平出发，博望侯张骞带领1万骑兵和他在一起。他们分两路围剿匈奴。李广这一路前进几百里后，被匈奴左贤王率领的4万骑兵包围。面对优势敌人，李广竭尽全力组织抗击。后来张骞的大军赶到才得以解围。这一次，李广几乎全军覆没，只得撤兵回去。事后，朝廷追究责任，张骞因拖延行程应处死刑，后出钱赎去死罪降为平民；李广杀敌有功，但部队损失太大，功过相抵既没有被处罚，也没有受封赏。

有一次，李广私下对占卜天象的王朔说："自从汉朝抗击匈奴以来，我李广没有一次战役不参加的。我率领过的部队当中，职位低的校尉中，才能不及一般人，而以抗击匈奴有功被封侯的，有数十人之多。我李广比起别人来不算落后，但却从来没有因为积功而取得侯爵的封邑，这是为什么呢？"

王朔反问他说："你曾经做过什么可以引以为遗憾的事没有？"

李广想了想说："我镇守陇西的时候，羌人曾经起来造反，我用计哄骗他们，使他们投降了。后来我又用诡计，把这 800 多投降者在同一天内杀死了。这是我所引为最大遗憾的事。"

王朝叹息道："给人带来灾祸的事，最严重的莫过于把已经投降的敌人杀掉。这就是将军所以没有被封侯的原因。"

公元前 119 年，朝廷决

李广射石图

定对匈奴再发动一次大规模的攻击，分两路向匈奴进军，已经 60 多岁的李广主动请战，担任前将军，归卫青指挥。李广在行进途中几次迷路。等他赶到会合地点，已比指定的时间迟了好几天。当时，匈奴已被卫青的大军打败。会合后，卫青派手下的人问李广迷路的经过情况，并催促李广的部下快到卫青那里去听审受问。李广气愤地说："我的部下并没有罪，误期迟到的责任全在我一人身上，要审问就审问我。我现在亲自去大将军的幕府去听候审问。"接着，李广对部下说，"我一生跟匈奴打了大小 70 多次仗，这次跟着大将军出战，本来很幸运可以同单于的军队接触，没想到大将军又把我的队伍调开，让我走那条迂回遥远的路，而偏偏又迷失了路径，这岂不是天意吗？况且我已经 60 多岁了，毕竟不能再同那些舞文弄墨的小吏去打交道了！"说完，拔刀自刎。

司马迁评论说："孔子曾经说过：'如果本身正派，做得对，就是不发号施令也没有行不通的事；如果本身不正派，做得不对，就是发号施令也没有人听从。'这好像是针对李将军而说的。我看李将军诚实得像个乡下人，嘴里不会花言巧语。他死后，天下人不论是否与他相识，都非常悲痛。俗语说：'桃花和李花是不会说话的，但它开放的时候，欣赏的人都在树下踩出小路。'这话虽然讲的是小事，但却可以用来比喻大事。"

蹊：小路。原指桃树、李树虽不会向人打招呼，但其花朵艳丽动人，其果实甘美，引人喜爱，树下自然会走出路来。比喻为人真实坦诚，必然会有极大的感召力。

·白公堤·

典出《警世通言·自娘子永镇雷峰塔》。
又见《新唐书·白居易传》。

美丽的西湖有一道长堤，原来的名字叫白沙堤，可是后来百姓们都叫它白公堤，这是什么缘故呢？

中唐时期，有一年杭州大旱，西湖旁边的千顷良田，地皮都干裂了，稻禾枯黄。老百姓天天都到州衙门口去请求那些官老爷，放西湖水，救救干渴的农田。可是那些当官的，恐怕放掉了湖水，自己不能泛舟湖上、寻欢作乐了，一直不理睬百姓的请求。

有一天，百姓们又拥到衙门口，嚷着请求官老爷们放水浇田。知州大老爷被吵得气不过，跑到衙门口怒冲冲地问："放西湖水，那湖里的鱼不都死了？"这时，人群中走出一位五缕长髯的老人，轻蔑地看着知州老爷问："请问，鱼和百姓的性命哪个要紧？"

知州被噎住了，但又强词夺理地说："那荷花菱角怎么办？"老人又冷冷一笑："那再请问，荷花菱角和稻米哪个要紧？"

周围的百姓听老人说得有理，嚷得更厉害了："说得对！还是放水浇田吧！"知州早已气得浑身发抖，指着老人颤颤巍巍地问，"你，你，你是谁？！竟敢煽动百姓闹事！"

老人微然一笑，指着知州说："你问我是谁？我是白居易！"

知州一听，身子一下矮了半截，连忙满脸堆笑地说："原来是新任刺史白大人到了，下官有失远迎，当面谢罪，谢罪！"

第二天，碧绿的西湖水，沿着无数水渠哗哗地流进了百姓的农田。干枯的禾苗，都像喝了甘露，一下子挺起了腰。百姓们望着得救的庄稼，高兴得泪水横流。不久，白居易又发动农民在钱塘门外修了一道堤，安上一座石闸，把湖水贮存起来。为了教导百姓和告诫以后的官员，他又写了一篇《钱塘湖石记》刻在石碑上，详细地写明堤坝的用处以及蓄水用水的方法，上面甚至还写明放一寸湖水能灌多少顷田，湖水最低可放到多深。在白居易任刺史的时候，有一个贵公子命人在湖边填湖，要修一个水心亭。这事被白居易知道了，把这贵公子和他当官的父亲都叫来，对他们说："西湖，是百姓的西湖，谁也没有权利占用它。现在，罚你家在湖边开一百亩田。"又有一次，白居易看见有人从湖边的山坡上砍了两棵树，他马上命衙役把那人抓来，罚他种上一百棵树。

终于，白居易任期满了，要离开杭州了。当仆人把他剩余的俸禄装进行李箱时，他说："把它们存到官库里，留着整治西湖吧！"

白居易离开杭州那天，成千上万的百姓跪在他的马前痛哭流涕，白居易眼含着热泪，把百姓一一扶起，和他们挥手告别。从那以后，杭州百姓为了纪念白居易，就把白沙堤叫作白公堤了。

学问篇

·不耻下问·

典出《论语·公冶长》。

子贡问曰："孔文子何以谓之'文'也？"子曰："敏而好学，不耻下问，是以谓之'文'也。"

春秋时，卫国有一个叫孔文的大夫，死后被谥为"文"。子贡就这件事询问孔子说："孔文子凭什么谥为'文'？"孔子回答说："他聪明灵活，爱好学问，并且谦虚下问，不以为耻辱，所以用'文'字做他的谥号。"

"不耻下问"的意思是不以向学识、地位不如自己的人请教为耻。

·不求甚解·

典出《五柳先生传》。

好读书，不求甚解。

从前有这样一个人，不知叫什么名字，因为他住宅旁边有五棵柳树，所以大家都叫他五柳先生。五柳先生有些沉默寡言，不大喜欢说话，但是他对各种问题都喜欢思考，对各种社会现象都留心观察，并且有他独到深刻的见解。不大喜欢说话，并非他的天性，只要遇到知己，他可以慷慨激昂地抒发胸中的积闷，抨击官场的劣迹、社会的弊端。他"好读书"，但"不求甚解"，一心领会它的精要之处；一旦解除了一个疑团，懂得了一些新的道理，便乐得手舞足蹈，有时甚至连饭都忘记吃了。五柳先生之可贵之处是不羡慕名利，不愿低三下四奉迎拍马，对那些仗势压人高高在上的官僚，他极为轻蔑鄙视，总是避而远之。由于他不愿与世浮相处，所以隐居故里。

"不求甚解"在这里是指读书只领会要旨，不在文句上下功夫。后人用"不求甚解"来说明学习不够认真，不求深入了解，或了解情况不深入。

·不学无术·

典出《汉书·霍光传》。

然光不学亡术。暗于大理……

我国东汉时期的著名史学家、文学家班固，用了 20 年的时间写了一部《汉书》，书中叙事详赡，文辞渊雅。在《霍光传》的卷末，他写了这样一段赞语：

"霍光以结发内侍，起于阶闼之间，确然秉志，谊形于主。受襁褓之托，任汉室之寄，当庙堂，拥幼君，摧燕王，仆上官，因权制敌，以成其忠。处废置之际，临大节而不可夺，遂匡国家，安社稷。拥昭立宣，光为师保，虽周公、阿衡，何以加此！然光不学亡术，暗于大理，阴妻邪谋，

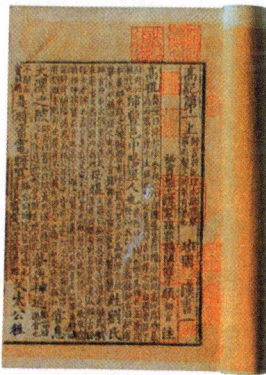

《汉书》书影

立女为后，湛溺盈溢之欲，以增颠覆之祸，死才三年，宗族诛夷，哀哉！"

班固这里谈论的是汉代大司马大将军霍光，由于生前犯了一个大错误而导致死后祸灭九族之罪。霍光曾是朝廷上举足轻重的大人物，受到朝野上下万人景仰。他跟随汉武帝二十八年，深得皇帝的器重。汉武帝刘彻临终时，将幼子弗陵交给他辅佐。汉昭帝死后，他又改立刘询为皇帝。霍光掌握朝廷上的军政大权长达40多年，可以说对刘氏朝廷功勋显赫。可是，有一件事情他没有做对，因此而带来了祸患。

那是刘询刚刚继承皇位的时候，霍光的妻子出于私利，想把小女儿成君嫁给刘询做皇后。然而刘询立了许妃为皇后，霍光妻子因此想阴谋害死许妃。她买通了女医淳于衍，趁许后生病的时候，下毒药谋害了她。许后暴死，朝廷逮捕了女医淳于衍，关进大牢里严加审问。这件事霍光事先并不知道。他的妻子看女医下了狱，害怕事情败露，才如实告诉了丈夫。霍光一听，大为惊骇，想去举发，又不忍心让亲人服罪，便将此事隐瞒起来，还替女医说情，把案子包庇下来了。

可是没有不透风的墙，纸里是包不住火的。等霍光死了以后，有人把这件事向皇帝告发了。皇帝派人调查处置这个案子。霍光妻子和家里人听到风声，又惊又怕。知道自身性命难保，便生了杀机，企图谋反朝廷，召集兄弟姊妹女婿一同策划举事。不料朝廷早已发觉他们的计谋，派兵将霍氏家族搜捕、杀戮。因这个案子受牵累的近亲、远戚有几千户人家，均被诛杀。

班固在评价霍光的功过时，指出霍光对自家人缺乏管教，过分宽容、放纵，所以才招致这样的结局。班固还说这是由于霍光不学无术，不明白大道理的缘故。

成语"不学无术"，意思是说人没有学问和办事的本领。

·斗牛图·

典出《独醒杂志》。

马正惠公尝珍其所藏戴嵩《斗牛图》。暇日展曝于厅前。有输租氓见而窃笑。公疑之，问其故。对曰："农非知画，乃识真牛。方其斗时，夹尾于髀间，虽壮夫膂力不能出之。此图皆举其尾，似不类矣。"公为之叹服。

马知节先生曾经非常珍视他所收藏的唐代名画家戴嵩画的一幅《斗牛图》。有一个空闲日子，他将画展开在厅前晒太阳。一个前来送租税的农民见了这幅画，暗暗发笑。马知节疑惑不解，问他为什么发笑。那农民回答说："我这个耕田人，不懂得画，但是却熟悉真正的活牛。那牛打架时，总是把尾巴紧紧地夹在大腿中间，即使身强力壮的人，使尽全身力气，也不能拉出它来。而这张斗牛图，牛都举起尾巴，这似乎很不相像啊。"马知节听了，对农民的见识很佩服。

这个故事说明有实际生活经验的人往往有真知灼见。

·怪哉冤虫·

典出《太平广记》。

汉武帝幸甘泉，驰道中有虫，赤色，头、牙、齿、耳、鼻尽具。观者莫识，帝乃使东方朔视之，还对曰："此虫名怪哉。"昔时拘系无辜，众庶愁怨，咸仰首叹曰："怪哉！怪哉！"盖感动上天，愤所生也，故名"怪哉"。此地必秦之狱处。即按地图，信如其言。上又曰："何以去虫？"朔曰："凡忧者，得酒而解，以酒灌之当消。"于是使人取出置酒中，须臾糜散。

秦始皇统一六国后，建立起中央集权统治，推行严刑峻法。无辜百姓也常常被关在狱中，饱受折磨。

到了西汉时期，有一次汉武帝乘车前往甘泉宫。行至长平坂道中，走在前面的随从发现大路上有一种奇怪的虫，全身红得发紫，长着类似人的头和眼睛、嘴巴、牙齿等。众人感到惊奇，赶紧跑去报告汉武帝，汉武帝派了些有学问的人去察看，但谁也说不出这是什么虫。

汉武帝有一个臣子叫东方朔，最为聪明博学。他也跟着汉武帝出来了，在后面的车中。汉武帝派人叫东方朔去看虫，东方朔说："这是因为秦代拘禁无辜的老百姓在狱中，众人心中忧愁，糊里糊涂地吃了官司，都仰头叹息'怪哉'。这种虫就是忧冤之气所结，名叫怪哉。这个地方一定是秦代的监狱。"汉武帝派人去拿地图来对照，这里果然是秦代设监狱的地方。

汉武帝又问东方朔，该用什么方法对付这种虫。东方朔说：

"大凡人有忧愁，都喜欢用酒来化解。这种虫是忧冤所结，想来用酒也可消解。"汉武帝命人取了酒来。随从们将虫捉来放到酒里，果然一会儿就消散了。大家都佩服东方朔无所不知，真是奇才。

后人用"怪哉冤虫"的典故比喻人有冤愤，郁结难消。

·囫囵吞枣·

典出《湛渊静语》。

客有曰："梨益齿而损脾，枣益脾而损齿。"一呆弟子思久之，曰："我食梨则嚼而不咽，不能伤我之脾；我食枣则吞而不嚼，不能伤我之齿。"狎者曰："你真是混沦吞却一个枣也。"遂绝倒。

有个客人说："梨子对牙齿有益处，却损害脾脏；枣子对脾脏有好处，却损害牙齿。"一个呆头呆脑的青年人想了很久，猛然醒悟地说："我如果吃梨子，就只嚼不吞，那就不能伤害我的脾脏了；我如果吃枣子，就只吞不嚼，那就不会伤害我的牙齿了。"有个熟人跟他开玩笑说："你真是囫囵吞下个枣子啊。"满座的人都笑得前俯后仰。

"囫囵吞枣"这个成语比喻不求甚解。

·将勤补拙·

典出《自到郡斋，题二十四韵》。

救烦无若静，补拙莫如勤。

公元 825 年，唐敬宗李湛任命大诗人白居易为苏州刺史。当时的苏州已是一个交通发达、商业繁盛、人口众多的重镇。白居易被派到此任职，深感自己肩负着重大的责任。到职以后，白居易顾不上一洗旅途的疲劳，更顾不上去玩赏苏州的名胜古迹，马上投入了紧张的工作。他召集下属，询问公务，调查研究，制定治理措施，每天从早忙到晚，有时甚至工作到深夜。白居易喜好饮酒和音乐，但到苏州以后，由于公务繁忙，往往十来天滴酒不沾，个把月不听一次音乐。

后来，白居易给他的朋友写了一首诗，谈了自己当时的心情，诗中写道：自己笨拙，担当不起苏州刺史这样的重任，除了用勤奋来补救外，没有其他办法。白居易勤政爱民的举动深得苏州人民的爱戴和崇敬。

"将勤补拙"指用勤奋补救笨拙，含自谦之意。

·举一反三·

典出《论语·述而》。

举一隅不以三隅反，则不复也。

孔丘是我国历史上的一位教育家，据说，他门下的弟子有

3000 人。《论语》是记录孔丘和他的学生对话的一本书。

记载，有一天孔丘对他的学生们说："我举出一个墙角，你们就应独立思考，融会贯通，而联想推类到其余三个墙角，并用其余三个墙角来反证我指出的一个墙角；如果不是这样的用心去学习和灵活运用，那么我就不再教你们了。"

后人用"举一反三"比喻善于推理，能由此及彼。

·脍炙人口·

孔子杏林讲学图

典出《孟子·尽心下》。

脍炙，所同也；羊枣，所独也。

春秋时的曾参是个孝子。他的父亲曾晳喜欢吃羊枣（一种野生小柿子，俗名牛奶柿）。曾晳死后，曾参竟不忍心再吃羊枣。因此被儒家传为美谈。

有一次，孟子的学生公孙丑就这件事向孟子提出了问题："脍炙（精美的肉食）和羊枣哪样东西好吃？"孟子说："当然是脍炙好吃。"公孙丑说："那么曾参父子一定都爱吃脍炙了，可为什么父亲死后，曾参只戒羊枣，不戒脍炙呢？"

孟子回答说："脍炙，人所同嗜，是大家都爱吃的；羊枣却是曾晳的特殊嗜好，所以曾参继续吃脍炙而不吃羊枣。"

后人用"脍炙人口"比喻人人赞美和传诵（多指诗文）。

·老面鬼·

典出《谐铎》。

吾师张楚门先生设帐洞庭东山时，严爱亭、钱湘俱未入词馆，同堂受业。一夕，谈文灯下，疏棂中有鬼探着而入。初犹面如箕，继则如覆釜，后更大如车轴。眉如帚，眼如铃，两颧高厚，堆积俗尘五斗。师睨微笑，取所著《橘膜编》示之曰："汝识得此字否？"

鬼不语。师曰："既不识字，何必装此大面孔对人！"继又出两指弹其面，响如败革。因大笑曰："脸皮如许厚，无怪汝不省事也。"鬼大惭，顿小如豆。师顾弟子曰："吾谓他长装此大样子，却是一无面目人，来此鬼混。"取佩刀砍之，铮然堕地，拾视之，一枚小钱也。

张楚门先生在太湖洞庭东山教书时，严爱亭、钱湘令都还没有进翰林院，他们在一起听张先生讲课。一天晚上，师生们在灯下谈论诗文，忽然，有一只鬼从那窗格里伸进头来。起初鬼脸不过撮箕那么大，接着，就像倒罩着的一口大锅，最后更加大得像口车轴。脸上的眉毛像扫把，眼睛如铜铃，两边的颧骨高高突起，上面堆积的尘土足足有半担。张先生瞟了它一眼，微笑着，拿出自己写的《橘膜编》给它看，说："你认得这些字吗？"鬼默默不语。先生说："既然斗大的字都不认得，何必装成这么个大面孔来吓人！"

接着，先生又伸出两个指头弹弹那鬼脸，响声就像那破败的牛皮一样。先生又大笑着说："原来脸皮这样厚，难怪不懂事呢。"鬼十分惭愧，一下子缩小得像一粒豆子。先生回头对学生们说："我说这怎么装出这么个大得吓人的样子，却原来是个完全没有面孔的家伙，跑到这里来鬼混。"顺手拿起佩刀对着鬼头砍下去，"铿锵"一声响，鬼头掉在地上，捡起来一看，原来是一枚小小的铜钱。

·陋室铭·

典出《全唐文》。

唐代诗人刘禹锡由于主张改革旧政，被从京城贬到和州（今安徽和县）当一个小官判。和州知府是个势利小人，看刘禹锡被贬，又对自己不恭敬，就想办法整治他。按规定，通判应住三大间前廊后厦的大宅院，但知州却在城南门外给他

青釉诗词盘　唐

三间小瓦房住。谁知刘禹锡根本就没理会房大房小，一看房子正对大江，还挺高兴，随手写了一副对联贴在门上："面对大江观白帆，身在和州思争辩。"

过了几天，知州听说刘禹锡对住房无所谓，每日吟诗读书，挺自在，又恼又怒，吩咐下人给他搬家，搬到只有一间半的北门外一处茅草房里。这次刘禹锡明白知州的用意了，但他仍不露声色，依旧读书作诗，游山玩水，而且又在门前贴了副对联："杨柳青青江水平，人在历阳心在京。"

知州见刘禹锡还是不买自己的账，既不来拜访自己，也不来送礼，气得胡子都撅了起来，于是又命人给刘禹锡搬家。刘禹锡这半年多时间，连搬三次家，这回只是一间房。刘禹锡看到房前有一棵枯树，而旁边却是一片欣欣向荣的绿荫，他当即又在门前贴上一副对联："沉舟侧畔千帆过，病树前头万木春！"

刘禹锡依然是每日读书访友，和当地的文人墨客联诗联句。转眼又是一个多月过去了，知州还不见刘禹锡对自己有什么表示，心想，这准是个书呆子，是块石头！于是他命人把放在衙门口前的一块上马石给刘禹锡送去，想要羞辱刘禹锡一番。

这天，刘禹锡访友归来，心情很好，看看自己的小屋子，里面一张床、一张桌、一张椅、一架书、不觉欣然命笔，写了一篇盛赞这小屋的《陋室铭》。

"山不在高，有仙则名；水不在深，有龙则灵，斯是陋室，唯吾德馨……"

短短的百字小文，却洋溢着蓬勃向上、傲岸不屈的精神。

谁知刚写完，知州那块石头就送到了。刘禹锡看看这块三尺半长、一尺多高、一尺多宽的石头，顿时一个主意涌上心头。他满脸笑容地对来人说："请回去对知州大人说，我刘禹锡多谢他的礼物！"知州听完回报，心里又好气又好笑，更觉得这是个十足的书呆子了。

刘禹锡请一位石匠，把自己那篇《陋室铭》工整地刻在了这块石头上，放在自己的书架前。

·门墙桃李·

"门墙"也叫"宫墙"，典出《论语》。

譬之宫墙：赐之墙也，及肩，窥见室家之好；夫子（指孔子）之墙数仞，不得其门而入，不见宗庙之美、百官之富。得其门者或寡矣。

夫子（指叔孙武叔）之云，不亦宜乎！

子贡，春秋时卫国人，姓端木，名赐，是孔子的得意门生之一。鲁国大夫叔孙武叔曾在朝中向其他大夫说："看来子贡要比他老师强些。"这话传到了子贡的耳朵里，他就说："拿住宅四周的围墙来说，我家的围墙，才肩头那么高，从墙外向里一望，屋子里有什么比较好的东西，谁都能全部看得清清楚楚；而我老师家的围墙却有几仞高（周尺七尺为一仞），要是找不到大门、走不进去，就根本没法看到里面祖庙的雄伟美观、各种房屋的富丽堂皇。不错，有幸而从我老师的大门走进去的人，恐怕是不多的。这样看来，武叔他老人家说出那样的话，不是也难怪吗！"子贡这段话是说自己的品德学问都肤浅有限，无法同他高深渊博的老师相比。

后来，人们就称师门为"门墙"。形容初步学得一点东西，叫作"入门"。

"桃李"典出《说苑·复思篇》。

阳虎在卫国犯了罪，便来到北边的晋国，对赵简子说："今后我再也不培养人了。"

赵简子问："为什么？"

阳虎说："坐在厅堂上判事的人一半以上是我培养的，朝廷的官吏、边境的将士，经我荐举的也都在一半以上。可是现在，堂上之人叫国君冷落我，朝中之吏叫大伙仇视我，边境之士叫军队搜捕我。"

赵简子说："种桃李的人，夏天可以在它们的绿荫下乘凉休息，到秋天还可以有果子吃；种蒺藜的人，夏天既不能从它们那里得到乘凉的荫地，到秋天它们还会长出许多刺来刺人。现在看来，你所植的都是蒺藜。以后一定要先选择对象，而后加以培植，不要先培植，后选择。"

门墙：指师长之门。桃李：比喻后辈学生。用以尊称他人培养出来的学生。

·妙笔生花·

典出《开元天宝遗事·梦笔头生花》。

唐代诗人李白是继屈原之后我国古代又一位伟大的浪漫主义诗人。他的诗歌在我国文学史上闪耀着灿烂的光芒。传说，他少年时代曾做过一梦，梦见他的笔头上生了花。后来便天才赡溢，文思敏捷，斗酒百篇，超群出众。而今天看来，李白在诗歌创作上的伟大贡献，绝非得力于梦，而是他丰富的经历和刻苦学习的精神所铸成的。

后人把"梦见笔头生花"说成"妙笔生花"，用来称赞别人杰出的写作天才。

李白诗意图

·名人酒徒·

东晋偏安江南约 100 年，当时最流行的风俗是清谈。有人不务世事、高谈空论；有人放浪形骸，饮酒高歌，竹林七贤中的刘伶就是纵酒放荡最出名的一个。

刘伶当时在东晋做建威将军，每天都要饮一石酒。有时不醉、有时微醉，酒醒以后又继续饮五斗。刘伶一想喝酒就向其妻要，他的妻子很不赞成刘伶这样狂饮，就对他说："喝酒非养生之道。"劝他戒酒，刘伶回答说："你的意见很对，我发誓从此戒酒，今天你给我买五斗酒，饮最后一次。"刘伶拿到五斗酒以后，又说："天生刘伶，以酒为名，一饮一石，五斗解酲，妇人之言，慎莫可听。"说完又狂饮起来。

当时，如刘伶这样嗜酒的不乏其人，下面略举一二。

晋末宋初的陶渊明是闻名遐迩的田园诗人，他辞官以后就住在庐山的栗山与里山之间的一块大石头旁。这块大石可坐10人，在此可仰视瀑布，他在兴致来时坐在大石上饮酒，酒醉后就仰卧在大石上。他的朋友颜延之顺路来看他。就与他同饮。见他生活困顿，临走留下二万钱让他买米，而陶渊明得到钱却又送给酒家了。

据说吴兴太守陆纳与大司马桓温是酒友。陆纳问桓温的酒量，桓温说："饮酒三升就会醉，吃肉不过十块。"陆纳临行时邀桓温喝酒，桓温欣然接受。陆纳只带来酒一斗，鹿肉一块，同座的人怪他带的酒肉太少。陆纳则说："桓公的酒量只有三升，我的酒量只有二升，所以只带一斗酒来。"说完，宾客们才觉得陆纳为人的确率真，他只管自己和约好的酒友。

·牛角挂书·

典出《新唐书·李密传》。

闻包恺在缑山，往从之。以蒲乘牛，挂《汉书》一帙角上，行且读。越国公杨素适见于道，按辔蹑其后，曰："何书生勤如此？"

密识素，下拜。问所读，曰："《项羽传》。"因与语，奇之。

隋代襄阳人李密，专心向学，从来不浪费一分钟，因此，他的学习生活是相当紧张的。有一次，他到绥山（有作猴山）去，怕旅途之中耽搁时间太多，出发以前，想出了个一面行路一面读书的好办法：他用蒲公英编织了个鞍子放在牛背上，把要看的汉书挂在牛角上。就这样，他很舒服地骑着牲口，一手拿书本，一手牵缰绳，走着走着，几乎跟在屋子里没有两样。

牛角挂书

走在途中，因为李密的注意力太集中了，他一动也不动，像是一座雕塑摆在牛背上。正巧，当朝大臣杨素也经过这里，见到牛上还有这

般好学的人，便顾不得自己赶路，偷偷地紧跟在后边，走上一大段路，李密一点儿都不知道。直到他挪转牛头，准备另换一本书的时候，杨素才和他谈话，问他看什么书。这时候，李密也只是勉强动了动脑袋，向身边一瞥，漫不经心地说："看《项羽传》！"

后人用"牛角挂书"比喻勤奋读书。

·歧路亡羊·

典出《列子·说符》。

杨子之邻人亡羊，既率其党，又请杨子之竖追之。杨子曰："嘻！亡一羊，何追者之众？"邻人曰："多歧路。"既返，问："获羊乎？"曰："亡之矣。"曰："奚亡之？"曰："歧路之中又有歧焉，吾不知所之，所以返也。"

杨子是战国时代的一个大学问家，有一天，他的邻居丢了一只羊。那人央请了许多亲戚朋友一道去寻找。杨子说："丢了一只羊，何必要这么多人去寻找呢？"邻居说："因为岔路太多，不多请些人，就不能分头寻找呀！"等了一会，找羊的人都先后空手回来。

杨子说："这么多的人去寻找，怎么还会让一只羊丢了呢？"邻居说："因为岔路太多呀！每条岔路之中又有许多岔路。因此没有办法寻找，人们只得回来了。"杨子听了，低下头，整天闷闷不乐。一个学生问杨子，说："邻居走丢了一只羊，这算不得什么大事，也和老师没有什么牵连，又何必为了这事整天发愁呢？"杨子说："你说的也不错，但我整天想的并不单是邻居丢了羊这件事情；而是连带想到求学问的道理。我们求学问要是没有正确的方向而只是盲目的东钻钻、西钻钻，那就会白白花费了很多地时间与精力，永远达不到目的。结果将要像岔路上寻羊一样，还是寻找不到。"

后来人们用"歧路亡羊"比喻迷失方向，或者比喻事理复杂、事绪纷繁，容易犯错误。

·取长补短·

典出《孟子·滕文公上》。

今滕，绝长补短，将五十里也，犹可以为善国。

战国时代，滕文公做太子时，曾去各国访问。有一次，他去楚国路经宋国时，会见了孟子。孟子给他讲了一些人性本是善良的道理，又勉励他要以尧舜之道来治理天下。

滕文公回国时又在宋国会见了孟子。孟子怕他还不明白人性本善和以仁政治理天下的道理，又给他讲了文王、周公的治国之道。当谈到滕国还是可以治好时，他说："现在的滕国，如果截长补短，将近有方圆五十里的国土，如能以仁政来治理天下，滕国还能成为一个好国家。"他停了一下接着说："但如不振作精神去痛除积弊，那也就难说了。"滕文公听了孟子这番议论未置可否，只是微微笑了一笑。

后人把"绝长补短"说成"取长补短"，用来表示虚心学习别人的长处，用以弥补自己的短处。

·身有至宝·

典出《龙门子凝道记·先王枢》。

西域贾胡有持宝来售，名曰瓃者，其色正赤如朱樱，长寸者，直数十万。龙门子问曰："可乐饥乎？"曰："否。""可已疾乎？"曰："否。""能逐厉乎？"曰："否。""能使人孝悌乎？"曰："否。"曰："既无用如是，而价数十万，何也？"曰："以其险远，而获之艰深也。"龙门子大笑而去，谓弟子郑渊曰："古人有云：黄金虽重宝，生服之则死，粉之入目则眯。宝之不涉于吾身者尚矣。吾身有至宝焉，其值不待数十万而已也。水不能濡，火不能燔，风日不能飘炙；用之则天下宁，不用则身独安，乃不知夙夜求之，而唯此为务，不亦舍至近而务至远者耶！"

金镶玉带钩　春秋

西域的一个经商的胡人，拿着一件名叫瓃的宝玉前来出售。宝玉的颜色像樱桃一样鲜红，直径不过一寸，价值却超过了数十万。

龙门子问道："可以充饥吗？"回答说："不能。""可以治病吗？""不能。""能够驱灾免祸吗？""不能。""能够使人孝悌吗？""不能。"
龙门子然后说："既然如此无用，为什么价值高达数十万呢？"
胡商说："因为它藏于险峻的地方，很难获得。"

龙门子听了大笑，拂袖离去，对弟子郑渊说："古人曾经
讲过，黄金虽然贵重，但生吞下去，人就会死去，它的粉末进
入眼里，人就会变瞎。宝物对我们自身没有什么好处，如此，
要它干什么呢！其实，人类自身就有无价之宝，它的价值绝不
只数十万；而且水不能淹没它，火不能烧毁它，风吹日晒也不
能损伤它；应用它可以使天下安宁，不用它也可以保重自身。
这样宝贵的东西居然不知勤奋探求，而专为寻找一类的宝物而
忙碌奔波，不是舍近求远吗？"

"身有至宝"这个典故告诫人们要广开才路，特别要重视
人才的使用。人是最宝贵的，人的聪明才智比任何珠宝都贵重。

·失之毫厘，差之千里·

典出宋代司马光《资治通鉴·汉记》。

赵充国是西汉时代的人。有一次他奉汉宣帝的命令去西北
地区平定叛乱。

到了那儿，一看地势，发现叛军的力量虽大，但军心不齐，
他就决定采取招抚的办法。经过他的努力，果然有1万多叛军
前来投诚。赵充国便打算撤回骑兵，只留一小部分部队留驻原
地开垦土地，等待叛军全部归顺。

可是还未等到他把情况上报皇帝，皇帝却已下达了限时全面攻击叛军的命令。经过再三考虑，赵充国决定还是按照自己原来的打算去做招抚叛军的工作。

赵充国的儿子赵卯听到这个消息，急忙派人劝他父亲接受命令，省得因违抗皇帝命令而遭杀身之祸。这使得赵充国想起了种种往事。

赵充国曾向皇帝建议让酒泉太守辛武贤去驻守西北边境，但皇帝却派了不懂军事的义渠安国带兵，结果被匈奴人杀得大败。有一年，金城、关中粮食大丰收，赵充国向皇帝建议收购300万石谷子存起来，那么边境上的那些人见到军队的粮食充裕，他们想叛变也不敢动了。

可是后来耿中丞只向皇帝申请买100万石，皇帝又只批40万石，义渠安国又轻易地耗费了20万石。正由于做错了这两件事，才发生了这样大的动乱。

赵充国想到这些，深深地叹了口气说："真是'失之毫厘，差之千里'啊！如今战事未停，危机四伏，我一定要用生命来坚持我的正确主张，替皇帝扭转这个局面。我想，明达的皇帝是可以对他讲真心话的。"

于是赵充国把他撤兵、屯田的设想奏报皇帝。宣帝终于接受了他的主张，最后招抚了叛军，取得了安邦定国的结果。

毫厘都是长度单位。"失之毫厘，差之千里"形容稍微相差一点儿，就会导致极大的错误。

·食肉寝皮·

典出《左传·襄公二十一年》。

食其肉，而寝处其皮矣。

晋国有个人叫州绰，此人聪敏、勇敢而又善战。有一次，齐晋两国在平阴打仗，州绰获胜，并生俘了齐国勇士殖绰和郭最。后来，州绰的好友栾盈与晋国当权的范宣子有矛盾，栾盈被囚，州绰因此出奔齐国。

有一天早朝，齐庄公指着殖绰、郭最说："他们是我的勇士啊！"州绰心中不服，便说："大王认为他们是勇士，谁又敢说不是呢？不过在平阴一战，他们是被我生俘过的。"不久，庄公准备封一批勇士，其中有殖绰、郭最，但却没有州绰。为此，州绰很不满意地对庄公说："前次齐晋之战，我从平阴打到了齐国的都城，在都城的东门从容不迫地数点过东门的门板，难道还不算勇敢吗？"庄公解释说："你那时是替晋国打我们齐国啊！你到我们齐国来还不久啊！"州绰十分恼怒地说："我在齐国虽是新仆，但殖绰、郭最被我生俘时，他们好比禽兽一般，我恨不得吃他们的肉，把他们的皮剥下来垫着睡觉，那算什么英雄！"齐庄公不管州绰如何恼怒，还是没有封他为勇士。

后人把"食其肉，而寝处其皮"简缩成"食肉寝皮"，用来表示仇恨极深。

·司马懿攻八卦阵·

典出《三国演义》。

诸葛亮出师北伐，魏国将军司马懿率军到祁山，与蜀汉军对抗于渭滨。这里一边是河，一边是山，中央平原旷野，确是一处好战场！

两军相迎，各用箭射住阵脚。三通鼓罢，魏阵中门旗开处，司马懿出马。这边孔明端坐在四轮车上，手摇羽扇，态度安闲。司马懿劝孔明回兵。孔明笑答："等我收了中原，自然回兵。"司马懿大怒，要与孔明决一胜败。孔明笑问："你想要斗将，斗兵，还是斗阵法？"司马懿要先斗阵法。孔明轻摇羽扇，把早在汉中操练精熟的八卦阵布成，问："识得此阵吗？"司马懿说："这是八卦阵，怎么不识！"孔明又问："识是识了，可敢攻打？"司马懿说："识了便敢打。"他叫3名将领各引30名骑兵，吩咐他们从正东生门杀入，往西南休门杀出，再由正北开门杀入。三人领兵杀入生门，往西南冲去，却被蜀兵射住，冲突不出。阵中门户重重叠叠，难分方向。三将不能相顾，只管乱冲乱撞，弄得魏军精疲力竭，昏昏沉沉，一个个都被缚住。孔明下令将他们的衣服脱了，脸上涂墨。放出阵去。叫他们回去告诉司马懿，"再读兵书，重观战策，那时再来决雌雄，也不为晚"。

3个魏将和90名军士，面涂黑墨，光着上身，从蜀阵中步行逃出，向魏阵奔来。司马懿一见，咬牙切齿，怒气冲天，说："如此挫败锐气，有何面目见中原大臣！"他拔剑在手，指挥三军，向蜀军冲来，想一举攻破八卦阵，报仇雪耻。结果，八卦阵没有攻破，魏兵反被伤亡了十分之六七，司马懿只好败退了。

"司马懿攻八卦阵"，比喻态度不老实，不了解事情的真相假装了解，结果自己吃亏。

·探玄珠·

典出《叔苴子》。

昔人闻赤水中有玄珠也，相与泳而探之。维时有探得螺者，有探得蚌者，有探得石卵与瓦砾者，各自喜为获玄珠也。

象罔闻之，掩口失声而笑。人攻象罔。象罔逃匿黄帝所，三年不敢出。吁，今学士之测经索理，皆是类也。

从前，人们听说赤水里有玄珠，都争着游泳去摸取。当时，有人摸到一只螺蛳，有人摸到一只蚌蛤，有人摸到一颗鹅卵石，有人摸到一块瓦片。大家都非常高兴，自以为摸到了真正的玄珠。

象罔听到这件事，禁不住掩着嘴巴笑起来。大家听说象罔嘲笑他们，都围攻象罔。

象罔没法，只好逃到黄帝那里躲避，三年不敢出来。

唉，现在那些轻易猜测和解说经典的书生，都是这一类人啊。

这个故事说明强不知以为知者最怕别人揭他的底。

·王寿负书而行·

典出《韩非子·喻老》。

王寿负书而行，见徐冯于周涂。

冯曰："事者，为也。为生于时，知者无常事。书者，言也。言生于知，知者不藏书。今子何独负之而行？"

于是，王寿因焚其书而舞之。

王寿背着一大包书走路，在四通八达的大道上碰见了徐冯。

徐冯说："做事情，是人们的行为。人们的行为都是在适当的时机中产生的，因此，智者没有固定不变的行为。书本上所记载的，都是人们的言论。言论是由人们的知识而产生的，因此知者不藏书。现在，你为什么要背着书走路呢？"

于是，王寿便烧了那些书，并且高兴地跳起舞来。

"知者无常事"，固然是对的，教人不要死读书、不要读死书、不要读书死，也都是对的；可是，"知者不藏书"，反知识，反学习，以致"焚其书而舞之"，这就成为读书无用论的老祖宗，无非是原始的农民意识的反映。

·一目十行·

典出《梁书·简文帝纪》。

太宗幼而敏睿，识悟过人，六岁便属文，高祖惊其早就，弗之信也，乃于御前面试，辞采甚美。高祖叹曰："此子，吾家之东阿。"既长，器宇宽弘，未尝见愠喜。方颊丰下，须鬓如画，眄睐则目光烛主。读书十行俱下。九流百氏，经目必记，篇章辞赋，操笔立成。

南北朝时期梁国的简文帝萧纲，是梁武帝萧衍的第三个儿子。萧纲小时候十分聪颖，识悟过人，刚刚6岁他就会写文章，大家都感到惊奇，不肯相信。一天，梁武帝把萧纲叫到跟前，给他出了一个题目，说："你就坐在我面前写，我亲眼看着，就知道你到底会不会写文章！"

梁武帝吩咐左右，取来纸笔，萧纲便提笔挥写，一会儿工

砚台　西晋

夫便写完了。梁武帝边读边摇晃脑袋，嘴里不停地称赞说：

"好啊，语句流畅，辞采甚美，我这个儿子快赶上七步成诗的曹植啦……"

萧纲长大以后，非常喜欢读书，而且看得极快，一眼可以看完十行文字，别人对他看书的速度简直不敢相信。萧纲对各种各样的书籍都看，九流百氏，诸家学说，无所不晓。尤其喜欢诗词歌赋，拿起笔来就能写上一篇。他办事也很干练，十几岁就能独立处理事务。

梁武帝死后，萧纲即位，当上了皇帝，但没有几年就被废掉，接着又被害死，死的时候只有49岁。

成语"一目十行"就是由该文中的"十行俱下"一句演变而来，意思是一眼看10行书，后人用它形容看书的速度快。有时也指阅读粗糙。

· 品读传统国学　汲取人生智慧 ·

中华典故大全

③

云　瑾　主编

团结出版社
UNITY PRESS

谋略篇

·毒蝎去尾·

典出《七经纪闻·记蝎》。

管子客商邱，见逆旅童子有蓄蝎为戏者，问其术。曰："吾捕得，去其尾，故彼莫予毒，而供吾玩弄耳。"索观之，其器中蓄蝎十数，皆甚驯，投以食则竞集，撩之以指，骇然纷起窜。观其态，若甚畏人者然。

管子旅居商丘的时候，见客舍的孩子们有养蝎子做游戏的，就问他们制服蝎子的办法。小孩说："我捉到以后，去掉它的尾刺，它就不能毒害我，而我就可以放心玩耍了。"

管子请他们拿来一看，盛放的器具中养了十几条蝎子，都非常驯服。扔进食物，它们就聚集在一起争着吃；用手指去撩拨，便吓得纷纷逃窜。看它们的样子，好像是十分怕人一样。

"毒蝎去尾"这个典故告诉人们，要战胜凶恶的敌人，必须击中要害，解除他们的武装。正如蝎子虽毒，然而一旦去掉它的尾刺，便不能危害于人。

·二桃杀三士·

典出《晏子春秋》。

春秋时期，齐国的齐景公有三员大将，他们是公孙接、田开疆、古冶子。三人以勇猛无敌、力大无穷而闻名齐国。

但这3个人都没有修养，态度傲慢无礼，宰相晏婴深以为患，就对齐景公说："我认为贤明的君主手下的将官，应该明白君臣的礼节，懂得上下的规矩。这样，在国内才可以禁绝暴乱，在国外可以阻挡敌人。可是公孙接、田开疆、古冶子这3个人，既无君臣之仪，又无上下之礼，内不可以用来禁暴，外不可以用来拒敌，因此他们是危害国家的人，不如趁早除掉他们！"

齐景公为难地说："他们三人武艺高强，怎么办呢？"

晏婴说："我倒有个主意，你派人去送给他们三人两只桃子，让他们按照功劳大小分配，谁的功劳大，谁就可以吃桃子。"齐景公按计行事。

公孙接高兴地收下桃子，说："我的力量既能够制伏野猪，又能够逮住猛虎，按我的功劳可以吃桃子。"于是他先拿起一个桃子。田开疆说："我带兵打仗能够打退敌人三军，我也有资格吃桃子。"于是他也夺去一只桃子。

这时，桃子被拿光了。古冶子愤愤不平地说："我曾经跟随君主出门，有一次过河，马让河中的大龟衔走了，我把大龟杀死，救活了马。若论功劳我应该吃桃子，你们二人还不将桃子给我！"说罢，便拔出剑来，要与公孙接、田开疆交锋。

公孙接、田开疆看见古冶子动了气，心里觉得过意不去，便说："我们的勇猛不如你，我们的功劳也不如你，我们先取了桃子不让给你，是太贪婪了，我们只有一死，才能表示勇敢和义气。"说完，二人拔剑自刎了。古冶子看到他们二人自杀了，心里很难过，于是丢下桃子也自刎而死。

后人用"二桃杀三士"比喻借刀杀人。

·管庄子刺虎·

典出《战国策·秦策二》。

有两虎争人而斗者，管庄子将刺之。管与止之曰："虎者，戾虫；人者，甘饵也。今两虎争人而斗，小者必死，大者必伤。子待伤虎而刺之，则是一举而兼两虎也。无刺一虎之劳，而有刺两虎之名。"

有两只老虎争吃人肉，正在拼死厮打着。管庄子遇见后，想上前去刺杀它们。管与连忙阻止他，说："老虎是凶猛的野兽，人肉是老虎最美好的食物。现在，那两只老虎为了抢夺人肉，正在疯狂搏斗，弱小的定会被咬死，强大的也定会被咬伤。等到死的死了，伤的伤了，你再去刺杀，那就能一举刺死两虎。你没用刺杀一只老虎的劳苦，却能得到杀死两只老虎的美名，这该多好啊！"

这个故事说明：办事要把握时机，才能事半功倍，一举两得。

·鸿门宴·

典出《史记·项羽本纪》。

沛公旦日从百余骑来见项王。至鸿门，谢曰："臣与将军戮力而攻秦，将军战河北，臣战河南，然不自意能先入关破秦，得复见将军于此。今者有小人之言，令将军与臣有。"

项王曰："此沛公左司马曹无伤言之；不然，籍何以至此？"项王即日因留沛公与饮。项王、项伯东向坐，亚父南向坐。亚父者，范增也。沛公北向坐，张良西向侍。范增数目项王，举所佩玉以示之者三，项王默然不应。范增起，出召项庄，谓曰："君王为人不忍，若入前为寿，寿毕，请以剑舞，因击沛公于坐，杀之。不者，若属皆且为所虏。"庄则入为寿。寿毕，曰："君王与沛公饮，军中无以为乐，请以剑舞。"项王曰："诺。"项庄拔剑起舞，项伯亦拔剑起舞，常以身翼蔽沛公，庄不得击。

于是张良至军门，见樊哙。樊哙曰："今日之事何如？"良曰："甚急。今者项庄拔剑舞，其意常在沛公也。"哙曰："此迫矣，

鸿门宴壁画　汉

409

臣请入，与之同命。"哙即带剑拥盾入军门。交戟之卫士欲止不内，樊哙侧其盾以撞，卫士仆地，哙遂入，披帷西向立，目视项王，头发上指，目眦尽裂。项王按剑而跽曰："客何为者？"张良曰："沛公之参乘樊哙者也。"项王曰："壮士！赐之卮酒。"则与斗卮酒。哙拜谢，起，立而饮之。项王曰："赐之彘肩。"则与一生彘肩。樊哙覆其盾于地，加彘肩上，拔剑切而啖之。项王曰："壮士，能复饮乎？"

樊哙曰："臣死且不避，卮酒安足辞！夫秦王有虎狼之心，杀人如不能举，刑人如恐不胜，天下皆叛之。怀王与诸将约曰'先破秦入咸阳者王之'。今沛公先破秦入咸阳，毫毛不敢有所近，封闭宫室，还军霸上，以待大王来。故遣将守关者，备他盗出入与非常也。劳苦而功高如此，未有封侯之赏，而听细说，欲诛有功之人，此亡秦之续耳，窃为大王不取也。"项王未有以应，曰："坐。"樊哙从良坐。坐须臾，沛公起如厕，因招樊哙出。

沛公已出，项王使都尉陈平召沛公。沛公曰："今者出，未辞也，为之奈何？"樊哙曰："大行不顾细谨，大礼不辞小让。如今人方为刀俎，我为鱼肉，何辞为？"于是遂去。

楚上将军项羽，降服了秦将军章邯，指挥大军进取咸阳。殊不知沛公刘邦已兼程改道，进入关中，先项羽而占领咸阳了，并驻重兵于函谷关，阻项羽军队前进。项羽大怒，奋力攻关，刘邦守关将士抵挡不住，弃关而逃。项羽指挥大军一路追到新丰，在鸿门设下大营。

项羽的谋士范增说："刘邦本为贪财好色之徒，进入咸阳以后，他的行为有些改变，不近女色，不敛钱财，可见他的志向不小，不如乘他羽翼未丰的时候，一鼓作气把他消灭。如果听任他发展壮大，将来后悔也来不及了。"

项羽在鸿门设宴，等候刘邦谢罪。刘邦怀着一颗忐忑的心，带领谋士张良，勇士樊哙赴鸿门宴。虽然这是一个危机四伏的宴会，但终因张良之谋，樊哙之勇，得以脱险归去。

后人用"鸿门宴"比喻加害客人的宴会。

·借箸代筹·

典出《史记·留侯世家》。

食其未行，张良从外来谒。汉王方食，曰："子房，前！客有为我计桡楚权者。"见以郦生语告，曰："子房何如？"良曰："谁为陛下画此计者？陛下事去矣。"汉王曰："何哉？"张良对曰："请借前箸为大王筹之。"

秦朝末年，项羽把刘邦包围在荥阳，刘邦忧心忡忡，与谋臣郦食其谋划对付项羽的办法。郦食其说："从前汤武讨伐夏朝的桀，分封其后代在杞，周武王讨伐商代的纣，分封其后代在宋。后来秦国背信弃义，侵略诸侯，灭了六国，他们的后代失去了生存的地方。假如陛下恢复六国，送去大印，他们一定会感恩戴德，为陛下效劳。这样，项羽就会势单力薄。"刘邦说："此计果然不错。你立刻负责刻印，然后送往六国。"

这时张良从外面进来，刘邦正在吃饭，招呼张良说："你来得正好，刚才有人建议分封六国的后代，你看怎样？"张良听了，叹息一声说："谁出的主意？陛下的大事完了！"

刘邦惊奇地说："为什么呢？"张良说："请陛下把前面这支筷子借给我一下。"张良接过筷子后，一边画来画去，一边说："从前汤武、周武王分封灭亡国家的后代，是他们能将敌国置之死地，现在陛下能将项羽置之死地吗？"刘邦摇头说："我被项羽包围，怎么能置他于死地呢？"张良接着说："汤武、周武王的分封都是在消灭敌人，销毁兵器，战马放归，天下平安以后才进行的，现在跟随陛下的将士，都来自六国，他们抛妻别子，血洒疆场，无非是希望有朝一日获得一块土地。如果恢复六国他们将离去，谁给陛下打天下呢？所以我说陛下的大事完了。"

后人用"借箸"或"借箸代筹"表示代人策划。

·木牛流马·

典出《三国演义》。

诸葛亮六出祁山和司马懿对阵的时候，在葫芦谷中制造木牛流马。但这工作很秘密，只有马岱一个人知道。一天，长史杨仪来报告："米粮皆在剑阁，人夫牛马搬运不便，怎么办呢？"

诸葛亮说："我已经运谋多时，此时正令人制造木牛流马，牛马皆不饮水食料，可以昼夜搬运。"

众人皆惊道："自古及今，未闻有木牛流马的事，不知丞相有何妙法，造此奇物？"诸葛亮这才把木牛流马的做法，写在纸上，给大家看，众皆惊服，说："丞相真神人也。"

木牛模型

木牛流马造成之后，由右将军高翔，带着1000名运输兵，驱使这木牛流马到剑阁搬运粮食，往来不绝。

司马懿大为惊恐，便派张虎、乐琳二将，率领500名精兵，伪装成蜀汉军，埋伏在小路上，等这木牛流马运输队走尽之后，在它尾队上抢了三五匹牛马回来，照样儿也做一批。不消半月的工夫，造出了2000多匹，同样能行走。司马懿大喜，便命镇远将军岑威，领兵1000多人，驾着这木牛流马到陇西搬运粮草。

诸葛亮知道后大笑说："我正要他抢去，我不过损失几匹牛马，不久我可得到更多的资助。"

原来诸葛亮已料定司马懿会仿照样儿制造。及至听到魏军果然利用木牛流马到陇西运粮，当即派出大将王平，领兵1000名，也扮作魏军，伪装成巡粮兵，混入他们的运输队，把护粮的兵将，尽行杀散，赶着木牛流马回来，并且告之王平，牛马舌头安置着机关，扭转过来，就不能动了，扭转过去，又能行走。魏军是不知道这个机关的，他们追兵追到时，王平便将牛马舌头一扭转，撤军而退。魏军想赶牛马回去，谁知牛马却不能转动，拉又拉不走，扛又扛不动，干瞪眼看着。及至蜀汉的援军到后，魏军只得放弃了木牛流马，仓皇而去。蜀军再把牛马舌头一扭转，又依旧活动起来，把魏军的粮食，搬运到蜀汉军大本营的北原。

·南山之蛟·

典出《郁离子·鲁般篇》。

汉愍帝之季年，东都大旱，野草皆焦，昆明之池竭。洛巫谓其父老曰："南山之湫有灵物可起也。"父老曰："是蛟也！弗可用也。虽得雨，后必有忧。"众曰："今旱极矣！人如坐炉炭，朝不谋夕，其暇计后忧乎？"乃召洛巫，与如湫，祷而起之。未毕三奠，蛟蜿蜒出，有风随之，飔飔然，山谷皆殷。有顷，雷雨大至。木尽拔，三日不止，伊、洛、缠、涧皆溢，东都大困。始悔不用其父老之言。

汉愍帝末年，洛阳大旱，野外的草木都枯焦了，巨大的昆明池也干涸了。洛阳的神巫们对那些管理公共事务的老人说："南山有一个大水池，其中有一个能兴云作雨的神物，可以请它出来。"老人回答说："那东西是蛟龙啊！不能用它来救旱。用了它，即使可以得雨，但必有忧患。"人们却说："如今干旱到了极点，人们好像坐在生着炭火的炉子中一样，早晨不晓得晚上的事，难道还有工夫去考虑往后的忧患吗？"便请来神巫，跟他们一道到那水池边去，向蛟龙祈祷，请它出来。第三轮祭奠还没有完毕，蛟龙便蜿蜒地爬出来了。随之而来的是一阵凉飕飕的冷风，吹得山谷都震动起来。一会儿，便是大雷大雨。大风把树木都连根拔了起来；大雨连续3天下个不停，伊水、洛水、缠水、涧水猛涨，泛滥成灾，洛阳遭受了极大的灾难。这时，大家才悔恨没有听取老人的意见。

这个故事说明做事、用人都不能只顾眼前，不管将来，而应权衡利弊，通盘考虑。

·七纵七擒·

典出《三国志·蜀书·诸葛亮传》。

三国鼎立时，蜀汉丞相诸葛亮为了巩固后方，于公元225年率军南征。正当大功告成准备撤兵的时候，南方彝族的首领孟获又纠集了被打败的散兵来袭击蜀军。

诸葛亮得知，孟获不但作战勇敢，意志坚强，而且待人忠厚，在彝族中极得人心，因此决定把他争取过来。

孟获虽然勇敢，但不善于用兵。第一次上阵，见蜀兵败退下去，就以为蜀兵不敌，于是不顾一切地追上去，结果闯进埋伏圈被擒。孟获认定自己要被诸葛亮处死，不料诸葛亮亲自给他松绑，好言劝他归顺。孟获不服失败，傲慢地加以拒绝。诸葛亮就放他回去。这样一连捉了7次又放了7次。

诸葛亮兵营
此地位于云南保山，传说是诸葛亮七擒七纵孟获时的兵营。

孟获终于心服口服，为了让各部族都归顺蜀国，他把各部族首领请来，带着他们一起上阵。结果又被蜀兵引进埋伏圈。蜀营里传出话来，让孟获等回去，不少部族首领请孟获做主，究竟怎么办。孟获流着眼泪说："作战中七纵七擒，自古以来没有听说过，丞相对我们仁至义尽，我没有脸再回去了。"就这样，孟获等终于归顺了蜀汉。

后人以"七纵七擒"指正确使用攻心战使对方心悦诚服。

·犬牙相制·

典出《史记·孝文本纪》。

夫秦失其政，诸侯豪杰并起，人人自以为得之者以万数，然卒践天子之位者，刘氏也，天下绝望，一矣。高帝封王子弟地，犬牙相制，此所谓磐石之宗也。

西汉初年，汉高祖刘邦为了巩固刘氏天下，封了许多同姓王。刘邦死后，吕后一度专权，吕后的近亲也从各方面把持了朝政。公元前180年，吕后病重死去，大将周勃、陈平等诛灭诸吕，迎接代王刘恒为帝。

当使者来到代地，向刘恒报告朝廷大臣公推他即位，请他立即动身时，刘恒不敢轻易答应。他召集大臣们询问对策。郎中令张武说："朝廷上的大臣都是高祖手下的将军和谋士，他们只知欺诈，不讲信义，大王不如推说有病，看看动静再说。"中尉宋昌不同意张武的意见，他对刘恒说："大王尽可放心地去。残暴的秦皇失了天下，诸侯豪杰一窝蜂似的起兵，谁都想做皇帝，然而只有高帝成功了，统一了天下。高帝封了同姓王，使他们地界相连，如犬牙相制，使刘氏天下坚如磐石。现在老百姓厌乱思治，就算有的大臣想作乱，老百姓也不肯听从。大王可以放心地回去即位。"

刘恒觉得宋昌的话有道理，又派娘舅薄昭到长安见太尉周勃，探听到朝臣们拥他为王是真心实意，便动身回京，做了皇帝，即汉文帝。

后人用"犬牙相制"形容地界相连，如犬牙交错，可以互相牵制。

·上楼去梯·

典出《三国志·蜀志·诸葛亮传》。

共上高楼，饮宴之间，令人去梯。

东汉末年，山阳高平（今山东邹县）有一个皇族姓刘名表，字景升。初平元年（公元190年），刘表任荆州刺史，取得豪族蒯良、蒯越等人的支持，据有今湖南、湖北地方，后为荆州牧。官渡之战后，曾一度依附袁绍的刘备投靠了刘表。

当时，刘表很宠爱蔡夫人生的小儿子刘琮，而不大喜欢大儿子刘琦，刘琦因此很苦闷。刘备和诸葛亮来到荆州后，刘琦曾多次找到诸葛亮，请他为自己想个自全之策。诸葛亮怕招惹是非，没有答应。有一天，刘琦约诸葛亮到后花园游玩，一同登上高楼饮酒。

欢宴之际，刘琦令人把楼梯抽去（古时楼房，楼梯为木制，可以搬动），然后对诸葛亮说：现在上不着天，下不着地，你说我听，没有外人，请先生赐教。诸葛亮见刘琦处境确实危险，便示意说："春秋时，晋国公子申生在国内而遭害，公子重耳弃国出走而保全。"刘琦听了，顿时醒悟。正好当时江夏太守黄祖死了，刘琦便乘机请求出任江夏太守。

后人用"上楼去梯"比喻极端秘密的策划，也用来比喻诱人上前而断其退路。

· 死诸葛吓走生仲达 ·

典出《三国志·蜀书·诸葛亮传》。

公元231年，诸葛亮再次出兵祁山，与魏军对峙于渭水南岸。诸葛亮夙兴夜寐，殚精竭虑，终于积劳成疾，昏倒在地。他知道自己时日不多，叫来姜维、马岱，传授兵法和锦囊妙计。又吩咐杨仪："我死后，不要发丧，可以做一个大龛，将我的尸体放在龛中，嘴里放入米粒，脚下点一盏长明灯。军中一切照常，让后面的营寨先撤退，然后一营一营缓缓而退，不要急躁。如果司马懿来追，你可布成阵势，摇旗击鼓。等他来到，就将我的雕刻木像放在车上，推到队伍前面，命令将士们分列左右。司马懿见了肯定会惊吓而走。"——布置妥当，当夜，诸葛亮去世了。

这时，司马懿获知诸葛亮已死，随即下令追击。刚出寨门，又生疑虑："孔明善用计谋，莫非他见我不出战，故意以死诈我出来？我若贸然追击，肯定中他的计。"于是又勒马回寨，只令夏侯霸带领数十骑，到蜀军驻地探听消息。

夏侯霸探得确切消息，赶紧报告说："蜀军全部退走了。"司马父子率军直奔蜀寨，果然已空无一人。司马懿引军在前，追到山脚下，远远望见蜀兵，于是奋力追赶。忽然，背后喊声大震，姜维命杨仪举旗鸣鼓，树影中飘出大旗，上面写着："汉丞相武乡侯诸葛亮。"司马懿大惊失色，再定睛一看，只见数十员大将，拥出一辆四轮马车来，车上端坐着的竟是诸葛亮，司马懿惊呼："孔明还活着，我中计了。"回头便逃。姜维从背后杀出来，魏兵魂飞魄散，丢盔弃甲，死伤无数。司马懿一口气跑了五十余里，仍惊魂不定。蜀军从容撤退。

后来人们嘲笑司马懿："死诸葛吓走了生仲达。"

·望梅止渴·

典出《世说新语·假谲》。

魏武行役失汲道，军皆渴，乃令曰："前有大梅林，甘酸可以解渴。"士卒闻之，口皆出水，乘此得及前源。

曹操带兵攻打张绣时，行军中路过一个没有水源的地方，曹操派人四下找水。可是这里是一片荒原，没有河，也没有井，根本找不到水喝。曹操又命令士兵就地挖井，挖了半天，也见不到一滴水。

曹操心想：要想个办法让大家走出荒原才行。他灵机一动，想出了一个办法。于是他站在高处，大声对将士们说："前边不远有一大片梅林，梅子又多又大，咱们到那儿去吃梅子吧！"

听曹操这么一说，将士们马上想到了梅子的酸味，人人嘴里都流出不少口水，这样就不那么渴得难受了。曹操趁此机会赶紧整顿队伍，继续前进，终于带领大军走出了这片大荒原，赶到了目的地。

"望梅止渴"意思是说看到酸梅就解了渴。比喻用空想的办法来慰藉自己。

·未雨绸缪·

典出《诗经·豳风·鸱鸮》。

迨天之未阴雨，彻彼桑土，绸缪牖户。

"鸮"是一种体小，嘴尖，性驯的小鸟。这首诗的作者通过一只失去小鸟，但仍努力营筑巢室的母鸟的哀怨口吻，写出它自己的辛勤劳瘁。

"迨天之未阴雨，彻彼桑土，绸缪牖户。"

意思说：趁着天还没有下雨，用桑根的皮把巢室的空隙之处缠缚紧了，只有巢室坚固，才能免去人的侵害。

以后人们把这几句诗引申为"未雨绸缪"，意思是做任何事情都应事先准备，以免临时手忙脚乱。

·胸有成竹·

典出《文与可画谷偃竹记》。

故画竹，必先得成竹于胸中，执笔熟视，乃见其欲画者，急起从之，振笔直遂，以追其所见，如兔起鹘落，少纵即逝矣。

宋朝有一个读书人，姓文名同，字与可。他很擅长写生，喜欢用水墨画的形式画一些花鸟石鱼、翔鹰飞燕、旭日晚霞之类。他生平很爱竹，就在自己的寓所前栽植许多青竹，并耐心地培育这些心爱的东西。从早春到隆冬，从晴天到阴雨，从早霜到晚雾，他凭窗仔细观察，品评竹叶和竹枝在每一个季节、

苏东坡题竹图

每一种气候里的变化和不同的姿态。时间过得久了，他对竹的各种变化和姿态便十分熟悉，甚至能瞑目成形，把竹叶和它的枝干细致地默绘出来，而且每幅作品都很动人而富有生气。

有一天，他的一位知己晁补之来找他，看到了这种情况，便赋了一首诗，诗中写道："与可画竹时，胸中有成竹。"意思说文与可下笔画竹之前，心中早已孕育了竹的形象。

苏东坡在其所作《画竹记》中，也有"画竹必先得成竹在胸中"之句。

后来，人们用"胸有成竹"比喻做事已经有成熟的计划。

·扬汤止沸·

典出《三国志·魏书》。

臣罪应倾宗，祸应覆族，遭乾坤之灵，值时来之运，扬汤止沸，使不焦烂，起烟于寒灰之上，生花于已枯之木；物不答施于天地，子不谢生于父母，可以死效，难用笔陈。

刘廙，字恭嗣，东汉末期南阳郡（今属河南省）人。他的哥哥刘望之被荆州刺史刘表所杀，他于是投奔曹操。当时，有个名叫魏讽的人阴谋袭击曹操，被人告发后，曹操就把魏讽处死。刘廙的弟弟刘伟是魏讽的同党，因此同被诛戮。按当时的法律，刘廙因弟弟牵连也当获罪，并应全家抄斩。可曹操爱惜人才，同时也了解刘廙的为人，所以曹操没有对刘廙判罪。刘廙很感激曹操，恭恭敬敬地写了一封信给曹操，大意是说：我的罪，理应灭绝祖宗和家族，幸而遇到天大的好运，蒙您扬汤止沸，救了我的命，真好比使冷灰重新冒起烟来，使枯树重新开出花来一样，这样的大恩，等于天地缔造万物、父母养育子女，永远也报答不了，今后我只有拼死为您效劳，在这封信里，实在写不尽我的感激心情。

"扬汤止沸"指把烧开的水舀出来再倒回去，使它稍冷，暂不沸腾。比喻暂时缓解急难之意。

·移花接木·

典出《战国策·楚策》。

楚考烈王无子，春申君患之，求妇人宜子者进之，甚众，卒无子。赵人李园，持其女弟，欲进之楚王，闻其不宜子，恐又无宠。李园求事春申君为舍人，已而谒归，故失期。还谒，春申君问状。对曰："齐王遣使求臣女弟，与其使者饮，故失期。"春申君曰："聘入乎？"对曰："未也。"春申君曰："可得见乎？"曰"可。"于是园乃进其女弟，即幸于春申君。知其有身，园乃与其女弟谋。园女弟承间说春申君曰："……今妾自知有身矣，而人莫知。妾之幸君未久，诚以君之重而进妾于楚王，王必幸妾。妾赖天而有男，则是君之子为王也，楚国封尽可得，孰与其临不测之罪乎？"春申君大然之。乃出园女弟谨舍，而言之楚王。

楚王召入，幸之。遂生子男，立为太子，以李园女弟立为王后。楚王贵李园，李园用事。李园既入其女弟为王后，子为太子，恐春申君语泄而益骄，阴养死士，欲杀春申君以灭口，而国人颇有知之者。……楚考烈王崩，李园果先入，置死士，止于棘门之内。春申君后入，止棘门。园死士夹刺春申君，斩其头，投之棘门外。于是使吏尽灭春申君之家。而李园女弟，初幸春申君有身，而入之王所生子者，遂立为楚幽王也。

楚考烈王没有儿子，春申君曾经给楚王献上过好几个女子，但她们连一个也没生养过。急得春申君想不出主意来，只能叹气出神。他的心事被从赵国来的门客李园看出来了。李园想把他妹妹献给楚王，又怕

铜套盒 战国楚礼器

她照样不能生养，白费心机。为此，他大费心机。李园向春申君告假，说是要回老家去一趟，到了日子一定回来。春申君答应了。李园到了赵国以后，存心误了限期才回楚国去。春申君问他，为什么在家里住了这么长时间。李园说："都是受了我妹妹的累！因为她长得有几分姿色，连齐国人都知道了。没想到齐国还真派人来求婚，我只好招待他几天。"春申君一想："赵国的女子，连齐国也知道，一定是个天下无双的美人！"不由得就问："你答应齐人了吗？"李园说："还没呢。""那么，能不能叫我见一见？"李园连连点头，说："我在您门下，我妹妹就是您的丫头，这还用说吗？"李园把妹妹送给了春申君。不到3个月，李园的妹妹有了身孕。兄妹两个一商量，就想"移花接木"，来夺取楚国的大权。

春申君就替楚考烈王做媒，把李园的妹妹送到后宫。不久，李园的妹妹生了个男孩，楚王就立她为王后，孩子为太子，李园为国舅，跟春申君一起管理朝政。

楚王死后，李园设下伏兵，然后才去通知春申君。春申君一入宫门，即被杀死，其族被灭。从此，李园把持了楚国的国政。

后人用"移花接木"这个成语指把一种花木的枝条嫁接到另一种花木上，比喻暗中使用手段以假换真欺骗他人。

·欲取先予·

典出《战国策·魏策》。

君予之地，知伯必骄骄而轻敌，邻国惧而相亲。以相亲之兵，待轻敌之国，则知氏之命不长矣。《周书》，将欲败之，必姑辅之，将欲取之，必故予之。

春秋末期，晋国的一个当权贵族知伯向另一个贵族魏桓子强要土地，魏桓子拒绝了。任章劝魏桓子还是把土地割让给知伯。他说："你把土地割给他，知伯必然骄傲而轻敌，而邻国必然惧怕他而互相团结起来。以互相团结的诸国之兵，来对付骄傲而轻敌的晋国，那么知伯的命就不会长了。《周书》上说的好，要想打败对方，必须暂时扶植他；要想从对方那里得到什么，必须先给他一点东西。"后来魏桓子照任章的话做了，知伯果然因为骄横、贪得无厌而丧了命。

后人用"欲取先予"这个典故比喻要想从对方那里得到什么，必须先给对方一点甜头。这句成语有时也写作"将欲取之，必先予之"。

景物篇

·二分明月·

典出《忆扬州》。

天下三分明月夜，二分无赖是扬州。

扬州，在古代并不是专指现在这个江都市境。在《禹贡》中，扬州就为九州之一，那时不但淮海一带皆统称扬州，便是江南一带也叫扬州。周秦时，现在的江苏、安徽、江西、浙江和福建各省，皆属扬州。东汉年间，扬州州治在今安徽和县；三国时魏、吴均有扬州，魏在今安徽合肥，吴在今南京；到隋文帝统一南北，才把扬州设在江都，也就是今日的扬州。古时扬州十分繁华，隋炀帝为了游扬州而开凿大运河，那是人心向往之所，唐朝徐凝在《忆扬州》诗中说："天下三分明月夜，二分无赖是扬州。"所谓"二分无赖是扬州"，就是形容扬州的繁华占了天下三分之二的风光。

后人用成语"二分明月"形容一个地方的繁荣。

·高屋建瓴·

典出《史记·高祖本纪》。

地势便利，其以下兵于诸侯，辟犹居高屋之上建瓴水也。

西汉初年，刘邦刚刚平定了天下，就接到下面的报告，说大将韩信准备谋反。刘邦一向怕韩信本领大、不好对付，现在听说他准备谋反，十分害怕，便召集大将周勃、樊哙、灌婴等人商量对策。这些大将都主张用武力征伐。刘邦又和陈平商量。陈平不同意，他说："韩信不比别的将军，要是他真的叛乱，没有人能抵挡过他。皇上不如假装游云梦，让诸侯来陈城朝见，等韩信一到，叫武士捉拿。"

刘邦采纳了陈平的计策，假装游云梦，打发使者去通知诸侯到陈城会见。当时，韩信并无意叛乱，所以也来朝见刘邦，被刘邦捉拿。刘邦把韩信带到了洛阳，一面准备惩办他，一面下令大赦天下，以表明自己的政德。

不少大臣听到要大赦天下的消息，都向刘邦道贺。有一个叫田肯的大夫祝贺说："皇上逮到了韩信，又收复了三秦，建都关中。三秦幅员广大，山河相隔有千里之远。秦地兵员众多，地势险要。以此来加兵于诸侯，将高屋建瓴，势如破竹。除此以外，皇上又收复了齐地。三秦和齐地都是很重要的地方，除了嫡亲子弟以外，皇上千万不可把这两个地方封给别人啊！"

刘邦是个聪明人。他知道，三秦和齐地都是韩信打下来的。田肯名为祝贺，实际上是替韩信说情来了。再说，说韩信造反，也没抓住真凭实据，杀了韩信，反遭大臣议论。于是免了韩信的罪，封为淮阴侯。

"高屋建瓴"比喻居高临下、不可阻遏的形势。

·虎踞龙盘·

典出《太平御览》。

南京城

钟阜龙盘，石城虎踞。

南京是我国的一座古都。战国时，楚置金陵邑，秦称秣陵，三国时吴称建业，晋时称建康，明时称南京，清为江宁府治所在地。三国吴、东晋、宋、齐、梁、陈、五代南唐、明初、太平天国及辛亥革命时均建都于此。

南京濒临长江，地势险要。东汉末年，刘备、孙权、曹操分别割据一方。刘备的军师诸葛亮在同孙权谈论政治军事形势时，说："钟阜龙盘，石城虎踞。"意思是，钟山像龙盘绕在东面，石头城（南京城）像虎蹲在西面。劝孙权凭借天险，独据一方，进而联刘灭曹。

钟阜，即钟山，又名紫金山，在今南京市东郊。石城，又名石头或石头城，南京市的别名。

"虎踞龙盘"形容地势险要。也说龙盘虎踞。

·火树银花·

典出《南齐书·礼志上·晋傅玄朝会赋》。

华灯若乎火树，炽百枝之煌煌。

又见唐代苏味道《正月十五夜》（一作《观灯》）诗。

火树银花合，星桥铁锁开。暗尘随马去，明月逐人来。游妓皆李，行歌尽落梅。金吾不禁夜，玉漏莫相催。

唐睿宗是唐代君主中最会享受的一位皇帝，虽然他只当了几年的皇帝，但不管什么事情，他总要用很多的物力人力去大肆铺张。他每年逢正月元宵的夜晚，一定要扎起二十丈高的灯柱，点起 5 万多盏灯，号为"火树"。后来，诗人苏味道就以此为主题，写了一首诗，描绘它的情形。"火树银花合，星桥铁锁开。暗尘随马去，明月逐人来。游妓皆李，行歌尽落梅。金吾不禁夜，玉漏莫相催。"这首诗把当时热闹的情况真实地描写了出来。

后人用"火树银花"形容辉煌的灯火。

·金碧辉煌·

典出《画鉴·唐画》。

李思训画着色山水，用金碧辉映，自成一法。

唐代时，有一位著名的画家叫李思训，字建，一作建景。唐高宗时，李思训为江都令，武则天临朝后，他弃官潜匿，中宗时又出而为官，到了唐玄宗李隆基时，他官至左武卫大将军。

李思训的书画造诣很深。他工书法，尤擅山水树石，笔力遒劲。他好写湍濑潺湲、云霞缥缈之景，鸟兽草木，亦得其态。他曾应诏画大同殿壁和掩障，几个月才画完。

在中国绘画史上，李思训以金碧辉映的山水画独创一格。他的画笔法工整，色彩鲜艳，装饰性强，给人以绚烂多姿和富丽堂皇的印象。元代书画评论家汤说："李思训画着色山水，使用泥金和青绿，色彩艳丽，独具风格。"

江帆楼阁图　唐　李思训

"金碧辉煌"后用来形容建筑物装饰华丽，光彩耀眼。

·山雨欲来风满楼·

典出《咸阳城西楼晚眺》。

溪云初起日沉阁，山雨欲来风满楼。

唐朝诗人许浑，做监察御史的时候，在一个秋天的傍晚，独自登上与长安仅一水之隔的咸阳古城西楼观赏景致。这时天上飘过一片黑云，一阵凉风从西南方向刮来，越刮越大，越刮越紧，天地之间显得空空荡荡，景色更加萧瑟肃然。诗人凭栏远眺，面对暮色之中的衰柳枯杨和河塘芦苇，不禁想起了自己的家乡。那是水乡泽国的江南呀！回忆自己大半生的蹉跎岁月，眼见朝廷的腐败，忧情愁绪顿生心间。他慢慢地吟出一首诗来：

一上高城万里愁，蒹葭杨柳似汀洲。

溪云初起日沉阁，山雨欲来风满楼。

鸟下绿芜秦苑夕，蝉鸣黄叶汉宫秋。

行人莫问当年事，故国东来渭水流。

这首诗不仅充满诗情画意，语言优美凝练，更重要的是诗中"山雨欲来风满楼"这一句，脍炙人口，意味无穷。它既是自然现象的真实写照，同时，又是社会重大变故的预言和征兆。

·天涯海角·

典出《徐孝穆集·四·武皇帝作相时与岭南酋豪书》。

天涯藐藐，地角悠悠。言面无由，但以情及。

据说宋代的大文豪苏轼（别号东坡居士）和这个成语大有关系。苏东坡在 59 岁那年，有人诬告他所作诏令有斥责先朝的话，被贬到海南岛的昌化。他在昌化时，常到"角岭"一带去游览。这一天，他正在海边欣赏那水连天的景色，忽然狂风暴雨，波涛翻滚。这番情景，引起了他的兴致，便在避风雨的那块大石上题了"天涯"和"海阔天空"6 个大字。

事后，石匠便把这几个字刻在石上。久而久之，这个地方就被人们称为"天涯",又因这里本是"角岭"的一部分,所以后来的人把"天涯"和"角岭"结合成"天涯海角"这个名词。

天涯:天边,遥远的意思;海角:海隅,也是遥远的意思。两个词都是表示遥远,比喻极其边远的地方。又作天涯地角。

·万紫千红·

典出《春日》。

等闲识得东风面,万紫千红总是春。

朱熹是南宋时的哲学家和教育家,字元晦,一字仲晦,号晦庵,别称紫阳。徽州婺源(今属江西)人,侨寓健阳(今属福建)。他曾任秘阁修撰等职,主张抗金。朱熹广注典籍,对经学、史学、文学、乐律以至自然科学都有不同程度的贡献。他的理学一直成为后来封建地主阶级统治人民的理论工具,在明清两代被提到儒学正宗的地位。他的博览和精密分析的学风,对后世学者很有影响。

据记载,有一天,朱熹到郊外去游春踏青。这天,天气晴朗,风和日丽,朱熹所到之处,遍地百花盛开,绚烂多姿。无限春光引得朱熹诗兴大发,回家后,他把这次郊游的感受写成了一首题为《春日》的诗:"胜日寻芳泗水滨,无边光景一时新。等闲识得东风面,万紫千红总是春。"

"万紫千红"原来形容春色艳丽。现在,人们常用这句成语比喻事物丰富多彩或景象繁荣兴旺。

时令篇

·不舍昼夜·

典出《论语·子罕》。

子在川上曰："逝者如斯夫！不舍昼夜。"

孔子到了晚年，也常和他的学生在一起。有一天，他和学生一道去散步，走到河边，眼望着奔腾不息的河水久久不语。学生们不知他在想什么，没有去打扰他。他望了很久，然后叹了一口气道："光阴一去不复返啊，它大概就像这河水一样，昼夜不停地奔流吧（逝者如斯夫，不舍昼夜）。"学生们听了孔子的慨叹，领会到孔子说这话的深意，于是，立刻向孔子表示："老师，我们一定好好学习，爱惜光阴，决不辜负您的期望。"孔子听了深有所感地说："应该爱惜光阴，认真学习啊！"

后人用"不舍昼夜"表示时间不停地流逝。

流水不舍昼夜

·旷日持久·

典出《战国策·赵策四》。

今得强赵之兵以杜燕将，旷日持久数岁，令士大夫余子之力，尽于沟垒。

战国时期，燕国封宋人荣为高阳君，派他率领军队攻打赵国。荣很能打仗，赵王非常害怕。他与平原君赵胜商量，准备割让济东合卢、高唐、平原等3座城池57处地方送给齐国，以此请求齐国名将安平君田单担任赵军统帅，抵抗燕军的进攻。赵国大将马服君赵奢反对这种主张。他对平原君赵胜说："难道我们赵国就没有能率兵打仗的大将吗？仗还没有打，就先割让三座城池五十七处地方送给齐，这怎么行呢？大王为什么不派我为统帅呢？我熟悉燕国地形，派我领兵作战，一定能够取胜。为什么要求助于田单呢？"

接着，赵奢进一步指出，即使请田单指挥赵军作战，赵国也不可能取胜。他说："第一，如果田单愚蠢，那他一定打不过荣，这样就白请他来了；第二，如果田单聪明、有本事，他也未必肯为赵国出力，因为赵国取胜强大起来，对齐国称霸是不利的。"

赵奢最后说："依我看，让田单领兵作战，他一定会把赵国军队拖在战场上，荒废许多时间。长久地拖下去，就会把我国的人力、财力、物力消耗掉，后果不堪设想。"

赵王和赵胜没有听取赵奢的正确意见，到底割让三座城池送给齐国，请田单统率赵国军队。结果，不出赵奢所料，战争拖了很长时间，赵国付出很大代价，却没有取得理想的结果。

成语"旷日持久"即由此而来。旷：荒废。这句成语形容空废时日，拖延很久。也作"旷日弥久"。

·日不暇给·

典出《汉书·高帝纪下》。

"虽日不暇给，规摹宏远矣。"颜师古注："给，足也。日不暇足，言众事繁多，常汲汲也。"

西汉的开国皇帝刘邦从泗水亭长兵戎起家。起初，他重武轻文，看不起儒生，曾往儒生的帽子里撒过尿。得天下以后，儒生陆贾时常和他说起《诗》、《书》的重要，劝他文武并重。刘邦说："老子是在马上得天下的，《诗》、《书》有什么用？"陆贾说："陛下在马上得天下，难道能在马上治天下吗？打天下当然要用武力，但治天下就不能不用文教，文武并重，才能长治久安。"刘邦觉得陆贾说的有道理，便重视起文教和儒生来，并命陆贾著《新语》。书成后，刘邦十分满意。

《汉书》的作者班固在评价刘邦时说：高祖在天下平定以后，曾命令萧何颁布法令，韩信定军法，张苍制定律令法规，叔孙通制定朝仪，陆贾著《新语》。这些事情虽然很多，使他日不暇给，但却是深谋远虑的治国之策。

后人用"日不暇给"形容事情多，时间不够用。

·岁不我与·

典出《论语·阳货》。

不可。——日月逝矣，岁不我与。

季氏几代都把持着鲁国的政权。季氏有个家臣名叫阳货，他手握权柄之后，就想利用孔子做他的助手，以稳定政局。为此，他要孔子去拜会他，可是孔子不去。于是他便想了一个方法，即趁孔子不在家的时候，送了个蒸熟的小猪去，这样使孔子不得不去道谢。

孔子不愿见到阳货，也想了一个方法，即打听到阳货不在家的时候去拜谢他。没有料到孔子去的时候在路上碰见了阳货。孔子无可奈何，只得走过去。阳货以奉承又带责备的口吻说："国家乱纷纷的，你有一身本领，对国事却不闻不问，这难道叫仁爱吗？"孔子听了，没有吭声。阳货接着又说："一个人喜欢做官，却又屡次错过机会，这叫作聪明吗？"孔子仍不吭声。阳货无法，只好自言自语地说："不行。光阴一去不复返啊！时光也不会等待我。"

后人用"岁不我与"表示时光一去不返，它是不会等人的。

·一朝一夕·

典出《周易·坤·文言》。

臣弑其君，子弑其父，非一朝一夕之故，其所由来者渐矣。

中医器具

又见《列子·力命》。

病非一朝一夕之故，其所由来渐矣。

战国时，有一个叫季梁的人生了病，而且越来越严重。季梁的儿子见父亲的病挺厉害，就去请了3位医生。

矫医生对季梁的病进行了诊断，说："你冷暖没有节制，虚实失调，中气不足。病源是饥饱失度，纵欲斫丧（摧残、伤害的意思），慢慢地就可治好。"季梁听后说："这是个一般的医生。"

俞医生对季梁的病情进行了诊断，说："你的病不是一早一晚形成的，病由来已久，恐怕治不好了。"季梁听后说："这是位良医。"

卢医生对季梁的病情进行了诊断，说："药物对你已经没有什么作用了。"季梁赞许地说道："你真是一位神医啊！"于是送给卢医生礼物，让他回去了。

原来，季梁得的是精神方面的病症，没过多久，就自己好了。

后人用"一朝一夕"这个典故形容极短的时间。

人伦篇

· "表壮不如里壮"与"篱牢犬不入" ·

典出《水浒传》。

"我哥哥为人质朴，全靠嫂嫂做主看觑他。常言道：'表壮不如里壮。'"及武松再筛第二杯酒，对那妇人说道："嫂嫂把得家定，我哥哥烦恼做甚？岂不闻古人言：'篱牢犬不入。'"

武松是山东阳谷县的步兵都头，这一日被县官差往东京去干事，心中放心不下他的哥哥武大郎。他知道哥哥懦弱，嫂嫂潘金莲不但漂亮而且淫荡，生怕自己走后，嫂嫂会勾引男人闹出事来。因此买了一瓶好酒并菜蔬之类，径投武大家来。

武松让哥嫂上首坐了。酒至数巡，武松倒了杯酒，拿在手里，看着武大说："大哥在上，武松今日蒙知县差遣去东京干事，多是3个月，少是一月便回。有句话特来对你说，你从来为人懦弱，我不在家恐怕外人来欺侮你，从明日起，少卖些炊饼每日迟出早归，不要和人吃酒归家便早闭门省了多少是非口舌，若是有人欺侮你，不要和他争闹，等我回来自和他理论。大哥你依我时，满饮此杯。"

武大接了酒道："兄弟说得是，我都依你。"喝了一杯酒。

武松再斟第二杯酒，对那妇人说："嫂嫂是个精细的人，不必要武松多说。我的哥哥为人质朴，全靠嫂嫂做主，常言'表壮不如里壮'，嫂嫂如能保持家庭和睦，我哥哥还烦恼什么？岂不闻古人云'篱牢犬不入'？"

后人用"表壮不如里壮"这个谚语比喻有个贤惠妻子，比丈夫能干更重要。"篱牢犬不入"比喻只要家庭和睦，坏人钻不了空子。

·孤犊触乳，骄子骂母·

典出《后汉书·仇览传》。

谚曰："孤犊触乳，骄子骂母。"

有一个人，因为是独子，所以受到母亲的娇惯，他由撒娇而顶嘴，由顶嘴而骂母亲，最后竟打起母亲来。众邻居看到妇人被打得鼻青脸肿，还依然关注儿子的脉脉眼神，都感到气愤。有一天，这儿子看见一群人围在一起议论纷纷，他挤进去一看，只见一头母牛鲜血淋淋的，原来是被小牛用角触伤了。有人大声说："把这没良心的小牛杀了算了，它竟这样对待妈妈。"有人说："谚语讲：'孤犊触乳，骄子骂母。'牛是畜生嘛，可是有的人比畜生还不如。"儿子觉得大家好像全看着他，眼中充满了鄙夷，因此又羞又怕，从此改过，成为受人尊敬的孝子。

后人用"孤犊触乳，骄子骂母"这个谚语比喻对孩子娇惯不得，孩子的不孝往往是父母娇生惯养的结果。

·鼓盆之戚·

典出《庄子·至乐》。

庄子妻死，惠子吊之，庄子则箕踞鼓盆而歌。

战国时，庄子的妻子去世了，他无钱安葬妻子，就把她停放在露天，用一张旧席子掩盖着。

惠子听说庄子的妻子去世，前去吊丧。他在路上想，庄子一定很悲痛。但当他看见庄子时，只见他蹲坐在地上，披头散发，衣衫破烂，手里拿着一根木棍，在不断地敲着铜盆，大声地唱着歌。惠子惊异地说："你和她长期生活在一起。她在世时，为你生儿育女，扶养老人，如今死了，你不痛哭也罢，为何要敲着盆子唱歌，岂不太过分了吗？"

庄子对惠子说："妻子去世，我难道不悲伤吗？可是一个人本来是没有生命的；不仅没有生命，而且还没有形体；不仅没有形体，甚至还没有气息，处在若有若无之中。后来逐渐变成气息，气息变成形体，形体变成生命；现在又回归了自然。如此生生不息，就像春风，夏日，秋雨，冬雪一样，周而复始，四时运行。现在，我妻子静静地躺在大地上，灵魂飘游在白云之间，最终融合到大自然之中，找到了自己的归宿。我何必哭哭啼啼的呢？唉，人应该了解生命的来龙去脉，才能通达！"庄子继续敲着盆，唱着歌。

后人用"鼓盆之戚"表示丧妻及丧妻之哀。

·俯首甘为孺子牛·

典出《自嘲》。

运交华盖欲何求，未敢翻身已碰头，破帽遮颜过闹市，漏船载酒泛中流。横眉冷对千夫指，俯首甘为孺子牛。躲进小楼成一统，管他冬夏与春秋。

"孺子牛"一语见于《左传·哀公六年》。

"汝忘君之为孺子牛而折其齿乎？"晋朝杜予解："孺子荼也，景公尝衔绳为牛，使荼牵之，荼顿地，故折其齿。"

春秋时，齐国国君齐景公有个儿子名荼，号安，他幼年时为景公所钟爱。只要儿子喜欢，景公什么事都依着他。有一次，景公竟趴在地上当牛，除了让儿子骑在背上驮着走之外，还在嘴里咬着一根绳子，叫孺子荼牵着跑。不料用力过猛，竟把景公的门牙给拉断了，弄得满嘴是血。虽然如此，景公毫不责怪儿子，他心甘情愿这样做。

这个故事本身非常陈腐，但鲁迅先生化腐朽为神奇，赋予它极深刻的含义。后人用这两句诗形容革命者憎恨敌人，热爱人民的鲜明立场。

·姜子牙娶媳妇·

典出《封神演义》。

姜子牙，名尚，号飞熊，俗称姜太公。他32岁在昆仑山跟元始天尊学道，72岁奉师父之命，下山辅佐周室。80岁在渭水边为周文王访得，拜为宰相。从此以后，他帮助周武王起兵伐纣王，统率许多道术之士，经过与纣军的激烈斗法，终于完成兴周的大业，最后奉命发榜封神。

姜子牙在昆仑山修行40年。一天，师父元始天尊命他下山封神，扶助明主。姜子牙收拾琴剑衣囊，拜别师尊，又辞众

周文王访贤遇太公

位道友，出玉虚宫下山，投靠朝歌城里的结义仁兄宋异人。

姜子牙来到朝歌城，见了宋异人，旧友重逢，格外高兴。宋异人问他在昆仑山上40年，有没有学些道术。子牙回答："怎么没学？有挑水，浇松，种菜，烧火，扇炉，炼丹。"

宋异人笑着说："这些都是奴仆干的杂役，怎能说是道术呢？如今贤弟既然回来，就住在我家里，找些事做，不必出家，也不要住别处去了。还有，明天我跟你找一门亲事，安个家，好好地过日子吧。"

于是，姜子牙就在朝歌城宋家庄住下来。宋异人果真为他议了一门亲事。新娘子是马家庄员外马洪的女儿，是个68岁的老姑娘。当即，择选良时吉日，迎娶马氏。姜子牙同马氏洞房花烛，结成夫妻。

后人用"姜子牙娶媳妇"比喻晚年遇到喜事。

·九子不葬父，一女打荆棺·

典出《谚谜·荆棺峡谚》。

峡壁有棺，以荆为之。相传九子，不能葬，女编荆为棺。

土人谚云：“九子不葬父，一女打荆棺。”

在长江三峡险峻的峡壁上，可以看见有一具用荆梗编成的棺材。传说从前有个人生了9个儿子和1个女儿。他偏爱儿子，总觉得女儿没有用。后来他死了，9个儿子互相推诿，谁也不肯拿钱出来买棺材。小女儿哀哀地哭着，她很穷，买不起棺木。于是她去割荆条，削去刺，一根一根编起来，做成一具荆条棺，装殓了父亲，她的手指被刺破，血染红了荆条。又怕泥土腐蚀荆条，便费力把荆棺送上峡壁，搁在岸石凹处，终于耗尽体力，坠江而死。

后人用“九子不葬父，一女打荆棺”这个谚语比喻办事人多，互相推诿，反而不如一个人负责容易成事。

·龙生九子·

典出《玉芝堂谈荟·龙生九子》。

龙生九子不成龙，各有所好。

东海龙王，生了9个儿子：大儿子叫囚牛，爱好音乐，尤喜胡琴；今胡琴头上刻的兽形，就是它的形象。

老二名叫睚眦，平生好杀，今金刀把上刻的龙吞口就是它的形象。

老三名叫嘲风，一生喜欢探险，今殿角上的走兽就是它的形象。

老四名叫蒲牢，平生好鸣，今钟上兽钮，就是它的形象。

老五名叫狻猊，平生好坐，今佛座狮子，是它的形象。

老六霸下，素爱负重，今碑座兽，为其形象。

老七狴犴，平生好讼，今监狱门上的狮子头，为其形象。

老八负屃，平生好文，今碑两旁文龙，为其形象。

老九螭吻，平生好吞，今殿脊兽头，为其形象。

龙王的9个儿子性格各不相同，各有所长，各有所好。

后人用"龙生九子"比喻同胞兄弟性格志趣各不相同。

·鲁有恶者·

典出《吕氏春秋·去尤》。

鲁有恶者，其父出而见商咄，反而告其邻曰："商咄不若吾子矣！"且其子至恶也，商咄至美也。彼以至美不如至恶，尤乎爱也。

鲁国有个丑八怪。他父亲外出，看见了美人商咄，回到家里告诉邻居说："商咄的容貌比不上我的儿子啊！"这个人的儿子是个最丑的人，商咄是个最美的人。而他竟然以为最美的人比不上最丑的，这是由于他被对儿子的偏爱迷住了心窍。

后人用"鲁有恶者"这个典故喻指偏爱。偏爱是出于自私，这样的"爱"犹如害。

·陆绩怀橘·

典出《三国志·吴书·陆绩传》。

绩年六岁，于九江见袁术。术出橘，绩怀三枚去，拜辞堕地。术谓曰："陆郎作宾而怀橘乎？"绩跪答曰："欲归遗母。"术大奇之。

陆绩是三国时东吴的一位学者，他幼年做客怀橘的故事，广为后人流传。

陆绩6岁那年，在九江见到袁术（东汉末年的大军阀）。袁术见他聪明伶俐，就叫人拿出橘子来招待他。他见袁术与别人说话时没注意，就拿了3只橘子揣在怀中。

临走时，陆绩向袁术弯腰行礼，想不到怀中的3只橘子骨碌骨碌地滚了下来。但他却不慌不忙地又把3只橘子拾起来放进怀里。袁术感到奇怪，问他说："小孩儿，你做客还偷带主人的橘子吗？"

陆绩跪下说："我很想带回去给母亲尝尝。"

袁术很感动，赞叹道："这孩子不寻常啊！"

后人常用"怀橘"二字表示对父母的孝顺。

·三迁之教·

典出《列女传》。

孟子名轲，3岁丧父，由母亲抚养长大。母亲很有教养，

孟母择邻

非常重视对孟轲的教育。孟家附近有一块墓地，出殡、送葬的队伍经常从他家门前走过。于是，孟子经常模仿队伍中吹鼓手和妇女哭哭啼啼的样子。孟母认为这种环境对儿子成长不利，便把家迁到了城里。

但他家处于闹市，打铁声、杀猪声、喊卖声终日不断，他经常和小伙伴玩起了做买卖的游戏，还是静不下心来读书。孟母便再次搬迁到城东的学宫对面居住。

学宫那里的环境果然不一样，经常书声琅琅，一派读书气氛。孟子果然安下心来读书。有时，他还向学宫里张望，观看里面的学生是怎样读书，又是怎样跟随老师演习周礼（即周代传下来的有关祭祀、朝神等的礼仪）的。回到家里，竟也模仿起来。

一天，孟母发现儿子在磕头跪拜，以为他又在玩埋死人的把戏了，不禁板起了脸，后来听儿子说是在演习周礼，顿时眉开眼笑。不久，她将孟子送进了学宫，系统地学习《诗》（即

《诗经》)、《书》(即《尚书》),长进很快。后来,孟子终于成为战国时代著名的思想家和教育家。

·生男勿喜,生女勿悲·

典出《水石缘》。

叹道:"生男勿喜,生女勿悲。怎么连这话也就忘了?"

汉武帝刘彻即位后,好几年没有生儿子。他的姐姐平阳公主很关心这事,就挑选了十几个美女藏在家里。有一天汉武帝到她家来,平阳公主让美女们侍候他,谁知汉武帝一个也看不上。后来,宴会时,歌女卫子夫出来表演,只见她星目流盼,姿态灵动,艳媚入骨,汉武帝被她迷住了,就把她接进宫去,尊宠日隆,后来立为皇后,生三女一男。

卫家亲戚竟有多人封侯,其中包括抗击匈奴有大功劳的卫青(卫子夫的弟弟)、霍去病(卫子夫姐姐的儿子)。卫青的几个儿子也封了侯,贵显天下,因此,民间流传谚语说:"生男勿喜,生女勿悲。"

后人用"生男勿喜,生女勿悲"是针对重男轻女观念而言的。

·升堂拜母·

典出《三国志·吴书·周瑜传》。

东汉末年,董卓废少帝,立献帝,自为太师,专断朝政,各路军阀纷纷举兵讨逆，江东孙坚也招兵准备北伐董卓。可是他打仗无法顾及家眷，孙坚想不出两全之策，为此忧心忡忡。

孙坚的长子孙策，当时才15岁，他结交了不少江东名士，很有些少年英伟的名声。舒城有个周瑜，年龄与孙策相仿，也是一个才能出众的少年，慕名从舒城来到江东拜访孙策，两人在一起谈论时事经纬，武艺韬略，十分投合，成了好朋友。

周瑜见孙坚满面愁云，问明缘由后对孙策说："我家有一所宅院空着，可安置你全家住下，伯母如果愿去，是很方便的。"孙策回去一说，孙坚和夫人也很赞成。这样，孙坚心中的石头总算放下了，就把搬家的事交给孙策去办。

孙策把母亲、弟妹以及家常需用器物搬迁到了舒城。周瑜对孙母吴氏十分尊敬，把她当成母亲侍奉，每天一早，必与孙氏兄弟一同来到堂上跪到孙母面前，一起向母亲叩拜请安（升堂拜母），每到这时，吴氏总是喜不自禁，伸出双手先把周瑜搀起，把他当成儿子看待。

吴氏问起周瑜年龄，正好与孙策同年，小两个月，便嘱咐孙策，对待周瑜，要如同胞弟一样。从此，孙、周两家比一家人还要亲近。

"升堂拜母"指进入后堂去拜见友人或故人的母亲。指结成深厚的情谊，如同一家。

·天上石麟·

典出《南史·徐陵传》。

南朝时，有个叫徐陵的人。相传母亲藏氏怀他时，曾梦见五色彩云变为彩凤，落到她的左肩上，醒来后不久，就生下了他。小时候，家人带他去看望当时颇有声望的高僧宝志。徐陵相貌俊美，举止大方，宝志抚摸着徐陵的头顶说："这孩子真是天上的石麒麟啊！"

徐陵果然才智不凡。8 岁时，就会写文章，13 岁时，已能读懂读通庄子和老子的著作。长大后，被尊为一代文宗，朝廷的许多文书，都由他撰写。他的文笔绮艳柔丽，体裁、立意很有新意，与当时的庾信齐名，被称为"徐庾体"。

徐陵在政治上也表现了不凡的才能。太清二年（公元 548 年），他奉命出使东魏。东魏举行宴会款待他。

当时天气炎热，席间，东魏大臣魏收嘲笑说："北方本来是不热的，今天这场闷热，是徐常侍从南方带来的吧？"

徐陵当即回击："是啊，魏国原来是没有礼仪制度的，王肃来到这里后，才使魏人懂了礼仪；今天我又奉命出使，使你们懂得了天气的寒暑变化。"徐陵的反击使得魏收羞愧满面。

麟：麒麟，古代传说中被认为是象征祥瑞的一种动物。"天上石麟"指才华卓绝，多用来赞誉别人的儿子。

·舐犊情深·

典出《后汉书·杨彪传》。

后子修为曹操所杀。操见彪问曰："公何瘦之甚？"对曰："愧无日先见之明，犹怀老牛舐犊之爱。"操为之改容。

东汉时代有一个叫杨修的人，字德祖，华阴（今陕西省华阴市）人氏。他很有学问，曾给曹操当主簿。有一次，曹操领兵打到汉中，驻在斜谷界口，想再去打刘备；但心里盘算当时的情势，既不能进，又不能守，退又要丢面子，正在为难的时候，恰巧厨师送上一碗鸡汤，曹操看见汤里面有几块鸡肋，引发了一阵感触。这时部将夏侯来问夜里的口令，曹操随口说："鸡肋！鸡肋！"杨修听到这个口令，马上收拾行李，准备回去。夏侯吃惊地问他这是为什么，他说："鸡肋这东西，吃之无肉，丢掉它却觉得还有点儿滋味。我们现在进不能取胜，退又恐惹别人耻笑，住在这里既没有益处，不如早点儿回去。丞相既然说出'鸡肋'两字，一定就要回去了。所以我预先收拾行李，免得临时忙乱。"后来曹操果然下令班师，并且知道杨修猜中了他的心思。曹操对杨修本已疑忌，就借此机会说他惑乱军心，把他杀了。杨修死时才34岁。

后来曹操见到杨修的父亲杨彪，问他为什么瘦得这样厉害，杨彪流着泪哀声说："我很惭愧没有金日那样能对事情有预见，还深深地怀着'老牛舐犊之爱'啊！"曹操听了之后也为之感动。

犊：小牛。老牛因为非常爱怜小牛，总是用舌头舐小牛的身体。以后的人便根据杨彪所说的这句话，引申出"舐犊情深"这个成语，用来形容父母对儿女情感的深挚。

·王祥卧冰·

典出《搜神记》。

西晋时有个名叫王祥的人，是西晋琅琊临沂（今属山东）人。他幼年丧母，父亲王融又再娶朱氏。朱氏想尽办法虐待他。可是王祥对后母还是非常孝顺。

王家院里有棵李树，结的李子又大又甜，非常可口。一年，李子快要熟了，朱氏爱吃李子，担心鸟雀来啄食，叫王祥在院里赶鸟雀。一天夜里，空中突然刮起大风，一会儿，又下起倾盆大雨。不少李子经受不住风吹雨打，一个接一个地落了下来。王祥抱着李树，痛哭失声。朱氏看了不觉感动起来。

一年冬天，朱氏忽然想吃鲜鱼。当时河面上结了厚厚一层冰，渔民无法下网捕鱼。王祥跑了几条街镇，买不到鲜鱼，便拿了渔网和木棒，跑到河旁，准备把冰击开，然后下网。冬天衣服太厚，不便用力，王祥脱去外衣，用力敲冰。冰太厚了，一时很难敲打。他想可利用自己的体温融化坚冰。于是，他真的在冰上躺了一会。不久，他又继续起来打冰。他不断地使劲敲击，最后终于在冰上打了一个大窟窿。王祥撒下网去，第一网就捕获了两条金色的大鲤鱼，他连忙把这两条鲤鱼拿回家，孝敬后母。

由于王祥想尽办法孝敬后母，后来朱氏对待王祥也像对待亲生儿子一样了。

·破镜重圆·

典出《本事诗》。

徐德言，南北朝时人，妻子乐昌公主是陈朝末代国君陈叔宝的妹妹。夫妻两人情投意合，十分恩爱。徐德言看到当时社会腐败，预感到陈朝很快就会发生大乱。他把一面铜镜破做两半，自己留下半块，另外半块给乐昌公主，说："万一今后咱俩分散，你就让人在正月十五日拿它上街叫卖。我如果活着，看到这片破镜，就能找到你。"

果然，没有多久，陈朝被隋文帝杨坚灭了。灭陈有功之臣杨素，被封为越国公，得到了许多赏赐，其中包括乐昌公主及女伎十四人。徐德言在战乱中四处避难，后来为了寻找妻子，又设法回到了京城。

正月十五这一天，徐德言来到闹市，见到有个老人拿着半面铜镜高声叫卖。他接过镜子一看，跟自己的半面镜子恰好相合。徐德言悲喜万分，对老人说："卖给我吧！"原来这老人是越国

蔡氏神人车马镜　东汉

公府里的老家人，是乐昌公主叫他来"卖镜"的。

徐德言买了半镜，睹物伤情，思绪万千。他提笔写了一首诗："镜与人俱去，镜归人不归；无复嫦娥影，空留明月辉。"交老人带回去给乐昌公主。公主读了这首诗，想到当年夫妻恩爱的情景，十分伤心，整天泣不成声，茶饭点滴不进。杨素知道了这件事情之后，深表同情，召徐德言进府，设宴款待徐德言和乐昌公主。席间，杨素令公主赋诗。乐昌公主当即写了一首，描绘她此时此地的复杂感情，诗中说："今日何迁次，新官对旧官。笑啼俱不敢，方验作人难。"杨素看了这首诗，受到感动，就让乐昌公主随她丈夫回去。徐德言夫妻重逢，悲喜交集。两块半镜在他俩手中重又拼成一面明镜。

后来，徐德言带着乐昌公主归返江南，不乐于仕宦，甘愿林泉自隐。

"徐德言买半镜——破镜重圆"，比喻夫妻失散或决裂后重新团聚。

·月下老人·

典出《续幽怪录·订婚店》。

韦固，少未娶，旅次宋城，遇老人倚囊而坐，向月检书，固问之，答曰："此幽明之书。"固曰："然则君何主？"曰："主天下之婚姻耳。"因问囊中赤绳子，曰："此以系夫妻之足，虽仇家异域，绳一系之，终不可易。君妻乃此店北卖菜陈妪女尔。"后十四年，参相州军事，刺史王泰妻以女，年十六七。女曰："妾郡守之犹子也，父卒于宋城任，时方襁褓，乳母鬻蔬以给朝夕。"宋城宰闻之，名其店曰"定婚店"。

唐朝，有一个人名叫韦固。一次到宋城旅行，住在南店里。一天晚上，他看见一个老人在那里对着月光翻检一本又大又厚的书，韦固问他说："老人家，你看的是什么书？"那老人答道："这本是天下男女的婚谱。"韦固又问："你袋中这么多红绳又有什么用呢？"老人说："这些绳用来系夫妇之足，即使男女两人现在是仇家，或分居异地，只要用这些红绳一系，他们必定结合为夫妇。"韦固与老人同走入莱市，见一盲眼的老妇人抱着一个3岁左右的小女孩走来，老人便对韦固说："这盲妇抱的女孩子就是你的妻子。"韦固大怒，以为这老人有意开他玩笑，回去便磨尖一把小刀，叫一个家奴把那女孩子杀掉。那家奴拿了小刀当众刺了女孩子一刀便走了。

事隔14年，相州刺史王泰将女儿许配韦固，这女子容貌十分美丽，只是眉间有一伤疤。韦固问道："她为什么有这个伤疤呢？"王泰说："14年前，她的乳母陈氏抱她到莱市行走，为一狂徒刺伤。"韦固又问："那乳母是不是一个盲眼的老妇？"王泰说："对！"于是韦固将14年前的遭遇对王泰说了一遍，岳婿二人都不禁惊奇不止。此后韦固夫妇十分恩爱。这件事为宋城耆老知道，大家便题名那南店为订婚店。

以后人们称男女婚姻介绍人为"月下老人"或称"月老"。

哲理篇

·白往黑归·

典出《韩非子》。

　　杨朱之弟杨布，布素衣而出。天雨，解素衣，衣缁衣而反。其狗不知而吠之。杨布怒，将击之。杨朱曰："子毋击也，子亦犹是。向者使汝狗白而往，黑而来，子岂能毋怪哉？"

　　杨朱是战国时有名的思想家，主张万事"为我"，反对"兼爱"，他认为，人的本性就是自私自利的。杨朱有个弟弟，叫杨布，家里养了一只活蹦乱跳的小白狗，杨布很喜欢它。他对杨朱说："我这只小白狗真讨人喜欢，一见到我，就摇头摆尾，亲热极了。"杨朱反驳说："这并不表明什么，你经常喂它，所以它才对你亲热，这样可以骗得更多的食物。"杨布听了，心中很不愉快："你那套'为我'的自私学问，甚至用到狗身上！"

　　杨布平时爱穿白衣服，一天外出，淋了一身雨，就把外面的白衣换成黑衣。返回家里，那小白狗竟向他"汪、汪、汪"地吠叫起来。杨布非常愤怒，随手拾起一根棍子就要打。一道来的杨朱立刻劝住了他，并说："何必呢？它把你认成了另一个人，所以要吠叫。现在不妨换个角度，你的小白狗外出，回来时变成了一条小黑狗，你难道不感到奇怪吗？你会认为是别人的狗，而别人的狗，不会对你摇头摆尾地表示亲热。"杨布知道杨朱在讽刺他，但细细一想，果然有一些道理。

　　后人用"白往黑归"比喻只看表面现象而不注重本质，或首尾不一。

·杯水车薪·

典出《孟子·告子上》。

有一家药店挂牌开张，一串串鞭炮闪着火光，噼里啪啦地响，突然，一串鞭炮落在干草堆上，顷刻间，浓烟腾起，亮起火光，风助火势，烈焰冲天。药店里账房先生听见"救火"的喊声，也探出头来，看见火堆就在眼前，他二话没说，端起一杯水，拨开众人，冲出门外，对准火焰正旺的地方浇下去，大声说："没事了，大家自己忙去吧。"可是，只听见"哧"的一声，水没了，而火照样旺盛，而且越烧越猛。

账房先生呆住了。看了一会儿，愤愤不平地斥责道："这火真不像话，竟然用水都灭不了，真是岂有此理？"转念又想，莫非天道已变，水已不能胜火了？如果真这样，那就不是人力所能做到的。他后退了几步，对大火观望起来。不久，火焰渐渐熄灭，草堆塌成红红的一堆灰烬。

"杯水车薪"指用一杯水去救一车柴烧起的火。比喻力小办大事，无济于事。

·扁鹊说病·

典出《韩非子·喻老》。

扁鹊见蔡桓公，立有间。扁鹊曰："君有疾在腠理，不治将恐深。"桓侯曰："寡人无疾。"扁鹊出，桓侯曰："医之好治不病以为功。"

居十日，扁鹊复见曰："君之病在肌肤，不治将益深。"桓侯不应。扁鹊出，桓侯又不悦。

居十日，扁鹊复见曰："君之病在肠胃，不治将益深。"桓侯又不应。扁鹊出，桓侯又不悦。

扁鹊像

居十日，扁鹊望桓侯而还走。桓侯故使人问之。扁鹊曰："疾在腠理，汤熨之所及也；在肌肤，针石之所及也；在肠胃，火齐之所及也；在骨髓，司命之所属，无奈何也。今在骨髓，臣是以无请也。"

居五日，桓侯体痛，使人索扁鹊，已逃秦矣。桓侯遂死。

扁鹊去谒见蔡桓侯，在旁边站了一会。扁鹊说："君王有病在皮肤里，如果不医治恐怕要加重。"

桓侯说："我没有什么病。"扁鹊走出去了，桓侯说道："医生爱医治没有病的人，借以显示他的医术高明。"

过了10天，扁鹊又去谒见蔡桓侯，说："君王的病已经发展到肌肉里了，再不医治便会越发厉害。"桓侯不理睬。扁鹊走出去了，桓侯又很不高兴。

再过了10天，扁鹊又去谒见桓侯，说："君王的病已经蔓延到肠胃里去了，再不医治将会越发严重！"桓侯仍是不理睬。扁鹊走出去了，桓侯又很不高兴。

又隔了 10 天，扁鹊一看见蔡桓侯，扭头便走掉了。桓侯特意找人去问他是什么缘故。扁鹊说："人的病要是在皮肤，用汤药洗或者用热敷，药力都是可达到的；病在肌肉里，扎针的功效是可以达到的；病在肠胃里，服火剂汤的力量也是能够达到的；病在骨髓里，那便属于掌管生死大权的神明的事情了。如今君王的病，已经深入骨髓，所以我便不再要求给他治疗了。"

过了 5 天，桓侯浑身疼痛，叫人到处去找扁鹊，扁鹊已经逃往秦国去了。于是桓侯便死了。

这则寓言非常深刻地揭示了一切事物都有其发生、发展的过程，如果能够寻见了它发生的根源，把握了它发展的趋势，就可以从开始时给它施加影响，引导它朝着有利的方向发展。

"图难于其易，为大于其细。天下难事必作于易，天下大事必作于细。"文见《老子》六十三章。韩非采取"扁鹊说病"这一历史传说或民间故事，加以点染，改编为寓言，便恰好用以说明《老子》的旨义。看来是难事也必定作于易，大事也必定作于细，要"早从事焉"。早从事的关键是依照客观规律办事。

后人用"扁鹊治病"这个典故告诫人们：有了错误，必须认真检讨，及时纠正，慎易避难，防微杜渐。如果自以为是，讳疾忌医，拒绝别人的善意批评，错误就会越犯越重，甚至会发展到不可救药的地步。

·不可同日而语·

典出《战国策·赵策》。

夫破人与破于人也，臣人之与臣于人也，岂可同日而言之哉。

战国时期，苏秦是主张"合纵"的，他建议燕、赵、韩、魏、齐、楚六国联合起来，共同对付秦国。为了说服赵国的君主采纳他的意见，他从燕国来到赵国。赵王比较年轻，做君王的时间不长，很想听他的主张，便热情地接待了他。

苏秦委婉转对赵王说："现今贵国疆域有二千多里，军队有几十万，战车千部，战马几万匹，粮食够吃十年。就地形而论，西有常山，南有漳，河东有清河，北邻燕国。目前秦国虎视眈眈，想把赵国吞掉，然而迟迟不敢举兵来征伐，是担心韩国和魏国打他的主意。所以说韩、魏两国也是贵国的屏障。可是秦国一旦占了韩、魏，那么赵国就大祸临头了。这就是我为大王忧虑的问题呀！想当年，尧没有什么地盘，舜也无一点儿土地，却能占有天下。禹不足一百个部属，却成为诸侯的领袖。成汤和周武王也不过三千士卒，三百战车，也做了天子。这是什么缘故呢？因为他们都具有远见卓识。圣明的君主能够了解敌国的强弱，清楚自己士兵的数目、将士的优劣，不必等到战场上厮杀，对于胜负、存亡就已经心中有数了。哪有光听议论，糊涂地决定国家大事的呢？我计算过各国的版图，六国的土地比秦国大5倍；六国的军队比秦国多10倍。如果六国合成一体，共同讨伐秦国，那秦国必定失败。可是你们现在不做长远打算，盘算着屈服秦国，情愿做人家的臣子。你们可应该知道呀，打败敌国和被敌国打败，别人当自己的臣子和自己当别人的臣子，这两种境遇可是不能够放在一起相比着说的呀！我的意见请大王深思啊！"

赵王对苏秦的主张很感兴趣，决定封他为武安君，给他一百辆车子，二万两黄金，一百双白璧和许多绸缎、衣物，让他去劝说其他几个国家。

后来便从中演变出"不可同日而语"一句，勿用来说明两种情况完全相反或差别很大。

·吃素·

典出《笑林》。

猫项下偶带数珠，老鼠见之，喜曰："猫吃素矣！"率其子孙诣猫言谢。猫大叫一声，连啖数鼠。老鼠急走，乃脱，伸舌曰："他吃素后越凶了！"

猫在脖子下面偶然挂起了几颗佛珠，老鼠看见了，非常高兴地说："猫吃素了！"便率领着自己的子孙后代，前往猫的居处表示感谢。猫突然大叫一声，一连吃了好几只老鼠。老鼠急忙逃窜，才脱了险，便伸出舌头来说道："它吃素念佛之后更加凶狠了！"

后人用这则寓言告诫我们，对待任何事物，要看其本质，不要被一时的非本质的表面现象所迷惑，否则就要吃亏上当。

·唇齿相依·

典出《三国志·魏书》。

王师屡征而有未克者，盖吴、蜀唇齿相依，凭阻山水，有难拔之势故也。

鲍勋字叔业，泰山平阳人。魏文帝时，任御史中丞。魏文帝想攻打吴国，鲍勋就面见魏文帝说："大王的军队曾几次远征都没有取胜，究其原因是吴国和蜀国地势相连，有如嘴唇和牙齿的关系一样，他们相互支援；其次是路途太远，山水相阻，行军困难，故要战胜吴国是很困难的。文帝不但不考虑有益的意见，反而十分愤怒，把鲍勋从右中郎将降为治书执法。

后人用"唇齿相依"来比喻关系密切，互相依存。

·蹈水之道·

典出《庄子·达生》。

孔子观于吕梁，县水三十仞，流沫四十里，鼋鼍鱼鳖之所不能游也。见一丈夫游之，以为有苦而欲死也，使弟子并流而拯之。数百步而出，被发行歌而游于塘下。

孔子从而问焉，曰："吾以子为鬼，察子则人也。请问，蹈水有道乎？"曰："亡，吾无道。吾始乎故，长乎性，成乎命。与齐俱入，与汩偕出，从水之道而不为私焉。此吾所以蹈之也。"

孔子曰："何谓始乎故，长乎性，成乎命？"

曰："吾生于陵而安于陵，故也；长于水而安于水，性也；不知吾所以然而然，命也。"

孔子在吕梁观赏瀑布的景色，那水流从三十仞的高处直泻而下，江面水珠飞溅，直到四十里之远，鼋鼍鱼鳖都不能在这里浮游。忽见一个男子游在江中，以为是有什么痛苦而自寻短见的，便让他的学生沿河往下游去救他。却见这人游到数百步外便从水中出来，披散着头发，在堤岸下悠游自在地边走边唱起来。

孔子赶忙跟上去问他，

"县水三十仞，流沫四十里"

说："我以为你是鬼，细看却还是人。请问，你游水有秘诀吗？"

那人回答说："没有，我并没有什么秘诀。我凭着人类的本能开始了我的生活，又依靠人类的适应性而成长，顺乎自然而成功。同漩流一起潜入水底，随涌流一同浮出水面，完全顺从水性而不凭主观意志从事。这就是我能驾驭汹涌的急流的缘故。"

孔子问："什么叫作凭本能开始生活，靠适应性而成长，顺乎自然而成功呢？"

那人回答说："我生在陆地而安于陆地，这就是本能；长在水上而安于水，这就是适应性；不知道我为什么会这样而结果是这样，这就是顺乎自然。"

后人用"蹈水之道"说明做任何事情只有按照客观规律行动，才能完全驾驭它。

·东野稷之御·

典出《庄子·达生》。

东野稷以御见庄公，进退中绳，左右旋中规。庄公以为文弗过也，使之钩百而反。

颜阖遇之，入见曰："稷之马将败。"公密而不应。

少焉，果败而反。公曰："子何以知之？"

曰："其马力竭矣，而犹求焉，故曰败。"

东野稷给鲁庄公表演驾车的技巧，进退笔直，左右旋转就像画圆规，处处合乎驾车的规矩。庄公认为这种驾车的姿势就是天下最美的了，又让他在路中间原地来回反复绕圈子。

颜阖见到这种情况，便去见庄公，说："东野稷的马将被毁掉。"庄公闭口不搭理他。

一会儿，东野稷果然失败回来了。庄公这才问颜阖说："你凭什么知道要坏事呢？"

回答道："他的马体力已消耗完了，却还要继续驱使它，所以说一定会毁掉。"

后人用"东野稷之御"比喻做任何事情都要适可而止，不应过分。这就是使主客观统一，主观愿望不超过客观条件的许可。矜智逞能，忘乎所以，以致超出客观条件所许可的限度，是没有不失败的。

·饵同钓异·

典出《田间书》。

予尝步自横溪，有二叟分石而钓，其甲得鱼至多且易取；乙竟日亡所获也，乃投竿问甲曰："食饵同，钓之水亦同，何得失之异耶？"甲曰："吾方下钓时，但知有我而不知有鱼，目不瞬，神不变，鱼忘其为我，故易取也。子意乎鱼，目乎鱼，神变则鱼逝矣，奚其获？"乙如其教，连取数鱼。予叹曰："旨哉！意成乎道也。"

有两个老汉分别蹲在两块石头上钓鱼，其中甲老汉很容易地钓了许多鱼；乙老汉终日没有钓得一条鱼，他就把钓竿扔在地上询问甲老汉说："咱们两个人钓鱼食相同，钓鱼的水也相同，但为什么得失之间有这么大的区别呢？"

甲老汉说："我刚要放下钓钩时，只知道有我这个人而不知道有鱼，眼睛不眨，神情不变，鱼忘了有我这个钓鱼的人，所以非常容易钓到鱼呀。而你呢，心里总想着鱼，眼睛总望着鱼，神情变幻多端，鱼就吓跑了，怎么还能钓得到鱼呢？"

乙老汉按照他的教导去做，一连钓了好几条鱼。

多好啊！意愿的实现在于掌握规律呀！

"旨哉，意成乎道也"是这则寓言的旨义。它告诉我们，无论做什么事情都必须按规律办事。同时还告诉我们，办事不能光想到利，精力不集中是难以成功的。

·害群之马·

典出《庄子·徐无鬼》。

有一次，轩辕黄帝要到具茨山（今河南省境内）会见大隗，走到了襄城（今河南省襄城县一带），他忽然迷了路，恰巧遇见一个放马的男孩。

轩辕问道："你知道具茨山在哪儿吗？"男孩答道："知道。"

他又问道："你知道大隗住在哪儿吗？"男孩回答："知道。"

古画中的马

　　黄帝很高兴，说道："小孩你真不简单，不但知道具茨山，还知道大隗的住处。让我再问问你，你可知道怎样治理天下吗？"

　　男孩说："治理天下也没什么了不起。我前几年独自游历天下，当时还生着病，有位长辈告诫我说：'你游览襄城野外，要注意日出而游，日入而息。'现在我身体好多了，打算游历更远的地方。所谓治理天下，只不过如此而已。我还有什么可说的？"

　　小孩在这里并没有说出什么来，但他说话口齿伶俐。黄帝见男孩十分聪明，坚持问他到底如何治理天下，小孩无奈，便回答说："所谓治理天下的人，难道与放马的人有什么不同的地方吗？只不过是把危害马群的坏马驱逐出去而已。"

　　黄帝对牧童的回答非常满意，称牧童为"天师"，恭敬地向牧童拜了几拜，然后离去。

　　后人用"害群之马"比喻危害集体的人。

·狐裘而羔袖·

典出《左传·襄公十四年》。

余狐裘而羔袖。

春秋时期，卫国的右宰相名字叫毂，他居官清正、辛勤，很有政绩，可是却不善于打仗。在一次战争中，他率领的军队被打得大败，毂逃了回来，听候处分。卫君和大臣们商议后，认为丧军辱国，罪很大，决定判处他死刑，问他有什么辩护的意见没有。毂说道："就这次打仗的失败而言，您的处分是适当的。我决不为此而辩护。但是，正如谚语说的，我是'狐裘而羔袖'者也，你们可不可以整体地评价一下我的功过呢？"卫君听了，回忆起毂一生的功绩，于是下令赦免了他的罪行。

"狐裘而羔袖"，是说一件袍子，整体都是用极贵重的狐皮做的，只有袖子用的是贱价的羊羔皮。

后人用"狐裘而羔袖"这个典故比喻大体很好，只是稍有不足之处。

·画荚者·

典出《韩非子》。

客有为周君画荚者，三年而成。君观之，与髹荚者同状。周君大怒。

画荚者曰："筑十版之墙，凿八尺之牖，而以日始出时加之其上而观。"

周君为之，望见其状尽成龙蛇禽兽车马，万物之状备具。周君大悦。

有一个人给周君画荚，3年才画成。周君一看，和用漆漆满的荚一个样。周君大发雷霆。

画荚的人说："筑十版高的墙，凿开一个八寸大小的窗户，在太阳刚出来时把它放在窗户上观看。"

周君照着办，看见那上面画满了龙蛇禽兽车马，万物的形状都包罗了。周君非常高兴。

后人用"画荚者"比喻对待事物粗枝大叶，不细致观察，深入研究，往往分不清好坏，辨不清是非。

·荆人涉·

典出《吕氏春秋·察今》。

荆人欲袭宋，使人先表用水。水暴益，荆人弗知，循表而夜涉。溺死者千有余人，军惊而坏都舍。向其先表之时可导也。今水已变而益多矣，荆人尚犹循表而导之，此其所以败也。

楚国想攻打宋国，派人先去测量水的深浅做好标志。水突然大涨，楚国人不知道，依然按照旧标志在深夜中涉渡。结果淹死了1000多人，三军惊哗，好像都市中的房舍倒塌一样。

原先做标志的时候本是可以渡过去的，如今河的情况已经发生变化，水已涨了，楚国人仍然依着旧标志渡河，这就是他们失败的原因呀。

这则历史传说是嘲讽当时泥古不化反对变法的人。这些人看不出矛盾的斗争已将客观过程推向前进了，而他们的认识仍然停止在旧阶段。他们也像这一伙荆人一样，脑子里死记住一个"表"，无论形势发生了多少变化，还是"循表而夜涉"，这就是由于"他们的思想离开了社会的实践"，他们的认识仍然停止在旧阶段。即使原先是正确的，现在也行不通了："向其先表之时可导也，今水已变而益多矣，荆人尚犹循表而导之，此其所以败也"。忘记了对具体情况作具体分析，忘记了适应着已经发展和改变的局势而改换对策，事必败也。

·率然·

春秋方阵示意图（前列）

春秋圆阵示意图

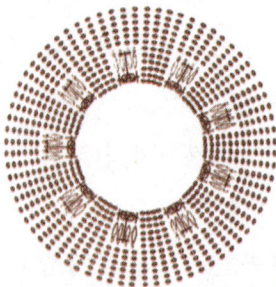

步兵　战车

春秋兵阵图

典出《孙子·九地篇》。

率然者，常山之蛇也。击其首则尾至，击其尾则首至，击其中则首尾俱至。

率然是常山地方的一条大蛇。打它的头，尾巴就来救应；打它的尾巴，头就来救应；打它的当中，头和尾巴都来救应。

这个寓言是说善于用兵

的人，能使部队像"率然"一样，也就是能使士兵好像一个人的左右手互相支援，才能打胜仗；而要使部队"齐勇若一"去作战，这在于将帅领导的得法；要使全军"刚柔皆得"发挥作用，这在于地形利用的适宜。所以善用兵者必须胸有全局，使全军首尾呼应，才能攻无不克，防如铁壁。

·墨鱼自蔽·

典出《田间书》。

海有虫，拳然而生者，谓之墨鱼。其腹有墨，游于水，则以墨蔽其身，故捕者往往迹墨而渔之。噫！彼所自蔽者，所以自祸也欤？人有恃智，亦足以鉴。

海里有一种动物，屈曲而生长，称之为墨鱼。它的肚子里有一个墨囊，游动在水中，能放出墨汁来掩蔽自己的身体，渔翁往往跟着墨汁的踪迹去捕捉它。

唉！它所用来掩蔽自己的，恰好是给自己招来祸灾的原因呀！那些凭借个人小聪明的人，也是可以以此作为借鉴了。

后人用这则寓言说明墨鱼"所自蔽者，所以自祸也。"任何事物都有其两重性，在一定条件下，好事往往能够转化为坏事，这则寓言具有朴素辩证法的因素。

·其父善游·

典出《吕氏春秋·察今》。

有过于江上者，见人方引婴儿而欲投之江中，婴儿啼。人问其故。曰："此其父善游。"其父善游，其子岂遽善游哉？

有个人从江边经过，看见一个人正拉着一个婴儿要把他投到江里去，婴儿吓得大哭。这个人就问那个人是什么缘故。那个人说："这个孩子的爸爸善于游水。"

爸爸善于游水，他的孩子难道就应该善于游水吗？

这篇寓言对那些惯于机械推理，抱有历史成见或血统论观点的人都是有力的讽刺。

·轮扁轮·

典出《庄子·天道》。

桓公读书于堂上。轮扁轮于堂下，释椎凿而上，问桓公曰："敢问，公之所读者何言邪？"

公曰："圣人之言也。"

曰："圣人在乎？"

公曰："已死矣。"

曰："然则君之所读者，古人之糟魄已夫！"

桓公曰："寡人读书，轮人安得议乎！有说则可，无说则死。"

轮扁曰："臣也以臣之事观之。轮，徐则甘而不固，疾则苦而不入。不徐不疾，得之于手而应于心，口不能言，有数存焉于其间。臣不能以喻臣之子，臣之子亦不能受之于臣，是以行年七十而老轮。古之人与其不可传也死矣，然则君之所读者，古人之糟魄已夫！"

齐桓公坐在堂上读书。轮扁在堂下斫削木头造车轮，他放下工具走到堂上，问齐桓公说："请问，您读的书里都说些什么呢？"

桓公答道："是圣人之言。"

问："圣人还活着吗？"

回答说："已经死了。"

轮扁说："那么您所读的，是古人的糟粕了！"

桓公生气地说："我在这里读书，做轮子的匠人怎么可以随便议论呢！说得出道理来则罢，说不出道理就要你的命。"

轮扁从容回答说："我用我所从事的工作来考察它。斫削车轮，活做得太慢，卯起来就松弛而不牢固；活做得太快了，又会因卯太紧而安不进去。不慢不快，得心应手，用语言无法表达，却有技巧存在于其间。这种技巧我不能用语言直接传授给我的儿子，我的儿子也不能靠我口传直接学到，因此到了70岁我还在轮。古人和他们那些不能用语言传给后人的技巧都一起埋没了，那么您所读的东西，不正是古人的糟粕吗？"

后人用"轮扁轮"嘲讽了历史上那些轻视劳动人民的实践，专靠搬弄"圣人之言"装潢门面的统治者，强调了通过自身长期的实践取得直接经验的重要性。然而完全否定从书本获得间接经验的可能性，也未免片面。

·弃璧负婴·

典出《庄子·山木》。

春秋时，孔子为了实现自己的政治理想，带着一批弟子周游列国，向各国诸侯进行游说，但成果不佳。孔子灰溜溜地回到鲁国，有些朋友见他一事无成，日益同他疏远，他的不少弟子也先后离开了他。孔子心中非常难过，便去向隐士子桑请教。

孔子说："我平时对待朋友和弟子都很注重礼仪，讲学也十分尽心，为什么在我艰难困顿的时候，我的朋友疏远了我，我的弟子离开了我呢？"

子桑听了，就讲了一个林回弃璧负婴的故事给他听：

林回是假国人。有一次，强大的晋国向弱小的假国发动进攻，城中的百姓纷纷逃出都城。林回身怀玉璧，背着自己刚满

孔夫子周游列国

周岁的儿子随着人流逃难，不一会儿，他便累得气喘吁吁。他果断地把身上的玉璧扔掉，而背着孩子继续逃难。

有人问他："对于一个逃难的人来说，财宝是最为重要的，不然你逃出去后将无法生活；其次，拖累要越少越好，这孩子既不值钱，背在身上又是很大的累赘，可是你却宁愿把价值千金的玉璧丢掉，而背着孩子逃难，这是为什么呢？"

林回回答说："我和玉璧只是利益的结合，而这孩子却是我的亲生骨肉，我和他血肉相连，有着天然的联系。这种父子之情，是任何珍贵的财宝所无法代替的。"

子桑讲完故事，又继续说道："如果人与人之间的关系只是以利益相结合的，那么遇到艰难困苦就会互相抛弃；你的朋友和一些弟子都是为了利才来亲近你的，那么你现在艰苦困顿，无利可图了，他们离开了你，又有什么奇怪呢？你只有和你的弟子和朋友建立深厚的感情，待他们像亲骨肉一样，他们才不会离开你！"

孔子听了，恍然大悟。

于是，孔子回去后，便抛开经书，不再进行严肃的说教，也不要弟子们对他行揖拜的礼节，而是努力培养师徒间的真诚感情。从此，弟子们对他的敬爱与日俱增，再也没有离开他了。

"弃璧负婴"是说在患难时，宁愿丢弃璧玉，也要把孩子背在身上，因为玉是身外之物，而孩子却是亲生骨肉。指重视内在的自然的连属关系。

·前车可鉴·

典出《荀子·成相》。

前车已覆，后未知更何觉时。

又见《汉书·贾谊传》。

前车覆，后车诫。

贾谊是西汉时洛阳人。有一次，他向汉文帝讲述治理国家的道理说："秦朝的时候，赵高教导秦始皇次子胡亥，单教他怎么去处决犯人，他所学习的，不是斩杀犯人，就是灭绝犯人的全族！"

秦始皇死于沙丘，次子胡亥做了皇帝，第二天就射杀人了。有人用忠言去劝他，他认为是诽谤；有人给他贡献治国的计策，他认为是妖言。他杀起人来，简直像割草一样。难道胡亥的本性生来就是那样凶残吗？不是的，是因为教导他的人教得不合道理罢了！

俗语说："不熟悉做官的，只要看他所办的公事成绩如何就可以知道！"又说："前车覆，后车鉴。"意思是教人注意从前自己或别人做事的失败，作为后来做事的警戒，要特别小心，不可再蹈从前失败的覆辙。

这是用来警惕自己劝喻别人做事要谨慎的话。这句话也被人说成"前车之鉴"或"殷鉴不远"，都是劝人不要再蹈从前覆辙的话。

·神奇化腐朽，腐朽化神奇·

典出《庄子·知北游》。

纂腐复化为神奇，神奇复化为臭腐。

智慧想弄懂世间的一切道理，便到北方游历。一天，智慧来到玄水边，碰到无所谓。智慧对无所谓说："我想问你一些问题，具有怎样的思想，怎样的考虑，才真正懂得道理呢？具有怎样的地方，怎样的行动，才能与道理相处呢？从什么路径，用什么方法，才可以得到道理呢？"智慧连问三次，无所谓都没有回答。

智慧得不到解答，便来到白水的南边，无意中又碰到了狂屈，智慧又将上述问题去问狂屈。狂屈说："唉！道理我是懂得，我告诉你吧！"狂屈心里正想说出来，可立刻又忘掉了他想说的话。

智慧还是没得到解答，就回到帝宫里去见黄帝，向他请教。黄帝说："没思想，没有考虑，才能懂得道理；没有地方，没有行动，才能与道理相处；没有路径，没有方法，才能得到道理。"智慧接着问道："你能说出道理，无所谓和狂屈都说不出来，究竟谁真正懂得道理呢？"黄帝说："无所谓是真正的懂得的，狂屈还差不多，我和你终究是不懂道理的人。因为真正的道理是说不出来的，能说的就已经不是道理了。人们往往把喜欢的认为是神奇，把厌恶的认为是臭腐，但天地间的事很奇怪。"智慧听了黄帝的话后，认为黄帝说得很对，就再不想去弄懂道理了。后人将好的东西变成不好的东西形容成"神奇化腐朽"，将不好的东西变成好的东西形容成"腐朽化神奇"。"神奇化腐朽，腐朽化神奇"两句合用则表示事物的好坏是相互转化的。

·顺者昌，逆者亡·

典出《史记·太史公自序》。

夫阴阳四时、八位、十二度、二十四节各有教令，顺之者昌，逆之者不死则亡。

在我国漫长的奴隶社会和封建社会中，统治阶级为了维持其统治，规定了一整套等级制的社会规范和道德规范，称之为礼。统治阶级及其御用文人们认为，"齐之以礼"是维护其统治的手段。因此，以"礼"为重点，制定了数不尽的纲常之伦，特别是"君为臣纲，父为子纲，夫为妻纲"的三纲和"仁、义、礼、智、信"这五常，成了不可侵犯的维护封建等级制的道德

"三纲"与"五常"

教条。鼓吹"作为父子君臣，以为纪纲。纪纲即正，天下大定"。《史记》的作者司马迁是封建社会的史官，因此，维护封建等级制度，鼓吹纲常之伦是他所处的时代和他的世界观所决定了的。司马迁指出，遵循这些"纪纲"是"天道之大经"，就像要遵循阴阳四时一样，顺从就生存，违抗就灭亡。后人用"顺者昌，逆者亡"比喻不可抗拒。

·未分香臭·

典出《金楼子》。

昔玉池国有民，婿面大丑，妇国色鼻。婿求媚，此妇终不回家，遂买西域无价名香而熏之，还入其室。妇既矣，岂分香臭哉？世有不适物而变通求进，尽皆此类也。

从前，玉池国有户人家，丈夫长得奇丑，妻子生得倾国倾城，但是患有鼻塞病。丈夫向妻子讨好，但这妇人始终不愿回家。丈夫就买了西域出产的名贵熏香拿回来点燃，把妻子接回家来。但妻子鼻塞不通，怎么能够分辨出香臭来呢？

世界上凡是用不适当的办法去求得变通进取的，都是这一类人。

这个寓言揭示了光有良好的愿望，却对具体情况缺乏实际的调查研究，就不能对症下药，得不到如期的效果。

·五尺之童·

典出《孟子·滕文公上》。

战国时候，有一位名叫许行的学者，从楚国来到滕国拜见滕文公说："听说您实行仁政，我特地来做您的百姓。"滕文公礼貌地接待了他，还分给他一处房子居住。许行和他的弟子穿着粗麻衣服，以打草鞋、编席子为生。

过了一阵子，许行对滕文公开始不满意了。他说："滕文公还不算贤明，贤明的君主应该和百姓一道耕田种地……"另一位学者陈相，很赞成许行的话，便去对孟子说了。孟子却反问道："许行的饭锅是自己造的吗？他的农具是自己做的吗？他的衣帽是自己缝的吗？"

陈相说："都不是自己做的，是用粮食换的！"

孟子说："百姓有百姓的事，国君有国君的事，如果一件件东西都要是自己制造出来才能使用，那是率领天下人疲于奔命，所以我看许行讲的是邪说，不应该相信他……"

陈相辩解说："不过依照许行的话去做，市场上就不会有欺假的行为，价钱公平一致，即使是打发五尺之童去买东西，也没有卖主欺他；布匹、丝绸长短一样，价钱便一样；麻线、丝绵轻重一样，价钱也一样；鞋子大小一样，价钱也一样……"

孟子开导陈相说："你说得不对呀，价钱一样并不一定是好事。因为各种物品的成色不相同，有好有次，所以价钱就应该有差别，假若不分优劣一律划为一个价格，那样会使天下发生混乱的。你想一想，好鞋和坏鞋卖同样价钱，谁能高兴呢？许行的话是虚伪的，照他的办法是治理不好国家的！"

·物腐虫生·

典出《荀子·劝学》。

肉腐出虫，鱼枯生蠹，怠慢忘身，祸灾乃作。

这句成语，最初见于《荀子》："肉腐生虫，鱼枯生蠹。"蠹，蛀虫也。但后来成为一句能广泛地应用的成语，却是由于宋代大文学家苏轼的《范增论》而开始的。

范增是秦朝末年反抗暴秦的英雄之一项梁的谋士，项梁战死后，他侄子项羽继承了抗秦的事业；项羽是一个有武少谋的人，凭着勇武和范增的策划，取得了诸侯的领导权。当时，范增以为能和项羽相争的便是刘邦，所以主张先将刘邦消灭，在鸿门宴中，范增虽已安排好了杀刘邦之计，只因项羽没有决心，终让刘邦逃脱。从此，刘邦便从各方面造谣中伤范增，来离间项羽和范增的感情，项羽是个有勇无谋的人，果然中了刘邦的计，渐渐疏远范增，范增愤而离开项羽，不久便病死。项羽也终为刘邦所灭。

苏轼在《范增论》中谈到这事时，有"物必先腐也，而后虫生；人必先疑也，而后谗入之。"意思是说：一件物体一定是先腐烂了，然后才生出虫来；一个人对另外一个人先有了疑心，才会听信关于他的谣言和毁谤。

这是一句很有道理的成语，天地间的事物，必先是内部起了变化，才影响到外界的。

·雪泥鸿爪·

典出《和子由渑池怀旧》。

人生到处知何似？应似飞鸿踏雪泥。

泥上偶然留爪印，鸿鹄那复计东西。

老僧已死成新塔，坏壁无由见旧题。

往日崎岖君记否？路长人困蹇驴嘶。

枯木怪石图　北宋　苏轼

苏轼之弟苏辙曾写了一首《渑池怀旧》诗，苏轼就写了一首诗和他，题目叫作《和子由渑池怀旧》。

苏轼和苏辙兄弟俩，曾到过渑池，并曾在那儿的一所寺院里住宿过。寺院里的老和尚奉闲还殷勤地招待他们，他们也在寺内的壁上题过诗。当苏轼后来从苏辙的怀旧诗回忆起这些情景的时候，奉闲已经去世，题诗的墙壁也可能已经坏了，想想自己漂流不定的行踪，不由得感慨起来，和诗的大意是说："人生在世，到这里、又到那里，偶然留下一些痕迹，你道像是什么？我看真像随处乱飞的鸿鹄，偶然在某处的雪地上落一落脚一样。它在这块雪上留下一些爪印，正是偶然的事，因为鸿鹄飞东飞西根本就没有一定规律。老和尚奉闲已经去世，他留下的只有一座藏骨灰的新塔，我们也没有机会再到那儿去看看当年题过字的破壁了。老和尚的骨灰塔和我们的题壁，是不是同飞鸿在雪地上偶然留下的爪印差不多呢！你还记得当时往渑池的崎岖旅程吗？——路又远，人又疲劳，驴子也累得直叫。"

"雪泥鸿爪"原指鸿雁从融化雪水的泥土上走过，留下了爪印。比喻往事所留下的痕迹。

·循名责实·

典出《韩非子·定法》。

因任而授官，循名而责。

韩非子是战国末期的思想家。有一次，他和别人谈到申不害与公孙鞅二人的言论时，有人问他道："你认为申不害和公孙鞅这两家的言论哪家于国家有益？"韩非子说："申不害讲求术，公孙鞅讲求法。所谓术，就是君主要依据人的才能而授给适当的官职，按照他的职务来要求他的实际工作，让当官的人掌握杀生之权，按照一定的标准来考核群臣。而法呢，就是国家要建立一定的制度，让人们去遵守，好的则赏，奸佞则罚，做到赏罚严明。"有人又问："术和法哪样重要呢？"韩非子说："一个君主没有控制和使用群众的技术，那君位就要发生危险；如果不讲法治，那下面就要乱套。所以，术和法都是统治者不可缺少的手段。"

后人用"循名责实"比喻因名求实，使名实相副。

·养猿于笼·

典出《郁离子》。

人有养猿于笼十年，怜而放之，信宿而辄归。曰："未远乎？"舁而舍诸大谷。猿久笼而忘其习，遂无所得食，鸣而死。是以古人慎失业也。

有个人用笼子养了一只猿猴，已经10年了，心里十分怜悯，就把它放了。没过两夜，那猿猴又回到家来。这人心里说："是送得还不够远吧？"他就派人抬着猿猴，一直送到深山大谷里。这只猿猴由于长期生活在笼子里，忘记野外取食的习性，终于没法获得食物，哀鸣而死。

所以古人都采取谨慎的态度，防止失掉自己的专长。

"猿久笼而忘其习"，说明外部的条件经久不息，水滴石穿，也能对内部的变化发生作用——显示出从量变到质变的过程。所谓"古人慎失业"，可说在长期社会实践中得出的经验之谈。

·一动不如一静·

典出《贵耳集》。

孝宗幸天竺及灵隐，有僧端相随。见飞来峰，问端曰："既是飞来的，如何不飞去？"对曰："一动不如一静。"

杭州西湖有个小山峰名叫飞来峰，据说有个印度和尚看到它，惊讶地说："这个山峰原来是坐落在西天灵鹫山前的，怎么会飞到这里来了呢？"听到这话的人说："你怎么知道它是西天飞来的呢？"印度和尚说："这峰中有个老猿，常常出来到灵鹫山听佛讲经，我见过多次，不信我把它唤出来你瞧瞧。"于是嘬口作啸声，果然半山腰有个老猿应声出来，向印度和尚拱手行礼，从此人们叫它飞来峰。

这年，南宋孝宗皇帝到西湖游玩，看到飞来峰，就问跟随他一起游湖的和尚僧端："这峰既然是飞来的，那么它为什么不再飞走呢？"僧端非常巧妙地回答道："谚语不是说'一动不如一静'吗？"他的回答，一方面宣扬了佛教动不如静的哲学思想，一方面规劝孝宗皇帝不要在政事上经常更变，骚扰百姓。

后人用"一动不如一静"这个典故比喻没有把握或无益的事,还是不做为妙。

·一日千里·

典出《后汉书·王允传》。

同郡郭林宗尝见允而奇之,曰:"王生一日千里,王佐才也。"

东汉时,山西太原有一个叫王允的人,字子师,他在少年时便以聪敏称于乡里。当时和他同乡的大学问家郭泰(字林宗)与他相谈之后,大为折服,事后尊崇地对人说:"王生一日千里,王佐才也。"意思是说,王允的学问进步得很快,真是一日千里,将来必定是辅助帝王成大事业的人!从此以后,郭泰便和他成了要好的朋友。汉献帝时,王允曾做司徒。当时适值董卓专权,挟持了献帝,荒淫凶暴,整个朝廷乌烟瘴气,老百姓也非常痛苦。王允表面上附和董卓,而暗中结交吕布,密谋除掉他,后来终将其刺死。但王允却因不听从吕布除恶务尽的劝告,结果被董卓的部将李、郭汜所杀。后人根据郭泰称赞王允的话,将"一

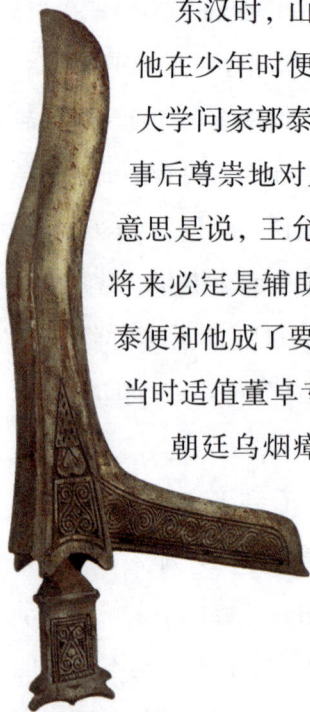

曲援铜戈　西汉

"日千里"引为成语，用来比喻在学习或工作中进步得快，或是一件事物发展得很快。

·一木难支·

典出《世说新语》。

南北朝宋顺帝时，权臣萧道成把持政权，残害忠良，横行恣肆，大有篡夺王室的企图。当时大臣袁粲和刘东两人秘密商量要杀死萧道成，但被萧道成的亲信褚渊知道了，向萧道成告密，萧道成十分恼怒，立刻派部将戴僧静率领了很多人马去攻打袁粲，把城池团团围住了。这时，袁粲对他的儿子袁最说："我明知道一根木柱不能支持一座大厦使其免于崩塌，但为了名誉义节，不得不死守下去。"

后来，戴僧静率领部下越墙冲进城里去。在敌人的刀枪剑戟下，袁最勇敢地用身体掩护父亲。这时，袁粲对儿子袁最说："我是个忠臣，你是个孝子，我们死而无愧。"结果他们父子都牺牲了。

后人用"一木难支"比喻一个人的力量难以胜任艰巨的工作。

·医与王女药喻·

典出《百喻经》。

昔有国王，产生一女。唤医语言："为我与药，立使长大。"医师答言："我与良药，能使即大。但今卒无，方须求索。比得药顷，王要莫看；待与药已，然后示王。"于是即便远方取药。经十二年，得药来还，与女令服，将示于王。王见欢喜，即自念言："实是良医。与我女药，能令卒长。"便敕左右，赐以珍宝。

过去有位国王，生了一个女儿。他把医生叫来说："给我喂药，立刻叫她长大。"医生回答说："我喂她好药，便能叫她立刻长大。只是现在一下子没有，须要去寻找。但在我找药的时候，请国王不要去看公主；等到给她喂了药，然后叫您看。"于是就到远方找药去了。过了12年，才得到药转回京城。他将药喂给国王的女儿吃了，再带着她去见国王。国王一看女儿长大了，非常高兴，心想："实在是个好医生，给我女儿喂了药，叫她一下子便长大了。"于是命令手下的人，把珍宝赐给那个医生。

强迫别人去办做不到的事，就可能出现浮夸的现象，得到虚假的回答，使自己成为受愚弄的对象。

·庸医止风·

典出《雪涛谐史》。

有僧、道、医人同涉，中流遇风，舟楫危甚。舟人叩僧、道曰："两位老师，各祝神祈止风如何？"僧咒曰："念彼观音力，风浪尽消息！"道士咒曰："风伯雨师，各安方位，急急如律令！"医亦复咒曰："荆芥，薄荷，金银花，苦楝子。"舟人曰："此何为者？"答曰："我这几般，都是止风药！"噫！庸医执疗病，往往若此。

有和尚、道士、医生三个人共同渡河，在中流遇见大风，渡船的处境非常危急。船夫就向和尚、道士叩拜着说："两位大师，请赶快祷告神灵制止大风好吗？"

和尚便念咒道："念观世音菩萨的威力，风浪都要熄灭。"

道士念咒道："风神雨神，各回到自己的位置上去，急急如律令！"

医生也跟着念咒道："荆芥、薄荷、金银花、苦楝子！"

船夫问道："这些是干什么用的？"

医生答道："我这几种药，都是用作止风的药！"

唉！庸医开方治病，往往都像此人。

后人用这则寓言说明不同性质的矛盾，要用不同的方法解决，一把钥匙开一把锁。我们看问题，做事情，都必须注意矛盾的特殊性，从客观实际出发，运用切合实际的具体办法去解决。

·欲速则不达·

典出《论语·子路》。

子夏为莒父宰，问政。子曰："无欲速，无见小利。欲速，则不达；见小利，则大事不成。"

子夏，姓卜名商，春秋时期卫国人，是孔子很得意的一个学生。子夏当上了莒父县的县令，他向老师孔子请教，如何处理好县政、事务。孔子回答说："不要图快，不要只顾小利。图快，反而不能达到目的；只顾小利，就办不成大事。"

《韩非子》中也记载了一个欲速则不达的故事。春秋末期，齐景公正在海边游玩，忽然接到侍者的报告："相国晏婴生病，十分危险！"晏婴是长期帮助景公治理国家的功臣，威望非常高。景公得到这个消息，非常着急，立刻下令火速返回都城。他挑选最好的驭手驾车，挑选最好的马拉车。在车上，他不住地催促"快点跑！快点跑"！虽然马车跑得飞快，但景公仍然觉得太慢。于是他把驭手推到一边，自己拿起鞭子赶车。这样跑了一阵，他还是觉得不够快。他心急如火，干脆跳下车子奔跑起来。跑了一会儿，便累得汗流浃背，上气不接下

欲速则不达

气。景公当然不会有四条腿的马跑得快，他一心想快，但这样做的结果反而更慢了，根本达不到他的预期目的。

成语"欲速则不达"就是根据孔子的话形成的。意思是说一味求快，反而达不到目的。

"欲速则不达"亦称"欲速不达"。

·远水不救近火·

典出《韩非子·说林上》。

鲁穆公使众公子或宦于晋，或宦于荆。犁曰："假人于越而救溺子，越人虽善游，子必不生矣。失火而取水于海，海水虽多，火必不灭矣，远水不救近火也。今晋与荆虽强，而齐近，鲁患其不救乎？"

鲁穆公为了结交晋楚两个大国，将有的公子派到晋国做官，有的派到楚国做官。犁说："孩子掉到水里了，却跑到越国去请人来搭救，越国人虽然擅长游水，孩子一定活不了。已经失火了，却跑到海边取水回来灭火，海水再多，必定救不了火；这叫远水不救近火。当今晋楚虽然强大，而齐国离我们最近，你却不联合，鲁国的祸患大概无救了吧？"

后人用"远水不救近火"比喻舍近求远，缓不济急，是要误事的。

· 月晕而风，础润而雨 ·

典出《辩奸论》。

事有必至，理有固然。惟天下之静者，乃能见微而知著。月晕而风，础润而雨，人人知之。

南宋初年，民僚大地主集团为了推卸北宋灭亡的责任，说北宋亡于金是王安石变法导致的。还在王安石变法时就竭力攻击新法的保守派人物邵伯温，配合当时有官僚集团反对政治的需要，假冒苏洵之名炮制了《辩奸论》，从性格、生活、行为等方面，对王安石进行了诋毁与丑化。因为苏洵死后三年，王安石才入朝执政，所以邵伯温把苏洵打扮成一个预言家，在《辩奸论》中说：早就知道王安石当政会造成祸害。月亮周围起了圆晕，就意味着要刮大风了；屋柱的石座湿润了，就意味着要下大雨了。从王安石不讲究吃穿，不剃头洗脸，可以看出他做事不近人情，是个大奸大恶。

"月晕而风，础润而雨"意思是月亮周围出现圆晕就要刮风，础石湿润了就要下雨。后人常用这句成语比喻事故或事情发生前的征兆。

· 臧谷亡羊 ·

典出《庄子·骈拇》。

臧与谷二人，相与牧羊，而俱亡其羊。问臧奚事？则挟读书；

问谷奚事？则博塞以游。二人者事业不同，其于亡羊均也。

臧和谷一块去放羊，两个人全都把羊丢了。主人问臧在干些什么？原来他是夹着羊鞭子在读书；又问谷在干些什么？原来他掷骰子玩耍。两个人的行动虽然不同，但是对于跑丢了羊这件事却是相同的。

这则寓言说明：首先应该做好本职工作，如果心不在焉，各事所好，就会发生事故，造成损失。臧、谷亡羊有"读书"和"博塞"的不同原因，但二人亡羊却没有区别——一切失职的人，不论他们的原因多么不同，但没有完成任务则是完全相同的。

·知无涯·

典出《雪涛小说》。

楚人有生而不识姜者，曰："此从树上结成。"或曰："从土里生成。"其人固执己见，曰："请与子以十人为质，以所乘驴为赌。"已而遍问十人，皆曰："土里出也。"其哑然失色，曰："驴则付汝，姜还树生。"北人生而不识菱者，仕于南方，席上啖菱，并壳入口。或曰："啖菱须去壳。"其人自护所短，曰："我非不知，并壳者，欲以清热也。"

问者曰："北土亦有此物否？"答曰："前山后山，何地不有？"夫姜产于土，而曰树结；菱生于水，而曰土产；皆坐不知故也。……物理无穷，造化无尽，盖一例以规物，真瓮鸡耳！

楚地有个生来就不认识姜这种植物的人，他说："姜是从树上结出来的。"有人告诉他说:"姜是从土里生成的。"这个楚人固执己见,说道:"请你和我问10个人,把他们的话当成评断,我愿用我骑的这头驴子打赌。"

不一会儿就问遍了10人,都说:"是土里生长出来的。"这个楚人顿时哑然失色,说道:"这头驴就输给你了,可姜还是树上长的。"

北方有个生来就不认识菱角的人,在南方当官时,席上吃菱角,他连壳一块吞进口去。有人对他说:"吃菱角必须去壳。"

这北方人却为自己护短,说道:"我并不是不知道,连壳一起吞下去,为的是想清火解热呀!"

问话的人又对他说:"北方也有菱角吗?"他回答说:"前山后山,哪个地方没有呀?"

姜产在土中,却说是在树上结成;菱角长在水里,却说是在山里长成;这是由于无知的缘故造成的呀……自然界和万物的规律是无穷无尽的,如果拿一个模子去套一切事物,真和瓮中鸡一般见识短浅啊!

这则寓言通过南方、北方人互不懂得姜和菱生长规律的故事,反复阐明了"物理无穷,造化无尽"——"知无涯"的道理,并强调指出"不经闻见","盖一例以规物,真瓮鸡耳"的错误倾向,是很有启发意义的。

"实践出真知"。"不经闻见"而竟"固执己见",必然要在事实面前碰得头破血流。所以,任何人都不能强不知以为知;知无涯,学习也是无止境的。不然的话,必定会闹出"姜从树上结成"、"啖菱并壳入口"的笑话来。

功业篇

·半部论语·

典出《鹤林玉露》。

人言普山东人，所读者止《论语》，盖亦少陵之说也。太宗尝以此论问普，普略不隐。

对曰："臣平生所知，诚不出此。昔以其半辅太祖定天下，今欲以其半辅陛下致太平。"

北宋著名的政治家赵普年轻时就从军，可读书不多，出任宰相后，在处理公务时常常因文化低而感到力不从心。宋太祖赵匡胤知道他的根底，劝他好好读书。于是，赵普每次上朝回府，就闭门读书，没有多少时间，他的学问大有长进，对宋朝初期天下安定起了积极的作用。

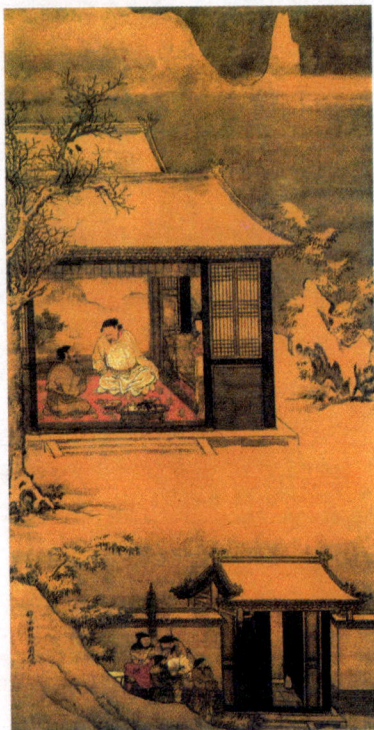

宋太祖死后，他的弟弟赵匡义继位，史称宋太宗。赵普仍然担任宰相。有人对宋太宗说赵普不学无术，所读之书仅仅是儒家的一部经典《论语》而已，当宰相很不恰当，宋太祖不以为然地说："赵普读书不多，这我一向知道。但说他

雪夜访普图

只读一部《论语》，我也是不相信的。"

有一次宋太宗和赵普闲聊，宋太宗随便问道："有人说你只读一部《论语》，这是真的吗？"

赵普老老实实地回答说："臣平生所知道的，确实不超出《论语》这部书。过去臣以半部《论语》辅助太祖平定天下，现在臣用半部《论语》辅助陛下，使天下太平。"

后来赵普因年老体衰，辞去了宰相的职务。不久赵普病逝，家人打开他的书簏，里面果真只有一部《论语》。

后人用"半部论语"指儒家经典为治国之本。

·不入虎穴，焉得虎子·

典出范晔《后汉书·班超传》。

班超是东汉名将。公元73年，他带领36人出使鄯善国（今新疆维吾尔自治区罗布淖尔西北）。开始，鄯善国国王对他十分敬重，不久却突然变得冷淡了。原来，谈判过程中，匈奴派来使者，挑拨鄯善国与汉朝的关系，因此，国王对建立邦交犹豫不决。于是，班超召集部下说："现在匈奴进行破坏、捣乱，鄯善国王对我们的态度有了反复。如果他把我们抓起来送给匈奴，那我们不但完不成使命，怕要死无葬身之地！"

大家一致表示："事情已经到了这般危险地步，一切都听从你的指挥！"

班超说："不入虎穴，焉得虎子！现在只有乘夜攻入匈奴使者的营垒，把他们消灭，才能很好地完成我们的使命！"

当晚，班超带领 36 个壮士，悄悄摸进匈奴使者的营驿。经过一阵激烈地厮杀、搏斗，把 100 多个匈奴人全部消灭。

第二天，班超会见鄯善国王，说明事情经过，揭露了匈奴使者的阴谋。鄯善国王见班超如此厉害，有勇有谋，心中既敬佩，又害怕，马上表示愿意和汉朝永久友好。于是，班超大胜而归。

· 过五关，斩六将 ·

典出《三国演义》。

三国时，刘备兵败后投靠在河北的袁绍处，而关羽却在曹操处。后来，关羽得知刘备的确实下落时就准备辞别曹操，从河南许昌出发，护送刘备的两位夫人一起去寻刘备。

由于关羽没有丞相曹操所签发的通行证，沿途被曹军守将围追堵截。在东岭关，守将孔秀要关羽交验丞相的放行证明，不然就要留下老小作为人质。关羽大怒，举起钢刀，杀了孔秀。

关羽路过洛阳时，太守韩福弯弓搭箭，率领 1000 人马，把守关口。牙将孟坦出马手执双刀来会关公，战了 3 个回合，回马便走，原先是想引诱关羽，想不到关羽的马快，早已赶上，大刀一举，孟坦被砍为两段。此时韩福躲在门首，放了一支暗箭，正射中关羽左臂。关羽大怒，用口拔出箭，血流不止，飞马径奔韩福，将他带头连肩斩于马下。关羽恐一路上再遭人暗算，便连夜投奔氾水关。关将卞喜在镇国寺中埋伏下刀斧手200余人，准备诱关羽至寺后再杀害。此时，镇国寺僧人普净（是关羽的同乡）得知卞喜欲暗害关羽，便向关羽通风报信。关羽便先下手将卞喜一刀劈为两段。

关羽又往荥阳进发，太守王植与韩福是亲家，知道关羽杀了韩福，于是表面上献殷勤，暗中密令部下胡班集合1000名士卒，围住关羽的驻地，一人一个火把，待三更时分，一齐放火。后胡班为关羽的人品德行所感动，便将王植的毒计密告关羽。关羽大惊，连夜出奔，王植也拍马挺枪，飞奔关羽，结果被关羽拦腰一斩，砍为两段。

关羽一路跋涉，行到滑州界首。守将刘延出关迎接。关羽提出要借船渡过黄河，刘延怕得罪夏侯及其部将秦琪，不肯借船。关羽只得自行设法，到黄河渡口时，秦琪要索看曹操所发的通行证。关羽对秦琪的拦截很是恼怒，一刀砍去，秦琪的头颅随即落地。关羽在曹操的辖境内所历关隘五处，斩将六员，最后终于与刘备相会。

后人将这个故事概括为成语"过五关，斩六将"。比喻历尽千辛万苦，克服重重难关，终于达到目的。

·力不从心·

典出《汉书·班超传》。

超之气力不能从心。

东汉名将班超，带兵镇守西域 30 多年，安抚联络当地的 50 多个小国，数次平定匈奴的骚乱，为保卫汉朝的西部边境建立了巨大的功绩。班超西去时年方 40 岁，70 多岁觉得精力大不如从前，思念家乡的心情也日甚一日，于是给和帝刘肇写了一封奏书，大意是："陛下，臣在西域转眼已经 20 多年了，夜夜日日无时不在思念故乡。臣听说先前的姜太公在齐国做官，可他的五世后代死后还要埋葬在原籍周地，其实周地与齐地之间不过千里；而我现在是身处遥远的西域啊，怎能不思念故乡呢？苏武留在匈奴不过 19 年，可我已经在西域快半辈子了。我不敢盼望回到酒泉，如能回到玉门关之内，也就心满意足了……"

班超的妹妹班昭，是当时有名的才女、历史学家，她读了兄长的信，为之动情，也写信给和帝，替哥哥请求告老还乡，大意是："我的胞兄班超，蒙受皇恩，自来西域，志捐躯命，屡立微功。他每逢攻战，总是身披金甲，不避死亡，倚仗陛下的神灵，才在这大沙漠里征战了近 30 年，现年已 70，年老体衰，须发皆白，双手麻痹，耳聋目花，要拄杖才能行走。虽说他要竭尽全力，尽职尽责，以报答皇帝的大恩，可是倘使此地发生暴乱，超之力不能从心，这会损害国家、朝廷的

班超像

利益，也会使为臣的前功尽弃，如果发生了那样的变故，该令人多么痛心呀！所以，我们诚恳请求返回内地，可是已经过了几年却仍然听不到陛下的答复。现在陛下是以孝理治天下，深得万民欢心。在此，我冒死替家兄班超请求，让他活着回到故乡，我的哥哥以壮年竭尽忠孝于荒野大漠，难道还让他在衰老的时候死在他乡异域吗？我满怀哀痛地向陛下奏禀实情，请皇帝开恩！"

班昭信中"超之气力不能从心"的话，后来演变为成语"力不从心"。

和帝读了班超兄妹这两封情真意切的信后，深为感动，立即下诏传班超回京。公元102年，班超总算踏上了故乡的土地。这年九月，与世长辞。

·杀敌致果·

典出《左传·宣公二年》。

狂狡辂郑人，郑人入于井。倒戟而出之，获狂狡。君子曰："失礼违命，宜其为禽也。戎，昭果毅以听之之谓礼。杀敌为果，致果为毅。易之，戮也。"

春秋时候，晋国和楚国是大国，宋国、郑国是小国，小国只能听从大国的命令。有一年，晋国派荀林父领兵征讨宋国，迫使宋国向晋国媾和，降服晋国。楚国为此对宋国不满。第二年春天，楚王就命令郑国替他去讨伐宋国。郑国只好听从楚王的命令，派公子归生率兵去攻打宋国。

宋国的军队由华元、乐吕统率，迎战郑军。双方在大棘打了一仗，结果宋军惨败，损失了460辆战车，250名军士被郑军俘虏，乐吕阵亡，华元也当了俘虏。

在交战中，有一个宋军士卒名叫狂狡，他作战很勇敢，心地十分善良。狂狡追击一个敌人，敌人吓得跳进井里。狂狡把戟倒过来，用戟柄将落井的郑军士卒搭救上来。可是这个郑国人上来后，非但不感谢狂狡的救命之恩，反而把他绑起来，当作俘虏交给将领了。

这件事后来传到宋国，宋国的人们说："狂狡太可惜了，不过这是他自食恶果。打仗嘛，发扬果敢刚毅的精神，服从命令、击败敌人，这就叫作礼。杀死敌人就是果敢，做到果敢就是刚毅。狂狡丢掉了礼，又违背军令对敌人慈悲，所以才当了俘虏，这是自讨苦吃啊！"

后人从该文中引出一句成语"杀敌致果"，用以表示勇敢杀敌以建立战功。

·时不再来·

典出《国语·越语》。

臣闻之，得时无怠，时不再来；天予不取，反来之灾。

春秋时，越王勾践继承王位3年，率兵攻打吴国，结果反被吴国打败，被围困在会稽山上。最后，勾践答应把国库的钥匙交出，自己亲自去吴国当吴王的仆人，吴王才解除了包围。

3年后，吴王把勾践放回了越国，勾践请教谋臣范蠡说："我继承王位后，因为年轻好胜，迷恋打猎喝酒，结果给越国带来了灾祸，让吴国来统治我们。可是吴国也太过分了，我想同你商量报仇的事。"范蠡说："现在还不可以，应该顺应天时的转变。过早地打主意，事情反而难预料。"

过了一年，勾践听说吴王迷恋声色，疏远贤臣，就想进攻吴国。范蠡劝道："人事上是可以报仇了，可天时还不到，大王暂且忍一下吧！"又过了一年，勾践听说吴王杀了宰相伍子胥，又想进攻吴国。范蠡又劝勾践暂时忍耐。再过了一年，勾践听说吴国遭受天灾，稻被蟹都吃光了，又想报仇。可范蠡还是认为时机不成熟。

勾践发怒说："天时，人事都有了，为什么还要等呢？"范蠡说："战争是无可奈何的事，只有天时和人事都配合好了才能得胜。"

一年后，吴国国内人心涣散，范蠡才劝越王勾践出兵进攻。进军之前，范蠡说："我听说得到了时机不能怠慢。时机一失去就不能再来；上天给予的不接受，反而会有灾难。"勾践点头回答："我听从你的建议，一定不盲目进攻；现在有了机会，自然会抓住不放。"

最后，勾践终于打败了吴王夫差。

后人用"时不再来"鼓励人要抓紧时机，时机错过了就不会再来了。

·视为畏途·

典出《庄子·达生》。

夫畏途者，十杀一人，则父子兄弟相戒也。

春秋时，有个叫田开元的人见到了周威公，周威公对他说："听说一个人保护好肾脏就等于学会了养生之道。先生这次来，能不能给我讲些这方面的道理呢？"田开元回答说："我无非是个手拿扫帚的看门人，哪里有大王的学识渊博呢？"周威公满脸不悦地说："先生也太谦让了，随便讲讲，又有何妨！"

田开元说："好吧。我曾听孔子说过，一个善于养生的人，就好比一个牧羊人。鞭打羊时，打它的头就不会走，打它的肚子就会损伤身体，只能鞭打它的后面。"

周威公听了，很不理解地说："为何这样比喻？"田开元说："举个例子吧。鲁国有个叫单豹的人，长期隐居山林，生活简朴，无忧无虑，年满七十却肌肤娇嫩，如婴儿的模样。不幸的是，一次出门遇见饿虎，被吃掉了。另有一个叫张毅的人，拼命追逐物质享受，居住在高门大户之中，有许

食气养生图

多财物，可刚到四十岁就得疾病而死。单豹注重颐养性情，却被饿虎咬去了身体；张毅一心追求财富，却被疾病蚕食了精神。这两人，养生都不得其道，就像用鞭打羊打在肚子上一样。善于养生的人，不仅要注重身体和精神，还要注重文化修养，才算是真正的完人。"

庄子知道后，不禁感慨道："一个畏惧在道路上行走的人，听说前面杀了人，就会立刻回到家里告诫全家，然后带上刀刃，结伴而行。这的确是明智的行为！但那些注重吃喝玩乐和声色享受的人却不了解，他们的所作所为远远超过杀人的畏途，却不引以为戒，这不是十分错误的吗？"

后人借"畏途"一典比喻艰险可怕的事物。"视为畏途"是指把事情看得过于艰难。

·死马当作活马医·

典出《野叟曝言》。

既是这先生有起死回生的本事，死马当作活马医他一医罢了。

晋朝有个叫窦固的大官，他有一匹骏马，当真是日行八百，神骏异常。窦固以为天下再无第二匹马可与相比了，因此钟爱之至。谁知有一天，它突然病了，请了好些兽医来也治不好，死了。窦固痛惜之余，便向门房嘱咐道："我今天心里不痛快，谁来拜访我都不见。"郭璞听说此事后，跑来对门房道："我有办法能把死马救活。"门房通报进去。窦固半信半疑，又惊又喜，心想："死马当作活马医嘛，让他试试看。"于是立刻出来迎见。殷勤执行。并请他立即医马。郭璞道："此去东门外三十里有座小山，山上树林密布，你叫几十个人去敲锣打鼓，撵出一个像猴子样的动物来，活捉了，送来这里。"窦固立刻派了上百个士兵前去捉拿，不多时，果然捉来了。

那动物比猴子略大，目放金光，灵动异常。它一看见死马，立即扑上去吸它的鼻孔，啧啧有声。吸了一会儿，那死马竟慢慢动了起来。再过一会儿，那马一跃而起，仰天鸣嘶、踢脚摆尾，竟似完全没有病死过一样。再看那猴子，却不知什么时候跑了。窦固大喜，重赏郭璞。

后人用"死马当作活马医"的典故比喻虽然已经没有希望了的事，也不妨再作一次努力，寄希望于万一。

·天下第一·

典出《后汉书·胡广传》。

东汉名臣胡广，少年时就喜欢读书写诗。有一次，太守法雄的儿子法真回家看望父亲，发现胡广很有学问，人品也不错。恰好，朝廷要各地推荐人才，法雄知道儿子法真很有眼力，就让他帮助组织考试，从中进行选拔。考试结束后，法真看了胡广的试卷，立即跑到父亲面前说："胡广这个年轻人真不错啊，应该推荐他去京师。"

安帝刘祜看过胡广的文章，居然高声称赞起来："文章写得好啊，真是天下第一！"于是，胡广被封为尚书郎，后来又升迁为尚书仆射，逐渐成为皇帝身边的重臣。

汉顺帝即位后，要选立皇后。可是，妃子中有四个都很受他的宠爱，到底选谁好呢？顺帝最后决定以卜卦来决定。胡广深感不妥，劝说顺帝："陛下，选立皇后可是一件十分严肃认真的大事，怎么可以卜卦决定呢？选立皇后，还是应该以德行为标准，这才符合祖宗的章法啊！"顺帝被他说服了，最后选立梁贵人为皇后。

"天下第一"指在当代居第一位，无人能比得上。多用来指最出色的人或事物。

·天下一统·

典出《史记·秦始皇本纪》。

丞相绾等言："诸侯初破，燕、齐、荆地远，不为置王，毋以填之。请立诸子，唯上幸许。"始皇下其议于群臣，群臣皆以为便。廷尉李斯议曰："周文、武所封子弟同姓甚众，然后属疏远，相攻击如仇雠，诸侯更相诛伐，周天子弗能禁止。今海内赖陛下神灵一统，皆为郡县，诸子功臣以公赋税重赏赐之，甚足易制。天下无异意，则安宁之术也。置诸侯不便。"始皇曰："天下共苦战斗不休，以有侯王。赖宗庙，天下初定，又复立国，是树兵也，而求其宁息，岂不难哉！

秦始皇像

廷尉议是。分天下以为三十六郡，郡置守、尉、监。更名民曰："黔首"。大酺。收天下兵，聚之咸阳，销以为钟镰，金人十二，重各千石，置廷宫中。一法度衡石丈尺。车同轨。书同文字。

齐国灭亡以后，范雎和尉缭的"远交近攻"的计策完全成功了。从此以后，六国全归并到秦国，天下统一。东周列国，经过了五百年的变迁，才合成了一个大国。秦王兼并六国，统一中原，跟着就改变国家的制度。头一样，他知道"名不正，则言不顺"。当初六国诸侯都称为"王"，如今"王"没有了，那么自己又叫什么呢？他总得应比"王"的名号更大、更高吧。还有，君王的称号要等到他死了以后让大臣们共同来取，这不是叫臣下来议论君王吗？秦王把这种办法废了。他用了"皇帝"这个名称。自己是中国头一个皇帝，就叫"始皇帝"。以后就用数字计算：第二个皇帝，就叫"二世"，第三个叫"三世"……这么下去一直到万世，没完没了。他又叫玉器匠刻了一个大印，算是皇帝的玉玺。那玉玺刻好之后，大臣们全都给秦始皇庆贺。

秦始皇瞧了那些大臣们真是什么样儿的人才都有，朝堂上黑压压地都挤满了人。可是那个出计策收买各国大臣的尉缭在哪儿呢？他的门生王敖又在哪儿呢？这回兼并六国，统一中原，拿打仗来说，功劳最大的当然要数王翦、王贲父子俩了。可是拿对付各国的计策来说，尉缭和王敖师徒俩的功劳也不在他们两位大将之下。秦始皇就问大臣们这两个人到哪儿去了。大臣们正在怀疑：皇帝得了天下，怎么还不把土地封给他们呢？

丞相王绾就借题发挥了。他说："尉缭、王敖帮助皇帝平定四海。他们的功劳好比周朝的太公、周公，当然指望皇帝封他们做诸侯。如今皇帝没分封有功的大臣，他们就走了。"秦始皇一听这话，又问大臣们："周朝分封诸侯的制度还能用吗？"他们都说："这是古时候的制度，怎么会不能用呢？再说齐国在东边，楚国在南边，燕国在北边，这么又大又远的地界，要是不封王、封侯，怎么管得住呢？"

秦始皇想了一想，眼光就停在李斯身上。李斯早就和秦始皇计划妥当了，背书似的说："周武王把天下分成好几百个小国，封给自己的子弟和功臣们。到后来，这些小国你打我、我打你，简直没有一天安静的日子。好不容易几百个小国并成了几十个，再由几十个并成了十几个，最后，就剩了七国。可是七国还是不安定。老是彼此不合，互相攻打。如今皇帝兼并六国，统一中原，哪能把一统的天下再分开来，重新顺到周朝那种混乱的老路上去呢？有大功的臣下，当然要有重赏，比方说，增加他们的俸禄，却不能割据国家的土地。咱们已经把列国改为郡县，那么，就应当用郡县制度来统治天下。"大伙儿听了，心里全不赞成，可又说不出反对的理由来。

秦始皇就采用了李斯建议的郡县制度，把天下分为三十六郡，郡下面再分县。每个郡由朝廷直接任命3个最重要的官长。即郡守、郡尉和郡监，管理全郡。郡守是一郡中最主要的官长。郡尉是个武官，在郡守的下头，管理治安，全郡的军队也由他统领。郡监执掌监察的事情。全国行政机构都统一了，办起事情来当然提高了效率；之后，秦始皇又统一了文字、度量衡等。

后人用"统一中原"比喻把分散的势力联合起来，成就伟大的事业。

·完璧归赵·

典出《史记·廉颇蔺相如列传》。

赵惠文王时，得楚和氏璧。秦昭王闻之，使人遗赵王书，愿以十五城请易璧。赵王与大将军廉颇诸大臣谋：欲予秦，秦城恐不可得，徒见欺；欲勿予，即患秦兵之来。计未定，求人可使报秦者，未得。宦者令缪贤曰："臣舍人蔺相如可使。"……相如曰："王必无人，臣愿奉璧往使。城入赵而璧留秦；城不入，臣请完璧归赵。"赵王于是遂遣相如奉璧西入秦。

公元前283年，秦昭襄王听说赵王得了一块"和氏璧"，就派使者带了国书去见赵惠文王，说秦王情愿拿出15座城来换那块玉璧，希望赵王答应。赵惠文王就跟大臣们商量。想要答应秦国，又怕上当；要不答应，又怕秦国打进来。大伙商议了半天，还不能决定到底应当怎么办。赵惠文王问谁能够担当使者上秦国去办这件事。他瞅了瞅大将廉颇，廉颇低着头不说话。

当时有个宦官名叫缪贤的，他对赵王说："我有个门客叫蔺相如，他是个很有见识的谋士。我想让他到秦国去十分合适。"赵惠文王就把蔺相如召上来，问他："秦王拿 15 座城来换赵国的玉璧，先生认为是答应好呢还是不答应好？"蔺相如说："秦国强，咱们弱，不能不答应。"赵王接着又说："要是把玉璧送了去，得不着城，怎么办呢？"蔺相如说："秦国拿出十五座城来换一块玉璧，这个价钱总算够高的了。赵国要是不答应，错在赵国。要是大王把玉璧送去，秦国不交出城来，那么错在秦国了。我说，宁可叫秦国担这个错儿，咱们可不能不讲道理。"

赵惠文王说："先生能到秦国去一趟吗？"蔺相如说："要是没有可派的人，那我就去一趟。秦国交了城，我就把玉璧留在秦国；不然的话，我一定完璧归赵。"赵惠文王当时就拜蔺相如为大夫，派他到秦国去。

蔺相如带着"和氏璧"到了咸阳。秦昭襄王听说赵国送玉璧来了，非常得意地坐在朝堂上。蔺相如恭恭敬

蔺相如完璧归赵

敬地把玉璧献了上去。秦王看完了，十分高兴。他把玉璧递给左右，大伙儿传着看，又交给后宫的美人们瞧了一回，大臣们都给秦王庆贺，一起欢呼万岁。蔺相如一个人冷冷清清地站在一边等着。等了老大半天，也不见秦王提起那15座城的事。他想："秦王果然不是真心实意地想交换。可是玉璧已经到了他手里，怎么能拿回来呢？"他急中生智，上前对秦王说："这块玉璧，看着虽然很好，可是有点儿小毛病，别人不容易瞧出来，让我指给大王瞧一瞧。"秦王就叫手下的人把玉璧递给蔺相如。

蔺相如拿着玉璧，往后退了几步，靠着柱子，瞪着眼睛，气哼哼地对秦昭襄王说："大王当初派使者送国书的时候，说是情愿拿出15座城来换赵国的玉璧。赵国的大臣们都说：'这是秦国骗人的话，千万不能答应。'我反对说：'老百姓还讲信义，何况大国的君王？我们哪能以小人之心度君子之腹呢？'赵王这才斋戒了5天，然后叫我送了来。这是多么郑重的一回事啊。可是大王太不恭敬了。拿着这块玉璧随随便便地叫左右传着看，还送到后宫去给宫女们玩儿，没把它重视得像15座城一样。从这点看来，我知道大王没有交换的真心诚意。为了这点，我把这块玉璧拿了回来。大王要是逼我的话，我宁可把我的脑袋跟这块玉璧在这根柱子上一起撞碎！"说话之间，他就拿起玉璧来，对着柱子要撞。秦昭襄王连忙向他赔不是，说："大夫别错怪了我的意思。我哪能说了不算呢？"他立刻就叫大臣拿上地图来，指着说："从这儿到那儿，一共15座城，全给赵国。"蔺相如一想："可别再上了他的当！"他就对秦王说："好吧，不过赵王斋戒了5天，又在朝堂上举行了一个挺郑重的送玉璧的仪式。大王也应当斋戒5天，然后再举行一个接受玉璧的仪式。要这么恭恭敬敬地尽了礼，我才敢把玉璧奉上。"秦王说："就这么办吧。"他只好叫人把蔺相如送到客房去歇息。

蔺相如拿着那块玉璧到了客房。他想："过了5天，仍然得不到那15座城，可怎么办呢？"他就叫一个手下的人扮成买卖人的模样，把那块玉包着系在身上，偷偷地从小道跑回赵国去了。

过了5天，秦昭襄王召集大臣们参加接受玉璧仪式。他想借着这个名目来向各国夸耀。朝堂上坐满了人，非常严肃。传令官喊着说："请赵国的使臣上殿！"蔺相如不慌不忙地走上殿，向秦王行了礼。秦王见他空着两只手，就对他说："我已经斋戒了5天，这会儿举行接受玉璧的仪式吧。"蔺相如说："秦国自从穆公以来，前后20多位君主没有一个不重用善于欺诈的人。孟明视欺骗了晋国，商鞅欺骗了魏国，张仪欺骗了楚国……过去的事一件一件地都在那儿摆着。我也怕受欺骗，对不起赵王，已经把那块玉璧送回赵国去了。请大王治我的罪吧！"秦王大发雷霆，嚷嚷着说："你说我不恭敬，我就依了你的话斋戒了5天。今天举行仪式，你竟把玉璧送回赵国去了。是你欺骗了我还是我欺骗了你？"他气呼呼地对底下人说："把他绑上！"蔺相如和颜悦色地对秦王说："慢着！让我把话说完了。天下诸侯都知道秦是强国，赵是弱国；天下只有强国欺负弱国，绝没有弱国欺负强国的道理。大王真要那块玉璧的话，请先把那 15 座城交割给赵国，然后再打发使者跟我一块儿到赵国去取那块玉。赵国得到了 15 座城之后，绝不敢不顾信义，得罪大王的。我的话说完了。好在各国的使者都在这儿。他们都知道是我得罪了大王，不是大王欺负了弱国的使者。"

秦国的大臣们听了这番话，你瞧着我，我瞧着你，大伙儿都不作声。各国的使者都替蔺相如捏一把冷汗。两边武士正要去绑他，秦昭襄王喝住他们，说："不许动手！"回头对蔺相如说："我哪能欺负先生呢？一块玉璧不过是块玉璧，我们不应该为了这件小事，伤了两国的和气。"他很恭敬地招待了蔺相如，让他回去。

·西方的霸主·

典出《史记·秦本纪》。

三十六年，穆公复益厚孟明等，使将兵伐晋，渡河焚船，大败晋人，取王官及鄗，以报殽（同"崤"）之役。晋人皆城守不敢出。于是穆公乃自茅津渡河，封殽中尸，为发丧，哭之三日。

公元前 625 年（周襄王二十七年，秦穆公三十五年，晋襄公三年），孟明视要求秦穆公发兵去崤山，报仇雪耻。秦穆公一口答应了。孟明视、西乞术、白乙丙三位大将率领着四百辆兵车朝晋国开去。晋襄公接到报告，就派中军大将先且居去迎敌。先且居是先轸的儿子。先轸因为向晋襄公啐了唾沫，老是觉得愧对国君。后来狄人前来侵犯，先轸打败了他们以后，竟自己跑到狄人的阵营，脱下盔甲，叫他们射死了。他是借着敌人的手来惩办他侮辱国君的大罪。晋襄公痛失良将，大哭一场，拜他儿子先且居为中军大将。

由于晋国早有准备，所以两国的兵马一交手，孟明视又打了个败仗。这叫他懊丧极了。虽然这次秦军不似上次败得那么惨，可是孟明视的这份懊丧却比上次还厉害。他那争强好胜的个性受到了严重的打击。他愕然发觉自己实在不是什么了不起的人物。上次的失败，他始终认为是中了晋国人的圈套，而不肯认输。他总以为如果晋国人能够给他们机会，让大家跑出又小又窄的山沟，在空地上明刀明枪地比个高下，他一定能把对方打得跪地求饶。然而，这次晋国人并没有埋伏，交战的地方也不是在山沟里，他竟又被打败了，还能有什么借口呢？他认输了。于是自己上了囚车，再也不敢奢望国君能免他死罪。

谁知秦穆公依旧有他自己的盘算。他清楚孟明视的才干，也很知道他的缺点。秦穆公认为，一向在顺风里驶船的不一定是好船夫，他宁可把国家的大船交给遇过大风浪、翻过船的人。孟明视在什么地方受到挫折，秦穆公就要他在什么地方重新站起来。他对孟明视说："咱们一连吃了两个败仗，我不能责怪你。我自己要负最大的责任。我只注重兵马，没有留意到国家政治以及老百姓的苦衷，这怎么行哪！你要知道，一个国家的兴亡成败不是一个人的事，打胜仗也不是你一个人的功劳，打败仗也不是你一个人的过错。全体将士兵卒、全国的人，甚至连一个伙夫，都荣辱与共。我怎么能光怪你一个人呢？"

孟明视听完秦穆公这一番话，内心激动极了。他觉得自己对于君主、对于国家，好像欠下了一笔极大的债，他决意用他的每一滴血、每一分精神来偿还。他把家财全部拿出来，送给阵亡将士的家属；他再也不要求吃大鱼大肉了，而是跟小兵一起过着劳苦的日子。他们吃粗粮，他也吃粗粮；他们啃菜根，他也啃菜根。他天天训练兵马，埋头苦干。他再也不仗恃自己的神勇蛮力了，而是重每一个小兵的力量。两年来，他好似变了一个人，他不再那么冒失、任性、莽撞了。

那一年冬天，孟明视获得报告，说晋国联合了宋、陈、郑三国往秦国的边界上来了。他嘱咐将士们好好守城，却不许他们跟晋国开打。先且居向秦国人挑衅，说："你们已经道过谢了，我们也来还礼吧！"秦国人听了都气得摩拳擦掌，想跟晋国人拼个你死我活。孟明视却不声不响，依旧操练兵马，只把晋国的侵犯当成边界上的小事，终于让他们夺去了两座城。秦国有人指责孟明视贪生怕死，甚至有人请秦穆公撤换将军。秦穆公说："你们先别急，孟明视他自有主张。"可是孟明视到底有什么主张呢？附近的小国和西戎部族，目睹秦国接连打了3个败仗，都以为秦国气数已尽，再也不听秦国的使唤了。

公元前624年夏天，孟明视请秦穆公一起去攻打晋国。他说："这次要是不能复仇雪耻，我绝不活着回来！"秦穆公说："咱们连续败了三次，别说中原诸侯不把咱们放在眼里，就连西方的小国跟西戎的部族都不服从咱们了。如果这次再打个败仗，我也没有脸面回来了。"君臣二人商量好了以后，孟明视挑选了国内的精兵，预备妥五百辆兵车。秦穆公拨出大量的财帛，把士兵的家属全都安顿好。士兵们个个精神抖擞，全国的老百姓也都同仇敌忾。在大军出发当天，国里的男女老少全来送行。年迈的父母、年轻的妇女都嘱咐他们的儿子、丈夫说："不打胜仗，可别回来呀！"大军渡过黄河后，孟明视对将士们说："咱们这次出征，只能前进，不能后退！我想把这些船全烧了，你们认为怎么样？"大家异口同声说："烧吧！赶快烧吧！打了胜仗，还怕没有船吗？如果打了败仗，还有脸回家吗？"全体将士都下破釜沉舟的决心。

孟明视本人自愿当先锋，打头阵。士兵们憋了好几年的苦闷、委屈和仇恨，眼看就要一股脑儿迸发出来了。

不到几天的工夫，他们不但夺回了上次失陷的那两座城，还攻占了几座晋国的大城。警报传抵绛城（晋国的都城，在山西省翼城县），晋国人心惶惶。赵衰、先且居都成了缩头乌龟，不敢出面迎敌。晋襄公只好下令："只许守城，不准跟秦国人开打！"秦国的大军在晋国的土地上威风八面地找人打仗，可是没有一个晋国人敢出来跟他们拼命。最后，有人对秦穆公说："晋国已经屈服了。主公何不上崤山收埋死士的尸骨，洗雪从前的耻辱？"

　　秦穆公就领着大军开赴崤山，只见遍地白骨森森，好不凄惨。他们把尸骨收拾起来，用草垫衬着埋在山坡下。秦穆公穿上孝衣，亲自祭祀阵亡的将士，见景生情，忍不住放声大哭。孟明视、西乞术、白乙丙三个人更是连哭带喊，悲不自胜。全体士兵没有一个不动容落泪的。西方的小国跟西戎的部族，一听说秦国大败了中原的霸主，都争先恐后地去进贡，很快就有二十几个小国和部族归附了秦国。秦国扩充了一千多里土地，做了西戎的霸主。周襄王也打发大臣到秦国去，赏给秦穆公12只铜鼓，承认他是西方的霸主。

技艺篇

·阿坤巧烹龙凤腿·

典出民间故事。

慈禧太后对饮食十分讲究,要是吃得不称心,就要发脾气。有一天,小太监端上几盘京邦大菜,她扫了一眼,鼻孔里"唔"了一声,手一摆说道:"又是老一套!"一句话,吓得厨师们心里直哆嗦,连忙重新做了几道湖广名菜端上去。可是她又一甩袖子说:"端下去!"这可更难煞了御膳房一班厨师们,商量来商量去,也想不出什么好名堂来。这时,御厨里有一位苏州厨师姓王名阿坤。他想,"鲜"字拆开是"鱼"和"羊",何不用鱼和羊来试做一道新鲜菜呢?于是,他就以鱼肉、羊肉为主、配上虾仁、香姑、冬笋和各种佐料,拌和在一起,放在笼屉里蒸熟,然后再做成一只一只的鸡腿形状,再滚上一层蛋粉,下油锅里一氽,再将其每一只的细头插上熟笋,乍一看,就像鸡腿一样,"鸡皮"油光锃亮,连毛孔都隐约可见。慈禧觉得这道菜的样子很新鲜,便夹起一只尝了尝。顿时笑逐颜开,她认为这道菜不仅味道鲜美,而且干中有卤、脆中有柔,便亲自赐名"龙凤腿"。

后来,王阿坤告老回乡,又把这道菜的烹调技艺带回苏州,传给一家菜馆。这家菜馆的老板为招徕顾客,挂起了"慈禧御赐名菜龙凤腿"的牌子,从此成为名菜。

·八仙过海，各显神通·

典出民间传说。

八仙，是古代民间传说中的 8 位神仙，他们是：

汉钟离：相传姓钟离名权，他受铁拐李的点化，上山学道。下山后又飞剑斩虎、点金济众。最后与兄钟离简同日升天，度吕纯阳而去。

吕洞宾：名岩，号纯阳子。相传为唐京兆人，也有说是河中府（今山西永济市）人。唐朝会昌（公元 841 ～ 846 年）年间，两举进士不第，因此浪游江湖，遇钟离权授以丹诀，时年已 64 岁。他曾隐居终南山等地修道，后游历各地，自称回道人。

铁拐李：相传姓李名玄，曾遇太上老君得道。神游时因其肉身误为徒弟火化，游魂无所依归，乃附在一个饿死者的尸身上还阳。他蓬首垢面，坦腹跛足，并用水喷倚身的竹杖，变成铁杖，故称铁拐李，又叫李铁拐。

张果老：相传他久隐中条山，往来汾、晋间，唐武则天时已数百岁。武则天曾派遣臣相召见他，

八仙图

他装死不去。后人复见其居恒州山中。他常倒骑白驴，日行数万里，休息时即将驴折叠，藏于巾箱。曾被唐玄宗召至京师，演出种种法术，授以银青光禄大夫，赐号通玄先生。

韩湘子：相传是韩愈的族侄，性情狂放，曾在初冬时于数日内令牡丹花开数色，每朵又有诗一联，韩愈大为惊异。

蓝采和：传说他常身穿破衫，一脚着靴，一脚跣露，手持大拍板，行乞闹市，乘醉而歌，周游天下。后闻空间有笙箫之声，忽然升空而去。

何仙姑：相传是唐广州增城女子，住在云母溪。年十四五岁时，食云母粉而成仙。她行动如飞，日往山中采果奉母。

曹国舅：相传他姓曹名友，宋代人。本为国舅，因其弟仗势作恶，恐受连累，遂散财济贫，入山修道。后由钟离权、吕洞宾引入仙班。

以上这八大仙人，传说中都是些神通广大的人物，他们在过海时，各显各的神通，顺利渡过。

后人用"八仙过海，各显神通"比喻在集体生活中，各有各的办法或本领，来完成共同的事业。

·百步穿杨·

典出《战国策·西周策》。

楚有养由基者，善射，去柳叶者百步而射之，百发百中。

战国时，楚国有一位将军叫养由基。他射箭的技术非常高明，到了出神入化的地步，人称"神箭将军"。

养由基射箭极准，能百步穿杨。也就是说，他能站在一百步开外，一箭射穿小小的一片杨树叶子，见过的人都惊叹不已。

他射箭不仅是准，而且极为刚劲有力。有一次，人们将7层铠甲叠在一起让养由基去射。他一箭射去时，竟把又厚又重的7层铠甲穿透，真是天生神力。

楚王有一只心爱的白猿，它非常聪明，善解人意，楚王常常将它带在身边玩耍。有时候楚王要射箭，就叫白猿站在对面的柱子前面，白猿不仅不害怕，反而轻而易举地将楚王射过去的箭接住，放在手里玩弄。

有一天，楚王叫养由基来射箭，也让白猿站在柱子旁接箭。但是，这只通人性的畜生知道养由基的箭术非凡，它无论如何是接不住养由基射去的箭的。于是，它害怕极了。

当养由基刚刚开始调整弓弦时，白猿已经吓得半死，抱住了柱子凄惨地号哭起来。楚王见白猿如此可怜，便不让它接箭了。

后人用"百步穿杨"形容射击、射箭技艺精湛，本领高明。

·扁鹊换心·

典出《列子·汤问》。

鲁公扈、赵齐婴二人有疾，同请扁鹊求治。扁鹊治之，既同愈，谓公扈、齐婴曰："汝曩之所疾，自外而干府藏者，固药石之所已。今有偕生之疾，与体偕长，今为汝攻之，何如？"二人曰："愿先闻其验。"

扁鹊谓公扈曰："汝志强而气弱，故足于谋而寡于断；齐婴志弱而气强，故少于虑而伤于专。若换汝之心，则均于善矣。"

扁鹊遂饮二人毒酒，迷死三日，剖胸探心，易而置之，投以神药；既悟，如初。二人辞归。

于是，公扈反齐婴之室，而有其妻子，妻子弗识；齐婴亦反公扈之室，有其妻子，妻子亦弗识。二室因相与讼，求辨于扁鹊，扁鹊辨其所由，讼乃已。

鲁国公扈和赵国齐婴二人有病，都去请扁鹊给他们医治。扁鹊替他们治病，都给治好了，扁鹊便对公扈、齐婴说道："你们先前所得的疾病，是从外表侵入到五脏六腑，原是药物所能治好的。现在你们都得了一种先天的病，与你们的身体一同生长着，如今我再为你们治疗一下怎么样？"

二人说："我们愿意先听听这病的实情。"扁鹊就向公扈说："你的心智有余，气质很弱，所以你多智慧，却欠果断；齐婴心智不足，气质坚强，所以智慧少而好专断。假若把你们的心互换一下，就两方面都很好了。"

扁鹊就给二人喝了毒酒，让他们像死了似的昏迷3天，由着他剖开胸膛，挖出心来，互相换置，再敷上神效的药；他们醒来后，和从前一样正常。两个人便都告辞回去。

于是，公扈回到了齐婴的家，去寻他的妻子，但妻子不认识他；齐婴回到了公扈的家，去见他的妻子，妻子也不认识他。

两家因此互相争讼起来，去求扁鹊辨认是非；扁鹊便把治病换心的经过告诉了他们，争讼才停止了。

这则故事是说，心是人的主宰，形体是服从心的指挥的。心换了，形体的外表即使没变，而精神实质却都跟着心变了。剖胸探心，易而置之，这种作为外科手术的大胆设想，在医理上并不能一律视为荒诞之言。

·程咬金的武艺·

典出《说唐》。

程咬金，字知节，济州东河（今属山东）人。他出身贫苦，原是江湖上的流浪汉，性格憨直粗野，刚烈好斗。隋末，他随从李密参加瓦岗军，后来归顺唐高祖李渊，但是有时仍然流露出不甘屈服的神情。

程咬金结识尤俊达后，入伙为盗。尤俊达问他会使用什么兵器，程咬金说："小弟不会使别的兵器，平常劈柴的时候，就把斧头提起舞舞弄弄，所以会使斧头。"尤俊达叫家丁取出一柄八卦宣花斧，重六十四斤，一路路地教程咬金斧法。不料，程咬金心性不通，学了第一路，忘记了第二路；学了第二路，又忘记了第一路。

当天夜间，程咬金在睡梦中，遇见一个老人教他骑马弄斧。这个老人举斧在手，一路路使开，把六十四路斧法教会了。程咬金觉醒起来后，想把梦中学到的斧法演习一番，没有马，便将厅上的一条板凳当马骑。他取一条索子，一头缚在板凳上，一头缚在自己颈上，骑了板凳，双手托斧，满厅乱跑，舞弄起来。尤俊达在房内被惊醒，从厅后门缝一看，只见月光照人，如同白昼，程咬金在那里骑着板凳，舞弄斧头，甚是奇妙，比日间教不会的时节，大不相同，心中大喜，便走出来，大叫"妙啊"！程咬金正舞到兴头上，突然被这一喝声冲破，结果只学得三十六路，后边的路数却忘记了。

正因为这样，程咬金的武艺，会使斧头，而他使用斧头，只是头三下厉害，后面就没有劲了。

"程咬金的武艺"，比喻本事不大，只会那两下子。

·操舟若神·

典出《庄子·达生》。

颜渊问仲尼曰："吾尝济乎觞深之渊，津人操舟若神。吾问焉，曰：'操舟可学邪？'曰：'可。善游者数能。若乃夫没人，则未尝见舟而便操之也。'吾问焉而不吾告，敢问何谓也？"

仲尼曰："善游者数能，忘水也。若乃夫没有之未尝见舟而便操之也，彼视渊若陵，视舟之覆犹其车却也。覆却万方陈乎前而不得入其舍，恶往而不暇？以瓦注者巧，以钩注者惮，以黄金注者殙。其巧一也，而有所矜，则重外也。凡外重者内拙。"

颜渊问仲尼说："我曾经渡过觞深这个水潭，那摆渡的人驾船的技巧真是神妙。我问道：'驾船可以学会吗？'他回答说：'可以。擅长游水的人是由于反复学习才学会的。至于那些会潜水的人，即使平时没见过船，一旦见到就可以灵便地驾驶它。'我问的问题他不直接回答我，请问他说的话是什么意思？"

水上行舟

仲尼说："擅长游水的人反复学习就会，是由于熟悉了水性，对水不怀恐惧。至于会潜水的人没见过船就能驾船，那更是由于他看水就像陆地一样，看待翻船就像大车在上坡时打了滑倒退几步。即使翻掉船的种种危险同时出现在面前，照样沉着镇定，心里丝毫不受影响；这样，到哪里不轻松自如呢？一个搞赌博的人，用瓦块当赌注的时候，赌起来心灵手巧；用随身物品作赌注的时候，心中便有所顾忌；用黄金作赌注的时候，失去黄金的恐惧会搞得他心神昏乱。赌的技巧本来是一样的，而由于心里有了负担，表现出来的技巧就大不一样，这就是看重外物的结果。凡是看重外物的人内心一定是笨拙的。"

后人用"操舟若神"比喻只有抛掉得失之心，才能在各种复杂情况下充分发挥自己的技巧技能。

·楚王田射·

典出《郁离子》。

楚王田于云梦，使虞人起禽而射之。禽发，麋出于王左，麋交于王右。王引弓欲射，有鹄拂王旃而过，翼若垂云。王注矢于弓，不知其所射。养叔进曰："臣之射也，置一叶于百步之外而射之，十发而十中，如使置十叶焉，则中不中非臣所能必矣。"

一次，楚王在云梦打猎。他让虞人把飞禽走兽轰起来，供自己射猎，当飞禽出现的时候，只见楚王的左边跑来一只鹿，右边窜出几只麋。他正要开弓射箭，又发现一只天鹅从他头顶的大旗上掠过，两只挥动的翅膀好像垂在天空的白云。楚王眼花缭乱，箭搭在弦上，却不知该射哪一个。

大夫养由基上前说："我射箭的时候，百步之外放一片树叶，能够十发十中；如果放上十片树叶，能不能射中，那就很难说了。"

"楚王田射"的典故告诉人们，集中精力，专心一意，才能把事情办好。贪多嚼不烂。什么都想干，往往什么也干不成。

·春蚓秋蛇·

典出《晋书·王羲之传》。

子云近世擅名汇表，然仅得成法，无丈夫气，行行若萦春蚓，字字如绾秋蛇。

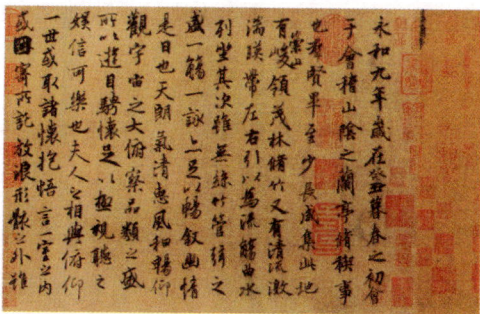

《兰亭集序》（书影） 东晋 王羲之

梁朝的萧子云，自幼喜欢书法。他的书法虽出于近世，却独具一格，因而是闻名于长江一带。但当时有人却有不同看法，认为萧子云的书法没有骨气，每行字都像春天的蚯蚓，每个字都像秋天蜷曲的蛇。

后人用"春蚓秋蛇"比喻书法拙劣。言其字像春天的蚯蚓和秋天的蛇的行迹一样，弯弯曲曲的。

·绰绰有余·

典出《孟子·公孙丑下》。

我无官守，我无言责也，则吾进退，岂不绰绰然有余裕哉？

战国时，齐国大夫坻蛙担任灵丘县令，干得有声有色。过了一段时间，他想去国都担任谏官，就辞去了灵丘县令。他做了好几个月的谏官，却始终没向齐王劝谏过。

一天，孟子去见坻蛙，对他说："谏官是可以进言的官，你做了几个月，却始终没提过建议，看来你不适合做这样的官。"

坻蛙听了孟子的指责，心里很不好受，他知道齐王的脾气很不好，怕说了也不起作用，就很少劝谏。现在经孟子这么一说，才感到自己没尽到职责。于是，他向齐王辞去了谏官的职务。

这件事齐国人知道了，纷纷议论说："孟子替坻蛙考虑得不错，但为什么不替自己好好考虑一下呢？他屡次向齐王进言，齐王不用，他却厚着脸皮不走，这难道是嫉妒吗？"

公孝子把这些议论告诉了孟子，孟子满不在乎地说："我听人说，一个有官职的人，如果没尽到职责，就应该辞官；有进言责任的人，如果进言未被采纳，也应该离去。而我呢？既无官职，又无进言的责任，我的进退岂不是绰绰有余裕吗？"

后人用"绰绰有余"、"绰有余裕"形容某人办事有能力，足以应付。也可用以形容金钱、财物等充裕。

·大笔如椽·

典出《晋书·王珣传》。

东晋时，宰相王导的孙子王珣很有才华。20岁时便被大司马桓温聘为主簿官。有一次桓温想试一下王珣的才学。那天，官员们在一起议论政事。事前大家都有所准备，王珣也写好了发言稿。桓温派人悄悄拿走了王珣的稿子，后来王珣发觉了，却并不慌张。轮到发言时他仍从容不迫，滔滔不绝地讲完了自己的观点及主张，王珣的口才使在场的人都很佩服。从此，桓温将重要的文字工作都交给他处理。

有一天夜里，王珣做了一个梦，梦见有人给他一支大笔，粗大得像架在屋梁上的椽子。王珣被梦惊醒了，马上告诉家里人说："一定又有用得上我这支大手笔的时候了。"

不久孝武帝去世了，写讣告、哀策、谥议等一系列繁重而又重要的文字工作全由王珣承担了起来。王珣把这一切都做得很好，博得了大家的好评。

"大笔如椽"原指所用的笔有椽子那么大。后比喻笔力雄健或大手笔之作。

·雕虫小技·

典出《法言·吾子》。

或问："吾子少而好赋？"曰："然。童子雕虫篆刻。"俄而曰："壮夫不为也。"

又见唐代李白《与韩荆州朝宗书》。

至于制作，积成卷轴，则欲尘秽视听，恐雕虫小技，不合大人。

韩朝宗是唐朝玄宗时候的人，曾经做过荆州刺史。他非常爱护青年文士，乐于提拔后进的人才，有不少青年经过他的推荐，都出人头地有所成就。所以，社会上的人非常敬慕他。

当时鼎鼎大名的大诗人李白，曾经写了一封信给韩朝宗，希望得到他的赏识，并且希望他为自己推荐一份工作。

李白写给韩朝宗的信，就是文学史上有名的《与韩荆州书》。信中除对韩朝宗的为人学问大大地赞颂一番外，就是述说自己的志愿以及写作方面的情形。信的末尾说："恐雕虫小技，不合大人。"这是一句谦虚的话，意思是说，恐怕我所写的文章，微不足道，不符合大人的口味。

后来的人便借用"雕虫小技"这句话，比喻微小的技能，多指文字技巧。

·范川庄的故事·

范川庄是明代宗安人，家境贫穷，但十分爱好绘画，所作的画非常生动逼真。有人要把范川庄荐到京城作画史，范川庄认为自己的水平还远远不够，决心拜师学画。

他来到南京，听说有个姓陈的画家画得很好，就登门求见，并说："我家里很穷，只打算给你当个听差的，每日替你洗砚研墨，观摩你作画，只要有我吃住的就行。"姓陈的画家答应了。一天，他看那位画家作画，并不怎样高明，只不过是一时的虚名，就想画一张画与他一较高低。他就借着去河边洗砚的时候，假说遇见了鬼怪，气喘吁吁地跑回来。那画家问他怎么回事，他说："我刚才遇见鬼怪了！"那画家问他是什么样子，他说："那样子说不清楚，还是用纸画一下吧！"于是便舒纸挥笔，顷刻画出了屈、伸、奔、跳、拉、扯等形态的怪物来。那画家惊叹道：

"你画得这样好，真应该是我的老师了。"范川庄看到人家态度非常诚恳，自己反而不好意思了，便悄悄地离开了陈家。

范川庄回到家里，正逢过年，可家徒四壁，身无一文，怎么过年呢？一位邻居责怪他不该在这种时候回来。范川庄想了想说："没有关系，我有一鹅，你到街上替我卖一下，就能解决问题了。"他取纸画了一张奋翅欲奔的鹅。邻人说："快除夕了，谁还要这张画？"他说："不妨，你只要见富家人有赶鹅过来的，就将我这张鹅贴在墙上，便会有人买这张画。"邻人照着他的话来到街上，见有一位牧鹅少年赶鹅过来，连忙将画的鹅贴在墙上。群鹅见了，都大叫着举起翅膀打算跟这只鹅跑，牧童怎么轰也轰不走。于是鹅的主人就用重金买下这幅画，拿画在前边引路才把这群鹅赶回家。这样，范川庄和邻居一起过了一个丰盛的除夕。

·飞鸟惊蛇·

典出《法书苑》。

飞鸟出林，惊蛇入草。

草书始于汉代，当时通行的是草隶，即草率的隶书。后逐渐发展成为"章草"。到汉末，相传有一个叫张芝的书法家脱去了"章草"中保留的隶书笔画形迹，上下字之间的笔势，往往牵连相通，偏旁相互假借，成为"今草"，即一般所称的草书。

到了唐代，草书又有新的发展，出现了笔势连绵回绕，字形变化繁多的"狂草"。据载，唐代有一位僧人叫释亚楼，善草书，他曾自题一联："飞鸟出林，惊蛇入草。"意思是说，草书要写得活泼生动，犹如鸟儿飞射出林，惊蛇窜入草丛。

后人用"飞鸟惊蛇"称赞优美的草书。

·干将莫邪·

典出《吴越春秋·阖闾内传》。

春秋时，越国铸的剑最好，因越国不仅出产的金铁（铜锡矿石）质地好，而且有不少铸剑高手，其中最为著名的就是干将。干将与欧冶子共同拜师学铸剑。他俩曾合作铸过3口铁剑，称为"龙渊"、"泰阿"、"工布"。

后来干将在吴国与一个叫莫邪的女子结成夫妇，以为人铸造农具等为生，有时也铸剑。吴国出产的金铁，质地不及越国，设备也受到限制，所以干将在这里铸的剑，比不上先前与欧冶子合作铸造的，但比当地工匠所铸的剑毕竟要强多了。

公元前514年，阖闾即吴王位后，要干将为自己铸一两口品质特别优良的剑，为此特地辟出一个铸剑场，调来许多工匠，还征发了300名童男童女，专门为铸剑的炉子装炭鼓风。干将接连铸了好几把剑，都被阖闾退回来，说是质地比不上他拥有的欧冶子所铸的剑。干将对来人申辩说："要铸质地好的剑，一定要有质地好的金铁、合适的火候和高超的技术，三者缺一不可，我的技术与师兄欧冶子不相上下，但这里的金铁和火候

比不上越国的。"阖闾这才同意再给
3 个月的铸剑时间。

但是两个月过去了，炉子中的金
铁还是没有熔化。一天，莫邪问干将：
"金铁至今没有熔化，是不是质地有
问题？""是啊，先师当年最后一次
铸剑时，也碰到这个问题，后来，先
师偕同先师母跳入炉火之中，才熔化
金铁，铸出了好剑！"

"这样不是要烧死了吗？"

"铸不出好剑，越国的大王也要
处死他们的。"

莫邪说："既然先师母能做到这
样，那我也能做到这样！"

干将想了想，说："也许可以不
必把身子全投入炉火之中，我以为如
果把头发和指甲投入，也可能使金铁
熔化。"

于是，莫邪立即剪断头发，剪下
指甲，将它们投入炉火之中。果然，
在 300 名童男童女不断地装炭鼓风

干莫炼剑

下，金铁渐渐熔化。最后，两口好剑铸成了。一口满饰龟甲
纹的是雄剑，称为"干将"；另一口满饰水波纹的是雌剑，

称为"莫邪"。两口剑均锋利无比，质地超过了阖闾拥有的欧冶子铸的那口剑。

后人用"干将莫邪"比喻贤才美器。

·甘拜下风·

典出《左传·僖公十五年》。

君履后土而戴皇天，皇天后土，实闻君之言，群臣敢在下风。

春秋时，晋国因为闹灾荒，国内缺粮，便派使臣到秦国买粮。秦穆公和大臣经过商量，决定答应晋国的要求，并派了不少人，把大批的粮食送到晋国。过了一年，秦国国内闹灾荒，晋国倒是五谷丰收。这时秦国又派人到晋国买粮。可是，晋惠公不但不肯卖粮食给秦国，反而想趁着秦国的灾荒，派兵侵犯秦国。

公元前645年，晋惠公果然派兵进犯秦国。秦国国君秦穆公见晋惠公这样忘恩负义，便亲自带领大军前来迎战。经过一番激烈的战斗，晋军战败，晋惠公和大将韩简都当了俘虏。晋国的大夫披头散发，跟随着晋侯。秦穆公见他们垂头丧气的样子，便对他们说："你们为什么这样凄凄惨惨的，我这次带着你们的国君回秦，不会把他怎么样的。"晋大夫连连作揖，对秦穆公说："君王踩着后土而顶着皇天，皇天后土都听到了您的话，我们甘拜下风。"

后人用"甘拜下风"这个典故比喻打心眼里佩服，自认不如对方。

· 弓人之妻 ·

典出《韩诗外传》。

齐景公使人为弓，三年乃成。景公得弓而射，不穿三札。景公怒，将杀弓人。弓人之妻往见景公曰："妾蔡人之子，弓人之妻也。此弓者，太山这南乌号之柘，牛之角，荆麋之筋，河鱼之胶也。四物者，天下之练材也，不宜穿札之少如此。且妾闻奚公之车不能独走；莫邪虽利不能独断，必有以动之。夫射之道，在手若附枝，掌若握卵，四指如断短杖，右手发之，左手不知。此盖射之道。"景公以为仪而射之，穿七札。蔡人之夫立出。

齐景公叫人做弓，3年才做成。景公拿着这张弓去射箭，射不穿铠甲的3层铁片。景公大怒，要杀做弓的人。做弓人的妻子去见景公说："我是蔡国人的女儿，做弓人的妻子。这张弓，是用从泰山向阳坡上找来的桑柘木、牛的角、楚国麋的筋、黄河里的鱼皮熬制的胶做成的。这4种材料，是从天下精选出来的好材料，用这种材料做成的弓不应当只射穿这样少的铠甲片。况且我听说过，奚仲造的车子不能自个儿跑；莫邪宝剑虽然锋利，不能自个儿砍断东西，都必须会有人使用它。射箭的方法，手要像攀着树枝，手掌要像握着鸡蛋，4个指头像断了的短棍，右手射出，左手毫无感觉。这就是射箭的方法。"景公把这些方法作为准则而后射箭，就射穿了17层铠甲片。做弓的人也立即被放了出来。

这篇寓言告诫人们，对于一种先进的工具，自己首先要掌握它的性能，学会使用它的方法，然后再评论其好坏。如果自己不懂，连使用的方法也不会，就妄下断语，轻易否定，是会把宝物当废物的。

·公输刻凤·

典出《刘子·知人》。

公输之刻凤也，冠距未成，翠羽未树。人见其身者，谓之龙鹬。见其首者，名曰鹌鹑，皆訾其丑而笑其拙。及凤之成，翠冠云耸，朱距电摇，锦身霞散，绮翮焱发，然一翥，翻翔云栋，三日而不集，然后赞其奇而称其巧。

公输般雕刻一只彩凤，凤冠、凤爪尚未雕成，羽毛也没有刻完，围观的人就七嘴八舌地妄加非议。看见身子的人，说是野鸭子，看见头的人，说是伽兰鸟，诋毁彩凤的样子丑陋，讥笑公输般技艺拙劣。

等到彩凤刻成，只见翠绿的冠子高高耸立，鲜红的爪子闪闪发亮，彩色缤纷的身子像霞光散射，鲜艳美丽的翅膀像火花迸发。更引人注目的是，彩凤展翅奋飞，振翼有声，在屋梁上回旋飞翔，三天三夜而不落下。这时，这些人才齐声赞叹彩凤的精美奇巧，称颂公输般的非凡技艺。

后人用"公输刻凤"的典故告诫人们，必须注意用全面的、发展的观点去观察和判断事物。不能只看到某一过程、某一局部就指手画脚，轻易下结论。

·公输为鹊·

典出《墨子·鲁问》。

公输子削竹木以为鹊，成而飞之，三日不下，公输子自以为至巧。墨子谓公输子曰："子之为鹊也，不如匠之为车辖，须臾刘三寸之木，而任五十石之重。故所为功，利于人谓之巧，不利于人谓之拙。"

公输子用竹木削制了一只鹊鸟。做成以后，开动机关，鹊鸟展动翅羽，直上九霄，飞了三天，还没落下来。公输子十分得意，自以为巧极了。

墨子知道后，对公输子说："您呕心沥血制作这只会飞的木鹊，实在不如一个普通匠人做车辖有意义。您看，他们花费很短的时间，使用极少的木料，做成之后插在车轴两端，便可载重负荷，经受五十石的重压。所以说，制作的东西，对人有利益，才能称为'巧'；否则，没有实用价值，只能叫'笨拙'罢了。"

后人用"公输为鹊"的典故比喻科学技术上的发明创造是为了提高劳动生产率，造福于人类，没有实际意义的东西，即使做得再精巧，也是毫无实用价值的。

·公孙大娘的剑舞·

典出《剑器行》。

盛唐开元五年（公元 717 年）在河南郾城的广场上，人山人海，都在翘首驻足等待观看一位名扬海内的民间女艺人舞《剑器》，她就是唐代杰出的民间舞蹈家公孙大娘。她演出时头梳高髻，耳戴明，匀称的身材，穿了件贴身锦绣的戎装；朝霞般的脸上，带着几分既英武又秀美的姿色。只见她缓步走上广场，对观众轻施一礼，然后拔出双剑"亮相"，骚动人群立刻安静下来。接着她舞起双剑，瞬间银光闪耀，剑影飞驰；她"点步翻身"像后羿射日，引弓欲发；提腿翘足似欲乘风直上九天；悠然间又像矫健的飞龙腾空翱翔；迅猛时勇如震怒的春雷。正当人们心情激动紧张万分时，她渐渐收住双剑，灵巧的身躯像飞鸟轻轻落在枝头，十分怡然自得；停下的双剑犹如无波的江面，凝聚着一道清光。静场片刻，人们才醒悟过来，公孙大娘已经舞完了。掌声、喝彩声一下子有如雷霆般

《剑器行》诗意图

爆发出来。当时在人丛中看得入神的有个 6 岁幼童，他就是后来成为一代诗圣的杜甫。几十年后，杜甫又观赏到公孙大娘的弟子李十二娘表演的《剑器》舞，不胜感慨，即兴写下《观公孙大娘弟子舞剑器行》。诗中回忆了当年公孙大娘舞《剑器》时的神态、气势和情景，十分逼真感人。此外，据当时的草书家张旭和怀素看过公孙大娘的《剑器》舞之后，竟从她淋漓顿挫、刚柔相济的舞姿中得到启发，草书大有进步。

公孙大娘一生的经历也很曲折，她来自民间，对剑舞广征博采，具有精湛的技艺和独特的风格。唐玄宗的时候，她曾在宫廷里侍奉过一段时间，这也正是她艺术生活最辉煌的阶段。后来她又回到民间，有时在广场上献艺，有时在达官贵人家里演出，但最终这位民间艺术家还是因穷困潦倒而默默无闻地死去了。

·鬼斧神工·

典出《庄子·达生》。

梓庆削木为鐻，鐻成，见者惊犹鬼神。

秦始皇一统天下之后，大兴土木，建造了很多宫殿楼台，其中有一座"云明台"，尤为宏伟。据说，建造这座台时，有两个工匠不用梯子、支架及绳索，能在空中挥斧弄凿，从子时到午时这么短短的时间内，便全部完工了，所以这座台又称"子午台"。当时人们称这两个工匠精巧的手艺和快捷的工作为"鬼斧",喻其不是凡人所能做得到的。

西域骞宵国向秦始皇贡献了一个著名雕刻匠,名叫裔烈,秦始皇命他用玉石雕成各种兽类,每雕成一件,他便在那野兽胸前刻上完工日期,但所有野兽一律没刻上眼睛。有一天,秦始皇见两只玉虎没有眼睛,便用笔替它们各加一点,谁知过了几天,那对玉虎忽然不见了。到了第二年,西域有个国家进贡了2只白虎,秦始皇发觉白虎胸前都烙有日期,而且都只有一只眼睛,不觉奇怪,叫人一查,和失踪的玉虎雕刻日期相符,便叫人把两只白虎的眼睛挖下来,它们竟又变成玉虎了。

人们惊叹于裔烈的技巧,便都称为"神工"。后来的人用"鬼斧神工"形容制作的技艺高超、精妙。

·画工传神·

典出《道山清话》。

昔人有令画工传神,以其不似,命别为之。既而又以不似,凡三四易。画工怒曰:"若画得似,复是甚模样?"

从前,有一个人让画师给他画一张传神的像,因为画得不像,就叫画师另画一张。后来因为画得不像,又叫画师改了三四次画稿。画师生气地说:"要是画得真像了,那要成个什么样子!"

后人用这则寓言说明中国古代绘画艺术,强调形神兼备,不但要求画得像,还要画出神情和精神。张九龄说,最好的画是"意得神传，笔精形似"。形与神，二者是辩证的统一，不能偏废。如果只强调传神，忽视了形似，画的张三，却像李四，还有什么传神可言？这位画工滥发脾气："若画得似，复是甚模样？"是以传神做借口，来掩饰其技有所不逮耳。传神是重要的，也是必要的，但不得以传神做藏拙的手段。

·画虎类犬·

典出《后汉书·马援传》。

兄子严、敦并喜讥议，而通轻侠客。援前在交址，还书诫之曰："吾欲汝曹闻人过失，如闻父母之名，耳可得闻，口不可得言也。……龙伯高敦厚周慎，口无择言，谦约节俭，廉公有威，吾爱之重之，愿汝曹效之。杜季良豪侠好义，忧人之忧，乐人之乐，清浊无所失，父丧致客，数郡毕至，吾爱之重之，不愿汝曹效也。效伯高不得，犹为谨敕之士，所谓刻鹄不成尚类鹜者也。效季良不得，陷为天下轻薄子，所谓画虎不成反类狗者也。……"

东汉时代，被封为伏波将军的马援，有一次写信教训他的侄儿说："我希望你们在听到有人谈及别人的过失时，能够像听到有人说及父母的名字一样注意，龙伯高是一个敦厚、谨慎的人，我希望你们能够仿效他的品行。杜季良为人豪侠好义，但我却不愿意你们仿效他。因为如果模仿龙伯高不成，仍可以成为一个谨慎的人，像一个刻鹄不成，刻出一只鹜来，仍可以说刻成相类的飞鸟；如果模仿杜季良不成，将会成为一个轻浮的人，像想画一只老虎，却画出一只狗来一样，变成性质根本不同的兽类了。"

"画虎类犬"这句成语，就是出于马援写给侄儿的这封信。因为虎是兽类中的权威者，一般野兽都畏惧老虎；而狗却是卑劣的兽类，只晓得摇头摆尾向人乞怜，所以后人便用"画虎类犬"比喻不切实际地攀求过高的目标，实现不了反而闹笑话。

·空前绝后·

典出《宣和画谱》。

顾冠于前，张绝于后，而道子乃兼有之。

晋朝时，有一位大画家叫顾恺之，学问很渊博，绘画闻名于当时。他画人物，从来不点眼珠，有人问其原因，他说：传神之处，正在这个地方。当时被人称为三绝：才绝、画绝、痴绝。

南北朝时的梁国，又出了一位大画家名叫张僧繇。此人善

洛神赋图　东晋　顾恺之

画山水人物及佛像，梁武帝时建了很多寺院佛塔，都命他作画。据说，有一次他在一个寺庙的墙壁上画了四条龙，没有点眼珠，别人问为什么不点睛，他说，恐怕点了眼珠这些龙破壁而飞走，人们再三要求他试一下，他便点了两条，果然破壁飞走，未点的两条仍在。这一传说虽然很荒诞，但说明他作画的功夫是很深的。

到了唐朝，出了一个更加有成就的画家吴道子，他对画山水、佛像造诣很深，笔法绝妙，有画圣之称。据说，他为唐玄宗画巨幅嘉陵江图，三百里山水竟在一天内画好了。他在景玄寺中画了"地狱变相图"，不画鬼怪而阴森逼人，相传看过这幅画改过自新的大有人在。

《宣和画谱》在论及吴道子的作画成就时认为，顾恺之的成就超越前人，张僧繇的成就后人莫及，而吴道子则两者兼而有之。

后人用"空前绝后"这个典故比喻某件事情或某种艺术成就超绝古今。

·快马健儿，不如老妪吹篪·

典出《洛阳伽蓝记》。

羌人反叛，包围了秦州，刺史王琠急得如热锅上的蚂蚁，在堂屋上团团转，束手无策。正在这时，一位美丽动人的女子走了进来，向王琠道过万福，说："老爷，我有办法降服羌人，请派我去！"

王琛见是婢女朝云，感到十分惊讶，说："你一个小女子能对付得了强悍的羌人骑兵？"摇摇头，挥手叫她退下。

朝云说："我善于吹篪，不妨让我试试！"王琛实在没办法就答应了。

第二天，由一名军官送朝云到羌人反叛者活动的地区。朝云假扮成贫穷的老妇，沿路乞食而去。她一边慢慢地走，一边吹着篪，"呜呜"的声音，如泣如诉，感人肺腑，催人泪下。那些反叛者听到了这熟悉的曲调和哀婉的乐声，心中不由得涌起了一阵悲凉。家乡的茅屋老井、山川田野，父母长辈、兄弟姐妹，又都历历在目，他们纷纷走到一起痛哭流涕，说："我们在这儿当寇贼，是何苦呢？何苦离乡背井，滚爬在这样的荒山野岭？"他们手牵手，到刺史王琛府上投降。

秦州的百姓知道了这件事，就相互传着一句话："快马健儿，不如老妪吹篪。"老妪：老妇人。篪：古代乐器名。形容音乐的感人力量。

·老妪能解·

典出《冷斋夜话》。

白乐天每作诗，令一老妪解之，问曰："解否？"妪曰"解"，则录之；"不解"，则易之。

在唐代的著名诗人中，白居易是位佼佼者。白居易，字乐天，

《长恨歌》诗意图

晚年号香山居士。贞元年间，白居易中进士，授秘书省校书郎。后任左拾遗及左赞善大夫。因上表请求严缉刺死宰相武元衡的凶手，得罪权贵，被贬为江州司马。长庆初年（公元 821 年）任杭州刺史，宝历初年（公元 825 年）任苏州刺史，后官至刑部尚书。

在文学上，白居易积极倡导新乐府运动，主张"文章合为时而作，歌诗合为事而作"，强调继承《诗经》"风雅比兴"的传统和杜甫的创作精神，反对"嘲风雪，弄花草"而别无寄托的作品。白居易的诗，深入浅出，通俗易懂，历来受到广大人民群众的喜爱，他的长篇叙事诗《长恨歌》、《琵琶行》等，在唐诗中是很出名的，得到后人的称颂。

据宋代和尚释惠洪编的《冷斋夜话》记载，白居易作诗时，经常把酝酿好的诗句读给不识字的老妇人听，问她们懂不懂。老妇人说听得懂，他才采纳。否则，他便进一步修改，直到她们能听懂为止。白居易的诗歌"老妪能解"一直被后人传为佳话。后人用"老妪能解"来形容诗文的通俗易懂。

·林冲棒打洪教头·

典出《水浒传》。

林冲被高俅父子陷害，刺配充军，来到沧州投奔柴进。

柴进绰号小旋风，仗义好客，久闻林冲大名，能够与之相会格外高兴，特地设宴款待林冲。柴进家里有个武术教师洪教头，见到柴进厚礼款待林冲，心中不服，要同林冲比武。林冲看时，只见那教头歪戴一顶斗巾，挺着胸脯，神气十足，盛气凌人地说："哼，林教头！他敢和我使一棒看，我便说他是真教头！"林冲虽然武艺高强，但因自己是囚犯，又是初来乍到，所以处处退让，不肯占先。洪教头妄自尊大，目中无人，对林冲的退让视为胆怯可欺。柴进一则要看看林冲的武艺，再则想杀杀洪教头的傲气，也同意他们二人比试比试，叫庄客取来二十五两的一锭银子，放在地上，说是谁赢了就送给谁。正式比武时，洪教头怕林冲争去银子，又怕输了锐气，便连声喝道："来，来，来！"随即将棒劈面打来。林冲往后一退，躲过一棒。洪教头抢上一步，又一棒打下来。林冲又躲过一棒。这时，洪教头脚步已乱了。就在这一刹那间，林冲把棒从下面横扫过去。洪教头措手不及，臁儿骨上挨了一棒，当即撇了棒，扑倒在地，一时挣扎不起来。众人见了，一齐大笑。两个庄客把洪教头扶了起来。

洪教头羞惭满面，一拐一瘸地到庄外去了。柴进又把林冲领入后堂饮酒，叫庄客把那锭银子送给林冲。林冲推辞不得，也就收下了。

"林冲棒打洪教头"，比喻专门看准人家的漏洞，抓住弱点动手。

·列子学射·

典出《列子·说符》。

列子学射，中矣，请于关尹子。尹子曰："子知子所以中者乎？"对曰："弗知也。"关尹子曰："未可。"退而习之三年，又以报关尹子。尹子曰："子知子所以中乎？"列子曰："知之矣。"关尹子曰："可矣。守而勿失也！非独射也，为国与身亦皆如之。"

列子学射箭，已经能够射中目标了，他高兴地去告诉关尹子。

关尹子问他："你知道你为什么能射中吗？"列子想了想，回答："不知道。"于是，关尹子对他说："不行，你还没有学好。"

列子回去又练习了3年，然后，又来报告关尹子。

关尹子又问："你知道你为什么能射中吗？"列子毫不迟疑地说："知道。"

关尹子说："行了！你已经学成了。这其中的道理，你应当永远记住，不要忘掉。而且不仅是射箭，治理国家和处世为人都应该这样。"

"列子学射"这个典故告诉我们：办事情不仅要知其然，还要知其所以然，把握事物的规律性。这样，才能克服盲目性，提高自觉性，把事情办得更好。

·柳公权巧答唐穆宗·

唐代书法家柳公权，字诚悬，京兆华原人，官至太子少师。他性格刚毅，忠直敢谏，人们不仅钦佩他的书法，也十分仰慕他的人品。他的书法，初学王羲之，后遍习各代名家而得益于颜真卿、欧阳询。他的字骨骼遒健、结构紧凑刚劲，自成一体，对后世影响极大，与颜真卿并称"颜柳"。自有"颜柳"以后，天下学书者开始习字，莫不宗此二家。

有一次，唐穆宗向柳公权说："我也喜爱书法，常在一些寺庙中见到你的真迹。伫立良久，精心揣摩，但总是写不好，这是什么缘故呢？"柳公权是个聪明人，他想了一下，然后回答道："心正笔犹，正就是写好字的要诀！"唐穆宗听罢，以为柳公权故意取笑他，大有欺君之意，便变色道："哪有臣子讥讽皇上的！"柳公权赶忙说："臣原为布衣之民，承蒙皇上恩泽，拜为右拾遗侍书学士，怎敢讥笑皇上，常言道，'字如其人'。书法与绘画，文学等都一样，都能反映一个人的精神境界。从书法艺术角度来讲，每幅作品都是由'形质'和'神采'两部分组成的。所谓'形质'，乃是可见部分，指字的笔法、间架和整幅字的布局等；所谓'神质'，则是指不可见的部分，包括作者的性格、修养、思想以及写字时的具体感情。人品不高则'神质'不高，'神质'不高则'形质'不高，也就会落笔无法。

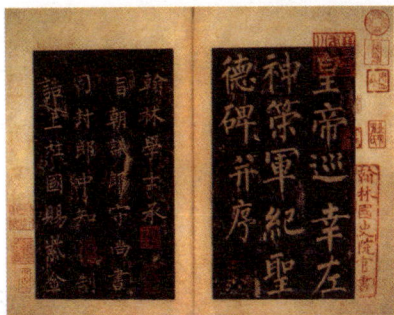

神策军碑　唐　柳公权

这与陛下做皇帝管理万民和我们做官各司其职是一样的，人品好的皇帝和官吏自然只会对百姓做好事。"

唐穆宗听完，转怒为喜，点头称赞："先生你是用书法的道理劝谏我的过失啊！"

·鲁班门前弄大斧·

典出《题李太白墓》。

来来往往一首诗，鲁班门前弄大斧。

相传唐代著名诗人李白的墓地在安徽省当涂县境内的采石矶上。一次，明代进士梅之涣到采石矶游览，看到许多游人在李白墓地上题了不少诗句。这些诗句大都写得不好。他想到李白是一代诗人，这些人竟然在李白的墓前题诗，真是不自量力。于是，他也写了一首诗："采石江边一堆土，李白之名高千古；来来往往一首诗，鲁班门前弄大斧。"

鲁班是春秋战国之际的能工巧匠，具有极高的土木建筑技艺。梅之涣借一些人竟然在鲁班面前卖弄用斧头的本领为喻，来嘲笑那些乱题诗的人。

"鲁班门前弄大斧"，比喻在行家面前卖弄本领，过高地估计和表现自己。

·洛阳纸贵·

典出《晋书·左思传》。

于是豪贵之家竞相传写，洛阳为之纸贵。

西晋的文学家左思，出身贫苦，相貌丑陋，可是文章写得很好。他写一篇《齐都赋》，整整用了1年的时间，更有甚者，为了写好《三都赋》，前后竟花了10年的工夫。

所谓三都，是指三国时期的蜀国京都成都、吴国京都建业和魏国京都邺。他亲自到这3座都城去调查、游览，收集了丰富的资料，积累很多素材，为了便于写作和修改《三都赋》，他就在门户、庭院，甚至厕所等地方，到处都放上纸、笔，想到好的语句，就马上记下来。经过反复修改，精心推敲，用了10年的苦功，《三都赋》终于写成。他的文章构思奇巧，气魄雄伟，语言优美绮丽，充分表现出三座都城的美丽、壮观，反映出中国劳动人民的智慧和才能以及中国古代光辉灿烂的文化成就。

《三都赋》问世以后，由于文章精彩，一传十，十传百，整个京城洛阳都轰动了。人们争相传抄，竟使洛阳的纸价一下子贵了起来。

后人用"洛阳纸贵"形容文章写得好，广为流传，连纸都涨价了。

·卖油翁·

典出《归田录》。

陈康肃公尧咨善射，当世无双，公亦以此自矜。尝射于家圃，有卖油翁释担而睨之，久而不去。见其发矢十中八九，但微颔之。康肃问曰："汝亦知射乎？吾射不亦精乎？"翁曰："无他，但手熟尔。"康肃忿然曰："尔安敢轻吾射！"翁曰："以我酌油知之。"乃取一葫芦置于地，以钱覆其口，徐以杓酌油沥之，自钱孔入而钱不湿。因曰："我亦无他，惟手熟尔。"康肃笑而遣之。

陈尧咨擅长射箭，是当代独一无二的，他也曾凭这招儿自夸。有一次，他在家里的场地上射箭，有个卖油老汉放下担子站在附近斜着眼睛看他射，久久不离去。看到尧咨射出的 10 支箭有八九支射中了，卖油老翁对此只是微微点头表示赞许。

陈尧咨问卖油老翁："你也懂得射箭的技艺吗？我射箭的技艺难道不好吗？"卖油老翁说："没有别的奥妙，只不过手熟罢了。"

陈尧咨气愤地说："你怎么敢看轻我射箭的本领！"

卖油的老汉说："凭我酌油的经验知道这个道理。"于是拿个葫芦放在地上，用铜钱盖住葫芦口，然后用勺子舀油慢慢注入葫芦，油一滴滴地从钱孔流入，钱上却没有沾一点油。于是他说："我也没有别的什么技巧，只是手熟罢了。"

陈康肃只好笑着让他走了。

后人用"卖油翁"这个典故比喻熟能生巧。

·蒙鸠筑巢·

典出《荀子·劝学》。

南方有鸟焉，名曰蒙鸠，以羽为巢，而编之以发，系之苇苕。风至苕折，卵破子死。巢非不完也，所系者然也。

南方有一种鸟，名叫蒙鸠。这种鸟用羽毛做窝，并且用毛发把窝编织起来，然而却把它系在芦苇穗子上。一阵风吹来，芦苇穗子折断了，鸟蛋也摔破了，雏鸟也跌死了。蒙鸠的窝做得并不是不完美，而是由于它所系的地方使得它这样的。

这篇寓言启示我们，无论做什么工作，都必须建立在坚实

可靠的基础上。没有这样的基础，工作做得再细致也是不可靠的。

·米芾悬腕书"蝇头"·

典出《提笔法》。

宋代书法家米芾自幼勤奋练字，家中所藏的晋唐名家真迹，他无不日日临摹。有的虽写过三四遍，但自觉还只有一两个字满意。晚上它又必定要把它们收放在一只小箱子里，然后安置在枕边才入寝。由于米芾长年累月地对书法努力追求，探索不息，因此到了 38 岁终于形成了自己的独特风格。41 岁后更进一步博采众长，达到了一个新的高峰。据说他练字的纸可以盛满一两间屋子。

有一次，米芾的朋友陈伯修带着自己的儿子到米家，饶有风趣地对米芾说："我的儿子在学书法过程中碰到了一只'拦

潇湘奇观图

路虎',自己摆脱不了,特向你来求助。"米芾笑着问道:"是什么'拦路虎'?"陈伯修的儿子说:"悬腕执笔问题!"米芾就传授说:"悬腕写字,可使手转动灵活。如不悬腕,紧贴桌面写字,手就无法活动,笔管也就必然运转不灵。"陈伯修的儿子又问道:"写小楷也要悬腕吗?"米芾听罢,回首示意书童去拿宣纸。不一会儿,书童取来纸张,铺在案桌上,然后各用手镇住两端。米芾接着蘸墨挥毫,悬腕书写起来,他用笔端正严谨,虽字形小得像苍蝇的头一样,但章法格局却与大楷一样整齐。陈伯修父子站在一旁出神地看着,互相点头叹赏。于是就向他请教方法。米芾说:"这并没什么特殊的秘诀,只要平时将左手平覆在桌面上,右手腕搁在左手背上写,时间长了,抽去左手,右手自会逐渐稳定。"陈伯修父子听后深受启发,高兴地揖揖手,告辞而去。

·欧阳询卧看索靖碑·

欧阳询是唐代杰出的书法家,也是中国历史上最有名的书法家之一,擅长真(楷)、草、隶、篆各种书体,尤精于楷书,笔势险峻、体态秀逸,遒劲有力,被后世书家称为"欧体"。

欧阳询的书法艺术早在隋末就已声名鹊起,并远渡东海,流传到日本。入唐以后,更是愈加老道,已臻炉火纯青。但是这位一代书法宗师并不满足已取得的成绩,依然读碑临帖,精益求精,力求博各家之长,创建稳定而独特的风格。

有一次，欧阳询外出云游，遍访天下名碑。当他路遇晋代书法家索靖所书的一方章草石碑时，开始粗粗地扫视了几眼，觉得很一般，没什么特别的地方。刚要拨马离去，转念一想，索靖既然被尊为一代书法家，想必有他独树一帜的特点，我没发现这个特点怎么能走呢？于是又回到碑前，伫立静观。经过反复琢磨，才发现索靖的字骨峻势豪，体态玄妙，富于变化而不失品格。领悟到妙处，欧阳询不禁连声叹道："妙极、妙极，简直是出神入化，粗看当然体察不到它的妙处啦！

有了这样的体会，欧阳询干脆不走了，站着看累了又坐着看，但仍感不足，于是索性让随从搬来铺盖，卧于碑前，边看边比画，一看竟达三天三夜之久，直到完全领悟了索靖的运笔、间架、布局等特征与方法之后满意地离开。据说欧体的骨势就有许多是来自索靖的碑书。

·蒲元识水·

典出《太平御览》。

君性多奇思，于斜谷为诸葛亮铸刀三千口。刀成，自言汉水钝弱，不任淬；用蜀江爽烈……乃命人于成都取江水。君以淬刀，言杂涪水，不可用。取水者捍言不杂。君以刀画水，言杂八升。取水者叩头云："于涪津覆水，遂以涪水益之。"

蒲元有着出众的才智。他在斜谷替诸葛亮制造了3000把刀。刀铸成后，他说用汉江水淬火会使刀脆弱不锋利，不能用。用蜀江水淬火就能使刀清亮刚烈，于是就派人到成都取蜀江水。水取回后，蒲元用它一淬刀，马上说这水里掺杂了涪江水，不能用。取水的人硬说没掺杂。蒲元就用刀划水，然后说，掺了八升涪江水。取水的人连忙跪下叩头说："取水回来时在涪江渡口把水打泼了，就用涪江水来增补它。"

该故事运用夸张手法，说明富有实践经验的可贵。

·雀屏中目·

典出《旧唐书·高祖太穆皇后窦氏传》。

毅闻之，谓长公主曰："此女才貌如此，不可妄以许人，当为求贤夫。"乃于门屏画二孔雀，诸公子有求婚者，辄与两箭射之，潜约中目者许之。前后数十辈莫能中。高祖后至，两发各中一目。毅大悦，遂归于我帝。

窦毅妻子生了一个女儿，他觉得她很可爱，便精心抚养，到这个女孩子长大了，越发人才出众。窦毅心里特别爱惜这个女儿，更不愿她嫁个平平凡凡的人，于是，便想了一个替女儿招亲的法子。他叫人绣了一双孔雀在屏风上，如有来求婚的人，便叫他拿起弓箭来射，如果在百步以外能发两箭射中孔雀的眼睛，就将女儿嫁给他。这个消息传出去，那些懂得武艺的少年就纷纷来应试。可是孔雀的眼睛太小了，半年来就没有一个人射中。

有一天，来了一个姓李的少年，他拿起箭来，把弓轻轻拉开，"嗖"的一箭，便正中孔雀的眼睛。窦毅高兴极了，便将女儿嫁给他。这个箭法高强的人，就是唐高祖李渊。

后人用"雀屏中目"比喻武艺高超。

·傻贝子扬威·

清光绪时，北京有一个著名棋手，是皇帝的宗室。由于家道破落，他不谋生计，专注于象棋技艺的研究。因其少年时整天呆头呆脑，捧着本象棋书，被人称为"傻贝子"，成名后他挟象棋走江湖，以"傻贝子"著称于世。

叶仪、耿四是光绪年间崛起的象棋名家，叶仪凭着实战起家，临场经验丰富。耿四则略有书卷味，熟习象棋古谱。一次，叶仪和耿四在茶社金山居进行象棋对抗赛，围观的人很多。耿四运用熟练的屏风马阵式，力拒叶仪凶悍的当头炮攻势。两人旗鼓相当，中盘过后叶仪虽略有先机，但是无隙可乘。经过兑子，终成和局。旁观棋迷，大都认为和是正着，谁变着便要吃亏。不料却有一人力排众议，认为和棋实在可惜。叶仪打量那人，相貌呆板，瘦骨嶙峋，衣衫破旧，心中很是轻视，但又想讨个究竟，就问那人有何高见。那人怡然答道："假如你能不求兑子，弃车去象，在十几个回合之后，必可获得胜利。"叶、耿全都不相信，就与那人复盘拆解，结果不出所算，使众人大为惊异。

叶仪认为那人不过偶然言中，当日之事，有失他名手的身份，便邀那人对弈。那人也不推辞，当即坐下拉开架式。结果杀得叶仪连连败北，直落三局。在场群众看到名手出丑，都心花怒放，拍手称赞。耿四想替叶仪出出气，也登台比试。那人连出奇招妙算，真有鬼神不测之机，三局之后，耿四已无再战的勇气了。赛后，有认得那人的，拉住他的手，大叫："傻贝子！真有你的！"从此傻贝子之名轰动北京棋坛，人们争相传颂他一日连挫两员名手的奇闻。

北京西山卧佛寺有一高僧，佛号了然，棋艺精湛。与一般棋手对弈，或让一马，或让一炮，众所莫及。城里的高手也常到寺里与之角逐，皆为手下败将。有一个太监，听说傻贝子之事后，就邀他与了然较量。开始了然要让傻贝子一马，傻贝子不受。开局时高僧的棋势很盛，大有旗开得胜，马到成功之态。傻贝子开局古怪，好像不会象棋，一上来就拱一路卒，把车藏于卒后。了然没见过这种布局，以为是欺着，就运子直捣黄龙。傻贝子临危不惧，连连闪将，弃双炮双卒一相一士一马，50余步后，扳回先手，两只车二龙绞尾，将死对方的老帅。第二局，高僧为收复失地，就用尽平生技艺，用马兵炮猛攻。傻贝子严守阵脚，毫不紊乱，30步后，转守为攻，双炮过河直逼九宫，双马退到盘端，十几招后，高僧再次败北。傻贝子得胜而回，威风八面。高僧了然遭此惨败羞惭难当，第二天就悄然离京了。

·身轻若燕掌上舞·

典出《汉书·佞幸传》。

赵飞燕是我国古代著名的舞蹈家，汉成帝时人。

赵飞燕原名宜主，生于富人之家，自小就聪明伶俐，喜好歌舞。而且她还"善行气术"，就是现在所说的气功。后来，宜主家道中落，她被一个叫赵临的人收养，又通过赵临的关系，到阳阿公主家当婢女。从此，她更加下功夫刻苦钻研，精心学习歌舞。因为她的舞姿特别轻盈，所以人们都称她为赵飞燕。在一个偶然的机会，赵飞燕被汉成帝看中立为皇后、专宠后宫。

赵飞燕腰肢纤细、体态轻盈、迎风而舞时，好像就要乘风而去一样。据传汉宫中有一池子，池中有一高出水面四十尺的高台，赵飞燕身着南越进贡的云英紫裙，碧琼轻绡，在高台上表演歌舞。突然起了一阵大风，飞燕随风扬袖，仿佛就要乘风而去一样，成帝急忙叫人拉住赵飞燕，唯恐她飞走。汉成帝怕大风把赵飞燕吹跑，还特地为她筑起了"七宝避风台"居住。

赵飞燕歌舞图

赵飞燕最为著名的恐

怕是她的掌上舞了。史书上记载，她"身轻若燕，能作掌上舞"。汉成帝曾特意令人造了一个水晶盘，令宫人托盘，让飞燕在盘上歌舞。赵飞燕凭借她极轻盈的身躯和舞姿，以及很好的控制力，在这小小的"舞台"上潇洒自如地舞蹈。只见她平展双臂，翻飞长袖，右腿微屈而立，左腿屈膝轻提，头部微倾，表情温婉，好一个令人神魂荡漾的美姿！

汉成帝死后，哀帝刘欣封赵飞燕为皇太后，哀帝在位6年即死。随即平帝刘衍即位，朝中大臣均指责赵飞燕"失妇道"，没生孩子，断了龙脉等，贬皇太后为孝成皇后，过了一个多月，又被贬为庶人，一代国母，就这样被迫自杀身亡。

·升堂入室·

典出《论语·先进》。

子曰："由之瑟奚为于丘之门！"门人不敬子路。子曰："由也升堂矣，未入室也。"

子路名仲由，春秋时下地人。他为人耿直，敢说敢做，常与他人争斗，平时喜欢戴一顶像雄鸡一样的帽子，衣服上佩戴着野猪样式的标志，以此表示自己的勇敢。后来，子路拜孔子为师，但年龄只比孔子小九岁，有时，他还欺负孔子。不过孔子了解他的性格，也不放在心上。

一次，子路问孔子说："有道德的人也崇尚勇武吗？"孔子回答说："仁义是最重要的。有道德的人崇尚勇武就会失去仁义，没有道德的人崇尚勇武就会去抢劫别人的财物。"又有一次，孔子看见子路在自己家里弹琴，就很不客气地指责说："你也太不讲礼貌了，怎么到我家里来弹琴！"

因此，孔子的学生都瞧不起子路。孔子发现学生们的情绪后，就解释说："其实，子路也有他的长处。如果他与衣着华贵坐着漂亮马车的人在一起，自己虽然穿得破烂，但他也不以此为耻辱；如果他治理一个中等国家，虽然他不讲仁义道德，但却可以管理好税赋。他来我这里学习，也学得了不少东西，但还没有真正学到一个读书人应该学习的知识。"

后来，子路去卫国做了大夫，卫国发生内乱，子路感到无颜见人，就上吊自杀了。

"升堂入室"比喻学习所达到的程度有深有浅，后来则比喻学问或技艺已有相当的造诣。

·胜任愉快·

典出《史记·酷吏列传》。

当是之时，吏治若救火扬沸，非武健严酷，恶性胜其任而愉快乎！

在封建社会中，统治阶级和封建文人对于如何治理国家、管理百姓，以便维持其封建统治，有两种不同的理论。一种认为应该用严刑酷吏；一种认为应该用礼仪、德政。孔子就曾经说过：用行政命令来治理老百姓，用刑法来约束他们，老百姓虽暂时能避免犯罪，但还不知道犯罪是可耻的；用德来治理老百姓，用礼来约束他们，老百姓就会有羞耻之心，而且也就守规矩了。司马迁很同意孔子的看法。他认为：法令是治国的工具，但并非根除社会弊病的灵丹妙药。汉以前，各种法律法令多如牛毛，但奸伪层出不穷。当时的官吏只能治标，无暇治本，然本弊不除，则其末难止，若不是严刑酷吏，甚至都不能担起重任，令人满意地去完成任务。西汉开国以后，曾除其前朝的严法，以仁政治国，虽然法令太宽，致使一些坏人漏网，然而百姓却太平无事。由此看来，为政在道德，而不在严刑酷吏。

后人用"胜任愉快"指有能力担任某项任务或工作，而且干得很好。

·孙猴子七十二变·

典出《西游记》。

石猴要去寻仙访佛，学习本领。他离了花果山水帘洞，漂洋过海，遍寻名山，终于来到灵台方寸山斜月三星洞，拜菩提祖师学道。菩提祖师给他起名孙悟空，要他和众师兄一起专心修炼。

孙悟空聪明伶俐，勤快好学，师父十分喜爱他。一天，菩提祖师又登坛讲道。悟空站在一旁专心听讲，听到妙处，喜得他抓耳挠腮，眉开眼笑，忍不住又蹦又跳。菩提见了，便走下讲坛，在悟空头上打了3下，倒背着手，走进中门，将门关上，撇下大众而去。孙悟空领悟了祖师的哑谜，心想：祖师打我3下，是叫我三更时分前去；倒背着手，走入里面，将中门关上，是叫我从后门进去，单独传授法术武艺。

他十分高兴，好不容易盼到夜深人静，大约三更时分，便到菩提祖师榻前，求师父传授给他长生之妙道。菩提见悟空心灵福至，虔诚好学，便将种种法术，一一传授。悟空洗耳用心，加紧修炼。几年过后，孙悟空跟着菩提祖师学会了七十二般变化，武艺高超，神通广大。

"孙猴子七十二变"，比喻本领高超，方法巧妙。

·孙悟空进八卦炉·

典出《西游记》。

孙悟空大战天兵天将，没有防备太上老君暗中用"金刚琢"打来，跌了一跤，后腿又被二郎神的哮天犬咬住不放，结果被捉住了。玉帝传旨，将孙悟空剁碎。众天兵把悟空押到斩妖台，绑在斩妖柱上，可是任凭刀砍斧剁，雷打火烧，都不能伤他一根毫毛。玉皇大帝和众仙吏束手无策。这时，太上老君又来献策说："这猴头吃了蟠桃，喝了御酒，又吞了仙丹，运用三昧真火，煅成一块，成了金钢的身体，所以伤损不了他。不如让老道领去，放在八卦炉中，用文火把他熔炼成灰烬。"玉帝即命老君领去。

于是，孙悟空被带到兜率宫，推入八卦炉中。架火童子将

孙悟空大闹天宫

火煽起，顿时浓烟滚滚，烈焰熊熊，把兜率宫映得一片通红。孙悟空在炉中被燥热气闷得乱窜乱跳，无法出去。偶然间，他窜到炉中巽宫的部位，这里有风无火，比其他各宫部好受得多。

经过七七四十九天的文武火熔炼，太上老君以为孙悟空在八卦炉内肯定化为灰烬了，下令开炉。万万没有想到，孙悟空在炉内还活着！他双手正捂着脸，在揉眼拭泪，忽听炉顶响动，抬头看见一片光明，当即将身一纵，跳出丹炉，"哗啦"一声，踢倒炉鼎。太上老君赶忙想要抱住，反被摔了个倒栽葱。孙悟空从耳中取出了如意金箍棒，不问三七二十一，一棒把丹炉打得粉碎，然后舞着棒，杀出兜率宫外去了。

"孙悟空进八卦炉"，比喻本来不错，经过锻炼，在原有基础上又有新的提高。

·"宋嫂鱼羹"轶事·

典出《武林旧事》。

宋嫂鱼羹，又叫"赛蟹羹"，是一道在杭州享誉800多年、至今仍为人交口赞赏的传统名菜。

宋靖康二年（1127年），宋高宗在杭州称帝。高宗在位36年，不思收复失地，一天到晚寻欢作乐。后来，索性让位于孝宗，自己退居德寿宫养老，他常常爱乘大龙舫船在西湖中游荡。原来在汴京做鱼羹的宋五嫂，也逃难来到临安，在钱塘门外开了个鱼羹店谋生，因为这里的鲤鱼不像黄河金鲤那样肥嫩，所以，她烹制的鱼羹并不怎么引人注意，生意很是萧条。

有一天，宋五嫂听说赵构的龙船又开到西湖里了，她想，反正店里生意清淡，倒不如乘此机会兜揽些生意，便乘只小船尾随龙舟而去。说来事也凑巧，有一个在赵构身边的太监认出了宋五嫂，连忙向赵构献媚说，他找到一个在汴京烧鱼羹拿手的厨娘。赵构一听大喜，连忙召宋五嫂上了龙舟。

宋五嫂来到赵构面前，赵构装模作样地询问一番。宋五嫂回想起老百姓逃难流离之苦，便一语双关，借烹制鱼羹来暗中讽喻。她说，原来以跳龙门名闻天下的黄河鲤鱼，躲到风平浪静的西湖里来求安逸，于是肉也粗了，味也淡了，让大家都厌了。现在，只有把专门吞噬小鱼的鳜鱼，捉来剥皮、剔骨、粉身、烧鱼羹，才能得到大家的欢心。宋五嫂一边说着，一边把早已准备好的一条鳜鱼，按照自己的方法烧了一碗鱼羹呈上，让赵构品尝。

赵构明知宋五嫂话外有音，言有所指，而自己又无言可对，只好装聋作哑。他慢慢吞吞地吃完了鱼羹，对宋五嫂烹调鳜鱼的高超技艺称赞了一番，又拿出一大笔钱赏赐了宋五嫂。

不久，这件事传开了。主张收复失地的人赞扬宋五嫂机智勇敢，而那些苟且偷安、醉生梦死的人，则因为皇上赞赏此菜，也跟着凑热闹。大家都来吃宋五嫂的鱼羹，就这样，"宋嫂鱼羹"远近闻名。

·双管齐下·

典出《唐朝名画录》。

惟松树特出古今，能用笔法，尝以手握双管，一时齐下，一为生枝，一为枯枝……

唐代画家张璪，以善画山水松石闻名于世。他作画时，必先屏息静坐，灵感一来，挥笔疾如雷电，彩墨淋漓，顷刻而成。与他同时代的另一位画家毕宏，久闻张璪画松独具一格，请求一开眼界，张璪答允当众挥毫。只见他双手各握一笔，左右一齐开动，同时落墨。两手所画之物迥然不同，各有妙趣。在场众人，齐声称绝。更令人叹服的是，张璪用的竟是两支秃笔，兴之所至，还以手指代笔，蘸墨在纸上纵横摩按、揉擦，把松树的苍劲、山石的凝重、泉水的流动，表现得活灵活现。

张璪画完，投笔离座。毕宏上前请教张师从哪位名家，张璪谦逊地回答道："我以大自然为师，长期审察世上万物，使物在心中，才能达到得心应手的境界。"

毕宏细细玩味张璪的话，佩服地感叹道："张公画松，非他人所能及，我辈从此可以搁笔了！"

后用"双管齐下"比喻一件事同时采用两种办法或两件事同时进行。

· 王维画石飞高丽 ·

王维是唐朝著名诗人，画家，字摩诘。他自己常说："宿世谬词客，前身应画师。"苏东坡曾说："味摩诘之诗，诗中有画，观摩诘之画，画中有诗。"

王维曾给岐王画过一幅"巨石"的画幅，笔墨酣畅，非常生动，岐王十分珍爱。岐王在余暇的时候经常注视研究这块石头，看着看着，就好似被引入到深山幽谷的幻境，怡然自乐。一天，忽然风雨齐来，雷电大作，只见一块大石，腾空而去，房子里也被撞坏了。

岐王见状赶紧到房子查看，只见壁上挂的"巨石"画幅只剩下空轴，才明白那画石受日月风雨的灵气已飞走了。

许多年后，高丽遣使臣来中国，说在他们国度里的神崇山上。一天

辋川图 唐 王维

忽然飞来一块奇石，上面有"王维"的字印，知道是中国的东西，自不敢留，故遣使臣前来奉还，皇帝命群臣将王维的手迹拿来比较一下，果然分毫不差。这时皇帝才觉得王维的画神妙，开始重视起来，并在各地搜寻王维的画，藏入宫中。

·王羲之墨汁当醋蒜·

王羲之出身于一个书法世家的门庭。他的父辈及堂兄弟都是当时的书法名手，家学渊源，为他日后成为伟大的书法家奠定了基础。

王羲之少年时常听老师卫夫人讲历代书法家勤学苦练的故事，在老师的影响下，他对东汉"草圣"张芝的书法产生了钦羡之情，决心以张芝"临池学书"的故事来激励自己。

为了练好书法，他常常跋山涉水四处寻找名碑，抄下来。几十年来，他积累了大量书法材料。他在书房内，院子里，大门边甚至厕所的外面，都摆着凳子放着笔、墨、纸、砚，每想到某个字的理想结构，就立刻写下，反复琢磨。他在练字时非常刻苦以致废寝忘食。

有一次，王羲之正兴趣盎然地练字，竟又忘记了吃饭。他的妻子让书童给他送去一盘刚刚蒸好的馍馍和一碗醋腌大蒜。书童三番五次地催他趁热吃，王羲之只是点点头应几声："好！就吃！"便又自顾挥毫疾书，书童无奈，只好请他的妻子去相劝。他的妻子来到书房，看见王羲之手里拿着一个沾满墨汁的馍馍正往嘴里送，直到嚼入口中，发觉又苦又涩，才赶快吐了出来，结果弄得满嘴乌黑。看到妻子，他不好意思地说："喔，错了，吃错了！"原来，王羲之在吃馍馍时，仍琢磨着字的间架，一边想，一边吃，竟把墨汁当成醋蒜蘸着吃了。

·梧鼠学技·

典出《荀子·劝学》。

　　腾蛇无足而飞，梧鼠五技而穷。

　　田野里有一种小动物，名叫梧鼠。据说这种动物学会了5种本领，即会飞，会走，能游泳，会爬树，也会打洞，但它的这些本领一样也没学精。会飞，但飞得不高；会走，但走得不快；能游泳，但游得不远；会打洞，但打得不深；会爬树，但爬不到树顶。名义上它学会了五种本领，用起来却一样也不中用。故有"梧鼠五技而穷"之说。

　　后人用"梧鼠学技"形容人们在学习中贪多而学得不精。

·惜墨如金·

典出《辍耕录》。

　　作画用墨最难，但先用淡墨，积至可观处，然后用焦墨、浓墨分了畦径远近，故在生纸上有许多滋润处，李成惜墨如金

读碑窠石图　北宋　李成

是也。李成是五代宋初的著名画家。他很喜爱读书，读了许多经史，他又喜爱写诗，擅长弹琴、下棋。他最擅长的是画山水。

李成特别善于描写北方山野的寒林景色和风雨、明晦、烟云、雪雾等景色。他的山水画特别讲究画面的构图和笔墨的运用。他的笔势锋利，墨法精微，好用淡墨，落笔简练。所以，后人赞扬他说："李成作画不轻易落笔，先用淡墨，后用浓墨，爱惜笔墨就像吝惜金子一样。"

成语"惜墨如金"即由此而来。原指作画时用墨先淡后浓，后指写字、作画、作文不轻易下笔，力求精练。

·相门有相·

典出《史记·孟尝君列传》。

文闻将门必有将，相门必有相。

战国时，齐国有个贵族叫田文。有一次，田文问他的父亲田婴:"儿子的儿子是什么?"田婴回答:"是孙子。"又问:"孙子的孙子是什么?"答:"是玄孙。"又问:"玄孙的玄孙是什么?"答:"不知道。"(按《尔雅》说:玄孙之子为来孙,来孙之子为昆孙,昆孙之子为仍孙,仍孙之子为云孙。)

田文对父亲说:"你在齐国为相,已侍奉了三代君王。现在你家财万贯,但家里不见一个有才能的人(田婴有子四十余人)。我听说:"将门必有将,相门必有相。现在你和全家都节衣缩食,还在不断地积累财富,不知想留给何人。这样下去怎么能行呢?"田婴听了田文的话,便命田文广招门客。后来,田婴死了,田文承袭了他的封爵,封于薛(今山东滕县东南),称薛公,号孟尝君。田文门下的食客招到了数千人,声名闻于诸侯。

后人用"相门有相"指子弟能继承父兄的事业。

·须千手观音才好·

典出《笑府》。

一待诏初学剃头。每刀伤一处,则以一指掩之。已而伤多,不胜其掩。乃曰:"原来剃头恁难,须得千手观音才好。"

这个故事说明:如果不下苦功夫学习技术,不精益求精,即使有一千只手也不解决问题。

·纪子养斗鸡·

典出《庄子·达生》。

纪子为王养斗鸡。十日而问："鸡已乎？"曰："未也。方虚而恃气。"

十日又问。曰："未也。犹应响景。"

十日又问。曰："未也。犹疾视而盛气。"

十日又问。曰："几矣。鸡虽有鸣者，已无变矣，望之似木鸡矣，其德全矣，异鸡无敢应者，反走矣。"

纪子为国王驯养斗鸡。养了10天，国王便问："鸡可以斗了吗？"纪子回答说："尚未训练好。正虚张声势，趾高气扬。"

过了10天，国王又问。纪子回答说："尚未训练好。它一发现别的鸡，马上就想去争斗。"

又过了10天，国王又问。纪子回答说："尚未训练好。它还是顾盼疾速，露出一副盛气凌人的样子。"

再过10天，国王又去探问。这时纪子说："差不多了。虽然别的鸡在它周围鸣叫，它的神色丝毫不变，看去就像一只木鸡了，作为斗鸡的品德已经完备了，别的鸡没有敢和它敌对的，见到它都回头就跑了。"

后人用"纪子养斗鸡"说明虚张声势、傲气十足的人往往并无真才实学；而有才德有力量者，反倒不张扬于外表。

·羿射不中·

典出《苻子》。

夏王使羿射于方尺之皮，径寸之的。乃命羿曰："子射之。中，则赏子以万金之费；不中，则削子以千邑之地。"羿容无定色，气战于胸中，乃援弓而射之，不中。更射之，又不中。夏王谓付弥仁曰："斯羿也，发无不中，而与之赏罚，则不中的者，何也？"付弥仁曰："若羿也，喜惧为之灾，万金为之患矣。人能遗其喜惧，去其万金，则天下之人皆不愧于羿矣。"

夏王指着一块一尺见方、靶心一寸的兽皮箭靶对神箭手后羿说："请射吧！如果射中了赏您万金；如果射不中，就削掉你千户的封邑。"

后羿听了夏王的话，脸色变化不定，神情十分紧张，气息急促难平。慌乱之中，挽弓射去，第一箭没有射中，第二箭跟

后羿射日图

着又落了空。夏王问付弥仁："这个后羿，从来都是箭无虚发，而今天和他约了一个赏罚条件就射不中了。这是什么道理呢？"付弥仁回答道："后羿所以这样，那是因为情绪波动影响了他的射技，万金厚赏造成了他的失误。人们如果能够不计较得失，把赏罚置之度外，那么谁能都够成为无愧于后羿的神箭手了。"

"羿射不中"的典故告诉人们，没有正确的思想作指导，纵然有高超的技艺，也不能得到充分的发挥。就像后羿，本来他的射术是很好的，只是因为背上了患得患失的思想包袱，结果屡射失误。

·运斤成风·

典出《庄子·徐无鬼》。

一天，庄子送葬，经过从前经常与自己辩论的惠施的墓地，不由得百感交集，对随从的人们讲了一个故事：

楚国都城郢有一个人，一次不小心在鼻尖上沾了一点儿石灰，他就请匠人用斧头帮他砍掉这点儿石灰。

匠人不慌不忙地挥动斧头，只听"呼"的一声，像一阵风一样砍过去，石灰一点儿不剩地被砍掉，而鼻子一点儿也没有伤着。那个郢人也面不改色地挺立在那里。

宋国国君宋元公听说此事后，十分好奇，召见那个匠人说："请你对我也试试砍掉鼻尖上的石灰。"

匠人回答："小人确实曾做成过这件事，但是能和我这样合作的人已去世很久了。我再没有合适的对手配合了。"

庄子说完这个故事，感慨地说："自从惠子死了以后，我已经没有辩论的对手了，再也没人和我辩论了。"

庄子最后称赞了匠人的高超技艺，又称赞了郢人的勇敢沉着，堪称是匠人的合作良友。

后人根据这个故事引出了成语"运斤成风"。运：挥动。斤：斧头。"运斤成风"指挥动斧头砍下去就是一阵风。比喻技艺极为熟练。

·造父习御·

典出《列子·汤问》。

造父之师曰泰豆氏。造父之始从习御也，执礼甚卑，泰豆三年不告。造父执礼愈谨用，乃告之曰："古诗言：'良弓之子，必先为箕；良治之子，必先为裘。'汝先观吾趣。趣如吾，然后六辔可持，六马可御。"

造父曰："唯命所从。"泰豆乃立木为涂，仅可容足；计步而置，履之而行。趣走往还，无跌失也。造父学之，三日尽其巧。

泰豆叹曰："子何其敏也！得之捷乎！凡所御者，亦如此也。曩汝之行，得之于足，应之于心。推于御也，齐辑乎辔衔之际，而急缓乎唇吻之和，正度乎胸臆之中，而执节乎掌握之间。内得于中心，而外合于马志，是故能进退履绳而旋曲中规矩，取道致远而气力有余。诚得其术也，得之于衔，应之于辔；得之于辔，应之于手；得之于手，应之于心。则不以目视，不以策驱；以闲体正，六辔不乱，而二十四蹄所投无差；回旋进退，莫不中节。然后舆轮之外可使无余辙，马蹄之外可使无余地；未尝觉山谷之险，原隰之夷，视之一也。吾术穷矣，汝其识之！"

造父的老师名叫泰豆氏。造父刚开始跟从他学驾车时，十分谦卑，而泰豆3年不给他传授技术。造父的礼貌愈加恭谨，于是泰豆便告诉他说："古诗说过：'好的弓匠人的子弟学其技艺时，一定要先学习做箕；擅长冶金者的子弟学其技艺时，一定要先学习做裘。'你先看我快步走路。走得像我那样，然后才可以手拿6根马缰绳，驾驭6匹马的车。"

造父说："完全按你的教导办。"泰豆便竖起一根根木桩子作道路，大小仅够脚踩住；按照脚步的间隔安放在路上，踩在上面行走。快步来回跑，从未失足跌倒。造父学习它，3天就掌握了全部技巧。

泰豆感叹说："你多么灵敏啊！掌握得这样快啊！大凡驾车这件事，也是这样的。前时你走路，得之于脚，应之于心。推广到驾车，步法协调由辔衔约束，速度快慢用嘴口调度；御车的度数，掌握在心中，控制在手上。内得于心，而外合于马的脾性，因之能做到进退全乎绳墨，旋转舞蹈合于规矩，跑到

君车出行图 汉

远方而还有余力。真正掌握驾车的技术，应当是：马嚼控制是顺应着缰绳，缰绳掌握得好，是顺应手的操纵；手的熟练动作，是服从心的指挥。那就可以不用眼看，不用马鞭驱赶；理得心安，体热端正，6 根缰绳不乱，24 只马蹄跨出去不会有差错；旋转进退，没有不合于节度的。这样，车道的大小能容纳车轮就足够了。道路宽窄能容纳马蹄也就可以了；不会觉得山谷的危险，原野的平坦，把它们看成一个样。我的技术给你全部传授完了，你记住它吧！"

后人用"造父习御"说明学习各样技术，必须严格训练基本功。要掌握驾车的技术，得先在仅可容足的木桩上练习快跑，做到趋走往返无跌失。

·詹何之察·

典出《韩非子·解老》。

詹何坐，弟子侍。有牛鸣于门外，弟子曰："是黑牛也而白额。"

詹何曰："然，是黑牛也，而白在其角。"使人视之，果黑牛而以布裹其角。

以詹子之术，婴众人之心，华焉殆矣！

詹何坐，学生们围绕着他。忽然听到一头牛在门外叫，一个学生说："这一定是一头白额的黑牛。"

詹何说："是的，那是一头黑牛，不过白色在牛角上。"于是，派人到门外去看，果然是一头黑牛，而牛角是白布裹着。

用詹何这种论事的方法，来迷惑一般人，似乎很高明，然而实在太愚蠢了。

后人用"詹何之察"比喻没有根据，妄加猜测，不是研究问题的正确方法。即便偶然猜中了，这种唯心论的先验论的东西，也是极其有害的。

·张丞相草书·

典出《冷斋夜话》。

张丞相好草书而不工，时流辈皆讥笑之，丞相自若也。一日得句，索笔疾书，满纸龙蛇飞动，使侄录之。当波险处，侄罔然而止，执所书问曰："此何字也？"丞相熟视久之，亦自不识，诟其侄曰："胡不早问？致吾忘之！"

张丞相喜欢写草字，但他写的草字不合规范。当时，同辈的人都讥笑他，可是张丞相却安然自得，毫不在乎。有一天，他想起了一些诗句，马上要来笔飞快地写，写得满纸像龙飞蛇舞一样，就叫他的侄儿抄写下来。他侄儿抄写时，遇到曲折难认的地方，不知如何是好，便停了下来，拿着他写的草字问："这是什么字呀？"张丞相仔细看了好一阵，自己也不认识，却骂他侄儿说："为什么不早问？现在我也忘了它是什么字了！"

这篇寓言讽刺了写字潦草、有时连自己也不认识的人。同时对做事马虎随便而又自以为是的人也是一种嘲笑。

·张衡脚绘怪兽图·

提起张衡，人们就想起地动仪。大家都知道张衡是东汉时代杰出的科学家和文学家，殊不知，这位扬名神州的英才，还是个出色的丹青翰墨能手呢。

相传东汉时，今河北满城县山中的深潭里有一个怪兽，叫"骇神"。它人面猪身，相貌极为丑陋可怕，但却很善良。这个消息传到京城，传到皇帝的耳朵里，他很想知道这个怪兽到底是什么样子，就派张衡到满城县走一遭，给怪兽画张像让他看看。

当张衡来到满城山中的深潭边，见"骇神"怡然自得地高卧在潭边的岩石上，正在晒太阳。他大喜过望，连忙打开画夹，正要对着这个丑怪物下笔，只听"扑通"一声，"骇神"已经一头扎进了深潭。这下可急坏了张衡，忙问当地人这是什么缘故。当地人回答说："这怪物很狡猾，它怕人们把它的像画走，所以才藏了起来。""它为什么怕人画呢？"

"它知道自己长得丑，怕人笑话它，不敬它。"张衡听了当地人的话后，就把画具摆好，把素帛铺在地上，恭恭敬敬地拱手站在那里静静地等着。不一会儿，"骇神"果然又探头探脑地钻出水面，它看张衡对它很尊敬，

地动仪模型

就跳上岩石冲着他笑。张衡见此情景，依然拱手而立，却甩掉鞋袜，用脚趾蘸着墨，轻捷地在素帛上画起来。不久，一幅栩栩如生、惟妙惟肖的"骇神"图跃然纸上。

张衡回到洛阳，把这张用脚画的画献给皇帝，皇帝听了他作画的经过，大加称赞。一时，人们都称张衡是"全才"、"奇才"。

·张天师捉妖·

张道陵是龙虎山中历代主持道教的正一天师第一代始祖。原名张陵，字辅汉，东汉末年沛国丰（今江苏丰县）人，是张子房第八世孙。

传说张陵七岁时，便能解说《道德经》，对河图谶纬书籍，无所不通。16岁，博通五经。他"身长九尺二寸，庞眉广颡（额），朱项绿眼，隆准（高鼻梁）方颐（颊），伏犀贯顶，垂手过膝，龙蹲虎步，使人望之可畏"。

张陵曾任江州令，后来对仕途心灰意冷，专心修炼，欲求长生不死之术。有个名叫王长的愿拜他为师，二人前往四川鹤鸣山修道。公元141年（永和六年），张陵作道书24篇，并用符水咒法为人治病，创立道派，入道者须交五斗米，所以称"五斗米道"。后来，道教徒尊他为"天师"，世称"张天师"。他的后裔袭承道法，居龙虎山。

传说，张天师擅长降鬼驱邪。一天，张天师来到西城，看见一队人群熙熙攘攘，前面鼓乐引导，后面众人拥着一人赤身绑缚。原来这里有个妖怪，好饮人血。村里每年都要杀人祭祀，否则，妖怪大兴风雨，毁苗杀稼，殃及人畜。张天师见了，心中不忍，对众人说："你们将他放了吧！"众人说："怎能放了？他因家贫，情愿舍身充祭，卖得我们五千钱，葬父嫁妹，钱已花尽；再说没人供神吮血享用，怪罪下来，如何是好？"天师说："放了他，我代替。我自愿承担，死而无怨。"众人商量，反正是一条性命，便放了那人。张天师被众人拥进神庙后，独自瞑目静坐以待。

半夜三更，一阵狂风，妖怪来到，一见有人，便要攫取。只见张天师口耳眼鼻中，都放出红光，罩定了妖怪。妖怪大惊，忙问："你是何人？"张天师说："我奉上帝之命，管摄四海五岳诸神，命我分形查勘。你是何方孽畜，敢在这里虐害生灵？罪孽深重，天诛难免！"妖怪方欲抗辩，只见前后左右都是张天师的影形，红光遍体，唬得妖怪眼缝也开不得，叩头求饶，立誓永不生事害民，最后受戒而去。从此，西城革去人祭，再未受妖怪侵害。

"张天师捉妖"，比喻为最擅长的技术或工作。

·张旭学书观万物·

典出《送高闲上人序》。

唐代书法家张旭，字伯高，吴郡人，精通各种字体，草书尤为知名。他性格豪放，嗜好饮酒，传说常在大醉后手舞足蹈、摇头晃脑地狂走一番，然后回到桌前，提笔落墨，一挥而就。有人说他疯癫，给他取了一个"张癫"的雅号。其实他却很细心，他认为在日常生活中所接触到的事物，都能启发人的书法体会。有一次，张旭外出游览，在路上看到一位书生与挑夫在争道，凝视片刻，便领悟出书法布局要主次分明，互相避让的道理。又有一次，张旭看了民间舞蹈家公孙大娘舞剑，在寒光剑影中，她那娇美的动态、刚柔交织的舞姿，使他意气飞扬，从此写字笔法变得流畅自如，不拘一格。张旭还认为，自然界中的山水崖谷、飞禽走兽、日月星河、雷霆霹雳等，也能影响书法的变化。

肚痛帖　唐　张旭

因此每有闲暇，他必仔细观察，偶有所获，即熔铸于自己的书法艺术之中，从而形成了"变动犹鬼神，不可端倪"的新风貌。

盛唐时人们把他的草书，与李白的诗词，裴旻的剑舞合称"三绝"。

·赵孟頫画马·

典出《元史》。

赵孟頫字子昂，别号松雪道人，是宋太祖赵匡胤的十一世孙。他善于画山水、人物和马。他画的马非常有名，而更奇特的是他画马的方法。

李公麟之后，画马就数赵孟頫了。他对于马有很深的研究，相传他在画马的时候，除了仔细观察外，还经常蹲在地上仿效马的各种姿势，认真地琢磨，慢慢地体会马的性格，争取在画马时不仅做到形似，还要神似，以达到"形神兼备"的境界。当时有个郭佑之称赞他说："人们只晓得拿他来比李公麟，哪知他的艺术早已在古代画马名家曹不兴、韩干之上了。"

赵孟頫对自己画马的成就也颇得意，曾经说："我从小就喜欢马，自以为可以把马的性格表现出来，别人说我比曹、韩画得好，那是过分夸奖了，但如果李公麟不死，我的作品是可以和他比一比的。"

·赵人持的·

典出《韩非子·说林下》。

羿执鞅持，操弓关机，越人争为持的。弱子弓，慈母入室闭户。故曰："可必，则越人不疑羿；不可必，则慈母逃弱子。"

羿右手戴着，双臂戴着臂套，拿上弓，拉满弦时，敌国的人也敢于争着替他拿靶子。小孩子拉弓射箭时，他的母亲就要躲入家里关紧门户。这是因为：因其必定能射中靶心，即便敌国人对羿也毫不疑惧；不能必中靶心，所以慈母对亲生子也要躲避。

后人用"赵人持的"比喻一个人的本领高低，别人看得清清楚楚。人们的评价如何，也要靠自己的实际本领来决定。

·肿膝难任·

典出《韩非子》。

伯乐教二人相踶马，相与之简子厩观马。

一人举踶马，其一人从后而循之，三抚其尻而马不踶。此自以为失相。其一人曰："子非失相也，此其为马也，踒肩而肿膝。夫踶马也者，举后而任前，肿膝不可任也，故后不举。子巧于相踶马而拙于任肿膝。"

伯乐教两人相看有踢踏习惯的马。一天，他和这两人一起前往越简子的马房去实际观察。其中一人认出一匹踢马，另一人走到马的身后，连续拍了三次马的臀部，马都不踢一下。辨认的人以为自己相错了。

另一人却说："您并没有相错。这确是一匹踢马。只是它现在前腿肩胛筋骨损伤，膝盖肿胀。凡是踢马，举起后腿踢踏时，重心便落在前腿上。而这匹马，前膝肿痛，不能支撑全身重量，所以后腿举不起来，不能踢了。您很会辨认踢马，却看不出它前膝肿胀。"

"肿膝难任"这个典故诉我们学习科学，观察事物，必须要全面观察认真掌握事物之间的内在联系。否则，就不能够正确深刻地认识事物，灵活掌握科学知识。

军事篇

·哀兵必胜·

典出《老子》。

祸莫大于轻敌，轻敌几丧吾宝。故抗兵相加，哀者胜矣。

《老子》第六十九章，是老子关于军事问题的一篇论述。其主要论点是：不要发动侵略战争；

各国统治者都懂得"柔胜刚"的道理，天下就将没有战争；抗击侵略者决不可轻敌；反侵略的国家必胜。

老子说："古代用兵的人有这样的话：我不敢做主动发动战争的'主'，而要做被迫进行战争的'客'。我不敢进入别国领土一寸之近，可以退回本国领土一尺之远。王侯能这样'守柔'，国家就将没有战争。这就是说，在军事行动中，可以没有行伍，不用严阵；可以不用缠起衣袖，露出胳臂，表现出武打的架势；手里可以不拿兵器，可能不战而胜，要捉的敌人，可能根本没有了。这就是'柔弱胜刚强'的道理。如果真有敌人来攻，则万万不可轻视。灾祸莫大于轻视敌人。轻视敌人，差不多要丧失我们国家的土地、人民和主权。两国举兵相争，受侵略而怀着悲愤心情的一方（哀兵），必将打胜仗。"

后人用"哀兵必胜"的典故比喻被压迫、受欺侮而奋起反抗的军队一定能打胜仗。

·百战百胜·

典出《孙子·谋攻篇》。

是故百战百胜，非善之善者也；不战而屈人之兵，善之善者也。

《谋攻篇》是孙子兵法上卷的第三篇。主要论述如何用计谋征服敌人。

孙武认为，领导战争的法则是：使敌人举国完整地屈服是上策，起兵去打破那个国家就差些；使敌人全军完整地降服是上策，击破敌人一个军（古时以12500人为一军）就差些；使敌人全旅（古时以500人为一旅）完整地降服是上策，击破敌人一个旅就差些；使敌人全连完整地降服是上策，击破敌人一个连就差些；使敌人全班完整地降服是上策，击破敌人一个班就差些。因此，百战百胜，还不算是高明，只有在进行具体战斗之前，就能够使敌人处于必败的地位，才算是高明中最高明的。

孙武塑像

"百战百胜"就是打一百次仗，胜一百次，即每战必胜。后人用这个典故比喻每战必胜，所向无敌。

·兵不血刃·

典出《荀子·议兵》。

故近者亲其善，远方慕其德，兵不血刃，远迩来服。

《议兵》是战国时的思想家、哲学家荀子论述军事问题的一篇论文。荀子认为，战争是为了"禁暴除害"，它的胜利是建立在政治上争取民心，取得人民支持的基础上的。因此，军事手段与政治手段应当结合起来。有时，政治方面的工作搞得好，可以起到军事上所起不到的作用。

荀子认为：用兵的目的在于禁暴除害，而不在于争夺。仁义之兵统治的地方，就会达到大治的局面，仁人之兵所经过的地方，人民就会得到教化，就好像得了及时雨，没有人不高兴的。尧伐兜，舜伐有苗，禹伐共工，汤伐有夏，文王伐崇，武王伐纣，都是以仁义之兵行于天下。因此，近处的人都喜爱他们的美德，远方的人都仰慕他们的仁义。这样，军队用不着刀兵相见，远近的人就都来归服了。德行如果达到这样好的程度，它的影响就会遍及到四方远近的地方。

人们常用这个典故形容未经血战就获得了胜利。

·兵无常势，水无常形·

典出《孙子·虚实篇》。

夫兵形象水。水之形，避高而趋下；兵之形，避实而击虚。

水因地而制流，兵因敌而制胜。故兵无常势，水无常形。能因敌变化而取胜者，谓之神。

用兵作战的情形就像水流一样，水的流向是避高而就低；作战的动向是避开敌方坚实之处而攻其薄弱环节。水因地形而制约其流向，用兵则要依据敌情而决定其制胜的方针。所以说，用兵作战没有固定不变的方式方法，就像水流没有固定的形状一样。能依据敌情变化而取胜的，就叫用兵如神。

在这里，孙武根据自己多年来的作战经验，提出了用兵打仗应当根据敌情决定取胜的方针，不能墨守某种既定的作战方法。他认为，同自然界的流水一样，战争的情况也是千变万化的。因此，指挥者只有根据战局的变化，采取灵活机动的战略战术，才能因势利导，夺取战争的胜利。

·步步为营·

典出《三国演义》。

渊为人轻躁，恃勇少谋。可激劝士卒，拔寨前进，步步为营，诱渊来战而擒之：此乃反客为主之法。

刘备统率大军前去攻取汉中。守将夏侯渊得知消息，便差人报知曹洪；曹洪星夜赶去许昌，禀知曹操。曹操闻之大惊，遂起兵 40 万亲帅抵敌。不一日，曹操军至南郑，曹洪向他汇报战斗情况。曹洪说张被打得大败，夏侯渊知大王兵到，今固守定军山，未曾出战。曹操说不出战是怯懦，赶快叫夏侯渊进兵。夏侯渊得令，便派夏侯尚引 3000 军前去诱敌。蜀将黄忠见曹兵前来叫阵，即派牙将陈式出战迎敌。夏侯尚与陈式交战，不数合，尚诈败而走，式赶去，行到半路，两山上滚石檑木打将下来，不能前进。正准备撤回时，背后夏侯渊突至，把陈式生擒了去。部卒多降。有败军逃回，报知黄忠，黄忠慌忙去找法正商议。法正说："渊为人轻躁，恃勇少谋。可激劝士卒，拔寨前进，步步为营，诱渊来战而擒之，此乃反客为主之法。"黄忠用其谋，遂把各种物资赏与军士，军士欢声满谷。黄忠军步步为营，每营住数日之后又前进。之后，黄忠又生擒了夏侯尚，占据了杜袭守卫的阵地。为此，夏侯渊怒不可遏，立即要出战黄忠。张劝夏侯渊说："这是法正的计谋，将军不可出战，只宜坚守。"夏侯渊拒不听从劝谏，分军围住对方，大骂挑战。任凭夏侯渊百般辱骂，黄忠就是不出战。下午，法正见曹兵倦怠，乃令军士鼓角齐鸣，顿时喊声大振，黄忠一马当先，驰下山来，犹如天崩地塌之势。夏侯渊措手不及，被黄忠一刀砍为两段，黄忠斩了夏侯渊，曹兵大溃，各自逃生。

后人用"步步为营"形容进军谨慎。有时也用来比喻行动、做事谨慎。

·出其不意·

典出《孙子·计篇》。

攻其无备，出其不意。此兵家之胜，不可先传也。

《计篇》是孙子兵法上卷的第一篇，是孙武军事思想的概述，主要论述决定战争胜败的各项基本条件。

孙武在论述到军事家取胜的办法时说：打仗是一种奇诡多变的行动，要因时、因地、因事制宜，临机决断。实际能打而向敌人表示为不能打；实际准备要打而向敌人表示为不想打。准备从近处进攻，而表示为将从远处进攻；将从远处进攻而表示为将从近处进攻。敌人贪利就用利诱，乘敌人混乱而夺取胜利。敌人坚实，应严密戒备；敌人强大，应避开他们的锋锐。敌人暴躁易怒，就扰乱他，使之轻举妄动；敌人卑怯，就设计使之骄傲而丧失警惕。敌人安稳，就设法使他疲劳被动；敌人内部团结，就设法离间他。要以神速的行动，乘敌人不及防备、意料不到之时进击。这就是军事家取胜的办法，不能预先做出死板的规定。

后人用"出其不意"的典故比喻在敌人意想不到的时候进行袭击。

·从天而降·

典出《汉书·周勃传》。

涉曰："……将军何不从此右去，走蓝田，出武关，抵雒阳，间不过差一二日，直入武库，击鸣鼓。诸侯闻之，以为将军从天而下也。"

汉文帝时，有一年匈奴侵犯边境。汉文帝命周亚夫为将军，

陈兵细柳。

汉文帝带领大臣们去慰劳军队。到了细柳周亚夫的驻军营地，见军士全部铠甲在身，手执兵刃，严阵以待敌军。皇帝的侍骑先驰到军营，守卫营门的士兵说："将军有令，不能随便进入军营！"侍骑重新拿着皇帝的令牌来到营门，守门兵士才放他们进营。但军吏又拦挡车骑，说："军内有规定，营内骑马不得奔驰！"

周亚夫像

汉文帝只好按辔缓行。皇帝一行人来到中营，周亚夫将军才出来，他向皇帝作了一个揖说："铠甲在身，不能叩拜，请允许我以军礼拜见！"皇帝离营后，大臣们就议论纷纷说："周亚夫太傲慢了，对陛下也不恭敬……"汉文帝却赞扬周亚夫说："他是真正的将军。"不久汉文帝便提升周亚夫为中尉。

汉文帝生了重病，临终前告诫太子说："记住，国家有了危险要任用周亚夫，这个人可以安定朝廷的。"

汉景帝即位后，任命周亚夫为车骑将军。汉景帝执政才3年，吴王和楚王就开始谋反。周亚夫受命带兵去平叛。周亚夫领兵出征，走到霸上，赵涉拦住他诚恳地说："你这次去平叛吴王和楚王，事关重大呀！吴王刘濞很强，他养了许多勇士，组成了敢死队。他知道你率兵去打他。他预先必有伏兵，你最好走右边的路线，过蓝田，出武关，到雒阳，迟不过一二日，可以直入武库，击鼓鸣金，诸侯听见了会以为将军从天而下，必然惊慌失措……"

周亚夫接受了赵涉的意见，派精兵去断绝了吴王、楚王军队的粮道。吴、楚军内缺乏粮食，将士恐慌。周亚夫趁机击败吴军。吴王刘濞逃跑到江南，1个月后被越人斩首了。

"从天而下"后演变为成语"从天而降"。

·短兵相接·

典出《楚辞·九歌·国殇》。

操吴戈兮被犀甲，车错毂兮短兵接。

又见《史记·季布栾布列传》。

季布母弟丁公，为楚将。丁公为项羽逐窘高祖彭城西，短兵接，高祖急，顾丁公曰："两贤岂相厄哉！"于是丁公引兵而还，汉王遂解去。

秦末楚汉相争的初期，汉王刘邦攻占彭城（今江苏徐州）。楚王项羽从山东回军南下包围彭城，刘邦大败而走，项羽的部将丁公率军紧追。追到彭城之西，汉军不得不接战，两军挥剑阵前搏杀，形势非常危急，刘邦看情形很难脱身，便回头对丁公说："你我都是英雄，何必苦苦相逼呢？"丁公听了这话，便卖了个情面，引兵退去，刘邦才得脱身。

短兵相接意思是说丁公追逐刘邦到彭城之西时，两军迫近，用刀剑等短兵器交接战。

古时打仗的兵器，弓箭称为"长兵"，刀剑称为"短兵"，近身作战，必须用短兵器，故叫作"短兵相接"。

其实，这个典故应该追溯到战国时楚国大诗人屈原所著的《九歌》，他在描写古代战争的《国殇》篇中，便已有"短兵接"的说法，所以司马迁不过是最早把它当作成语来运用而已。

后人用"短兵相接"这个成语形容敌我逼近，战斗激烈。

·疾风扫落叶·

典出《三国志·魏志·辛毗传》。

以明公之威，应困穷之敌，击疲弊之寇，无异迅风之振秋叶矣。

北朝时，初步统一了北方的前秦皇帝苻坚，打算一举消灭南方的东晋王朝，统一中国。这时候他的弟弟苻融及一些有见识的大臣都劝他不可贸然从事，主要理由是：东晋当时比较安定、强大，而前秦王朝的军队是各少数民族联合的队伍，人数虽多，各族士兵却各怀异心，这场战争是没有必胜把握的。可是苻坚却十分自信，他说："我率领百万大军南下，投鞭可以塞断江流，较其强弱之势，犹疾风之扫落秋叶耳。"于是命令大军出发。

军队的前锋已抵淮南，后军还未出都城，迤逦八百多里。苻坚和苻融亲临前线。这时，东晋派出了它最精锐的"北府兵"，由大将刘牢之为前锋，以谢玄为前锋大都督，率8万人迎战。在洛涧这个地方与前秦军相遇。刘牢之说："要乘敌军还未到齐的机会作战，等待观望必死！"于是大呼进击，一下子杀掉前秦军1万多，大大地挫伤了秦军的锐气。这时苻坚亲率援兵20余万人赶到，两军夹淝水对峙。苻坚登上高山望敌，看见晋军队伍严整，说：

"啊！这也是劲敌啊！"谢玄请求秦军略微退一点儿，好让晋军渡过淝水来决战。苻融想到兵法中有"等待敌人渡过来一半时攻击敌人"的说法，便同意谢玄的请求，挥军后退。这时，后面的部队不知道为什么队伍后撤，而前秦军中的汉族官员乘机造谣，大呼"前秦军败了"，于是军队大乱。晋军乘机渡水攻击，苻融奔下山来整顿队伍，马跌倒了被晋军杀死。于是，前秦军大溃，一败不可收拾，互相践踏抢逃，死伤不计其数。逃兵望见八公山草木，都以为是埋伏的晋兵，听见风声鹤唳也以为晋兵追来了。这一战就是历史上著名的以少胜多的"淝水之战"。战后，前秦精锐丧尽，苻坚不久后也被人杀死。

后人用"疾风扫落叶"的典故比喻军队力量强大，以迅猛之势扫除溃败的军队或腐朽的东西。

·坚壁清野·

典出《三国志·魏书·荀彧传》。

东汉末年，军阀混战。曹操派人接父亲来兖州，结果他父亲在路上被徐州牧陶谦的部将杀死。于是，曹操与陶谦结下很深的怨仇。

公元194年，曹操亲率大军进攻徐州。曹操大军出征后，他的下属陈昌太守张邈等乘后方空虚，发动叛乱，暗中迎接军阀董卓的部将吕布来当兖州牧。曹操的谋士荀彧留守兖州，料到张邈作乱，立即布置军队，保住了下鄄城等三城。直到曹操率军从前线赶回，才陆续收复一些失地。

不久，徐州牧陶谦病死。曹操想先夺取徐州，回过头来再收拾吕布。他把自己的想法告诉荀彧。但荀彧却认为当务之急是先对付吕布，巩固根据地。他先对曹操说明巩固根据地的重要性：“从前汉高帝保住关中、光武帝占据河内，都是先建立巩固的根据地，从而控制天下。有了巩固的根据地，进可以胜敌，退可坚守，所以他们虽然有困难失败的时候，但最后还是完成了统一的大业。”

接着，荀彧分析了曹操目前的处境：“将军本来是凭借兖州起事，在这里打了不少胜仗，平定了山东的祸乱，老百姓无不心悦诚服。况且兖州是天下的战略要地，现在虽然受到破坏，但还是容易凭借它来保住自己。这里等于是将军的关中和河内，不能不首先使它平定。如果现在丢开吕布去东征徐州，多留兵则东征兵力不够，少留兵则要动员老百姓来保城。这样，老百姓连砍柴都不能去。如果吕布乘虚侵犯，民心会保不住。那时只有鄄城等三城可以保全，其余都不是自己所有，这样等于没有兖州。还要考虑到，如果徐州攻不下来，您将归向何处呢？”

荀彧见曹操皱起眉头在沉思，便有意停了一会儿，然后再说道："再说，陶谦虽然已经死去，但不等于徐州就容易攻下来了。他们将吸取往年失败的教训，互相结盟依靠。现在徐州那里都已经收获麦子，他们一定坚壁清野，并以此来等待将军。将军进攻不得取胜，一无所获，用不了 10 天时间，10 万大军不战自困！"

曹操听了荀彧的分析，决定停止东征徐州，而是先集中力量收麦子，然后再与吕布作战。不久，吕布失败逃跑，兖州也平定了。

坚壁：坚固壁垒。清野：清扫田野。"坚壁清野"形容使敌人攻下城堡后一无所获。

·立于不败之地·

典出《孙子·形篇》。

故善战者，立于不败之地，而不失敌之败也。

孙武是春秋时期著名的军事家，他留下的《孙子兵法》是中国最早、最杰出的一部兵书。他在兵法书"形篇"这一章中，这样写道："古时候善于作战的人，能设法发现对方的弱点，发动攻势，用不着反复布置兵力，也用不着拼力厮杀，就能顺利地获得胜利。

古时善于防守的人，以山川之阻，丘陵之固，使对方无法进攻；善于进攻的人则是依据天时的变化，水火的因素，在

战争壁画　莫高窟

对方没有防备的条件下，以迅雷不及掩耳的速度发动攻击。

因此说，善于打仗的人获得胜利，不一定非有突出的智慧、超人的武功不可。他们所以能百战百胜，不发生一点儿差错，是由于他们施展自己的长处，克制对方的短处，使对方处在失败的地位上。因此可以说，善于作战的人，应该使自己立于不败之地，还要抓住导致对方失败的机会。"

后人用"立于不败之地"来形容在任何情况下都不会失败。

·令行禁止·

典出《荀子·议兵》。

以守则固，以征则强，令行禁止。

《议兵》是荀况的一篇军事论文。荀况从加强地主阶级专政、统一天下的政治需要出发，总结了战国末期兼并战争的经验，提出了自己的军事思想。他认为，进行统一战争是为了"禁暴除害"，它的胜利是建立在政治上争取民心，取得人民支持的基础上的。

荀况指出：单纯的兼并并不难做到，但要保持和巩固下去就很困难了。他列举了历史上许多能夺人之地而不能固守的事例后，指出只能兼并不能巩固，那就一定会得而复失；不能兼并又不能巩固其原有的土地、政权，那就一定亡国。如果得到了土地而且能够使它巩固下来，然后再去进行兼并，那么再强大的敌人也不在话下。用礼来巩固士；用政来巩固民，这才是最大的稳固。如果能达到这样的政治局面，用来守住国土就会十分稳固；用来征讨别国就会十分强大，就会令行禁止。这样王者的事业就完备了。

后人用"令行禁止"（意即有令就行，所禁必止）来比喻纪律严明。

·千军万马·

典出《梁书·陈庆之传》。

陈庆之是南北朝时梁朝的著名战将。

有一年，梁武帝授命陈庆之率军进攻北魏。陈庆之一路攻城占池，所向披靡，率军赶到荥阳城下，立即对守城的魏兵发动猛攻。但由于荥阳城防守坚固，梁军连攻数天都被击退。

这时，北魏的大批援军相继赶到，梁军腹背受敌，形势万分危急。陈庆之见部下士气低落，就召集起三军将士，鼓舞大家说："我自北伐以来，攻克魏城数十座，而诸位将士们杀死的魏兵也不可计数。现在，魏兵有 30 多万，都把我们看成不共戴天的仇敌。可我军才 7000 人，我们只有与敌人拼死一战，才有可能获救啊！否则，大家的身家性命就难保了。"

陈庆之的一番话使梁军士气大振，结果荥阳城一下子就被梁军攻克了。陈庆之乘胜杀到洛阳城下，洛阳守军不战而降。当时，陈庆之麾下的将士一律身着白色战袍，在洛阳城中往来驰骋，显得十分威武。魏人见了，无不感慨，就编了一首民谣：

名师大将莫自牢，千军万马避白袍。

后人用"千军万马"形容兵马很多或声势浩大。

·前徒倒戈·

典出《尚书·武成》。

会于牧野，罔有敌于我师，前徒倒戈，攻于后以北，血流漂杵。

商朝的纣王是个暴虐的国君。人民对他非常痛恨。当时，周国是商朝的附属国。周国的国君周文王精心治理国家，积极准备力量，决心消灭纣王。他很得人心，因此许多诸侯国都背离商朝，归附了周国。周文王死后，他的儿子武王继位。周武王决心继承父亲的遗志，完成灭商的大业。

公元前 1066 年，武王率领兵士 4.5 万人，勇士 3000 人，战车 300 辆，出征讨伐商纣王。各诸侯国纷纷响应，出兵参战。

周武王指挥大军向商朝别都朝歌，即现在河南省淇县发起猛烈的进攻。他没有遇到多大抵抗，就攻到牧野，即现在河南省汲县北部，距朝歌只有七十里路。周武王在牧野召开誓师大会，列举了纣王的种种罪状，号召将士团结战斗，奋勇杀敌。

此时，商纣王正在和妃子饮酒取乐，突然听到周武王进攻的消息，慌了手脚，匆忙率领 70 万大军，赶到牧野迎战。商军官兵不愿替纣王打仗，战斗一开始，纣王前锋部队的士兵就倒转矛头，配合周军，反戈向纣王杀去。结果商军大败，死伤无数，尸体堆积如山，血流成河。纣王走投无路，自焚而死，商朝灭亡了。

玉制奴隶　商晚期

后来人们从这个故事中引出"前徒倒戈"和"血流漂杵"两句成语。"前徒倒戈"用来比喻军队背叛，调转枪口攻击自己；"血流漂杵"用来形容战争中死伤众多，血流成河。

·人有酤酒者·

典出《晏子春秋·内篇·问上》。

人有酤酒者，为器甚洁清，置表甚长，而酒酸不售。问之里人其故。

里人云："公之狗猛，人挈器而入，且酤公酒，狗迎而噬之，此酒所以酸而不售也。"

有个人是个卖酒的，他的酒器收拾得很干净，酒店的招帘挂得很长，可是酒却卖不出去，以致发了酸。他便问村里人是什么缘故。

村里人说："你的狗太凶猛，人家提着壶来，要买你的酒，而你的狗却迎上去咬人家，这就是你的酒直到变酸还卖不出去的原因呀。"

景公问治国何患，晏子第二次回答说是由于有"猛狗"。说完之后，又发挥说："夫国亦有猛狗，用事者是也。有道术之士，欲千万乘之主（向君王求职），而且事者迎而噬（咬）之，此亦国之猛狗也。"

这篇寓言的旨意，是讽喻国君勿为左右嬖佞所蔽，勿为用事权贵所遮，不要给奸邪钻了空子，要能任用有道术之士。

·深沟高垒·

典出《孙子·虚实篇》。

故我欲战，敌虽高垒深沟，不得不与我战者，攻其所必救也。

又见《韩非子·说林下》。

将军怒，将深沟高垒；将军不怒，将懈怠。

《虚实篇》是孙子兵法中卷的第二篇，主要论述如何使敌虚而我实，达到战斗中以实击虚，夺取胜利。

孙武说："进攻时，要使敌人不能抵御，就要急冲敌人空虚之处；退却时，要使敌人不能追击，就要退得迅速，使敌人无法追及。如果我军想打，敌人即使坚守深沟高垒，也要逼他打，要去进攻他不能不去援救的要害之地。如果我军不想打，就要划定地区坚守，使敌人想与我交战也不可能。这就要设计迷惑敌人，使他不知道向哪个方向前进。"

"深沟高垒"即指军队扎营时，把壕沟挖深，把壁垒筑高。后人用"深沟高垒"比喻防御工事的坚固。

·师直为壮·

典出《左传·僖公二十八年》。

晋师退。军吏曰："以君辟臣，辱也。且楚师老矣，何故退？"子犯曰："师直为壮，曲为老，岂在久乎？微楚之惠不及于此，退三舍辟之，所以报也。背惠食言，以亢其仇，我曲楚直。其众素饱，不可谓老。我退而楚还，我将何求？若其不还，君退臣犯，曲在彼矣。"

春秋时，晋楚两国都很强盛，其他的小国如宋、郑、曹等国一向都屈从于楚国，但后来宋国忽然背叛了楚国改投晋国。楚国立即出兵伐宋。宋国在强兵压境的时候，派使者求救，晋文公听了大夫先轸的话，一面叫宋国去劝秦、齐两国和楚国交涉，一面将曹、卫两国君扣留起来作为要挟。楚将子玉派人去通知晋兵说："你们送曹、卫君回去，重新把曹、卫恢复，我也就解除对宋国的围攻。"晋文公把楚国使者囚在卫国，又暗中答应恢复曹、卫两国，于是曹、卫便与楚国断绝关系。

子玉听到这个消息非常生气，便指挥军队进攻晋兵，晋兵奉令后撤。军官很是不满，晋大夫狐偃说："出兵而理直者，就是壮盛的；理亏者，就是衰落的，何必在乎时间的长久？我们若无楚国的恩惠（晋文公曾得楚君之助，得以回国接君位），到不了今天，退九十里避开他们，就是为报楚国旧日的恩惠。若我们忘恩失信，以仇怨相对，那么，我们理亏，他们理直，他们的士气很旺盛，不能算衰落。如我们退了以后，他们仍要进军，那就是他们理亏了。"

后人便将狐偃的这句名言"师直为壮"引为成语，指出兵理由正当，因而斗志旺盛，战斗力强。

·失之东隅，收之桑榆·

典出《后汉书·冯异列传》。

冯异是东汉著名的将领，跟随光武帝刘秀南征北战，立下赫赫战功。

一年，刘秀身陷重围，连夜带兵突围南逃，来到饶阳县无蒌亭。这时天降大雨，寒风凛冽，将士们都饥寒交迫，人人灰心丧气。冯异见此情景，就亲自带人冒雨找来了柴火、干粮，烧了一大锅热气腾腾的菜汤。刘秀等人吃完，恢复了精神，重新斗志百倍地踏上征程，终于脱离了险境。

刘秀称帝后，封冯异为征西大将军，命他率军会同邓禹、邓弘军队一同西进，讨伐占据在关中地区的赤眉军。

当时赤眉军屯兵 20 万，兵势强大。冯异建议先派人去赤眉军中诱降，涣散敌人军心，然后由邓禹、邓弘二将领军打击东边敌人，自己率军西进，对赤眉军两边夹击，方可确保战斗的胜利。但邓禹、邓弘二将求功心切，没听冯异的劝告，仓促领兵攻击赤眉军，结果大败而归，损兵三千。

冯异闻讯，忙率军转移，等候战机。几天之后，冯异在渑池设下埋伏，让手下士兵换上赤眉军的装束，藏在路旁，诱敌深入。赤眉军入了圈套，冯异一声令下，顿时伏兵四起，杀得赤眉军人仰马翻，四散奔逃。渑池一战，冯异消灭了 8 万敌人，大获全胜，这个捷报传到京城，刘秀立即写了一封诏书，送到前方表示慰问。刘秀在信中说：前方将士打了胜仗，非常辛苦，虽然开始时你们像斗败了的鸟儿，垂着翅膀逃到溪坂，但最终在渑池振翼高飞起来了，真可谓"失之东隅，收之桑榆"呀！

东隅：日出的地方，也指早晨。桑榆：落日所照的地方，也指日暮。比喻开始时在这一方面失败了，但最终却在另一方面取得了成功。

·孙子练兵·

典出《史记·孙子吴起列传》。

孙子武者，齐人也。以兵法见于吴王阖庐。……阖庐曰："可试以妇人乎？"曰："可。"于是许之，出宫中美女，得

熙人美教陣演于五鼓

孙五（武）子演陣教美人战

百八十人。

孙子分为二队，以王之宠姬二人各为队长，皆令持戟，……即三令五申之。于是鼓之右，妇人大笑。……复三令五申而鼓之左，妇人复大笑。……乃欲斩左右队长。吴王从台上观，见且斩爱姬，大骇，趣使使下令曰："……愿勿斩也。"孙子曰："臣既已受命为将，将在军，君命有所不受。"遂斩队长二人以徇，用其次为队长。于是复鼓之。妇人左右前后跪起皆中规矩绳墨，无敢出声。

伍子胥请来了孙武，一同去见阖闾。阖闾从朝堂上跑下来迎接孙武。随即问他用兵的方法。孙武把他自己写的13篇兵法送给他。阖闾叫伍子胥从头到尾朗诵一遍。每念完一篇，阖闾就不停地点头称赞。他对伍子胥说："这13篇兵法真是扼要精粹，好极了！可是咱们吴国国小兵微，怎么办？"孙武说："有了兵法，只要大王有决心，不仅男子，就是女子也行。男男女女，全都能够打仗，还愁什么人马？"阖闾笑着说："女人怎么能打仗，这不是笑话吗？"孙武一本正经地说："大王要是不相信，请先拿宫女们试一试。我如果不能把她们训练得跟士兵们一样，我愿意认罪受罚。"阖闾于是派了180名宫女，让孙武去操练。孙武请阖闾挑出两个爱妃当队长。

阖闾也答应了。最后，孙武请求说："军队首重纪律。虽说拿宫女们试试，也得讲究纪律。请大王派个执掌军法的人，再给我几个武将当助手。不知道大王答应不答应？"阖闾全都答应了。

这些宫女们全都穿戴着盔甲，手执兵器，在操场上集合。孙武首先出了三道军令："第一，队伍不许混乱；第二，不许吵吵闹闹；第三，不许故意违背命令。"接着，他把宫女们排成了两队，操练起来。那两个妃子队长以为她们穿上军衣，拿着长枪、短刀，是出来玩的，就带头嘻嘻哈哈地不听使唤，其他的宫女也跟着笑闹成一团。她们或坐，或站，或摆姿弄势，或来回奔跑，根本不拿训练当回事。孙武于是传令，叫她们归队立正。其中还有人说说笑笑，不听命令。

孙武传了3次令，那两个妃子队长和宫女们还是嬉笑如故。孙武大怒，瞪着眼睛大声地跟那个执掌军法的人说："士兵不听命令，不服约束，按照军法应当怎么处治？"军法官连忙跪下，说："应当斩首！"孙武就发出命令，说："先把队长正法，做个榜样。"武士们就将两个妃子绑起来，吓得宫女们全都花容失色。

阖闾在高台上远远瞧着她们操练，忽然看见两个妃子被绑上了，立刻打发人拿着"节枝"（代表君王权力的一根手杖）去求救，叫他传令，说："我已经知道将军用兵的才能了。这两个妃子是我最心爱的，请饶了她们吧！"

那人急急忙忙地来见孙武，传出阖闾的命令。孙武对他说：

"军中无戏言。我既然受了大王的命令做了将军，就得由我管理军队。要是不把犯法的人治罪，以后我还能够指挥军队吗？"他还是把这两个妃子正了法，另外又挑了两个宫女当队长，重新操练起来。这批宫女在孙武严厉的训练下，居然操练得有模有样。

阖闾虽然佩服孙武的兵法，却仍不大愿意重用他。伍子胥对阖闾说："大王打算征伐楚国，领导各国诸侯，做一番惊天动地的大事业，就非得有个像孙武那样的大将不可。"

阖闾经他这么一说，才拜孙武为大将，又称呼他为军师，吩咐他准备征伐楚国的事情。孙武提议说："大王如果打算发兵远征，就必须先除掉内患才行。王僚的兄弟掩余在徐国，烛庸在钟吾（在江苏省宿迁市西北），他们两人随时都可能衔恨到吴国来报仇。咱们必须先铲除他们，然后再发兵。"阖闾和伍子胥都赞成他的主张，就派遣两个使臣分别去要求那两个小国交出逃犯来。徐国和钟吾不乐意，把掩余和烛庸都放了。阖闾怒不可遏，立刻命令孙武发兵去征伐这两个小国。孙武追上了掩余和烛庸，把他们杀了，又将徐国和钟吾吞并了。阖闾想乘胜打到郢都去。孙武说："不能让士兵们太劳累。先休息休息，逮到个好时机再去打，才能够百战百胜。"

这个故事讲述了治军必须纪律严明，带兵要遵循法则。

·天下无敌·

典出《孟子·离娄上》。

夫国君好仁，天下无敌。

又见《庄子·说剑》，臣之剑十步一人，千里不留行。王大悦之，曰："天下无敌矣！"

有一次，有人去问孟子："怎样才能做到天下无敌？"

孟子说："现在有些弱小国家想以强大的国家为师，但又以接受别人的命令为耻，这就好比学生以接受老师的命令为耻一样，这行吗？"来访者问："不以强国为师就没有别的办法了吗？"孟子沉思了一下回答说："当然不是说只能以强大的国家为师，因为我们可以文王为师。以文王为师，强大的国家只需五年，较小的国家只需7年，就一下可以得到统治天下的大权。""怎样才能做到以文王为师呢？"来访者问。孟子说："这就是要施行仁政。孔子说过：仁德的力量，是不能拿人的多少来计算的。如果君主爱好仁德，则'天下无敌'。"

后人用"天下无敌"来形容战无不胜，哪里都没有能抵挡的。

·一成一旅·

典出《左传·哀公元年》。

春秋时期，吴王夫差为了替父亲报仇，率兵攻打越国，把越王勾践和他的5000名残兵败将围困在会稽山上。勾践听从

吴越征战示意图

了大臣范蠡的主张，打算求和。

勾践便派大臣文种到吴王营里去求和。夫差打算同意，可吴国大夫伍子胥坚决不肯。他告诫夫差说："古语说得好，'建树德行最好是不断培植，去掉毒害最好是消除干净'。"接着，他就给夫差讲了夏朝时期的一个故事。

夏朝的时候，过氏部落首领浇杀了斟灌，攻打斟，灭了夏朝的后相，后相的妻子后缗逃走了，后来生下了一个儿子，名叫少康。少康逃到有虞部落里，做了官。酋长还把两个女儿嫁给少康为妻，并将纶邑封给他。纶邑虽然地方不大，只有十里见方，人口也只有500，也就是所谓的一成一旅。但少康到那里以后，广施恩德，安抚下属，积极训练军队。当时机成熟了，就率兵攻打过国、戈国，灭了它们，恢复了夏朝的天下。这就是"少康中兴"的故事。

伍子胥讲完这个故事后，接着又说："如今的吴国不如当时的过国，而越国却超过了少康的纶邑。假如将来上天让越国强大起来，对吴国将是极大的威胁。我们如果不乘胜消灭勾践，将后患无穷啊！"

可是夫差早被胜利冲昏了头脑，根本听不进伍子胥的意见，还是同意了越国的求和要求。伍子胥失望地对大臣们说："唉！越国用十年生息繁衍，再用十年教育训练，二十年后一定会来报仇的。"

二十年之后，越国真的强大起来，勾践率兵打败了吴国，并且连吴王投降都不允许。吴王懊悔莫及，只得自杀而死。

古时以方圆十里为一成，以士兵 500 人为一旅。"一成一旅"比喻力量虽小却有所建树。

·迎刃而解·

典出《晋书·杜预传》。

昔乐毅藉济西一战以并强齐，今兵威已振，譬如破竹，数节之后，皆迎刃而解，无复著手处也。

晋武帝时，有一个叫杜预的人，不但学问非常渊博，而且见识又很广，他做了 7 年度支尚书，贡献很多。当时的人都称赞他无所不能，叫他"杜武库"。后来他调任镇南大将军，都督荆州军事，建议攻伐吴国，待到出兵以后，只用十天的时间，就接连占领了长江上游许多城市；紧接着又占领沅、湘两水以南一带的州郡，并俘虏了吴军督孙歆以下的文武官员 200 多人。这时，有人说吴国是强劲的敌人，不能一下子完全打败；而且时值夏季，河水正在泛滥，恐怕有疫病流行，应该等到来年春天再集中力量攻打。但杜预坚定地说："从前乐毅由于在济西打了一仗，就吞并了强大的齐国。现在我们士气旺盛，用这样旺盛的兵力去打吴国，犹如去破竹，等到劈破几节之后，下面便都'迎刃而解'，不会有碍手的地方了。"结果他带着队伍继续进军，真好像破竹子一样顺利和迅速，终于把吴国灭掉了。

后人用"迎刃而解"来形容处理事情（学习上、工作上、人事上等）很容易。

·振臂一呼·

典出《文选·答苏武书》。

死伤积野，余不满百，而皆扶病，不任干戈。然陵振臂一呼，创病皆起。

西汉时，匈奴屡次侵略边境，汉武帝在忍无可忍之下，派李陵率领 5000 人马去抵抗。李陵遇到了顽敌，孤军深入敌阵。以 5000 人马，对抗匈奴 10 万大军，等于以卵击石，以肉投饿虎，但李陵凭着他的英勇，身先士卒，却把敌人打得人仰马翻，并杀了他们的主将。后来匈奴动员了全国的人马来对付李陵。当时，李陵的部队陷在众寡悬殊的恶劣情势下。敌人熟识地形，又有精锐的骑兵参战，一个人抵抗着千百个敌人。兵士们都忍住创痛，争先奋勇地杀敌，直至死伤积野，剩下几十个人，还不肯放下武器。这时，李陵仍挥动着手臂，号召残余的兵士们努力杀敌，直到箭射完了，刀折断了，大家手无寸铁的时候，失去了天时地利的条件，依然不肯投降，还徒手和敌人拼个你死我活。李陵的英勇，部下视死如归的精神，实在令人无限感动！

苏李泣别图

此图描绘了苏武和李陵在匈奴告别时的场景。苏武坚守气节，最终返回大汉，而李陵终究投降了匈奴。

在《李陵答苏武书》中，曾经叙述当时恶战的情景，其中有"振臂一呼，创病皆起。举刀指虏，胡马奔走"的句子。后人就用"振臂一呼"来形容在战斗情绪低潮时，奋起呼喊，以提高士气。

·壮士解腕·

典出《三国志·魏志·陈泰传》。

古人有言："蝮蛇螫手，壮士解其腕。"

陈泰是三国时期魏国的将领，曾担任过游击将军、并州刺史、尚书右仆射等官职。陈泰在代理征西将军时，有一年蜀汉的姜维、夏侯霸分兵三路进攻魏国边境。雍州刺史王经连忙向陈泰报告。当时姜维率领几万兵马，到达枹罕城，准备直取狄道。陈泰命令王经进驻狄道，结果王经作战失利，遭到惨败。只有1万多士卒退到狄道城内坚守，其余的都逃散了。姜维乘胜把狄道城围住。陈泰领兵昼夜兼往，路上与邓艾的兵马汇合，一同进往陇西。邓艾对陈泰说："如今王经军队受到很大挫伤，姜维打胜了，士气很高涨。他们的气势不可阻挡，再说我们是继续在败军之后，将士信心不足，所以依我看，不如暂时放弃狄道城不管，避开姜维的锋芒。待他松懈下来以后再找机会救援狄道，这样可以自保，失去局部保全整体。古人说过：毒蛇咬手，壮士就把手腕子砍下去，以便保护身体不被毒害。《孙子兵法》上不是也有兵有所不击、地有所不守这样的话吗？我的意见请你斟酌！"

陈泰沉吟了半晌，摇摇头说："不行啊，王经已经败了，若让姜维趁胜进兵向东，占据枥阳，积存粮草，收降残兵，招纳羌人、胡人，与我们争夺关、陇要地，那我们就被动了。现在必须速成，要迅雷不及掩耳那样袭击他！"

陈泰说服了邓艾，派兵进入高城岭，夜里偷偷登上狄道东南的高山，点燃烽火，吹起号角。狄道城内守兵看见援军已到，士气倍增，纷纷请战，姜维看援军来得这样快，以为必有奇谋，心中惊惧，便下令撤军。于是狄道城也就解围了。

后人以该文中的"壮士解腕"作为一句成语，比喻当机立断，不要因为犹豫而因小失大。

·走马看花·

典出《登科后》。

唐朝时候，有一个诗人名叫孟郊，一直到将近 50 岁才考中进士，欢喜之余写了一首《登科后》诗，其中有"春风得意马蹄疾，一日看尽长安花"之句，"走马看花"这句成语，便是从孟郊那首诗中的字句演变而来的。

关于这成语，在民间曾流传着一个有趣的故事。传说有个名叫贵良的小伙子，是个跛子，他想找个漂亮的妻子，便托朋友华汉做媒。刚巧有个名叫叶青的姑娘，鼻子有些缺陷，也托华汉给他找个如意丈夫。华汉心想正好把这两人配成一对夫妻。于是他叫贵良骑马从叶青门前走过，叫叶青拿一朵鲜花遮住鼻子，装作闻香的样子。叶青看到贵良骑在马上的那种年青英俊样儿，心里着实欢喜；贵良看着叶青鲜花遮羞，眉目清秀的容貌，也万分中意。一直到结婚的那天，两人再次见了面，谈起当初"走马看花"的情景，彼此才醒悟过来。

　　"走马观花"本来形容登科后得意愉快的心情，引申为观赏游览之乐，后来又比喻草草观察，不细看其究竟；或比喻人们的学习态度只作表面的涉猎，而不及细看其底蕴。

· 品读传统国学　汲取人生智慧 ·

中华典故大全

④

云　瑾　主编

团结出版社

境遇篇

·霸陵呵夜·

典出《史记·李将军列传》。

还至霸陵亭，霸陵尉醉，呵止广。广骑曰："故李将军。"尉曰："今将军尚不得夜行，何乃故也！"止广宿亭下。

西汉名将李广与匈奴打过70多次仗，屡立奇功，声名显赫。匈奴人很怕他，称他为"汉朝的飞将军"。有一次李广作战失败，被匈奴人抓去当了俘虏。他虽想办法逃了回来，但按当时的法律是犯了大罪，该被杀头。皇帝念他功劳大，只是罢了他的官，贬为平民。

李广闲居在蓝田南山中，一去数年。李广喜欢射箭，隐居时，也经常与友人一起外出射猎。有一回，他误将草中的石头当成老虎，一箭射去，竟将箭深深地射入石中。李广真不愧为一代名将，箭术精湛，神力惊人。

李广像

一天晚上，李广带了一个随从出去射猎，又和别的人喝了不少酒，夜深了才往回走。归途中路过霸陵亭，遇上了霸陵县尉。县尉也喝了酒，醉醺醺的。当时的规定是夜晚不准在外行走，县尉就呵斥李广，不准他再往前走。李广的随从很不服气，就对县尉说："你知道这是谁吗？这是原来的李将军啊！"县尉却不买账，他大声叫道："就算是现任的李将军，也不能违反规定夜间行路，更何况是原来的李将军呢。"

在一个小小的县尉面前，名满天下的李广没有办法，只好与随从在霸陵亭住了一夜，第二天才返回家中。

后人用"霸陵呵夜"的典故形容失势后受到欺凌冷遇，也用来抒写失势后的郁闷心情。

·白虹贯日·

典出《史记·邹阳列传》。

昔者荆轲慕燕丹之义，白虹贯日，太自畏之。

战国时，燕国太子丹想刺杀秦始皇，物色了一个叫荆轲的刺客。一天，荆轲对太子丹说："感谢太子对我的热情款待，我愿为太子去刺杀秦王。但我想了很久，用什么方法去取信秦王，接近秦王呢？我想，最好带上燕国督亢地区的地图和樊将军的头颅去秦国，这样，秦王必然接见我，我就可以利用这个机会杀死秦王。"

太子丹犹豫地说："樊将军得罪了秦王，从秦国逃出来投奔我，他的一家人因此被秦王杀害了，我怎么忍心割下他的头颅呢？没有其他的方法吗？"

等太子丹走后，荆轲私下见樊将军，骗他自杀，取得了头颅，用一个盒子把它装好，然后又在赵国购得一把锋利无比的匕首，淬上毒药。于是，荆轲带着樊将军的头颅、燕国督亢的地图和赵国匕首准备出发。

临行的那天，燕太子丹见荆轲不愿动身，就对他说："荆大侠，太阳就快下山了，不知你是否愿意在今天出发？"荆轲一听，不高兴地说："我本想等一个朋友，但迟迟不来。既然太子催促，那我就动身吧！"说完，荆轲愤然登上车子，不辞而别。这时，太子丹仰望天空，发现一道白色长虹横跨在蓝天之下，他不禁全身猛地一震，叹息说："这次行动一定要失败啊！白虹是不祥的预兆！"

后来荆轲刺杀秦王失败了，太子丹沮丧地说："唉，我早就知道了！"

后人用"白虹贯日"表示不祥的征兆。

·败军之将·

典出《吴越春秋·勾践入臣外传》。

范蠡曰："臣闻……败军之将，不敢语勇。"

又见《史记·淮阴侯列传》。

广武君辞谢曰："臣闻败军之将，不可以言勇；亡国之大夫，不可以图存。"

楚汉相争时，汉将韩信用背水之阵击败了赵军并俘虏了赵国的广武君李左车。韩信知道李左车是个人才，便向他请教攻燕伐齐的策略。李左车开始不愿说，他对韩信说："我听说打了败仗的将军，没有资格谈论自己的勇敢；亡了国的臣子，不能希望保存自己的生命。"后见韩信诚心求教，才阐述了自己的见解并被韩信采纳。

后人用"败军之将"的这个典故比喻打了败仗的将军，后常用以讽刺失败的人。

·别无长物·

典出《晋书·王恭传》。

恭曰："吾平生无长物。"

南朝·宋·刘义庆所著《世说新语·德行》中说：王恭对曰："丈人不悉恭，恭作人无长物。"

东晋时期，有一个叫王恭的人，字孝伯，他做过大官，曾经担任过丹阳尹、中书令、太子詹事等职。王恭生活非常简朴、清廉，为官正直、敢言。

有一次，王恭随父亲光禄大夫王蕴，从盛产竹子的会稽（今

竹席对谈

浙江绍兴）到了东晋都城建康（今江苏南京），他的同族王忱去看望他。两人坐在一张六尺长的竹席上，亲密地交谈。王忱很喜欢这张竹席，他心想，王恭从盛产竹子的会稽来到这里，一定带了不少这样的席子。于是便开口向王恭要这张竹席。

王恭爽快地答应了，派人把竹席送给王忱。因为王恭只有这一张竹席，所以以后他只好在草席上读书、吃饭。

王忱知道这个情况以后，非常吃惊，感到很过意不去。他找到王恭，非常抱歉地对他说："我原来以为你有好几张竹席，所以才开口和你要了一张，实在没有想到你只有这一张。"王恭回答说："您太不了解我，我王恭在生活上没有什么追求，从来就没有什么多余的东西。"王忱听后，对王恭的廉洁简朴的美德，更加敬佩。

成语"别无长物"即由以上记述演化而来。长物：指多余的东西。这句成语形容此外再也没有多余的东西了，空无所有。"别无长物"亦称"一无长物"、"身无长物"等。

·病入膏肓·

典出《左传·成公十年》。

公疾病，求医于秦。秦伯使医缓为之。未至，公梦疾为二竖子，曰："彼良医也，惧伤我，焉逃之？"其一曰："居肓之上，膏之下，若我何？"医至，曰："疾不可为也！在肓之上，膏之下，攻之不可，达之不及，药不至焉，不可为也。"公曰：

"良医也！"厚为之礼而归之。

春秋时代，晋景公有一次生病，十分严重，国内所有的名医，都没有办法医治，只好向邻国请求名医。那时秦国有一位很高明的医生，姓秦名缓，字越人，又称扁鹊先生。

诊断图

于是景公派使者去请他，使者到了秦国，和秦伯商量，秦晋两国因为有婚姻上的关系，所以秦伯就教秦缓去医治景公。

秦缓还没有到达晋国之前，景公做了一个梦，梦见他的病变化成为两个童子。其中一个童子对另一个童子说："秦缓是秦国的良医，如果他到来，恐怕会伤害我们，我看我们还是逃避他好。"另一位童子回答说："怕什么呢？我和你分居在肓的下面，他就没有办法奈何我们。"景公醒来以后，觉得非常奇怪。

秦缓到了晋国，替景公诊视了一番后，对景公说："你的病已经很重，没有办法医治了，因为你所患的毛病有两处：一处在肓的上面；一处在肓的下面，这两个地方是药方所达不到的，所以没有办法了。"景公听秦缓说出来的病源，恰恰和梦中两个童子所说的话一样，不禁赞叹道："唉！你真是一位好医生呀！"叫人送了很厚的礼物给秦缓，送他回去。

膏肓：中医学中人体部位的名称，膏指心下部分，肓指心脏至隔膜之间。旧说膏与肓之间是药力达不到的地方。后来用"病入膏肓"指病情非常严重，没有办法医治。或者指事态非常严重，已经无法挽救了。

·大器晚成·

典出《三国志·魏书·崔琰传》。

东汉末年，有个名叫崔琰的人，剑法很好。他特别喜欢交朋友。可是，有些人却认为他不学无术，除了舞刀弄棒，学问上一窍不通。一次，他去拜访一个很有学问的人，主人让管家出来告诉他说："主人正在潜心读书，无暇闲谈。"崔琰知道人家是嫌他没知识，感到无比羞愧，暗自下了决心，一定要好好读书，成为一个能文能武的人。从此，崔琰虚心拜师求学，学问逐渐增多起来，当时独霸北方的袁绍就把他招为谋士。

袁绍被曹操所灭后，曹操久闻崔琰才干，劝崔琰归顺自己。在曹营中，崔琰出了不少主意，很受曹操器重。有一次，曹操和他商量，想立小儿子曹植为太子。崔琰说："自古以来，都是立长子为太子。您立曹植，曹丕心里不服，大臣们也不服，这就种下了祸根。纵观古今，因为废长子立次子引起的骨肉相残还少吗？请主公三思而行！"曹操十分佩服崔琰的公正。

崔琰有个堂弟叫崔林。崔林年轻时一事无成，亲友们都看不起他，可是崔琰却很器重他，他凭自己的经历常对人说："才能大的人需要长时间才能成器（大器晚成），崔林将来一定会成器的。"后来，崔林果然成才当上了大官。

"大器晚成"原义为大才需经过长期磨炼方能成就，现指成名较晚的人。

·得其所哉·

典出《孟子·万章》。

昔者有馈生鱼于郑子产，子产使校人畜之池。校人反命曰："始舍之，圉圉焉；少则洋洋焉，攸然而逝。"子产曰："得其所哉！得其所哉！"

春秋时，郑国的子产是一位有德有能的政治家。他从郑简公时开始执政，经过定公、献公到声公，前后二十多年，把郑国治理得相当不错。而且，子产还是一个很有仁爱之心的人。

有一次，有人送了一条大鱼给子产。看见这条活蹦乱跳的大鱼，子产舍不得杀了吃。于是，他把管池子的人叫了来，命他把大鱼放到池子里去。管池人觉得把鱼放掉太可惜，就偷偷将它煮来吃了。然后，他还编了一大套很生动的谎话去回报子产。他说："我已经遵照您的吩咐把鱼放到池子里去了。刚把它放进池里时，它昏沉沉地不大活动；过一会儿，它摇摇尾巴，慢慢游动起来；又过了一会儿，它变得十分灵活，一溜烟地游走了。"子产听了管池人的话，十分满意，连连说道："得其所哉！得其所哉！"管池人心中好笑，出来后悄悄对别人说："人人都说子产是聪明的能人，我看不怎么样。我已经将那条鱼煮来吃了，他还高兴得直说：'得其所哉！得其所哉！'"

孟子曾把这个故事讲述给别人听，他还说那个管池子的人编造的谎话实在太形象，十分合乎情理，以至于连聪明过人的子产也上当受骗了。

后人用"得其所哉"的典故形容一个人的境遇符合自己的心愿。又用"各得其所"形容每个人都有了合适的去处。

·鼎足之势·

亦作"鼎足而居"，典出《史记·淮阴侯列传》。

诚能听臣之计，莫若两利而俱存之，三分天下，鼎足而居，其势莫敢先动。

楚汉相争时，具有卓越军事才能的大将韩信投归刘邦以后，很快改变了楚强汉弱的局面。韩信握有重兵，成了一个"右投则汉王胜，左投则项王胜"的举足轻重的人物。

当时，有一个叫蒯通的人，深知天下为刘邦还是项

广武涧
这里曾是楚汉对峙的地方。

羽所得，韩信是个关键。蒯通又从历史的教训中总结到，大凡帝王，只能与之共患难，不能同享乐。因此，他劝韩信不依附也不损害刘邦和项羽的任何一方，而是和他们三分天下，形成三足鼎立的局势，以图日后夺取天下。韩信没有听从蒯通的劝告。在刘邦得胜以后，终因谋反罪被吕后诛杀。临死前，韩信想起了蒯通的劝告，十分后悔地说："我不该不听蒯通的劝告，以致死在妇人小子之手。"

"鼎足之势"比喻三方面分立的局面。

·方寸已乱·

典出《三国志·蜀书·诸葛亮传》。

庶辞先主而指其心曰："本欲与将军共图王霸之业者，以此方寸之地也。今已失老母，方寸乱矣！"

"方寸"，指心脏。古代人以为一个人全身思想行动的器官由心脏主持，便将心脏误为主理身体的最重要部分，而不知道脑子才是真正的指挥者。

三国时代有一个叫徐庶的人，年轻时爱击剑，任侠仗义，好打不平。后来一心一意在学问上下功夫，很有成就，机智谋略，为当时的人所称道。刘备知道了徐庶是个有谋略的人，便请他在自己手下做事。当时曹操把徐庶的母亲扣在曹营，他只得向刘备辞别，他指着自己的心对刘备说："我本来想和将军及诸位一起共同努力，建立王霸的事业，因为我心里一向钦佩你；

现在我的老母被俘了，我的心混乱得很，对你们的事业没有帮助，我在这里向你告别了。"离别时，徐庶特别推荐诸葛亮给刘备以代替自己，刘备才三顾茅庐将诸葛亮请出来做军师，创了一番事业。

后来的人便将徐庶所说的话，引申为成语"方寸已乱"，用来形容心中非常紧张，六神无主，再没有心思来办事了。

·飞将数奇·

典出《史记·李将军列传》。

猿臂善射，实负其能。解鞍邻敌。圆阵摧锋。边郡屡守，大军再从。失道见斥，数奇不封。惜哉名将，天下无双！

李广是汉代的名将，在抵抗匈奴的战争中屡建奇功。他擅长骑射，勇敢果断，以少胜多，出奇制胜，曾打败过多次匈奴的入侵。匈奴的将士对李广又惧怕、又敬佩，称他为飞将军。有一年，匈奴入侵上郡，皇帝派朝廷内官跟随李广出兵抵抗。内官几十名骑兵发现3个匈奴骑兵，就向他们进攻。3个匈奴兵用箭射他们，把几十匹马全射倒了，还伤了一个内官。余下的人都跑来找李广。李广知道这3个匈奴人必是神箭手，便亲自率领百骑去追赶。李广张弓放箭，射中二人，活捉一人。这时李广士卒发现迎面山上有匈奴的几千骑兵，正在观察动静。汉兵见敌人那么多，自己才100多人，十分惧怕，纷纷主张逃走。李广制止说："谁也不许动！我们离营地几十里路，假如现在撤回去，匈奴骑兵追赶我们，我们就全完了。我们不动，匈奴会以为我们是诱兵之计，必不敢贸然来追。"李广命令下马解鞍，就地歇息。匈奴果然没敢来追。半夜时分，匈奴害怕汉军设有伏兵，就偷偷把骑兵带走了。李广平安地回到了营地。

还有一次，李广出雁门关迎战匈奴，因敌兵太多，汉军败退，李广被匈奴俘虏。匈奴首领单于知道李广是汉朝名将，下令说："要李广活着来见我！"匈奴骑兵用两匹战马拉成一个网袋，托着李广。李广当时有伤在身，无法行动。匈奴兵看守也很放心。李广在两马之间的网袋上躺着，一动不动，佯装死去。行至十几里时，李广突然跳起，推倒身旁马主的看守，跃上马背，往南飞驰。匈奴100多个骑兵急忙追赶，李广举弓射杀，终于逃回汉营。

李广待人和气，对部下和士卒很友爱，每次得了封赏，都分给士卒享用。所以大家愿意跟他去作战。

李广为汉朝抗击匈奴，作战几十次，建立大小功劳无数次。可是却得不到朝廷重视，升官加爵都没有他的份儿。李广的堂兄弟李蔡，能力不如李广，声望更在李广之下，开始是和李广一样做着小官。可后来却官位升到丞相。李广对这些很烦恼，常与朋友说："我李广不比别人差呀，为什么以功封邑都没我的份儿呢？还是我的命运不佳呀！"后来，李广60多岁时出征匈奴，因为受到排挤和挫折，他自杀而死。

《史记》上在列举了李广的功绩后，评论李广说："可惜天下无双的名将啊，由于命运不好，得不到封赏呀！"

成语"飞将奇数"意思是命运不好。后人用这句成语比喻有才能的人遭遇不佳。

·风中残烛·

刘因，字梦骥，元时初年睿城（现在河北省容城县）人。他非常聪敏，并且肯下苦功读书。著作有《静修集》、《四书集羲精要》等。

他在幼小的时候就死了父亲，一向对母亲很孝顺，成人以后，曾在朝廷任右赞癙大夫。后来他因为母亲生病，就辞去了官职，回家侍奉母亲。

不久，朝廷又叫他去做官，他却不愿意再去。有人问他为什么放弃做官的机会，他回答说："我母亲已经90岁了，好比是'风中残烛'，我怎么可以远去贪图一时的富贵呢？"

"风中残烛"比喻在风中烧残的蜡烛，容易熄灭。人们用来形容老年人精力衰竭，在世不久。"风中残烛"也有人叫"风前之烛"。年老病弱，朝不保夕时又可说成"风烛残年"。

·管窥蠡测·

典出《汉书·东方朔传》。

以管窥天，以蠡测海。

战字图

东方朔是西汉的文学家。他性情滑稽诙谐，善于辞赋。

东方朔虽然很有才能，但是没有得到汉武帝的重用，为此他写了一篇名为《答客难》的文章，以此抒发他怀才不遇的心情。他在文章中先假借客人的口气发表意见，提出苏秦、张仪都能当上大官，而东方朔的才能要比他们还高，又忠诚肯干，怎么到现在仅仅做一个侍从郎官呢？

东方朔在文章中回答说，苏秦、张仪生在诸侯互相征伐的春秋时代，因此他们的才能可以施展，计策能被采纳，就得到了高官厚禄。现在天下统一，政权稳固，有才能的人无处施展。假如苏秦、张仪处在这个时代，也很难得到发展，他们怎么敢希望当一个侍从郎官呢？

东方朔又说，尽管这样，有才能的人还是要注重修身，培养高尚的品性。他最后说，用竹管观察天，用蠡测量海，用竹枝撞钟，怎么能够了解整个天空、考察大海动荡的波纹、激发起大钟的鸣响呢?

成语"管窥蠡测"即由此简化而成。管窥:从竹管里看天。蠡:是一种用贝壳做的瓢。比喻所见有限,目光短浅。

·黑云压城城欲摧·

典出《雁门太守行》。

黑云压城城欲摧,甲光向日金鳞开。角声满天秋色里,塞上燕脂凝夜紫。

李贺是我国中唐时期的一个很有才华的诗人。当时,唐朝国内藩镇割据,边境上外族时有骚扰,李贺站在爱国主义的立场上,对抗击外族侵略的将士们给予了赞颂。这首诗就是描写北方边塞上一座城池被外族军队包围之后,在十分危急的情况下守城将士下定决心,坚决守卫,誓死报国的壮烈情景。

原诗共八句,这是前四句,意思是:战事危急得就像浓厚的乌云笼罩,要把整个城池压毁一样,战士的铠甲在阳光照射下金光闪烁。在一片秋天的景色里,军中鼓角齐鸣,双方战斗激烈,边塞上战士鲜血染成的犹如胭脂一样的红土在夜里显得更加火红,凝成了紫色。

后人用这个典故比喻恶势力的一时猖獗及其造成的紧张局面。

·猢狲入布袋·

典出《归田录》。

梅圣俞以诗知名三十年，终不得一官职。晚年与修《唐书》，书成，未奏而卒，士大夫莫不叹息。其初受修《唐书》，语其妻刁氏曰："吾之修书，可谓猢狲入布袋。"刁氏对曰："君子仕宦，亦何异鲇鱼上竹竿耶！"闻者皆以为善对。

北宋梅圣俞是个有名的学者和诗人，为人淡泊，不追求功名利禄，和老妻两人居住在乡村里，读书、写文章、和邻居谈谈说说，觉得很自在，30年没做一官半职。可是他有学问的名气很大，连皇帝也知道梅圣俞是个品学兼优的人，因此特地下圣旨，召他到京城去修《唐书》。他心里不愿意却又不敢违抗皇帝的任命，于是叹着气对妻子说："我这一去，真可说是'猢狲入布袋'了。"猴子是好动的，被塞进布袋该多难受？他妻子也笑道："你一生不愿做官，这一去恰如'鲇鱼上钓竿'，有得苦吃呢！"

后人用"猢狲入布袋"比喻野性受到约束，十分不情愿。

·娇生惯养·

典出《红楼梦》。

自幼娇生惯养的，何尝受过一日委曲，如今一身重病，一肚子闷气，又没有亲爹娘，她这一走，是不能再见面了。

　　王夫人怕丫头们教坏了宝玉，于是来了一次大清洗，凡她认为不可靠的统统赶出去。一个名叫蕙香的丫鬟，聪明伶俐，只因她与宝玉是同日生的，王夫人便认定她是一个"没廉耻的货"，被赶了出去。芳官是个唱戏的，王夫人认定唱戏的女孩子更是狐狸精，被赶了出去。其余唱戏的女孩子们，一概不许留在园里，统统弄出去嫁人。晴雯是侍候宝玉的丫头，她什么罪也没有，只因长得特别漂亮，便安上"妖精"的罪名被逐。宝玉见晴雯正在重病，四五天水米不曾粘牙，硬被从炕上拉了出去，心中极为难受。当着王夫人的面，宝玉不敢多言，王夫人一走，他便倒在床上大哭起来。袭人劝宝玉道"哭也不中用……太太不过偶然听了别人的闲言，在气头上罢了。等太太气消了，你再求老太太，慢慢地叫进来，也不难。"宝玉说道："怎么我们私自开玩笑的话太太知道了呢？怎么太太单不挑你和麝月、秋纹的不是呢？"袭人听了这话，低头半日，无可回答。

　　宝玉笑道："你是头一个出了名的至善至贤的人，他两个又是你陶冶教育的，焉得有什么该罚之处？"袭人细揣宝玉的话，知道宝玉怀疑她告了密，竟不好再劝，因而叹息到："天知道罢了！此时也

金陵十二钗仕女图之林黛玉

查不出人来了，白哭一会子，也无益了。"宝玉听了，冷笑几声，然后说道，"晴雯自幼娇生惯养的，何尝受过一日委曲，如今一身重病，一肚子闷气，又没有亲爹娘，她这一走，是不能再见面了。"说着，越发心痛起来。

后人用"娇生惯养"（娇：宠爱。惯：纵容、姑息）形容从小过分受父母的宠爱和姑息，没有受到教育和锻炼。

·寄人篱下·

典出《南史·张融传》。

丈夫当删诗、书，制礼乐，何至因循寄人篱下。

南北朝时的齐国，有一个叫张融的人，字思光。此人长得体短貌丑，但精神清澈，思维敏捷。他家境虽贫，但能勤奋自学，其记忆力和理解能力都很好而且滑稽多辩。齐高帝萧道成对他很厚爱，常说："此人不可无一，不可有二。"

有一次，高帝赐给张融一件衣服，张融前去向高帝请安。短短的一段路，张融走了很长时间。帝问何故，张融说："我是从地下升到天上来，按理是不能快走的。"张融擅草书，并常常为此自我欣赏。高帝曾说："你的书法很有骨力，但无二王（指东晋书法家王羲之、王献之父子）的笔法。"张融说："二王还不具备我的笔法呢！"

武帝继位以后，有一次张融请假东游。武帝问他住在何处。张融说："我住的地方说是在陆上，但没有屋子；说是在船中，但船下又无水。"后来，武帝问张融的哥哥张绪。张绪说："他住在一条泊在岸上的小船里。"武帝听罢哈哈大笑。

永明（齐武帝的年号）中叶，张融染病时作门律，并自作序言。序言中，他阐述了自己从事文章著述的情况。文中说：大丈夫应当删诗书，制礼乐，文章著述自成一体，不能寄人篱下地因袭别人。

"寄人篱下"即像麻雀一样，寄居在人家的篱笆底下生活。后人用"寄人篱下"故比喻依附别人过生活。

·将信将疑·

典出《吊古战场文》。

人或有信，将信将疑。

唐玄宗李隆基时，封建统治集团对内实行残酷的剥削和压迫，对外不断发动战争，天宝十四载（公元755年）又爆发了安史之乱。战争给人们带来了灾难，不少人家妻离子散，家破人亡。当时，有一个叫李华的人，字遐叔。他21岁进中士，官至吏部员外郎。安禄山攻陷长安时，李华被俘，并被迫接受了凤阁舍人的官职。安史之乱平息以后，他被贬为杭州司户参军，后来辞职隐居。

李华目睹了战争给人民带来的灾难，写了一篇《吊古战场文》，借描写一个古战场的凄惨情景，对战争进行了谴责。文中写道：天下民众，谁无父母？谁无兄弟？谁无夫妇？他们生前没有受到帝王的什么恩惠，为什么要害他们呢？他们存亡死活，家里人都不知道。有人传来消息，家里人将信将疑。大战之后必有荒年，人民又要流离失所。怎样才能避免这种祸害呢？只有实行王道，使四夷各为天子守土。

后人用"将信将疑"指不敢轻信，有些相信又有些怀疑。

·尽善尽美·

典出《论语·八佾》。

子谓韶："尽美矣，又尽善也。"谓武："尽美矣，未尽善也。"

孔子 35 岁那年，鲁国国内发生动乱，君臣之间争权夺势，闹得百姓不得安生。孔子怕遭到灾祸，带着少数几个弟子逃到齐国。

孔子闻韶图

齐国的国君和大夫对孔子很尊敬，盛情地款待他，并且请他欣赏音乐。有一天，齐国的乐人专门为孔子演奏"韶"的乐章，很得孔子的欢心。孔子听得入了迷，竟一连许多天都在回味着"韶"的音律，把肉的味道都忘记了。他一遍又一遍地说："真想不到呀，音乐感人之深竟能达到这样的地步！"

这时候有人问孔子说："先生，韶乐您欣赏过了，武乐您也听了，现在请您发表一下看法，是韶乐好呢，还是武乐好啊？"

孔子不假思索地说："当然是韶乐好呀，它的声音、旋律美极了，而且表达的意思也极好！至于武乐嘛，声音也是很不错的，但意思不够美……"

因为韶乐是虞舜时代的乐曲，孔子向往那个时代，所以极力赞美韶乐；武乐是周武王时代的乐曲，因为周武王的天子之位是由讨伐商纣而来，孔子不赞成，所以对武乐也有看法。

成语"尽善尽美"就是由此而来，意思是形式和内容、外表和实质都好到了极点，后来人们用它形容事物达到最美好的境地。

·景差为相·

典出《说苑·政理》。

景差相郑，郑人有冬涉水者，出而胫寒。后景差过之，下陪乘而载之，覆以上衽。晋叔向闻之曰："景子为人国相，岂不固哉！吾闻良吏居之，三月而沟渠修，十月而津梁成，六畜且不濡足，而况人乎？"

景差在郑国当相国时，有个郑国人在严冬季节，赤着双脚水过河。待走出水面后，两条小腿已经冻僵了。

恰好景差坐车过来，连忙把这个人扶上自己随从的车子，又给盖上一件衣裳。晋叔向听说后，议论道："景差身为相国，实在低能。我常听人讲，贤德的官吏所管辖的地方，三月就要疏通河沟渠道，到十月就得修复渡口桥梁，六畜尚且不再水，何况人呢？"

"景差为相"的这个典故告诉人们，要从根本上解决问题，而不能头痛医头，脚痛医脚。景差作为相国，如能教国人早把桥梁修好，全国的人民都不会在冬季涉水渡河了。

·空空如也·

典出《论语·子罕》。

有鄙夫问于我，空空如也。

有个人对孔子十分崇拜，一次他碰见孔子，便十分热情地打招呼，并极为恭敬地说："您知识渊博，真了不起啊！"孔子听后，有些惭愧地说："我有知识吗？没有。"那人连忙说："您何必客气呢？"孔子说："我不是客气，而是确实知识贫乏。比如，有一次我到乡下去，但见碧野千里，一派繁忙景象。有的人在采桑，有的人在种地，他们驾轻就熟，干得很有条理。当我走近一群种地的农夫时，他们停下锄头，笑嘻嘻地和我打招呼。他们以为我很有学问，便七嘴八舌地谈开了。有个农夫问我一个问题，我却一点儿也不知道。"

孔子停了一下接着说："他那个问题，我反复思考了很久，从正反两个方面加以推究，才有所领悟，然后才尽量地告诉了他。"那个人听了孔子的这番话，很诚恳而有礼貌地说："您这种谦逊的美德很值得我们学习！"

后人用"空空如也"形容一无所有。

·困兽犹斗·

典出《左传·宣公十二年》。

公曰："得臣犹在，忧未歇也。困兽犹斗，况国相乎！"

春秋时，有一年楚国和晋国作战，因晋国的几位将军不服从元帅荀林父的命令，结果大败而回。荀林父自己请求判死罪，晋景公准备答应了，大夫士贞子劝阻说："这是不相宜的。从前城濮之战，楚国败了，晋兵吃了楚军3天的粮食，文公脸上还带着愁容，左右的人问他道：'应当欢喜的事反而忧愁，难道应该忧愁的事反而欢喜吗？'文公说：'得臣（楚国宰相，城濮之战役时的楚军元帅）还在，不能就此放心呀！一头野兽被困住了还要挣扎，何况一国执政的人呢？'后来楚国杀了得臣，文公方才露出欢喜的笑容，说：'再没有人害我了，现在算是晋国又胜一次，楚国又败了一次了。'因为这样，楚国两代都兴不起来。……荀林父正是国家的柱石，怎么可以杀死他呢？……"景公觉得士贞子的话很有理由，就免了荀林父丧师辱国的死罪，还将他原来的官职恢复。

后来的人，便将晋文公所说的比喻，引为"困兽犹斗"，用来形容即使处在最困难的情况下，也还是要尽力挣扎，起来抵抗。另外也形容那些坏人或坏的集团，在被压制得将要溃灭时，还要做无谓的顽抗。

·狼狈不堪·

典出《博物典汇》。

狼前二足长，后二足短，狈前二足短，后二足长，狼无狈不立，狈无狼不行。故以为颠蹶困顿之喻。

又见《陈情表》。

臣欲奉表奔驰，则刘病日笃；苟顺私情，则告诉不许。……臣之进退，实为狼狈。

李密的品德、文才都高，很有名气。晋武帝司马炎仰慕他的品行才学，几次三番去召请他做官，都被拒绝。

原来李密生下来 6 个月时，就死了父亲，4 岁时，母亲又被舅舅逼迫改嫁了。所以全靠祖母刘氏抚养长大。他家境并不好，刘氏经过千辛万苦，才把他养大，供给他读书，到李密年长时，他的祖母已很老了。李密为了服侍他，不忍出去做官。

晋武帝不断下诏书去叫他，他写了一封很恳切的信给晋武帝，信里有这样的几句："我生下来只有 6 个月，慈爱的父亲就死了，4岁时母亲被舅舅迫着改嫁，祖母刘氏，看我可怜，亲自扶养我长大，我家里既没有兄弟，又没有叔伯，孤苦伶仃……我当时要是没有祖母刘氏，不会活到今天，祖母刘氏今天要是没有了我，靠谁去服侍她的残年呢？所以我如不出去做官的话，又违背你的旨意，我今日的处境实在狼狈不堪呀……"

狼、狈是二种兽名，狼前足长，后足短；狈后足长，前足短，所以必须同进同出，同行同止。狼狈不堪，是形容人们的处境非常艰难、窘迫。

·离群索居·

典出《礼记·檀弓》。

吾离群索居亦已久矣。

孔子的学生子夏因儿子死了，把眼睛都哭瞎了。曾子去安慰他。他哭哭啼啼地对曾子说："天哪！我有什么过错呀！为什么要受到这样严重的惩罚呢？"

曾子劝慰他说："你怎么能说自己没有过错呢？你退居西河，一味炫耀自己，使西河的老百姓只知道有你，而不知道有老

离群索居

师孔子，这是你的过错之一；你死了父亲却不声不响，大家都不知道，这是你的过错之二；现在你的儿子死了，竟伤心得把眼睛都哭瞎了，前后对比，情况完全两样，这是你的过错之三，你不尊师，不孝父母，却偏疼爱自己的儿子，这不是3件大罪过吗？"子夏听了忙向曾子跪拜说："我离开朋友单独生活已经很久了，因而听不到朋友的规劝，放松了自己的修养。"

后人用"离群索居"来说明离开群众而孤独生活。

·李斯叹黄犬·

典出《史记·李斯列传》。

斯出狱，与其中子俱执，顾谓其中子曰："吾欲与若复牵黄犬俱出上蔡东门逐狡兔，岂可得乎！"遂父子相哭，而夷三族。

李斯，秦朝名相。秦始皇东巡死后，李斯和赵高一起，逼死太子扶苏，拥立胡亥做了秦二世皇帝，自己做了丞相。他先是阿谀奉承秦二世胡亥和赵高，后来又反对赵高专横独断。赵高就诬陷他和他的长子李由阴谋造反，并派人把他捆起来，关在监狱里。

在狱中，李斯遭受了毒打，他忍不住痛，就被迫承认了企图造反的罪行。不过他心里想："现在我姑且承认，等皇上派人来审讯时，我再说明真相。"

赵高明白了李斯的想法，派了10多个心腹，假装成皇上派来的人，轮流去反复审讯李斯。李斯真以为皇上派来的人，就说出了真实情况。殊不知，他得到的又是一顿毒打。后来秦二世果真派人来验证他的口供，为了免遭皮肉之苦，他只好承认有罪，并写下了供词。

秦二世二年（公元前 208 年）七月，李斯被判处腰斩，在都城咸阳大街上示众。李斯蓬头垢面地从狱中出来，回头看了看身后的一大家子人，都因受自己的牵连，都要处以死刑。李斯不禁仰天长叹，泪流满面。他对二儿子说："儿啊，我和你再牵着黄狗，到蔡东门外去追逐野兔，恐怕永远不可能了！"说罢，父子二人痛哭起来。接着，李斯的三族亲人全被杀害。

后人用"黄犬之叹"表示因做官而招来横祸，事到临头后悔已迟。

·林冲买宝刀·

典出《水浒传》。

一天，林冲到阅武坊巷口，见到有个男人在卖刀。他凑上前去，接刀一看，吃了一惊，失口叫声："好刀！"问要卖多少钱。那人说："索价三千贯，实价两千贯。"林冲说："值是值得两千贯，不过没人买。若是一千贯，我便买。"两人经过一番讨价还价，最后那人叹口气说："金子做生铁卖了。一千贯就一千贯，一文钱也不要少了我的。"林冲就这样买下了这把宝刀。他将宝刀带回家里，翻来覆去，看了再看，越看越喜爱。心想：高太尉府中有把宝刀，我几次要借看都不让，这回我自己也有了这把宝刀，将来再和他比试比试。

第二天中午，有两个当差的来叫林冲，说："太尉钧旨，说你买了一把宝刀，要你拿去同他的宝刀比比看。太尉就在府里等你。"林冲暗想：这又是什么人告诉了他？只好带着宝刀，跟随他二人进府来到厅前。林冲立住了脚，两个当差的又说："太尉一直在里面后堂内坐着。"三人转入屏风，到后堂，不见太尉，林冲又住了脚。两个当差的又说："太尉一直在里面等你，叫林教头进来。"又过了两三重门，来到一个周围都是绿栏杆的地方。两个当差的引林冲到堂前，说："林教头，你在这里稍等一下。我们进去禀报太尉。"

林冲哪会想到太尉高俅的干儿子高衙内想霸占他的妻子，便使出了种种阴谋诡计要陷害他。林冲眼看着这两个当差的进入堂内，自己拿着刀，立在屋檐前，左等右等，不见出来。他心中有些疑虑，就偷偷地掀着门帘，探头往堂里一看，只见檐前额上写着四个青字：白虎节堂！林冲猛然省悟过来，吃惊地说："白虎节堂是商议军机大事的地方，怎么能够无故辄入？"连忙转身要走，只见高太尉从外面进来。林冲见，手执宝刀，向前拜见。高太尉大声喝喊："林冲！没有人叫你，怎么胆敢辄入白虎节堂？你手里拿着刀，是不是来刺杀我呀！"林冲急忙辩解说："刚才两个当差的叫我来，说是大人要我拿刀来比比看。"高太尉矢口否认说："我哪有叫人找你？是你手执利器，擅入节堂，想杀害我！"高太尉喝令左右排列军校，将林冲抓起来，投进监牢，刺配沧州。

"林冲买宝刀——中了诡计"，比喻遭到他人狡诈计谋的暗算。

·令反侧子自安·

典出《后汉书·光武帝纪》。

刘秀曰："令反侧子自安。"

后汉光武帝刘秀在和王郎争夺河北的战争中，敌强我弱，他部下的官吏为了自保，私下和王郎通信，人数竟达数千人。谁知后来王郎全军竟被刘秀消灭,这些信件全部落到刘秀手里。他的谋臣请刘秀逐个检查，把所有曾写信通敌的人杀掉，以纯洁队伍。刘秀不肯，反而一把火当众把信件焚毁，说："让这些害怕追究、翻来覆去睡不着觉的人安心吧。"

200 年以后，三国时期，曹操和袁绍在官渡对峙。袁绍兵力十倍于曹操，曹军人人自危，也有许多人私下写信通敌。结果，袁绍大军被曹军打败，这些信件也全部被曹操缴获，曹操

水陆攻战画像石

也学刘秀的办法，一把火当众把信件烧了，说："令反侧子自安。"

又隔了七八百年，五代时郭威打败了敌人李守贞，搜得了一批人和敌军来往信件，他的主簿官王溥劝他："愿一切焚之，以安反侧。"郭威听从了这个建议，也把这些信烧了。

在上述三件事中，有一个基本情况是相同的：即战争仍在继续，全国还未统一，自己力量还不够强大，需要巩固内部，笼络人心，不能株连过广，削弱自己。

·吕蒙正赶斋·

典出《吕蒙正风雪破窑记》。

吕蒙正，是宋朝洛阳城里的一个穷书生。他栖身城外的破窑里，苦读诗书，等候考试。这天，吕蒙正到城里散心，正从一座彩楼下经过，突然一个绣球从空中滚落在他怀里。他赶紧撩起破长衫裹住绣球。原来是刘员外搭彩楼让女儿月娥抛绣球选婿。刘月娥是个才貌双全的小姐，她看到吕蒙正虽然衣衫褴褛，但相貌端正，气宇不凡，心里暗自拿定主意，就把绣球抛给了他。刘员外对着这个叫花子似的女婿，细细审视一番，微微皱起眉头，劝说女儿打发他走算了。哪知月娥态度坚决，宁肯吃苦也不悔约，恼得刘员外大骂："好吧！你不听我言，就赶出家门！"他命丫鬟梅香把月娥的首饰、衣裳都取了下来，嫁妆、金钱也一概不给，让她去过苦日子。刘月娥拜别父亲，跟着吕蒙正离了刘家大院。

吕蒙正和刘月娥，就在破窑里结成夫妻，两人互敬互爱，生活虽清贫但过得极和美。吕蒙正每天到城内街上摆字摊，赚些钱买几个烧饼，又到白马寺赶斋讨两碗饭，带回家同妻子一起吃。话说洛阳城的白马寺，是天下有名的寺院，院内和尚多，吃饭前都要打钟。吕蒙正每天听到钟响就赶到，和尚们开饭他也跟着讨两碗饭，这叫"赶斋"。这天，吕蒙正听到白马寺的钟声响了，又去赶斋，谁知赶到寺里斋饭已经开过。老和尚告诉他："秀才，从今后，我们先吃饭后打钟了。有言道'满堂僧不厌，一个俗人多'。我们这斋饭舍给过路的和尚吃，你一个俗人天天来怎么行？你堂堂须眉，不去应举考试，赖在这里讨斋饭吃，真不害臊！"吕蒙正听了，非常懊恼，便提笔在庙堂墙上写道："男儿未遇气冲冲，懊恼和尚饭后钟。"

吕蒙正回到了窑里，看见妻子正在哭泣，满地是破锅破碗。月娥说是她父亲刚来吵闹，把这些穷家当都摔了。夫妻二人正在发愁，刚好友人寇准来对吕蒙正说："有个老朋友借给一百两银子，可给弟妹留二十两过日子，剩下的钱我们上京赴考去吧。"结果，吕蒙正和寇准双双得中，吕蒙正中了状元，任洛阳县令，寇准留在朝内做官。

吕蒙正回到洛阳，首先到破窑里把刘月娥接到官衙内住。上任第三天，照例要到白马寺进香，和尚们忙得团团转。吕蒙正看到当年他写的两行诗，和尚已用碧纱罩着，想起昔日赶斋被辱的困窘，感慨万分。他命人撤去纱罩，凑成全诗为："男儿未遇气冲冲，懊恼和尚饭后钟。从来任凭尘土暗，今朝始得碧纱笼。"

吕蒙正写完，对老和尚说："世态炎凉，从来如此，我也不怪罪你。假如不是那时你敲饭后钟，让我投食无门，我还不会进京赶考呢！"正说着，小和尚跑来报告：洛阳城刘员外来拜见大人！吕蒙正怒气冲冲地说："我不认得这么个丈人，你替我把他赶走！"

恰好，寇准这时也从京城来寺进香，并要吕蒙正一起见见恩人刘员外。吕蒙正怒气未消，愤愤地说："我和他无恩无义！"寇准哈哈大笑，说出了真情。原来当初月娥选婿之后，刘员外见吕蒙正气宇不凡，是个有才志的人，但怕他贪恋富贵，不求进取，故意将他夫妻赶走，后来见到吕蒙正安于清贫，不肯发愤，便叫白马寺断了他的斋饭，又到破窑里砸了他的家当，并拿一百两银子让寇准说动吕蒙正进京赶考。这时候，吕蒙正才如梦初醒，连忙一齐赶到门外，迎接丈人刘员外。

·牛衣对泣·

典出《汉书·王闰传》。

章疾病，无被，卧牛衣中，与妻决，涕泣。后章仕宦历位，及为京兆，欲上封事，妻又止之曰："人当知足，独不念牛衣中涕泣时耶？"

汉朝时候，在山东泰安有个读书人，名叫王章。人很聪明，性格耿直。他的妻子更是通情达理，非常贤惠，经常鼓励丈夫发愤读书，为国家效力。

有一年，王章和妻子一起住在京都长安读书求学，日子虽说很清苦，但夫妻恩爱，生活也还快乐。王章学问长进很快，妻子心里当然很高兴。

一天夜里，王章突然病了，浑身发烧。因为家里衣物被褥很不齐全，所以根本没有什么东西给王章盖上。妻子只得把平日里用乱麻编织的席子给丈夫盖在身上。这样的麻席子是用来给牛披盖的，农户称它是"牛衣"。可是因为家境贫寒，只能给丈夫盖牛衣，妻子心里很不是滋味。她暗暗地流下了几滴眼泪。

王章病得昏昏沉沉，想到自己的病一定很重，家里又无钱治病，很可能会病死的。他越想越悲哀，越想越难过，禁不住呜呜咽咽地哭起来。

王章妻子心情更是凄楚万分。可她想，哭泣有什么用呢？应该劝他鼓起勇气，打起精神来，病才会好，才会取得功名呀！所以她狠了狠心，严厉地批评丈夫说："夫婿啊，现在在朝廷做官的人，论才能有几个能比得上你呢？得了一点儿病就这样失魂落魄，像女人一样哭哭啼啼，这是多么卑怯呀！有志向的人，应该精神振奋、百折不屈啊！"

妻子的激励产生了效果，从此王章更加发愤，才学愈加深厚，不久便被朝廷召为官吏。开始做谏大夫，后来又做中郎将，并且当上京兆尹。

王章做官以敢于给皇帝提意见而闻名，他常常不避皇亲国戚，谁做错了事，犯了章法，他就揭发谁，即使是自己的好友、恩师也不例外。可是他却为此遭到排挤、诬陷。他的妻子看到这种状况，就劝丈夫说："夫婿，你已经做上京兆尹的高官了，官职难道还嫌小吗？人应该知足，你为什么不想一想披着牛衣夜里哭泣的日子呢？"

王章说："这是不同的两回事嘛，你们女人知道什么！"王章仍然我行我素，又去告发专权乱政的重臣王凤。王凤大将军是皇帝的亲戚，怎么动得了呢？结果王章被捕下狱，最后丧了性命。王章一直到死，还不知道自己犯了哪条罪过。王章死后，他的妻子和家属被撵到广西合浦，以采珍珠度日，生活反倒清静多了。

成语"牛衣对泣"便是由这来的，后来人们用它形容夫妻生活贫苦悲观、不知振奋。

·披星戴月·

典出《冤家债主》。

这大的孩儿披星戴月，早起晚眠。

春秋时，鲁国有一个人姓宓名不齐，字子贱，他是孔子的弟子。在单文做县官时，他坐在公堂上，一面弹着琴，一面吩咐他的僚属办理公事，自己从来不出衙门，却能把单文治理得很好。后来宓子贱离职，巫马子期接任单文的县官，巫马子期很勤劳，工作非常认真。经常天还没有亮披着星星出门，一直到月亮很高才回来。无论什么事情，不分日夜，都要亲自去办理，所以也把单文治理得很好。

巫马子期觉得自己治理单文，费了许多劳力和精神才能办理好，宓子贱整天只是坐在堂上弹弹琴，也能把单文治好，有点不明白其中的道理，于是跑去见宓子贱，问道："你每天只弹弹琴就能治理单文，为什么呢？"宓子贱回答他说："我是任用能干的人，你是亲自去费精力的；任用能干的人替我办事，我自然就安逸了，你样样事情都要亲自去做，那自然就辛苦了。"子期说："噢！我的施政方法，实在还不够啊！"

由这个故事，后人把子期早上披着星出去，晚上载着月回来，引为成语"披星戴月"，形容早出晚归或连夜奔波，极其辛劳。

披星戴月

·气息奄奄·

典出《陈情表》。

刘日薄西山，气息奄奄，人命危浅，朝不虑夕。臣无祖母，无以至今日；祖母无臣，无以终余年，母孙二人，更相为命。

公元263年，司马昭派遣钟会、邓艾等灭蜀之后，第二年他的儿子司马炎就废除魏帝曹奂，建立了西晋王朝。晋武帝司马炎为安抚蜀汉士族，便对汉蜀的旧臣采取笼络收买的怀柔政策，征召他们去洛阳任职。李密在徘徊犹豫之中，决定暂时不去。于是以尽孝祖母为名，写了《陈情表》。他在《陈情表》中说："……而今祖母刘氏的病日愈沉重，正像太阳快往西山落下去了一样。她只有一丝儿气了，生命非常危急，早晨都很难料到她能不能活到晚上。我没有祖母，也就没有今天；祖母没有我，她也无法度过晚年。我们祖孙二人是相依为命的啊！"

晋武帝看了他的《陈情表》后，为了维护其"以孝治天下"的幌子，就答应李密的请求，免于应征，并在生活上予以优厚的照顾。

后人用"气息奄奄"来比喻人或事物接近死亡。

·千载难逢·

典出《韩昌黎全集》。

唐宪宗很崇拜佛教，听说一所寺院里有一块佛骨——释迦牟尼的遗骨，便打算隆重地把它迎进宫里礼拜。刑部侍郎韩愈认为这样做很不妥当，便上了一篇奏章《谏迎佛骨表》加以反对。

唐宪宗十分恼怒，要将韩愈处死。后来，亏得宰相为韩愈说情，才改为贬职，到潮州去任刺史。

宪宗后来改革了前朝的一些恶政，中央政权的统治有所加强。韩愈于是写了《潮州刺史谢上表》，恭维宪宗是扭转乾坤的中兴之主，并且建议宪宗到泰山去"封禅"。封禅，是一种祭祀天地的大典。秦始皇和汉武帝都举行过这种大典，韩愈提出这个建议，是把宪宗作为有杰出贡献的帝王来看的。在这道表中，韩愈还隐约地表示，希望宪宗让他也参加封禅盛会，并说如果他不能参加这千年难逢的盛会，将会引为终身的遗憾。

后来，宪宗把韩愈调回京都，让他担任吏部侍郎。

"千载难逢"指一千年也难遇到一次。形容机遇十分难得。

·茕茕孑立，形影相吊·

典出《陈情表》。

外无期功强近之亲，内无应门五尺之童。茕茕孑立，形影相吊。

期功：旧时丧服名，血缘关系相当近的亲属穿，这里指近亲。强近：强为亲近。茕茕：孤独的样子。孑立：孤立。吊：安慰。全句意思是说外没有比较亲近的亲属，内没有应声开门的儿童，孤苦伶仃，只有形体和影子相伴相慰。

后人用"茕茕孑立、形影相吊"这个典故比喻一个人孤苦伶仃、无依无靠。

·燃眉之急·

典出《三国志通俗演义·诸葛亮舌战群儒》。

近闻玄德弃新野，走樊城，败当阳，奔夏口，无容身之地，有燃眉之急。

汉献帝时，曹操做丞相，挟天子以令诸侯，专权恣肆达到顶点。各地汉室的皇族，见曹操专权恣肆，都起来反抗，东吴孙权也独立不听号令。曹操想统一天下，依次打败了刘表、刘琦，与刘备在新野等地交战，刘备因地狭兵少，无法支持。孙权见曹操大兵压境，也有点惶恐起来，派鲁肃到刘备那里探听消息，并和刘备商议，刘、孙两方联合起来，共同抵抗曹操。但是孙权的文臣们，见曹操兵力强大，不敢抵抗，都主张投降。因此，鲁肃邀请诸葛亮同赴东吴，游说孙权出兵。诸葛亮到东吴以后，孙权帐下的谋士纷纷起来和他辩驳。

张昭是谋士中的领袖，他带着责问的口气对诸葛亮说：

诸葛亮舌战群儒

"我们很久以前就知道，先生居住在隆中的时候，常常把自己比成战国时的管仲、乐毅。管仲相桓公，使桓公成为诸侯的盟主，乐毅替燕出兵伐齐，攻下70余座城，现在刘备得到你之后，不但不能帮助他强大起来，反而失去了新野，丢弃了樊城，富阳长城吃了败仗，又逃到夏口去，像燃眉一样的焦急，你哪里比得上管仲、乐毅的万分之一呢？"

后人用"燃眉之急"比喻事情万分危急。

·忍辱负重·

典出《三国志·吴志·陆逊传》。

国家所以屈诸君使相承望者，以仆有尺寸可称，能忍辱负重故也。

陆逊是三国时期吴国的著名将领，曾任荆州牧、丞相等官职。

公元221年，蜀主刘备为了从孙权手里夺回战略要地荆州，为结拜兄弟关羽报仇，亲自率领部队攻打东吴。战争开始，蜀军接连取得胜利，深入吴境达五六百里，一直打到夷陵（今湖北省宜昌市东），连营数百里，声势十分浩大。吴主孙权任命年轻有为的陆逊为大都督，带领 5 万人马，前往迎战。陆逊在吴将中资历较浅，归他指挥的诸将如朱然、潘璋、宋谦、韩当、徐盛、鲜于丹、孙恒等，有的是跟随孙氏征战多年的老将，有的是皇亲贵戚。他们都很傲慢，对年轻的书生陆逊当上都督很不服气，甚至不肯服从陆逊的命令，陆逊十分着急。

有一次，陆逊召集众将，他手中紧握宝剑，高声说道："刘备天下知名，连曹操都有些怕他。现在他率大军进攻吴地，是我们的强敌，决不可以轻视他。希望众位将军以大局为重，同心协力，共同消灭来犯之敌。我虽然是个书生，但主上任命我为大都督，你们只好服从。主上之所以委屈诸位将军，使你们屈尊于我，就是因为我还有一点儿微薄的能力，能够忍受屈辱，挑起重担。今后，希望你们各负其责，不容推辞，军令如山，违者必按军法从事。"经陆逊这么一说，诸将心中虽有不服，但行动上再也不敢违抗。

陆逊指挥军队坚守七八个月之久，一直不与刘备决战。后来，蜀军疲惫，骄傲轻敌，陆逊乘机利用顺风进行火攻，大破蜀军，歼敌万余人，取得夷陵之战的重大胜利。刘备败退白帝城，不久病死。从此，东吴诸将十分佩服陆逊的才能。

成语"忍辱负重"即由此而来，意思是能忍受屈辱，担负重任。

·如鸟兽散·

典出《汉书·李广传》。

陵叹曰："复得数十矢，足以脱矣，今无兵复战，天明坐受缚矣，各鸟兽散，犹有得脱归报天子者。"

李陵是汉代著名的"飞将军"李广的孙子，善于骑射，礼贤下士，深得将士喜爱。汉武帝刘彻也很赏识他，经常夸他有李广的风度。

有一年，汉武帝派他去讨伐匈奴，他自愿带领5000步卒深入浚稽，直捣匈奴老巢。李陵的部队到达浚稽山，与匈奴单于的部队相遇。单于用3万骑兵围住李陵，李陵命汉军在营外列阵，前排执戟、盾，后排持弓弩。单于看汉军兵少，便直奔汉营。李陵命将士击鼓开战，千弓俱发，喊声四起，匈奴兵应弦而倒，死伤无数。单于见势不妙，命令部将率8万骑兵一齐向汉军攻击。李陵寡不敌众，且战且退，退到一个峡谷里。汉军受伤的人很多，受轻伤的士兵仍然坚持作战。这时候，汉军中一个叫管敢的人因为受了长官的大骂，一气之下投降了单于，并且报告了汉军的机密：

"李陵没有后援，箭快用完了，就剩下李陵和成安侯部下还有些箭，他们一共才800多人，走在前边，打着白色旗和黄色旗，你们可以派骑兵打败他！"

单于果然派了精兵，将李陵堵在山谷中，大叫："李陵快来受降！"

因为李陵的部队处在谷底，单于在山上，形势很不利。单于用石头、木棒袭击汉军，汉军死伤惨重，已经无法前进。

天黑以后，李陵数一数人数，活着的人不多了，便悲痛地与他们说："我们注定失败了，这样下去谁也活不成了，你们别跟我走了，有勇气的去和单于拼吧……"

汉军的将官劝他说："将军，别悲伤，你的大名威震匈奴，天命不会让你死的，你以后还可以设法回汉。从前不是也有过汉将被俘以后重新回到家乡的吗？皇帝也是以礼相待的。"

"不，我不死在战场就不是壮士！"李陵下令放倒军旗，把珍宝埋入地下，然后对将士们说："现在还剩下几十只箭，完全可以逃脱的，不要等待天亮以后被他们俘虏去。你们像鸟兽那样各自散去逃命吧，能有几人回去报告皇帝也是好的。"

李陵给每个军士带上两升粮食、一块冰。半夜之后，他让兵士们各自走开，他自己上马驰出山谷，单于用几千骑兵追赶他，成安侯韩延年中箭落马，李陵被俘。

成语"如鸟兽散"便是由此而来，意思是像鸟兽那样四处飞奔逃散，现在用它形容溃败逃散。

·上无片瓦，下无插针之地·

典出《景德传灯录》。

此人，上无片瓦，下无卓锥。

时间已经是深夜了，寺内的讲经堂内还灯火通明。几个老

讲经说法

和尚坐在讲经堂内讲经说法。

夹山和尚问："什么样的人才算有了道呢？"

船山和尚顺口笑道："有道的人，他心中一无所有；他头上连瓦也没有一片，脚下连插锥子那样小的地方也没有。"另一个和尚点点头说："我们出家人就是这样，要想学道，就必须什么都不想，只能一心想着成佛。"

后人把"上无片瓦，下无卓锥"说成"上无片瓦，下无立锥之地"或"上无片瓦，下无插针之地"，用来形容人穷得头上无一片瓦（无住房），脚下连插针的地方（耕地）也没有。

·身轻言微·

典出《后汉书·孟尝列传》。

臣前后七表言次故合浦太守孟尝，而身轻言微，终不蒙察。

东汉时候，浙江会稽上虞县有一个寡妇，对年老的婆母非常孝顺。丈夫死后，她一个人砍柴烧饭，侍奉婆婆，村里人都夸她是一个好媳妇。后来，她的婆母因为年老去世。这位寡妇有一个小姑，这个人心肠歹毒，为人刁钻，对自己母亲不但不敬、不孝，反而说她受嫂嫂虐待。老人死后，她竟然到县衙告状，说嫂嫂毒死了老婆婆。县令是一个昏庸之辈，不加调查就判了寡妇死罪。当时在县衙内担任户曹小官的孟尝，知道这是一起冤案，急忙报告太守，可太守根本不当回事儿，孟尝又气又恨，哭着离开官衙，辞职不干了。寡妇终于冤枉而死。

两年之后，换了一个新太守，孟尝向他告发寡妇蒙冤受难。新太守惩办了诬陷贤妇的小姑，郡中百姓无不拍手称快。不久孟尝到合浦当太守，他制定了采珠的一些法令，保护珍珠母贝，珍珠产量逐年提高，使贫穷的合浦又繁荣起来。当地的采珠人和百姓交口称颂他的功绩。

孟尝有一个同乡，名叫杨乔，当时在朝廷做尚书。他很了解孟尝，因此曾七次向皇帝推荐孟尝，但汉桓帝都没有理睬。杨乔又第八次给桓帝上书，说：

"臣下前后7次向陛下举荐合浦太守孟尝，但因为我职位低下，言语也就微不足道，始终得不到采纳。孟尝确实是一个品行高尚的人，为百姓做了许多善事。他是难得的清廉之士呀，如果选到陛下左右，一定能帮助陛下成就大业！"

可是汉桓帝仍然不采纳杨乔的建议。孟尝不愿做官，他以生病为由，请求免职还乡。听说孟尝要弃官归家，老百姓成百成千地拦路阻挡，不让他辞官。郡吏们也拉住车辕，极力挽留他。可是孟尝决心不再当官，他在夜里偷偷坐上渔民的小船，一个人悄然离去了。

成语"身轻言微"即由此而来，意思是地位低下的人说的话也不被人所重视。

·身在曹营心在汉·

典出《三国演义》。

关羽和刘备在战场上失散后，关羽在曹操营中暂时存身，却日夜思念着刘备。曹操待关羽甚厚，三日一小宴，五日一大宴，又送美女十人使侍关公，关公尽数送入内门，令服侍嫂嫂。一日，曹操见关公所穿绿战袍已旧，乃取异锦作战袍一领相赠。关公接受了，穿于衣底，上仍用旧袍罩之。曹操笑着说："为何如此俭朴？"关公说："旧袍乃刘兄所赐，不敢以丞相之新赐忘兄长之旧恩啊。"曹操听了，心中不悦。忽一日，曹操见关羽的马很瘦，问："你的马因何而瘦？"关公曰："贱躯颇重，马不能载。"曹操令左右备一马来。那马身如火炭，状甚雄伟，这正是赤兔马，并鞍辔送与关公。关公再拜称谢。曹操不悦说："我以前送美女金帛，你未尝下拜。今天我赠马，就喜而再拜，为什么贱人而贵畜呢？"关公说："我知道此马日行千里，今幸得之，一旦知道兄长下落，可一日而见面矣。"曹操听后愕然。

曹操对部将张辽曰："我待关公不薄，而他常怀去心，为什么？"张辽于是去见关公。关公说："我深感丞相厚意，只是我身在曹营，心念兄长，未尝去怀！"张辽说："兄言差也，刘备待兄未必过于丞相，兄何故只怀去志？"关公说："我虽然知道曹公待我甚厚，然我与刘备誓共生死，不可背之。"张辽说："如果刘备死了，你该怎么办呢？"关公说："愿从于地下。"

张辽回去告知曹操，曹操感叹道："事主不忘其本，乃天下之义士也。"

这就是关羽"身在曹营心在汉"的故事。后人用"身在曹营心在汉"比喻人身在这一营垒，心却在另一个营垒。

·尸居余气·

典出《晋书·宣帝纪》。

司马公尸居余气，形神已离，不足虑也。

魏废帝嘉平时，曹爽当了大将，掌握了全国的军权，骄奢无度，任情恣肆地享乐，当时很多人向他规劝，他都不听，他所怕的只有太傅司马懿。

当时，河南主官李胜是曹爽的亲信僚属，他被调任到荆州去做刺史时，知道曹爽最怕的是司马懿，便向司马懿去辞行，想顺便侦察司马懿的行动。司马懿特地装出生病的样子，叫两个婢女扶持着，衣服一半落在地上，用手指指口，表示口渴，婢女给他吃粥，他装出没有气力去接碗的样子，就用口在婢女手上喝着吃，粥都流在胸前的衣服上。李胜见他这个样子，说："我以为是你的老毛病复发，哪里晓得你的身体衰弱到这个地步呢？"

司马懿有气无力地说："我年老多病，就要死了，你要到并州去，并州地方接近胡人，你要好好地防备，我恐怕不能再和你见面了，我的儿子，请你好好地照顾他们。"李胜说："我是去荆州，不是并州。"司马懿故意地胡言乱语了一阵，李胜见他神志不清，回去报告曹爽说："司马懿尸居余气，形神已离，大概就快死了，不必忧虑他了。"

后人用"尸居余气"指一个人已接近死期。也形容人暮气沉沉，碌碌无为。

·四面楚歌·

典出《史记·项羽本纪》。

项王军壁垓下，兵少食尽，汉军及诸侯兵围之数重，夜闻四面皆楚歌，项王乃大惊曰："汉皆已得楚乎？是何楚人之多也！"

项羽和刘邦原来约定以鸿沟（在今河南荥阳市）东西两边为界限，互不侵犯。后来刘邦听从张良和陈平的规劝，觉得应该趁项羽衰弱的时候消灭他，就又和韩信、彭越、刘贾会合兵力追击正在向东开往彭城（即今江苏徐州）的项羽部队。公元前202年十二月，汉王刘邦率领汉军，将项羽的楚军重重包围在垓下（今安徽灵璧东南）。楚军长期被困，粮食吃尽，几次突围，都未奏效。一天夜里，包围在四周的汉军阵地上，传来了阵阵歌声。项羽侧耳一听，大吃一惊！原来汉军唱的尽是楚地民歌。项羽号称西楚霸王，不仅楚地是他的大后方，而且楚军中最精锐的 8000 名江东子弟兵，也都是楚地人。楚霸王听到这四面楚歌，暗想："汉军难道完全占领了楚地？他们哪来的这么多的楚人？！"其实，这四面楚歌，是刘邦的谋士张良为了涣散楚军的军心，故意叫士兵们学唱的。楚军士兵听到四面楚歌，也都以为家乡被汉军占领了。有的为乡音感动，引起共鸣，也哼唱起楚歌；有的思念父老乡亲、妻子儿女，竟然泣不成声。

楚军经不起这四面楚歌的攻心战，逃的逃，降的降，最后突围时，跟随在楚霸王后面的只有 800 来人，到了乌江，仅剩 20 余名骑兵，而追赶的汉军却有好几千人。楚霸王终于在乌江边自杀了。

后来人们用"四面楚歌"形容穷途受困，四面受敌，处境孤危。

张良吹萧（箫）破楚兵

·孙二娘开酒店·

典出《水浒传》。

武松替兄报仇，杀了西门庆、潘金莲之后，投案自首，被刺配解往东平府发落。这一天，两个公差押解武松来到孟州十字坡。时逢六月，炎炎烈日当天，三人走进大树旁的一家酒店歇脚。只见一个妇人起身迎接说："客官，本家有好酒好肉，要点心时，还有好大的肉馅馒头！"

武松和两个公差进到里面，要了酒肉馒头来吃。武松拿过一个肉馅馒头掰开一看，叫道："酒家，这馒头是人肉的，还是狗肉的？"

那妇人嘻嘻笑说："客官休要取笑，清平世界，荡荡乾坤，哪里有人肉的馒头？我家馒头是黄牛的。"武松说："我在江湖上，多听人家说，'大树十字坡，客人谁敢那里过？肥的切做馒头馅，瘦的去填河！'"那妇人说："客官从哪里听来这话？这是你自己捏出来的。"

武松说："我见这馒头馅肉有几根毛，像人小便处的毛一般，以此疑忌。"那妇人名叫孙二娘，绰号母夜叉。她的父亲原靠拦路抢劫为生。她学得一身武艺，招婿菜园子张青。孙二娘和张青夫妻二人，在孟州道十字坡盖些草屋，卖酒为生，实际上是只等客商过往，有入眼的，便把些蒙汗药与他吃了便死，将大块好肉，切作黄牛肉卖，零碎小肉，做馅子包馒头。孙二娘在酒店里招揽客人，张青每日也挑此去村里叫卖。这日，孙二娘见武松戏言要弄她，便笑着寻思：这贼配军死期将近，倒来戏弄老娘！她不动声色，暗地里用蒙汗药酒将他三人灌倒在地，叫人先把两个公差拖走。

她自己动手要拖武松，没想到反被武松打倒在地。原来武松没有真正饮下药酒！孙二娘被按压在地上，痛得直叫："好汉饶我！"恰好她丈夫张青归来，帮她解了围。双方互通名姓，都是江湖好汉，于是言归于好。后来，孙二娘夫妇和武松也先后投奔梁山。

"孙二娘开的酒店"，比喻危险境地，不能进去。

·孙悟空戴上紧箍·

典出《西游记》。

孙悟空大闹天宫，被如来佛施法压在五行山下。直至500年后，唐僧三藏要往西天取经，路过五行山，才救出孙悟空，收作徒弟。

孙悟空跟随师父，一路上过江涉水，爬山越岭。一日，师徒二人正往前行，忽听路旁"呼哨"一声，闯出六个大汉，拦路抢劫，不由分说，举起刀枪打来。孙悟空大怒，取出金箍棒，对准六贼，一棒一个，全都打死了。唐僧见了，申斥他说："出家人宁死不敢行凶，像你这样暴横，去不得西天，当不得和尚！"孙悟空一生受不得气，见唐僧唠叨不休，早按不住心头的火气，撂手不干，纵云向东离去。

　　唐僧无奈，独自牵马行进。路上，遇见观音菩萨化为老婆婆，将一件锦衣和一顶花帽交给他，还教了他"紧箍咒经"，说："等猴子回来给他穿戴。他若不服使唤，你就默念'紧箍咒'，他便有法无用了。"

　　孙悟空离了师父，一路想来，感到后悔，觉得还是保唐僧去西天取经，才是正理，便又转身回来找师父。唐僧把锦衣、花帽给他穿戴上，然后心中默念那"紧箍咒经"。刚念一遍，猴子就叫："头痛！头痛！"又念了几遍，痛得猴子竖蜻蜓、翻筋斗，耳红面赤，眼胀身麻，躺在地上打滚，不住地乱抓嵌金的花帽。唐僧怕他把金箍扯断了，就住口不念。说来很灵，孙悟空的头立刻就不痛了。悟空摸摸头，似有一条金线，紧紧地勒在头上，取不下，扯不断，像是生了根似的。他的猴性又起，愤愤地说："我这头痛，原来是师父咒的。"取出金箍棒，要向唐僧打来。慌得唐僧连忙又念起紧箍咒。猴子顿时头痛得跌倒在地，丢下铁棒，

《西游记》图册

只得苦苦哀求："师父，我再也不敢了！"从此，孙悟空下定决心，保着唐僧去西天取经。

"孙悟空戴上紧箍"，比喻被人束缚住，纵有本事也用不上。

·孙悟空遇到如来佛·

典出《西游记》。

孙悟空大闹天宫，天庭一片混乱。玉皇大帝无法，只好派人去请如来佛前来降伏。

如来佛即唤阿傩、迦叶二尊者相随，来到灵霄殿外。只见变作三头六臂的孙悟空，把那根金箍棒舞得像个风车叶子一样，不见人形，众天神根本无法近他身边。如来佛上前喝令："停息干戈！"孙悟空收了法象，现出原形，怒气冲冲，不把如来佛看在眼里。他说："要想停息干戈倒也容易。常言说，'皇帝轮流做，明年到我家'。只要玉帝搬出去，把天宫让给我就行了。"如来佛听了，一阵冷笑，问："你这猴精，有何本领，敢占天宫？"

孙悟空答道："我能七十二变，一个筋斗十万八千里。"如来佛把手一伸，说："你若一筋斗翻出我的手掌，我就劝玉帝让位给你。"悟空不知是计，心中暗暗笑着："我一筋斗十万八千里，如何跳不出去？"于是，如来佛伸开像片荷叶般的手掌。孙悟空把金箍棒藏在耳内，将身一纵，站在如来佛手上，说了声："我去也！"便跳在空中，像风车般地打起筋斗云，拼命往前冲。忽然见到前面有五根肉红柱子，撑着一股青气。孙悟空断定已经到了天的尽头，才停下来。他恐怕空口无凭，拔下一根毫毛变作毛笔，在中间柱子上写下"齐天大圣到此一游"8个大字。而后，转身打起一个筋斗云，仍回原处，站在如来佛掌心，悟空说："我去了又回来，这回该叫玉帝让位了吧！"如来佛却说："你根本不曾离开我的手掌。"悟空不服，要拉如来佛去看他留下的字迹。如来佛笑着说："你看我手指上是什么？"悟空朝前一看，大吃一惊！原来如来佛右手中指上，真有他写的那8个字。墨迹还未干呢！"哪有这种怪事！我就不信。"孙悟空想再去看看，纵身正要跳起，如来佛眼疾手快，翻掌一扑，悟空被推出西天门外。如来佛将五指化作金、木、水、火、土五座联山，把孙悟空紧紧地压在五行山下。

如来佛是《西游记》中的人物，神通广大，佛法无边。"孙悟空遇到如来佛"，比喻逃脱不了的厄运。

·天低吴楚，眼空无物·

典出元代萨都剌《念奴娇·登石头城》。

石头城上，望天低吴楚，眼空无物。指点六朝形胜地，惟有青山如壁。

有一次，元代诗人萨都剌登上石头城望四方，触景生情，回顾往事，感慨万端，因填《念奴娇·登石头城》一首。这首

天低吴楚，眼空无物

词的开头几句是：

石头城上，望天低吴楚，眼空无物。指点六朝形胜地，惟有青山如壁。

这几句词的意思是：登上石头城的高处，遥望吴楚一带，天向下垂，空荡荡的一片，什么也没有。长江中下游，历来是豪杰争斗的地方，而今豪杰不知何处去了。指点汉魏六朝以来的形胜地方，而今就剩下如壁的青山了。

后人用"天低吴楚，眼空无物"来形容众叛亲离、土崩瓦解的局面。

·万死一生·

典出《贞观政要》。

隋朝末年，义军四起，李渊奉旨到山西、河东镇压起义军。李世民那时才 18 岁，便参加了对义军的作战了。义军对隋朝的官军，开始了强大的反攻。黄河下游及江淮间广大的地区，几乎全被起义军控制住了。

留守在太原的李渊，虽是隋朝的官，但并非亲信，隋炀帝杨广还派了人到太原监视他的行动。李世民劝父亲："现今盗贼一天天地多起来，遍天下俱是，您奉诏讨贼能讨得尽吗？您讨不尽还是有罪的。"李世民怂恿父亲起兵自立。李渊终于被说动，在太原起兵，立国号为唐，从镇压起义军转而利用了起义军。

隋炀帝这时已在扬州被他的亲信宇文化及等谋杀，隋朝跟着灭亡了。从此唐军展开了统一中国的战争。

唐将军铠甲

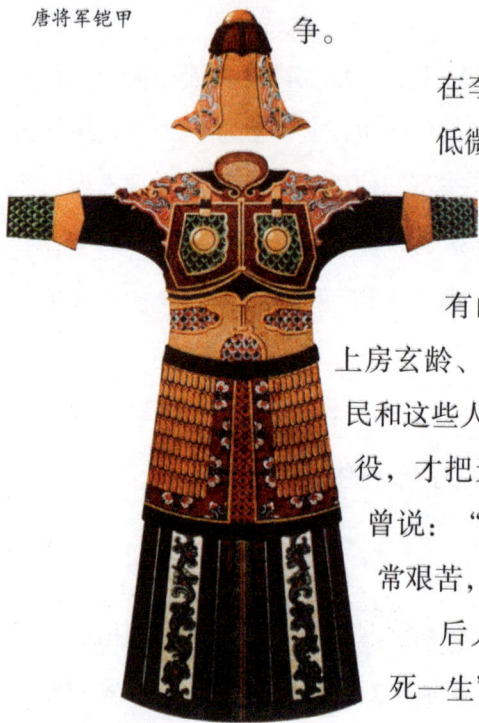

在李世民手下都是些出身低微的人，像尉迟敬德、秦叔宝、张亮，有的是教授生徒的儒生，有的是驰名的文士，再加上房玄龄、杜如晦、李靖等，李世民和这些人出生入死，身经无数战役，才把天下打定。所以李世民曾说："这些人跟随我打仗，非常艰苦，逃出万死，而遇一生。"

后人就把此话演化成"万死一生"的成语。

· 望尘莫及 ·

典出《南史·孝义传》。

吴庆之，字文悦，濮阳人也，寓居江兴。宋江夏王义恭为扬州，召为西曹书佐。及义恭诛，庆之自伤，为吏无状，不复肯仕，终身蔬食。后王琨为吴兴太守，欲召为功曹，答曰："走素无人世情，直以明府见接有礼所以奔走岁时，若欲见吏，则是蓄鱼于树，栖鸟于泉耳。"不辞而退。琨追谢之，望尘莫及矣。

吴庆之，字文悦，南朝宋时濮阳人（今安徽省灵璧县）。王义恭在扬州做太守的时候，曾请他担任类似现在秘书的职务。后来王义恭因事被皇帝杀了，吴庆之觉得自己没有辅佐的能力，从此就不再出来做官。不久，王琨就任吴兴（今浙江省吴兴县）太守，打算请吴庆之做功曹。他便对王琨说："我一向不懂得什么事情，只因为从前的太守很看得起我，所以才奔走了一些时候。假如你还要我做官，那简直是把鱼食放在树边，把鸟放在水里。"吴庆之说完这话，也不告辞，拔腿就走。王琨连忙跟在他后面追赶，但只见前面扬起的灰尘，已经赶不上他了。

后人用"望尘莫及"比喻在某方面远远赶不上别人，远远地落后。

·危如累卵·

典出《史记正义》。

晋灵公造九层之台，费用千金，谓左右曰："敢有谏者斩。"荀息闻之，上书求见。灵公张弩持矢见之。曰："臣不敢谏也。臣能累十二博棋，加九鸡子其上。"公曰："子为寡人作之。"荀息正颜色，定志意，以棋子置下，加九鸡子其上。左右俱慑息，灵公气息不续。

公曰："危哉，危哉！"荀息曰："此殆不危也，复有危于此也。"公曰："愿见之。"荀息曰："九层之台，三年不成，男不耕，女不织，国用空虚，邻国谋议将兴，社稷亡灭，君欲何望？"灵公曰："寡人之过也乃至于此！"即坏九层之台也。

春秋时代，晋灵公为了个人的享受，强拉了大批的老百姓，耗用了大量的钱财，建造九层的高台。他怕臣子们劝说阻止，就预先下了不许规劝的命令。荀息知道了这件事，跑去见他。灵公知道了，便拿出弓，举起箭，等着他来，准备只要他一开口规劝，就把他射死。荀息明知情势很紧张，但装作轻松愉快的样子声明说："我不敢规劝什么，我只是来表演一个小技艺：我能够把9个棋子堆起来，上面加12个鸡蛋。"灵公觉得很有趣，立时撤了弓箭。荀息定了定心神，严肃认真地先把九颗棋子堆起来，然后又把鸡蛋一个个加上去。

旁边在看的人担心会掉下来，都害怕得屏住了呼吸；灵公也惊慌得紧促地叫："危险！危险！"荀息却慢条斯理地说：

"这有什么了不起的危险，还有比这更危险的哩！"灵公说："我也愿意看一看。"这时，荀息不再做什么别的表演，而是立定身子沉痛地说："为了建造九层的高台，3年没有成功。国内已经没有男人耕地，没有女人织布了。同时，国库也已空虚，临近的国家将要侵略我们。国家总有一天要灭亡的，你还打算怎么样呢？"晋灵公这才醒悟，立即下令停止造台工程。

在古代，由于皇帝的专制，臣子们都不敢直言规劝，所以常常有用譬喻的方法，来使皇帝醒悟。这些譬喻不但恰到好处，而且内容丰富，表现了我们祖先的出色智谋。后来的人，就根据荀息累积鸡蛋的惊险技艺这件事，引申成"危如累卵"这句成语，用来开窍极为危险的局面或形势。

·味如鸡肋·

典出《三国志·魏书·武帝纪》。

夫鸡肋，弃之如可惜，食之无所得，以比汉中，知王欲还也。

曹操带兵攻打汉中，驻在斜谷界口，不能取胜，进退维谷。进，又无法取胜；退，又怕丢了面子。正在为难的时候，恰好厨师送上一碗鸡汤来，汤里有几根鸡肋。曹操看见鸡肋，引起了一阵感触。这时，部将夏侯来问夜里的口令，曹操随口说道："鸡肋！鸡肋！"口令传出之后，杨修就去整理行装，准备回去。别人觉得奇怪，便问他为啥这样干？他回答说："鸡肋这东西食之无肉，弃之可惜。出这口令是用鸡肋比喻汉中，看来是想退兵了，所以我先把行李收拾好，免得临时忙乱。"后来曹操果然下令班师回朝。

后人用"味如鸡肋"比喻对事情的兴趣淡薄，或所得实惠不多。

·无计可施·

典出《三国演义》。

王允曰："贼臣董卓，将欲篡位，朝中文武，无计可施。"

东汉末年，何进将自己的妹妹献于灵帝当了皇后，自己任大将军。灵帝死后，何进立少帝刘辩，他自己则专断朝政。外戚专权引起了宦官的不满。为了巩固自己的权势，何进与袁绍等共谋诛杀宦官，并召凉州豪强、大军阀董卓进京协助。

昭宁元年（公元189年），董卓率兵进入洛阳。这时，何进因所谋之事泄露，已被宦官杀了。董卓进京后，废了汉少帝，立刘协为帝，就是汉献帝。董卓自己则专断了朝政。

因曹操和袁绍等起兵反对，董卓挟献帝西迁长安，自任太师。他残暴专横，纵火焚洛阳周围数百里，使生产受到严重破坏。

董卓的专权与横暴，引起了朝中文武大臣的不满，但大家又惧怕他的权势，敢怒不敢言。司徒王允见此情景，便想出一条连环计来除掉董卓。他对府中的歌女貂蝉说："董卓这个老贼，妄图篡权夺位，朝中文武大臣对此无计可施，我想先把你配给吕布，然后再献给董卓，让他们互相争斗，借吕

王司徒巧使连环计

布之手杀掉董卓。"貂蝉答应了王允的要求，并依计行事。董卓果然被王允、吕布所杀。

"无计可施"指想不出什么办法来。

·无可奈何·

典出《史记·范雎列传》。

范雎既相，王稽谓范雎曰："事有不可知者三，有不可奈何者亦三。宫车一日晏驾则事之不可知者一也。君卒然捐馆舍，是事之不可知者二也。使臣卒然填沟壑，是事之不可知者三也。宫车一日晏驾，君虽恨于臣，无可奈何。君卒然捐馆舍，君虽恨于臣，亦无可奈何。使臣卒然填沟壑，君虽恨于臣，亦无可奈何。"

范雎当上了秦国的宰相，当年曾经救助过他的王稽官职原封未动，因此王稽有些不大满意。有一天，王稽去找范雎说："我以为人世间的事情，不可知道的有三件：一是皇帝不知哪天忽然驾崩归山；二是您不知什么时候离开人世；三是我自己不知哪天死在山沟里。人世间还有无可奈何的事情三件：皇帝死了，他虽然恨臣子也无可奈何了；您离开人世，君恨于臣也无可奈何；我死在山沟里，群恨于臣也是无可奈何了……"

范雎听了王稽的话，心里很不是滋味，便到秦昭王那里去说："陛下，王稽是有大功劳的臣子呀，若不是他的庇护，我来不到秦国；若不是您的圣贤，我也不会当上宰相。今天我做了宰相，而王稽却不见提升官职，我心里过意不去呀……"

"好吧，那就提王稽为河东郡守吧！"秦昭王满足了他的要求。

范雎本是魏国人，先在魏中大夫顺贾家里做门客，后来顺贾怀疑他暗中勾结齐国，将他打得半死，扔进厕所里，他逃命后改名为张禄隐藏起来。正巧秦昭王派王稽到魏国访寻贤人名士，有人将范雎推荐给他。王稽夜里与范雎谈得很投机，便约他到秦国去，范雎高兴地答应了。

泗水亭

王稽和范雎乘车进入秦国，走到湖县的时候，碰上秦相国穰侯的车马。范雎担心地说："我听说穰侯是很专权的，反对接纳别国的宾客，如果知道我来了，他肯定不会放过我的，我还是藏在车里吧！"

穰侯果然把车马停下来，问王稽："你这次去魏国有何收获？有没有带来宾客呀？他们是只会乱人耳目，毫无益处呀！"

王稽恭敬地回答："哦，我什么人也没有带回来，您说得对……"

穰侯走远了。范雎跳下车子，对王稽说："我看穰侯这个人很狡猾，一会儿一定回来检查车子，我还是躲开走吧！"

果然不出范雎所料，穰侯没走多远，突然折回来搜索王稽的车子。他没有查出人来，才放心离去。

范雎在王稽的保护下，安全地进了咸阳城，接着拜见了秦昭王，取得了秦昭王的信任，后来做了秦国的宰相。

王稽将范雎请来秦国，是有功劳的，所以他才向范雎说了那番话。

成语"无可奈何"就是由这而来，后人用它表示虽心中不乐意，但亦没有办法。

·一败涂地·

典出《史记·高祖本记》。

刘季曰："天下方扰，诸侯并起，今置将不善，一败涂地。

吾非敢自爱，恐能薄，不能完父兄子弟。此大事，愿更相推择可者。"

秦朝时候，沛县县令叫泗水亭长刘邦押送一批老百姓到骊山做苦工。不料走到半路上，接二连三地逃走了很多，刘邦想：这样下去，不等到骊山，就一定会逃光，自己免不了要被治罪，他想来想去，索性把没有逃跑的都释放了，自己和一些不想走的人躲在芒、阳二县交界的山泽中。

秦二世元年（公元前209年），陈涉在大泽乡起兵反秦，自称楚王。沛县令想归附，部属萧何和曹参建议说："你是秦朝县令，现在背叛秦朝，恐有些人不服，最好把刘邦召回来，挟制那些不服的人，那就好办了。"沛县令立即叫樊哙去请刘邦。可是当刘邦回来时，沛县令见他领有近百人，怕他不服从自己的指挥，又懊悔起来。于是下令紧关城门，不让刘邦进城。刘邦在城外写了一封信，绑在箭上射给城里的父老，叫沛县父老们齐心杀了县令，共同抗秦，以保全身家。父老们果真杀掉县令，打开城门，迎接刘邦进沛县，并请他做县令。刘邦谦虚地说："天下形势很紧张，假若县令的人选安排不当，就会'一败涂地'。请你们另外选择别人吧！"但最后，刘邦还是当了县令。

"一败涂地"本来是一旦破败，就要肝脑涂在地上的意思，但后人则一直借用它说明失败之后不可收拾的情势。

·一筹莫展·

典出《宋史·蔡幼学传》。

宁宗即位，诏求直言，幼学奏：九重深拱而群臣尽废，多士盈庭而一筹不吐。

南宋时温州瑞安有个蔡幼学，他是当时著名学者陈傅良的学生。由于他勤奋努力，进步很快，一般人都说他的文章比他老师写得好。

宋光宗时，他曾任校书郎。光宗死后，宁宗继位。宁宗为了广开言路，便征求君臣的意见，并要求他们直言不讳。蔡幼学上书宁宗说："要想当好皇帝，必须做好三件重要的事：一事亲，二任贤，三宽民。要办好这三件重要的事，最重要的就在于讲学。近年来，一些坏人制造和平言辞来排斥好人，因此，大臣们想有所作为又怕别人说他故意多事；忠心之人想尽力做一些有益的事，又怕违背了圣旨而遭到不幸。这样就使您一人孤立在上，而把君臣抛在一边，其结果是有志之士充满了朝廷，而朝廷却一点办法也拿不出来。"

后人把"一筹不吐"说成"一筹莫展"，用来表示一根算筹也摆布不开，比喻一点办法也没有。

·一发千钧·

典出《与孟尚书书》。

百孔千疮，随乱随失，其危如一发引千钧，绵绵延延，寝以微灭。

韩愈，字退之，唐朝邓州南阳人，是当时的大文豪，主张文以载道，以复古为革命，用散文代替骈文，有文起八代之衰的功劳。他很反对佛教。唐宪宗要派使者去迎接佛骨入朝，他上表谏阻，得罪了皇帝，被贬到潮州去当刺史。他在潮州结识了一个老和尚，由于很谈得来，所以两人往来比较密切，而外间的人都传说韩愈也相信佛教了。

他的朋友孟郊当时做尚书，是最不信奉佛教的，因此得罪宪宗皇帝被贬谪到吉州。到了吉州后，孟郊也听到人们传说韩愈已经信起佛来，于是特地写信去问韩愈。

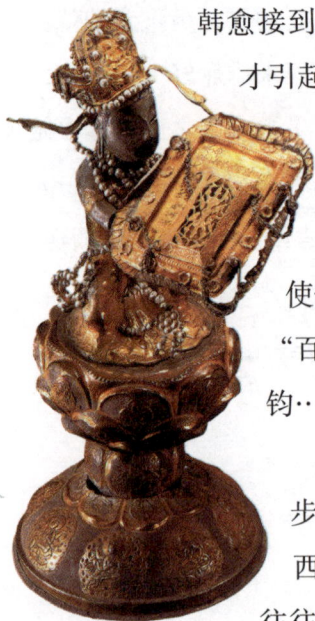

韩愈接到孟郊的信后，知道因他与和尚往来，才引起别人发生了误会，马上回信向孟郊解释，并对当时在朝的一班大臣们信奉佛教、不守儒道、一味拿迷信来迷惑皇帝大加抨击。他对皇帝疏远贤人，使儒道堕落，颇为愤慨。信中有这样的话："百孔千疮，随乱随失，其危如一发引千钧……"

这是比喻一件事情，到了极危险的地步，好像一根头发，系着一千斤重的东西。现在一般人凡是遇到最危险的事情，往往就拿这句话来形容。

鎏金银菩萨像　唐

· 一寒如此 ·

典出《史记·范雎蔡泽列传》。

范雎是春秋时期魏国人。开始在中大夫须贾手下做事。有一次，范雎跟随须贾出使齐国，齐襄王很赏识范雎的才干，赠送给范雎很多东西，范雎百般推辞不敢接收。谁知须贾一口咬定范雎泄露了魏国的机密，才获得了齐王的信任。回到魏国后，范雎遭到无辜迫害，被打断了肋骨。范雎只得装死，随后逃到了秦国。几年后，范雎改名张禄，当上了秦国的丞相。

一次，魏国听说秦国将要攻打魏国，派须贾去秦国打探消息。范雎得悉须贾来到秦国，便穿上破旧的衣服去见须贾。须贾见了大吃一惊，问："范叔是否为秦国来做说客的？""没有，我是逃到这里来避祸的，怎么还敢到处游说呢？"须贾听说他靠做小买卖为生，很同情范雎的遭遇，便留下范雎喝酒。几杯酒下肚，须贾长叹一声："想不到范叔竟然一寒如此！"就取一件绸袍送给范雎。须贾向范雎打听秦国丞相张禄的情况，并表示要见张禄。范雎答应了。后来须贾认出张丞相就是范雎时，吓得急忙磕头谢罪。

范雎因须贾有赠袍之谊，遂放须贾返回魏国。

·一身两役·

典出《梁书·张充传》。

一身两役，无乃劳乎？

南朝齐有个人名叫张充，喜欢打猎。有一天他出外打猎，左手牵着猎犬，右臂上站一只鹰，神气十足，十分潇洒。他父亲张绪看见了便幽默地说："你一个人同时做两件事，岂不太劳累了吗？"张充连忙跪下对他父亲说："常言道：三十而立，我今年29岁了，请允许我明年改吧。"张绪说："过而能改，那就好了。"第二年张充发愤学习，博览群书，后终被征为散骑常侍、金紫光禄大夫。

后人用"一身两役"表示一个人兼两种职务，或一个同时干两项工作。

·易子而食·

典出《左传·宣公十五年》。

宋人惧，使华元夜入楚师，登子反之床。起之曰："寡君使元以病告，曰：'敝邑易子而食，析骸以爨；虽然，城下之盟，有以国毙，不能从也。去我三十里，唯命是听。'"子反惧，与之盟，而告王。退三十里，宋及楚平。

鲁宣公十四年（公元前595年）九月，楚庄王因宋国杀了楚国过境的使者申舟而亲自率兵攻打宋国。宋国所处的地位，本来就不好，它是处在齐、晋、楚三大强国的中间，而且又无险可守，所以宋人对战争有深刻的感受，认识到战争加在他们身上的痛苦。宋国人民英勇坚毅，坚决守城，绝不向强大的敌人屈服。楚兵从第一年的九月围困宋国首都，一直到第二年的五月，还是不能将宋国攻下。楚王准备收兵回国了，楚大夫申犀（申舟的儿子）说："毋畏（申舟）知道一定会死，都不敢不遵楚王的命令，现在你倒不愿答应申舟的诺言了。"孙叔敖此时正替楚王赶车，就说："我们在这里修筑房屋，并且把种田的人打发回国去，宋国知道我们预备久围，自然会听命了。"楚王按照孙叔敖的话办，宋国人果然害怕起来。宋王便派元帅华元单身偷进楚国军营，直入楚国元帅子反的卧室，将子反劫持说："我国人民已困苦到交换着吃孩子的肉，拿骸骨来当柴烧了，但我们决不作城下之盟，若是退兵三十里，那就无不依从。"后来宋国终于向楚国求和了。

后来的人便把《左传》中"城中易子而食，析骸以爨"引申为成语"易子而食"，来比喻在战争中因被围困，粮源断绝，外无援兵，内无粮草，只能将小孩子掉换来充饥了。另一种意思，便是形容人无法生存，困苦到了极点。

·有心栽花花不开，无意插柳柳成荫·

典出《醒世恒言》。

常言道："有意栽花花不开，无心插柳柳成荫。"既张木

有心栽花花不开

匠儿子恁般聪明俊秀，何不与他说，承继一个，岂不是无子而有子。

元朝有个大官的儿子叫魏鹏，自幼在浙江与贾家女儿娉娉订了婚，父亲死后举家回归襄阳家乡，音讯遂绝。魏鹏长至18岁，聪明好学，熟于经史，不想屡次考试不取，心中郁闷。母亲恐成疾，遣其去浙江，一则访师问友，二则开豁心胸，三则找贾家议定婚期。那贾家只有老夫人和女儿在家，听说魏鹏到来十分欢喜，留住款待十分周到，只是不提起婚姻之事。那娉娉有西子之容，倾城之色，两人朝夕过从，眉梢眼底大有滋味，逐渐诗词奉和，情意日深，又得两婢牵引，遂山盟海誓成了眷属。从此无夕不欢，往来频数，只瞒了贾老夫人。不期光阴易过，夏暑将去残，家中来信催魏鹏回去秋试。魏鹏无奈，与小姐絮絮叨叨洒泪而别。回家已将入试之时，魏鹏哪有心思考校文字？试时随手写去，平平常常，绝无一毫意味。那试官偏生昏了眼睛，歪了肚皮，只顾圈圈点点起来，竟然高中了，果是："有心栽花花不开，无意插柳柳成荫。"

待得廷试，魏鹏是被母亲逼迫去京，一心想念娉娉，又有什么好文章写得出来？不想试官说他文字稳当，不犯忌讳，是平正举业之文，又中在甲榜，派为江浙儒学副提举。魏鹏甚是得意，匆匆赶去钱塘，首具袍笏拜见贾老夫人，和小姐相见，悲喜交集。遂寄寓贾府，从容议及婚事。谁知贾老夫人只此一女，时刻不见尚且思念，若嫁他乡，誓死不允，几番请人转圜，那贾母绝不松口。恰值魏母病逝，魏鹏只得回去奔丧。这番生离，娉娉几番哭得死而复生，终日饮恨染成一病，竟一命呜呼了。魏鹏得此凶信，设位祭道："你为我而死，我何忍相负？唯终身不娶以慰芳魂。"伏地大哭，死而复苏。

他两人的深情感动天帝，3 年后竟命娉娉借尸还魂，夫妇偕老，此事宣传关中，遂成佳话。

后人用"有心栽花花不开，无意插柳柳成荫"这个典故比喻一心谋求的事不能成功，随意办的事却意外地获得好结果。

·羽毛未丰·

典出《战国策·秦策》。

秦王曰："寡人闻之，羽毛不丰满者，不可以高飞，文章不成者，不可以诛罚，道德不厚者，不可以使民，政教不顺者，不可以烦大臣。"

战国的游士苏秦，是个有才干发努力的人，他用连横的策略去游说秦惠王，对惠王说："大王的国家，西边有蜀和汉中的富饶；北有胡地的皮革和代地的良马；南边有巫山和函谷的要塞；而且土地肥沃，人民富有，兵多将广，地广物博，积蓄丰富，地势又利于攻守，可以说得上是天然的宝库，天下的雄国了。加以大王这样贤能，士民这样众多，如果能够善于运用，把兵士训练起来，一定可以兼并诸侯，吞灭天下，自己称帝的，我诚心地把这些好处向您说明，请大王留意。"

秦王说："我听别人说过：'羽毛未丰，不可以高飞；法令未成，不可以诛罚；道德没有博大的，不能叫百姓去战争；政教不顺民情的，不可以烦劳大将。'现在你很有诚意不远千里而来，辛苦地来指教我，我很感激你，但你所说的，让我慢慢再考虑吧！"

后人用它来比喻年轻的人没有经验，缺乏本领自立。也指职位低微的人，拥护他的人还不多，势力薄弱，地位不高，一切还要依赖人家，不能够独自奋飞。

·遇事生风·

典出《汉书·赵广汉传》。

所居好用世吏子孙新进年少者，专强壮蜂气，见事风生，无所回避，率多果敢之计，莫为持难。

汉朝时候，涿郡（今河北省涿州市）有个姓赵名广汉的人，初时在郡里做个小官，因为办事认真廉洁，后来一直升到京兆尹（专管京城的行政长官）。那时，恰逢汉昭帝去世，京城新丰县的京兆官杜建负责管理昭帝的陵园。这个杜建交游广阔，他和他的朋友一起利用职权做着非法的勾当。这事被赵广汉知道了，便暗示杜建改变作风，但杜建却置若罔闻，赵广汉便将他们逮捕。事情发生以后，京城里的达官贵人都来求情，赵广汉一向厌恶这般贵人们平时为非作歹，即刻将杜建杀了。于是京里的达官贵人都对赵广汉望而生畏。

汉宣帝时，因为不畏权势，一心为国，赵广汉很得宣帝重用。他爱用新进的世吏子孙，这些年轻人最爱逞一时的锐气，逢着一点事儿就将它迅速扩大，完全没有回转的余地。最后，赵广汉终被贵戚们害死。

遇，逢也；生风，即风生，喻迅速而不可挡。"遇事生风"形容好事的人，遇到一些小事端就兴风作浪，把事情扩大。

·债台高筑·

典出《汉书·诸侯王表序》。

分为二周，有逃债之台。颜师古注："周赧王负债，无以归之，主迫债急，乃逃于此台，后人因以名之。"

春秋时期楚考烈王听说信陵君大破秦军，就想起平原君和毛遂请他当合纵抗秦的纵约长事来。他怕秦国，不敢答应，后来架不住毛遂一逼，他才叫春申君带着兵马去抵抗秦国。

过了几天，春申君带着军队回来了，一点儿功劳也没立下。考烈王叹息着说："赵公子所说的合纵计策实在不错，可惜咱们没有像魏公子那样的大将。"春申君一听，心里头有点儿不服气。他想："我一向学着孟尝君、平原君、信陵君，收养了不少门客，怎么会跟不上他们呢？"他就厚着脸皮，对考烈王说："上回不是赵公子他们公推大王为纵约长吗？如今秦国打了败仗，威风下去了。大王这时候就该掌起纵约长的大权来，赶紧打发使者去约会各国，再能够得到周天子的同意，借着他的号令去征伐秦国。大王能够这么办，就比齐桓公、楚庄王的功业大得多了。"考烈王经春申君这么一鼓动，又引起了当霸主的瘾来了。当时就派使臣们到成周去请求周赧王下令征伐秦国。

周赧王向来软弱无能。虽然挑着天子的旗号，却还不如列国里最小的诸侯呢。真正被他管辖的土地不过几十个县。哪知道光是这么个小小的天下，还分成两半。河南巩县一带叫东周；河南王城一带叫西周（平王东迁的时候把镐京叫西周，洛阳叫东周；到了周赧王的时候，原来的东周又分成了东、西两周）。东周由东周公治理，西周由西周公治理。不光各自独立，时常还要你欺我、我压你地彼此攻打。天子只不过是个高高在上的大傀儡。

周赧王接见了楚国的使臣，高兴得差一点儿掉下眼泪来。他正在气恨秦王欺负他，三番两次地要想打通三川来抄他的老窝。难得有这么个替他打抱不平，他哪能不答应呢？

他立刻以天子的名义叫楚国去约会列国诸侯。周赧王把楚国的使臣们打发走以后，叫西周公准备出兵，跟着各国一块儿去征伐秦国。西周公把西周的兵马集合起来，东拼西凑地好容易把军队都拢在一块儿，数了数，老老少少，一共还不到 6000 人。这哪像话呢？白起一个晚上杀死的赵国投降的士兵就有 45 万。这 6000 多人能做什么事？但不管怎样，出去替人家壮壮声势也是好的。周赧王和西周公就决定把这 6000 人送出去加入合纵抗秦的阵营。

6000 人一集合起来，就发生了几件难事：第一件，那些破旧的兵车得修理修理；第二件，拉车的马不够了；第三件，人和马吃的粮草一点儿没有着落。库房里拿不出这笔打仗的开销来，周天子就向那些富裕的商人、地主去借钱，给他们立字据，说明这回借的钱是作为军饷用的，等到打仗回来，拿战利品作为担保，连本带利一起归还。军饷、军费很快就有着落了。

公元前 256 年，西周公带了 6000 人马到了伊阙，驻扎下来等候各国诸侯的大队人马。可是韩、赵、魏三国刚跟秦国打了仗，元气还没恢复，没有出兵的力量；齐国跟秦国一向是很不错的，不愿意发兵；只有燕国和楚国派了几队人马来。这回合纵抗秦的计划又失败了，西周公也只好原封没动地带着他那6000 人马回城去了。

周赧王出了一回兵，一仗没打，什么东西都没得着，军饷可全耗费完了。那些账主拿着字据在宫门外头向天子要账。要账的要不着钱，也见不着欠账的，哪能答应呢？这一下，弄得周赧王跑又没处跑，躲又躲不了。他只好到高台上去躲账。于是人们将那座高台称为"避债台"。

后人就把这件事引申为成语"债台高筑"，形容人欠债很多，没有办法偿还。

·置之度外·

典出《后汉书·隗嚣公孙述传》。

帝积苦兵间，以嚣子内侍，公孙述远据边陲，乃谓诸将曰：
且当置此两子于度外耳。"

东汉初年，虽然光武帝（刘秀）已重新建立了汉朝，但
还有很多人拥有重兵，占据各个州郡，要与刘秀争夺天下；
或者表面虽然臣服朝廷，而仍想保留自己占有的地盘，伺机
而动。光武帝既已重复汉室，自然不能坐视这种割据的局面
继续下去，决心要使全国统一。前后经过 5 年的时间，光武
帝把函谷关以东的割据势力全部荡平，最后只剩下甘肃的隗
嚣和四川的公孙述两股势力了。

光武帝鉴于隗嚣表面上已向他称臣，还遣他的儿子在京城
洛阳做官，一时不足为患，公孙述远在西南边陲，路途遥远，
攻取不易，暂时不想对他用兵，而更主要的，是打了许多年仗，
兵力也要休整一下，他在对部下众将官谈到隗嚣、公孙述二人
时说："这两个人暂时不必放在心上的。"

后人用"置之度外"比喻对人或事不再重视或不再放在
心上。

罪戾篇

·鞭贾·

典出《柳河东集》。

市之鬻鞭者，人问之，其贾宜五十，必曰五万。复之以五十，则伏而笑；以五百，则小怒；五千，则大怒，必以五万而后可。有富者子，适市买鞭，出五万。持以夸余。视其首，则拳蹙而不遂；视其握，则蹇仄而不植；其行水者，一去一来不相承；其节，朽墨而无文。掐之，灭爪而不得其所穷；举之，飘然若挥虚焉。

余曰："子何取于是而不爱五万？"曰："吾爱其黄而泽，且贾者云……"余乃召僮汤以濯之，则缩然枯，苍然白。向之黄者栀也，泽者蜡也。富者不悦，然犹持之三年。后出东郊，争道长乐坂下，马相。因大击，鞭折而为五六，马不已，坠于地，伤焉。视其内则空空然，其理若粪壤，无所赖者。

今之栀其貌，蜡其言，以求贾技于朝，当其分则善。一误而过其分，则喜；当其分，则反怒，曰："余曷不至于公卿？"然而至焉者亦良多矣。居无事，虽过三年不害；当其有事，驱之于陈力之列以御乎物，以夫空空之内、粪壤之理而责其大击之效，恶有不折其用而获坠伤之患者乎？

市场上有个出售马鞭的。有人问他价钱的时候，本来只值五十，他一定要说五万。还价给他五十，他就笑弯了腰；给以五百，就怒形于色；给以五千，就大发雷霆；一定要五万才卖。

有一个富家子弟，到市场上买鞭子，花了五万买了一条鞭子回来。他拿着鞭子向人夸耀。那鞭梢卷缩而不舒展，那鞭把儿歪斜而不直，那鞭的自然纹理也错乱不相承接，那鞭的节疤腐朽墨黑而没有文采。用指甲一掐，指甲完全隐了进去还摸不到底；拿到手里，轻飘飘的，像挥动着没有重量的物体一样。

有人问他："你是看上了鞭子的哪一点而毫不吝惜那五万钱呢？"他说："我喜欢它颜色黄而有光泽，况且卖鞭人还说了很多优点呢。"人们就叫僮仆烧了滚烫的水来洗那鞭子。一洗，它就收缩干枯，颜色苍白。这才知道，原先的黄色是用栀子染的，那光泽则是涂的蜡。富家子弟很不高兴，但还是拿在手上用了 3 年。后来，他骑马到长安东郊，在长乐坂与别人抢道，两匹马互相踢打起来。富家子弟因而用力打马，鞭子一下便断成五六截，马还是相踢不止，他跌落在地，受了伤。一看那断鞭，里面空空的，纹理像粪土一般，没有一点儿可取。

有人粉饰他的外貌、言辞，向朝廷兜售他的才能技巧。朝廷看错了而给他超过能力的职务，他就高兴；给他适合能力的职务，反而发怒埋怨："我为什么不能做公卿呢？"然而，这种人达到公卿高位的也真多。处在国家太平无事的时期，即使超过 3 年也无妨害；碰上国家有事，安排他们到要贡献力量的岗位上去处理大事，按他们那空虚腐败、无德无能的情况而要求做出大的贡献，又哪里有不身败名裂并给国家招致祸患的呢？

作者借诈骗牟利的市侩写腐朽无能的官僚，借不识假货的富家子弟写用人不当的朝廷，讽刺深刻，描摹细腻。

·病忘·

典出《艾子后语》。

齐有病忘者，行则忘止，卧则忘起。其妻患之，谓曰："闻艾子滑稽多知，能愈膏肓之疾。盍往师之？"其人曰："善。"于是乘马挟弓矢而行。未一舍，内逼，下马而便焉。矢植于土，马系于树。便讫，左顾而睹其矢曰："危乎？流矢奚自？几乎中予。"右而睹其马，喜曰："虽受虚惊，乃得一马。"引辔将旋，自践其所遗粪，顿足曰："踏却犬粪，污吾履矣。惜哉！"鞭马反向归路而行。须臾抵家，徘徊门外，曰："此何人居，岂艾夫子所寓耶？"其妻适见之，知其又忘也，骂之。其人怅然曰："娘子素非相识，何故出语伤人？"

齐国有个记性不好的人，走路忘记停步，睡觉忘了起床。他的妻子很替他担忧，便对他说："听说艾子善于嬉笑诙谐，富于智慧，能治好一般人难以治好的病，何不去向他请教？"那个人说道："好。"于是便骑着马，挟着弓箭往艾子那里去。走不到三十里，因肚里胀得急，就下马解起大便来。他把箭插入地里，把马拴在树上。解完大便，他向左边看看，瞧见了那支箭，说道："多么危险啊！这支冷箭是哪儿射过来的，差点儿射中了我！"他又向右边看看，瞧见那匹马，高兴地说道："虽说白白地吓了一场，却得到了一匹马。"他牵着马的缰绳，准备骑着马转回去，忽然踏着了自己刚才解下的大便，气得顿脚道："踏着了狗粪，把我的鞋弄坏了，真是可惜！"便赶着马转头向回家的路上走去。

一会儿就到了家。他在门外来回地走着，说道："这是什么人住的地方？难道就是艾夫子的房子吗？"他的老婆恰好看见了他，知道他又把自己的住处都忘了，就骂了他一顿，那个人显出十分失意的神情说道："这位娘子，我从来不认识你，你为什么这样开口就中伤别人？"

这则寓言生动地描绘了一个患"健忘症"的人的形象，用以讽刺那些对自己的言行不负责的人。

·妒贤嫉能·

典出《汉书·高帝纪》。

项羽妒贤嫉能，有功者害之，贤者疑之，战胜而不与人功，得地而不与人利，此其所以失天下也。

项羽，下相（今江苏宿迁西南）人，秦末农民起义军的领袖。秦二世元年（公元前 209 年），他从叔父项梁在吴地（今江苏苏州）起义。秦亡后，自立为西楚霸王，并大封诸侯王。在楚汉战争中，为另一支抗秦力量刘邦击败，自杀身死。

项羽是一个有勇无谋的武夫。在他起兵抗秦以后，曾有不少贤臣名将，如范增、陈平、英布、韩信等，投靠在他的手下。但他不是看不起他们，就是妒忌这些人的才能，致使这些人不是弃楚归汉就是愤然离去。韩信归汉后，成了刘邦和项羽争斗中致项羽于死地的得力大将。在著名的鸿门宴上，范增劝项羽

戏马台
相传此处是楚霸王项羽练兵之地。

杀掉刘邦，项羽不但不听，反而中了陈平、刘邦施的反间计，削去了范增的权力，致使范增愤然离去，病死途中。由于项羽不善用人，最后终于成了孤家寡人，演出了一场"霸王别姬"的惨剧。

汉朝建立以后，有一次刘邦大宴群臣。席间，刘邦问："为什么我能取得天下，而项羽就失去了天下呢？"大臣高起、王陵回答说："项羽妒贤嫉能，害功臣，疑贤者，所以失掉了天下。"

"妒贤嫉能"即嫉妒和憎恨贤能之士。后人用这个典故比喻对有才能的人妒忌。

·二儒发冢·

典出《庄子·外物》。

儒以诗礼发冢。大儒胪传曰："东方作矣，事之何若？"小儒曰："未解裙襦，口中有珠。"

"诗固有之曰：'青青之麦，生于陵陂。生不布施，死何含珠为！'接其鬓，攃其颠，而以金锥控其颐，徐别其颊，无伤口中珠！"

两个儒生口念诗礼，却在那里挖坟盗墓。在上面放哨的大儒向墓里低声喊道："天快亮了，事情进行得如何？"

墓穴里的小儒回答说："裙子和内衣还没解开……咦！口里还含着一颗宝珠呢！"

大儒一听，喜出望外，念念有词嘱咐说："《诗经》里本来就说过：'麦苗青青，长在山坡。生前不施舍，死后含珠干什么！'你揪着他的头发，压住他的胡子，用铁槌撬开下巴，慢慢别起两颊，千万不要损坏他嘴里的宝珠啊！"

后人用"二儒发冢"这个典故讽刺那些满嘴仁义道德、却行为卑鄙的伪君子。

·飞扬跋扈·

典出《北史·齐高祖纪》。

景专制河南十四年矣，常有飞扬跋扈之。

南北朝时期是门阀士族统治的时代。世家大族特别是皇亲国戚依仗祖先的政治地位和宗族姻亲的党援，享有政治特权，高踞于广大劳动人民之上。对此，一些地方割据势力虽然不敢直接开罪封建皇帝，但对其儿孙们却常常流露出不满情绪。

北魏末年，北魏分成了两个政权，史称东魏、西魏。东魏的军政大权掌握在一个叫高欢的手里。当时，有一个叫侯景的

人，是久居河南的一个封建统治头子。他看不起那些依附皇帝的权势作威作福的世子（古代天子、诸侯的嫡长子），曾对人说："如果皇帝在，我的行动不敢有异；如果皇帝不在，我不能与那些不懂世事的皇家小子共事。"有一次，高欢的儿子高澄代高欢起草了一份召书，召侯景进见，侯景不来。后来侯景又听说高欢染病，便集聚了一些军队准备在河南屯兵自固。高欢的儿子对此闷闷不乐。

高欢问儿子："我虽然身体不好，但看你的面容好像有更大的忧愁，这是什么缘故啊？"儿子没有说话。高欢又问："莫非是害怕侯景背叛？"儿子点点头说："是。"

高欢说："侯景专制河南已经14年了，他的举动常常越出常轨，不受约束，我还可以制服他，他岂能听你的指挥？现在天下未定，你不要为此忧愁。有一些文臣武将还是听指挥的，他们当中有的可以对付侯景，你要对这些人以礼相待，信任他们。"

胡人俑 北朝

公元547年，侯景因恐被高澄所杀，降梁，受封为河南王。次年，与梁宗室萧德正勾结，举兵叛乱。

后人用"飞扬跋扈"这个典故比喻意气举动越出常轨，不受约束。现多指蛮横放肆，目中无人。

·鬼鬼祟祟·

典出《红楼梦》。

两个人鬼鬼祟祟的，不知说什么。

晴雯得了伤寒，头痛脑热，懒怠动弹。宝玉给房中人说："不要声张，不然太太知道了，又要叫晴雯搬回家去治。家里纵好，到底寒冷，不如在这里。"宝玉接着又说："晴雯在里间屋好好躺着，我叫人请了大夫，悄悄从后门进来诊治。"

医生看病后，一个老婆子把药取了回来。宝玉命丫鬟就在屋内的火盆上煎。晴雯说："这里煎药，弄得满屋子药气，还是拿到茶房里去煎罢！"宝玉说："药气比一切的花香还香呢！我屋里各色香都齐了，就缺少药香。"一面说，一面命人煨上。一切安排停妥之后，宝玉才去给贾母王夫人请安。

宝玉来到贾母房中时，王夫人、邢夫人、薛姨妈、王熙凤等正在和贾母谈笑。宝玉请了安，坐了一会儿，因惦记着晴雯等，便回到自己的房中。宝玉一踏入房门，药香满室，但不见一人，只有晴雯独卧炕上，脸上烧得绯红。用手一摸，滚烫滚烫的。宝玉见此情景说道："别人去了也罢，麝月秋纹也这么无情，各自去了！"晴雯答道："秋纹是我撵了出去吃饭了，麝月是方才平儿来找他出去了。两个人鬼鬼祟祟的，不知说什么。"

原来平儿来找麝月，是告诉她小丫头坠儿偷了镯子，因晴雯是火暴性子，怕她忍不住气要打骂坠儿，所以把此事悄悄地对麝月说了。

后人用"鬼鬼祟祟"表示行动不光明正大。

·沆瀣一气·

典出《唐语林·补遗》。

崔相沆知贡举，得崔瀣。时榜中同姓，瀣最为沆知。谈者称："座主门生，沆瀣一气。"

唐朝时候，有一个叫作崔沆的人。一次，唐僖宗派他去做主考官，结果他把一个叫崔瀣的人录取了。这两个人都姓崔，而两个单名连起来是"沆瀣"两个字。"沆瀣"两字连在一起，原来正是夜里水气的别名；而崔沆又是崔瀣的主考官；于是当时有一个叫钱希白的人，在一篇文章中说他俩是"座主门生，沆瀣一气"。

这两句话本来只是说明上述座师门生巧合的情况，并没有什么不好的意思，后人借用"沆瀣一气"形容几个人都有同样的坏性情和坏习惯，并且勾结在一起，做不正当的事情。

·河清难俟·

典出《左传·襄公八年》。

周诗有之曰："俟河之清，人寿几何？"

春秋时，楚、晋两国都很强盛，郑国是一个小国，却夹杂在楚、晋之间。它处在两个大国之间，只能采取左右逢迎的政策。有一次郑国公子子国和子耳兴兵侵入蔡国。打了一次胜仗，子国的儿子子产很不以为然，深恐楚国会来讨伐（因蔡国是臣属于楚国的）。不久，楚庄王果然派他儿子公子贞亲率兵攻郑，郑国的当权者子驷、子国等不知所措，有的主张降楚，有的主张等待晋国来援。子驷说："我记得周诗中有这几句诗，大意是说要到黄河水清，人的寿命哪有这么长？既用卜来求人，又向人去问计，做的事已够多了。郑国主持大事的人又多，各有自己的主张，顺得这方的主张；又忽略那方的意见。因此讨论的事情毫无结果。现在楚兵压境，人民的生命处在危急中，不如暂时顺从楚国，让郑国老百姓松口气，不会死在战争里……"郑国向楚投降。

河，是指黄河，因为水中夹杂着大量的泥沙，所以它的水永远是黄色混浊的。旧时传说黄河的水要千年才有一次澄清的机会。俟，等待也。"河清难俟"是说要待黄河的水清，时间太长，哪里等得到呢？

后人用"河清难俟"比喻希望难于实现。

·红毛毡·

典出蒲松龄《聊斋志异》。

红毛国，旧许与中国相贸易。边帅见其众，不许登岸。红毛国人固请："赐一毡地足矣。"帅思一毡所容无几，许之。其人置毡岸上，仅容一人；拉之，容四五人；且拉且登，顷刻毡大亩许，已数百人矣。短刃并发，出于不意，被掠数里而去。

红毛国曾答应同中国互相进行贸易。我边境统帅见他们人多，不许上岸。红毛国人请求说："赏给我们毡子大的一块地方就够了。"统帅心想，毡子大的一块地方也容不下几个人，就答应了他们。红毛国人把毡子铺在岸上，开头只能容下一个人；拉一下毡子，就能容下四五个人；一边拉毡子，一边登岸。不一会儿，毡子大得有一亩地左右，好几百人已经登岸了。他们突然一齐拿出短刀，进行侵略。因为出于我方意料之外，被他们掠夺去了好几里面积的土地。

这篇寓言揭露列强蚕食中国领土的罪行，启示我们一定要提高警惕，识破侵略者的阴谋诡计，坚决保卫祖国领土。

·黄台之瓜·

典出《新唐书·承天皇帝传》。

高宗有八子，天后所生者四人，自为行而睿宗最幼。长曰弘，为太子，仁明孝友，后方图临朝，鸩杀之，而立次子贤。贤日忧惕，每侍上，不敢有言，乃作乐章，使工歌之，欲以感悟上及后，其曰："种瓜黄台下，瓜熟子离离，一摘使瓜好，再摘令瓜稀，三摘尚云可，四摘抱蔓归！"而贤终为后所斥，死黔中。

唐朝皇帝高宗，身体虚弱，经常生病，于是就把国家大事委托给皇后武则天，让她代他决断处理国事，于是国家行政大权，一时移到武后的手上。武后是一个富有政治天才，怀有极大野心、手段又很残忍的女子，她把原来的太子李忠废除，再立李弘做太子，后来又把太子弘毒死了，再立李贤做太子。李贤也是高宗的儿子，历史上称他为章怀太子。

他眼看着武后把太子弘害死了，日夜忧虑，自己知道也总有一天要受害，但是他性格懦弱，不敢明白说出来，于是写了一首歌词交给宫里的乐工们歌唱，希望武后听了能够感悟。这一首歌词是这样的："种瓜黄台下，瓜熟子离离，一摘使瓜好，再摘令瓜稀！三摘尚云可，四摘抱蔓归！"它的意思是：在黄台下边种的瓜啊！它的果实一个个的成熟了！经过一次采摘，

武后步辇图

711

瓜是茂盛的，再摘瓜便稀疏了！三次采摘，还可以，四次采摘，只得抱着瓜藤回去了！这分明是一首很可怜的乞命求饶的歌词，他拿瓜来比拟自己的兄弟。本来兄弟是手足之亲，缺少了一个，也是伤心的，又有什么"一摘使瓜好"和"三摘尚云可"的呢？我们读这一首歌，应该了解到作者所处的境地：他天天在武后的魔掌控制之下，极端恐怖，哀求武后手下留情，期望着今后不再施毒手，过去的不敢计较了，所以还迫得说句"好"和"可以"，可惜章怀太子也难逃厄运，不久武后强迫他自杀了。

后人往往引用"黄台之瓜"来比喻被屠杀将尽的人。

·击邻家之子·

典出《墨子·鲁问》。

譬有人于此，其子强梁不材，故其父笞之。其邻家之父，举木而击之，曰："吾击之也，顺于其父之志。"则岂不悖哉！

古代有一个人，因为他的儿子强暴蛮横不成材，所以父亲就拿鞭子打儿子。邻居的老大爷跑上来，也抡起大木棒帮着打，并且说："我来打他，是顺着他父亲的心意做的。"这样，岂不是很荒谬吗？

这则寓言的意思是反对那些借口助天诛罪而攻伐他国的行为。墨子是承认"天志"的，故以父比天，儿子错了，父亲可以鞭笞，用不着邻父举木而击；他国有乱，自有天诛，用不着邻国兴兵动武。

·简子放生·

典出《列子·说符》。

邯郸之民以正月之旦献鸠于简子，简子大悦，厚赏之。客问其故，简子曰："正旦放生，示有恩也。"

客曰："民知君之欲放之，故竞而捕之，死者众矣。君如欲生之，不如禁民勿捕。捕而放之，恩过不相补矣。"

简子曰："然。"

邯郸地方的老百姓在正月初一给简子进献斑鸠，简子非常高兴，重重地奖赏他们。有个客人问他是什么缘故。简子说："正月初一放生，表示恩惠之意。"

客人说："老百姓知道您要放生，所以争相把它抓来，死掉的就很多了。您如要让它们活，不如禁止老百姓捕捉。捉来又把它放掉，恩惠已经弥补不了过失呀。"

简子说："是这样的。"

后人用"简子放生"比喻放生一个，害死一群，充分暴露了剥削阶级所标榜的仁慈的实质。

·九尾狐·

典出《郁离子·鲁般篇》。

青丘之山，九尾之狐居焉。将作妖，求髑髅而戴之，以拜北斗而徼福于上帝。遂往造共工之台以临九丘，九丘十薮之狐毕集，登羽山而人舞焉。有老狈见而谓之曰："若之所戴者死人之髑髅也。人死肉腐而为泥，枯骨存焉，是为髑髅。髑髅之无知，与瓦砾无异，而其腥秽瓦砾之所不有。不可戴也。……而况敢以渎上帝！帝怒不可犯也。弗悔，若必受烈祸。"行未至阏伯之墟，猎人邀而伐之，攒弩以射其戴髑髅者，九尾之狐死。

有一头九尾狐狸住在青丘山。它将要兴妖作怪，便找了一个髑髅戴在头上作装饰，向北斗星朝拜，想求得天帝赐福。接着筑了一座共工台，高踞在群山之上，把各山各湖的狐狸都召集来。然后登上羽山，像人一样舞蹈。有一只老狈警告它说："你所戴的不过是死人的骷髅啊，人死以后，肉腐烂化为泥土，只留下枯骨，这便是骷髅。骷髅是完全无知的，与瓦片碎石一样；但又腥又脏，连瓦片碎石也不如，不可以戴在头上。更不能用来亵渎天帝！天帝是不可随便触犯的。如果不改悔，你一定要遭受大祸。"九尾狐没有听狈的话，仍旧戴着骷髅到处跑。它还没有走到阏伯山，便遭到了猎人的拦击。猎人们用弩发箭，集中射击，九尾狐便一命呜呼了。

这则寓言是讽刺那种乔装打扮而飞扬跋扈、胡作非为的人。

·吏人立誓·

典出《广笑府》。

一吏犯赃致罪，遇赦获免。因自誓以后再接人钱财，手当生恶疮。未久，有一人论者，馈钞求胜。吏思立誓之故，难以手接。

顷之，则思曰："你即如此殷勤，且权放在我靴筒里。"

有一个小官儿，因为贪污受贿犯了罪，碰上大赦没受到处罚。他于是赌咒说："以后再受贿，用手接人家的钱，就长恶疮罢！"过不多久，有一个打官司的人，送他一笔钱希望赢得官司。这个小官儿，因为赌了咒不敢用手接钱。犹豫了一会儿，想出了一个办法说："你既然这样殷勤，就暂且将钱放在我的靴筒里吧。"

这个故事说明：有着某种劣根性的人，常常为自己的老病复发而寻找借口。这则故事还反映了封建官吏贪得无厌的本质。

·落井下石·

典出《柳子厚墓志铭》。

一旦临小利害，仅如毛发比，反眼若不相识，落陷阱，不一引手救，反挤之，又下石焉者，皆是也。

柳宗元，字子厚，是唐宋八大家之一。少年的时候，文章就写得很好，名气很大，后来中了进士，当御史大夫时，因参与新政被贬到雍州去做司马，后又调到柳州去当刺史。他死后，柳州人因为纪念他生前对柳州的功绩，建庙奉祭他。

韩愈是当时的大文豪，他眼见好友柳宗元被小人所谗，郁郁不得志地死去，替柳宗元写了一篇墓志铭。铭中有一段这样说：

"唉！读书人要到穷困的时候，才能看出他的气节。现在

柳宗元《江雪》诗意图

有些人平常居住在黑巷里的时候，大家互相爱慕，用酒食来做游戏追逐，很和蔼地笑语着，好像是能够拿出肺腑给人看的知己；还指着天地，流着眼泪，说着生死与共的话，装得很诚恳可信。但是如果有一天为了点儿小小的利害便冲突起来，即使像毛发一样的小事，也会闹得翻脸不认人了。你如果被人挤得掉到陷阱里面去，他不但不会求援救你，反而会拿了石头来打击你，这种人是很多的。不开化的人和禽兽尚且还不忍去做的事，他们怎么会自以为做得很对呢？"

后人把文里的意思引申成"落井下石"这个成语，来比喻人家有了祸事非但不救助，反而加以打击。

·猫祝鼠寿·

典出《雅谑》。

一老鼠避一瓶中,猫捕之不得,以须略鼠,鼠因喷嚏。猫在外呼曰:"千岁!"鼠曰:"汝岂真为我寿?诱我出,欲嚼我耳!"

有一只老鼠躲在瓶子中,猫捕不到它,就用胡须去拂掠老鼠的鼻子,老鼠因而打起喷嚏来。

猫在瓶子外头友好地呼唤说:"千岁!"老鼠说:"你哪里真在为我祝寿?不过是想把我诱出来,吃我的肉罢了!"

这则寓言说明对于敌人要认清其本质,不被一时的表面现象所蒙蔽,不被一些花言巧语所欺骗。

·冒天下之大不韪·

典出《左传·隐公十一年》。

不度德,不量力,不亲亲,不徵辞,不察有罪。犯五不韪,而以伐人,其丧师也,不亦宜乎!

春秋时期,郑国和息国位于现在河南省的中部,两国紧密相连,都是比较小的诸侯国。它们与周室同宗,都姓姬。

息国虽然是个很小的国家,可是他的国君却不能与邻国友好相处,经常与毗邻的郑国争吵不休。

公元前712年,息国又与郑国发生了冲突。息国国君很不冷静，不自量力，竟下令派兵攻打郑国。在这场息国与郑国的战争当中，息国没有考虑这次出兵是否正义；没有考虑自己是个小国，不自量力；没有考虑要与自己同姓的、相邻的兄弟国家友好相处；没有分清是非曲直；根本认识不到自己的过错。

息国存在这五项致命弱点，自己全然不知，毫不醒悟。息国国君不顾一切后果，盲目指挥息军与郑军作战，结果遭到惨重失败，息君狼狈逃回。后来，息国终于被另一个强大的国家楚国灭掉。

后人在评论息国和郑国这场战争时说：息国国君犯五不韪（5个大错误）而仍然一意孤行，结果遭到惨败，是罪有应得。

成语"冒天下之大不韪"即由此演化而来。冒：冒犯；不韪：不是，错误。意思是指犯了天下最大的错误。现在多指公然不顾全世界人民或全国人民的反对而干坏事。此成语亦可见于清代顾炎武《日知录·卷十三·正始》，书中说，"自正始以来，而大义之不明，遍于天下。如山涛者，既为邪说之魁，遂使嵇绍之贤，且犯天下之大不韪，而不顾夫邪正之说不容两立。"

·明目张胆·

典出《晋书·王敦传》。

今日之事，明目张胆，为六军之首，宁忠臣而死，不无赖而生矣。

又见《宋史·刘安世传》。

初除谏官，未拜命，入白
母曰："朝廷不以安世不肖，
使在言路。倘居其官，须明目
张胆，以身任责，脱有触忤，
祸谴立至。……"

宋朝时候有一个叫刘安世
的人，字器之，考中进士后，

"富贵万岁"瓦当　晋

因学问渊博，深得宋王宠信。他性情耿直，做人很讲信义，对
事物的见解又相当精辟，所以不久之后，被宋王任命为谏议大
夫。这是一个非常显赫的官职，因为这官职负有批评皇帝言行
的重任。刘安世被任命为谏议大夫之后，立即回家对他的母亲
说："王上不因我的无能而摒弃我，反而委我做谏议大夫。儿
子自知没有什么能力，但皇命不可更改，无法推辞得了的，唯
有好好的尽做臣子的责任，时时提醒皇上。毫不畏避地对待自
己的职责，才是我应该做的事。今后侍奉母亲恐将有所怠慢，
务请母亲原谅我！"刘安世做了谏议大夫后，果然耿直进谏，
满朝文武都对他敬佩，当时有"殿上虎卒"的美誉。

后来的人便根据上述的记载，将"明目张胆"引为成语，
原指有胆有识，敢作敢为，但沿用下来，渐渐变成了贬义，形
容公然作恶，无所回避。

·男女有别·

典出《阅微草堂笔记·故妄听之》。

傅显喜读书，颇知文义，亦稍知医药，性情迂缓，望之如偃蹇老儒。一日，雅步行市上，逢人辄问："见魏三兄否？"或指所在，雅步以往。比相见，喘息良久。魏问相见何意，曰："适在苦水井前，遇见三嫂在树上作针黹，倦而假寐。小儿嬉戏井旁，相距三五尺耳，似乎可虑。男女有别，不便呼三嫂使醒，故走觅兄。"魏大骇奔往，则女已俯井哭子矣。

傅显喜欢读书，很通文章礼义，也懂一点儿医药知识，只是性情迂腐迟钝，看上去就像一个萎靡不振的老学究。

一天，他踱着方步来到集市上。逢人就问："看到魏三兄了吗？"有人指给了地点，他又踱着方步走去。等和魏三相见以后，又定神息气，半天没有开口，魏三问他找自己有什么事，傅显这才说："刚才我在枯水井旁，看见三嫂在树下做针线活，她疲倦了在那儿打盹。您家的小孩却跑到井旁去玩，离井口不过三五尺远，好像值得忧虑，只因为男女有别，不便叫醒三嫂，所以到处找您。魏三一听，非常惊慌，急忙转身奔去。等他赶到时，他的妻子已经趴在井口痛哭儿子了。

后人用"男女有别"的这个典故告诫人们，封建礼教是要害死人的。

·牛不能生马·

典出《说苑·政理》。

齐桓公出猎，逐鹿而走入山谷之中，见一老公而问之曰："是为何谷？"对曰："愚公之谷。"桓公曰："何故？"对曰："以臣名之。"桓公曰："今视公之仪状，非愚人也，何为以公名？"对曰："臣请陈之。臣故畜牛，生子而大，卖之买驹。少年曰'牛不能生马。'遂持驹去。傍邻闻之，以臣为愚，故名此谷为愚公之谷。"

齐桓公外出荒郊打猎，追赶一只鹿，走进了一道不知名的山谷。

他见到一位老人，问道："这叫什么谷？"老人回答："愚公谷。"桓公又问："为什么叫这样的名字？"

老人又答："是因我命名。"桓公说："我看你容貌神态、言谈举止都不像个愚蠢的人，怎么会因你而得名呢？"

老人说："请允许我告诉你。我原来喂养着一头母牛，生下的牛犊长大后，我把它卖掉又买了一匹马驹。一个年轻人说：'牛不能生马。'说完就牵走了我的马驹。邻居们听了都认为我很愚蠢，所以就称这山谷为愚公谷。"

后人用"牛不能生马"这个典故为那些蒙不白之冤的人鸣不平。就像上面所述老人的马驹本来是卖掉小牛买来的，少年却罗织了一个"牛不能生马"的罪名强加于人，又不允许人家申辩，把马驹抢走。老人蒙冤受害，还被冠以"愚公"之名，实在可怜。

·欺世盗名·

典出《荀子·不苟》。

是奸人将以盗名于暗世者也，险莫大焉。故曰：盗名不如盗货。

春秋时，卫国有个大夫叫史，又名史鱼。他曾多次劝说卫灵公，但所提意见没有被采纳。后来，史鱼病重，临死时，他告诉他的儿子，在他死后不要把尸体装进棺材，要实行"尸谏"。卫灵公知道后，对史鱼大加赞扬。孔子也说他是个"正直"的人。

战国时，齐国有个贵族出身的人叫田仲，又叫陈仲子。他的哥哥是一位食禄万钟的富翁，但田仲离开了哥哥，靠织草鞋为生，自命清高不凡。

战国时的思想家、哲学家荀子认为，史鱼、田仲的行为实际上是欺世盗名。荀子说："没有比盗名这种行径更邪恶的了，它甚至比盗货更恶劣。"

"欺世盗名"指用不正当的手段欺骗世人，窃取名誉。

·齐人骄妻·

典出《孟子·离娄下》。

从前，齐国有一个人和一妻一妾生活在一起。每天早晨，齐人总是睡足了才起来,然后就出门去了,回来时吃得酒足饭饱。妻子问他去哪里,他说:"还去哪里呢?那些有钱有势的人请我吃饭呀!"时间久了,妻子觉得可疑,便对妾说:"我家丈夫每天出去,总是吃饱喝足才回来。问他跟谁一起,他总说是有钱有势的人招待他。这就怪了,怎么只是别人请他,从来没见他请回一个来我们家做客?我想明天暗中跟在他后面,看他究竟去了什么地方。"妾说:"行,我也觉得奇怪。"

第二天早晨,妻子暗中随丈夫外出。走遍城中,都不见任何人与丈夫交谈。终于,丈夫在拐了几个弯之后,走到东郊乱坟丛中,向前来祭供死者的人乞讨祭供后残剩的酒食;如果不够,又抬头东张西望,到别处乞讨。原来这就是他"酒足饭饱"的方法!

妻子回家把所见到的情况告诉了妾,并叹息道:"我们嫁了他,希望寄托终身,日后能得到幸福,想不到他竟在背地里干出这种下流的勾当!"妻妾二人十分悲伤,一边抱着痛哭,一边咒骂丈夫。

不一会儿,丈夫从外面回来了。他不知道自己的丑行已经败露,还扬扬得意地在妻妾面前自我夸耀,然后骂她们说:"你们这些女人啊,真没有用!平白无故哭什么?你看我,每天都有人请我吃酒吃肉!不管你们,我要睡觉去了。"他一边走,一边自言自语地说:"唉,今天那家人真有钱啊!"妻、妾见丈夫这样无耻,哭得更伤心了。

"齐人骄妻"指齐人在妻妾面前骄傲、炫耀。后世借这个典故讥讽那些权贵，他们表面上扬扬得意，背地里却干了许多不可告人的勾当。

·翘袖折腰舞悲欢·

典出《西京杂记》。

刘邦被封为汉王，建都南郑时，得到一个才貌绝佳的戚姬，即戚夫人。戚夫人多才多艺，不仅舞姿出色，歌声也十分动听，还擅长弹瑟、击筑。

商山四皓图

刘邦当了皇帝以后，常与戚夫人在宫中歌舞作乐，史书上说，戚夫人"善为翘袖折腰之舞，歌出塞入塞望归之曲"。戚夫人常击筑，刘邦则随乐高唱《大风歌》相和："大风起兮云飞扬，威加海内兮归故乡，安得猛士兮守四方！"

戚夫人虽多才多艺，才貌出众，专宠后宫，但是高祖的皇后——吕后阴险毒辣，对戚夫人由忌生恨，戚夫人也常为自己的命运担忧，经常哀求刘邦废太子——吕后的儿子刘盈，改立自己的儿子赵王如意为太子。刘邦也认为刘盈仁弱，不像自己，如意才像自己。无奈吕后在朝中势力强大，他的两个哥哥都是朝中大将，最后，吕后请出刘邦敬重的四位老人，请求他们赞同册立刘盈为太子，并愿意日后辅佐他。刘邦无奈，召戚夫人说："我想改立太子，但连四老都自愿辅助刘盈，羽翼已长成，难改动啊！"戚夫人闻之悲恸欲绝，想到吕后将成为自己真正的主宰，更是不能自已，痛哭流涕。人们常常在欢快的时候起舞，而戚夫人更多的是在悲伤的时候舞蹈，戚夫人在悲痛中跳起了楚地的舞蹈，刘邦用楚地民间音乐的调子伴唱："鸿鹄高飞，一举千里，羽翼以就，横绝四海，又可奈何……"道出了刘邦被形势所迫，不能改立太子无可奈何的心情。

公元前 195 年四月，太子刘盈即位，即汉惠帝。这时，吕后更加肆无忌惮，她视戚夫人及其子赵王如意为眼中钉，于是，下令把戚夫人的头发剃了，给她穿上罪人的衣服，囚禁起来，让她终日舂谷。戚夫人忍受着残酷的折磨，一面舂谷，一面唱歌，有些类似现在民间的杵歌，歌中唱道："子为王，母为虏，终日舂薄暮，常与死为伍，相离三千里，当谁便告汝？"吕后得知戚夫人唱这种歌，更加恼怒，下令召赵王如意入宫，并用毒酒把赵王害死。随后命人斩断戚夫人的手脚，挖去眼睛，熏聋她的耳朵，又给她喝哑药，把她丢在厕所里，称为"人彘"。戚夫人再也不能一展她婀娜的舞姿和美妙的歌喉。过了几天，狠毒的吕后召惠帝看"人彘"，惠帝知这是戚夫人后大哭不止，从此病倒，惠帝虽是吕后之子，但也不能容忍母亲使用如此毒辣的手段残害戚夫人，以后终日饮酒，不理朝政。

千百年来，人们对戚夫人的遭遇寄予了深切的同情，她那杰出的舞蹈——"翘袖折腰舞"和悲哀时跳的"楚舞"及被囚禁时唱的"杵歌"都久久为人传诵。

·请君入瓮·

典出《资治通鉴·唐纪》。

武则天做皇帝的时候，朝中有两位专管刑事审判的酷吏，一个叫来俊臣，一个叫周兴。他们二人用刑都十分残酷。不少犯人一听到他俩的名字，就已魂飞魄散，就连朝中权势显赫的大臣对他们二人都敬畏三分，不敢冒犯。

有一天，宫内有人到武则天那儿，状告周兴等密谋造反，武则天勃然大怒，立即召来俊臣进宫，让他去审问周兴。

来俊臣接了这个棘手的案子，回到家中，思考了好半天。他知道，周兴此人阴险狡诈，绝不会轻易服罪，自己搞得不好，反而会被他反咬一口，弄得身败名裂。于是，他决定设一个圈套，用计让周兴不打自招。

当天晚上，来俊臣就邀周兴到家中饮酒，周兴已闻到一点儿风声，两人见面，周兴异常警觉，小心谨慎地与来俊臣交谈。来俊臣见此情形，就装作闲谈的样子问周兴："周兄，我最近接了个案子，犯人死不认罪，你看用什么办法才能叫他开口招供呢？”

周兴见来俊臣谈的话题与自己无关，就放松了戒备，不假思索地说：“这事太容易啦！你只要拿一口大瓦瓮来，在它四周点燃木炭，把瓦瓮烧热了，叫犯人站进去，还怕他不老实交代吗？”

来俊臣听了，便吩咐手下狱吏抬来一口大瓦瓮，照周兴说的办法在四周点上大火。瓦瓮渐渐烧红了，散发出阵阵热浪，令人燥热难耐！周兴热得汗流浃背，气喘吁吁。他正想告辞离去，来俊臣蓦地站起身来，拿出圣旨，对他呵斥道：“宫里有状子告发你，皇上命我审你，现在，就请君入瓮吧！”

周兴这时方知中了圈套，吓得面如土色，忙跪倒在地，叩头认罪。

君：对人的尊称，相当于“您”。瓮：一种陶制的容器。“请君入瓮”比喻用某人整治别人的办法来整治他自己。

·雀儿肠肚·

典出《后山谈丛》。

曹武肃王密奏曰：“孟昶王蜀三十年，而蜀道千余里，请擒孟氏而赦其臣以防变。”太祖批其后曰：“你好雀儿肠肚。”

宋朝初年，宋太祖灭了后蜀，诏令把后蜀国王孟昶以及后蜀的大臣们都送到京城开封来，一一封了官职。这时，大臣曹彬密奏道：“蜀国建立已30多年了，根基深厚。蜀地离开封远达千里，一旦孟昶逃了回去，后患无穷。况且蜀国的人听说孟昶还活着，就可能借用他的名义叛乱。所以，蜀国的大臣们可以赦免，孟昶不能让他活着，应该立即杀掉。"宋太祖看了他的奏文后，哈哈大笑，在奏文后面批了几个字："你好雀儿肠肚。"仍然封孟昶为秦国公，他的两个儿子也封为

宋太祖像
宋太祖心肠宽厚。

节度使。因此，历史上都称赞宋太祖宽厚。

后人用"雀儿肠肚"这个典故比喻人的肚量太小，不能宽宏大量。

·鹊巢鸠占·

典出《诗·召南·鹊巢》。

维鹊有巢，维鸠居之。

各种鸟类都有一种共同的本领，能够用口衔着泥和草，用来在树上筑巢居住，只有鸠鸟是例外。鸠不会自己筑巢，只凭着体力比较强，用武力欺凌别的鸟类，霸占其他鸟的巢来居住。

所以《诗经》有云："维鹊有巢，维鸠居之。"本来这句成语在《诗经》里的原意是用鸠来比喻当时的女子，指那时候的女子都没有谋生的本领，但在结婚后，住到夫家却有现成的享受，正如鸠不懂筑巢来居一样。

后人用"鹊巢鸠占"比喻那些没有真实本领，只凭借势力或用阴险的手段，而占据别人地位的人。

·人面兽心·

典出《列子·黄帝》。

夏桀殷纣鲁桓楚穆，状貌七窍皆同于人，而有禽兽之心。而众人守一状以求至智，未可几也。

据说杨朱有一次在梁国遇上老子，便将老子请到家里，梳洗完毕后跪伏在地上，向老子请教，老子给他讲了这么一个道理：看人看事，不应该看他的外表如何，主要应该看他的心智。圣人都是看心智的，而不看外表。然而庸人俗子只看外表，外表与我不同的，我就疏远他。假如看人，只要有身子、手、脚、头发、牙齿，你都说他是人，然而这种人不一定没有一颗兽心。他虽然长着一颗野兽的心，但外表与人一模一样，你也会亲近他；那些长有翅膀，有角、有爪、能飞、能跳的是禽兽。然而禽兽未必没有一颗人心，它们虽然有人心，但外表不与人相同，你还会疏远它的。过去的伏羲氏、女娲氏、神农氏、夏后氏，全是蛇身人面、牛头虎鼻，没有人的外表，可他们却有至高无上的圣德。夏桀、殷纣、鲁恒、楚穆这些家伙，形状外表都与人相同，可是却长着禽兽的心。如果人们只看外表而以为他们也有德行，那不是上当了吗？禽兽之心智也有与人相似的地方，例如它们会找东西吃、雄雌相偶、母子相亲、逃避敌害、躲寒就温、居则成群、行则有列、幼者居内、壮者居外、觅食相助、遇害群鸣……可是禽兽的心智远不如人，人故而可以使唤它们。黄帝与炎帝的时候，让熊罴狼豹上战场作战，让雕鹰鸢鸟协助攻敌，这是用力量驯化禽兽的结果。尧帝就不同了，他使用音乐令百兽跳舞，使用箫、笛让凤凰来仪、百鸟唱歌。这些全是上古之人的神圣所在，他们知道万物的情态，了解异类的声音，才能驯化它们，只有圣人才能做到啊！"

杨朱听了老子的这番话，对他更加佩服。后人就从该文中引出成语"人面兽心"，用来比喻外貌和善，内心却极端凶恶、卑鄙。

· 司马昭之心，路人皆知 ·

典出《三国志·魏书·三少帝纪》。

三国鼎立时期，魏国的相国司马昭权倾朝野。魏帝曹髦眼看自己成了傀儡皇帝，十分愤怒。一天，他秘密召来亲信大臣王沈、王经和王业，商量如何除掉司马昭这个心腹大患。曹髦愤愤地说："司马昭之心，路人皆知。我早晚要被他废掉，不如先下手除掉他！"说完，他写了一份讨伐司马昭的诏书。

王经等人知道曹氏王权大势已去，就劝阻曹髦。曹髦哪里肯听，他把诏书朝地上一抛，坚定地说："我决心已下，死不改变！"说着，拔出宝剑，召来宫中侍卫300多人，准备前往司马昭官邸，去与司马昭决一死战。王经等人见此情景，唯恐祸及自身，忙去

位至三公铜镜 三国

给司马昭通风报信。司马昭即刻命亲信贾充带卫兵杀向王宫，不一会儿工夫，就把曹髦的人马杀得四散而逃。

曹髦见势不妙，高叫："我是天子，你们想造反吗？"

卫兵一听，都停步不前了。贾充也大喊了一声："司马相国养你们何用？就是为了除掉曹髦啊！谁杀了曹髦，赏金万两！"于是众兵一齐挥戈向前，眨眼工夫就将曹髦斩成了肉酱。

司马昭除掉曹髦后，自封为晋王。他死后，他的长子司马炎终于建立了司马氏的西晋政权。

后人用"司马昭之心"比喻人所共知的阴谋和野心。

·丧心病狂·

典出《宋史·范如圭传》。

如圭独以书责桧以曲学倍师、忘仇辱国之罪，且曰："公不丧心病狂，奈何为此？必遗臭万世矣！"

岳王庙中秦桧夫妇铁铸跪像
秦桧终究遗臭万年。

秦桧是南宋投降派的代表人物，他是政和年间进士，北宋末期任御史中丞。靖康二年（1127年）被俘到北方，成为金太宗弟挞懒的亲信。1130年随金军至楚州（今江苏淮安），被挞懒遣归。他却诈称杀死防守士兵，夺船逃回。绍兴年间两任宰相，前后执政十九年，主张投降，为高宗所宠信。他杀害抗金名将岳飞，主持和议，决定向金称臣纳币的政策，为人民世代痛恨、唾骂。

有一次，金国的使者来到南宋京城，会谈议和条件。使者倚仗金国在军事上的优势，出言荒谬，态度傲慢，向南宋政权提出许多无理的要求，遭到朝野主战派官员的强烈反对。校书郎兼史馆校勘范如圭更是悲愤欲绝。他和秘书省的十几个同僚一起，痛骂金国使者，怒斥投降派卑鄙无耻。他们写了一份慷慨激昂的奏章，准备上书宋高宗，反对屈辱求和。但是，奏章写好之后需要签名的时候，人们害怕秦桧等人的淫威，担心遭到投降派的打击报复，于是纷纷打起退堂鼓来。

范如圭见这些人如此胆小怕事，又气又恨，于是他独自一人写了一封信给秦桧，痛斥他丧权辱国、卖国求荣的罪行。信中指责秦桧说："你秦桧如果不是丧失理智，言行荒谬，像发了狂一样，怎么能够干出这种卑鄙可耻的事情呢？你必定遗臭万年，被子孙后世所唾骂！"

成语"丧心病狂"便来源于此，意思是丧失理智，言行悖谬，像发了疯一样。

·杀人不眨眼·

典出《五灯会元》。

宋大将军曹翰入庐山寺，缘德禅师不起不揖。翰怒呵曰："长老不闻杀人不眨眼将军乎？"师熟视曰："汝安知有不惧生死和尚邪？"

宋初有一个大将叫曹翰，他性情粗暴，又喜欢喝酒，而且还很残忍。杀人对他来说是家常便饭，根本不当回事，连眼睛也不眨一下。因此，他自称"杀人不眨眼将军"。

宋太祖平江南时，曹翰带领人马渡过长江，闯入庐山寺。寺庙里的和尚早已逃的逃，躲的躲了。曹翰进庙一看，只有一个老和尚端端正正地坐在那里。等他进来，老和尚泰然自若，根本不理睬他。曹翰非常生气，大吼一声道："你没听说过'杀人不眨眼将军'吗？"老和尚毫不畏惧，瞪眼直视曹翰，然后从容回答："你知道有'不惧生死的和尚'吗？"

原来，这位老和尚便是当时著名的高僧缘德禅师。曹翰见吓不倒老和尚，有些无可奈何，便改用比较和气的态度问缘德："这庙里还有没有别的和尚？你能把他们叫出来吗？"缘德见曹翰态度软了些，也就慢吞吞地指着架上大鼓说："敲这面大鼓，和尚们听到后就会来这里集合。"曹翰拿起鼓槌，使劲儿地敲了几下大鼓。可是过了好一阵，仍不见有和尚来。他便质问缘德："怎么敲了鼓还是没有人来？"缘德说："你怀有杀人之心，所以他们不敢来。"他站了起来，用鼓槌轻轻敲了几下大鼓，不一会儿，躲藏起来的和尚就出来了，逃避在外的和尚也都回来了。

后人用"杀人不眨眼"形容歹徒穷凶极恶，任意杀人，而且毫不在乎。

·申公豹嘴·

典出《封神演义》。

申公豹心地狭窄阴险，惯于搬弄是非，专耍两面手段，与正义为敌。他处处同师兄姜子牙作对，诱使殷效、殷洪弃正归邪，助纣为虐，使殷、周之间的斗争更加复杂化。

殷效、殷洪是纣王与原配姜后所生的一对兄弟。狐狸精化身的妲己妒忌心重，用毒计谋害姜后，并要斩杀殷效、殷洪兄弟俩。殷效、殷洪刚要被斩，为九仙山桃源洞广成子和太华山云霄洞赤精子所救，分别收为徒弟。

后来，赤精子叫殷洪下山，帮助姜子牙伐纣扶周。他担心殷洪是纣王亲生儿子，不肯伐纣佐周。殷洪却坚决地说："师父在上，弟子虽是纣王亲子，我与妲己有百世之仇。父不慈，子不孝。他听姐己的话，挖掉我母亲的眼珠，烙焦我母亲的双手，使我母亲惨死在西宫。弟子时时饮恨，刻刻痛心，得此机会拿住姐己，以报我母沉冤，弟子虽死无恨！"赤精子见他态度这样坚决，便把洞中所有宝物都送给他，让他下山帮助姜子牙。

殷洪在半路上遇见申公豹。申公豹问他往哪里去，殷洪说奉师命，往西歧助武王伐纣。申公豹说："岂有此理！纣王是你的父亲，世间哪有子助他人，反伐父亲之理！"殷洪争辩说："纣王无道，众叛亲离，虽有孝子慈孙，不能改其过失。"申公豹笑着说："你上了人家的当啦！你是成汤后裔，虽然纣王无道，也无儿子征伐父亲之理。何况他百年之后，这王位还不是你的？"殷洪又说："姐己杀害我母亲，我怎肯跟仇人在一起呢？"申公豹说："'怪人须在腹，相见有何妨。'你得了天下，任你怎么样去报母亲之仇，何必一时自失机会？"结果，殷洪被申公豹说服了，改助周伐纣为助纣伐周，并且用师父送他的宝物反过来打他的师父。他的哥哥殷效奉师父广成子之命，下山助周伐纣，途中也被申公豹一番花言巧语说服了，反过来助纣伐周。

后来，殷效、殷洪兄弟两人都死于非命。

后人据此总结出歇后语："申公豹的嘴——搬弄是非。"比喻在别人背后乱加议论，引起纠纷；或把别人背后说的话传来传去，蓄意挑拨。

·孙权杀关公·

典出《三国演义》。

东吴孙权斩杀关公父子，收回荆州等地，了却了一桩心愿，心里十分高兴。

这时候，张昭提醒孙权说："主公杀掉关羽父子，是个失策，江东祸害不远了！关羽与刘备桃园结义，誓同生死。现在刘备有两川兵众，还有像诸葛亮这样足智多谋的军师，以及张飞、黄忠、马超、赵云这样勇猛的将领。如果刘备知道关羽父子被杀，必定发动全部兵马，奋力报仇，到时候，恐怕我们东吴难于为敌！"孙权一听，恍然大悟，后悔地说："我失策了！现在怎么办？"张昭献策说："曹操拥有百万大兵，虎视华夏，刘备要报仇，必定与他约和。如果曹、刘二处联兵而来，东吴危在旦夕。不如我们先派人将关羽的首级转送给曹操，让刘备认为是曹操指使我们杀掉关羽的，这样刘备必然痛恨曹操，蜀兵就会攻向曹魏，不会对着东吴。我们可以坐山观虎斗，从中渔利。这是上策。"孙权依计，派遣使者将关羽的首级用木匣装着，连夜送给曹操。

曹操的主簿司马懿一眼就看穿了孙权的阴谋。他告诉曹操："这是东吴移祸的计谋，千万不要上当。我们可以将关羽的首级制配一个香木的身躯，依照大臣的规模举行礼葬。这样，就是刘备知道了，也不会责怪我们。他必然深恨孙权，尽力南征。我们可以观其胜负：蜀胜则击吴，吴胜则击蜀。"曹操依计，才没有中孙权移祸的计谋。

"孙权杀关公"，比喻把祸事（罪名、损失、负担等）移到别人身上去。

·同恶相助·

典出《史记·吴王濞列传》。

高曰："同恶相助，同好相留，同情相成，同欲相趋，同利相死。"

西汉初，汉高祖刘邦封了一大批同姓王。刘邦本想借此进一步巩固刘氏政权，但由于分

骑马俑　西汉

封的这些王侯手中的权力很大，封地大的王国"跨州兼郡，连城数十"，吴、楚、齐三国竟征收租赋，煮盐铸钱，严重地威胁了西汉王朝的中央集权的统治。

为了打击诸侯王的势力，到了文帝和景帝时，采纳了贾谊、晁错的建议，逐步削减了王侯的封地。削地直接影响了诸侯王的利益，吴王刘濞准备起兵造反。汉景帝三年（公元前154年），刘濞派出使者打着惩办晁错的名义，约会楚王、赵王和胶西王

共同起兵。吴王刘濞的使臣应高来到胶西王刘卬处，劝他共同起兵反叛。应高对刘卬说："憎恶一致，就要互相求助；喜好一致，就应共同努力以达目的；利益一致，就是舍弃性命也在所不辞。现在，我们吴王和大王忧喜相同，都担心晁错等人欺瞒天子，侵夺诸侯，所以请大王一起起兵讨伐。"

后来，吴王刘濞果然联合楚、赵、胶东、胶西、济南、淄川六国以"请诛晁错以清君侧"为由，发动了武装叛乱。汉朝中央派周亚夫为太尉率军平叛，仅用了 3 个月，便将这场叛乱平息了。

"同恶相助"原意为憎恶一致，就要互相求助，后来常用来形容坏人互相勾结。

·跖犬吠尧·

典出《战国策·齐策》。

跖之狗吠尧，非贵跖而贱尧也，狗固吠非其主也。

战国时，齐相国田单有一谋士，名叫貂勃，有辩才。他奉使到楚国，楚王待以上宾之礼。齐王面前有九个佞臣，他们恨田单禀政，不能为所欲为，就借貂勃之事，在齐王面前说田单的坏话："貂勃不过是一个使者，楚王对他如此重视，只因为他是田单的亲信。而田单心怀不测，对黎民救穷济困，施恩播德，收买人心，并暗与各国英豪交结，隐有篡逆之心，大王应该加以重视。"他们的话使齐王困惑不解。

　　田单知道了这个消息，自己脱去官服，披发赤足，裸露着上身，到齐王面前请罪。齐王怒气稍微平息了一些，对田单说："你对寡人无罪，你只要能尽臣子的礼节就行了。"貂勃回齐，齐王赐宴，并传呼："叫相国田单来！"貂勃立即离座叩头："请问大王，大王比周文王孰优？"齐王说："寡人怎能比得上文王。"

　　貂勃又说："大王比齐桓公如何？"齐王说："寡人也比不上桓公。"

　　貂勃说："大王诚有自知之明。但文王得吕尚，尊之为太公。桓公得管仲，尊之为仲父，今大王得安平君（安平君是田单的封号），而且呼之为田单，岂是仁君待贤臣之道？以功而论，从古到今，有谁能超过安平君的呢？当年大王不能守先王之绩业，燕国兴兵犯齐，连下齐70余城，大王逃往莒邑山中。安平君以即墨一小城，残卒7000名，擒燕国主将骑劫，恢复齐国全部失地。那时安平君果有自立之心，谁敢阻止？但安平君以大王为重，于山中建栈道，迎大王回都，大王复得君临齐国。今齐国以安平君为相，国泰民安，大王竟不以安平君之功为功，开口闭口田单田单，此亡国之音也。当然，大王是听信了佞臣之言，才对安平君这种态度，如大王不及早杀了佞臣，齐国危矣。"

　　齐王大悟，当即杀了那些佞臣，向安平君谢罪，并加田单的封地，邑万户。

　　貂勃为田单在齐王前说了这么多好话，但他与田单未识时，却尽说田单的坏话。田单备了酒筵，请貂勃赏光。即席致辞："田单有何开罪于先生的地方，蒙先生如此过奖？"当然田单这"过奖"二字是既谦虚又讽刺。

貂勃竟把自己比作狗，他说："盗跖（帝尧时的大盗）养的狗，见到尧吠之不已，尧非不贤，而跖非贤，跖犬竟然吠尧，为的这只犬是盗跖所豢养，所以它帮着它的主人，去咬他主人所不喜的人。"

田单听后，即向齐王推荐了貂勃，齐王任命他做了重要的官职。

后人用"跖犬吠尧"比喻奴才为主子效劳。

·亡命之徒·

典出《旧唐书·乐彦桢传》。

唐朝末年，乐彦桢有个不争气的儿子叫乐从训，经常在外和一帮狐朋狗友饮酒作乐，聚众生事。乐彦桢对此痛心疾首。

一次，乐从训听说都统王铎调往沧州，要经过魏州境内。他对王铎的家财垂涎已久。于是，用重金诱惑王铎家的歌女，说出王铎的行走时间和路线，便纠集了一批凶徒设置埋伏。等王铎一行走进他们的包围圈，便蜂拥而上，乱砍乱杀。乐从训等人杀死

武官像

了王铎，抢了王铎的金银财宝和歌女之后逃之夭夭。

后来，乐从训胆子更大了，他召集了500多个亡命之徒，为非作歹，弄得周围鸡犬不宁。州府上下为此议论，纷纷要求惩办他。乐从训听到风声，连夜逃走了。

这时，乐彦桢被任命为六州都指挥使兼相州刺史。赴任后，乐从训便打着老子的旗号，收集兵器，索取钱帛，滥杀无辜，州府怀疑乐彦桢图谋不轨，便罢免了他，推举都将赵文出来主持州事，乐彦桢又气又恨，不久病死。

乐从训带了3万余人来到城下，气势汹汹地问罪。赵文胆小怕事，按兵不动。上司怀疑赵文与乐从训串通一气，又罢免了赵文。罗弘信自告奋勇出来充任节度使，率军出击，杀得乐从训片甲不留，终于消除了地方一害。

"亡命之徒"原指逃脱户籍改姓换名，逃亡在外的人，现指不顾性命冒险作恶的歹徒。

·为富不仁·

典出《孟子·滕文公上》。

为富不仁矣，为仁不富矣。

滕文公想要维持他的政权，便想懂得一些治国的道理，于是他去请孟子给他讲讲治国之法。孟子告诉他，要维护自己的统治，就得想法缓和一下国内的阶级矛盾。其办法之一就是使赋税正常，要有一定的赋税制度，并劝滕文公不要穷征暴敛，以缓和人民的反抗。

他还引鲁国正卿阳虎的话说："要发财就不能讲仁爱，讲仁爱就发不了财。"

后人用"为富不仁"来形容一心为了发财，不择手段地对人民进行残酷的剥削。

·无中生有·

典出《老子》。

天下万物生于有，有生于无。

《老子》第四十章是老子的宇宙论。他指出了道（宇宙本体）的两个特点：第一是循环运行，第二是行动柔和。又指出，宇宙的形成过程是：道生天地，天地生万物。老子指出：循环往复，是道（宇宙本体）的运动；柔弱是道的运用。天下万物生于有形体的天地，有形体的天地生于无形体的道。

老子这里所说的"有生于无"本是他哲学思想的用语，含有事物可以互相转化的朴素辩证思想。后来，人们从中引申出成语"无中生有"，已经完全改变了原意，常用来形容凭空捏造。

·玄石好酒·

典出《郁离子》。

昔者，玄石好酒，为酒困，五脏熏灼、肌骨蒸煮，如裂，

百药不能救，三日而后释。谓其人曰："吾今而后，知酒可以丧人也，吾不敢复饮矣！"居不能阅月，同饮至，曰："试尝

好酒之人

之。"始而三爵止，明日而五之，又明日十之，又明日而大，忘其故，死矣。故猫不能无食鱼，鸡不能无食虫，犬不能无食臭，性之所耽，不能绝也。"

　　从前，玄石嗜好饮酒，被酒损伤了身体。腹中五脏火烧火燎，肌肉骨骼像被热锅蒸煮过，全身像散了架一般。吃了各种药物都不见效，过了3天，症状才消除了。他对人说："我从今天开始才知道酒可以使人丧命，从今以后我不敢再喝酒了！"过了半个月，他又喝酒，对人说："我只是尝一尝。"刚开始只喝三杯，第二天又喝五杯，到了后天又喝十杯，以后，又开始大肆喝酒，忘记了以前醉酒生病的事情。不久他就死去了。所以，猫不能没有鱼吃，鸡不能没有虫子吃，狗改不了吃屎，本性沉溺在其中是不能改变的。

　　后人用"玄石好酒"说明人的本性难改。

·阎王开店——鬼来了·

典出《斩鬼传》。

　　唐朝状元钟馗，因唐德宗皇帝嫌他貌丑，自刎而死。唐皇

帝封他为驱魔大神，遍行天下，专斩妖邪鬼怪。钟馗受了封号，空中谢恩毕，提着宝剑，插着笏板，悠悠荡荡，向南走去，一直来到了酆都城。只见一个判官领着两个小鬼，高声问道："你是哪方魂魄，来这里何干？"钟馗回答："俺家钟馗，驱魔大神是矣！今特来酆都斩鬼，烦你通报阎王。"判官急忙飞跑到森罗殿上禀报，阎王下令迎请。钟馗来到殿前，阎王早已下坐相迎，问道："尊神至此，有何见教？"钟馗答道："俺奉唐皇帝之命，遍斩妖魔鬼怪。俺想酆都城群魔麇集，阎王开店，大鬼小鬼都来，特地来此斩鬼。"阎王说："此处妖邪固然不少，却都是些服毒鬼、上吊鬼、淹死鬼、饿死鬼之类。鬼魅虽多，经理的神灵却也不少。除了孤家阎罗王自理之外，还有秦广王、初江王、宋帝王、伍官王、变成王、泰山王、平等王、都市王、五道转轮王，分居地府十殿，统称为'十殿阎王'；又有左三曹，右三曹，七十二司，并无一个游魂鬼魅敢与祟。尊神要斩妖邪，倒是阳间最多，何不去斩？"钟馗听了大笑说："阳间及光天化日，又有王法约制，岂容妖魔鬼怪存在？"阎王告诉他："尊神只知其一，不知其二。大凡人鬼之分，只在方寸间。方寸正的，鬼可为神，方寸不正的，人即为鬼。君不见古为忠臣孝子，何尝不以鬼为神呢！那些阴险叵测、奸佞之辈，哪能称之是人呢？"钟馗恍然大悟，连声说："是！是！是！但不知这些鬼怪叫什么名字？"

阎王令判官将此等鬼簿献给大神过目。钟馗展开一看，只见上面记的是：假鬼、奸鬼、涎脸鬼、遭瘟鬼、轻薄鬼、诓骗鬼、醉死鬼、伶俐鬼、色中饿鬼……临了是个楞睁大王。钟馗看完，惊讶地说："不料世间有这些鬼魅，不知今在何处？"阎王说："无有定踪，散居四方，但凭尊神驱除就是。不过驱除办法不可一概而论，该诛者诛，该抚者抚，要量其情节轻重、罪恶大小，斟酌施行。"钟馗又问："阳间鬼魅，单凭小神恐怕独力难支，如何是好？"阎王说："孤家这里有含冤、负屈两个英雄，各具文武之才，另有白泽一坐骑，再拨三百名阴兵，统归尊神驱使。"于是，钟馗拜谢阎王，飞身上了白泽，提着宝剑，插着笏板。含冤、负屈二鬼也骑了骏马，率领三百名阴兵，浩浩荡荡往阳世间去驱邪斩妖了。

阎王来源于梵文"焰摩罗王"的汉译，是印度古神之一。原意为"地狱的统治者"或"幽冥界之王"。佛教称阎王为主管地狱的神，是鬼王，能判人生前之罪，加以赏罚，又叫"阎罗"、"阎罗王"、"阎王爷"。鬼为迷信的说法，指人死后的灵魂。实际上，人世间并没有鬼。本文所谓的鬼，泛指为坏人或指问题、困难、祸害等不好的东西。"阎王开店——鬼来了"，比喻来的不是好人。

·一斗米，十斤肉·

一次，秦王政问臣属李斯："我要兼并六国，统一中原，先生可有什么高见？"李斯说："韩国离秦国最近，又最软弱。可以先从那儿下手。"

秦王政听了李斯的话，叫内史腾带了 10 万兵马去攻打韩国。韩王安（桓惠王的儿子）吓得直打哆嗦，叫公子非（就是韩非子）上秦国去求和，情愿割让土地，当秦国的属国。韩非子是荀卿的弟子，跟李斯是同窗好友。李斯还认为自己比不上他。韩非子从前也劝过韩王安，献过计策，打算叫韩国转弱为强，转危为安，只是韩王安不能用他。这次情况吃紧了，才派他到秦国去。韩非子到了咸阳，一心想做秦国的臣下。他写了几篇文章献给秦王政。秦王政很钦佩他的才能，可是这时候秦王政正信任李斯，听了李斯的话把他扣起来。后来李斯还送他一份毒酒。韩非子问看监牢的人："我犯了什么罪呀？"他回答说："一个鸡笼里容不了两只公鸡！人家碰见像公子这么有才干的人，只有两个办法：不是重用，就是害死，根本提不到什么犯罪不犯罪。"韩非子叹息了一会儿，自杀了。

韩王安听说公子非死了，更加害怕了，就投降了秦王政，情愿当他的臣下。秦王政答应了，叫内史腾退兵。韩国既然归顺了秦国，秦王政又想起韩非子来了。可是他已经死了，秦王政不免有点儿怪李斯。李斯说："大王别心疼他了。我来推荐一个人，论他的才干，要比韩非子强！"秦王政说："他在哪儿？"李斯说："他正巧在咸阳。不过他的脾气很古怪，随随便便去召他是不行的。"秦王政就像招待贵宾一样地派人去请他。

秦王政请来的是个大梁人，叫尉缭。秦王政很恭敬地问他："怎么样才能够统一天下？请先生指教。"尉缭说："如今各国大权全在大夫手里。这是说，大臣们并不是个个都忠于国君的。再说做官的差不多都是贪财的。
大王只要花上二三十万两金子，就
能够把他们收买过来。要是能够把
各国的大臣收买过来，诸侯不就完
了吗？"秦王政当时就给
尉缭五万两金子让他去花。
尉缭又把他的门生王敖推
荐给秦王，他又请秦王派大
将桓带了10万兵马去攻打魏国。

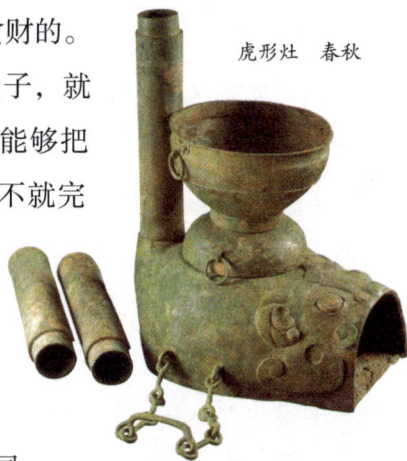

虎形灶　春秋

魏景湣王（安僖王的儿子）听说秦国军队来了，立刻打发人
到赵国去求救，还拿邺郡3座城作为谢礼。赵悼襄王于是派大将
扈辄带着5万兵马先去接收邺郡三座城。扈辄接收了邺郡，还没
布置好，桓的军队已经到了。

一开仗，扈辄就败下来了。3座新得来的城被秦国军队夺
了去。这还不算，另外又丢了赵国自己的几座城。扈辄退到平
阳（在河南省临漳县西），赶紧派人去请求赵悼襄王再派救兵
来。赵悼襄王召集了大臣们，叫他们出主意。大臣们都说："以
前赵国只有廉颇大将能够打得过秦国。除了他以外，要算庞了。
如今庞死了，廉将军倒还在大梁闲着。要打算打败桓，除非把
廉将军再请出来。"大夫郭开反对说："廉将军已经是70岁
的人了，哪能再打仗呢？再说以前因为大王不信任他，他才赌
着气跑了。如今再把他请来，反倒彼此不便。"

原来当初廉颇骂过郭开是个小人，郭开就在赵悼襄王跟前

说他的坏话。赵悼襄王才把廉颇的兵权收回。廉颇气哼哼地说："我自从伺候惠文王一直到如今，已经40多年了，一向没打过败仗。他竟听了小人的话，把我的兵权夺了去。这怎么能叫我受得了呢？"他就赌着气跑了。魏王虽然收留了他，可是不敢用他。廉颇只好闷闷不乐地在大梁住着。这回赵国遇见急事，大臣们都劝赵王把廉颇请回来。郭开跟廉颇有私仇，并且他已经接受了尉缭的门生王敖送给他的三千两黄金。因此，郭开在赵悼襄王跟前直说廉颇不中用。

赵悼襄王听了郭开的话，本来不用再费心了。可是扈辄打了败仗，找谁去抵挡桓呢？他就说："要不然先派人去慰问廉颇，要是他还能够当大将，咱们再去请他。"郭开不便再开口，心里却怕廉颇真的回来。

赵悼襄王打发宦官唐玖带着一副名贵的盔甲和4匹快马，到大梁去慰问廉颇。郭开偷偷地把唐玖请到他家喝酒，说是给他送行。喝酒的时候，郭开送了他两千两黄金。唐玖一愣说："无功不受禄，这叫我怎么能收呢？"郭开说："受禄就有功。我有一件事情拜托您。您收下礼物，我才敢开口。"唐玖说："大夫有什么指教，尽管说吧。"郭开说："廉将军跟我素来有点儿仇恨。这回您去看他，要是他身子骨儿不结实，那就不用说了。万一精神还是挺好，请您回报君王的时候，就说他……拜托拜托。"

唐玖到了大梁，见了廉颇。廉颇开口就问他："秦国打到赵国了吧？"唐玖说："将军怎么知道？"廉颇说："我在魏国已经好多年了，赵王从来没跟我通过音信。如今突然给我盔甲、马匹，想必一定有用我的地方了。"唐玖故意说："将军恨不恨大王呢？"廉颇说："我整天整夜地想念着本国，怎么能恨大王呢？"两个人随便谈了一会儿。廉颇请唐玖吃饭。他故意在唐玖面前卖弄，狼吞虎咽地吃了一斗米、十斤肉。又把赵王送的盔甲穿上，跳上马，来来回回地跑了几回，对唐玖说："你瞧我跟年轻的时候差不多吧？请在大王面前多替我说几句好话。就说我情愿把我晚年的精力全拿出来报效国家。"

唐玖回到邯郸，对赵悼襄王说："廉将军虽然年老，饭量可真好。可惜老年人得了肠胃病。跟我坐了一会儿工夫，倒拉了三回屎。"

赵王叹口气，说："战场上哪能老忙着出恭呢？可惜廉将军老了！"廉颇再也得不着为国效劳的机会了。

廉颇回不了本国，郭开无拘无束地做他那卖国的勾当。他对尉缭派来的王敖说："我瞧赵国非常危险，魏国也保不住。先生是魏国人，我是赵国人，万一敝国和贵国都亡了，咱们上哪儿去呢？"王敖说："我已经有了着落了。要是大夫愿意的话，我能把您推荐给秦王。"郭开说："秦王能重用我吗？"王敖笑说："大夫还蒙在鼓里呢！秦王知道大夫能够管理赵国，才派我来跟您结交，要是赵国亡了，秦王还得请您管理赵国的事呢。"说着，他又拿出七千两黄金交给郭开，对他说："秦王托大夫拿这点礼物去结交贵国的大臣。"

王敖辞别了郭开，回去禀报秦王政，说："五万金子还富余四万。我拿一万金子结交了一个郭开，拿一个郭开就能够了结赵国！"秦王政就又催着桓进兵，赵悼襄王急得病死了。

赵悼襄王的嫡长子是公子嘉，后来，赵王爱上了邯郸城里的一个妓女，跟她生个儿子——公子迁。他就废了公子嘉，立公子迁为太子，叫郭开做太子迁的师傅。如今赵悼襄王一死，郭开就奉太子迁即位，封给废太子嘉三百户，他自己当了相国。君臣俩非常投缘，常在一块饮酒作乐，反倒不把眼前的困难放在心上。公元前234年，桓把平阳打下来，赵国的大将扈辄和十几万人全都被杀了。桓乘胜一直打到了邯郸。

后人用"一斗米，十斤肉"比喻人虽然老了却还很有饭量，很能干。

·一丘之貉·

典出《汉书·杨恽传》。

恽曰："若秦时但任小臣，诛杀忠良，竟以灭之，令亲任大臣，即至今耳，古与今如一丘之貉。"

汉朝有一个名人叫杨恽，他的父亲是汉昭帝时的丞相杨敞，母亲则是大史学家司马迁的女儿。杨恽自幼便受到良好的教养，未成年时就成了当朝的名人。汉宣帝时大将霍光谋反，杨恽最先向宣帝报告，事后被封为平通侯。当时在朝廷中做郎官的人，贿赂之风极炽，有钱的人可用钱行贿，经常在外玩乐；无钱行贿的人，甚至一年中也没有一天休息。杨恽做中山郎后，便把这些弊病全部革除，满朝官员都称赞他的廉洁。但他因少年得志，又有功劳，便骄傲自满，结果与太仆戴长乐（长乐是宣帝旧友，最得信任）结怨。有一次，杨恽听见匈奴降汉的人说匈奴的领袖单于被人杀了，杨恽便说："遇到这样一个不好的君王，他的大臣给他拟好治国的策略而不用，使自己白白送了命，就像秦朝时的君王一样，专门信任小人，杀害忠贞的大臣，结果国亡了。如果当年秦朝不如此，可能到现在国家还存在。从古到今的君王都是信任小人的，真像同一山丘出产的貉一样，毫无差别呀！"

后来的人用"一丘之貉"来比喻同类没有差别，像在同一个山丘里生长的貉一样，形体都是相同的。这个成语在应用时都是用来形容反面的事物，含有不屑一谈和讥诮的口吻。

·衣食父母·

典出《广笑府》。

优人扮一官到任，一百姓来告状，其官与吏大喜曰："好事来了！"连忙放下判笔，下厅深揖告状者。隶人曰："他是相公子民，有冤来告，望相公与他办理，如何这等敬他？"官曰："你不知道，来告状的，便是我的衣食父母，如何不敬他？"

后人用这则寓言说明官吏把告状的视为衣食父母，不是他认识到应该秉公执法，为民申冤，而是把告状的看成是敲诈勒索的对象，任意向他们索取贿赂以满足自己奢侈腐化生活的需要。

·用计而自杀·

典出《龙门子凝道记》。

秦人有申生者，饥饿于燕，甑生尘矣。权贵人移粟，起之，且荐于上，以渐至于言官。权贵人势衰，申生辄背去，别附相国。相国恶权贵人欲劾之，申生久与之游甚习，遂历疏其阴事。疏已，往告权贵人曰："御史将不到于公，予虽同列，弗能独沮。即沮，不过以死争，于公亦无益尔。奈何？"权贵人曰："子幸告我，是弗后我昔日之心也。吾悉出七宝于庭，幸子赂免之。"申生收以归。越四三日，复哭而往。权贵人问之，弗答，益加恸。权贵人大惊曰："将赤我族耶？"申生乃徐曰："公哲士，岂不自知？而必俟予言也。"申生盖利其货，欲劝自杀以灭祸。权贵人中其计，自经几绝，左右救之获免。明日文出，但黜还田里，无他异也。权贵人上马去，连呼申生之名者三。自是燕人无不秽申生之行。未几，其身见祥，官簿录其家。龙门子闻而叹曰："人心之险，有如是哉！大行之，巫峡之暴迅，殆康庄耳！人心之险，有如是哉！其初用计以杀人，卒乃自杀其身，是尚无天道哉？"

秦国有个名叫申生的人，在燕国贫困饥饿，家里锅灶都落满了灰尘。有一位权贵人施舍粮食，并把他推荐给皇上，从此境况好转，一直当上朝廷的谏官。后来，那位权贵人的势力衰微了，申生也就背叛离开，另去攀附当朝的宰相。宰相很憎恶那位权贵人，打算揭发他的罪状，而申生由于长久和权贵人在一起，很熟悉他的情况，便分条陈述了他的隐秘私事。陈述完毕之后，竟去告诉权贵人说："御史将要对你弹劾，我和他虽是同等官职，但我不能帮你了。"权贵人中了他的计，自己上吊差一点儿死去，幸亏左右侍从们把他救了下来。第二天政府的文告贴出来了，只不过是贬黜回乡而已，并没有其他的变故。

权贵人上马登程而去，连声高叫了3次申生的名字，表示愤慨，自那以后，燕国人没有一个不唾骂申生的污秽行为的。过了不久，申生就被杀掉了，官署公告没收了他的家产。

龙门子听说后，叹了一口气说："唉，人心的险恶呀，有这个样子的吗？太行山的高峻艰险，巫峡水的急骤迅猛，相形之下，也不过是广阔平坦的大道罢了！人心的险恶，有这个样子的吗？当初施展阴谋诡计杀人，最后却杀害了自身，这难道真的没有天理了吗？"

"是尚无天道哉！"是作者一句极为义愤的话，并不是迷信天道鬼神。人民的裁判、社会的公理，也就是"天道"的体现。像申生这种居心险恶、灭绝人性、见利忘义、看风使舵的家伙，一旦丑行毕露，就会民怨沸腾，他不会有什么好结果的。

·欲加之罪，何患无辞·

典出《左传·僖公十年》。

　　春秋时期，晋献公在子女中偏爱小儿子奚齐。但是奚齐不通世事，晋献公很为他担心。晋献公病重以后，便找来大夫荀息，嘱咐道："奚齐年小幼稚，他给立为国君，他的兄长们肯定不服，你要替我好好保护他……"荀息流泪答道："大王请放心，我愿竭尽全力地保护他。"

　　晋献公死后，奚齐继承君位。申生、重耳、夷吾这3个公子私下里常常发泄不满，刺客里克深知3个公子的心思，闯进宫去，把奚齐和另一个公子卓给杀了。荀息跪在奚齐的尸体前痛哭，大骂里克"绝不会有好下场"，然后就拔剑自杀了。

　　后来，公子夷吾在争夺君位的斗争中，借助秦国、齐国的军事力量，排斥申生和重耳，当上了晋国国君，号称晋惠公。晋惠公觉得里克是个隐患，便派人把里克抓了起来，要杀掉他。在杀他之前，晋惠公派人去对里克说："没有你的支持，我今天做不上国君。但是你杀死了两位公子，逼死了一位大夫，也犯下了死罪。我作为国君，如果不杀了你，怎么能令天下人信服呢？"

　　里克说："不杀掉两位公子，你怎么能当上国君？如今你想除掉我，随便找个罪名加在我身上，还不容易吗？这就是'欲加之罪，何患无辞'啊"！说完，他就被砍下了脑袋。

患：忧愁、担心。辞：言辞，这里指借口。要想加罪于人，何愁没有借口。指随心所欲地诬陷人。

·真假汉鼎·

典出《龙门子凝道记·司马微》。

洛阳布衣申屠敦。有汉鼎一，得于长安深川之下，云螭斜错，其文烂如也，西邻鲁生见而悦焉，呼金工象而铸之，淬以奇药，穴地藏之者三年，土与药交蚀，铜质已化，与敦所有者略类。一旦持献权贵人，贵人宝之，飨宾而玩这。敦偶在坐，心知为鲁生物也，乃曰："敦亦有鼎，其形酷肖是，第不知孰为真耳。"权贵人请观之，良久曰："非真也。"众宾次第咸曰："是诚非真也。"敦不平，辩数不已。众共折辱之。敦嗫不敢言。归而叹曰："吾今然后，知势这足以变易是非也！"

洛阳平民申屠敦有一尊汉鼎，出土于长安深川。汉鼎上云和螭交错的纹饰，鲜明清晰。他的西邻鲁生见到以后十分喜爱，唤来铜匠仿照着也铸了一尊，用一种特殊的药物浸染后，挖了个坑，埋入地下。3年后，由于药物和泥土的锈蚀，鼎表面的铜质起了变化，与申屠敦的那尊真汉鼎大致一样。

一天，鲁生将这个假汉鼎献给一位权贵。权贵如获至宝，便大宴宾客，让大家共同欣赏。当时，申屠敦恰好也在座。他心里知道是鲁生的那尊，就说："我也有一尊汉鼎，形状很像

后母戊大方鼎　商

这个，但不知哪一尊是真的。"权贵立即请他搬来，左右端详了很久，开口道："不是真的！"众宾客也一个接一个地说："的确不是真的！"申屠敦心中不平，据理分辩，众人竟群起攻讦，冷嘲热讽，甚至羞辱，他便不敢再作声了。

回到家里，申屠敦叹息说："我今天才知道权势的威焰，可以颠倒是非，混淆真假啊！"

"真假汉鼎"的典故告诉人们，权势之所以能够颠倒黑白，混淆是非，是因为趋炎附势的人多啊。

交往篇

·饱不忘饥·

春秋时期，秦穆公立公子夷吾做了国君（就是晋惠公），不但没有获得丝毫好处反而受了他的气后来在夫人穆姬的劝解下，他才允许与夷吾讲和，夷吾还把公子圉送到秦国作抵押。秦穆公对待公子圉很厚道，还把自己的女儿怀嬴嫁给他。公元前638年，公子圉听说他父亲病危，生怕君位传给别人，就偷偷摸摸地跑了回去。第二年夷吾一死，公子圉做了国君，也不跟秦国往来。秦穆公很后悔当初失算，竟立了夷吾。现在夷吾死了，公子圉又是个忘恩负义的人；因此，他决心立公子重耳做国君，就把他从楚国接了来。

秦穆公和穆姬都很欣赏公子重耳的人品。他们要跟他结成亲戚，想把他们的女儿怀嬴改嫁给他。怀嬴说："我嫁了公子圉，还能再嫁给他的伯父吗？"穆姬说："有何不可！公子重耳是个贤人，要是咱们跟他结亲，对双方都有好处。"怀嬴默默思索了许久，终于点头答应了。秦穆公就叫公孙枝去说媒。赵衰、狐偃他们巴不得能够跟秦国交好，都力劝公子重耳答应这门亲事。结果，一大把年纪的重耳又做了新郎。

《晋文公复国图卷》局部

当大家正在高高兴兴吃喜酒的时候，狐毛、狐偃哭丧着脸来见重耳，要他去给他们报仇。原来公子圉即位后，就下了一道命令，说："凡是跟随重耳的人必须在 3 个月之内回国，改过自新。过了期限，全以死罪论处；父兄不叫他们回来的，也有死罪。"狐毛、狐偃的父亲狐突就是因为不肯叫他们回去，而被他杀害了。重耳把这件事告诉了秦穆公，秦穆公立刻决定发兵替女婿打进晋国去。

刚巧晋国的大夫栾枝打发他儿子栾盾到秦国来。栾盾对公子重耳说："公子圉杀害忠良，虐待人民。朝廷上除了吕省、却芮以外，其余的大臣像韩简、却溱……和我们一家人，全都打算起事，只等公子一到，就做内应。"秦穆公于是调派大军，叫丕豹作先锋，亲自带领着百里奚、公子絷、公孙枝等护送公子重耳回晋国去。

公元前 636 年（周襄王十六年、秦穆公廿四年、楚成王三十六年），他们到了黄河，打算坐船过河。秦穆公分了一半兵马护送公子重耳过河，自己留下一半在黄河西岸作为接应。他对公子重耳说："公子回到晋国，可别忘了我们夫妇俩啊！"说着眼泪夺眶而出。重耳对他更是依依不舍。

临上船的时候，那个负责管理行李的壶叔，小心翼翼地把一切东西全搬到船上。他还忘不了从前饿肚子、煮野菜的情景，连吃剩的冷饭、咸菜，穿过的旧衣破鞋，都舍不得扔弃。重耳瞧在眼里，哈哈大笑，对他说："你也太小家子气啦！我马上就是国君，要什么有什么，这些破破烂烂的东西留着干吗？"

说着就叫手下的人把那些东西全丢到岸上去。

狐偃目睹这一幕，就拿着秦穆公送给他的一块白玉，跪在重耳面前，说："如今公子过河，对岸就是晋国。内有大臣，外有秦国，我非常放心，所以想留在这儿，做您的外臣。奉上这块白玉，聊表我一点心意。"公子重耳愣了一下，说："我全靠你帮助，才有今天。咱们一起吃了十九年的苦，现在回去，有福同享，你怎么倒不去了呢？"狐偃说："从前公子在患难中，我多少有点儿用处。现在您回去做国君，自然另有一批新人供您使唤。我就好比旧衣、破鞋，还带去做什么呢？"重耳毕竟是聪明人，听了这话，满脸涨得通红，马上说："这都是我的不对！我可不是忘恩负义的人。我绝不会忘了你的功劳。我可以对天发誓！"说完，吩咐壶叔重新把破烂东西装上船，表明自己是个暖不忘寒、饱不忘饥的人。

他们渡过了黄河，接连攻取了几座城。公子縶劝吕省、却芮他们投降。吕省他们也自觉力量不够，就跟公子縶订立盟约，投降了。只有勃护卫着公子圉逃往别的国家去了。晋国的大臣们迎接了公子重耳，立他为国君，就是晋文公。晋文公43岁逃往狄国，55岁抵达齐国，61岁到了秦国，即位的时候已经62岁了。

后人用"饱不忘饥"比喻富贵时不忘贫困之交。

·闭关却扫·

典出《恨赋》。

至乃敬通见抵，罢归田里，闭关却扫，塞门不仕。

东汉初年，有一位辞赋家叫冯衍，字敬通，京兆杜陵（今陕西西安东南）人，曾从刘玄起兵。更始三年（公元25年），赤眉军攻入长安，刘玄投降，不久被绞死。刘玄死后，汉光武帝刘秀招降冯衍等人，并任命冯衍为曲阳县令。冯衍虽然很有才华，在任曲阳令时也立过功，但由于刘秀的一些大臣毁谤他，所以迟迟得不到升赏。

后来，冯衍升为司隶从事，但又因交通外戚被罢免。免官后，他回到故乡京兆杜陵，过着穷困潦倒的生活。由于社会炎凉，人生坎坷，仕途险恶，冯衍回乡后，闭门自保，不敢再和亲戚朋友来往，最后潦倒而死。

南北朝时梁文学家江淹对冯衍等人的遭遇十分同情，他写了一篇《恨赋》来抒发自己的同情之心。赋中写到冯衍回乡后"闭关却扫，塞门不仕"，意思是说，闭上大门，扫除车迹，不与外界来往。

后人用"闭关却扫"来表示不与外界来往。

·伯牙鼓琴·

典出《吕氏春秋》。

伯牙鼓琴，钟子期听之。方鼓琴而志在泰山，钟子期曰："善哉乎鼓琴，巍巍乎若泰山。"少选之间，而志在流水，钟子期又曰："善哉乎鼓琴，汤汤乎若流水。"钟子期死，伯牙破琴，终身不复鼓琴，以为世无足复为鼓琴者。

春秋时有个叫伯牙的人极擅长弹琴，是天下闻名的高手。

伯牙善于弹琴，而他的朋友钟子期则善于听琴。一次，伯牙弹起一支曲子，意在吟咏高山。钟子期听其声抑扬铿锵、刚劲有力，就说："好啊！这一曲气势雄壮，就像泰山一样巍峨峻拔。"伯牙又弹起另一支曲子，意在吟咏流水。钟子期听其声舒缓自如、流畅明快，就赞叹道："妙啊！这一曲浩浩荡荡，就像江河水奔流不息！"

一天，伯牙与钟子期到泰山之北游玩，遇上了一场暴雨，他们只好到山岩下面避雨。伯牙取得琴来弹奏。开始时，弹的是山风阵阵，大雨淋淋；然后表现风声更紧，暴雨如注；最后弹出山崩石裂，惊天动地……每奏一曲，钟子期便用准确的语言将乐曲的意境描绘出来。以致伯牙也十分感叹："你对琴声的理解力实在太奇妙了！对曲子的描绘都与我心中所想的一模一样。我无论有什么心思都逃不过你的耳朵。你真是一个难得的知音呵！"

高山流水遇知音

后来，钟子期死了，伯牙拉断了琴弦，摔碎了琴。他说："知音都没有了，我还弹什么琴呢？"于是终生不再弹琴。

后人用"伯牙鼓琴"或"高山流水"的典故形容琴曲高妙；或指朋友间心意相通。又用"知音"的典故比喻知己朋友。

·驳逐客令·

典出《史记·秦始皇本纪》。

长信侯作乱而觉……王知之，令相国、昌平君、昌文君发卒攻。……尽得等。卫尉竭、内史肆、佐弋竭、中大夫令齐等二十人皆枭首，车裂以徇，灭其宗。及其舍人，轻者为鬼薪。及夺爵迁蜀四千余家，家房陵。……十年，相国吕不韦免。……大索，逐客。李斯上书说，乃止逐客令。

李斯因说秦王，请先取韩以恐他国，于是使斯下韩。韩王患之，与韩非谋弱秦。

春秋时候，吕不韦为了一个落难的王孙异人，真是倾家荡产，费尽心机，给他争到了太子的地位，又给他娶了赵姬，生了秦王政。赵姬本来是吕不韦介绍给异人的，如今当上了太后，当然也是吕不韦的一党。他的权势可想而知了。秦王政是中国历史上真正了不起的人物。他的聪明、智慧、见解和魄力都很突出。但年轻时候，一切事情全由吕不韦和太后做主。

一到22岁上，他就要执掌大权，自己做主，反倒觉得吕不韦是碍手碍脚的人了。公元前238年（秦王政九年），太后赵姬跟长信反，附和他们的人也不少。秦王政剿灭了这群乱党，杀了，又把他私通太后所生的两个小孩子也全杀了。案子重的抄灭了20多家，比较轻一点儿的四千多家都被迁到巴蜀去了。

又过了一年，秦王政觉得自己已经有了实力，而且眼看着吕不韦的主张和做法跟他不对头，就拿出主子的手段来，要把吕不韦也拿来治罪。吕不韦也像孟尝君、信陵君、平原君、春申君一样，养了3000多门客，其中有学问的人也不少。吕不韦叫几个能够编书的人，根据他的意见，写了一部书，叫《吕氏春秋》，大约有20多万字。这部洋洋大篇的著作是在秦王政八年（公元前239年）的时候才写成功。吕不韦看了很满意，把整部书在咸阳市城门公布，还出了一个赏格：有谁能够在这部书上增加一个字或删去一个字的，赏一千金。一来，那部书在当时也实在写得不坏；二来，谁那么大胆敢修改文信侯的文章？可是秦王政就不能同意《吕氏春秋》所提出的主张。什么

"天下不是一个人的天下，天下是天下人的天下"。这种话是跟秦国 100 多年来所奉行的商鞅的主张大不相同，不合秦王政的口味。秦政不能同意吕不韦的主张和做法，就借着之前的造反案件，旧事重提，说吕不韦与叛变有牵连。

没想到朝廷上的大臣多半都跟吕不韦有交情。大伙儿禀告说："文信侯辅助先王，立过大功；再说他对于叛变的事也许有点儿嫌疑，可是没有真凭实据，哪能就办他呢？"

秦王政碰了个钉子，可是他决不后退，也不跟钉子硬碰，他会绕着弯儿走。他听了大臣们的话，把吕不韦放了，但收回了相印，叫他回到本国去。

各国诸侯一听到文信侯离开了咸阳，都打发使臣去请他当相国。秦王政怕他到了别国对秦国不利，就写了一封信给他。那信上说："太后的叛变跟你有关。我不忍治罪，让你回国，原本是宽大为怀，给你一个悔过的机会。你反倒跟各国诸侯的使臣来往，你哪对得起我的一番好意呢？请你带着家眷搬到巴蜀去吧。我划给你一座城，给你养老。"吕不韦知道秦王政决不能把他放过去。要真是信了让他养老的话，那未免太天真了。再活下去只有多受罪，他就喝毒酒自杀了。

秦王政杀了吕不韦，把他的门客都轰走了。他疑惑着：别国的人为什么跑到秦国来做官呢？一个人不能爱护本乡本土，还能爱护秦国吗？再说，秦国的事，他可以叫秦国人来办；秦国的朝政应当由他自己来管。他越想越有道理，就下了一道命令："凡是别国来的客人不许住在咸阳。凡是在秦国做官的别国的人，一概免职，3天之内离开秦国。谁要收留别国的人一概治罪。"

这道"逐客令"一出来，所有别国的人都给轰出去，这其中就包括楚国人李斯。他本来是儒家的大师荀卿的弟子，一向在吕不韦的门下，吕不韦把他推荐给秦王政，秦王政曾经拜他为客卿。这回李斯被轰出咸阳城外，非常懊恼。一路上他还想着办法。如果因为他是吕不韦一派的人而给秦王轰出去，那他以后不提吕不韦也行啊。只要秦王能够用他，别说是吕不韦，就是他老师荀卿的主张，他也能扔了。左思右想，他决定再撞一回大运。就写了一个奏章，叫秦国人去送给秦王政。秦王政拿过来一瞧，上头写着：

从前穆公搜罗人才，在西边得到了由馀，在东边得到了百里奚，从宋国迎接了蹇叔，从晋国迎接了丕豹和公孙枝。由馀、百里奚、蹇叔、丕豹、公孙枝都不是秦国人，可是穆公用了他们，收服了20个小国，当了西方的霸主。孝公用了魏国人公孙鞅，改革制度，移风易俗，人民增加了生产，国家因此富强。惠王用了张仪，征服了三川、巴蜀、上郡、汉中、郢都这些地方，扩张了好几千里的土地，粉碎了六国合纵的计策。昭王用了范雎，废了穰侯，轰走了华阳，加强了国家的势力，实行远交近攻的计策，一步步地扩大了地盘。这都说明穆公、孝公、惠王、昭王都是借着外来的人，做了大事。要是这四位君王不搜罗人才，不重用外来的人，秦国哪能像今天这样富强？这么看来，外来的人并没有对不起秦国的地方，凭什么要轰走外来的人？

再瞧大王所喜爱的东西吧：昆山的白玉、随县的明珠、吴国的宝剑、北狄的快马、江南的金银、西蜀的丹青、齐国的绸缎、郑国、卫国的音乐——这些大王所喜爱的东西，没有一件是秦国出产的！如果不是本国的人不用，不是土产的东西不要，那么，孔雀毛编成的旗子就不能用；鳄鱼皮蒙成的鼓就不能打；宫女们的玉簪、珠圈、绣花的衣裳、五彩的飘带，都得扔了；王宫里精美的象牙装饰品都应当改为粗糙的木器；音乐队里的丝弦乐器都得废除，一概改成秦国的瓦盆。可是大王不光是喜爱这些好看的装饰、好听的音乐，并且还把赵国的舞女、郑国和卫国的美女都收在后宫里。这是为什么呢？还不是为了享福作乐吗？凡是能够享福乐的东西，就是别国的也要，并且比起本国的还加倍地爱；一提起人才来，就不分是非曲直，凡不是秦国的就轰出去。这么说来，大王单单看重音乐、珠子、玉器、美人，反倒看轻了有关国家兴亡的人才了！我听说土地广的粮食多，国家大的人口多，军队强的勇士多。泰山不把泥土扔了，所以能够堆得那么高；大海容纳了小河流，所以能够变得那么深；王者不拒绝众百姓，所以能够发扬他的德行。如今大王轰走外来的人，天下的英雄豪杰只好跑到别的国家去了。大王轰走别国的人就是给敌国增加了力量。将来秦国的危险跟祸患那还用说吗？

秦王政一边念着，一边不断地点头。他立刻收回逐客令，派人叫回李斯，把他官复原职。

后人用"驳逐客令"比喻用花言巧语说服别人，使自己留下来。

·卜昼卜夜·

典出《左传·庄公二十二年》。

臣卜其昼，未卜其夜，不敢。

春秋时候，有一年陈国的国君杀死了太子御冠，陈国的公子敬仲逃亡到齐国。齐桓公对敬仲很恭敬，想拜他为齐国的卿士。可是敬仲婉言辞谢道："我是逃奔而来的客人，如果得到您的宽恕，在您宽厚的政治庇护下，得以免除罪过，这便是君王的恩惠，我已经感到满足了，怎么还敢接受卿士这样高贵的官位呢？如果我不知满足而应允下来，很快就会招来官员们的谴责，所以请您免了吧！"

齐桓公不勉强他，改让他担任工正的职务，负责管理各种工匠。敬仲工作很是尽责。齐桓公与敬仲经常在一块饮酒闲聊。有一天，敬仲请齐桓公到家喝酒，两人越喝越高兴，一直喝到天黑。齐桓公觉得还没尽兴，便吩咐仆人说："把蜡烛点上，再喝几杯！"

敬仲是很懂得礼仪的，他觉得再喝下去是不合礼仪的，便委婉地说："我只知道白天招待君王，不知道晚上陪饮呀！实在不敢再留您喝下去啦！"齐桓公只得告辞而去。

后人把敬仲的话引申出"卜昼卜夜"这一成语，指昼夜相继。

· 不知其人，视其友 ·

典出《荀子·性恶》。

传曰："不知其子视其友，不知其君视其左右。"靡而已矣，靡而已矣。

冯唐很老了，还只当个中郎署长。一天，汉文帝偶然坐车经过该署，见到冯唐，问起才知冯唐是赵地的人。汉文帝非常钦佩原赵国大将李齐、李牧、廉颇，说："如果现在有这样的大将，我还用担忧匈奴的入侵吗？"冯唐说："以我看，您就是有廉颇、李牧也不能用啊！"汉文帝大怒，站起来就走。过了一会儿，又把冯唐找去说："你为什么当众侮辱我？就算我有错，你不会私下避开人向我说吗？"冯唐说："请您原谅，我不学无术，一点儿也不懂忌讳。"文帝问："你怎么知道我即使有李牧等贤将也不能用呢？"冯唐说："过去李牧守边防，所有收入都拿来治军、赏军人，一切处分，国王从不干扰他，所以李牧才能不受牵制，北逐匈奴，破东胡，灭澹林；西抗强秦；南逐韩、魏，使赵国十分强大。现在云中太守魏尚，他也把一切收入用以治军，军队士气强盛，匈奴不敢走近云中郡。

不知其人，视其友。

曾经有一次和匈奴作战，杀伤敌人甚多，只因为报功时把杀死的敌人数报错了 6 个，您便削了他官职，让他坐牢，又处分他服劳役 1 年。我以为您的做法过严，赏太轻，罚太重，一个魏尚都不能用。所以我说："您即使有李牧也不能用啊！"汉文帝听了，当天就派冯唐带命令去赦免魏尚，并恢复他云中太守官职。升冯唐为车骑都尉。

司马迁说："谚云：'不知其人，视其友'，冯唐能够称颂魏尚，真是不偏不党的君子啊！"

"不知其人，视其友"是说如果不知道某个人的品质如何，只要看看他所交的朋友是怎样的人就行了。

·不自食其言·

典出《龙门子凝道记》。

昔吴起出遇故人，而止之食。故人曰："诺。"起曰："待公而食。"故人至暮不来，起不食待之。明日早，令人求故人，故人来，方与之食。起之不食以俟者，恐其自食其言也。

其为信若此，宜其能服三军欤？欲服三军，非信不可也！

从前，吴起出门遇见了老朋友，便留他吃饭。老朋友答应说："好吧！"吴起说："我等着你一起来吃。"

老朋友到晚上还没有来，吴起便不吃饭等候他。到了第二天早晨，派人去找老朋友，老朋友来了，才和他一起吃饭。

吴起不吃饭等待老朋友这件事，是他怕自己说了话不当话呀。他守信用到这般程度，所以他才能够统率三军的吧？因为要三军服从他，非有信用不可！

后人用这则寓言说明言必信，行必果，不仅是兵家将领必备的治军条件，同时也是常人待人接物的高尚品德。取信于民，言出法随，更是一切政治家获得民心的保证。对人对事，不食其言，看来是件小事，但它的影响却是难以估量的。

·曹邱之责·

典出《史记·季布传》。

战国时，楚国人曹邱生是一个很会说话的辩士，专门喜欢结交当时的权贵，他平时和窦长君很要好。季布是当时很有名誉的人，知道曹邱生和窦长君很要好，恐怕窦长君上他的当，特地写了一封信给他，告诉他说曹邱生不是一个好人，叫窦长君疏远他。

曹邱生回到窦长君那里，请他写一封介绍信给季布。窦长君因季布不喜欢曹邱生，所以不肯写，后来经他再三要求，才勉强为他写了。曹邱生拿了那封介绍信去见季布，季布听曹邱生要来见他，起初心里很不乐意。后来曹邱生到了，见着季布，作了一个揖说："我们楚国有人说：'得了黄金百斤，不如得了季布一诺。'你怎么有这样好的名誉，传遍于梁、楚呢？完全是我平时替你宣扬的呀！我们是同乡，我替你宣扬，你为什么反要拒绝我呢？"季布听了他的话，欢喜得不得了，把他当上宾看待，送了很多东西给他，因此，他的名声越发大了。

后来人们把"曹邱之责"作为引荐的代称。

·陈雷胶漆·

典出《后汉书·独行列传》。

太守张云举重孝廉，重以让义，前后十余通记，云不听。……重后与义俱拜尚书郎，义代同时人受罪，以此黜退，重见义去，亦以病免。

东汉时，有一个人叫陈重，是豫章宜春人。他有一个好朋友叫雷义。两人少年时代同在一起读书学习，每天形影不离。

二人长大后，太守知道陈重有才德，便将他举为孝廉。但是，陈重觉得雷义的品行比他更高，应当是雷义做孝廉。于是，他写信给太守，请求把孝廉让给雷义。

太守不同意，陈重前后写了十几封书信去，态度很坚决。最后，太守也感动了，就在第二年将雷义也举为孝廉，让他们俩一同在郎署为官。

后来，官府又将雷义推举为茂才。这一次是雷义认为品德不如陈重，心中惭愧。于是，雷义向刺史建议，把茂才让给陈重。然而刺史不按他的主意做。雷义十分为难，去，对不起朋友；不去，对不起刺史。无奈，他就假装得了疯病。为了装得逼真，让刺史相信，他成天披头散发，满街乱走。这样一来，刺史只好取消了对他的荐举。

陈重和雷义的故事，在当地广为流传。人们对他俩的友谊十分赞赏，说："胶与漆黏在一起，可谓非常牢固，但是，仍然比不上陈雷二人的友情。"

后人用"陈雷胶漆"的典故形容友谊真挚牢固。

·成也萧何，败也萧何·

典出司马迁《史记·淮阴侯列传》。

韩信是汉初的名将，发现韩信具有将才的是萧何。

韩信原来在项羽手下当一名侍卫官，不受重用，便投奔刘邦。开始刘邦只派他做一名管军粮的小吏。可是萧何偶然与他谈了一次话，发现韩信才能出众，胸怀韬略，是难得的人才，便想举荐他。可是，韩信见刘邦长期不理睬他，感到失望，就逃走了。萧何发现韩信走了，连夜追赶，总算把韩信追了回来。

刘邦对萧何的行为不理解，问："逃跑的将士有几十个，你不去追，为什么就追韩信一人？"

萧何向刘邦解释："逃走几个将领没什么要紧，还可以招来。可是韩信是天下无双的将才，你想将来与项羽争夺天下，非此人不可呀！我劝你快下决心任用韩信吧！"

"好吧，我叫他做将军！"刘邦听信了萧何的话。

可萧何却不满意，说："做将军？不行，不行，这样留不住他，大材小用啊！"

"那就任命他为大将军，怎样？"刘邦说，

萧何月下追韩信

　　"派人把韩信叫来吧！"

　　"不行，不行，"萧何焦急地说，"你总是那样轻慢无礼，封大将军怎么能像招呼小孩子那样呢？你要选择一个吉利日子，带上礼物，举行盛典，郑重其事地任命人家为大将军，韩信才会心悦诚服，全军将士也会服从！"

　　韩信后来为刘邦出谋划策，率兵征战，屡建奇功，使刘邦统一天下，建立了汉朝。刘邦做了皇帝以后，对韩信很不放心，担心他会谋取自己的皇位，就借故解除了他的兵权。韩信也觉得自己受人怀疑不受信任，不如反叛。韩信和陈豨秘密结为同盟，相约起事。韩信的密谋让吕后知道了。吕后找萧何商量，萧何想出一条计策，叫人去通知韩信，说有人刚从刘邦那里来，报告陈豨已被诛灭，朝廷要庆贺一下，请韩信务必到场。

韩信没有料到这是一个骗局，他刚入宫，就被武士捆绑住，拉进长乐宫的钟室，将他斩首了。

因为韩信能为汉朝建立功勋，是与萧何的举荐分不开的；韩信最后失败被杀，又是与萧何分不开的。所以人们说韩信"成也萧何，败也萧何"，指帮助他的和败坏他的是同一个人。

·臭味相投·

典出《吕氏春秋·孝行览·遇合》。

人有大臭者，其亲戚、兄弟、妻妾、知识无能与居者，自苦而居海上。海上人有说其臭者，昼夜随之而弗能去。

有一个浑身恶臭的人，他的父母、兄弟、妻妾、朋友没有一个能和他住在一块的，他自己感到苦恼而住到海上去了。可是海上却有喜爱他的臭气的人，日夜跟着他而离不开。

后人用"臭味相投"比喻物以类聚，人以群分。思想道德行为腐朽不堪、为社会所不齿的人，偏偏也会有欣赏他、追逐他的，这就叫臭味相投。

·风雨同舟·

典出《孙子·九地篇》。

当其同舟而济，遇风，其相救也如左右手。

孙武，是春秋时期的一位军事家，字长卿，著有《孙子兵法》13 篇，《九地篇》是孙子兵法下卷的第二篇，主要论述在 9 种不同地区如何用兵。孙武认为，战争不外乎在散地、轻地、争地、交地、衢地、重地、圮地、围地、死地这九地进行。他从客观实际出发，既抓住地区的地理条件，又考虑了士兵的作战条件，主张在不同地区采取不同的用兵措施，适宜地利用地形，发挥士兵的战斗力。

孙武说：善于用兵的人，就像率然那样。率然是恒山（有些本子作"常山"，此据山东临沂出土的汉简）的一种蛇。这种蛇，打它的头部，尾部就来救应，打它的尾部，头部就来救应，打它的中段，头尾部都来救应。

那么，用兵能像率然那样吗？回答是肯定的。吴国人和赵国人本来是仇敌，但是当他们同乘一条船渡河，遇上大风浪的时候，就像一个人的左右手那样互相救援……所以，善用兵的人，能使大军手拉手地像一个人一样，这是因为形势所迫，使全军不得不如此。后人用"风雨同舟"这个典故比喻共同经历苦难。

风雨同舟

·感戴二天·

典出《后汉书·苏章传》。

顺帝时，迁冀州刺史。故人为清河太守，章行奸。乃请太守，为设酒肴，陈平生之好甚欢。太守喜曰："人皆有一天，我独有二天。"

章曰："今夕苏孺文与故人饮者，私恩也；明日冀州刺史案事者，公法也。"遂举正其罪。州境知章无私，望风畏肃。

汉代有一位叫苏章的人，他的官职做到冀州刺史。苏章有一个旧朋友，是清河郡太守，清河郡又正好是冀州的属郡。苏章有一次出外视察，到了清河郡，查到他的老友竟然犯有贪污枉法的罪行，证据确凿。那郡守因缘着私人的友谊关系，大摆筵席，准备好好地请苏章一下，苏章也欣然去赴会。郡守在热烈酬谢之余，满以为在这官官相护之下，经过杯酒言欢，天大的事都可以消释于无形。他一面怀着感恩戴德的心情，一面带着傲视旁人的神态，恭维苏章说："人人都只有一个天，我却有两个天。"他的意思以为他自己犯了严重的贪污案，本该处死的，只凭着老友的宽恕、包庇，便等同另有一个天把他重新诞生出来。怎奈苏章又温和，又严厉，公私分明地回答他道："今天喝酒，是为着私人的友谊；明天办案，是遵照国家的法令。"结果终把这个贪官治罪正法，冀州官吏的风纪一时廉洁起来。

现在，我们常常把从危险中、艰难中、疾病中挽救人的人，称颂为"感戴二天"，和"恩同再生"有同样的意思。

·高朋满座·

典出《滕王阁序》。

十旬休暇，胜友如云；千里逢迎，高朋满座。

唐初，有个有名的诗人叫王勃，他6岁时就会作文章，辞藻美丽，后来成为"初唐四杰"之一。王勃的父亲福畤，因事被贬在交趾做官，王勃想念父亲，打算去看望他。

途中，王勃路过江西南昌，去拜会南昌的都督阎伯屿。刚好这天阎伯屿在滕王阁大宴宾客，王勃因此也参加了宴会。阎伯屿有个外甥，也有点儿才学，想借机让他出出风头，叫他把当日聚会的情形作一篇文章。事前，阎都督先客气了一番，请来宾们执笔。王勃不明白阎都督的意思，自恃才高，毫不客气地作了一篇，作成以后，所有宾客都很佩服，惊异他的天才。在这篇序里，有两句说："千里逢迎，高朋满座"。

后人根据王勃的话，用"高朋满座"来形容尊贵的客人很多，也泛指客人很多。

滕王阁图

·割席绝交·

典出《世说新语·德行》。

管宁、华歆共园中锄菜，见地有片金，管挥锄与瓦石不异，华捉而掷去之。又尝同席读书，有乘轩冕过门者，宁读书如故，歆废书出看。宁割席分坐，曰："子非吾友也。"

东汉灵帝时有3个读书人，一个叫华歆，一个叫邴原，一个叫管宁，他们同在一个地方读书，又很要好。当时的人说他们3个人好比是一条龙：华歆是龙头，管宁是龙肚，邴原是龙尾。

有一次，管宁和华歆一起在菜圃里锄草，忽然发现一块金子。当时管宁仍然挥动锄头，他把金子看得和地上的砖瓦一样；而华歆就不禁动心了，立即拾起金子，放在一边。又有一次，管宁和华歆正一同坐在席子上读书，忽然有坐着轿子的官员从门前过去。管宁仍然照常读书，华歆却忍不住放下书本跑出去观看。管宁看他这样不专心读书，又羡慕做官的人，加之上次发现他见金子动心的事，于是马上坚决地割断坐着的席子，分开座位，对华歆说："你不是我的朋友。"

后来的人，凡遇朋友之间因为意气不投，而感情破裂，断绝往来，称为"割席绝交"。

·刮目相看·

典出《三国志·吴志·吕蒙传》。

初，权谓蒙及蒋钦曰："卿今并当涂掌事，宜学问以自开益。"……蒙始就学，笃志不倦，其所览见，旧儒不胜。后鲁肃上代周瑜，过蒙言议，常欲受屈。肃拊蒙背曰："吾谓大弟但有武略耳，至于今者，学识英博，非复吴下阿蒙。"蒙曰："士别三日，即更刮目相待……"

三国时吴国有个将军吕蒙，从小贫穷无依，除了苦练武功，从没有读过书。有一天，孙权对吕蒙及蒋钦两人说："你们两人现在是当朝的执政人，应该读点书增加学问才好。"吕蒙说："我在军队里常觉得事务工作太多，恐怕没有读书的机会。"孙权说："你以为我要你成为经学博士吗？你只要多看点儿前人留下的记录、经历之类的书就行了，你事务多，哪里赶得上我的事务多呢？……孔子说：'终日不吃、终夜不饮，都没有益，最好是读书。'汉光武帝在作战时还手不释卷，曹操也自称老而好学。你们为什么不能勉励自己呢？"

于是吕蒙开始发愤苦读，他所发现的义理和见解，连旧有的专家都赶不上。后来鲁肃代替了周瑜的职位，去和吕蒙商量事情，鲁肃抚摩着吕蒙的背说："我以为你这位老弟只有武术而已，谁知到了今天，你的学问这样广博，已经不是从前在吴下的吕蒙了。"吕蒙说："跟一个人分别了3天，就应该对他另眼相看呢！"

后人便将吕蒙回答鲁肃的话引申为成语"刮目相看"，比喻对人另眼看待。鲁肃对吕蒙所说的"非复吴下阿蒙"一句，后来也引申为"吴下阿蒙"一句成语，比喻学识浅薄的人。

·管鲍之交·

典出《史记·管晏列传》。

管仲曰："吾始困时，尝与鲍叔贾，分财利多自与，鲍叔不以我为贪，知我贫也。吾尝为鲍叔谋事而更穷困，鲍叔不以我为愚，知时有利不利也。吾尝三仕三见逐于君，鲍叔不以我为不肖，知我不遭时也。吾尝三战三走，鲍叔不以我为怯，知我有老母也。公子纠败，召忽死之，吾幽囚受辱，鲍叔不以我为无耻，知我不羞小节而耻功名不显于天下也。生我者父母，知我者鲍子也。"

春秋时，颍上有二人，一名管夷吾，字仲，一名鲍叔牙。叔牙较富，夷吾则贫。他们二人合伙做生意，赚的钱，夷吾要拿 2/3，叔牙则拿 1/3，说到本钱，叔牙出得比夷吾多，夷吾则不过点缀而已。因而，鲍叔牙的家人颇为不平。鲍叔牙说："仲非贪此区区之金，只因他的家贫，我自愿多出本钱，少取利钱。"他们二人商量事情，往往夷吾想出的办法都不能行，人笑其愚，叔牙说："人有遇有不遇，如果管仲遇到了机会，谋可定计，则万无一失了。"

后来，管夷吾曾 3 次出任，3 次被逐，叔牙不但不以其为不肖，反说："哎，只是时机没有到啊！"

管仲居官以后，领兵出征，他总是作战在后，撤退在先，人们都嘲笑他。叔牙说："仲有老母在堂，留身奉养，岂真怯敌之辈也。"

齐襄公有二子，长子名纠，次子小白。管夷吾事子纠，鲍叔牙事小白，后来子纠事败，管夷吾被囚受辱，人以为耻，叔牙说："仲不修小节，而耻功名不显于天下也。"所以后来管仲说："生我者父母，知我者鲍叔。"

后人用"管鲍之交"形容知心好友相互信任，不计得失，情谊深厚。

·患难之交·

典出《玉堂丛语·荐举》。

仲举与文贞在武昌，因患难之交，讪黑窑匠以一文。

魏齐听说秦昭襄王向魏安僖王要他的脑袋，连夜逃到赵国投奔平原君赵胜去了。魏安僖王打发人送范雎的家眷到咸阳，还送了千两黄金、一千匹绸缎给他家眷，托他们带个话，就说"魏齐已经偷跑到赵国去了。魏国实在是没办法。"范雎把这事禀告了秦昭襄王。秦昭襄王说："秦国跟赵国向来有交情，当初在渑池会上又结为兄弟。我还把王孙异人送了去做抵押，为的是叫赵国跟秦国不再为难捣乱。如今赵王居然敢收留丞相的仇人，丞相的仇人就是我的仇人，这回非去征伐它不可了。"他亲自统领着 20 万大军，带了大将王翦去攻打赵国。很快地打下了 3 座城。这时候，蔺相如已经辞职了，赵孝成王拜虞卿为相国，叫大将廉颇去抵挡秦兵，又打发人到齐国去请求救兵。齐国派大将田单带领着 10 万大军去救赵国。廉颇和田单都是出名的大将，他们联合起来，王翦未必能占上风。

患难之交

王翦禀告秦昭襄王说："赵国重用廉颇跟平原君，短期内不容易打下来，再说又加上个齐国。咱们不如暂且先退兵，以后再说吧。"秦昭襄王说："我捉不到魏齐，回去哪有脸见应侯呢？"他就打发使者去对平原君说："这回我们到贵国来，就是为了魏齐。只要贵国把他交出来，我们立刻退兵。"平原君回答说："魏齐根本就没到我这儿来，请别听外面的谣言。"

秦国的使者来回跑了三四趟，平原君说什么也不认账，弄得秦王一点儿法子也没有。要是开仗吧，又怕齐国和赵国联合在一起，秦国未必赢得了；退兵吧，魏齐就捉不到了。他前思后想地费了好几天工夫，最后想出个主意来。他给赵孝成王写了封信，说："敝国和贵国原来是兄弟，多年交好。我因为听人说魏齐住在平原君家里，才到这儿来要。如今魏齐既然真没在贵国，我何必又多这份儿心呢？这回我们打下来的3座城，照旧归还给贵国，咱们还是照旧交好吧。"赵孝成王也打发个使者去给秦昭襄王道谢。田单听说秦国退了兵，就回齐国去了。

秦昭襄王回到函谷关就给平原君写了一封信，请他到秦国来一趟，大伙儿聚会聚会，交个朋友。平原君拿了那封信去给赵孝成王看。赵孝成王没有主意了。相国虞卿就拿从前楚怀王和孟尝君做例子，主张不去。大将廉颇拿当初蔺相如做例子，主张还是去好。赵孝成王岁数小，又是胆量小，不敢得罪秦国，最后还是打发平原君去了。

平原君到了咸阳，秦昭襄王特别亲热地招待他，天天喝酒谈心。两个人很"投缘"，交上了"朋友"。秦昭襄王给平原君斟了一杯酒说："我有件事情跟您商量。要是您肯答应的话，就请干了这杯酒。"平原君说："大王的命令，我哪敢不听从？"他就把那杯酒干了。

秦昭襄王说："从前周文王得到了吕尚，尊他为太公；齐桓公得到了管仲，尊他为仲父。如今我这儿的范君就是我的太公，我的仲父。这样，范君的仇人就是我的仇人。如今魏齐躲在您府上，请您打发个人去把他的脑袋拿来，替范君报了仇，我必定感激您这份情义！"平原君说："酒肉朋友不足道，患难之交才可贵。魏齐是我的朋友，他如今有了难处，正是要朋友帮忙的时候。要是他真在我那儿，我也不能做出'卖友求荣'的事，何况他并不在我这儿。"秦昭襄王翻了脸说："您一定不把他交出来，那我可就不能放您回去了！"平原君说："全凭大王。大王叫我来喝酒，我就遵命来了。如今大王威胁我，我也不在乎。好在是非曲直，天下自有公论！"

秦王知道平原君决心不交出魏齐来，就把他软禁起来。一面又给赵孝成王写了封信去。那封信上说："平原君在敝国，我的仇人魏齐在平原君家里。请把魏齐的人头送来，我就把平原君送回去。要是贵国一定要偏护魏齐，那我只好亲自带领大军上贵国来要我的仇人。请大王原谅！"

赵孝成王接到这封信，连忙召集大臣们，对他们说："咱们为了别国的一个亡命徒，把秦国得罪了，害得平原君扣在秦国，弄得赵国眼看就要受到兵荒马乱的祸患，这太说不过去了。"大臣们觉得这话很对，都同意派兵把平原君的家围困起来。谁知道平原君的门客早就偷偷地把魏齐放走了。

后人用"患难之交"这个成语比喻经历过灾祸、苦难考验的交情，用来形容最亲近的朋友。

·黄耳寄书·

典出《晋书·陆机传》。

初机有骏犬，名曰黄耳，甚爱之。既而羁于京师，久无家问，笑与犬曰："我家绝无书信，汝能赍书取消息不？"犬摇尾作声。机乃为书以竹盛之而系起颈，犬寻路南走，遂至其家，得报还洛。其后因以为常。

西晋时有一个著名的文学家叫陆机。他的家乡在浙江会华亭，而自己在京城洛阳做官。由于相隔路远，通信很不容易。

陆机喜欢打猎，他养了一条快犬叫黄耳。它性情聪慧，能听懂人语。曾有人将它借出三百里外，它竟认识路自己跑回家。陆机很宠爱黄耳，让它随时跟在身边。

有一次，陆机很久没有收到家信。他对黄耳开玩笑地说："你能带上我的书信跑回老家，替我传递消息吗？"没想到黄耳听懂他的话，表现出乐意的样子，又是摇尾巴，又是"汪汪"地叫。

陆机试着写了一封信，用竹筒装上，套在黄耳脖子上。黄耳沿着驿路，向家乡方向跑去。它饿了捉些小动物吃，遇到江河，就向过渡的人摇着尾巴表示亲近，让人带着它上渡船过河。

就这样，这条聪明的狗跑到了陆机的家。一进大门，它就用嘴衔起竹筒，向人们"汪汪"直叫。家人打开竹筒看到陆机的信，真是又惊又喜。等人们看完信，黄耳又向人直叫，像是在要求什么。陆机的亲人明白了它在要求回信，便写好信照原样装入竹筒，仍然系在黄耳脖子上。黄耳又带上它沿来路跑回洛阳，向主人复命。

黄耳送信，来回只花了25天。而若用人传递，则需要50天时间。以后陆机就常常让黄耳送信。

·鸡犬之声相闻，老死不相往来·

典出《老子》。

邻国相望，鸡犬之声相闻，民至老死不相往来。

《老子》第八十章是老子的政治论。在这一章中，老子以简练的语言描写了一个他想象的社会。这个社会国小人少，和原始社会中的小部落差不多。这个社会不要提高物质生活，不要发展文化，人民无欲无知，没有乱事，国与国之间没有战争，邻国彼此可以互相望见，鸡狗的叫声可以听见，但两国人民直到老死都互不来往。

根据老子的这些论述，后人引申出了"鸡犬之声相闻，老死不相往来"，比喻人或单位之间互不联系、互不交流的情况。

小国寡民

·交浅言深·

典出《战国策·赵策四》。

服子曰："公之客独有三罪，望我而笑，是狎也；谈语而不称师，是倍也；交浅言深，是乱也。"

战国时期，赵国有个人名叫冯忌。有一次，他去见赵王，想陈述自己关于治国的意见。当他见到赵王时却欲言又止。赵王觉得奇怪，就问他这是为什么。他回答说："听说有人给服子引荐了一个人，服子接见了那个人之后，对引荐的人说：'你有三罪：望我而笑，是态度不庄严；在言谈中不称师，是违背了常礼；交浅而言深，是乱了常理。'那人却说：'望人而笑，是态度和蔼；言不称师，是一般说法；交浅而言深，是对人忠实的表现。'我和大王初次相见，可否让我谈谈自己的意见？"赵王说："那好，有意见就谈吧。"

于是冯忌便说："听说大王想买马，有此事吗？"赵王回答说："有这回事。""为什么还没有派人去买呢？"冯忌问。赵王说："没有识马的人。""为什么不派建信君去呢？"冯忌又问。赵王说："建信君有国事，并且他不会相马。""那为什么不派纪姬去呢？"冯忌再问。赵王说："因为她是妇人，并且也不识马。"冯忌又故意问道："马的好坏与国家的安危有什么关系呢？"赵王说："没有什么关系。"冯忌说："既然没有什么关系，那就希望大王以国事为重，多多考虑国家的安危与人民的疾苦。"赵王听了冯忌的话，默而不语。

后人用"交浅言深"表示对交情不深的人恳切地加以规劝。

·解衣推食·

典出《史记·淮阴侯列传》。

楚已亡龙且，项王恐，使盱眙人武涉往说齐王信……韩信谢曰："臣事项王，官不过郎中，位不过执戟，言不听，画不用，故倍楚而归汉。汉王授我上将军印，予我数万众，解衣衣我，推食食我，言听计用，故吾得以至于此。夫人深亲信我，我倍之不祥。虽死不易！幸为信谢项王。"

秦朝末年，天下人纷纷起来反抗暴秦，韩信也带了一把刀去参军。最初投在项梁部下，项梁死后，在项羽部下做个小官，很不得志。后来投到汉王刘邦麾下，由于萧何的推荐，韩信被汉王重用了。他不但替汉王攻占了很多地方，连楚国的龙且也被他杀了。项羽听到了这消息，很为震动，便派人去劝他脱离刘邦，和自己联合，反对汉王，分全国土地自立为王。

韩信对使者

拜将坛

说："我从前在项王部下，官员不过一个郎中，言不听，计不从，所以我才投到汉王下面来。汉王授给我上将军的印绶，拨几万军队给我指挥，还亲自脱下衣服给我穿，又将他吃的东西让给我吃。我说的话他非常信任，我订的计策他照样实行，因此我才有今天这样的成就和光荣。人家这么信任我，我宁死也不愿意背叛汉王的，请你替我答谢项王吧！"

后来的人便将韩信所说的"解衣衣我，推食食我"引申为"解衣推食"，用来形容在上位的人对待下属能够同甘共苦，穿衣吃饭都能与下属相共。现在也常用来形容以至诚待人的情形。

·金石为开·

典出《西京杂记·第五》。

李广……复猎于冥山之阳，又见卧虎，射之。没矢饮羽，进而视之，乃石也，其形类虎。退而更射，更镞折而石不伤。余尝以问扬子云，子云曰："至诚则金石为开。"

西汉名将李广善于骑马射箭，作战异常勇敢，人称"飞将军"。有一天，李广到冥山南麓打猎，突然发现草丛中伏着一只老虎。李广赶紧张弓搭箭，用足力气射去，但老虎一动也没动。等了一会儿，李广走近一看，原来草丛中不是老虎，而是一块形状很像老虎的大石头。李广再去看刚才射出的箭，只见连头带尾都嵌进了石头里。李广不相信自己会有那么大的力气，往后退了几步，把弓拉得满满地又向石头射去，但一连几箭怎么也射不进去。李广走到石头前面，拾起刚射出的几支箭，只见有的箭头破碎了，有的箭杆折断了，而石头一点儿也没伤着。

为了这件事，有人去请教扬雄，扬雄回答说："诚心诚意，就是像金石那样坚硬的东西也会受到感动的。"

后人用"金石为开"比喻对人真诚产生的感动力。

·近朱者赤，近墨者黑·

典出《北堂书钞》。

夫金木无常，方圆应形，亦有隐括，习与性成，故近朱者赤，近墨者黑。

晋朝的大臣傅玄是个品学兼优的人，为人正派，很受皇帝尊重，任为太子少傅。皇太子府里属员很多，有宫女、太监以及一大批为太子办事的官吏。这些人当然百般讨太子欢喜，阿谀逢迎，陪着太子玩耍，太子要怎样便怎样，在这样的环境中，是很难学好的。为此，傅玄很忧虑。有一天，他给太子讲课的时候，讲道："想做一个好人，做一个好皇帝，那么，你一定要多接近正派人。譬如，什么事物常接近朱砂，就会被它染红；多接近墨，就会被它染黑。对自己则一定要要求很严，行为要端正，这样，周围的人才会跟你学，正派人才会围绕到你身边来。譬如声音清亮，回声就一定和美；自己站得直，影子就一定正。你如果多接近正人君子，那么符合德义的话就听得多，自己的行为就会逐渐符合规范准则。但是，倘若你多接近小人、坏人呢，那就譬如进入卖鲍鱼的店一样，时间久了，你就闻不到兰花的芳香了。"这一番话被皇帝知道了，认为非常好，就命令把它写在屏风上，放在太子的房里，让他每天读一遍。

后人用这一典故说明环境可以影响、改变人的习性。

·敬而远之·

典出《论语·雍也》。

敬鬼神而远之，可谓知矣。

秦秋末期，以孔丘为代表的儒家提倡一种含意极广的道德规范——仁。孔子认为，仁包括恭、宽、信、敏、惠、智、勇、忠、恕、孝、悌等内容，其实行的方法是"己所不欲，勿施于人"和"己欲立而立人，己欲达而达人"。有一次，孔子的学生樊迟问怎样才算智。孔子说："致力于老百姓应该遵从的道德，尊敬鬼神但要远离它，就可以说是智了。"樊迟又问怎样才算仁，孔子说："仁者先做艰苦努力，而后获得结果，便可以说是仁了。"

后人从"敬鬼神而远之"一语中引申出"敬而远之"，指既不得罪，也不接近。

· 开诚布公 ·

典出《三国志·蜀志·诸葛亮传评》。

诸葛亮之为相国也……开诚心，布公道。

诸葛亮是三国时蜀汉的一位政治家和军事家。曹丕代汉以后，他支持刘备称帝，自任丞相。建兴元年（公元 223 年），刘备之子刘禅继位，诸葛亮被封为武乡侯，领益州牧。政事无论大小，都由他决定。诸葛亮当政期间，励精图治，赏罚分明，为当时和后人所称道。

《三国志》作者陈寿在为诸葛亮做传记以后，曾写下了一段十分赞赏的评语，说他当丞相时，爱护百姓，秉公办事，诚心待人，坦白无私。

后人把"开诚心，布公道"引申为"开诚布公"，比喻发表或交换意见时态度诚恳，坦白无私，真诚坦率地谈出自己的看法。

· 兰根白芷，渐之滫中 ·

典出《荀子·劝学》。

兰槐之根是白芷，其渐之滫，君子不近，庶人不服。

汉武帝的儿子刘旦封在燕地为王，燕地在北国边，接近少数民族地区，不讲什么礼让。太子死了，刘旦想当太子，写信给武帝流露了自己的愿望。武帝大怒，说："应该把儿

墨兰图

子送到文化发达、讲礼义的地方去受教育，我竟把刘旦送到燕地，当然教育太少，竟然争起地位来了！"于是把送信的使者杀了，以警戒刘旦。汉武帝死后，刘旦因为不能继承皇位造起反来，被惩处，自杀而死。

《史记》作者司马迁说："谚语讲：'兰根白芷，渐之滫中。'燕王刘旦本质不一定坏，但处境不好，少了教育，所以才落得这个下场！"

谚语的意思是：白芷、兰根都是香草，泡在臭洗米水里，慢慢地香气也没有了。后人用"兰根白芷，渐之滫中"比喻环境对人的影响极大。

·两人一心·

典出《燕书》。

越人甲父史与公石师交，甲父史能计而弗决，公石师善决而计疏，各合其长，事无留行，人两而一心也。因语相侵，离去，政辄败。密须奋泣谏二人曰："君不闻海虫有水母乎？水母无目，资虾以行，虾亦资水母食，两不能无也。水母姑置之，又不闻有琐乎？腹藏蟹，饥则蟹出求食，归则琐饱，否乃死，蟹失所巢，亦两不能无也。琐故置之，又不闻夏屋有鼠乎？与邛邛虚比，为邛邛虚啮甘草，即有难，邛邛虚负而走，亦两不能无也。鼠故置之，又不闻西域有共命之鸟乎？枳首一体，性多妒，饥则争啄，一俟其瞑，殄毒草害之，及下嗑，皆毙，亦两不能无也。是皆山海虫尔，不足怪。虽人亦有之，北方有比肩之民，迭食而迭望，失一则死，亦两不能无也。今二人甚类之，其所异者，彼以形，此以事尔。奈何离去？"二人相顾曰："微奋言，吾等将愈败。"然如初。

越国人甲父史和公石师交往甚厚。甲父史非常善于谋划，但优柔寡断，公石师善于决断但用计粗疏。两人便把各自的长处合起来，办事没有不成功的。人是两个，心却是一个。后来，因为言语冲撞互相争吵，两人分手，自理政事就常遭失败。

密须奋哭着劝谏二人说："你们没听说大海里有水母吗？水母没有眼睛，依靠虾子帮它走路，虾子也依赖水母吃食过活，两个不能失掉任何一方呀！水母的事情暂且放在一边，你们曾听说过琐这种动物吗？肚子里藏着螃蟹，饥饿了，螃蟹就爬出去寻找食物，回来后琐就饱了，否则就要饿死，螃蟹也失去了自己的巢窝，这也是双方不能失掉一方呀！琐的事姑且放在一边，你们不曾听说夏屋山的鼠吧？它与邛邛虚靠近生活，为邛邛虚咬取甘草，一碰到灾难，邛邛虚就把鼠背起来逃跑，这也是两方不能失掉任何一方呀！鼠的事情暂且不提，你们不曾听说西方有一种共命鸟吗？一个身子两个头，性情多忌，饥饿了两个头就互相啄咬，等到一方打盹儿了，另一方就衔来毒草杀害对方，及至毒草咽下喉咙，两个头就都死了，这也是双方不能失掉一方呀！以上这些都是山虫海物罢了，不足为怪。在人类中也有同样的事情，北方有一种肩膀并生的人，轮流着吃饭又轮流着望路，失去任何一方就会立刻死去，这也是双方不能失去任何一方呀！现在，你们二人的事情很像上面所说的这些例子，你们和他们的区别，只不过是形体不同，而事情的实质却是完全相同呀！你们为什么要分手呢？"

两个人听了互相望着说："假使没有密须奋这一番话，我们将会越来越倒霉了！"于是，两人和好如初。

后人用这则寓言说明团结谋事，事必成；共同创业，业必竟。如果彼此倾轧，必致两败俱伤，永无兴旺之时。吴越同舟，灾难临头，尚且释仇为友；本是亲密挚友，更当携手言欢，决不可一言不合，辄相乖离。像甲父史和公石师，一听密须奋之谏言，即"然如初"，可谓善悟者矣。不然，非特相离，反相成仇，正可给敌人以可乘之机，最后被逐个消灭！

·路遥知马力，日久见人心·

典出《争报恩》。

我少不得报答姐姐之恩，可不道路遥知马力，日久见人心。

浙江淳安县锦沙村徐家三兄弟，老三徐哲早亡，留下妻颜氏和二男三女。老大徐言和老二徐召商量道："你我各只一子女，老三倒有五个，将来男婚女嫁，分起家产来，你我岂不吃亏？不如即今三股分家为是。"他两人欺着颜氏是个寡妇，私下将田产搭配停当，只拣不好的留给侄子，牛马却归了自己，却把老仆阿寄夫妻当成牛马分给颜氏。那颜氏拗不过，只是啼哭。亲友明知分得不公，哪个肯出头说话？却说阿寄年已50多岁，心想："原来拨我在三房，一定是道我没用了。我偏要争口气，帮这孤儿寡母做个事业起来。"便和颜氏商量道："老奴年纪虽大，路还走得，苦也受得，那经商道业也都明白，三娘急急收拾些本钱，待老奴去做生意，营运数年，怕不挣起个事业？"颜氏依言，变卖得十二两银子，交付阿寄去了。

阿寄就从淳安乡里收购些生漆，放船运至苏州，正遇缺漆，不到三日卖个干净，足足赚个对本对利。返程又籴六十担籼米，运至杭州，又赚了十多两银子，如此数次往返，已赚得六七倍利息，再去收漆，已是大客人了。本大利大，一年有余，长有两千余金。于是将银两裹好，晏行早歇，非止一日，回到家中。颜氏见着许多银两，喜出望外。徐言兄弟听说阿寄归来，特来打听音讯，待见颜氏竟用一千五百两银子购下良田千亩，庄房一栋，吓得伸出了舌头，半日也缩不回去。正是：路遥知马力，日久见人心。

颜氏得阿寄忠心经营，10 年之后，家私巨万，便将家产分出一股与阿寄的儿子，两家子弟叔侄相称。

后人用"路遥知马力，日久见人心"比喻真正的友谊或情谊是经得起时间的考验的。

·莫逆之交·

典出《庄子·大宗师》。

子祀、子舆、子犁、子来四人相与语曰："孰能以无为首，以生为脊，以死为尻，孰知死生存亡之一体者，吾与之友矣。"四人相视而笑，莫逆于心，遂相与为友。

子祀、子舆、子犁和子来四人都主张万事万物顺应自然，认为天地间"无"是最崇高的。有一天，这四人聚在一起，热烈地讨论着"无"的崇高和伟大。最后，四人取得一致的看法："无"就像人的头一样，起着至关重要的作用。分别时，四人互相望着笑着，认为他们心心相通，友谊将天长地久。

过了一些时候，子舆害病了，子祀去探望。子舆与出门迎接时，弯着腰，勾着头，高耸起两肩，背上长着 5 个大脓疮。由于过分地弯着腰，脸只好紧贴着小肚子，但他却坦然地牵着子祀的手。

子祀见子舆闲适平静，就随口问道："你对你的病一点儿也不忧虑吗？"子与说："为什么要忧虑呢？人的生死，本来是上天安排好了的，所以，我只要顺应自然就行了。"

不久，子来又害了病，神情非常痛苦，眼看就要死去。子犁来看子来，见子来的妻子悲伤地啼哭。子犁大声地喝开子来的妻子，坐在床边和子来说道："唉，你的妻子真不懂事！伟大的造物主正在变化你，怎么能随便惊动呢？"

子来感激地说："假如一个铁匠正在打铁时，火炉中的一块铁突然跳了起来，那铁匠一定认为是不祥之兆。天地是一个大熔炉，阴阳是一个伟大的铁匠。我现在正在被天地铸造着，怎么会表示出痛苦呢？"子犁紧紧握着子来的手，说："我们真是知心朋友！"

莫：没有抵触，形容思想感情一致。"莫逆之交"指彼此情投意合，友谊深厚。

·如鱼得水·

典出《三国演义》。

刘备三顾茅庐请来了孔明，就像对待师长一样，十分尊敬他。两人感情深厚，一起吃饭，一起睡觉，整天讨论天下大事。刘备的结义兄弟关羽和张飞心里不服，对刘备说："孔明年幼，有什么才学？兄长太厚待他了！"刘备说："我得到孔明，好像鱼儿得到水一样。你们以后不要再这样说了。"

一天，有人送牦牛尾来，刘备亲自结在帽子上。孔明进来看见，很严肃地对他说："您不再有远大的志向，只能做这种事吗？"刘备赶忙把帽子丢在地上说："我只是借它来解除我的忧虑。"孔明说："您自己考虑与曹操相比如何？"刘备说："我不如他。"孔明说："您的兵众不过几千人，万一曹兵来到，用什么去迎击他呢？"刘备说："我正在忧愁这件事，还没有一条好计策。"孔明说："赶快招募民兵，我亲自教他们操练，可以待敌而战。"

不久，曹操命夏侯惇引兵10万，杀奔新野。张飞听到消息，对关羽说："就让孔明去迎敌吧。"正说着，刘备召二人。刘备问他们："夏侯惇引兵到来，如何迎敌？"

张飞说："哥哥怎么不让'水'去？"刘备说："智谋要靠孔明，争斗必须二位兄弟，怎么可以推诿？"刘备授以孔明剑印，让他发令。孔明一一调派完毕。关羽问："我们都去迎敌，不知道军师做些什么？"孔明说："我只坐守县城。"张飞一听，大笑说："我们都去厮杀，你却坐在家里，好不自在！"

孔明出山

刘备见状，说："岂不闻'运筹帷幄之中，决胜千里之外'？三弟不可违令。"张飞冷笑而去。众将领也不知孔明的韬略，虽然听令，都怀有疑惑。结果博望坡一战，杀得曹军尸横遍野，血流成河。孔明收军，关羽、张飞都称赞说："孔明真是一位英杰！"

"刘备遇孔明——如鱼得水"，比喻与人相处十分融洽或环境对自己很适合；也比喻得到十分需要的、不可缺少的助手。

·入幕之宾·

典出《晋书·郗超传》。

郗生可谓入幕之宾矣！

东晋的时候，有姓郗的父子俩，父亲叫郗，儿子叫郗超。郗很能聚敛钱财。儿子郗超却常把家中的钱拿出去施舍给穷人，为此父亲十分心疼。

郗超还很有学识，对天下的形势分析得很准确。他结交了许多读书人，整天凑在一块畅谈天下大事。晋朝的征西大将军桓温很赏识郗超，便请他做了参军。桓温对郗超的见解常常是心悦诚服的。当时担任主簿的王也很有能力，与郗超一起成了桓温的左膀右臂。所以桓温手下的人都说："长胡子的参军，短胡子的主簿，能令公喜，能令公怒。"

一天，谢安与王坦之到桓温军中商讨国事。桓温告诉郗超："你躲在军帐幕后听听，日后也可以帮我参谋参谋。"郗超就躺在幕后床上，偷听他们谈话。谢安和桓温正谈到高兴处，忽然一阵风吹进来，将帐幕吹开一个角，暴露了郗超。桓温觉得很难为情，可谢安却开起了玩笑，说："郗超可算是躲在幕后的宾客啊！"郗超的字叫喜宾，谢安的话是一语双关，说得大伙哄笑起来。

"入幕之宾"原指暗中参与机要的人。后用以指称幕僚。

·三生有幸·

典出《僧圆泽传》。

圆泽是位得道的禅师，住持惠林寺，他有一个俗家朋友姓李名源。二人知心知音，知交至深。一日，二人相约去参拜青城山、峨眉山，却在路线问题上发生了分歧。圆泽希望走陆路，取道长安斜谷入川，李源却坚持从湖北沿江而上。因为早年李源曾经捐家产改建惠林寺，二人曾经约定，以后意见一致的时候，则唯圆泽是听，意见不一致时，则都要由李源定夺。所以最终决定买舟入川。

圆泽自知后果，叹道：行止固不由人。船到南浦。扁舟泊岸。河边有位身着花缎衣裤的妇人正在取水圆泽当时落泪对李源说"那是我下一辈子的亲娘，她姓王。我得走了，给她做儿子去了。3天后你来王家看我，我会对你一笑作为证明。再过13年的中秋夜，请你到杭州天竺寺外，我一定来与你见面。"

李源将信将疑。到了黄昏，圆泽圆寂，王家的婴儿也呱呱落地。3天后李源去看婴儿，婴儿果然微笑。李源回到惠林寺，寺里的小和尚说圆泽早已写好了遗嘱。13年后，李源如约从洛阳到杭州西湖去赴圆泽的约会，果然又听到故人化为牧童后的心声："三生石上旧精魂，赏月吟风不要论。惭愧情人远相访，此身虽异性常存。"

后人用"三生有幸"比喻有特别的缘分。或朋友间在一种偶然的机会里或特殊的环境中相识，成为知己，又能够帮助自己。

·善搏与善噬·

典出《尹文子·大道下》。

康衢长者，字僮曰"善搏"，字犬曰"善噬"。宾客不过其门者三年。长者怪而问之，乃实对。于是改之，宾客复往。

康衢给他的仆人取名叫"善搏"，给他的狗取名叫"善噬"。宾客因此整整有3年再不登门拜访。老先生觉得奇怪，去询问他们，宾客们才如实回答。于是赶紧把名字改了，宾客又往来如初。

后人用"善搏与善噬"说明名是反映实的，名实必须相符；由于名实不符，因名而害实的情况，在现实生活中也是常有的。在这种情况下，就必须"正名"。

·势不两立·

典出《三国志·吴志·周瑜传》。

今数雄已灭，惟孤尚存，孤与老贼势不两立。

又见《战国策·楚策》。

楚强则秦弱，楚弱则秦强，此其势不两立。曹操消灭了北方各大军阀势力之后，率领数十万大军进攻南方，企图一举消灭孙权和刘备势力，统一天下。当时，刘备退守夏口，只有2万余人的兵力。孙权的精兵也不超过3万，与曹操的兵力对比，相差悬殊，形势十分危急。孙权召集文武大臣，商讨对付曹操的办法。张昭等大臣认为，曹操兵力强大，拥有水陆兵数十万，而且挟天子以令诸侯，现在又占据荆州这一长江战略要地，顺流而下，其势难挡，因此主张投降。

吴国名将、前部大都督周瑜和鲁肃等人坚决主张抵抗。周瑜指出，曹操人数虽然众多，其实并不可怕，因为他有许多弱点。曹操虽然假称汉相，其实是汉贼。曹操的后方还没有完全安定下来，马超、韩遂在关西的势力是他的后患，因此曹操很

赤壁大战图

难在南方持久作战。曹操的士兵大多是北方人，他们不善于水战，不习惯南方的水土气候条件，必然生病，减弱战斗力。因此，完全可以战胜曹操，决不能投降。周瑜请求孙权拨给他 3 万精兵，迎战曹操。

孙权采纳了周瑜的意见，确立了联合刘备共同抗击曹操的方针。他激动地拔出佩剑，砍去奏案的一角，愤怒地说："我和曹操这个老贼决不能并存，有他就没有我，有我就没有他！谁再敢提出投降的主张，这个奏案就是他的下场！"

孙权、刘备联合抗击曹操的方针确定之后，周瑜率军联合刘备兵马协同作战，以后经过赤壁之战，用火攻战术，大破曹军。从此，魏、吴、蜀三国鼎立的局面开始形成。

成语"势不两立"即根据以上的记载形成，指双方矛盾尖锐，不能并存。

·守望相助·

典出《孟子·滕文公上》。

死徙无出乡，乡田同井，出入相友，守望相助，疾病相扶持，则百姓亲睦。

滕文公派他的使臣毕战去问孟子关于井田制度的问题。孟子对毕战说："滕君选派你来问我，是对你的信任啊，你一定要好好地干。"毕战听了很高兴。他说："我们滕国也打算实行井田制。"孟子高兴地说："很好，实行仁政一定从划分并整理田界开始，田界划正确了，给人民分配田地，制定官吏的俸禄都毫不费事了。"毕战说："我们滕国太小，不用设多少官吏吧？"孟子说："滕国虽小，却得有官吏和老百姓。没有官吏，老百姓则没有人管；没有老百姓，也就没有人养活官吏。我建议：郊野用九分抽一的贡法，城池用十分抽一的贡法。公卿以下的官吏应有供祭祀的圭田，每家五十亩；如果他家还有剩余的劳力，一个劳力可再给二十五亩。无论埋葬或搬家，都不离开乡土。同住在一井田的各家，要彼此友好和睦相处，'守望相助，疾病相扶持'。其办法是：每一方里的土地为一个井田，每一井田有九百亩，当中一百亩是公田，以外八百亩分给8家作为私田。这8家共同来耕种公田。先把公田耕种完毕，再来料理私人的事务。"毕战说："您说得好，我回去一定如实地转呈我的国君。"孟子笑了笑说："我说的不过是一个大概，至于怎样去做，那就在于你的国君和你了。"毕战听了满意地告辞而去。

后人用"守望相助"表示邻近各村落之间守护、望，互相帮助，以对付来犯的敌人或其他灾患。

·水火不相容·

典出《三国志·蜀志·魏延传》。

延既善养士卒，勇猛过人，又性矜高，当时皆避下之。唯杨仪不假借延，延以为至忿，有如水火。

魏延是三国时期蜀国的一员大将，刘备入蜀以后，派他镇守汉川，为镇远将军、汉中太守。他十分得意，对刘备说："假若曹操举天下的兵马来攻打，我为你拒敌境外；若是10万兵马来到，我为你把他们吞下去！"

刘备听了更加高兴，又拜他为镇北将军，封他都亭侯，几年以后，魏延打败魏国的雍州刺史郭淮，因而升迁为前军师征西大将军，进封南郑侯。

魏延屡建战功，晋官加爵，渐渐自傲起来，连诸葛亮也不放在眼里。魏延常对部下说："诸葛亮胆子太小，不敢给我兵马去打潼关。如果我领5000精兵，带粮五千担，循秦岭而东，不用10天可到长安。敌兵听说我到了必然会逃跑，那么不出20天，咸阳以西一举可定……"人们看到魏延这般骄傲，都让他几分，故意躲开他。唯有长史杨仪不迁就他，经常争吵，

成都武侯祠

魏延因此对杨仪忌恨在心，两人如水火不相容。有一次魏延做一个梦，觉得有些奇怪，便问占梦人赵直："我梦见头上生出角来，是吉还是凶？"

赵直骗他说："是吉相呀，麒麟有角而不用，这是预兆敌人不用打就会自败呀！"

魏延听了满心欢喜，自庆自贺，以为成功在望。赵直却偷偷告诉别人说："角字上边是'刀'，下边是'用'，头上用刀，必有凶事，大家瞧着吧！"这年秋天，诸葛亮病危，自料难愈，便找长史杨仪、护军姜维等人作身后安排。叫他们不要为其发丧，先撤兵回蜀，免得遭敌兵追击。不过几日，诸葛亮死去。蜀军秘不发丧，杨仪按诸葛亮临终部署叫魏延领兵断后，迅速回师。可魏延一听，火冒三丈，大叫："丞相死了，我自健在，你们尽可将丧还葬，我当率诸军击贼。难道一个人死了就荒废了天下大事？我魏延何人，竟听你杨仪的指挥，做断后的将军？"

魏延拒不听从上遗命举兵击杀杨仪。杨仪早有准备，率兵迎战，最后打败魏延，将他斩首。

后来人们用"水火不相容"比喻彼此互不相容。

·说人喜嗔喻·

典出《百喻经》。

过去有人，共多人众坐于屋中，叹一外人德行极好，唯有二过：一者喜嗔，二者作事仓卒。尔时，此人过在门外，闻作是语，便生嗔恚，即入其屋，擒彼道已过恶之人，以手扑打。傍人问言："何故打也？"其人答言："我曾何时喜嗔、仓卒？而此人者道我恒喜嗔恚、作事仓卒，是故打之。"傍人语言："当今喜嗔仓卒之相即时现验，云何讳之？"

过去，有个人跟很多人一起坐在房子里，他赞美另一个人品德很好，只可惜有两个缺点：一是喜欢发怒，二是做事急躁。当时，被说的人恰好在门外经过，听了这话，便发脾气，马上进屋抓住那说自己有缺点的人，用手去打。旁边的人问他："你为什么打他呢？"

那人回答说："我什么时候喜欢发怒和急躁了？这个人却说我常常喜欢发怒、做事急躁，所以要打他。"旁人说："你现在的态度就是喜欢发怒、做事急躁的表现，为什么还要隐讳呢？"

错误是一种客观存在。对待错误的正确态度是用行动去改正它，而不能用拳头、用威压去封住别人的口。

·土相扶为墙，人相扶为王·

典出《北齐书·蔚景传》。

景有梁下马，文襄求之，景不与，曰："土相扶为墙，人相扶为王，一马亦不得畜而索也。"

北魏大臣高欢被封为文襄王，大权在握，有废除魏王、自立为帝的野心。另一大将尉景看透了他的意图，有意投靠他。尉景有一匹马，能追风逐日，神骏异常。高欢十分喜欢，便向他索取。尉景故意不给他，并且说："俗谚讲：'土相扶为墙，人相扶为王'，你我应该互相扶助。我有一匹好马，你也放不过，你的心胸为何这么狭窄呢？"高欢听了，悚然变容，向他告罪，并深相结交。后来，他的次子高洋废魏王自立为北齐皇帝，很得尉景的帮助。

后人用"土相扶为墙，人相扶为王"比喻人们应该相互帮助才能成大事。

·推心置腹·

典出《后汉书·光武帝纪》。

降者更相语曰："萧王推赤心置人腹中，安得不投死乎！"

王莽夺取政权以后，引起了天下许多人起兵反对；并且拥立刘玄做天子，刘秀在昆阳把王莽打得大败，刘玄派他做破虏大将军。后来王莽死了，刘秀又攻破邯郸，杀掉自称天子的王郎。刘玄见刘秀接连立了大功，又封他为萧王。刘秀觉得北方还有敌人，不能安享太平，就又带兵进攻铜马军，在邬地打了一个大胜仗。正在受降的时候，高湖和重连军队从东南方前来援救铜马军，也被刘秀打败了。

这时，刘秀把这些败军改编成自己的部队。但投降的官兵觉得从前是刘秀的敌人，恐怕将来会被刘秀消灭，心中都很不安。刘秀知道了他们有这种疑虑，就叫将官仍然各回自己的营寨照旧统率原来的部队，而自己只带着很少的随从在各营之间巡察、指挥和安排。投降的人不禁欢喜地互相在私底下说："萧王推赤心置人腹中，我们怎能不为他出力呢！"从此以后，投降的官兵，再没有不心悦诚服的了。

汉光武帝刘秀像

　　以后，人们根据这个故事里投降官兵颂扬刘秀的话，引申出成语"推心置腹"，用来说明人们用非常诚恳和坦率的心意待人。

·乌合之众·

典出《后汉书·耿弇列传》。

　　耿弇自幼好学，为人敏锐有计谋，善于骑射，对出兵布阵之事很有研究。公元 23 年，王莽建立的新朝败亡了，更始帝刘玄即位。各地将领纷纷起兵，独揽地方政权，改换郡守、县令。耿弇的父亲耿况认为自己的官职是王莽所设置，心里很不安。此时 21 岁的耿弇便告别父亲到哀帝那儿去，趁机带去贡品，以求地位稳固。

　　一天，耿弇在路上偶然遇到一王姓之人，此人诈称是汉成帝的儿子子舆，在邯郸起兵。这时跟随耿弇的官吏孙仓、卫包等都说："刘子舆是成帝的儿子，是汉室的正统，咱们应该归顺他才有出路。失掉这个机会不归顺，我们又到哪里去呢？"

耿弇按住剑柄说："刘子舆这小人，早晚是个降虏罢了。我到长安，参与国家组织的渔阳、上谷的军队，出入晋阳、代郡，往返数十日，回来领兵收拾这些乌合之众，像摧毁朽烂的木头一样。我看你们不识好歹，很快便会遭到灭族之祸。"

孙仓、卫包两人不听耿弇的话，投奔了王姓之人。

耿弇途中听说刘秀在卢奴，于是投奔了刘秀，得到刘秀的信任，多次克敌制胜，为刘秀平定天下立了汗马功劳。

"马合之众"指像乌鸦那样暂时聚合。比喻临时拼凑起来的队伍，毫无组织纪律。

失策篇

·半路上杀出个程咬金·

典出《说唐全传》。

隋帝的皇杠（皇帝派人押运的银子，由于银子是装在打通了的竹杠里的，所以叫皇杠）前后三次都是在半途被劫，不管押运军官如何本领高强，都被半路上杀出来的程咬金三斧头杀得大败。

隋朝末年，天下大乱，大盗尤俊达想抢隋帝的皇杠，便到处物色武艺高强的助手，一找找到了程咬金。

程咬金很穷，为了养活老母亲，在市上卖竹箇子过活。尤俊达把程母接到庄上奉养，便带着程咬金去劫皇杠。隋帝的皇杠前后3次都是在半途被劫，不管押运军官如何本领高强，都被半路上杀出来的程咬金三斧头杀得大败。

后人用"半路上杀出个程咬金"比喻一件事被人横加干扰，出乎意外地遭到失败。

·杯弓蛇影·

典出《晋书·乐广传》。

晋朝时候，有一个叫乐广的人。一次，请一位朋友到家里喝酒。那位朋友很高兴，可是当他端起酒杯一饮而尽的时候，突然看见酒杯里有一条游动着的小蛇，他感到十分厌恶，可是一下子已经把酒喝进肚子里去了。喝完酒他很难受，总觉得肚子里有一条小蛇，因此回到家中就病倒了。

乐广听到朋友生病的消息和病因，心想："酒杯里怎么会有蛇呢？"于是，他就到那天喝酒的地方仔细察看。

原来，在客厅的墙上，挂着一把漆了油彩的弓，弓的影子恰巧落在那位朋友放过酒杯的地方。于是，他就派人请那位朋友再来喝酒，并说保证能治好他的病。那位朋友来了，乐广请他仍旧坐在他上次坐的地方。那位朋友非常不安，端起酒杯往里一看，只见那条小蛇仍然在酒杯里活动！他心情特别紧张，浑身直冒冷汗。

这时，乐广指着墙上的弓，笑着说："你看，这哪里是什么蛇？只不过是墙上那把弓的影子罢了。"说完，他把墙上的弓摘下来，酒杯里的"蛇"果然不见了。那位朋友弄清了真相，消除了疑虑和恐惧，他的病马上就好了。

"杯弓蛇影"指弓的影子投入到杯中，人以为杯中有蛇。形容因疑虑而引起不必要的紧张和恐慌。

·闭门造车·

典出《〈中庸〉或问》。

轨者，车之辙迹也。辙迹在道，广狭如一，无有远迩，莫不齐同。古语所谓"闭门造车，出门合辙"，盖言其法之同也。

朱熹《〈中庸〉或问》里有这么两句话："古语所谓'闭门造车，出门合辙'"。它的意思是说：把门关起来造车，把材

木牛车 东汉

料逐件造好后，只要件件合乎规矩，再拿到门外去合拢起来，使用时也能和路上的车辙完全相同。

"闭门造车"有正面和反面两层意义。在正的方面，就是说天下的事情，差不多是相同的，只要样子没有变，懂得规矩，自然不会发生错误，到处可以行得通。所以尽管关着门造车，拿到外面去应用，仍然是适合车辙的。反的方面，就是说天下的事理没有穷尽，而且各地的情形不同，习惯互异，自己关着门一个人做，不管做得怎样好，拿出去，未必适合人们的需要。

现在人们所引用的，大多数是用反面的意义，比喻不依据实际情况，单凭主观想象办事。

·宾卑聚之勇·

典出《吕氏春秋·离俗览》。

齐庄公之时，有士曰宾卑聚，梦有壮子，白缟之冠，丹绩之旬，东布之衣，新素履，墨剑室，从而叱之，唾其面；惕然而寤，徒梦也。终夜坐不自快。

明日召其友而告之曰："吾少好勇，年六十而无所挫辱。今夜辱！吾将索其形，期得之则可，不得半死之。"

每朝与其友俱立乎衢，三日不得，却而自殁。

齐庄公时候，有个勇士叫宾卑聚，一天晚上梦见有个彪形大汉，戴着白帽子，系着红帽带，身穿粗布衣服，脚蹬白色鞋子，佩着黑色的剑套，来到跟前大声斥骂他，还唾了他一脸口水。宾卑聚猛然惊醒，发现不过是一场噩梦。为此整夜感到不愉快。

第二天他找来自己的朋友告诉他说："我小时就很勇敢，到了 60 岁还没有受过屈辱。现在竟然在梦中受了屈辱！我要按照梦里人的形状寻找他，找不到他我将要为此而死。"

于是每天早晨都和他的朋友一块站在四通八达的大路上，找了 3 天没找到，就回家自杀了。

后人用"宾卑聚之勇"比喻梦并不是客观现实的真实反映，然而这个寓言中的宾卑聚，却把梦中的事情当真起来，为了不受梦中人的侮辱，居然自杀了。

·不知轻重·

典出《韩非子·外储说左上》。

楚人有卖其珠于郑者，为木兰之柜，熏以桂椒，缀以珠玉，饰以玫瑰，辑以羽翠，郑人买其椟而还其珠。

春秋时代，楚国有一个商人，专门卖珠宝的，有一次他到齐国去兜售珠宝，为了能让珠宝畅销，特地用名贵的木材造成许多小盒子，并把盒子雕刻装饰得非常精致美观，使盒子散发出一种香味，然后把珠宝装在盒子里面。

有一个郑国人，看见装珠宝的盒子既精致又美观，问明了价钱后，就买了一个，打开盒子，把里面的宝物拿出来，退还给珠宝商。

这个郑国人只知道盒子的好看，却不晓得珠宝的价值实在要比盒子的价格高多少倍。

后人用"不知轻重"比喻办事情分不出重要与不重要，缺乏章法。

·驳象虎疑·

典出《管子·小问》。

桓公乘马，虎望见之而伏。桓公问管仲曰："今者寡人乘马，虎望见寡人而不敢行，其故何也？"管仲对曰："意者君乘驳马而盘桓，迎日而驰乎？"公曰："然。"

管仲对曰："此驳象也，驳食虎豹，故虎疑焉。"

齐桓公骑马出游，有一只老虎远远望见就趴在地上。事后，桓公问管仲说："今天我骑马出游，老虎望见我吓得不敢动，是什么缘故呢？"

管仲回答说："料想君王必是骑驳马闲游，迎着太阳奔跑吧。"

桓公说："是这样。"

管仲说："这是因为驳马很像驳，驳能吃老虎和豹子，所以老虎疑惧了。"

后人用"驳象虎疑"比喻为假象所惑而发生错觉。

·藏贼衣·

典出《笑得好》。

有一贼入人家偷窃，奈其家甚贫，四壁萧然，床头只有米一坛。贼自思：将这米偷了去，煮饭也好。因难于携带，遂将自己衣服脱下来，铺在地上，取米坛倾米包携。此时床上夫妻两口，其夫先醒，月光照入屋内，看见贼返身取米时，夫在床上悄悄伸手，将贼衣抽藏床里。贼回身寻衣不见。其妻后醒，慌问夫曰："房中好像有响声，恐怕有贼吧？"

夫曰："我醒着多时，并没有贼。"这贼听见说话，慌忙高喊曰："我的衣服，才放在地上，就被贼偷了去，怎的还说没贼？"

后人用这则寓言嘲笑了企图谋算人反被人谋算的可耻下场。这个脱衣裹米的贼是作茧自缚，他虽然"贼喊捉贼"，也终免不了束手被捉。

·翠鸟移巢·

典出《古今谭概》。

翠鸟先高作巢以避患。及生子，爱之，恐坠，稍下作巢。

子长羽毛，复益爱之，又更下巢，而人遂得而以之矣。

翠鸟起先为了躲避灾祸，总是选择很高的地方营巢筑窝。等它孵出小鸟以后，因为特别喜爱它们，只怕从高处摔下来，便移到稍低一点儿的地方筑窝。后来，小鸟长出了美丽的羽毛，大鸟就更加喜欢它们了，于是又向下移巢，结果人们很容易地把它们捉走了。

"翠鸟移巢"这个典故告诫人们，办事情要注意以一种倾向掩盖另一种倾向。翠鸟移巢，没有看到高低各有利弊。

·颠倒黑白·

典出《史记·屈原列传·怀沙赋》。

变白以为黑兮，倒上以为下，凤凰在兮，鸡鹜翔舞。

屈原，名平，是战国时楚国人，曾在楚怀王手下任过左徒（官名，参与议论国事，发布号令，出则接待宾客）。由

屈原《九歌》图卷

于屈原很有才能，楚怀王曾经非常信任他，但也因此引起了一些朝廷官员的妒忌并对他进行了诬陷。楚怀王终因听信谗言而疏远了屈原。屈原对当地奸佞横行、正人被摈斥的情况非常愤慨，作了《离骚》和《怀沙赋》这两篇留传后世的名传。在《怀沙赋》中，他以盲目的人看不到明白的人所看到的东西为喻，感慨地写道：把白作为黑，把上看成下，凤凰被关在笼子里，而鸡鸭乱舞。

后人用"颠倒黑白"比喻歪曲事实，混淆是非。这句成语含贬义。

·独坐穷山，引虎自卫·

典出《华阳国志》。

刘主至巴郡，巴郡严颜拊心叹曰：此所谓"独坐穷山，放虎自卫"者也。

刘璋是汉朝的皇亲，被封为西川益州牧，管理着今天四川和湖北西部一大片地方。汉末虽然天下大乱，他的地盘却因地势险固，物阜民富，比较安全。汉中太守张鲁和刘璋有杀母之仇，时刻想来进攻他，刘璋深以为忧。这时有人向刘璋建议："您的同族兄弟刘备是个英雄，近在荆州，兵强马壮，不如和他结盟，并请他带兵来帮助我们防备张鲁，岂不是很好？"刘璋非常同意，决定派人去请刘备。这时，大臣王累反对道："不可，不可，张鲁力量不大，用不着害怕他，不过是疥癣之疾；你把刘备请进来，那是心腹大患了。刘备宽以待人，柔能克刚，英雄莫敌，远得人心，近得民望。有诸葛亮为谋士，关羽、张飞等勇将，若召得他来，以部属待他，刘备怎肯伏低做小？若以客礼待他，又一国不容二主。因此，绝对不能召请他来。"但是刘璋为人懦弱，很怕张鲁打来，又认为刘备是亲戚，决不会贪图他的地盘，所以不听王累的忠告，把刘备请来了。这件事被刘璋的大将严颜知道了，他长叹道："这真如谚语所说的：独自坐在穷山沟里，感到害怕，却叫老虎保卫自己，这不是请老虎来吃掉自己吗？"

刘备被邀请进西川后，收买人心，广施德政，扩大力量，果然不久，便控制了整个西川。

后人用"独坐穷山，引虎自卫"比喻自招祸患。

·罚人吃肉·

典出《古今谭概》。

李载仁，唐之后也。避乱江陵高季兴，署观察推官。性迂缓，不食猪肉。一日，将赴召，方上马，部曲相殴。载仁怒，命急于厨中取饼及猪肉，令相殴者对餐之。复戒曰："如敢再犯，必于猪肉中加之以酥！"

唐朝有个叫李载仁的，是唐皇族的后裔。为了逃避战乱，跑到占据湖北一带的大军阀高季兴那里做了观察推官。李载仁生性迂腐，行为迟缓，从来不吃猪肉。有一天，他将去接受上司的召见，正待上马，随从的家仆对打起来了。载仁大怒，命令立即从厨房里拿来大饼和猪肉，罚那打架的面对面吃下去。还郑重其事地警告他们说："以后如果胆敢再打架，就要在猪肉里面加些酥油来重重地惩罚你们！"

这个故事告诉人们：不能根据自己的好恶来判断天下的好恶。

·飞蛾扑火·

典出《梁书·到溉传》。

研磨墨以誊文，笔飞毫以书信。如飞蛾之赴火，岂焚身之可吝。

南朝梁时，有一位左民尚书叫到溉，梁武帝萧衍很器重他。

溉有个孙子叫到荩，自幼聪明，善于诗文，深为梁武帝赞赏。

有一次，梁武帝和到溉开玩笑说："你的孙子是个才子，你的文章是不是你孙子代你写的。"并且写了一首《连珠》赐给到溉，共 6 句，以上是前 4 句，意思是：砚台磨出墨汁来行文，毛笔飞动毫锋来写信，正如飞蛾投火一样，自己焚身也丝毫没有什么可吝惜的。

后人用"飞蛾扑火"这个典故比喻自取灭亡。

·割肉相啖·

典出《吕氏春秋》。

齐之好勇者，其一人居东郭，其一人居西郭，卒然相遇于途，曰："姑相饮乎？"觞数行，曰："姑求肉乎？"一人曰："子，肉也；我，肉也。尚胡革求肉而为？"于是具染而已，因抽刀而相啖，至死而止。勇若此，不若无勇。

齐国有两个自诩为勇敢的人，一个住在城东，一个住在城西。有一天，两人在路上相遇，说："我们姑且去喝杯酒吧！"喝了几杯之后，一个说："买点肉来吃，好吗？"另一个说："你身上有肉，我身上也有肉，还要另外买肉干什么呢？"于是，两个人就拔出腰刀来，你割我的肉吃，我割你的肉吃，直到死了才罢休。

像这样悍勇，倒不如没有勇气的好。后人用"割肉相啖"说明有勇无谋，只能白白牺牲。

·空中楼阁·

宋朝有位大学问家叫沈括，字存中，浙江湖州人，宋仁宗时考中进士，后来做到韩林学士一官。他学问渊博，对当时的掌故、见闻，以及天

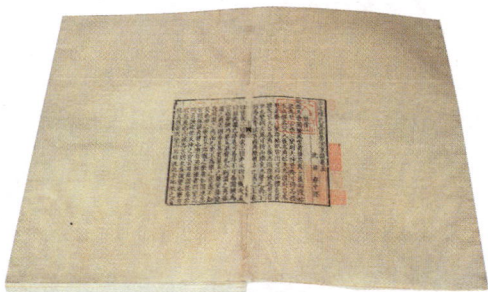

元朝大德年间《梦溪笔谈》刻本

文、卜算、音乐、医药等，无不通晓。在他所著的《梦溪笔谈》一书中，曾有这样一段记载："登州（今山东蓬莱）四面临海（渤海），春末及夏季时，远远可以见到空中有城市楼台的形状，当地的人将它叫作海市。"这种情景，便是人们所称的"海市蜃楼"，其实是因为那个季节时，海水的温度低于空气，故空气海面密而空中薄，远山、船舶、城市、楼台的光线除了直射到人的眼中外，又射到空气稀薄的地方，再曲折反射到人的目中。在沙漠中也有这种虚幻景象，沙漠上白天地面热，故下层空气薄于上层，光线反射，便有池畔草木映在水中的形状。

后来清朝人翟灏将沈括所说的话引证为"空中楼阁"，常常比喻脱离实际的幻想或虚幻的事物。

·鲁肃上了孔明的船·

典出《三国演义》。

鲁肃，字子敬，三国时东吴谋士，和周瑜同辅孙权，后任水军都督。他谋略周密，深识大体。曹操东下时，他力排众议，坚决主张联刘抗曹。周瑜猜忌褊狭，处心积虑想杀害孔明。鲁肃考虑到当时正是用人之际，如果杀了孔明，不仅被曹操耻笑，而且会削弱东吴的力量。这表现了鲁肃待人宽厚，处事谨慎和政治家的远见与风度。

一次，周瑜借口军中急需弓箭，限令孔明10日内监造10万支箭，工匠和原料又不给足，到时孔明造不出箭，按军法处死。限期的第三天夜里，孔明暗地请鲁肃一同前去取箭。鲁肃不知道孔明施的什么计谋，便糊里糊涂地跟着他上了草船。当草船抵近曹营，军士擂鼓呐喊时，鲁肃大惊，害怕曹兵出战，自己难以脱身。孔明却笑着说："现在雾气迷天，我料想曹操必然不敢出战。"令摆酒菜，要和鲁肃对饮。鲁肃心里像十五个吊桶提水——七上八下的，哪里吃得下！没想到，孔明巧用天时，草船借箭，不费江东半分之力，满载而归。

"鲁肃上了孔明的船"，比喻不明事理，或对事物的认识模糊，盲目地跟着别人。

·盲人骑瞎马，夜半临深池·

典出《世说新语》。

盲人骑瞎马，夜半临深池。

东晋时期，桓玄掌权，家中常常是宾客满座，饮宴至深夜。有一天，在酒席上行酒令。规定每个人讲两句诗，表达一个非常危险的境界。一人说："月黑杀人夜，风高放火天。"大家说："不错，是吓人。"又一人说："昼日则鬼见，暮卧则梦闻。"大家说："不错，也吓人。"一人道："大虫口中夺脆骨，骊龙项下夺明珠。"大家说："不错，这也是要命的事。"轮到一个参军时，他脱口说道："盲人骑瞎马，夜半临深池。"大家一声不吭。原来桓玄瞎了一只眼睛，最恨人家说什么瞎子、盲人。良久，桓玄涩声说道："你怎么当面讥刺我是盲人呢？"于是酒宴不欢而散，第二天，参军的官也被免了。

后人用"盲人骑瞎马，夜半临深池"比喻人们办事乱碰瞎闯，危险之至。

·名读书·

典出《笑林》。

车胤囊萤读书，孙康映雪读书。一日，康往拜胤，不遇，问何往。门者曰："出外捉萤火虫去了。"已而胤答拜康，见康闲立庭中，问："何不读书？"康曰："我看今日这天不像个下雪的。"

车胤集起萤火虫读书，孙康借雪光读书。一天，孙康去拜望车胤，没有遇到，问他到哪里去了？看门的人说："到郊外捉萤火虫去了。"

不久，车胤去答拜孙康，看见孙康悠闲地站在庭院里，便问道："为什么不读书呢？"

雪夜读书

孙康说："我看今天这天气不像是个下雪的样子。"

囊萤、映雪读书，本来表现了能充分利用一切时间和条件刻苦攻读的精神，但是如果离开了这种精神实质，离开了客观效果，放着大好时光不利用，却去捉萤火虫，或者等着老天下雪，片面地追求形式，搞花架子，既骗人，又害己，是不会有好结果的。

·目不见睫·

典出《韩非子·喻老》。

臣患智之如目也，能见百步之外而不能自见其睫。

又见《史记·越王勾践世家》。

吾不贵其用智之如目，见豪毛而不见其睫也。

战国时，越王无疆当国，他想与当时的其他国家争霸，就对外使用武力，准备北面向齐国用兵，西面对楚国侵略。齐威王知道越国要向齐国进攻，就派了个说客向越王说："越国不去攻打楚国，大既不能称王，小也不能称霸。我想越国之所以不去攻打楚国，是因为得不到晋国的支持。"越王说："我对晋国的希望是维持中立，不想和他们两军相对，难道晋国还会来攻夺我的城池吗？"接着他又分析了当时各国的情况后，对晋国的不趁时机去掠取楚国的土地，认为十分失算。

齐国使者听了越王的见解，说："我觉得越国没有亡国倒真是侥幸的事，大王你看得多么虚浅！我一点儿不重视那种运用智慧像使用眼睛的做法，眼睛虽然能看清楚细微的毛，却看不见自己眼睑上的睫毛。现在，你只看见晋国的失计，却看不见越国本身的错误，只期待晋国去瓜分楚国，又不能和他联合，怎么能够全凭希望呢？大王不如现在出兵去攻打楚国，先夺长沙一带产米区（楚国在今湖南、湖北地方）和竟泽陵的产木材的地方，那么就可以建立霸王的基础。"越王被齐国的说客打动了，便放松齐国而移兵攻楚。

后来的人，便将齐国使者所说的话引申为成语"目不见睫"，意思是眼睛看不见自己的睫毛，比喻目光短浅，没有自知之明。

·牛缺遇盗之戒·

典出《列子·说符》。

牛缺者，上地之大儒也。下之邯郸，遇盗于耦沙之中。尽取其衣装车马，牛缺步而去。视之，欢然无忧吝之色。盗追而问其故。

曰："君子不以所养害其所养。"盗曰："嘻！贤矣夫！"

既而相谓曰："以彼之贤，往见赵君，使以我为，必困我。不如杀之。"乃相与追而杀之。

燕人闻之，聚族相戒曰："遇盗莫如上地之牛缺也！"皆受教。

俄尔其弟适秦，至关下，果遇盗；忆其兄之戒，因与盗力争，既而不如，又追而以卑辞请物。

嵌错宴乐纹壶

盗怒曰："吾活汝弘矣，而追吾不已，迹将著焉。既为盗矣，仁将焉在？"遂杀之，又傍害其党四五人焉。

牛缺是上地的一个大学问家。他一次出门要到邯郸去，走到耦沙遇见了一伙强盗。强盗抢尽了他的衣物车马，牛缺却大踏步走了。看起来高高兴兴的，没有一点儿发愁和吝惜的神色。强盗便赶上去问他是什么缘故。

牛缺说："君子不拿供养自身的东西去危害他所供养的

身子。"

强盗说："真是知理通情呀！"

但众强盗随后又互相商量道："凭他这样的才德，去见赵国君王，谈到了我们的这种行为，一定要与我们作难。还不如把他杀了好。"于是，他们便赶上牛缺，把他杀掉了。

燕国有人听说了这件事，便召集起他的家族来，互相警戒说："碰见强盗可千万别学上地的牛缺呀！"大家都接受了这个教训。

不久，这人的弟弟要到秦国去，到了函谷关下，果然遇到强盗。想起哥哥对他的警戒来，便和强盗大力争夺财物。争夺不来，又赶上去向强盗们说好话请求还给他东西。

强盗们大怒道："我留你条活命就够宽宏大量了，你还不停地追赶我们，这样，我们的行踪就要暴露了。既然做了强盗，哪里还管得到发善心呢？"于是就把他杀了，并且连他的亲友四五个人也都一起杀死了。

这一则寓言讽刺了教条主义者抱住书本不放，经验主义者硬搬老一套，这都是不从实际出发，不分析具体情况，不区别具体对象，死板地运用理论原则，机械地对待经验教训。从牛缺和燕人的遭遇里，可以获得不少启发。

·赔了夫人又折兵·

典出《三国演义》。

东汉末年三国争霸时期，刘备占据了原属东吴孙权的荆州。孙权想取回荆州，都督周瑜献计"假招亲扣人质"，说服孙权以将其妹孙尚香嫁给刘备的名义将刘备骗到东吴。此计被诸葛

甘露寺　三国

亮识破，他安排赵云陪伴刘备前往东吴，先拜会周瑜的岳父乔玄，乔玄说动孙权之母吴国太在甘露寺见面，吴国太真的将孙尚香嫁给刘备。孙权与周瑜被人嘲笑"赔了夫人又折兵"。

后人用"赔了夫人又折兵"比喻想占便宜，结果连本也赔进去了。

·欺软怕硬·

典出《史记·宋微子世家》。

八年，齐桓公卒，宋欲为盟会。十二年春，宋襄公为鹿上之盟，以求诸侯于楚，楚人许之。公子目夷谏曰："小国争盟，祸也。"不听。秋，诸侯会宋公盟于盂。目夷曰："祸其在此乎？君欲已甚，何以堪之！"

宋襄公通知列国诸侯，请他们共同护送公子昭回齐国去

即君位。诸侯当中，有的主张多一事不如少一事，干脆就让公子无亏继续做国君；有的不敢得罪宋国，认为开一次大会也无所谓。不过，多数诸侯并不把宋国的通知放在心上。到了开会的日子，只有卫、曹、邾3个小国带了点兵车来赴会。宋襄公就领着四国的兵车打到齐国去。齐国的大臣高虎、国仲懿等全是见风转舵以求自保的人。当初立公子无亏，说他是长子；如今眼看四国兵马麇集城下，就改口说公子昭本来是太子。他们杀了公子无亏和竖刁，赶走了易牙，投降了宋国，迎接公子昭即位，就是齐孝公。四国的诸侯完成了这份工作，得了谢礼，就退兵回去了。

宋襄公算是成功地踏出了做霸主的第一步。接下来，他打算号召诸侯，继承齐桓公的事业。但他生怕大国瞧不起他，就先邀约曹、邾、滕（在山东省滕县西南）、（在山东省峄县东）四个小国，开个会议。到了开会当天，曹、邾两国的国君准时赴会；滕侯婴齐迟到、子则根本没到场。宋襄公觉得这两个小国太傲慢了，身为小国竟不肯好好地听大国的话，简直是无礼。于是他摆出一副霸主的姿态，打算给他们一点颜色瞧瞧。宋襄公问滕侯婴齐为什么迟到。滕侯婴齐见他

龙形玉饰

一脸凝重，吓得一哆嗦，低声下气地赔着不是。宋襄公瞧他如惊弓之鸟般，就有点儿过意不去；可是为了维持霸主的神气，他将滕侯婴齐关起来，不准他会盟。子得到这个消息，心知事态不妙，吓得连夜启程赶来，可是已经迟了3天。宋襄公大怒，叫骂说："我刚提出会盟，小小一个国竟敢迟到3天，不好好处治他，怎么行呢？"公子目夷（字子鱼，宋国的相国，宋襄公的庶兄）一再阻挡他，可是宋襄公已拿定了主意。他杀了子，把他当成祭品，祭祀睢水。

宋襄公杀了子后，更妄自尊大了。被拘押的滕侯婴齐千方百计地托人向宋襄公求情，又送了他一份很厚的礼，宋襄公才释放了他。

就因为宋襄公杀了子、押了滕侯，前往与会的曹共公大为不满。不到"歃血为盟"的日子，他就不告而别了。这可惹恼了宋襄公，光是会合4个小国，就已经是如此乌烟瘴气，怎么还能号令大国呢？宋襄公左思右想，认为要一个个地去收服小国，实在太费事了，他打算先请出一个大国来，再利用它去收服小国。但是当时楚成王已经会合了齐、鲁、陈、蔡、郑等国，订立了盟约，宋襄公还能去联络哪一个大国呢？虽然秦国和晋国还没给楚国拉过去，可是他们位处偏远，向来不跟中原诸侯会盟。怎么办呢？他思索了一会儿，突然灵机一动，自言自语地说："就请楚国出来吧！"他把这个主意告诉了大臣们，公子目夷自然竭力反对，宋襄公干脆不理他。宋襄公打发使臣带着厚礼去见楚成王，请他到宋国的鹿上来跟齐国、宋国先开个三国会议，商量会合各国诸侯的办法。楚成王居然答应了。

公元前 639 年 2 月，齐孝公昭先和宋襄公在鹿上相见。齐孝公是靠着宋襄公的扶持才做了国君的，当然忘不了他的大恩，言行举止间对他特别恭敬。过了几天，楚成王也到了。3 位国君依序就座。宋是公爵，坐第一位；齐是侯爵，坐第二位；楚是子爵，坐第三位。宋襄公拱了拱手，说："我打算会合诸侯，共同扶助王室。恐怕人心不齐，意见不一致，所以想借重二位的大力，一起号召诸侯，到敝国盂地（在河南省睢县东南）开个大会，日期就定在七月吧！"然后，就请齐、楚两位国君发表意见。齐孝公和楚成王推让了许久，都不肯表达看法。宋襄公就说："二位国君如果不反对我的提议，就请在通告上签名吧！"说完，就把预备好的通告先递给楚成王。楚成王认真一瞧，上面除写明会盟的意义之外，还附带说明要学习齐桓公的办法，开的是"衣裳之会"，最后则签着宋襄公的名字。楚成王说："有您签名就够了，就这么发出去吧。"宋襄公说："陈国、许国、蔡国都跟你们二位订有盟约，所以要借重你们。"楚成王说："那么请齐侯先签吧！"齐孝公为了宋襄公先把那通告递给楚成王，心里已经快快不乐了，这下再由楚成王让给他，他就赌气似的说："敝国就像宋襄公手下的人一样，没有什么影响力。贵国威震八方，您不签字，事情就不好办！"楚成王微微一笑，签了字，交给齐孝公。齐孝公说："我历经颠沛流离，能保住自己的国家已是万幸！哪儿有资格号召诸侯？有了楚国签署就成了。"他对宋襄公的重楚轻齐耿耿于怀。宋襄公没觉察到这一点，把齐孝公的冷言冷语当成真心话，就将通告收了起来，请他们下半年早点儿来。

到了秋天，宋襄公驾着车马到盂地去开大会。公子目夷说："楚是蛮族，难以揣测他的意图，万一他心口不一致那可怎么办？主公总得带点人马去，才能叫人放心哪！"宋襄公瞪了他一个白眼，不以为然地说："什么话？约好了开'衣裳之会'，怎么可以自己失信于人？"公子目夷只好空手跟着他去赴会。

他们到达会场时，楚、郑、陈、蔡、曹、许等国已在场等候，只有齐孝公和鲁僖公还没露面。齐孝公是抱怨宋襄公，鲁僖公是不屑与蛮族打交道。宋襄公见楚成王左右全是文臣，没有一个武将，就教训公子目夷说："你瞧瞧！下次可别再以小人之心度君子之腹了！"

七国的诸侯准时开会，宋襄公说："今天诸君到敝国来开会，我们非常荣幸。我们想效法齐桓公的精神，尊重王室、济弱扶倾，大家订立盟约，息兵罢战，共享天下的太平。不知道诸君认为怎么样？"楚成王率先站起来，说："很好！很好！但不知道谁是盟主？"宋襄公理直气壮地说："这用不着多说！不是看爵位的高低，就是论功劳的大小。"楚成王说："宋是公爵，第一等诸侯；可是我已经做了多年的王了。王总比公爵高一等吧！"他就毫不客气地跑过去，大摇大摆地坐在第一个座位上，气得宋襄公暴跳起来。公子目夷扯一扯他的衣袖，叫他沉住气。可是他哪儿办得到呢？他费了九牛二虎之力，眼看就要当上霸主了，怎么能轻易让给别人哪！他挺着胸脯，说："我是正式的公爵，你是自称为王，你这头衔是假的！"楚成王脸色大变，说："既然知道我这楚王是假的，你请我这假王来干什么？"楚国的大夫字子玉也在一旁大声说："今天开会，只要问问众位诸侯，是为了楚国而来的呢？还是为了宋国而来的？"

陈国和蔡国的国君向来害怕楚王，齐声说："楚国！楚国！"楚王听了，哈哈大笑，指着宋襄公说："听见了没有？你还有什么话可说？"宋襄公当众受辱，气呼呼地还想争论，就瞧见子玉和楚国大将斗勃脱去外衣，露出闪闪发亮的铠甲。他们从腰际拔出两面旗子，向台底一挥动，一批楚国的"文官"，立刻剥去外衣，一个个全变成了武士，蜂拥扑上台来。台上的各国诸侯吓得魂不附体。楚国人不由分说地把宋襄公拖了去，公子目夷趁乱成一团时跑了。

后人用"欺软怕硬"比喻欺负软弱，害怕强横。

·起死回生·

典出《史记·扁鹊列传》。

扁鹊曰："越人非能生死人也，此自当生者，越人能使之起耳。"

战国时代，有位名医叫扁鹊。有一次，他路过虢国，正好碰上虢国太子突然患病死了。他知道死者的情况后，就自告奋勇地去进行抢救。扁鹊仔细观察了太子之后说："太子并没有真死，还有救活的希望，这是一种昏迷症，名叫尸厥。扁鹊于是用针灸疗法使太子苏醒转来，然后再给他服汤药。服药不久，太子的病就全好了。这消息传出去后，人们都称赞扁鹊"能生死人"。但扁鹊却谦逊地说："我没有什么本领，那是因为太子没有真死，所以才能把他救活。"

后人把称赞扁鹊的话说成"起死回生"，用来表示使死人或死东西复活，多用来形容医术高明；也用来形容挽救了看来没有希望的事情。

·琴谕·

典出《宋文宪公集遗编》。

楚、越之交恒多山，山民齐氏者，不识琴，问人曰："何谓琴？"或告之曰："琴之为制，广前狭后，圆上方下，岳首而越底，被之以丝，则铿铿然泠泠然可听也。"齐悦曰："是知琴也。"一日，适通都大邑，见负筑来者，亟趋视之，惊曰：

琴之谕

"是不类广前狭后、圆上方下者耶？"反侧视之，良久又曰：
"是不类岳首而越底者耶？"以指横度之，则亦有声出丝间。
复曰："是又不类铿铿泠泠之可听者耶？"遂力致其人而归，
师之三年，蚤夜不辍，自以为尽其技也。乡之告者偶过焉，闻
其声，辄瞿然曰："子习者筑也，非琴也！不然，何若是嘈杂
淫哇也？"因出琴鼓一再行。

　　齐氏闻之，戚额曰："子绐我矣！澹乎若大羹玄酒，朴乎
若蒉桴土鼓，不足乐也。予所嗜者异乎是，若鸾凤之鸣，若笙
箫之间作，若燕、赵美人之善讴。吾不知子琴之为筑，吾筑之
为琴也！请终乐之！"嗟夫！琴之为器，人所易识，山民乃以
筑当之，则夫误指乡愿为君子，日爱之而不知厌者，尚何怪乎？

　　楚国和越国之间连绵多山，山民中有一个姓齐的人。他没
有见过琴，便问别人说："什么是琴呀？"有人告诉他说："琴
制作的样子，前面宽后面窄，上面圆下面方，头部隆起，底部
有小孔，浮面覆盖着丝弦，弹起来铿铿作声，弦音清越，非常
好听。"齐氏高兴地说："这就知道什么是琴了。"

　　一天，他往大城市去，看见一个人背着一把筑走来，急忙跑上
去看，吃惊地说："这不像前宽后窄、上圆下方的那种乐器呀？"
反复观察了它许久又说"这也不像翘首而底下有小孔的样子呀？"
用手指横弹了一下，也有声音从弦上发了出来。又说："这又不像
是铿铿作声、弦音清越悦耳的呀？"于是尽力说动那人跟他一起
回去，向那人学了3年，早晚也不休息，自以为把他的技艺都学到
手了。

先前告诉他什么是琴的那个人偶然走过他的家门，听见他弹筑的声音，就吃惊地说："你所学的是筑呀，不是琴呀！不然的话，为什么会发出喧闹嘈杂的声音来呢？"接着就拿出琴来弹了又弹。齐氏听后，忽然皱起眉头说道："你欺骗了我！你弹的声音淡然无味，简单朴素像用柎槌敲击土鼓，不会引起我的兴趣来呀。我所爱好的和这个并不相同，它像鸾鸟和凤凰的鸣叫声，像笙和箫的轮番吹奏，像燕国和越国美人的歌唱。我在乎得你的琴是筑，我的筑是琴。请尽我自己的乐趣吧！"

唉！琴作为乐器，人们原是很容易辨认的，而山民齐氏却用筑当成琴，反去把言行不符的乡愿错当成道德高尚的君子，并且天天惜爱而不厌倦，这难道不奇怪吗？这则寓言的讽喻性是具有普遍意义的。